사도신경

The Apostle's Creed

전능하사 천지를 만드신 하나님 아버지를 내가 믿사오며,
그 외아들 우리 주 예수 그리스도를 믿사오니,
이는 성령으로 잉태하사 동정녀 마리아에게 나시고,
'본디오 빌라도'에게 고난을 받으사,
십자가에 못 박혀 죽으시고,
장사한 지 사흘 만에 죽은 자 가운데서 다시 살아나시며,
하늘에 오르사, 전능하신 하나님 우편에 앉아 계시다가,
저리로서 산 자와 죽은 자를 심판하러 오시리라.
성령을 믿사오며, 거룩한 공회와,
성도가 서로 교통하는 것과,
죄를 사하여 주시는 것과, 몸이 다시 사는 것과,
영원히 사는 것을 믿사옵나이다. 아멘.

[1] 사도신경 새번역

나는 전능하신 아버지 하나님, 천지의 창조주를 믿습니다.
나는 그의 유일하신 아들, 우리 주 예수 그리스도를 믿습니다.
그는 성령으로 잉태되어 동정녀 마리아에게서 나시고,
본디오 빌라도에게 고난을 받아 십자가에 못 박혀 죽으시고,
장사된 지[2] 사흘 만에 죽은 자 가운데서 다시 살아나셨으며,
하늘에 오르시어 전능하신 아버지 하나님 우편에 앉아 계시다가,
거기로부터 살아 있는 자와 죽은 자를 심판하러 오십니다.
나는 성령을 믿으며, 거룩한 공교회와 성도의 교제와
죄를 용서받는 것과 몸의 부활과 영생을 믿습니다. 아멘.

1) '사도신조'로도 번역할 수 있다.
2) '장사되시어 지옥에 내려가신지'가 공인된 원문(Forma Recepta)에는 있으나, 대다수의 본문에는 없다.

성경전서(국한문)

신약 마태복음~요한계시록

시작한 날 . . .

마친 날 . . .

신교횃불

손글씨 성경전서(국한문) 특징

(읽고, 쓰고, 새기어 영혼이 듣게하십시요)

- 손글씨성경을 다 쓰신 후 예배용 성경전서로 사용할 수 있도록 하였습니다.
- 성경본문 소제목, 장, 절과 중요단어(漢文)가 인쇄되어 있습니다.
- 손글씨성경을 다 쓰신후 자손들에게 믿음의 유산으로 남길 수 있습니다.
- 쓰기에 불편하지 않게 잘 펴지도록 제작하였습니다.
- 가독성, 필기감, 장기보존 등을 고려하여 제작하였습니다.

성경전서(국한문) 신약 [마태복음~요한계시록]

2022년 5월 20일 초판 1쇄 인쇄
2022년 5월 25일 1판 1쇄 발행

펴 낸 이 김수곤
디 자 인 디자인이츠
발 행 처 선교횃불
등 록 일 1999년 9월 21일 제 54호
등록주소 서울 송파구 백제고분로 27길 12(삼전동)
전 화 (02)2203-2739
팩 스 (02)2203-2738
이 메 일 ccm2you@gmail.com
홈페이지 www.ccm2u.com

손글씨 성경 성경전서 활용법

마가福音 Mark

소제목

복음을 전파하다(마 3:1-12;
눅 3:1-9, 15-17; 요 1:19-23)

1 [1]하나님의 아들 예수 그리스도
의 복음의 (始作)시작이라
2 선지자 이사야의 글에
ㄱ보라 내가 내 사자를 네 앞에
보내노니 그가 네 길을 (準備)준
비하리라
3 ㄴ(曠野)광야에 외치는 자의 소
리가 있어 이르되 너희는 주의
길을 (準備)준비하라 그의 오실
길을 곧게 하라
기록된 것과 같이
4 [2]세례 요한이 광야에 이르러 죄
사함을 받게 하는 (悔改)회개의
[2]세례를 전파하니
5 온 유대 지방과 예루살렘 사람이
다 나아가 자기 죄를 (自服)자복
하고 요단 강에서 그에게 [2]세례
를 받더라
6 요한은 (駱駝)낙타털 옷을 입고
허리에 가죽 띠를 띠고 메뚜기와
석청을 먹더라
7 그가 (傳播)전파하여 이르되 나
보다 능력 많으신 이가 내 뒤에
오시나니 나는 굽혀 그의 신발끈
을 풀기도 감당하지 못하겠노라
8 나는 너희에게 물로 [2]세례를 베
풀었거니와 그는 너희에게 (聖
靈)성령으로 [2]세례를 베푸시리라

세례를 받으시다(마 3:13-17; 눅 3:21-22)

9 ●그 때에 예수께서 갈릴리 나사
렛으로부터 와서 요단 강에서 요
한에게 [2](洗禮)세례를 받으시고
10 곧 물에서 올라오실새 하늘이 갈
라짐과 성령이 비둘기 같이 (自己)
자기에게 내려오심을 보시더니
11 하늘로부터 소리가 나기를 너는
내 사랑하는 아들이라 내가 너를
기뻐하노라 하시니라

시험을 받으시다(마 4:1-11; 눅 4:1-13)

12 ●(聖靈)성령이 곧 예수를 광야
로 몰아내신지라
13 (曠野)광야에서 사십 일을 계시
면서 사탄에게 시험을 받으시며
들짐승과 함께 계시니 천사들이
(隨從)수종들더라

갈릴리에서 복음을 전파하시다
(마 4:12-17; 눅 4:14-15)

14 ●요한이 잡힌 후 예수께서 갈릴
리에 오셔서 하나님의 (福音)복
음을 전파하여
15 이르시되 때가 찼고 하나님의 나
라가 가까이 왔으니 회개하고 복
음을 믿으라 하시더라

어부들을 부르시다(마 4:18-22; 눅 5:1-11)

16 ●갈릴리 (海邊)해변으로 지나가
시다가 시몬과 그 형제 안드레가
바다에 그물 던지는 것을 보시니
그들은 (漁夫)어부라
17 예수께서 이르시되 나를 따라오
라 내가 너희로 사람을 낚는 (漁
夫)어부가 되게 하리라 하시니
18 곧 그물을 버려 두고 따르니라

막

1) 어떤 사본에는, '하나님의 아들'이 없음 2) 헬, 또는 침례
ㄱ 말 3:1 ㄴ 사 40:3

漢文 단어가 표기되어 있음

장숫자

바탕글씨를 따라 쓰며 마음판에 새기십시오.

따라쓰기를 완성하면 예배용 성경전서가 완성됩니다.

절숫자

성경색인 표시로 찾기가 쉬움

난해주 표시로 정확한 의미를 찾아볼수 있다.

＊대한성서공회 NKR73ES 페이지와 동일하게 편집되도록 하였습니다.

손글씨 성경 성경전서 차례

구 약

신 약

마태福音 Matthe

예수 그리스도의 계보(눅 3:23-38)

1 아브라함과 다윗의 (子孫)자손
예수 그리스도의 (系譜)계보라
2 아브라함이 이삭을 낳고 이삭은
야곱을 낳고 야곱은 유다와 그의
(兄弟)형제들을 낳고
3 유다는 다말에게서 베레스와 세
라를 낳고 베레스는 헤스론을 낳
고 헤스론은 람을 낳고
4 람은 아미나답을 낳고 아미나답은
나손을 낳고 나손은 살몬을 낳고
5 살몬은 라합에게서 보아스를 낳
고 보아스는 룻에게서 오벳을 낳
고 오벳은 이새를 낳고
6 이새는 다윗 (王)왕을 낳으니라
●다윗은 우리야의 아내에게서
솔로몬을 낳고
7 솔로몬은 르호보암을 낳고 르호
보암은 아비야를 낳고 아비야는
아사를 낳고
8 아사는 여호사밧을 낳고 여호사
밧은 요람을 낳고 요람은 웃시야
를 낳고
9 웃시야는 요담을 낳고 요담은 아
하스를 낳고 아하스는 히스기야
를 낳고
10 히스기야는 므낫세를 낳고 므낫
세는 아몬을 낳고 아몬은 요시야
를 낳고
11 바벨론으로 사로잡혀 갈 때에 요
시야는 여고냐와 그의 (兄弟)형
제들을 낳으니라
12 ●바벨론으로 사로잡혀 간 (後)
후에 여고냐는 스알디엘을 낳고
스알디엘은 스룹바벨을 낳고
13 스룹바벨은 아비훗을 낳고 아비
훗은 엘리아김을 낳고 엘리아김
은 아소르를 낳고
14 아소르는 사독을 낳고 사독은 아
킴을 낳고 아킴은 엘리웃을 낳고
15 엘리웃은 엘르아살을 낳고 엘르
아살은 맛단을 낳고 맛단은 야곱
을 낳고
16 야곱은 마리아의 (男便)남편 요셉
을 낳았으니 마리아에게서 그리스
도라 (稱)칭하는 예수가 나시니라
17 ●그런즉 모든 대 (數)수가 아브
라함부터 다윗까지 열네 대요 다
윗부터 바벨론으로 사로잡혀 갈
때까지 열네 대요 바벨론으로 사
로잡혀 간 후부터 그리스도까지
열네 대더라

예수 그리스도의 나심(눅 2:1-7)

18 ●예수 그리스도의 나심은 이러
하니라 그의 어머니 마리아가 요
셉과 (約婚)약혼하고 동거하기
전에 성령으로 (孕胎)잉태된 것
이 나타났더니
19 그의 남편 요셉은 (義)의로운 사
람이라 그를 드러내지 아니하고
가만히 끊고자 하여
20 이 일을 생각할 때에 주의 사자가
(現夢)현몽하여 이르되 다윗의
자손 요셉아 네 아내 마리아 데려
오기를 무서워하지 말라 그에게
잉태된 자는 성령으로 된 것이라

21 아들을 낳으리니 이름을 예수라
하라 이는 그가 자기 백성을 그들
의 (罪)죄에서 (救援)구원할 자이
심이라 하니라
22 이 모든 일이 된 것은 주께서 (先
知者)선지자로 하신 말씀을 이루
려 하심이니 이르시되
23 ㄱ보라 처녀가 잉태하여 아들을
낳을 것이요 그의 이름은 임마
누엘이라 하리라
하셨으니 이를 (飜譯)번역한즉 하
나님이 우리와 함께 계시다 함이라
24 요셉이 잠에서 깨어 일어나 주의
사자의 (吩咐)분부대로 행하여
그의 아내를 데려왔으나
25 아들을 낳기까지 (同寢)동침하지
아니하더니 낳으매 이름을 예수
라 하니라

동방으로부터 박사들이 경배하러 오다

2 헤롯 왕 때에 예수께서 유대 베
들레헴에서 나시매 동방으로부
터 [1](博士)박사들이 예루살렘에
이르러 말하되
2 유대인의 왕으로 나신 이가 어디
계시냐 우리가 동방에서 그의 별
을 보고 그에게 (敬拜)경배하러
왔노라 하니
3 헤롯 왕과 온 예루살렘이 듣고
(騷動)소동한지라
4 왕이 모든 (大祭司長)대제사장과
백성의 서기관들을 모아 그리스
도가 어디서 나겠느냐 물으니
5 이르되 유대 베들레헴이오니 이는
선지자로 이렇게 (記錄)기록된 바
6 ㄴ또 유대 땅 베들레헴아 너는
유대 [2]고을 중에서 가장 작지
아니하도다 네게서 한 다스리는
자가 나와서 내 백성 이스라엘
의 (牧者)목자가 되리라
하였음이니이다
7 이에 헤롯이 가만히 (博士)박사
들을 불러 별이 나타난 때를 (仔
細)자세히 묻고
8 베들레헴으로 보내며 이르되 가
서 아기에 대하여 자세히 알아보
고 찾거든 내게 고하여 나도 가서
그에게 (敬拜)경배하게 하라
9 박사들이 왕의 말을 듣고 갈새 동
방에서 보던 그 별이 문득 앞서
(引導)인도하여 가다가 아기 있
는 곳 위에 머물러 서 있는지라
10 그들이 별을 보고 매우 크게 기뻐
하고 기뻐하더라
11 집에 들어가 아기와 그의 어머니
마리아가 함께 있는 것을 보고 엎
드려 아기께 경배하고 보배합을
열어 황금과 유향과 몰약을 (禮
物)예물로 드리니라
12 그들은 꿈에 헤롯에게로 돌아가
지 말라 지시하심을 받아 다른 길
로 (故國)고국에 돌아가니라

애굽으로 피하다

13 ● 그들이 떠난 후에 주의 사자가
요셉에게 (現夢)현몽하여 이르되
헤롯이 아기를 찾아 죽이려 하니
일어나 아기와 그의 어머니를 데
리고 애굽으로 피하여 내가 네게
이르기까지 거기 있으라 하시니
14 요셉이 일어나서 밤에 아기와 그

1) 점성가들이 2) 헬, 두령 중에 ㄱ 사 7:14 ㄴ 미 5:2

의 어머니를 데리고 애굽으로 떠
나가
15 헤롯이 죽기까지 거기 있었으니
이는 주께서 (先知者)선지자를
통하여 말씀하신 바
ㄱ애굽으로부터 내 아들을 불렀
다
함을 이루려 하심이라
16 이에 헤롯이 박사들에게 속은 줄
알고 심히 노하여 사람을 보내어
베들레헴과 그 모든 (地境)지경
안에 있는 사내아이를 박사들에게
자세히 알아본 그 때를 기준하여
두 살부터 그 아래로 다 죽이니
17 이에 선지자 예레미야를 (通)통
하여 말씀하신 바
18 ㄴ라마에서 슬퍼하며 크게 (痛哭)
통곡하는 소리가 들리니 라헬이
그 자식을 위하여 애곡하는 것
이라 그가 자식이 없으므로 (慰
勞)위로 받기를 거절하였다
함이 이루어졌느니라

애굽에서 이스라엘 땅으로

19 ●헤롯이 죽은 후에 주의 (使者)
사자가 애굽에서 요셉에게 현몽
하여 이르되
20 일어나 아기와 그의 어머니를 데
리고 이스라엘 땅으로 가라 아기
의 목숨을 찾던 (者)자들이 죽었
느니라 하시니
21 요셉이 일어나 아기와 그의 어머
니를 데리고 이스라엘 땅으로 들
어가니라
22 그러나 아켈라오가 그의 아버지
헤롯을 이어 유대의 임금 됨을 듣
고 거기로 가기를 무서워하더니
꿈에 (指示)지시하심을 받아 갈
릴리 (地方)지방으로 떠나가
23 나사렛이란 동네에 가서 사니 이
는 (先知者)선지자로 하신 말씀
에 ㄷ나사렛 사람이라 칭하리라
하심을 이루려 함이러라

세례 요한이 천국을 전파하다
(막 1:1-8; 눅 3:1-18; 요 1:19-28)

3 그 때에 [1](洗禮)세례 요한이 이
르러 유대 광야에서 전파하여
말하되
2 (悔改)회개하라 천국이 가까이
왔느니라 하였으니
3 그는 선지자 이사야를 통하여 말
씀하신 자라 일렀으되
ㄹ광야에 외치는 자의 소리가 있
어 이르되 너희는 주의 길을 (準
備)준비하라 그가 오실 길을 곧
게 하라
하였느니라
4 이 요한은 낙타털 옷을 입고 허리
에 가죽 띠를 띠고 (飮食)음식은
메뚜기와 (石淸)석청이었더라
5 이 때에 예루살렘과 온 유대와 요
단 강 (四方)사방에서 다 그에게
나아와
6 자기들의 죄를 (自服)자복하고 요
단 강에서 그에게 [1]세례를 받더니
7 요한이 많은 바리새인들과 사두
개인들이 [1]세례 베푸는 데로 오는
것을 보고 이르되 독사의 자식들
아 누가 너희를 가르쳐 (臨迫)임
박한 (震怒)진노를 피하라 하더냐

1) 헬, 또는 침례 ㄱ 호 11:1 ㄴ 렘 31:15 ㄷ 사 11:1 ㄹ 사 40:3

8 그러므로 회개에 (合當)합당한
열매를 맺고
9 속으로 아브라함이 우리 조상이
라고 생각하지 말라 내가 너희에
게 이르노니 하나님이 (能)능히
이 돌들로도 아브라함의 자손이
되게 하시리라
10 이미 도끼가 나무 뿌리에 놓였으
니 좋은 열매를 맺지 아니하는 나
무마다 찍혀 불에 던져지리라
11 나는 너희로 회개하게 하기 위하
여 물로 [1]세례를 베풀거니와 내
뒤에 오시는 이는 나보다 능력
이 많으시니 나는 그의 신을 들기
도 감당하지 못하겠노라 그는 (聖
靈)성령과 불로 너희에게 [1]세례
를 베푸실 것이요
12 손에 키를 들고 자기의 타작 마당
을 (淨)정하게 하사 알곡은 모아
곳간에 들이고 쭉정이는 꺼지지
않는 불에 태우시리라

세례를 받으시다
(막 1:9-11; 눅 3:21-22)

13 ●이 때에 예수께서 갈릴리로부
터 요단 강에 이르러 요한에게 [1]
(洗禮)세례를 받으려 하시니
14 요한이 말려 이르되 내가 (當身)
당신에게서 [1]세례를 받아야 할 터
인데 당신이 내게로 오시나이까
15 예수께서 대답하여 이르시되 이
제 허락하라 우리가 이와 같이 하
여 모든 의를 이루는 것이 (合當)
합당하니라 하시니 이에 요한이
허락하는지라
16 예수께서 [1]세례를 받으시고 곧
물에서 올라오실새 하늘이 [2]열리
고 하나님의 성령이 비둘기 같이
내려 (自己)자기 위에 (臨)임하심
을 보시더니
17 하늘로부터 소리가 있어 말씀하
시되 이는 내 사랑하는 아들이요
내 기뻐하는 (者)자라 하시니라

시험을 받으시다(막 1:12-13; 눅 4:1-13)

4 그 때에 예수께서 성령에게 이
끌리어 마귀에게 시험을 받으
러 (曠野)광야로 가사
2 사십 일을 밤낮으로 (禁食)금식
하신 후에 주리신지라
3 (試驗)시험하는 자가 예수께 나
아와서 이르되 네가 만일 하나님
의 아들이어든 명하여 이 돌들로
떡덩이가 되게 하라
4 예수께서 (對答)대답하여 이르시
되 기록되었으되
ㄱ사람이 떡으로만 살 것이 아니
요 하나님의 입으로부터 나오는
모든 말씀으로 살 것이라
하였느니라 하시니
5 이에 (魔鬼)마귀가 예수를 거룩
한 성으로 데려다가 성전 꼭대기
에 세우고
6 이르되 네가 만일 하나님의 아들
이어든 뛰어내리라 (記錄)기록되
었으되
ㄴ그가 너를 위하여 그의 (使者)
사자들을 명하시리니 그들이 손
으로 너를 받들어 발이 돌에 부
딪치지 않게 하리로다

1) 헬, 또는 침례 2) 어떤 사본에, 자기에게 열리고 ㄱ 신 8:3
ㄴ 시 91:11,12

마

하였느니라
7 예수께서 이르시되 또 기록되었
으되 [ㄱ]주 너의 하나님을 (試驗)시
험하지 말라 하였느니라 하시니
8 마귀가 또 그를 데리고 지극히 높
은 산으로 가서 (天下 萬國)천하
만국과 그 영광을 보여
9 이르되 만일 내게 엎드려 (敬拜)
경배하면 이 모든 것을 네게 주리
라
10 이에 예수께서 말씀하시되 사탄
아 물러가라 (記錄)기록되었으되
[ㄴ]주 너의 하나님께 경배하고 다
만 그를 섬기라 하였느니라
11 이에 마귀는 예수를 떠나고 천사
들이 나아와서 (隨從)수종드니라

비로소 천국을 전파하시다
(막 1:14-15; 눅 4:14-15)

12 ●예수께서 요한이 잡혔음을 들
으시고 갈릴리로 물러가셨다가
13 나사렛을 떠나 스불론과 납달리
(地境)지경 해변에 있는 가버나
움에 가서 사시니
14 이는 선지자 이사야를 (通)통하
여 하신 말씀을 이루려 하심이라
일렀으되
15 [ㄷ]스불론 땅과 납달리 땅과 요단
강 저편 해변 길과 (異邦)이방의
갈릴리여
16 (黑暗)흑암에 앉은 백성이 큰 빛
을 보았고 사망의 땅과 그늘에
앉은 자들에게 빛이 비치었도다
하였느니라
17 ●이 때부터 예수께서 비로소 (傳
播)전파하여 이르시되 회개하라
천국이 가까이 왔느니라 하시더라

어부들을 부르시다
(막 1:16-20; 눅 5:1-11)

18 ●갈릴리 해변에 다니시다가 두
형제 곧 베드로라 하는 시몬과 그
의 형제 안드레가 바다에 그물 던
지는 것을 보시니 그들은 (漁夫)
어부라
19 말씀하시되 나를 따라오라 내가
너희를 사람을 낚는 어부가 되게
하리라 하시니
20 그들이 곧 그물을 버려 두고 예수
를 따르니라
21 거기서 더 가시다가 다른 두 형제
곧 세베대의 아들 야고보와 그의
(兄弟)형제 요한이 그의 아버지
세베대와 함께 배에서 그물 깁는
것을 보시고 부르시니
22 그들이 곧 배와 아버지를 버려 두
고 예수를 따르니라

가르치시며 전파하시며 고치시다
(눅 6:17-19)

23 ●예수께서 온 갈릴리에 두루 다
니사 그들의 (會堂)회당에서 가
르치시며 [1]천국 복음을 (傳播)전
파하시며 백성 중의 모든 병과 모
든 약한 것을 고치시니
24 그의 소문이 온 수리아에 퍼진지
라 사람들이 모든 앓는 자 곧 각
종 병에 걸려서 고통 당하는 자,
귀신 들린 자, (癎疾)간질하는
자, (中風病者)중풍병자들을 데
려오니 그들을 고치시더라
25 갈릴리와 데가볼리와 예루살렘과

1) 헬, 그 나라의 복음을 ㄱ 신 6:16 ㄴ 신 6:13 ㄷ 사 9:1, 2

유대와 요단 강 건너편에서 (數)
수많은 무리가 따르니라

복이 있는 사람(눅 6:20-23)

5 예수께서 무리를 보시고 산에
올라가 앉으시니 (弟子)제자들
이 나아온지라
2 입을 열어 가르쳐 이르시되
3 (心靈)심령이 가난한 자는 복이
있나니 천국이 그들의 것임이요
4 (哀痛)애통하는 자는 복이 있나니
그들이 위로를 받을 것임이요
5 (溫柔)온유한 자는 복이 있나니
그들이 땅을 기업으로 받을 것임
이요
6 (義)의에 주리고 목마른 자는 복
이 있나니 그들이 배부를 것임이
요
7 (矜恤)긍휼히 여기는 자는 복이
있나니 그들이 긍휼히 여김을 받
을 것임이요
8 마음이 (淸潔)청결한 자는 복이
있나니 그들이 하나님을 볼 것임
이요
9 (和平)화평하게 하는 자는 복이
있나니 그들이 하나님의 아들이
라 일컬음을 받을 것임이요
10 의를 위하여 (迫害)박해를 받은
자는 복이 있나니 천국이 그들의
것임이라

11 나로 말미암아 너희를 (辱)욕하고
박해하고 거짓으로 너희를 거슬
러 모든 악한 말을 할 때에는 너
희에게 복이 있나니
12 기뻐하고 즐거워하라 하늘에서
너희의 상이 큼이라 너희 전에 있
던 선지자들도 이같이 (迫害)박해
하였느니라

소금이요 빛이라(막 9:50; 눅 14:34-35)

13 ● 너희는 (世上)세상의 소금이니
소금이 만일 그 맛을 잃으면 무엇
으로 짜게 하리요 후에는 아무 쓸
데 없어 다만 밖에 버려져 사람에
게 밟힐 뿐이니라
14 너희는 세상의 빛이라 (山)산 위
에 있는 동네가 숨겨지지 못할 것
이요
15 사람이 (燈)등불을 켜서 말 아래
에 두지 아니하고 (燈檠)등경 위
에 두나니 이러므로 집 안 모든
사람에게 비치느니라
16 이같이 너희 빛이 사람 앞에 비치
게 하여 그들로 너희 착한 행실을
보고 하늘에 계신 너희 아버지께
(榮光)영광을 돌리게 하라

예수와 율법

17 ● 내가 율법이나 선지자를 (廢)
폐하러 온 줄로 생각하지 말라 폐
하러 온 것이 아니요 완전하게 하
려 함이라
18 진실로 너희에게 이르노니 천지
가 없어지기 전에는 율법의 (一點
一劃)일점 일획도 결코 없어지지
아니하고 다 이루리라
19 그러므로 누구든지 이 (誡命)계명
중의 지극히 작은 것 하나라도 버
리고 또 그같이 사람을 가르치는
자는 천국에서 지극히 작다 일컬
음을 받을 것이요 누구든지 이를
행하며 가르치는 자는 천국에서
크다 일컬음을 받으리라

20 내가 너희에게 이르노니 너희 의
가 (書記官)서기관과 바리새인보
다 더 낫지 못하면 결코 천국에
들어가지 못하리라

노하지 말라

21 ● ㄱ옛 사람에게 말한 바 살인하
지 말라 누구든지 (殺人)살인하면
심판을 받게 되리라 하였다는 것
을 너희가 들었으나
22 나는 너희에게 이르노니 형제에
게 노하는 자마다 (審判)심판을
받게 되고 형제를 대하여 1)라가
라 하는 자는 (公會)공회에 잡혀
가게 되고 미련한 놈이라 하는 자
는 지옥 불에 들어가게 되리라
23 그러므로 예물을 (祭壇)제단에 드
리려다가 거기서 네 형제에게 원
망들을 만한 일이 있는 것이 생각
나거든
24 예물을 제단 앞에 두고 먼저 가서
형제와 (和睦)화목하고 그 후에
와서 예물을 드리라
25 너를 고발하는 자와 함께 길에 있
을 때에 급히 (私和)사화하라 그
고발하는 자가 너를 재판관에게
내어 주고 재판관이 옥리에게 내
어 주어 옥에 가둘까 염려하라
26 (眞實)진실로 네게 이르노니 네가
한 푼이라도 남김이 없이 다 갚기
전에는 결코 거기서 나오지 못하
리라

간음하지 말라(마 19:9; 막 10:11-12; 눅 16:18)

27 ● ㄴ또 (姦淫)간음하지 말라 하였
다는 것을 너희가 들었으나
28 나는 너희에게 이르노니 (淫慾)음
욕을 품고 여자를 보는 자마다 마
음에 이미 간음하였느니라
29 만일 네 오른 눈이 너로 실족하게
하거든 빼어 내버리라 네 (百體)
백체 중 하나가 없어지고 온 몸이
지옥에 던져지지 않는 것이 유익
하며
30 또한 만일 네 오른손이 너로 실족
하게 하거든 찍어 내버리라 네 백
체 중 하나가 없어지고 온 몸이
(地獄)지옥에 던져지지 않는 것이
유익하니라
31 또 일렀으되 ㄷ누구든지 아내를
버리려거든 (離婚 證書)이혼 증
서를 줄 것이라 하였으나
32 나는 너희에게 이르노니 누구든
지 (淫行)음행한 이유 없이 아내
를 버리면 이는 그로 간음하게 함
이요 또 누구든지 버림받은 여자
에게 장가드는 자도 간음함이니
라

맹세하지 말라

33 ● ㄹ또 옛 사람에게 말한 바 헛
(盟誓)맹세를 하지 말고 네 맹세
한 것을 주께 지키라 하였다는 것
을 너희가 들었으나
34 나는 너희에게 이르노니 도무지
맹세하지 말지니 하늘로도 하지
말라 이는 하나님의 (寶座)보좌임
이요
35 땅으로도 하지 말라 이는 하나님
의 발(凳床)등상임이요 예루살렘

1) 라가는 히브리인의 욕설 ㄱ 출 20:13; 신 5:17 ㄴ 출 20:14; 신 5:18 ㄷ 신 24:1, 3 ㄹ 레 19:12; 민 30:2; 신 23:21

으로도 하지 말라 이는 큰 임금의
성임이요
36 네 머리로도 하지 말라 이는 네가
한 터럭도 희고 검게 할 수 없음
이라
37 오직 너희 말은 옳다 옳다, 아니
라 아니라 하라 이에서 지나는 것
은 [1](惡)악으로부터 나느니라

악한 자를 대적하지 말라(눅 6:29-30)

38 ● ㄱ또 눈은 눈으로, 이는 이로 갚
으라 하였다는 것을 너희가 들었
으나
39 나는 너희에게 이르노니 [2]악한
자를 (對敵)대적하지 말라 누구
든지 네 오른편 뺨을 치거든 왼편
도 돌려 대며
40 또 너를 (告發)고발하여 속옷을
가지고자 하는 자에게 겉옷까지
도 가지게 하며
41 또 누구든지 너로 억지로 오 리를
가게 하거든 그 사람과 십 리를
(同行)동행하고
42 네게 구하는 자에게 주며 네게 꾸
고자 하는 자에게 (拒絶)거절하지
말라

원수를 사랑하라(눅 6:27-28, 32-36)

43 ● ㄴ또 네 이웃을 사랑하고 네 (怨
讐)원수를 미워하라 하였다는 것
을 너희가 들었으나
44 나는 너희에게 이르노니 너희 원
수를 사랑하며 너희를 (迫害)박해
하는 자를 위하여 기도하라
45 이같이 한즉 하늘에 계신 너희 아

1) 또는 악한 자로 2) 또는 악을 ㄱ 출 21:24; 레 24:20; 신 19:21
ㄴ 레 19:18

버지의 아들이 되리니 이는 하나
님이 그 해를 (惡人)악인과 (善人)
선인에게 비추시며 비를 의로운
자와 불의한 자에게 내려주심이
라
46 너희가 너희를 사랑하는 자를 사
랑하면 무슨 상이 있으리요 (稅
吏)세리도 이같이 아니하느냐
47 또 너희가 너희 형제에게만 문안
하면 남보다 더하는 것이 무엇이
냐 (異邦人)이방인들도 이같이
아니하느냐
48 그러므로 하늘에 계신 너희 아버
지의 (穩全)온전하심과 같이 너희
도 온전하라

구제함을 은밀하게 하라

6 사람에게 보이려고 그들 앞에서
너희 의를 행하지 않도록 주의
하라 그리하지 아니하면 하늘에
계신 너희 아버지께 (賞)상을 받
지 못하느니라
2 ● 그러므로 (救濟)구제할 때에
외식하는 자가 사람에게서 영광
을 받으려고 (會堂)회당과 거리에
서 하는 것 같이 너희 앞에 나팔
을 불지 말라 진실로 너희에게 이
르노니 그들은 자기 상을 이미 받
았느니라
3 너는 구제할 때에 오른손이 하는
것을 왼손이 모르게 하여
4 네 구제함을 (隱密)은밀하게 하라
은밀한 중에 보시는 너의 아버지
께서 갚으시리라

너희는 이렇게 기도하라(눅 11:2-4)

5 ● 또 너희는 기도할 때에 (外飾)

외식하는 자와 같이 하지 말라 그
들은 사람에게 보이려고 회당과
큰 거리 어귀에 서서 기도하기를
좋아하느니라 내가 진실로 너희
에게 이르노니 그들은 자기 상을
이미 받았느니라
6 너는 (祈禱)기도할 때에 네 골방
에 들어가 문을 닫고 은밀한 중에
계신 네 아버지께 기도하라 은밀
한 중에 보시는 네 아버지께서 갚
으시리라
7 또 기도할 때에 이방인과 같이
(重言復言)중언부언하지 말라 그
들은 말을 많이 하여야 들으실 줄
생각하느니라
8 그러므로 그들을 (本)본받지 말라
(求)구하기 전에 너희에게 있어야
할 것을 하나님 너희 아버지께서
아시느니라
9 그러므로 너희는 이렇게 (祈禱)
기도하라 하늘에 계신 우리 아버
지여 이름이 거룩히 여김을 받으
시오며
10 나라가 (臨)임하시오며 뜻이 하늘
에서 이루어진 것 같이 땅에서도
이루어지이다
11 오늘 우리에게 [1](日用)일용할 양
식을 주시옵고
12 우리가 우리에게 [2]죄 지은 자를
(赦)사하여 준 것 같이 우리 죄를
사하여 주시옵고
13 우리를 (試驗)시험에 들게 하지
마시옵고 다만 [3]악에서 구하시옵
소서 [4](나라와 권세와 영광이 아
버지께 영원히 있사옵나이다 아
멘)
14 너희가 사람의 잘못을 (容恕)용서
하면 너희 하늘 아버지께서도 너
희 잘못을 용서하시려니와
15 너희가 사람의 잘못을 (容恕)용서
하지 아니하면 너희 아버지께서
도 너희 잘못을 용서하지 아니하
시리라

외식으로 금식하지 말라

16 ● (禁食)금식할 때에 너희는 외
식하는 자들과 같이 슬픈 기색을
보이지 말라 그들은 금식하는 것
을 사람에게 보이려고 얼굴을 흉
하게 하느니라 내가 진실로 너희
에게 이르노니 그들은 자기 상을
이미 받았느니라
17 너는 (禁食)금식할 때에 머리에
기름을 바르고 얼굴을 씻으라
18 이는 금식하는 자로 사람에게 보
이지 않고 오직 (隱密)은밀한 중
에 계신 네 아버지께 보이게 하려
함이라 은밀한 중에 보시는 네 아
버지께서 갚으시리라

보물을 하늘에 쌓아 두라

(눅 11:34-36; 12:22-34; 16:13)

19 ● 너희를 위하여 (寶物)보물을
땅에 쌓아 두지 말라 거기는 좀과
(銅綠)동록이 해하며 도둑이 구
멍을 뚫고 도둑질하느니라
20 오직 너희를 위하여 (寶物)보물을
하늘에 쌓아 두라 거기는 좀이나
동록이 해하지 못하며 도둑이 구

1) 또는 내일 양식을 2) 헬, 빚진 자를 탕감하여 준 것 같이 우리의 빚도 탕감하여 주시옵고 3) 또는 악한 자에게서도 4) 고대 사본에, 이 괄호 내 구절이 없음

명을 뚫지도 못하고 도둑질도 못
하느니라
21 네 (寶物)보물 있는 그 곳에는 네
마음도 있느니라
22 눈은 몸의 (燈)등불이니 그러므로
네 눈이 [1]성하면 온 몸이 밝을 것
이요
23 눈이 나쁘면 온 몸이 어두울 것이
니 그러므로 네게 있는 빛이 어두
우면 그 어둠이 얼마나 더하겠느냐
24 한 사람이 두 주인을 섬기지 못할
것이니 혹 이를 미워하고 저를 사
랑하거나 혹 이를 중히 여기고 저
를 (輕)경히 여김이라 너희가 하
나님과 재물을 (兼)겸하여 섬기지
못하느니라
25 그러므로 내가 너희에게 이르노
니 목숨을 위하여 무엇을 먹을까
무엇을 마실까 몸을 위하여 무엇
을 입을까 (念慮)염려하지 말라
목숨이 음식보다 중하지 아니하
며 몸이 의복보다 중하지 아니하
냐
26 공중의 새를 보라 심지도 않고 거
두지도 않고 (倉庫)창고에 모아들
이지도 아니하되 너희 하늘 아버
지께서 기르시나니 너희는 이것
들보다 귀하지 아니하냐
27 너희 중에 누가 (念慮)염려함으로
그 [2]키를 한 자라도 더할 수 있겠
느냐
28 또 너희가 어찌 (衣服)의복을 위
하여 염려하느냐 들의 백합화가
어떻게 자라는가 생각하여 보라

1) 헬, 순전하면 2) 또는 목숨을

수고도 아니하고 길쌈도 아니하
느니라
29 그러나 내가 너희에게 말하노니
솔로몬의 모든 (榮光)영광으로도
입은 것이 이 꽃 하나만 같지 못
하였느니라
30 오늘 있다가 (來日)내일 아궁이에
던져지는 들풀도 하나님이 이렇
게 입히시거든 하물며 너희일까
보냐 믿음이 작은 자들아
31 그러므로 (念慮)염려하여 이르기
를 무엇을 먹을까 무엇을 마실까
무엇을 입을까 하지 말라
32 이는 다 (異邦人)이방인들이 구
하는 것이라 너희 하늘 아버지께
서 이 모든 것이 너희에게 있어야
할 줄을 아시느니라
33 그런즉 너희는 먼저 그의 나라와
그의 (義)의를 구하라 그리하면
이 모든 것을 너희에게 더하시리
라
34 그러므로 (來日)내일 일을 위하여
(念慮)염려하지 말라 내일 일은
내일이 염려할 것이요 한 날의 괴
로움은 그 날로 족하니라

비판하지 말라(눅 6:37-38, 41-42)

7 (批判)비판을 받지 아니하려거
든 비판하지 말라
2 너희가 (批判)비판하는 그 비판
으로 너희가 비판을 받을 것이요
너희가 헤아리는 그 헤아림으로
너희가 헤아림을 받을 것이니라
3 어찌하여 (兄弟)형제의 눈 속에
있는 티는 보고 네 눈 속에 있는
들보는 깨닫지 못하느냐

4 보라 네 눈 속에 들보가 있는데
어찌하여 (兄弟)형제에게 말하기
를 나로 네 눈 속에 있는 티를 빼
게 하라 하겠느냐
5 (外飾)외식하는 자여 먼저 네 눈
속에서 들보를 빼어라 그 후에야
밝히 보고 형제의 눈 속에서 티를
빼리라
6 ●거룩한 것을 개에게 주지 말며
너희 (眞珠)진주를 돼지 앞에 던
지지 말라 그들이 그것을 발로 밟
고 돌이켜 너희를 찢어 상하게 할
까 염려하라

구하라 찾으라 문을 두드리라
(눅 11:9-13)

7 ●(求)구하라 그리하면 너희에게
주실 것이요 찾으라 그리하면 찾
아낼 것이요 (門)문을 두드리라
그리하면 너희에게 열릴 것이니
8 구하는 이마다 받을 것이요 찾는
이는 찾아낼 것이요 두드리는 이
에게는 열릴 것이니라
9 너희 (中)중에 누가 아들이 떡을
달라 하는데 돌을 주며
10 (生鮮)생선을 달라 하는데 뱀을
줄 사람이 있겠느냐
11 너희가 (惡)악한 (者)자라도 좋은
것으로 자식에게 줄 줄 알거든 하
물며 하늘에 계신 너희 아버지께
서 구하는 자에게 좋은 것으로 주
시지 않겠느냐
12 그러므로 무엇이든지 남에게 (待
接)대접을 받고자 하는 대로 너
희도 남을 대접하라 이것이 (律
法)율법이요 선지자니라

좁은 문(눅 13:24)

13 ●좁은 문으로 들어가라 (滅亡)
멸망으로 인도하는 문은 크고 그
길이 넓어 그리로 들어가는 자가
많고
14 생명으로 인도하는 문은 좁고 길
이 (狹窄)협착하여 찾는 자가 적
음이라

열매로 그들을 알리라
(눅 6:43-44,47-49; 13:25-27)

15 ●거짓 선지자들을 삼가라 양의
옷을 입고 너희에게 나아오나 속
에는 (擄掠)노략질하는 이리라
16 그들의 열매로 그들을 알지니 가
시나무에서 포도를, 또는 엉겅퀴
에서 (無花果)무화과를 따겠느냐
17 이와 같이 좋은 나무마다 아름다
운 열매를 맺고 못된 나무가 나쁜
열매를 맺나니
18 좋은 나무가 나쁜 열매를 맺을 수
없고 못된 나무가 아름다운 열매
를 맺을 수 없느니라
19 아름다운 열매를 맺지 아니하는
나무마다 찍혀 불에 던져지느니라
20 이러므로 그들의 열매로 그들을
알리라
21 나더러 주여 주여 하는 자마다 다
(天國)천국에 들어갈 것이 아니요
다만 하늘에 계신 내 아버지의 뜻
대로 행하는 자라야 들어가리라
22 그 날에 많은 사람이 나더러 이르
되 주여 주여 우리가 주의 이름으
로 선지자 노릇 하며 주의 이름으
로 귀신을 쫓아 내며 주의 이름으
로 많은 (權能)권능을 행하지 아

니하였나이까 하리니
23 그 때에 내가 그들에게 밝히 말하
되 내가 너희를 도무지 알지 못하
니 (不法)불법을 행하는 자들아
내게서 떠나가라 하리라
24 그러므로 누구든지 나의 이 말을
듣고 행하는 자는 그 집을 (磐石)
반석 위에 지은 지혜로운 사람 같
으리니
25 비가 내리고 (漲水)창수가 나고
바람이 불어 그 집에 부딪치되 무
너지지 아니하나니 이는 주추를
반석 위에 놓은 까닭이요
26 나의 이 말을 듣고 (行)행하지 아
니하는 자는 그 집을 모래 위에
지은 어리석은 사람 같으리니
27 비가 내리고 (漲水)창수가 나고
바람이 불어 그 집에 부딪치매 무
너져 그 무너짐이 심하니라

무리들이 가르치심에 놀라다

28 ● 예수께서 이 말씀을 마치시매
무리들이 그의 가르치심에 놀라니
29 이는 그 가르치시는 것이 (權威)
권위 있는 자와 같고 그들의 (書
記官)서기관들과 같지 아니함일
러라

나병환자를 깨끗하게 하시다
(막 1:40-45; 눅 5:12-16)

8 예수께서 산에서 내려 오시니
(數)수많은 무리가 따르니라
2 한 (癩病患者)나병환자가 나아와
절하며 이르되 주여 원하시면 저
를 깨끗하게 하실 수 있나이다 하
거늘

1) 어떤 사본에, 이스라엘 중에서라도 ㄱ 레 14:2 이하

3 예수께서 손을 내밀어 그에게 대
시며 이르시되 내가 원하노니 깨
끗함을 받으라 하시니 (卽時)즉
시 그의 나병이 깨끗하여진지라
4 예수께서 이르시되 삼가 아무에
게도 이르지 말고 다만 가서 ㄱ제
사장에게 네 몸을 보이고 모세가
명한 예물을 드려 그들에게 (立
證)입증하라 하시니라

백부장의 하인을 고치시다
(눅 7:1-10; 요 4:43-54)

5 ● 예수께서 가버나움에 들어가
시니 한 백부장이 나아와 (懇求)
간구하여
6 이르되 주여 내 하인이 (中風病)
중풍병으로 집에 누워 몹시 괴로
워하나이다
7 이르시되 내가 가서 고쳐 주리라
8 (百夫長)백부장이 (對答)대답하
여 이르되 주여 내 집에 들어오심
을 나는 (堪當)감당하지 못하겠사
오니 다만 말씀으로만 하옵소서
그러면 내 하인이 낫겠사옵나이다
9 나도 남의 (手下)수하에 있는 사
람이요 내 아래에도 (軍士)군사
가 있으니 이더러 가라 하면 가고
저더러 오라 하면 오고 내 종더러
이것을 하라 하면 하나이다
10 예수께서 들으시고 놀랍게 여겨
따르는 자들에게 이르시되 내가
(眞實)진실로 너희에게 이르노니
[1]이스라엘 중 아무에게서도 이만
한 믿음을 보지 못하였노라
11 또 너희에게 이르노니 동 서로부
터 많은 사람이 이르러 아브라함

과 이삭과 야곱과 함께 (天國)천
국에 [1]앉으려니와
12 그 나라의 (本)본 (子孫)자손들은
바깥 어두운 데 쫓겨나 거기서 울
며 이를 갈게 되리라
13 예수께서 (百夫長)백부장에게 이
르시되 가라 네 믿은 대로 될지어
다 하시니 그 즉시 하인이 나으니
라

많은 사람들을 다 고치시다
(막 1:29-34; 눅 4:38-41)

14 ● 예수께서 베드로의 집에 들어
가사 그의 장모가 (熱病)열병으
로 앓아 누운 것을 보시고
15 그의 손을 만지시니 열병이 떠나
가고 여인이 일어나서 예수께 (隨
從)수종들더라
16 저물매 사람들이 (鬼神)귀신 들
린 자를 많이 데리고 예수께 오거
늘 예수께서 말씀으로 귀신들을
쫓아 내시고 병든 자들을 다 고치
시니
17 이는 선지자 이사야를 통하여 하
신 말씀에

ㄱ우리의 (軟弱)연약한 것을 친
히 담당하시고 병을 짊어지셨도
다

함을 이루려 하심이더라

나를 따르라(눅 9:57-62)

18 ● 예수께서 무리가 (自己)자기를
에워싸는 것을 보시고 건너편으
로 가기를 명하시니라
19 한 (書記官)서기관이 나아와 예
수께 아뢰되 선생님이여 어디로
가시든지 저는 따르리이다
20 예수께서 이르시되 여우도 굴이
있고 공중의 새도 거처가 있으되
(人子)인자는 머리 둘 곳이 없다
하시더라
21 제자 중에 또 한 사람이 이르되
주여 내가 먼저 가서 내 아버지를
장사하게 (許諾)허락하옵소서
22 예수께서 이르시되 죽은 자들이
그들의 죽은 자들을 (葬事)장사하
게 하고 너는 나를 따르라 하시니
라

바람과 바다를 잔잔하게 하시다
(막 4:35-41; 눅 8:22-25)

23 ● 배에 오르시매 (弟子)제자들이
따랐더니
24 바다에 큰 놀이 일어나 배가 물결
에 덮이게 되었으되 예수께서는
주무시는지라
25 그 (弟子)제자들이 나아와 깨우
며 이르되 주여 (救援)구원하소
서 우리가 죽겠나이다
26 예수께서 이르시되 어찌하여 무
서워하느냐 믿음이 작은 (者)자들
아 하시고 곧 일어나사 바람과 바
다를 꾸짖으시니 아주 잔잔하게
되거늘
27 그 사람들이 놀랍게 여겨 이르되
이이가 어떠한 사람이기에 바람
과 바다도 (順從)순종하는가 하
더라

귀신 들린 두 사람을 고치시다
(막 5:1-20; 눅 8:26-39)

28 ● 또 예수께서 건너편 가다라 지

1) 헬, 기대어 누우려니와(유대인이 음식 먹을 때에 가지는 자세)
ㄱ 사 53:4

방에 가시매 귀신 들린 자 둘이
무덤 사이에서 나와 예수를 만나
니 그들은 몹시 사나워 아무도 그
길로 지나갈 수 없을 (地境)지경
이더라
29 이에 그들이 소리 질러 이르되 하
나님의 아들이여 우리가 당신과
무슨 (相關)상관이 있나이까 때
가 이르기 전에 우리를 괴롭게 하
려고 여기 오셨나이까 하더니
30 마침 멀리서 많은 돼지 떼가 먹고
있는지라
31 귀신들이 예수께 (懇求)간구하여
이르되 만일 우리를 쫓아 내시려
면 돼지 떼에 들여 보내 주소서
하니
32 그들에게 가라 하시니 (鬼神)귀
신들이 나와서 돼지에게로 들어
가는지라 온 떼가 비탈로 내리달
아 바다에 들어가서 물에서 (沒
死)몰사하거늘
33 치던 자들이 달아나 (市內)시내
에 들어가 이 모든 일과 귀신 들
린 자의 일을 고하니
34 온 시내가 예수를 만나려고 나가
서 보고 그 지방에서 떠나시기를
(懇求)간구하더라

중풍병자를 고치시다
(막 2:1-12; 눅 5:17-26)

9 예수께서 배에 오르사 건너가
(本)본 동네에 이르시니
2 (寢牀)침상에 누운 중풍병자를
사람들이 데리고 오거늘 예수께
서 그들의 믿음을 보시고 중풍병
자에게 이르시되 작은 자야 안심
하라 네 죄 사함을 받았느니라
3 어떤 서기관들이 속으로 이르되
이 사람이 (神聖)신성을 (冒瀆)모
독하도다
4 예수께서 그 생각을 아시고 이
르시되 너희가 어찌하여 마음에
(惡)악한 생각을 하느냐
5 네 (罪)죄 사함을 받았느니라 하
는 말과 일어나 걸어가라 하는 말
중에 어느 것이 쉽겠느냐
6 그러나 인자가 세상에서 죄를 사
하는 권능이 있는 줄을 너희로 알
게 하려 하노라 하시고 (中風病
者)중풍병자에게 말씀하시되 일
어나 네 침상을 가지고 집으로 가
라 하시니
7 그가 일어나 집으로 돌아가거늘
8 무리가 보고 두려워하며 이런 권
능을 사람에게 주신 하나님께 (榮
光)영광을 돌리니라

마태를 부르시다
(막 2:13-17; 눅 5:27-32)

9 ●예수께서 그 곳을 떠나 지나가
시다가 마태라 하는 사람이 (稅
關)세관에 앉아 있는 것을 보시
고 이르시되 나를 따르라 하시니
일어나 따르니라
10 예수께서 마태의 집에서 [1]앉아
음식을 잡수실 때에 많은 세리와
(罪人)죄인들이 와서 예수와 그
의 제자들과 함께 [1]앉았더니
11 바리새인들이 보고 그의 제자들
에게 이르되 어찌하여 너희 (先
生)선생은 세리와 죄인들과 함께

1) 8:11 난하주를 보라

잡수시느냐
12 예수께서 들으시고 이르시되 건
강한 자에게는 (醫師)의사가 쓸
데 없고 병든 자에게라야 쓸 데
있느니라
13 너희는 가서 ㄱ내가 (矜恤)긍휼을
원하고 제사를 원하지 아니하노
라 하신 뜻이 무엇인지 배우라 나
는 의인을 부르러 온 것이 아니요
죄인을 부르러 왔노라 하시니라

금식 논쟁(막 2:18-22; 눅 5:33-39)

14 ●그 때에 요한의 제자들이 예수
께 나아와 이르되 우리와 바리새
인들은 (禁食)금식하는데 어찌하
여 당신의 제자들은 금식하지 아
니하나이까
15 예수께서 그들에게 이르시되 (婚
姻)혼인집 손님들이 신랑과 함께
있을 동안에 슬퍼할 수 있느냐 그
러나 신랑을 빼앗길 날이 이르리
니 그 때에는 금식할 것이니라
16 (生)생베 조각을 낡은 옷에 붙이
는 자가 없나니 이는 기운 것이
그 옷을 당기어 해어짐이 더하게
됨이요
17 새 포도주를 낡은 가죽 (負袋)부
대에 넣지 아니하나니 그렇게 하
면 부대가 터져 포도주도 쏟아지
고 부대도 버리게 됨이라 새 포도
주는 새 부대에 넣어야 둘이 다
(保全)보전되느니라

한 관리의 딸과 예수의 옷을 만진 여자 (막 5:21-43; 눅 8:40-56)

18 ●예수께서 이 말씀을 하실 때에
한 (官吏)관리가 와서 절하며 이
르되 내 딸이 방금 죽었사오나 오
셔서 그 몸에 손을 얹어 주소서
그러면 살아나겠나이다 하니
19 예수께서 일어나 따라가시매 제
자들도 가더니
20 열두 해 동안이나 (血漏症)혈루
증으로 앓는 여자가 예수의 뒤로
와서 그 겉옷 가를 만지니
21 이는 제 마음에 그 겉옷만 만져도
(救援)구원을 받겠다 함이라
22 예수께서 돌이켜 그를 보시며 이
르시되 딸아 (安心)안심하라 네
믿음이 너를 구원하였다 하시니
여자가 그 즉시 구원을 받으니라
23 예수께서 그 (官吏)관리의 집에
가사 피리 부는 자들과 떠드는 무
리를 보시고
24 이르시되 물러가라 이 (少女)소녀
가 죽은 것이 아니라 잔다 하시니
그들이 비웃더라
25 무리를 내보낸 (後)후에 예수께
서 들어가사 (小女)소녀의 손을
잡으시매 일어나는지라
26 그 (所聞)소문이 그 온 땅에 퍼지
더라

맹인들의 눈을 뜨게 하시다

27 ●예수께서 거기에서 떠나가실
새 두 맹인이 따라오며 소리 질러
이르되 다윗의 (子孫)자손이여
우리를 불쌍히 여기소서 하더니
28 예수께서 집에 들어가시매 맹인
들이 그에게 나아오거늘 예수께
서 이르시되 내가 능히 이 일 할
줄을 믿느냐 (對答)대답하되 주

ㄱ 호 6:6

여 그러하오이다 하니
29 이에 예수께서 그들의 눈을 만지
시며 이르시되 너희 믿음대로 되
라 하시니
30 그 눈들이 밝아진지라 예수께서
(嚴)엄히 (警告)경고하시되 삼가
아무에게도 알리지 말라 하셨으나
31 그들이 나가서 예수의 (所聞)소
문을 그 온 땅에 퍼뜨리니라

말 못하는 사람을 고치시다

32 ● 그들이 나갈 때에 (鬼神)귀신
들려 말 못하는 사람을 예수께 데
려오니
33 귀신이 쫓겨나고 말 못하는 사람
이 말하거늘 무리가 놀랍게 여겨
이르되 이스라엘 가운데서 이런
일을 본 적이 없다 하되
34 바리새인들은 이르되 그가 귀신
의 왕을 (依支)의지하여 귀신을
쫓아낸다 하더라

무리를 불쌍히 여기시다

35 ● 예수께서 모든 도시와 마을에
두루 다니사 그들의 (會堂)회당
에서 가르치시며 [1]천국 복음을
(傳播)전파하시며 모든 병과 모
든 약한 것을 고치시니라
36 무리를 보시고 불쌍히 여기시니
이는 그들이 목자 없는 양과 같이
(苦生)고생하며 기진함이라
37 이에 (弟子)제자들에게 이르시되
추수할 것은 많되 일꾼이 적으니
38 그러므로 (秋收)추수하는 주인에
게 청하여 추수할 일꾼들을 보내
주소서 하라 하시니라

1) 헬, 그 나라의 복음을 2) 아람어에서 온 말로 열심당원이란 뜻이다.

열두 제자를 부르시다

(막 3:13-19; 눅 6:12-16)

10 예수께서 그의 열두 제자를
부르사 더러운 귀신을 쫓아
내며 모든 병과 모든 약한 것을
고치는 (權能)권능을 주시니라

열두 제자에게 명하여 이르시다

(막 6:7-13; 눅 9:1-6)

2 ● 열두 (使徒)사도의 이름은 이
러하니 베드로라 하는 시몬을 비
롯하여 그의 형제 안드레와 세베
대의 아들 야고보와 그의 형제 요
한,
3 빌립과 바돌로매, 도마와 (稅吏)
세리 마태, 알패오의 아들 야고보
와 다대오,
4 [2]가나나인 시몬 및 가룟 유다 곧
예수를 판 (者)자라
5 예수께서 이 열둘을 내보내시며
명하여 이르시되 (異邦人)이방인
의 길로도 가지 말고 사마리아인
의 고을에도 들어가지 말고
6 오히려 이스라엘 집의 잃어버린
(羊)양에게로 가라
7 가면서 (傳播)전파하여 말하되
(天國)천국이 가까이 왔다 하고
8 병든 자를 고치며 죽은 자를 살리
며 (癩病患者)나병환자를 깨끗하
게 하며 (鬼神)귀신을 쫓아내되
너희가 거저 받았으니 거저 주라
9 너희 (纏帶)전대에 금이나 은이나
동을 가지지 말고
10 (旅行)여행을 위하여 배낭이나 두
벌 옷이나 신이나 지팡이를 가지
지 말라 이는 일꾼이 자기의 먹을

것 받는 것이 마땅함이라
11 어떤 성이나 마을에 들어가든지
그 중에 (合當)합당한 자를 찾아
내어 너희가 떠나기까지 거기서
머물라
12 또 그 집에 들어가면서 (平安)평
안하기를 빌라
13 그 집이 이에 (合當)합당하면 너
희 빈 평안이 거기 임할 것이요 만
일 합당하지 아니하면 그 (平安)
평안이 너희에게 돌아올 것이니라
14 누구든지 너희를 (迎接)영접하지
도 아니하고 너희 말을 듣지도 아
니하거든 그 집이나 성에서 나가
너희 발의 먼지를 떨어 버리라
15 내가 진실로 너희에게 이르노니
(審判)심판 날에 소돔과 고모라
땅이 그 성보다 견디기 쉬우리라

미움을 받을 것이다
(막 13:9-13; 눅 21:12-17)

16 ●보라 내가 너희를 보냄이 양을
이리 가운데로 보냄과 같도다 그
러므로 너희는 뱀 같이 지혜롭고
비둘기 같이 (純潔)순결하라
17 사람들을 삼가라 그들이 너희를
(公會)공회에 넘겨 주겠고 그들의
회당에서 채찍질하리라
18 또 너희가 나로 말미암아 총독들
과 임금들 앞에 끌려 가리니 이는
그들과 이방인들에게 (證據)증거
가 되게 하려 하심이라
19 너희를 넘겨 줄 때에 어떻게 또는
무엇을 말할까 (念慮)염려하지 말
라 그 때에 너희에게 할 말을 주
시리니
20 말하는 이는 너희가 아니라 너희
속에서 말씀하시는 이 곧 너희 아
버지의 (聖靈)성령이시니라
21 장차 형제가 형제를, 아버지가 자
식을 죽는 데에 내주며 자식들이
부모를 (對敵)대적하여 죽게 하리
라
22 또 너희가 내 이름으로 말미암아
모든 사람에게 미움을 받을 것이
나 끝까지 견디는 자는 (救援)구
원을 얻으리라
23 이 동네에서 너희를 박해하거든
저 동네로 피하라 내가 (眞實)진
실로 너희에게 이르노니 이스라
엘의 모든 동네를 다 다니지 못하
여서 (人子)인자가 오리라

두려워할 분을 두려워하라
(눅 12:2-9)

24 ●(弟子)제자가 그 선생보다, 또는
종이 그 상전보다 높지 못하나니
25 제자가 그 선생 같고 종이 그 (上
典)상전 같으면 족하도다 집 주
인을 바알세불이라 하였거든 하
물며 그 집 사람들이랴
26 그런즉 그들을 두려워하지 말라
감추인 것이 드러나지 않을 것이
없고 숨은 것이 알려지지 않을 것
이 없느니라
27 내가 너희에게 어두운 데서 이르
는 것을 (光明)광명한 데서 말하
며 너희가 귓속말로 듣는 것을 집
위에서 전파하라
28 몸은 죽여도 (靈魂)영혼은 능히
죽이지 못하는 자들을 두려워하
지 말고 오직 몸과 영혼을 능히

(地獄)지옥에 멸하실 수 있는 이
를 두려워하라
29 참새 두 마리가 한 [1]앗사리온에
팔리지 않느냐 그러나 너희 아버
지께서 (許諾)허락하지 아니하시
면 그 하나도 땅에 떨어지지 아니
하리라
30 너희에게는 머리털까지 다 세신
바 되었나니
31 두려워하지 말라 너희는 많은 참
새보다 (貴)귀하니라
32 누구든지 사람 앞에서 나를 (是
認)시인하면 나도 하늘에 계신 내
아버지 앞에서 그를 시인할 것이요
33 누구든지 사람 앞에서 나를 부인
하면 나도 하늘에 계신 내 아버지
앞에서 그를 (否認)부인하리라

검을 주러 왔다(눅 12:51-53; 14:26-27)

34 ● 내가 세상에 (和平)화평을 주
러 온 줄로 생각하지 말라 화평이
아니요 (劍)검을 [2]주러 왔노라
35 내가 온 것은 사람이 그 아버지
와, 딸이 어머니와, 며느리가 시
어머니와 (不和)불화하게 하려 함
이니
36 사람의 (怨讐)원수가 자기 집안
식구리라
37 아버지나 어머니를 나보다 더 사
랑하는 자는 내게 (合當)합당하지
아니하고 아들이나 딸을 나보다
더 사랑하는 자도 내게 합당하지
아니하며
38 또 자기 (十字架)십자가를 지고
나를 따르지 않는 자도 내게 합당

1) 동전의 명칭 2) 헬 던지러

하지 아니하니라
39 (自己)자기 목숨을 얻는 자는 잃
을 것이요 나를 위하여 자기 목숨
을 잃는 자는 얻으리라

상을 받을 사람(막 9:41)

40 ● 너희를 (迎接)영접하는 자는
나를 영접하는 것이요 나를 영접
하는 자는 나를 보내신 이를 영접
하는 것이니라
41 (先知者)선지자의 이름으로 선지
자를 영접하는 자는 선지자의 상
을 받을 것이요 (義人)의인의 이
름으로 의인을 영접하는 자는 의
인의 상을 받을 것이요
42 또 누구든지 제자의 이름으로 이
작은 자 중 하나에게 (冷水)냉수
한 그릇이라도 주는 자는 내가 진
실로 너희에게 이르노니 그 사람
이 결단코 상을 잃지 아니하리라
하시니라

11

예수께서 열두 제자에게 명
하기를 마치시고 이에 그들
의 여러 동네에서 가르치시며 (傳
導)전도하시려고 거기를 떠나 가
시니라

세례 요한(눅 7:18-35)

2 ● 요한이 (獄)옥에서 그리스도께
서 하신 일을 듣고 제자들을 보내
어
3 예수께 여짜오되 오실 그이가 (當
身)당신이오니이까 우리가 다른
이를 기다리오리이까
4 예수께서 (對答)대답하여 이르시
되 너희가 가서 듣고 보는 것을
요한에게 알리되

5 맹인이 보며 못 걷는 사람이 걸으
며 나병환자가 깨끗함을 받으며
못 듣는 자가 들으며 죽은 자가
살아나며 가난한 자에게 (福音)복
음이 (傳播)전파된다 하라
6 누구든지 나로 말미암아 (失足)실
족하지 아니하는 자는 복이 있도
다 하시니라
7 그들이 떠나매 예수께서 무리에
게 요한에 대하여 말씀하시되 너
희가 무엇을 보려고 (曠野)광야에
나갔더냐 바람에 흔들리는 갈대
냐
8 그러면 너희가 무엇을 보려고 나
갔더냐 부드러운 옷 입은 사람이
냐 부드러운 옷을 입은 사람들은
(王宮)왕궁에 있느니라
9 그러면 너희가 어찌하여 나갔더
냐 (先知者)선지자를 보기 위함이
었더냐 옳다 내가 너희에게 이르
노니 선지자보다 더 나은 자니라
10 기록된 바
ㄱ보라 내가 내 (使者)사자를 네
앞에 보내노니 그가 네 길을 네
앞에 준비하리라
하신 것이 이 사람에 대한 말씀이
니라
11 내가 (眞實)진실로 너희에게 말
하노니 여자가 낳은 자 중에 [1]세
례 요한보다 큰 이가 일어남이 없
도다 그러나 천국에서는 (極)극히
작은 자라도 그보다 크니라
12 [1]세례 요한의 때부터 지금까지
천국은 (侵擄)침노를 당하나니 침
노하는 자는 빼앗느니라
13 모든 선지자와 율법이 (預言)예언
한 것은 요한까지니
14 (萬一)만일 너희가 즐겨 받을진대
오리라 한 엘리야가 곧 이 사람이
니라
15 귀 있는 (者)자는 들을지어다
16 이 세대를 무엇으로 (譬喩)비유할
까 비유하건대 아이들이 장터에
앉아 제 동무를 불러
17 이르되 우리가 너희를 (向)향하여
피리를 불어도 너희가 춤추지 않
고 우리가 슬피 울어도 너희가 가
슴을 치지 아니하였다 함과 같도
다
18 요한이 와서 먹지도 않고 마시지
도 아니하매 그들이 말하기를 (鬼
神)귀신이 들렸다 하더니
19 인자는 와서 먹고 마시매 말하기
를 보라 먹기를 (貪)탐하고 포도
주를 즐기는 사람이요 세리와 죄
인의 친구로다 하나 지혜는 그 [2]행
한 일로 인하여 옳다 함을 얻느니
라

회개하지 아니하는 도시들(눅 10:13-15)

20 ● 예수께서 권능을 가장 많이 행
하신 고을들이 회개하지 아니하
므로 그 때에 (責望)책망하시되
21 화 있을진저 고라신아 화 있을진
저 벳새다야 너희에게 행한 모든
권능을 두로와 시돈에서 행하였
더라면 그들이 벌써 베옷을 입고
재에 앉아 (悔改)회개하였으리라
22 내가 너희에게 이르노니 (審判)심
판 날에 두로와 시돈이 너희보다

1) 헬, 또는 침례 2) 어떤 사본에, 자녀들로 ㄱ 말 3:1

견디기 쉬우리라
23 가버나움아 네가 하늘에까지 높
아지겠느냐 (陰府)음부에까지 낮
아지리라 네게 행한 모든 (權能)
권능을 소돔에서 행하였더라면
그 성이 오늘까지 있었으리라
24 내가 너희에게 이르노니 (審判)
심판 날에 소돔 땅이 너보다 견디
기 쉬우리라 하시니라

짐 진 자들아 내게로 오라(눅 10:21-22)

25 ●그 때에 예수께서 대답하여 이
르시되 천지의 (主宰)주재이신 아
버지여 이것을 지혜롭고 슬기 있
는 자들에게는 숨기시고 어린 아
이들에게는 나타내심을 감사하나
이다
26 옳소이다 이렇게 된 것이 아버지
의 뜻이니이다
27 내 아버지께서 모든 것을 내게 주
셨으니 아버지 외에는 아들을 아
는 자가 없고 아들과 또 아들의
소원대로 (啓示)계시를 받는 자
외에는 아버지를 아는 자가 없느
니라
28 수고하고 무거운 짐 진 (者)자들
아 다 내게로 오라 내가 너희를
쉬게 하리라
29 나는 마음이 (溫柔)온유하고 (謙
遜)겸손하니 나의 멍에를 메고
내게 배우라 그리하면 너희 마음
이 쉼을 얻으리니
30 이는 내 멍에는 쉽고 내 짐은 가
벼움이라 하시니라

안식일에 밀 이삭을 자르다

(막 2:23-28; 눅 6:1-5)

12 그 때에 예수께서 (安息日)
안식일에 밀밭 사이로 가실
새 제자들이 시장하여 이삭을 잘
라 먹으니
2 바리새인들이 보고 예수께 말하
되 보시오 당신의 (弟子)제자들
이 안식일에 하지 못할 일을 하나
이다
3 예수께서 이르시되 ㄱ다윗이 자기
와 그 함께 한 자들이 시장할 때
에 한 일을 읽지 못하였느냐
4 그가 하나님의 (殿)전에 들어가서
제사장 외에는 자기나 그 함께 한
자들이 먹어서는 안 되는 (陳設
餠)진설병을 먹지 아니하였느냐
5 ㄴ또 안식일에 제사장들이 (聖殿)
성전 안에서 안식을 범하여도 죄
가 없음을 너희가 율법에서 읽지
못하였느냐
6 내가 너희에게 이르노니 성전보
다 더 큰 이가 여기 있느니라
7 ㄷ나는 자비를 원하고 (祭祀)제사
를 원하지 아니하노라 하신 뜻을
너희가 알았더라면 무죄한 자를
정죄하지 아니하였으리라
8 (人子)인자는 안식일의 주인이니
라 하시니라

안식일에 손 마른 사람을 고치시다

(막 3:1-6; 눅 6:6-11)

9 ●거기에서 떠나 그들의 (會堂)
회당에 들어가시니
10 한쪽 손 마른 사람이 있는지라 사
람들이 예수를 고발하려 하여 물
어 이르되 (安息日)안식일에 병

ㄱ 삼상 21:6 ㄴ 민 28:9,10 ㄷ 호 6:6

고치는 것이 옳으니이까
11 예수께서 이르시되 너희 중에 어
떤 사람이 (羊)양 한 마리가 있어
안식일에 구덩이에 빠졌으면 끌
어내지 않겠느냐
12 사람이 양보다 얼마나 더 (貴)귀
하냐 그러므로 안식일에 (善)선을
행하는 것이 옳으니라 하시고
13 이에 그 사람에게 이르시되 손을
내밀라 하시니 그가 내밀매 다른
손과 같이 (回復)회복되어 성하더
라
14 바리새인들이 나가서 어떻게 하
여 예수를 죽일까 (議論)의논하
거늘
15 예수께서 아시고 거기를 떠나가
시니 많은 사람이 따르는지라 예
수께서 그들의 (病)병을 다 고치
시고
16 자기를 나타내지 말라 (警告)경
고하셨으니
17 이는 선지자 이사야를 통하여 말
씀하신 바
18 [ㄱ]보라 내가 택한 종 곧 내 마음
에 기뻐하는 바 내가 사랑하는
자로다 내가 내 영을 그에게 줄
터이니 그가 (審判)심판을 이방
에 알게 하리라
19 그는 다투지도 아니하며 들레지
도 아니하리니 아무도 길에서
그 소리를 듣지 못하리라
20 (傷)상한 갈대를 꺾지 아니하며
[1]꺼져가는 (心)심지를 끄지 아
니하기를 심판하여 이길 때까지
하리니
21 또한 (異邦)이방들이 그의 이름
을 바라리라
함을 이루려 하심이니라

예수와 바알세불(막 3:20-30; 눅 6:43-45; 11:14-23; 12:10)

22 ●그 때에 (鬼神)귀신 들려 눈 멀
고 말 못하는 사람을 데리고 왔거
늘 예수께서 고쳐 주시매 그 말 못
하는 사람이 말하며 보게 된지라
23 무리가 다 놀라 이르되 이는 다윗
의 (子孫)자손이 아니냐 하니
24 바리새인들은 듣고 이르되 이가
귀신의 (王)왕 바알세불을 힘입
지 않고는 귀신을 쫓아내지 못하
느니라 하거늘
25 예수께서 그들의 생각을 아시고
이르시되 스스로 (紛爭)분쟁하는
나라마다 (荒廢)황폐하여질 것이
요 스스로 분쟁하는 동네나 집마
다 서지 못하리라
26 만일 사탄이 사탄을 쫓아내면 스
스로 분쟁하는 것이니 그리하고
야 어떻게 그의 나라가 서겠느냐
27 또 내가 바알세불을 힘입어 귀신
을 쫓아내면 너희의 아들들은 누
구를 힘입어 쫓아내느냐 그러므
로 그들이 너희의 (裁判官)재판
관이 되리라
28 그러나 내가 하나님의 (聖靈)성령
을 힘입어 귀신을 쫓아내는 것이
면 하나님의 나라가 이미 너희에
게 임하였느니라
29 사람이 먼저 강한 자를 (結縛)결
박하지 않고서야 어떻게 그 강한

1) 또는 연기 나는 삼대를 ㄱ 사 42:1 이하

자의 집에 들어가 그 세간을 강탈
하겠느냐 결박한 후에야 그 집을
강탈하리라
30 나와 함께 아니하는 자는 나를
(反對)반대하는 자요 나와 함께 모
으지 아니하는 자는 헤치는 자니라
31 그러므로 내가 너희에게 이르노
니 사람에 대한 모든 죄와 (冒瀆)
모독은 사하심을 얻되 성령을 모
독하는 것은 사하심을 얻지 못하
겠고
32 또 누구든지 말로 인자를 (拒逆)
거역하면 사하심을 얻되 누구든
지 말로 성령을 거역하면 이 세상
과 오는 세상에서도 사하심을 얻
지 못하리라
33 나무도 좋고 열매도 좋다 하든지
나무도 좋지 않고 열매도 좋지 않
다 하든지 하라 그 열매로 나무를
아느니라
34 독사의 자식들아 너희는 악하니
어떻게 (善)선한 말을 할 수 있느
냐 이는 마음에 가득한 것을 입으
로 말함이라
35 (善)선한 사람은 그 쌓은 선에서
선한 것을 내고 악한 사람은 그
쌓은 악에서 악한 것을 내느니라
36 내가 너희에게 이르노니 사람이
무슨 (無益)무익한 말을 하든지
심판 날에 이에 대하여 (審問)심
문을 받으리니
37 네 말로 의롭다 함을 받고 네 말
로 (定罪)정죄함을 받으리라

악한 세대가 표적을 구하나
(막 8:11-12; 눅 11:24-26, 29-32)

38 ●그 때에 (書記官)서기관과 바
리새인 중 몇 사람이 말하되 선생
님이여 우리에게 표적 보여주시
기를 원하나이다
39 예수께서 대답하여 이르시되 악
하고 음란한 세대가 (表蹟)표적을
구하나 선지자 요나의 표적 밖에
는 보일 표적이 없느니라
40 요나가 밤낮 사흘 동안 큰 물고기
뱃속에 있었던 것 같이 (人子)인
자도 밤낮 사흘 동안 땅 속에 있
으리라
41 심판 때에 니느웨 사람들이 일어
나 이 세대 사람을 (定罪)정죄하
리니 이는 그들이 요나의 (傳道)
전도를 듣고 회개하였음이거니와
요나보다 더 큰 이가 여기 있으며
42 (審判)심판 때에 남방 여왕이 일
어나 이 세대 사람을 정죄하리니
이는 그가 솔로몬의 지혜로운 말
을 들으려고 땅 끝에서 왔음이거
니와 솔로몬보다 더 큰 이가 여기
있느니라
43 더러운 (鬼神)귀신이 사람에게서
나갔을 때에 물 없는 곳으로 다니
며 쉬기를 구하되 쉴 곳을 얻지
못하고
44 이에 이르되 내가 나온 내 집으로 돌
아가리라 하고 와 보니 그 집이 비고
(淸掃)청소되고 수리되었거늘
45 이에 가서 저보다 더 악한 귀신
일곱을 데리고 들어가서 거하니
그 사람의 나중 (形便)형편이 전
보다 더욱 심하게 되느니라 이 악
한 세대가 또한 이렇게 되리라

예수의 어머니와 형제 자매
(막 3:31-35; 눅 8:19-21)

46 ●예수께서 무리에게 말씀하실
때에 그의 어머니와 [1](同生)동생
들이 예수께 말하려고 밖에 섰더
니
47 한 사람이 예수께 여짜오되 보소
서 (當身)당신의 어머니와 [1]동생
들이 당신께 말하려고 밖에 서 있
나이다 하니
48 말하던 사람에게 (對答)대답하여
이르시되 누가 내 어머니이며 내
[1]동생들이냐 하시고
49 손을 내밀어 제자들을 가리켜 이
르시되 나의 어머니와 나의 [1]동
생들을 보라
50 누구든지 하늘에 계신 내 아버지
의 뜻대로 하는 자가 내 (兄弟)형
제요 (姉妹)자매요 어머니이니라
하시더라

네 가지 땅에 떨어진 씨 비유
(막 4:1-9; 눅 8:4-8)

13 그 날 예수께서 집에서 나가
사 바닷가에 앉으시매
2 큰 무리가 그에게로 모여 들거늘
예수께서 배에 올라가 앉으시고
온 무리는 (海邊)해변에 서 있더
니
3 예수께서 (譬喩)비유로 여러 가
지를 그들에게 말씀하여 이르시되
씨를 뿌리는 자가 뿌리러 나가서
4 뿌릴새 더러는 길 가에 떨어지매
새들이 와서 먹어버렸고
5 더러는 흙이 얇은 돌밭에 떨어지
매 흙이 깊지 아니하므로 곧 싹이
나오나
6 해가 돋은 (後)후에 타서 뿌리가
없으므로 말랐고
7 더러는 가시떨기 위에 떨어지매
가시가 자라서 기운을 막았고
8 더러는 좋은 땅에 떨어지매 어떤
것은 백 배, 어떤 것은 육십 배,
어떤 것은 삼십 배의 (結實)결실
을 하였느니라
9 귀 있는 자는 들으라 하시니라

비유를 설명하시다
(막 4:10-20; 눅 8:9-15)

10 ●제자들이 예수께 나아와 이르
되 어찌하여 그들에게 (譬喩)비
유로 말씀하시나이까
11 대답하여 이르시되 천국의 비밀
을 아는 것이 너희에게는 (許諾)
허락되었으나 그들에게는 아니되
었나니
12 무릇 있는 (者)자는 받아 넉넉하
게 되되 없는 자는 그 있는 것도
빼앗기리라
13 그러므로 내가 그들에게 (譬喩)비
유로 말하는 것은 그들이 보아도
보지 못하며 들어도 듣지 못하며
깨닫지 못함이니라
14 이사야의 (豫言)예언이 그들에게
이루어졌으니 일렀으되
ㄱ너희가 듣기는 들어도 깨닫지
못할 것이요 보기는 보아도 알
지 못하리라
15 이 백성들의 마음이 (頑惡)완악
하여져서 그 귀는 듣기에 둔하
고 눈은 감았으니 이는 눈으로

1) 또는 형제들 ㄱ 사 6:9,10

보고 귀로 듣고 마음으로 깨달
아 돌이켜 내게 고침을 받을까
두려워함이라
하였느니라
16 그러나 너희 눈은 봄으로, 너희
귀는 들음으로 (福)복이 있도다
17 내가 진실로 너희에게 이르노니
많은 (先知者)선지자와 (義人)의
인이 너희가 보는 것들을 보고자
하여도 보지 못하였고 너희가 듣
는 것들을 듣고자 하여도 듣지 못
하였느니라
18 그런즉 씨 뿌리는 (譬喩)비유를
들으라
19 아무나 [1]천국 말씀을 듣고 깨닫
지 못할 때는 악한 자가 와서 그
마음에 뿌려진 것을 빼앗나니 이
는 곧 길 가에 뿌려진 자요
20 돌밭에 뿌려졌다는 것은 말씀을
듣고 (卽時)즉시 기쁨으로 받되
21 그 속에 뿌리가 없어 잠시 견디다
가 말씀으로 말미암아 (患難)환난
이나 박해가 일어날 때에는 곧 넘
어지는 자요
22 가시떨기에 뿌려졌다는 것은 말
씀을 들으나 세상의 (念慮)염려와
재물의 유혹에 말씀이 막혀 결실
하지 못하는 자요
23 좋은 땅에 뿌려졌다는 것은 말씀
을 듣고 깨닫는 자니 (結實)결실
하여 어떤 것은 백 배, 어떤 것은
육십 배, 어떤 것은 삼십 배가 되
느니라 하시더라
24 ●예수께서 그들 앞에 또 비유를

1) 헬, 그 나라의 말씀을

들어 이르시되 (天國)천국은 좋은
씨를 제 밭에 뿌린 사람과 같으니
25 사람들이 잘 때에 그 원수가 와서
(穀食)곡식 가운데 가라지를 덧뿌
리고 갔더니
26 싹이 나고 (結實)결실할 때에 가
라지도 보이거늘
27 집 (主人)주인의 종들이 와서 말
하되 주여 밭에 좋은 씨를 뿌리지
아니하였나이까 그런데 가라지가
어디서 생겼나이까
28 주인이 이르되 (怨讐)원수가 이렇
게 하였구나 종들이 말하되 그러
면 우리가 가서 이것을 뽑기를 원
하시나이까
29 주인이 이르되 가만 두라 가라지
를 뽑다가 곡식까지 뽑을까 (念
慮)염려하노라
30 둘 다 (秋收)추수 때까지 함께 자
라게 두라 추수 때에 내가 추수꾼
들에게 말하기를 가라지는 먼저
거두어 불사르게 단으로 묶고 곡
식은 모아 내 (庫間)곳간에 넣으
라 하리라

겨자씨와 누룩 비유
(막 4:30-32; 눅 13:18-21)

31 ●또 (譬喩)비유를 들어 이르시
되 천국은 마치 사람이 자기 밭에
갖다 심은 겨자씨 한 알 같으니
32 이는 모든 씨보다 작은 것이로되
자란 후에는 풀보다 커서 나무가
되매 (空中)공중의 새들이 와서
그 가지에 깃들이느니라
33 ●또 비유로 말씀하시되 천국은
마치 여자가 가루 서 말 속에 갖

다 넣어 (全部)전부 부풀게 한 누
룩과 같으니라

비유로 말씀하신 까닭(막 4:33-34)

34 ●예수께서 이 모든 것을 무리에
게 (譬喩)비유로 말씀하시고 비
유가 아니면 아무 것도 말씀하지
아니하셨으니
35 이는 선지자를 통하여 말씀하신
바
ㄱ내가 입을 열어 비유로 말하고
(創世)창세부터 감추인 것들을
드러내리라
함을 이루려 하심이라

가라지 비유를 설명하시다

36 ●이에 예수께서 무리를 떠나사
집에 들어가시니 제자들이 나아
와 이르되 밭의 가라지의 비유를
우리에게 (說明)설명하여 주소서
37 대답하여 이르시되 좋은 씨를 뿌
리는 이는 (人子)인자요
38 밭은 세상이요 좋은 씨는 [1]천국
의 아들들이요 가라지는 (惡)악한
자의 아들들이요
39 가라지를 뿌린 원수는 마귀요 추
수 때는 세상 끝이요 추수꾼은
(天使)천사들이니
40 그런즉 가라지를 거두어 불에 사
르는 것 같이 (世上)세상 끝에도
그러하리라
41 (人子)인자가 그 (天使)천사들을
보내리니 그들이 그 나라에서 모
든 넘어지게 하는 것과 또 불법을
행하는 자들을 거두어 내어
42 풀무 불에 던져 넣으리니 거기서
울며 이를 갈게 되리라
43 그 때에 (義人)의인들은 자기 아
버지 나라에서 해와 같이 빛나리
라 귀 있는 자는 들으라

세 가지 비유

44 ●(天國)천국은 마치 밭에 감추
인 보화와 같으니 사람이 이를 발
견한 후 숨겨 두고 기뻐하며 돌아
가서 자기의 (所有)소유를 다 팔
아 그 밭을 사느니라
45 ●또 천국은 마치 좋은 (眞珠)진
주를 구하는 장사와 같으니
46 극히 값진 진주 하나를 (發見)발
견하매 가서 자기의 소유를 다 팔
아 그 진주를 사느니라
47 ●또 천국은 마치 바다에 치고
(各種)각종 물고기를 모는 그물과
같으니
48 그물에 가득하매 물 가로 끌어 내
고 앉아서 좋은 것은 그릇에 담고
못된 것은 내버리느니라
49 세상 끝에도 이러하리라 천사들
이 와서 (義人)의인 (中)중에서
악인을 갈라 내어
50 풀무 불에 던져 넣으리니 거기서
울며 이를 갈리라

새 것과 옛 것

51 ●이 모든 것을 깨달았느냐 하시
니 (對答)대답하되 그러하오이다
52 예수께서 이르시되 그러므로 천
국의 제자된 서기관마다 마치 새
것과 옛것을 그 곳간에서 내오는
집(主人)주인과 같으니라

고향에서 배척을 받으시다
(막 6:1-6; 눅 4:16-30)

1) 헬, 그 나라의 ㄱ 시 78:2

53 ● 예수께서 이 모든 비유를 마치
신 (後)후에 그 곳을 떠나서
54 고향으로 돌아가사 그들의 회당
에서 가르치시니 그들이 놀라 이
르되 이 사람의 이 지혜와 이런
(能力)능력이 어디서 났느냐
55 이는 그 (木手)목수의 아들이 아
니냐 그 어머니는 마리아, 그 형
제들은 야고보, 요셉, 시몬, 유다
라 하지 않느냐
56 그 누이들은 다 우리와 함께 있지
아니하냐 그런즉 이 사람의 이 모
든 것이 어디서 났느냐 하고
57 [1]예수를 (排斥)배척한지라 예수
께서 그들에게 말씀하시되 선지
자가 자기 고향과 자기 집 외에서
는 존경을 받지 않음이 없느니라
하시고
58 그들이 믿지 않음으로 말미암아
거기서 많은 (能力)능력을 행하
지 아니하시니라

세례 요한의 죽음
(막 6:14-29; 눅 9:7-9)

14 그 때에 분봉 왕 헤롯이 예
수의 (所聞)소문을 듣고
2 그 신하들에게 이르되 이는 [2]세
례 요한이라 그가 죽은 자 가운데
서 살아났으니 그러므로 이런 능
력이 그 속에서 (役事)역사하는
도다 하더라
3 전에 헤롯이 그 동생 빌립의 아내
헤로디아의 일로 요한을 잡아 (結
縛)결박하여 옥에 가두었으니
4 이는 요한이 헤롯에게 말하되 당
신이 그 (女子)여자를 차지한 것
이 옳지 않다 하였음이라
5 헤롯이 요한을 죽이려 하되 무리
가 그를 (先知者)선지자로 여기
므로 그들을 두려워하더니
6 마침 헤롯의 생일이 되어 헤로디
아의 딸이 (宴席)연석 가운데서
춤을 추어 헤롯을 기쁘게 하니
7 헤롯이 (盟誓)맹세로 그에게 무
엇이든지 달라는 대로 주겠다고
약속하거늘
8 그가 제 어머니의 시킴을 듣고 이
르되 [2]세례 요한의 머리를 (小盤)
소반에 얹어 여기서 내게 주소서
하니
9 (王)왕이 근심하나 자기가 맹세
한 것과 그 함께 [3]앉은 사람들 때
문에 주라 명하고
10 사람을 보내어 (獄)옥에서 요한
의 목을 베어
11 그 머리를 소반에 얹어서 그 소녀
에게 주니 그가 자기 어머니에게
로 가져가니라
12 요한의 제자들이 와서 (屍體)시
체를 가져다가 (葬事)장사하고
가서 예수께 아뢰니라

오천 명을 먹이시다(막 6:30-44;
눅 9:10-17; 요 6:1-14)

13 ● 예수께서 들으시고 배를 타고
떠나사 따로 빈 들에 가시니 무리
가 듣고 여러 고을로부터 걸어서
따라간지라
14 예수께서 나오사 큰 무리를 보시
고 불쌍히 여기사 그 중에 있는

1) 또는 예수로 말미암아 넘어진지라 2) 헬, 또는 침례
3) 8:11 난하주를 보라

(病者)병자를 고쳐 주시니라
15 저녁이 되매 (弟子)제자들이 나
아와 이르되 이 곳은 빈 들이요
때도 이미 저물었으니 무리를 보
내어 마을에 들어가 먹을 것을 사
먹게 하소서
16 예수께서 이르시되 갈 것 없다 너
희가 먹을 것을 주라
17 제자들이 이르되 여기 우리에게
있는 것은 떡 다섯 (個)개와 물고
기 두 마리뿐이니이다
18 이르시되 그것을 내게 가져오라
하시고
19 무리를 명하여 잔디 위에 [1]앉히시
고 떡 다섯 개와 물고기 두 마리
를 가지사 하늘을 우러러 (祝謝)
축사하시고 떡을 떼어 제자들에게
주시매 제자들이 무리에게 주니
20 다 배불리 먹고 남은 조각을 열두
바구니에 차게 거두었으며
21 먹은 사람은 여자와 어린이 외에
(五千 名)오천 명이나 되었더라

물 위로 걸으시다
(막 6:45-52; 요 6:15-21)

22 ● 예수께서 즉시 제자들을 재촉
하사 자기가 무리를 보내는 동안
에 배를 타고 앞서 건너(便)편으
로 가게 하시고
23 무리를 보내신 후에 (祈禱)기도
하러 따로 산에 올라가시니라 저
물매 거기 혼자 계시더니
24 배가 이미 [2]육지에서 수 리나 떠
나서 바람이 거스르므로 물결로
말미암아 (苦難)고난을 당하더라
25 밤 (四更)사경에 예수께서 바다
위로 걸어서 제자들에게 오시니
26 제자들이 그가 바다 위로 걸어오
심을 보고 놀라 (幽靈)유령이라
하며 무서워하여 소리 지르거늘
27 예수께서 즉시 이르시되 (安心)안
심하라 나니 두려워하지 말라
28 베드로가 (對答)대답하여 이르되
주여 만일 주님이시거든 나를 명
하사 물 위로 오라 하소서 하니
29 오라 하시니 베드로가 배에서 내
려 [3]물 위로 걸어서 예수께로 가되
30 바람을 보고 무서워 빠져 가는지
라 소리 질러 이르되 주여 나를
(救援)구원하소서 하니
31 예수께서 (卽時)즉시 손을 내밀
어 그를 붙잡으시며 이르시되 믿
음이 작은 자여 왜 (疑心)의심하
였느냐 하시고
32 배에 함께 오르매 바람이 그치는
지라
33 배에 있는 사람들이 예수께 절하
며 이르되 (眞實)진실로 하나님
의 아들이로소이다 하더라

게네사렛에서 병자들을 고치시다
(막 6:53-56)

34 ● 그들이 건너가 게네사렛 땅에
이르니
35 그 곳 사람들이 예수이신 줄을 알
고 그 근방에 두루 (通知)통지하
여 모든 병든 자를 예수께 데리고
와서
36 다만 예수의 옷자락에라도 손을
대게 하시기를 (懇求)간구하니 손

1) 8:11 난하주를 보라 2) 어떤 사본에, 바다 가운데 있어
3) 어떤 사본에, 예수께 가려고 물 위로 걸어가다가

을 대는 자는 다 나음을 얻으니라

장로들의 전통(막 7:1-23)

15 그 때에 바리새인과 (書記
官)서기관들이 예루살렘으
로부터 예수께 나아와 이르되
2 당신의 제자들이 어찌하여 장로
들의 (傳統)전통을 범하나이까
떡 먹을 때에 손을 씻지 아니하나
이다
3 대답하여 이르시되 너희는 어찌
하여 너희의 전통으로 하나님의
(誡命)계명을 범하느냐
4 하나님이 이르셨으되 ㄱ네 부모를
(恭敬)공경하라 하시고 또 ㄴ아버
지나 어머니를 비방하는 자는 반
드시 죽임을 당하리라 하셨거늘
5 너희는 이르되 누구든지 아버지
에게나 어머니에게 말하기를 내
가 드려 (有益)유익하게 할 것이
하나님께 드림이 되었다고 하기
만 하면
6 그 부모를 공경할 것이 없다 하여
너희의 (傳統)전통으로 하나님의
말씀을 폐하는도다
7 (外飾)외식하는 자들아 이사야가
너희에 관하여 잘 예언하였도다
일렀으되
8 ㄷ이 백성이 입술로는 나를 공경
하되 마음은 내게서 멀도다
9 사람의 계명으로 교훈을 삼아
가르치니 나를 헛되이 (敬拜)경
배하는도다
하였느니라 하시고

1) 또는 실족 ㄱ 출 20:12; 신 5:16 ㄴ 출 21:17; 레 20:9
ㄷ 사 29:13

10 무리를 불러 이르시되 듣고 깨달
으라
11 입으로 들어가는 것이 사람을 더
럽게 하는 것이 아니라 입에서 나
오는 그것이 사람을 더럽게 하는
것이니라
12 이에 제자들이 나아와 이르되 바
리새(人)인들이 이 말씀을 듣고 [1)]
걸림이 된 줄 아시나이까
13 예수께서 (對答)대답하여 이르시
되 심은 것마다 내 하늘 아버지께서
심으시지 않은 것은 뽑힐 것이니
14 그냥 두라 그들은 (盲人)맹인이
되어 맹인을 (引導)인도하는 자로
다 만일 맹인이 맹인을 인도하면
둘이 다 구덩이에 빠지리라 하시니
15 베드로가 대답하여 이르되 이 비
유를 우리에게 (說明)설명하여
주옵소서
16 예수께서 이르시되 너희도 아직
까지 깨달음이 없느냐
17 입으로 들어가는 모든 것은 배로
들어가서 뒤로 내버려지는 줄 알
지 못하느냐
18 입에서 나오는 것들은 마음에서
나오나니 이것이야말로 사람을
더럽게 하느니라
19 마음에서 나오는 것은 악한 생각
과 살인과 간음과 (淫亂)음란과
도둑질과 거짓 증언과 비방이니
20 이런 것들이 사람을 더럽게 하는
것이요 씻지 않은 손으로 먹는 것
은 사람을 더럽게 하지 못하느니라

가나안 여자의 믿음(막 7:24-30)

21 ● 예수께서 거기서 나가사 두로와

시돈 (地方)지방으로 들어가시니
22 가나안 여자 하나가 그 (地境)지
경에서 나와서 소리 질러 이르되
주 다윗의 자손이여 나를 불쌍히
여기소서 내 딸이 (凶惡)흉악하
게 귀신 들렸나이다 하되
23 예수는 한 말씀도 대답하지 아니
하시니 제자들이 와서 (請)청하
여 말하되 그 여자가 우리 뒤에서
소리를 지르오니 그를 보내소서
24 예수께서 대답하여 이르시되 나
는 이스라엘 집의 잃어버린 (羊)
양 (外)외에는 다른 데로 보내심
을 받지 아니하였노라 하시니
25 (女子)여자가 와서 예수께 절하
며 이르되 주여 저를 도우소서
26 대답하여 이르시되 자녀의 떡을
(取)취하여 개들에게 던짐이 마땅
하지 아니하니라
27 여자가 이르되 주여 옳소이다마
는 개들도 제 (主人)주인의 상에
서 떨어지는 부스러기를 먹나이
다 하니
28 이에 예수께서 대답하여 이르시
되 여자여 네 믿음이 크도다 네
(所願)소원대로 되리라 하시니 그
때로부터 그의 딸이 나으니라

많은 사람들을 고치시다

29 ● 예수께서 거기서 떠나사 갈릴
리 호숫가에 이르러 (山)산에 올
라가 거기 앉으시니
30 큰 무리가 다리 저는 사람과 (障
碍人)장애인과 맹인과 말 못하는
사람과 기타 여럿을 데리고 와서 예
수의 발 앞에 앉히매 고쳐 주시니
31 말 못하는 사람이 말하고 장애인
이 (穩全)온전하게 되고 다리 저
는 사람이 걸으며 맹인이 보는 것
을 무리가 보고 놀랍게 여겨 이스
라엘의 하나님께 영광을 돌리니라

사천 명을 먹이시다(막 8:1-10)

32 ● 예수께서 제자들을 불러 이르
시되 내가 무리를 불쌍히 여기노
라 그들이 나와 함께 있은 지 이
미 사흘이매 먹을 것이 없도다 길
에서 (氣盡)기진할까 하여 굶겨
보내지 못하겠노라
33 제자들이 이르되 (曠野)광야에
있어 우리가 어디서 이런 무리가
배부를 만큼 떡을 얻으리이까
34 예수께서 이르시되 너희에게 떡
이 몇 개나 있느냐 이르되 일곱
개와 작은 (生鮮)생선 두어 마리
가 있나이다 하거늘
35 예수께서 무리에게 (命)명하사
땅에 [1]앉게 하시고
36 떡 일곱 개와 그 생선을 가지사
(祝謝)축사하시고 떼어 제자들에
게 주시니 제자들이 무리에게 주
매
37 다 배불리 먹고 남은 조각을 일곱
광주리에 차게 거두었으며
38 먹은 자는 여자와 어린이 외에
(四千 名)사천 명이었더라
39 예수께서 무리를 흩어 보내시고
배에 오르사 마가단 (地境)지경
으로 가시니라

악한 세대가 표적을 구하나 (막 8:11-13; 눅 12:54-56)

1) 8:11 난하주를 보라

16 바리새인과 사두개인들이
와서 예수를 시험하여 하늘
로부터 오는 [1](表蹟)표적 보이기
를 청하니
2 예수께서 (對答)대답하여 이르시
되 너희가 저녁에 하늘이 붉으면
날이 좋겠다 하고
3 아침에 하늘이 붉고 흐리면 오늘
은 날이 궂겠다 하나니 너희가 날
씨는 (分別)분별할 줄 알면서 시
대의 [1]표적은 분별할 수 없느냐
4 악하고 (淫亂)음란한 세대가 [1]표
적을 구하나 요나의 [1]표적 밖에
는 보여 줄 [1]표적이 없느니라 하
시고 그들을 떠나 가시니라

바리새인과 사두개인들의 누룩
(막 8:14-21)

5 ●제자들이 건너(便)편으로 갈새
떡 가져가기를 잊었더니
6 예수께서 이르시되 삼가 바리새
인과 사두개인들의 누룩을 (注意)
주의하라 하시니
7 제자들이 서로 (論議)논의하여
이르되 [2]우리가 떡을 가져오지
아니하였도다 하거늘
8 예수께서 아시고 이르시되 믿음
이 작은 자들아 어찌 떡이 없으므
로 서로 (論議)논의하느냐
9 너희가 아직도 깨닫지 못하느냐
떡 다섯 개로 (五千 名)오천 명을
먹이고 주운 것이 몇 바구니며
10 떡 일곱 개로 사천 명을 먹이고
주운 것이 몇 광주리였는지를 (記
憶)기억하지 못하느냐
11 어찌 내 말한 것이 떡에 관함이
아닌 줄을 깨닫지 못하느냐 오직
바리새인과 사두개인들의 누룩을
(注意)주의하라 하시니
12 그제서야 제자들이 떡의 누룩이
아니요 바리새인과 사두개인들의
(敎訓)교훈을 삼가라고 말씀하신
줄을 깨달으니라

베드로가 예수를 그리스도로 고백하다
(막 8:27-30; 눅 9:18-21)

13 ●예수께서 빌립보 가이사랴 (地
方)지방에 이르러 제자들에게 물
어 이르시되 사람들이 인자를 누
구라 하느냐
14 이르되 더러는 [3](洗禮)세례 요한,
더러는 엘리야, 어떤 이는 예레미
야나 선지자 중의 하나라 하나이다
15 이르시되 너희는 나를 누구라 하
느냐
16 시몬 베드로가 대답하여 이르되
[4](主)주는 그리스도시요 살아 계
신 하나님의 아들이시니이다
17 예수께서 대답하여 이르시되 바
요나 시몬아 네가 복이 있도다 이
를 네게 알게 한 이는 (血肉)혈육
이 아니요 하늘에 계신 내 아버지
시니라
18 또 내가 네게 이르노니 너는 [5]베
드로라 내가 이 (磐石)반석 위에
내 교회를 세우리니 (陰府)음부의
[6]권세가 이기지 못하리라
19 내가 (天國)천국 열쇠를 네게 주
리니 네가 땅에서 무엇이든지 매

1) 또는 이적 2) 또는 이는 우리가 떡을 가져오지 아니하였음이로다 3) 헬, 또는 침례 4) 헬, 당신은 5) 베드로는 곧 반석이란 뜻 6) 헬, 대문이

면 하늘에서도 매일 것이요 네가
땅에서 무엇이든지 풀면 하늘에
서도 풀리리라 하시고
20 이에 제자들에게 (警告)경고하사
자기가 그리스도인 것을 아무에
게도 이르지 말라 하시니라

죽음과 부활을 처음으로 이르시다
(막 8:31-9:1; 눅 9:22-27)

21 ●이 때로부터 예수 그리스도께
서 자기가 예루살렘에 올라가 장
로들과 대제사장들과 서기관들
에게 많은 고난을 받고 죽임을 당
하고 (第三日)제삼일에 살아나야
할 것을 제자들에게 비로소 나타
내시니
22 베드로가 예수를 붙들고 (抗辯)
항변하여 이르되 주여 그리 마옵
소서 이 일이 결코 [1]주께 미치지
아니하리이다
23 예수께서 돌이키시며 베드로에게
이르시되 사탄아 내 뒤로 물러 가
라 너는 나를 넘어지게 하는 (者)
자로다 네가 하나님의 일을 생각
하지 아니하고 도리어 사람의 일
을 생각하는도다 하시고
24 이에 예수께서 (弟子)제자들에게
이르시되 누구든지 나를 따라오
려거든 자기를 (否認)부인하고 자
기 십자가를 지고 나를 따를 것이
니라
25 누구든지 제 목숨을 (救援)구원하
고자 하면 잃을 것이요 누구든지
나를 위하여 제 목숨을 잃으면 찾
으리라
26 사람이 만일 온 (天下)천하를 얻
고도 제 목숨을 잃으면 무엇이 유
익하리요 사람이 무엇을 주고 제
목숨과 바꾸겠느냐
27 (人子)인자가 아버지의 영광으로
그 천사들과 함께 오리니 그 때에
각 사람이 행한 대로 갚으리라
28 (眞實)진실로 너희에게 이르노니
여기 서 있는 사람 중에 죽기 전
에 인자가 그 (王權)왕권을 가지
고 오는 것을 볼 자들도 있느니라

영광스러운 모습으로 변형되시다
(막 9:2-13; 눅 9:28-36)

17 엿새 (後)후에 예수께서 베
드로와 야고보와 그 형제 요
한을 데리시고 따로 높은 산에 올
라가셨더니
2 그들 앞에서 (變形)변형되사 그
얼굴이 해 같이 빛나며 옷이 빛과
같이 희어졌더라
3 그 때에 모세와 엘리야가 예수와
더불어 말하는 것이 그들에게 보
이거늘
4 베드로가 예수께 여쭈어 이르되
주여 우리가 여기 있는 것이 좋사
오니 만일 주께서 원하시면 내가
여기서 (草幕)초막 셋을 짓되 하
나는 주님을 위하여, 하나는 모세
를 위하여, 하나는 엘리야를 위하
여 하리이다
5 말할 때에 (忽然)홀연히 빛난 구
름이 그들을 덮으며 구름 속에서
소리가 나서 이르시되 이는 내 사
랑하는 아들이요 내 기뻐하는 자
니 너희는 그의 말을 들으라 하시

1) 헬, 당신께

는지라
6 제자들이 듣고 엎드려 (甚)심히
두려워하니
7 예수께서 나아와 그들에게 손을
대시며 이르시되 일어나라 두려
워하지 말라 하시니
8 (弟子)제자들이 눈을 들고 보매
오직 예수 외에는 아무도 보이지
아니하더라
9 ●그들이 (山)산에서 내려올 때
에 예수께서 명하여 이르시되 (人
子)인자가 죽은 자 가운데서 살
아나기 전에는 본 것을 아무에게
도 이르지 말라 하시니
10 제자들이 물어 이르되 그러면 어
찌하여 서기관들이 엘리야가 먼
저 와야 하리라 하나이까
11 예수께서 (對答)대답하여 이르시
되 엘리야가 과연 먼저 와서 모든
일을 회복하리라
12 내가 너희에게 말하노니 엘리야
가 이미 왔으되 사람들이 알지 못
하고 임의로 (待遇)대우하였도다
인자도 이와 같이 그들에게 고난
을 받으리라 하시니
13 그제서야 제자들이 예수께서 말
씀하신 것이 [1](洗禮)세례 요한인
줄을 깨달으니라

귀신 들린 아이를 고치시다
(막 9:14-29; 눅 9:37-43 상)

14 ●그들이 무리에게 이르매 한 사람
이 예수께 와서 꿇어 엎드려 이르되
15 주여 내 아들을 불쌍히 여기소서
그가 (癎疾)간질로 심히 고생하
여 자주 불에도 넘어지며 물에도
넘어지는지라
16 내가 주의 제자들에게 데리고 왔
으나 (能)능히 고치지 못하더이다
17 예수께서 대답하여 이르시되 믿
음이 없고 (悖逆)패역한 세대여
내가 얼마나 너희와 함께 있으며
얼마나 너희에게 참으리요 그를
이리로 데려오라 하시니라
18 이에 예수께서 꾸짖으시니 (鬼
神)귀신이 나가고 아이가 그 때
부터 나으니라
19 이 때에 (弟子)제자들이 조용히
예수께 나아와 이르되 우리는 어
찌하여 쫓아내지 못하였나이까
20 이르시되 너희 믿음이 작은 까닭
이니라 (眞實)진실로 너희에게 이
르노니 만일 너희에게 믿음이 겨
자씨 한 알 만큼만 있어도 이 (山)
산을 명하여 여기서 저기로 옮겨
지라 하면 옮겨질 것이요 또 너희
가 못할 것이 없으리라
21 [2]없음

죽음과 부활을 다시 이르시다
(막 9:30-32; 눅 9:43 하-45)

22 ●갈릴리에 모일 때에 예수께서
제자들에게 이르시되 인자가 (將
次)장차 사람들의 손에 넘겨져
23 죽임을 (當)당하고 제삼일에 살아
나리라 하시니 제자들이 매우 근
심하더라

성전세를 내시다

24 ●가버나움에 이르니 [3]반 세겔

1) 헬, 또는 침례 2) 어떤 사본에, 21절 '기도와 금식이 아니면 이런 유가 나가지 아니하느니라'가 있음 3) 반 세겔은 성전세로 바치는 금액

받는 자들이 베드로에게 나아와
이르되 너의 (先生)선생은 반 세
겔을 내지 아니하느냐
25 이르되 내신다 하고 집에 들어가
니 예수께서 먼저 이르시되 시몬
아 네 생각은 어떠하냐 세상 임금
들이 누구에게 (關稅)관세와 국
세를 받느냐 자기 아들에게냐 타
인에게냐
26 베드로가 이르되 타인에게니이다
예수께서 이르시되 그렇다면 아
들들은 (稅)세를 면하리라
27 그러나 우리가 그들이 (失足)실
족하지 않게 하기 (爲)위하여 네
가 바다에 가서 낚시를 던져 먼저
오르는 고기를 가져 입을 열면 돈
한 세겔을 얻을 것이니 가져다가
나와 너를 위하여 주라 하시니라

천국에서 큰 사람(막 9:33-37, 42-48; 눅 9:46-48; 15:3-7; 17:1-2)

18 그 때에 제자들이 예수께 나
아와 이르되 (天國)천국에서
는 누가 크니이까
2 예수께서 한 어린 아이를 불러 그
들 가운데 세우시고
3 이르시되 진실로 너희에게 이르
노니 너희가 돌이켜 어린 아이들
과 같이 되지 아니하면 (決斷)결
단코 천국에 들어가지 못하리라
4 그러므로 누구든지 이 어린 아이
와 같이 (自己)자기를 낮추는 사
람이 천국에서 큰 자니라
5 또 누구든지 내 이름으로 이런 어
린 아이 하나를 (迎接)영접하면
곧 나를 영접함이니
6 누구든지 나를 믿는 이 작은 자
중 하나를 실족하게 하면 차라리
(研子)연자 맷돌이 그 목에 달려
서 깊은 바다에 빠뜨려지는 것이
나으니라
7 (失足)실족하게 하는 일들이 있음
으로 말미암아 세상에 화가 있도
다 실족하게 하는 일이 없을 수는
없으나 실족하게 하는 그 사람에
게는 화가 있도다
8 만일 네 손이나 네 발이 너를 [1]범
죄하게 하거든 찍어 내버리라 장
애인이나 다리 저는 자로 [2](永生)
영생에 들어가는 것이 두 손과 두
발을 가지고 영원한 불에 던져지
는 것보다 나으니라
9 만일 네 눈이 너를 [1](犯罪)범죄하
게 하거든 빼어 내버리라 한 눈으
로 영생에 들어가는 것이 두 눈을
가지고 (地獄)지옥 불에 던져지
는 것보다 나으니라
10 삼가 이 작은 자 중의 하나도 업
신여기지 말라 너희에게 말하노
니 그들의 천사들이 하늘에서 하
늘에 계신 내 아버지의 얼굴을
(恒常)항상 뵈옵느니라
11 [3]없음
12 너희 생각에는 어떠하냐 (萬一)만
일 어떤 사람이 양 백 마리가 있
는데 그 중의 하나가 길을 잃었으
면 그 아흔아홉 마리를 산에 두고
가서 길 잃은 양을 찾지 않겠느냐
13 (眞實)진실로 너희에게 이르노니

1) 또는 실족 2) 헬, 생명에 3) 어떤 사본에, 11절 '인자가 온 것은 잃은 자를 구원하려 함이니라'가 있음

만일 찾으면 길을 잃지 아니한 아
흔아홉 마리보다 이것을 더 기뻐
하리라
14 이와 같이 이 작은 자 중의 하나
라도 잃는 것은 하늘에 계신 너희
아버지의 뜻이 아니니라

형제가 죄를 범하거든(눅 17:3)

15 ●네 형제가 [1]죄를 범하거든 가
서 너와 그 사람과만 상대하여
(勸告)권고하라 만일 들으면 네가
네 형제를 얻은 것이요
16 만일 듣지 않거든 한두 사람을 데
리고 가서 두세 증인의 입으로 말
마다 (確證)확증하게 하라
17 만일 그들의 말도 듣지 않거든 교
회에 말하고 교회의 말도 듣지 않
거든 이방인과 (稅吏)세리와 같이
여기라
18 (眞實)진실로 너희에게 이르노니
무엇이든지 너희가 땅에서 매면
하늘에서도 매일 것이요 무엇이
든지 땅에서 풀면 하늘에서도 풀
리리라
19 진실로 다시 너희에게 이르노니
너희 중의 두 사람이 땅에서 (合
心)합심하여 무엇이든지 구하면
하늘에 계신 내 아버지께서 그들
을 (爲)위하여 이루게 하시리라
20 두세 사람이 내 이름으로 모인 곳
에는 나도 그들 중에 있느니라

용서할 줄 모르는 종 비유

21 ●그 때에 베드로가 나아와 이르
되 주여 형제가 내게 죄를 범하면
몇 번이나 (容恕)용서하여 주리
이까 일곱 번까지 하오리이까
22 예수께서 이르시되 네게 이르노
니 일곱 번뿐 아니라 일곱 번을
일흔 번까지라도 할지니라
23 그러므로 천국은 그 종들과 (決
算)결산하려 하던 어떤 임금과
같으니
24 결산할 때에 (萬)만 [2]달란트 빚진
자 하나를 데려오매
25 갚을 것이 없는지라 주인이 명하
여 그 몸과 아내와 자식들과 모든
(所有)소유를 다 팔아 갚게 하라
하니
26 그 종이 엎드려 절하며 이르되 내
게 참으소서 다 갚으리이다 하거늘
27 그 종의 주인이 불쌍히 여겨 놓아
보내며 그 빚을 (蕩減)탕감하여
주었더니
28 그 종이 나가서 자기에게 백 [3]데
나리온 빚진 (同僚)동료 한 사람
을 만나 붙들어 목을 잡고 이르되
빚을 갚으라 하매
29 그 동료가 엎드려 (懇求)간구하여
이르되 나에게 참아 주소서 갚으
리이다 하되
30 (許諾)허락하지 아니하고 이에 가
서 그가 빚을 갚도록 옥에 가두거
늘
31 그 (同僚)동료들이 그것을 보고
몹시 딱하게 여겨 주인에게 가서
그 일을 다 알리니
32 이에 주인이 그를 불러다가 말하
되 악한 종아 네가 빌기에 내가
네 빚을 (全部)전부 (蕩減)탕감하
여 주었거늘

1) 어떤 사본에, 네게 죄를 2) 금은의 중량 3) 은전의 명칭

33 내가 너를 불쌍히 여김과 같이 너
도 네 (同僚)동료를 불쌍히 여김
이 마땅하지 아니하냐 하고
34 주인이 노하여 그 빚을 다 갚도록
그를 (獄卒)옥졸들에게 넘기니라
35 너희가 각각 마음으로부터 형제
를 (容恕)용서하지 아니하면 나의
하늘 아버지께서도 너희에게 이
와 같이 하시리라

이혼에 대하여 가르치시다(막 10:1-12)

19 예수께서 이 말씀을 마치시
고 갈릴리를 떠나 요단 강
건너 유대 (地境)지경에 이르시니
2 큰 무리가 따르거늘 예수께서 거
기서 그들의 (病)병을 고치시더라
3 ●바리새인들이 예수께 나아와
그를 (試驗)시험하여 이르되 사
람이 어떤 이유가 있으면 그 아내
를 버리는 것이 옳으니이까
4 예수께서 대답하여 이르시되 사
람을 지으신 이가 (本來)본래 그
들을 남자와 여자로 지으시고
5 말씀하시기를 ㄱ그러므로 사람이
그 부모를 떠나서 아내에게 (合)
합하여 그 둘이 한 몸이 될지니라
하신 것을 읽지 못하였느냐
6 그런즉 이제 둘이 아니요 한 몸이
니 그러므로 하나님이 짝지어 주
신 것을 사람이 나누지 못할지니
라 하시니
7 여짜오되 그러면 어찌하여 ㄴ모세
는 (離婚 證書)이혼 증서를 주어
서 버리라 명하였나이까
8 예수께서 이르시되 모세가 너희
마음의 (頑惡)완악함 때문에 아내
버림을 허락하였거니와 본래는
그렇지 아니하니라
9 내가 너희에게 말하노니 누구든
지 (淫行)음행한 이유 외에 아내
를 버리고 다른 데 장가 드는 자
는 (姦淫)간음함이니라
10 제자들이 이르되 (萬一)만일 사
람이 아내에게 이같이 할진대 장
가 들지 않는 것이 좋겠나이다
11 예수께서 이르시되 사람마다 이
말을 받지 못하고 오직 타고난
(者)자라야 할지니라
12 어머니의 태로부터 된 고자도 있
고 사람이 만든 (鼓子)고자도 있
고 천국을 위하여 스스로 된 고자
도 있도다 이 말을 받을 만한 자
는 받을지어다

어린 아이들에게 안수하시다 (막 10:13-16; 눅 18:15-17)

13 ●그 때에 사람들이 예수께서 안
수하고 (祈禱)기도해 주심을 바
라고 어린 아이들을 데리고 오매
제자들이 꾸짖거늘
14 예수께서 이르시되 어린 아이들
을 (容納)용납하고 내게 오는 것
을 금하지 말라 (天國)천국이 이
런 사람의 것이니라 하시고
15 그들에게 (按手)안수하시고 거기
를 떠나시니라

재물이 많은 청년(막 10:17-31; 눅 18:18-30)

16 ●어떤 사람이 주께 와서 이르되
선생님이여 내가 무슨 선한 일을
하여야 (永生)영생을 얻으리이까
17 예수께서 이르시되 어찌하여 선한

ㄱ 창 2:24 ㄴ 신 24:1-4

일을 내게 묻느냐 선한 이는 오직
한 분이시니라 네가 생명에 들어
가려면 (誡命)계명들을 지키라
18 이르되 어느 계명이오니이까 예
수께서 이르시되 ㄱ살인하지 말라,
간음하지 말라, 도둑질하지 말라,
거짓 (證言)증언 하지 말라,
19 네 부모를 (恭敬)공경하라, ㄴ네
이웃을 네 자신과 같이 사랑하라
하신 것이니라
20 그 (靑年)청년이 이르되 이 모든
것을 내가 지키었사온대 아직도
무엇이 부족하니이까
21 예수께서 이르시되 네가 온전하
고자 할진대 가서 네 (所有)소유
를 팔아 가난한 자들에게 주라 그
리하면 하늘에서 보화가 네게 있
으리라 그리고 와서 나를 따르라
하시니
22 그 (靑年)청년이 (財物)재물이 많
으므로 이 말씀을 듣고 근심하며
가니라
23 ●예수께서 제자들에게 이르시
되 내가 진실로 너희에게 이르노
니 (富者)부자는 천국에 들어가기
가 어려우니라
24 다시 너희에게 말하노니 (駱駝)낙
타가 바늘귀로 들어가는 것이 부
자가 하나님의 나라에 들어가는
것보다 쉬우니라 하시니
25 제자들이 듣고 몹시 놀라 이르되
그렇다면 누가 (救援)구원을 얻
을 수 있으리이까

1) 어떤 사본에는, '부모나' 아래에 '아내나'가 있음 2) 은전의 명칭 3) 오전 아홉 시 4) 정오 열두 시 5) 오후 세 시 ㄱ 출 20:12-16; 신 5:16-20 ㄴ 레 19:18

26 예수께서 그들을 보시며 이르시
되 사람으로는 할 수 없으나 하나
님으로서는 다 하실 수 있느니라
27 이에 베드로가 대답하여 이르되
보소서 우리가 모든 것을 버리고
(主)주를 따랐사온대 그런즉 우
리가 무엇을 얻으리이까
28 예수께서 이르시되 내가 진실로
너희에게 이르노니 세상이 새롭
게 되어 인자가 자기 영광의 보좌
에 앉을 때에 나를 따르는 너희도
열두 (寶座)보좌에 앉아 이스라엘
열두 지파를 (審判)심판하리라
29 또 내 이름을 위하여 집이나 형제
나 자매나 [1]부모나 자식이나 (田
土)전토를 버린 자마다 여러 배
를 받고 또 영생을 상속하리라
30 그러나 먼저 된 (者)자로서 나중
되고 나중 된 자로서 먼저 될 자
가 많으니라

포도원의 품꾼들

20 천국은 마치 품꾼을 얻어
(葡萄園)포도원에 들여보내
려고 이른 아침에 나간 집 주인과
같으니
2 그가 하루 한 [2]데나리온씩 품꾼
들과 (約束)약속하여 포도원에 들
여보내고
3 또 [3]제삼시에 나가 보니 (場)장터
에 놀고 서 있는 사람들이 또 있
는지라
4 그들에게 이르되 너희도 포도원에
들어가라 내가 너희에게 (相當)상
당하게 주리라 하니 그들이 가고
5 [4](第六時)제육시와 [5]제구시에 또

나가 그와 같이 하고
6 [1]제십일시에도 나가 보니 서 있
는 사람들이 또 있는지라 이르되
너희는 어찌하여 (終日)종일토록
놀고 여기 서 있느냐
7 이르되 우리를 품꾼으로 쓰는 이
가 없음이니이다 이르되 너희도
포도원에 들어가라 하니라
8 저물매 포도원 주인이 청지기에
게 이르되 품꾼들을 불러 나중 온
자로부터 (始作)시작하여 먼저 온
자까지 삯을 주라 하니
9 (第十一時)제십일시에 온 자들이
와서 한 [2]데나리온씩을 받거늘
10 먼저 온 (者)자들이 와서 더 받을
줄 알았더니 그들도 한 [2]데나리
온씩 받은지라
11 받은 후 집 주인을 (怨望)원망하
여 이르되
12 나중 온 이 사람들은 한 (時間)시
간밖에 일하지 아니하였거늘 그
들을 종일 수고하며 더위를 견딘
우리와 같게 하였나이다
13 주인이 그 중의 한 사람에게 대답
하여 이르되 (親舊)친구여 내가
네게 잘못한 것이 없노라 네가 나
와 한 [2]데나리온의 약속을 하지
아니하였느냐
14 네 것이나 가지고 가라 나중 온
이 사람에게 너와 같이 주는 것이
내 뜻이니라
15 내 것을 가지고 내 뜻대로 할 것
이 아니냐 내가 (善)선하므로 네
가 (惡)악하게 보느냐
16 이와 같이 나중 된 (者)자로서 먼
저 되고 먼저 된 자로서 나중 되
리라

죽음과 부활을 세 번째로 이르시다 (막 10:32-34; 눅 18:31-34)

17 ●예수께서 예루살렘으로 올라가
려 하실 때에 열두 (弟子)제자를
따로 데리시고 길에서 이르시되
18 보라 우리가 예루살렘으로 올라
가노니 (人子)인자가 대제사장들
과 서기관들에게 넘겨지매 그들
이 죽이기로 결의하고
19 이방인들에게 넘겨 주어 그를 조
롱하며 채찍질하며 (十字架)십자
가에 못 박게 할 것이나 제삼일에
살아나리라

한 어머니의 요구(막 10:35-45)

20 ●그 때에 세베대의 아들의 어머
니가 그 아들들을 데리고 예수께
와서 절하며 무엇을 구하니
21 예수께서 이르시되 무엇을 원하
느냐 이르되 나의 이 두 아들을
주의 나라에서 하나는 주의 (右
便)우편에, 하나는 주의 (左便)좌
편에 앉게 명하소서
22 예수께서 대답하여 이르시되 너
희는 너희가 구하는 것을 알지 못
하는도다 내가 마시려는 (盞)잔을
너희가 마실 수 있느냐 그들이 말
하되 할 수 있나이다
23 이르시되 너희가 과연 내 잔을 마
시려니와 내 좌우편에 앉는 것은
내가 주는 것이 아니라 내 아버지
께서 누구를 위하여 (豫備)예비하
셨든지 그들이 얻을 것이니라

1) 오후 다섯 시 2) 은전의 명칭

24 열 제자가 듣고 그 두 형제에 대
하여 (忿)분히 여기거늘
25 예수께서 제자들을 불러다가 이
르시되 이방인의 집권자들이 그
들을 임의로 주관하고 그 고관들
이 그들에게 (權勢)권세를 부리는
줄을 너희가 알거니와
26 너희 중에는 그렇지 않아야 하나
니 너희 중에 누구든지 크고자 하
는 자는 너희를 섬기는 자가 되고
27 너희 (中)중에 누구든지 으뜸이
되고자 하는 자는 너희의 종이 되
어야 하리라
28 인자가 온 것은 섬김을 받으려 함
이 아니라 도리어 섬기려 하고 자
기 목숨을 많은 사람의 (代贖物)
대속물로 주려 함이니라

맹인 두 사람을 고치시다 (막 10:46-52; 눅 18:35-43)

29 ●그들이 여리고에서 떠나 갈 때
에 큰 무리가 예수를 따르더라
30 (盲人)맹인 두 사람이 길 가에 앉
았다가 예수께서 지나가신다 함
을 듣고 소리 질러 이르되 주여
우리를 불쌍히 여기소서 다윗의
(子孫)자손이여 하니
31 무리가 꾸짖어 (潛潛)잠잠하라
하되 더욱 소리 질러 이르되 주여
우리를 불쌍히 여기소서 다윗의
자손이여 하는지라
32 예수께서 머물러 서서 그들을 불
러 이르시되 너희에게 무엇을 하
여 주기를 (願)원하느냐
33 이르되 (主)주여 우리의 눈 뜨기
를 원하나이다
34 예수께서 불쌍히 여기사 그들의
눈을 만지시니 곧 보게 되어 그들
이 예수를 따르니라

예루살렘에 들어가시다(막 11:1-11; 눅 19:28-38; 요 12:12-19)

21 그들이 예루살렘에 가까이
가서 (橄欖 山)감람 산 벳바
게에 이르렀을 때에 예수께서 두
제자를 보내시며
2 이르시되 너희는 맞은(便)편 마을
로 가라 그리하면 곧 매인 나귀와
나귀 새끼가 함께 있는 것을 보리
니 풀어 내게로 끌고 오라
3 만일 누가 무슨 말을 하거든 주가
쓰시겠다 하라 [1]그리하면 (卽時)
즉시 보내리라 하시니
4 이는 선지자를 (通)통하여 하신
말씀을 이루려 하심이라 일렀으되
5 ㄱ시온 딸에게 이르기를 네 왕이
네게 임하나니 그는 (謙遜)겸손
하여 나귀, 곧 멍에 메는 짐승의
새끼를 탔도다 하라
하였느니라
6 (弟子)제자들이 가서 예수께서
명하신 대로 하여
7 나귀와 나귀 새끼를 끌고 와서
(自己)자기들의 겉옷을 그 위에
얹으매 예수께서 그 위에 타시니
8 무리의 (大多數)대다수는 그들의
겉옷을 길에 펴고 다른 이들은 나
뭇가지를 베어 길에 펴고
9 앞에서 가고 뒤에서 따르는 무리
가 소리 높여 이르되 호산나 다윗
의 (子孫)자손이여 (讚頌)찬송하

1) 또는 즉시 돌려 보내리라 하라 하시니 ㄱ 사 62:11; 슥 9:9

리로다 주의 이름으로 오시는 이여
가장 높은 곳에서 호산나 하더라
10 예수께서 예루살렘에 들어가시니
온 성이 (騷動)소동하여 이르되
이는 누구냐 하거늘
11 무리가 이르되 갈릴리 나사렛에
서 나온 (先知者)선지자 예수라
하니라

성전을 깨끗하게 하시다
(막 11:15-19; 눅 19:45-48; 요 2:13-22)

12 ●예수께서 성전에 들어가사 성
전 안에서 (賣買)매매하는 모든
사람들을 내쫓으시며 돈 바꾸는
사람들의 상과 비둘기 파는 사람
들의 의자를 둘러 엎으시고
13 그들에게 이르시되 기록된 바
ㄱ내 집은 기도하는 집이라 일컬
음을 받으리라 하였거늘 너희는
ㄴ강도의 (巢窟)소굴을 만드는도
다 하시니라
14 맹인과 저는 자들이 (聖殿)성전
에서 예수께 나아오매 고쳐주시니
15 대제사장들과 서기관들이 예수께
서 하시는 (異常)이상한 일과 또
성전에서 소리 질러 호산나 다윗
의 자손이여 하는 어린이들을 보
고 노하여
16 예수께 말하되 그들이 하는 말을
듣느냐 예수께서 이르시되 ㄷ그렇
다 어린 아기와 젖먹이들의 입에
서 나오는 (讚美)찬미를 온전하게
하셨나이다 함을 너희가 읽어 본
일이 없느냐 하시고
17 그들을 떠나 (城)성 밖으로 베다
니에 가서 거기서 유하시니라

무화과나무가 마르다(막 11:12-14, 20-24)

18 ●이른 아침에 성으로 들어오실
때에 시장하신지라
19 길 가에서 한 (無花果)무화과나
무를 보시고 그리로 가사 잎사귀
밖에 아무 것도 찾지 못하시고 나
무에게 이르시되 이제부터 (永遠)
영원토록 네가 열매를 맺지 못하
리라 하시니 무화과나무가 곧 마
른지라
20 제자들이 보고 (異常)이상히 여
겨 이르되 무화과나무가 어찌하
여 곧 말랐나이까
21 예수께서 대답하여 이르시되 내
가 진실로 너희에게 이르노니 만
일 너희가 믿음이 있고 (疑心)의
심하지 아니하면 이 무화과나무
에게 된 이런 일만 할 뿐 아니라
이 산더러 들려 바다에 던져지라
하여도 될 것이요
22 너희가 (祈禱)기도할 때에 무엇이
든지 믿고 구하는 것은 다 받으리
라 하시니라

예수의 권위를 두고 말하다
(막 11:27-33; 눅 20:1-8)

23 ●예수께서 성전에 들어가 가르
치실새 대제사장들과 백성의 장
로들이 나아와 이르되 네가 무슨
(權威)권위로 이런 일을 하느냐
또 누가 이 권위를 주었느냐
24 예수께서 (對答)대답하시되 나도
한 말을 너희에게 물으리니 너희
가 대답하면 나도 무슨 권위로 이
런 일을 하는지 이르리라

ㄱ 사 56:7 ㄴ 렘 7:11 ㄷ 시 8:2

25 요한의 [1](洗禮)세례가 어디로부터
왔느냐 하늘로부터냐 사람으로부
터냐 그들이 서로 (議論)의논하
여 이르되 만일 하늘로부터라 하
면 어찌하여 그를 믿지 아니하였
느냐 할 것이요
26 만일 사람으로부터라 하면 모든
사람이 요한을 선지자로 여기니
(百姓)백성이 무섭다 하여
27 예수께 대답하여 이르되 우리가
알지 못하노라 하니 예수께서 이
르시되 나도 무슨 (權威)권위로
이런 일을 하는지 너희에게 이르
지 아니하리라
28 그러나 너희 생각에는 어떠하냐 어
떤 사람에게 두 아들이 있는데 맏
아들에게 가서 이르되 얘 오늘 (葡
萄園)포도원에 가서 일하라 하니
29 (對答)대답하여 이르되 아버지 가
겠나이다 하더니 가지 아니하고
30 둘째 아들에게 가서 또 그와 같이
말하니 대답하여 이르되 싫소이
다 하였다가 그 (後)후에 뉘우치
고 갔으니
31 그 둘 중의 누가 아버지의 뜻대
로 하였느냐 이르되 둘째 아들이
니이다 예수께서 그들에게 이르
시되 내가 (眞實)진실로 너희에게
이르노니 세리들과 창녀들이 너
희보다 먼저 하나님의 나라에 들
어가리라
32 요한이 (義)의의 (道)도로 너희에
게 왔거늘 너희는 그를 믿지 아니
하였으되 세리와 창녀는 믿었으

1) 헬, 또는 침례 ㄱ 시 118:22 이하

며 너희는 이것을 보고도 끝내 뉘
우쳐 믿지 아니하였도다

포도원 농부 비유(막 12:1-12; 눅 20:9-19)

33 ● 다른 한 비유를 들으라 한 집
주인이 포도원을 만들어 산울타
리로 두르고 거기에 즙 짜는 틀을
만들고 망대를 짓고 농부들에게
세로 주고 (他國)타국에 갔더니
34 열매 거둘 때가 가까우매 그 열매
를 받으려고 자기 종들을 (農夫)
농부들에게 보내니
35 농부들이 종들을 잡아 하나는
(甚)심히 때리고 하나는 죽이고
하나는 돌로 쳤거늘
36 다시 다른 종들을 처음보다 많이
보내니 그들에게도 그렇게 하였
는지라
37 (後)후에 자기 아들을 보내며 이
르되 그들이 내 아들은 (尊待)존
대하리라 하였더니
38 농부들이 그 아들을 보고 서로 말
하되 이는 (相續者)상속자니 자
죽이고 그의 유산을 차지하자 하
고
39 이에 잡아 (葡萄園)포도원 밖에
내쫓아 죽였느니라
40 그러면 포도원 (主人)주인이 올
때에 그 농부들을 어떻게 하겠느
냐
41 그들이 말하되 그 악한 자들을
(殄滅)진멸하고 포도원은 제 때
에 열매를 바칠 만한 다른 농부들
에게 세로 줄지니이다
42 예수께서 이르시되 너희가 성경에
ㄱ건축자들이 버린 돌이 모퉁이

의 머릿돌이 되었나니 이것은
주로 말미암아 된 것이요 우리
눈에 (奇異)기이하도다
함을 읽어 본 일이 없느냐
43 그러므로 내가 너희에게 이르노
니 하나님의 나라를 너희는 빼앗
기고 그 나라의 열매 맺는 (百姓)
백성이 받으리라
44 이 돌 위에 떨어지는 (者)자는 깨
지겠고 이 돌이 사람 위에 떨어지
면 그를 가루로 만들어 흩으리라
하시니
45 대제사장들과 바리새인들이 예수
의 (譬喩)비유를 듣고 자기들을
가리켜 말씀하심인 줄 알고
46 잡고자 하나 무리를 무서워하니
이는 그들이 예수를 (先知者)선
지자로 앎이었더라

혼인 잔치 비유(눅 14:15-24)

22 예수께서 다시 비유로 (對
答)대답하여 이르시되
2 천국은 마치 자기 아들을 위하여
(婚姻)혼인 잔치를 베푼 어떤 임
금과 같으니
3 그 종들을 보내어 그 (請)청한 사
람들을 혼인 잔치에 오라 하였더
니 오기를 싫어하거늘
4 다시 다른 종들을 보내며 이르되
청한 사람들에게 이르기를 내가
오찬을 (準備)준비하되 나의 소와
살진 짐승을 잡고 모든 것을 갖추
었으니 혼인 잔치에 오소서 하라
하였더니
5 그들이 돌아 보지도 않고 한 사람
은 (自己)자기 밭으로, 한 사람은
자기 (事業)사업하러 가고
6 그 남은 자들은 종들을 잡아 (侮
辱)모욕하고 죽이니
7 임금이 노하여 군대를 보내어 그
살인한 자들을 (殄滅)진멸하고 그
동네를 불사르고
8 이에 종들에게 이르되 혼인 잔치
는 준비되었으나 청한 사람들은
(合當)합당하지 아니하니
9 네거리 길에 가서 사람을 만나는
대로 (婚姻)혼인 잔치에 청하여
오라 한대
10 종들이 길에 나가 악한 자나 선한
자나 만나는 대로 모두 데려오니
(婚姻)혼인 잔치에 손님들이 가득
한지라
11 임금이 손님들을 보러 들어올새
거기서 (禮服)예복을 입지 않은
한 사람을 보고
12 이르되 (親舊)친구여 어찌하여 예
복을 입지 않고 여기 들어왔느냐
하니 그가 아무 말도 못하거늘
13 임금이 (使喚)사환들에게 말하되
그 손발을 묶어 바깥 어두운 데에
내던지라 거기서 슬피 울며 이를
갈게 되리라 하니라
14 (請)청함을 받은 자는 많되 택함
을 입은 자는 적으니라

가이사에게 세금을 바치는 것
(막 12:13-17; 눅 20:20-26)

15 ● 이에 바리새인들이 가서 어떻
게 하면 예수를 말의 올무에 걸리
게 할까 (相議)상의하고
16 자기 제자들을 헤롯 (黨員)당원
들과 함께 예수께 보내어 말하되

선생님이여 우리가 아노니 당신
은 참되시고 (眞理)진리로 하나
님의 도를 가르치시며 아무도 꺼
리는 일이 없으시니 이는 사람을
외모로 보지 아니하심이니이다
17 그러면 당신의 생각에는 어떠한
지 우리에게 이르소서 가이사에게
(稅金)세금을 바치는 것이 옳으
니이까 옳지 아니하니이까 하니
18 예수께서 그들의 악함을 아시고
이르시되 외식하는 자들아 어찌
하여 나를 (試驗)시험하느냐
19 세금 낼 돈을 내게 보이라 하시니
[1]데나리온 하나를 가져왔거늘
20 예수께서 말씀하시되 이 (形像)형
상과 이 글이 누구의 것이냐
21 이르되 가이사의 것이니이다 이
에 이르시되 그런즉 가이사의 것
은 가이사에게, 하나님의 것은 하
나님께 바치라 하시니
22 그들이 이 말씀을 듣고 놀랍게 여
겨 예수를 떠나가니라

부활 논쟁(막 12:18-27; 눅 20:27-40)

23 ●(復活)부활이 없다 하는 사두
개인들이 그 날 예수께 와서 물어
이르되
24 선생님이여 모세가 일렀으되 ㄱ사
람이 만일 자식이 없이 죽으면 그
동생이 그 아내에게 장가 들어 형
을 위하여 (相續者)상속자를 세
울지니라 하였나이다
25 우리 중에 칠 형제가 있었는데 맏
이가 장가 들었다가 죽어 상속자
가 없으므로 그 아내를 그 (同生)
동생에게 물려 주고
26 그 둘째와 셋째로 일곱째까지 그
렇게 하다가
27 (最後)최후에 그 여자도 죽었나
이다
28 그런즉 그들이 다 그를 취하였으
니 (復活)부활 때에 일곱 중의 누
구의 아내가 되리이까
29 예수께서 대답하여 이르시되 너희
가 성경도, 하나님의 능력도 알지
못하는 고로 (誤解)오해하였도다
30 부활 때에는 장가도 아니 가고
(媤)시집도 아니 가고 하늘에 있
는 (天使)천사들과 같으니라
31 죽은 자의 부활을 (論)논할진대
하나님이 너희에게 말씀하신 바
32 ㄴ나는 아브라함의 하나님이요 이
삭의 하나님이요 야곱의 하나님
이로라 하신 것을 읽어 보지 못하
였느냐 하나님은 죽은 (者)자의
하나님이 아니요 살아 있는 자의
하나님이시니라 하시니
33 무리가 듣고 그의 가르치심에 놀
라더라

가장 큰 계명(막 12:28-34; 눅 10:25-28)

34 ●예수께서 사두개인들로 (對答)
대답할 수 없게 하셨다 함을 바리
새인들이 듣고 모였는데
35 그 중의 한 (律法師)율법사가 예
수를 시험하여 묻되
36 선생님 율법 중에서 어느 (誡命)
계명이 크니이까
37 예수께서 이르시되 ㄷ네 마음을
다하고 목숨을 다하고 뜻을 다하
여 (主)주 너의 하나님을 사랑하

1) 은전의 명칭 ㄱ 신 25:5 ㄴ 출 3:6 ㄷ 신 6:5

라 하셨으니
38 이것이 크고 첫째 되는 계명이요
39 둘째도 그와 같으니 ㄱ네 이웃을
네 (自身)자신 같이 사랑하라 하
셨으니
40 이 두 계명이 온 율법과 (先知者)
선지자의 (綱領)강령이니라

그리스도와 다윗의 자손
(막 12:35-37; 눅 20:41-44)

41 ●바리새인들이 모였을 때에 예
수께서 그들에게 물으시되
42 너희는 그리스도에 대하여 어떻
게 생각하느냐 누구의 (子孫)자손
이냐 대답하되 다윗의 자손이니
이다
43 이르시되 그러면 다윗이 성령에
(感動)감동되어 어찌 그리스도를
주라 칭하여 말하되
44 ㄴ주께서 내 주께 이르시되 내가
네 (怨讐)원수를 네 발 아래에
둘 때까지 내 (右便)우편에 앉아
있으라 하셨도다
하였느냐
45 다윗이 그리스도를 (主)주라 칭하
였은즉 어찌 그의 자손이 되겠느
냐 하시니
46 한 마디도 능히 (對答)대답하는
자가 없고 그 날부터 감히 그에게
묻는 자도 없더라

서기관들과 바리새인들을 꾸짖으시다
(막 12:38-40; 눅 11:37-52; 20:45-47)

23 이에 예수께서 무리와 제자
들에게 말씀하여 이르시되
2 (書記官)서기관들과 바리새인들
이 모세의 자리에 앉았으니
3 그러므로 무엇이든지 그들이 말하
는 바는 행하고 지키되 그들이 하
는 (行爲)행위는 본받지 말라 그
들은 말만 하고 행하지 아니하며
4 또 무거운 짐을 묶어 사람의 어깨
에 지우되 (自己)자기는 이것을
한 손가락으로도 움직이려 하지
아니하며
5 그들의 모든 행위를 사람에게 보
이고자 하나니 곧 그 (經文)경문
띠를 넓게 하며 옷술을 길게 하고
6 잔치의 윗자리와 (會堂)회당의 높
은 자리와
7 시장에서 (問安)문안 받는 것과
사람에게 랍비라 (稱)칭함을 받는
것을 좋아하느니라
8 그러나 너희는 랍비라 칭함을 받
지 말라 너희 (先生)선생은 하나
요 너희는 다 형제니라
9 땅에 있는 자를 아버지라 하지 말
라 너희의 아버지는 한 분이시니
곧 하늘에 계신 이시니라
10 또한 (指導者)지도자라 칭함을
받지 말라 너희의 지도자는 한 분
이시니 곧 그리스도시니라
11 너희 중에 큰 자는 너희를 섬기는
자가 되어야 하리라
12 누구든지 (自己)자기를 높이는 자
는 낮아지고 누구든지 자기를 낮
추는 자는 높아지리라
13 ●화 있을진저 (外飾)외식하는
서기관들과 바리새인들이여 너희
는 (天國)천국 문을 사람들 앞에
서 닫고 너희도 들어가지 않고 들

ㄱ 레 19:18 ㄴ 시 110:1

어가려 하는 자도 들어가지 못하
게 하는도다
14 [1]없음
15 ●화 있을진저 외식하는 서기관
들과 바리새인들이여 너희는 (敎
人)교인 한 사람을 얻기 위하여
바다와 육지를 두루 다니다가 생
기면 너희보다 배나 더 (地獄)지
옥 자식이 되게 하는도다
16 ●화 있을진저 눈 먼 인도자여 너
희가 말하되 누구든지 (聖殿)성전
으로 맹세하면 아무 일 없거니와
성전의 금으로 맹세하면 지킬지
라 하는도다
17 어리석은 (盲人)맹인들이여 어느
것이 크냐 그 금이냐 그 금을 거
룩하게 하는 성전이냐
18 너희가 또 이르되 누구든지 (祭
壇)제단으로 맹세하면 아무 일
없거니와 그 위에 있는 예물로 맹
세하면 지킬지라 하는도다
19 맹인들이여 어느 것이 크냐 그
(禮物)예물이냐 그 예물을 거룩하
게 하는 제단이냐
20 그러므로 (祭壇)제단으로 맹세하
는 자는 제단과 그 위에 있는 모
든 것으로 맹세함이요
21 또 성전으로 (盟誓)맹세하는 자는
성전과 그 안에 계신 이로 맹세함
이요
22 또 하늘로 맹세하는 자는 하나님
의 (寶座)보좌와 그 위에 앉으신
이로 맹세함이니라
23 ●화 있을진저 외식하는 서기관
들과 바리새인들이여 너희가 박
하와 (茴香)회향과 (芹菜)근채의
십일조는 드리되 율법의 더 중한
바 정의와 긍휼과 믿음은 버렸도
다 그러나 이것도 행하고 저것도
버리지 말아야 할지니라
24 맹인 된 인도자여 하루살이는 걸
러 내고 (駱駝)낙타는 삼키는도다
25 ●화 있을진저 외식하는 서기관
들과 바리새인들이여 잔과 대접
의 겉은 깨끗이 하되 그 안에는
(貪慾)탐욕과 방탕으로 가득하게
하는도다
26 눈 먼 바리새(人)인이여 너는 먼
저 안을 깨끗이 하라 그리하면 겉
도 깨끗하리라
27 ●화 있을진저 외식하는 서기관
들과 바리새인들이여 (灰漆)회칠
한 무덤 같으니 겉으로는 아름답게
보이나 그 안에는 죽은 사람의 뼈
와 모든 더러운 것이 가득하도다
28 이와 같이 너희도 겉으로는 사람
에게 옳게 보이되 안으로는 (外
飾)외식과 불법이 가득하도다
29 ●화 있을진저 외식하는 서기관
들과 바리새인들이여 너희는 선
지자들의 무덤을 만들고 의인들
의 (碑石)비석을 꾸미며 이르되
30 만일 우리가 조상 때에 있었더라
면 우리는 그들이 선지자의 피를
흘리는 데 (參與)참여하지 아니하
였으리라 하니
31 그러면 너희가 선지자를 죽인 자
의 자손임을 스스로 (證明)증명함
이로다

1) 어떤 사본에, 14절에 막 12:40과 눅 20:47과 유사한 구절이 있음

32 너희가 너희 조상의 (分量)분량을
채우라
33 뱀들아 (毒蛇)독사의 새끼들아 너
희가 어떻게 지옥의 판결을 피하
겠느냐
34 그러므로 내가 너희에게 선지자
들과 (智慧)지혜 있는 자들과 서
기관들을 보내매 너희가 그 중에
서 더러는 죽이거나 십자가에 못
박고 그 중에서 더러는 너희 회당
에서 채찍질하고 이 동네에서 저
동네로 따라다니며 (迫害)박해하
리라
35 그러므로 (義人)의인 아벨의 피로
부터 성전과 제단 사이에서 너희
가 죽인 바라갸의 아들 사가랴의
피까지 땅 위에서 흘린 의로운 피
가 다 너희에게 돌아가리라
36 내가 진실로 너희에게 이르노니
이것이 다 이 (世代)세대에 돌아
가리라

예루살렘을 두고 이르시다(눅 13:34-35)

37 ● 예루살렘아 예루살렘아 선지
자들을 죽이고 네게 (派送)파송된
자들을 돌로 치는 자여 암탉이 그
새끼를 날개 아래에 모음 같이 내
가 네 자녀를 모으려 한 일이 몇
번이더냐 그러나 너희가 원하지
아니하였도다
38 보라 너희 집이 (荒廢)황폐하여
버려진 바 되리라
39 내가 너희에게 이르노니 이제부
터 너희는 (讚頌)찬송하리로다 주
의 이름으로 오시는 이여 할 때까
지 나를 보지 못하리라 하시니라

성전이 무너뜨려질 것을 예언하시다
(막 13:1-2; 눅 21:5-6)

24 예수께서 (聖殿)성전에서 나
와서 가실 때에 제자들이 성
전 (建物)건물들을 가리켜 보이
려고 나아오니
2 대답하여 이르시되 너희가 이 모
든 것을 보지 못하느냐 내가 (眞
實)진실로 너희에게 이르노니 돌
하나도 돌 위에 남지 않고 다 무
너뜨려지리라

재난의 징조(막 13:3-13; 눅 21:7-19)

3 ● 예수께서 감람 산 위에 앉으셨
을 때에 제자들이 조용히 와서 이
르되 우리에게 이르소서 어느 때
에 이런 일이 있겠사오며 또 주의
임하심과 세상 끝에는 무슨 (徵
兆)징조가 있사오리이까
4 예수께서 대답하여 이르시되 너
희가 사람의 (迷惑)미혹을 받지
않도록 주의하라
5 많은 사람이 내 이름으로 와서 이
르되 나는 그리스도라 하여 많은
사람을 미혹하리라
6 (亂離)난리와 난리 소문을 듣겠으
나 너희는 삼가 두려워하지 말라
이런 일이 있어야 하되 아직 끝은
아니니라
7 민족이 민족을, 나라가 나라를 대
적하여 일어나겠고 곳곳에 (饑饉)
기근과 지진이 있으리니
8 이 모든 것은 (災難)재난의 시작
이니라
9 그 때에 사람들이 너희를 환난에
넘겨 주겠으며 너희를 죽이리니

너희가 내 이름 때문에 모든 민족
에게 미움을 받으리라
10 그 때에 많은 사람이 (失足)실족
하게 되어 서로 잡아 주고 서로
미워하겠으며
11 거짓 선지자가 많이 일어나 많은
사람을 (迷惑)미혹하겠으며
12 (不法)불법이 성하므로 많은 사람
의 사랑이 식어지리라
13 그러나 끝까지 견디는 자는 (救
援)구원을 얻으리라
14 이 천국 복음이 모든 민족에게 증
언되기 위하여 온 세상에 (傳播)
전파되리니 그제야 끝이 오리라

가장 큰 환난(막 13:14-23; 눅 21:20-24)

15 ●그러므로 너희가 선지자 다니
엘이 말한 바 ㄱ(滅亡)멸망의 (可
憎)가증한 것이 거룩한 곳에 선
것을 보거든 읽는 자는 깨달을진
저
16 그 때에 유대에 있는 자들은 산으
로 (逃亡)도망할지어다
17 지붕 위에 있는 자는 집 안에 있
는 (物件)물건을 가지러 내려 가
지 말며
18 밭에 있는 자는 겉옷을 가지러 뒤
로 돌이키지 말지어다
19 그 날에는 아이 밴 자들과 젖 먹
이는 자들에게 (禍)화가 있으리로
다
20 너희가 도망하는 일이 겨울에나
(安息日)안식일에 되지 않도록
기도하라
21 이는 그 때에 큰 (患難)환난이 있
겠음이라 창세로부터 지금까지
이런 환난이 없었고 후에도 없으
리라
22 그 날들을 감하지 아니하면 모든
(肉體)육체가 구원을 얻지 못할
것이나 그러나 택하신 자들을 위
하여 그 날들을 감하시리라
23 그 때에 사람이 너희에게 말하되
보라 그리스도가 여기 있다 (或)
혹은 저기 있다 하여도 믿지 말라
24 거짓 그리스도들과 거짓 선지자
들이 일어나 큰 [1](表蹟)표적과 기
사를 보여 할 수만 있으면 택하신
자들도 (迷惑)미혹하리라
25 보라 내가 너희에게 미리 말하였
노라
26 그러면 사람들이 너희에게 말하
되 보라 그리스도가 (曠野)광야에
있다 하여도 나가지 말고 보라 골
방에 있다 하여도 믿지 말라
27 번개가 (東便)동편에서 나서 서편
까지 번쩍임 같이 인자의 임함도
그러하리라
28 주검이 있는 곳에는 (禿)독수리들
이 모일 것이니라

인자가 오는 것을 보리라 (막 13:24-27; 눅 21:25-28)

29 ●그 날 환난 후에 즉시 해가 어
두워지며 달이 빛을 내지 아니하
며 별들이 하늘에서 떨어지며 하
늘의 (權能)권능들이 흔들리리라
30 그 때에 인자의 징조가 하늘에서
보이겠고 그 때에 땅의 모든 족속
들이 (痛哭)통곡하며 그들이 인자
가 구름을 타고 능력과 큰 영광으

1) 또는 이적 ㄱ 단 9:27; 11:31; 12:11

로 오는 것을 보리라
31 그가 큰 나팔소리와 함께 천사들
을 보내리니 그들이 그의 택하신
자들을 하늘 이 끝에서 저 끝까지
(四方)사방에서 모으리라

무화과나무에서 배울 교훈(막 13:28-37; 눅 21:29-33; 17:26-30,34-36; 12:35-48)

32 ● (無花果)무화과나무의 (譬喩)
비유를 배우라 그 가지가 연하여
지고 잎사귀를 내면 여름이 가까
운 줄을 아나니
33 이와 같이 너희도 이 모든 일을
보거든 [1]인자가 가까이 곧 (門)문
앞에 이른 줄 알라
34 내가 진실로 너희에게 말하노니
이 (世代)세대가 지나가기 전에
이 일이 다 일어나리라
35 (天地)천지는 없어질지언정 내 말
은 없어지지 아니하리라
36 그러나 그 날과 그 때는 아무도
모르나니 하늘의 (天使)천사들
도, 아들도 모르고 오직 아버지만
아시느니라
37 노아의 때와 같이 (人子)인자의
임함도 그러하리라
38 홍수 전에 노아가 (方舟)방주에
들어가던 날까지 사람들이 먹고
마시고 장가 들고 시집 가고 있으
면서
39 (洪水)홍수가 나서 그들을 다 멸
하기까지 깨닫지 못하였으니 인
자의 임함도 이와 같으리라
40 그 때에 두 사람이 밭에 있으매
한 사람은 데려가고 한 사람은 버
려둠을 (當)당할 것이요
41 두 (女子)여자가 맷돌질을 하고
있으매 한 사람은 데려가고 한 사
람은 버려둠을 당할 것이니라
42 그러므로 깨어 있으라 어느 날에
너희 주가 (臨)임할는지 너희가
알지 못함이니라
43 너희도 아는 바니 만일 집 주인이
도둑이 어느 (時刻)시각에 올 줄
을 알았더라면 깨어 있어 그 집을
뚫지 못하게 하였으리라
44 이러므로 너희도 (準備)준비하고
있으라 생각하지 않은 때에 인자
가 오리라
45 (忠誠)충성되고 지혜 있는 종이
되어 주인에게 그 집 사람들을 맡
아 때를 따라 (糧食)양식을 나눠
줄 자가 누구냐
46 (主人)주인이 올 때에 그 종이 이
렇게 하는 것을 보면 그 종이 복
이 있으리로다
47 내가 진실로 너희에게 이르노니
주인이 그의 모든 (所有)소유를
그에게 맡기리라
48 만일 그 (惡)악한 종이 마음에 생
각하기를 주인이 더디 오리라 하
여
49 (同僚)동료들을 때리며 술친구들
과 더불어 먹고 마시게 되면
50 생각하지 않은 날 알지 못하는
(時刻)시각에 그 종의 주인이 이
르러
51 [2]엄히 때리고 (外飾)외식하는 자
가 받는 벌에 처하리니 거기서 슬
피 울며 이를 갈리라

1) 또는 때가 2) 헬, 쪼개어 내고

열 처녀 비유

25 그 때에 천국은 마치 등을
들고 (新郎)신랑을 맞으러
나간 열 처녀와 같다 하리니
2 그 중의 다섯은 미련하고 다섯은
슬기 있는 자라
3 미련한 자들은 (燈)등을 가지되
기름을 가지지 아니하고
4 슬기 있는 자들은 그릇에 기름을
담아 등과 함께 가져갔더니
5 (新郎)신랑이 더디 오므로 다 졸
며 잘새
6 밤중에 소리가 나되 보라 신랑이
로다 맞으러 나오라 하매
7 이에 그 (處女)처녀들이 다 일어
나 등을 준비할새
8 미련한 자들이 슬기 있는 자들에
게 이르되 우리 (燈)등불이 꺼져
가니 너희 기름을 좀 나눠 달라
하거늘
9 슬기 있는 자들이 대답하여 이르
되 우리와 너희가 쓰기에 다 (不
足)부족할까 하노니 차라리 파는
자들에게 가서 너희 쓸 것을 사라
하니
10 그들이 사러 간 사이에 신랑이 오
므로 준비하였던 자들은 함께 (婚
姻)혼인 잔치에 들어가고 문은
닫힌지라
11 그 (後)후에 남은 처녀들이 와서
이르되 주여 주여 우리에게 열어
주소서
12 (對答)대답하여 이르되 진실로 너
희에게 이르노니 내가 너희를 알
지 못하노라 하였느니라
13 그런즉 깨어 있으라 너희는 그 날
과 그 때를 알지 못하느니라

달란트 비유(눅 19:11-27)

14 ●또 어떤 사람이 타국에 갈 때
그 종들을 불러 (自己 所有)자기
소유를 맡김과 같으니
15 각각 그 (才能)재능대로 한 사람
에게는 금 다섯 [1]달란트를, 한 사
람에게는 두 [1]달란트를, 한 사람
에게는 한 [1]달란트를 주고 떠났더
니
16 다섯 [1]달란트 받은 (者)자는 바로
가서 그것으로 장사하여 또 다섯
[1]달란트를 남기고
17 두 [1]달란트 받은 (者)자도 그같이
하여 또 두 [1]달란트를 남겼으되
18 한 [1]달란트 받은 자는 가서 땅을
파고 그 (主人)주인의 돈을 감추
어 두었더니
19 오랜 (後)후에 그 종들의 주인이
돌아와 그들과 (決算)결산할새
20 다섯 [1]달란트 받았던 자는 다섯 [1]
달란트를 더 가지고 와서 이르되
주인이여 내게 다섯 [1]달란트를
주셨는데 보소서 내가 또 다섯 [1]
달란트를 남겼나이다
21 그 주인이 이르되 잘하였도다 착
하고 (忠誠)충성된 종아 네가 적
은 일에 충성하였으매 내가 많은
것을 네게 맡기리니 네 주인의 즐
거움에 참여할지어다 하고
22 두 [1]달란트 받았던 자도 와서 이
르되 (主人)주인이여 내게 두 [1]달
란트를 주셨는데 보소서 내가 또

1) 금은의 중량

두 [1]달란트를 남겼나이다
23 그 주인이 이르되 잘하였도다 착
하고 충성된 종아 네가 적은 일에
충성하였으매 내가 많은 것을 네
게 맡기리니 네 주인의 즐거움에
(參與)참여할지어다 하고
24 한 [1]달란트 받았던 자는 와서 이
르되 (主人)주인이여 당신은 굳은
사람이라 심지 않은 데서 거두고
헤치지 않은 데서 모으는 줄을 내
가 알았으므로
25 두려워하여 나가서 (當身)당신의
[1]달란트를 땅에 감추어 두었었나
이다 보소서 당신의 것을 가지셨
나이다
26 그 주인이 대답하여 이르되 (惡)
악하고 게으른 종아 나는 심지 않
은 데서 거두고 헤치지 않은 데서
모으는 줄로 네가 알았느냐
27 그러면 네가 마땅히 내 돈을 (取
利)취리하는 자들에게나 맡겼다
가 내가 돌아와서 내 원금과 이자
를 받게 하였을 것이니라 하고
28 그에게서 그 한 [1]달란트를 빼앗
아 열 [1]달란트 가진 자에게 주라
29 무릇 있는 자는 받아 (豊足)풍족
하게 되고 없는 자는 그 있는 것
까지 빼앗기리라
30 이 (無益)무익한 종을 바깥 어두
운 데로 내쫓으라 거기서 슬피 울
며 이를 갈리라 하니라

인자가 모든 천사와 함께 올 때

31 ● 인자가 자기 영광으로 모든 천
사와 함께 올 때에 자기 영광의
(寶座)보좌에 앉으리니
32 모든 민족을 그 앞에 모으고 각각
(區分)구분하기를 목자가 양과 염
소를 구분하는 것 같이 하여
33 (羊)양은 그 오른편에 염소는 왼
편에 두리라
34 그 때에 임금이 그 오른편에 있는
자들에게 이르시되 내 아버지께
복 받을 자들이여 나아와 창세로
부터 너희를 위하여 (豫備)예비된
나라를 (相續)상속받으라
35 내가 주릴 때에 너희가 먹을 것을
주었고 목마를 때에 마시게 하였
고 나그네 되었을 때에 (迎接)영
접하였고
36 헐벗었을 때에 옷을 입혔고 (病)
병들었을 때에 돌보았고 옥에 갇
혔을 때에 와서 보았느니라
37 이에 의인들이 대답하여 이르되
주여 우리가 어느 때에 주께서 주
리신 것을 보고 음식을 (待接)대
접하였으며 목마르신 것을 보고
마시게 하였나이까
38 어느 때에 나그네 되신 것을 보고
(迎接)영접하였으며 헐벗으신 것
을 보고 옷 입혔나이까
39 어느 때에 병드신 것이나 (獄)옥
에 갇히신 것을 보고 가서 뵈었나
이까 하리니
40 임금이 대답하여 이르시되 내가
진실로 너희에게 이르노니 너희
가 여기 내 형제 중에 (至極)지극
히 작은 자 하나에게 한 것이 곧
내게 한 것이니라 하시고
41 또 왼편에 있는 자들에게 이르시

1) 금은의 중량

되 저주를 받은 자들아 나를 떠나
마귀와 그 사자들을 위하여 (豫
備)예비된 (永遠)영원한 불에 들
어가라
42 내가 주릴 때에 너희가 먹을 것을
주지 아니하였고 목마를 때에 마
시게 하지 아니하였고
43 나그네 되었을 때에 영접하지 아
니하였고 헐벗었을 때에 옷 입히
지 아니하였고 (病)병들었을 때와
옥에 갇혔을 때에 돌보지 아니하
였느니라 하시니
44 그들도 대답하여 이르되 주여 우
리가 어느 때에 주께서 주리신 것
이나 목마르신 것이나 나그네 되
신 것이나 헐벗으신 것이나 병드
신 것이나 옥에 갇히신 것을 보고
(供養)공양하지 아니하더이까
45 이에 임금이 대답하여 이르시되
내가 진실로 너희에게 이르노니
이 (至極)지극히 작은 자 하나에
게 하지 아니한 것이 곧 내게 하
지 아니한 것이니라 하시리니
46 그들은 (永罰)영벌에, 의인들은
(永生)영생에 들어가리라 하시니
라

예수를 죽이려고 의논하다(막 14:1-2; 눅 22:1-2; 요 11:45-53)

26 예수께서 이 말씀을 다 마치
시고 (弟子)제자들에게 이
르시되
2 너희가 아는 바와 같이 이틀이 지
나면 (逾越節)유월절이라 인자가
십자가에 못 박히기 위하여 팔리
리라 하시더라
3 그 때에 대제사장들과 백성의 장
로들이 가야바라 하는 대제사장
의 (官庭)관정에 모여
4 예수를 (凶計)흉계로 잡아 죽이
려고 의논하되
5 말하기를 (民亂)민란이 날까 하
노니 명절에는 하지 말자 하더라

예수의 머리에 향유를 붓다 (막 14:3-9; 요 12:1-8)

6 ●예수께서 베다니 (癩病患者)나
병환자 시몬의 집에 계실 때에
7 한 여자가 매우 귀한 향유 한 (玉
盒)옥합을 가지고 나아와서 [1]식
사하시는 예수의 머리에 부으니
8 제자들이 보고 (憤慨)분개하여
이르되 무슨 의도로 이것을 (虛
費)허비하느냐
9 이것을 비싼 값에 팔아 가난한 자
들에게 줄 수 있었겠도다 하거늘
10 예수께서 아시고 그들에게 이르
시되 너희가 어찌하여 이 (女子)
여자를 괴롭게 하느냐 그가 내게
좋은 일을 하였느니라
11 가난한 자들은 (恒常)항상 너희와
함께 있거니와 나는 항상 함께 있
지 아니하리라
12 이 여자가 내 몸에 이 향유를 부
은 것은 내 (葬禮)장례를 위하여
함이니라
13 내가 진실로 너희에게 이르노니
온 천하에 어디서든지 이 (福音)
복음이 전파되는 곳에서는 이 여
자가 행한 일도 말하여 그를 기억
하리라 하시니라

1) 8:11 난하주를 보라

유다가 배반하다(막 14:10-11; 눅 22:3-6)

14 ●그 때에 열둘 중의 하나인 가룟
유다라 하는 자가 (大祭司長)대
제사장들에게 가서 말하되
15 내가 예수를 너희에게 넘겨 주리
니 얼마나 주려느냐 하니 그들이
(銀 三十)은 삼십을 달아 주거늘
16 그가 그 때부터 예수를 넘겨 줄
(機會)기회를 찾더라

마지막 만찬(막 14:12-26; 눅 22:7-23; 요 13:21-30; 고전 11:23-25)

17 ●(無酵節)무교절의 첫날에 제자
들이 예수께 나아와서 이르되 유
월절 음식 잡수실 것을 우리가 어
디서 준비하기를 원하시나이까
18 이르시되 성안 아무에게 가서 이
르되 선생님 말씀이 내 때가 가까
이 왔으니 내 제자들과 함께 (逾
越節)유월절을 네 집에서 지키겠
다 하시더라 하라 하시니
19 제자들이 예수께서 시키신 대로 하
여 유월절을 (準備)준비하였더라
20 저물 때에 예수께서 열두 제자와
함께 [1]앉으셨더니
21 그들이 먹을 때에 이르시되 내가
(眞實)진실로 너희에게 이르노니
너희 중의 한 사람이 나를 팔리라
하시니
22 그들이 몹시 근심하여 (各各)각
각 여짜오되 주여 나는 아니지요
23 (對答)대답하여 이르시되 나와
함께 그릇에 손을 넣는 그가 나를
팔리라
24 인자는 자기에 대하여 기록된 대
로 가거니와 인자를 파는 그 사
람에게는 (禍)화가 있으리로다 그
사람은 차라리 태어나지 아니하였
더라면 제게 좋을 뻔하였느니라
25 예수를 파는 유다가 (對答)대답
하여 이르되 랍비여 나는 아니지
요 대답하시되 네가 말하였도다
하시니라
26 그들이 먹을 때에 예수께서 떡을
가지사 (祝福)축복하시고 떼어
제자들에게 주시며 이르시되 받
아서 먹으라 이것은 내 몸이니라
하시고
27 또 잔을 가지사 (感謝 祈禱)감사
기도 하시고 그들에게 주시며 이
르시되 너희가 다 이것을 마시라
28 이것은 죄 사함을 얻게 하려고 많
은 사람을 위하여 흘리는 바 나의
피 곧 (言約)언약의 피니라
29 그러나 너희에게 이르노니 내가
(葡萄)포도나무에서 난 것을 이제
부터 내 아버지의 나라에서 새것
으로 너희와 함께 마시는 날까지
마시지 아니하리라 하시니라
30 ●이에 그들이 (讚美)찬미하고
감람 산으로 나아가니라

베드로가 부인할 것을 예언하시다 (막 14:27-31; 눅 22:31-34; 요 13:36-38)

31 ●그 때에 예수께서 제자들에게
이르시되 오늘 밤에 너희가 다 나
를 [2]버리리라 기록된 바 ㄱ내가
(牧者)목자를 치리니 양의 떼가
흩어지리라 하였느니라
32 그러나 내가 살아난 (後)후에 너
희보다 먼저 갈릴리로 가리라

1) 8:11 난하주를 보라 2) 또는 나를 인하여 실족하리라 ㄱ 슥 13:7

33 베드로가 대답하여 이르되 모두
주를 [1]버릴지라도 나는 (決)결코
[2]버리지 않겠나이다
34 예수께서 이르시되 내가 진실로
네게 이르노니 오늘 밤 닭 울기
전에 네가 세 번 나를 (否認)부인
하리라
35 베드로가 이르되 내가 주와 함께
죽을지언정 주를 (否認)부인하지
않겠나이다 하고 모든 (弟子)제
자도 그와 같이 말하니라

겟세마네에서 기도하시다
(막 14:32-42; 눅 22:39-46)

36 ●이에 예수께서 제자들과 함께
겟세마네라 하는 곳에 이르러 제
자들에게 이르시되 내가 저기 가
서 (祈禱)기도할 동안에 너희는
여기 앉아 있으라 하시고
37 베드로와 세베대의 두 아들을 데
리고 가실새 (苦悶)고민하고 슬
퍼하사
38 이에 말씀하시되 내 마음이 매우
고민하여 죽게 되었으니 너희는
여기 머물러 나와 함께 깨어 있으
라 하시고
39 조금 나아가사 얼굴을 땅에 대시
고 엎드려 기도하여 이르시되 내
아버지여 만일 할 만하시거든 이
(盞)잔을 내게서 지나가게 하옵소
서 그러나 나의 (願)원대로 마시
옵고 아버지의 원대로 하옵소서
하시고
40 제자들에게 오사 그 자는 것을 보
시고 베드로에게 말씀하시되 너
희가 나와 함께 한 (時間)시간도
이렇게 깨어 있을 수 없더냐
41 시험에 들지 않게 깨어 기도하라
마음에는 원이로되 (肉身)육신이
약하도다 하시고
42 다시 두 번째 나아가 (祈禱)기도
하여 이르시되 내 아버지여 만일
내가 마시지 않고는 이 잔이 내게
서 지나갈 수 없거든 아버지의 원
대로 되기를 원하나이다 하시고
43 다시 오사 보신즉 그들이 자니 이는
그들의 눈이 (疲困)피곤함일러라
44 또 그들을 두시고 나아가 세 번째
같은 말씀으로 기도하신 후
45 이에 제자들에게 오사 이르시되
이제는 자고 쉬라 보라 때가 가까
이 왔으니 인자가 (罪人)죄인의
손에 팔리느니라
46 일어나라 함께 가자 보라 나를 파
는 자가 가까이 왔느니라

잡히시다
(막 14:43-50; 눅 22:47-53; 요 18:3-12)

47 ●말씀하실 때에 열둘 중의 하나
인 유다가 왔는데 대제사장들과
백성의 (長老)장로들에게서 (派
送)파송된 큰 무리가 칼과 몽치
를 가지고 그와 함께 하였더라
48 예수를 파는 자가 그들에게 (軍
號)군호를 짜 이르되 내가 입맞추
는 자가 그이니 그를 잡으라 한지라
49 곧 예수께 나아와 랍비여 (安寧)
안녕하시옵니까 하고 입을 맞추니
50 예수께서 이르시되 (親舊)친구여
네가 무엇을 하려고 왔는지 행하
라 하신대 이에 그들이 나아와 예

1) 헬, 주를 인하여 실족할지라도 2) 헬, 실족하지 않겠나이다

수께 손을 대어 잡는지라
51 예수와 함께 있던 자 중의 하나가
손을 펴 칼을 빼어 (大祭司長)대
제사장의 종을 쳐 그 귀를 떨어뜨
리니
52 이에 예수께서 이르시되 네 칼을
도로 칼집에 꽂으라 칼을 가지는
자는 다 칼로 (亡)망하느니라
53 너는 내가 내 아버지께 구하여 지
금 열두 (軍團)군단 더 되는 천사
를 보내시게 할 수 없는 줄로 아
느냐
54 내가 만일 그렇게 하면 이런 일이
있으리라 한 (聖經)성경이 어떻게
이루어지겠느냐 하시더라
55 그 때에 예수께서 무리에게 말씀
하시되 너희가 (强盜)강도를 잡는
것 같이 칼과 몽치를 가지고 나를
잡으러 나왔느냐 내가 날마다 성
전에 앉아 가르쳤으되 너희가 나
를 잡지 아니하였도다
56 그러나 이렇게 된 것은 다 선지자
들의 글을 이루려 함이니라 하시
더라 이에 제자들이 다 예수를 버
리고 (逃亡)도망하니라

공회 앞에 서시다(막 14:53-65; 눅 22:54-55, 63-71; 요 18:13-14, 19-24)

57 ● 예수를 잡은 자들이 그를 끌고
대제사장 가야바에게로 가니 거
기 서기관과 (長老)장로들이 모
여 있더라
58 베드로가 멀찍이 예수를 따라 대
제사장의 집 뜰에까지 가서 그
(結末)결말을 보려고 안에 들어
가 하인들과 함께 앉아 있더라
59 대제사장들과 온 (公會)공회가
예수를 죽이려고 그를 칠 거짓 증
거를 찾으매
60 거짓 (證人)증인이 많이 왔으나 얻
지 못하더니 후에 두 사람이 와서
61 이르되 이 사람의 말이 내가 하나
님의 (聖殿)성전을 헐고 사흘 동
안에 지을 수 있다 하더라 하니
62 대제사장이 일어서서 예수께 묻
되 아무 (對答)대답도 없느냐 이
사람들이 너를 치는 증거가 어떠
하냐 하되
63 예수께서 (沈默)침묵하시거늘 대
제사장이 이르되 내가 너로 살아
계신 하나님께 (盟誓)맹세하게
하노니 네가 하나님의 아들 그리
스도인지 우리에게 말하라
64 예수께서 이르시되 네가 말하였
느니라 그러나 내가 너희에게 이
르노니 이 후에 인자가 (權能)권
능의 우편에 앉아 있는 것과 하늘
구름을 타고 오는 것을 너희가 보
리라 하시니
65 이에 대제사장이 자기 옷을 찢으
며 이르되 그가 (神聖冒瀆)신성
모독 하는 말을 하였으니 어찌 더
증인을 요구하리요 보라 너희가
지금 이 신성모독 하는 말을 들었
도다
66 너희 생각은 어떠하냐 대답하여
이르되 그는 (死刑)사형에 (該當)
해당하니라 하고
67 이에 예수의 얼굴에 침 뱉으며 주
먹으로 치고 어떤 사람은 손바닥
으로 때리며

68 이르되 그리스도야 우리에게 (先
知者)선지자 노릇을 하라 너를
친 자가 누구냐 하더라

베드로가 예수를 알지 못한다고 하다

(막 14:66-72; 눅 22:56-62; 요 18:15-18, 25-27)

69 ●베드로가 바깥 뜰에 앉았더니
한 (女)여종이 나아와 이르되 너
도 갈릴리 사람 예수와 함께 있었
도다 하거늘
70 베드로가 모든 사람 앞에서 (否認)
부인하여 이르되 나는 네가 무슨
말을 하는지 알지 못하겠노라 하며
71 앞문까지 나아가니 다른 (女)여
종이 그를 보고 거기 있는 사람들
에게 말하되 이 사람은 나사렛 예
수와 함께 있었도다 하매
72 베드로가 (盟誓)맹세하고 또 부
인하여 이르되 나는 그 사람을 알
지 못하노라 하더라
73 조금 후에 곁에 섰던 사람들이 나
아와 베드로에게 이르되 너도 진
실로 그 도당이라 네 말소리가 너
를 (表明)표명한다 하거늘
74 그가 (詛呪)저주하며 맹세하여
이르되 나는 그 사람을 알지 못하
노라 하니 곧 닭이 울더라
75 이에 베드로가 예수의 말씀에 닭
울기 전에 네가 세 번 나를 부인
하리라 하심이 생각나서 밖에 나
가서 심히 (痛哭)통곡하니라

예수를 빌라도에게 넘기다

(막 15:1; 눅 23:1-2; 요 18:28-32)

27 새벽에 모든 대제사장과 백
성의 장로들이 예수를 죽이
려고 함께 (議論)의논하고
2 (結縛)결박하여 끌고 가서 총독
빌라도에게 넘겨 주니라

유다가 목매어 죽다(행 1:18-19)

3 ●그 때에 예수를 판 유다가 그의
(定罪)정죄됨을 보고 스스로 뉘
우쳐 그 은 삼십을 대제사장들과
장로들에게 도로 갖다 주며
4 이르되 내가 (無罪)무죄한 피를
팔고 죄를 범하였도다 하니 그들
이 이르되 그것이 우리에게 무슨
(相關)상관이냐 네가 당하라 하
거늘
5 유다가 은을 (聖所)성소에 던져
넣고 물러가서 스스로 목매어 죽
은지라
6 대제사장들이 그 은을 거두며 이
르되 이것은 핏값이라 (聖殿庫)성
전고에 넣어 둠이 옳지 않다 하고
7 의논한 후 이것으로 토기장이의
밭을 사서 나그네의 (墓地)묘지
를 삼았으니
8 그러므로 오늘날까지 그 밭을 피
밭이라 일컫느니라
9 이에 선지자 예레미야를 통하여
하신 말씀이 이루어졌나니 일렀
으되 ㄱ그들이 그 (價格)가격 매겨
진 자 곧 이스라엘 자손 중에서
가격 매긴 자의 가격 곧 은 삼십
을 가지고
10 (土器)토기장이의 밭 값으로 주
었으니 이는 주께서 내게 명하신
바와 같으니라 하였더라

십자가에 못 박히게 예수를 넘기다

(막 15:2-15; 눅 23:3-5, 13-25; 요 18:33-19:16)

ㄱ 슥 11:12,13

11 ●예수께서 (總督)총독 앞에 섰
으매 총독이 물어 이르되 네가 유
대인의 왕이냐 예수께서 대답하
시되 네 말이 옳도다 하시고
12 대제사장들과 (長老)장로들에게
고발을 당하되 아무 대답도 아니
하시는지라
13 이에 빌라도가 이르되 그들이 너를
쳐서 얼마나 많은 것으로 (證言)증
언하는지 듣지 못하느냐 하되
14 한 마디도 (對答)대답하지 아니하
시니 총독이 크게 놀라워하더라
15 (名節)명절이 되면 총독이 무리
의 청원대로 죄수 한 사람을 놓아
주는 (前例)전례가 있더니
16 그 때에 바라바라 하는 유명한
(罪囚)죄수가 있는데
17 그들이 모였을 때에 빌라도가 물
어 이르되 너희는 내가 누구를 너
희에게 놓아 주기를 (願)원하느
냐 [1]바라바냐 그리스도라 하는
예수냐 하니
18 이는 그가 그들의 (猜忌)시기로
예수를 넘겨 준 줄 앎이더라
19 총독이 (裁判席)재판석에 앉았
을 때에 그의 아내가 사람을 보내
어 이르되 저 옳은 사람에게 아무
(相關)상관도 하지 마옵소서 오
늘 꿈에 내가 그 사람으로 인하여
애를 많이 태웠나이다 하더라
20 대제사장들과 (長老)장로들이 무
리를 권하여 바라바를 달라 하게
하고 예수를 죽이자 하게 하였더니
21 (總督)총독이 대답하여 이르되
둘 중의 누구를 너희에게 놓아 주
기를 원하느냐 이르되 바라바로
소이다
22 빌라도가 이르되 그러면 그리스
도라 하는 예수를 내가 어떻게 하
랴 그들이 다 이르되 (十字架)십
자가에 못 박혀야 하겠나이다
23 빌라도가 이르되 어찜이냐 무슨
(惡)악한 일을 하였느냐 그들이
더욱 소리 질러 이르되 십자가에
못 박혀야 하겠나이다 하는지라
24 빌라도가 아무 성과도 없이 도리
어 (民亂)민란이 나려는 것을 보
고 물을 가져다가 무리 앞에서 손
을 씻으며 이르되 [2]이 사람의 피
에 대하여 나는 무죄하니 너희가
당하라
25 백성이 다 대답하여 이르되 그 피
를 우리와 우리 (子孫)자손에게
돌릴지어다 하거늘
26 이에 바라바는 그들에게 놓아 주
고 예수는 채찍질하고 십자가에
못 박히게 넘겨 주니라

군병들이 예수를 희롱하다
(막 15:16-20; 요 19:2-3)

27 ●이에 총독의 군병들이 예수를
데리고 (官廷)관정 안으로 들어
가서 온 군대를 그에게로 모으고
28 그의 옷을 벗기고 (紅袍)홍포를
입히며
29 가시관을 엮어 그 머리에 씌우고
갈대를 그 오른손에 들리고 그 앞
에서 무릎을 꿇고 (戱弄)희롱하
여 이르되 유대인의 왕이여 평안

1) 어떤 사본에, 바라바라 하는 예수냐 2) 어떤 사본에, 이 옳은 사람의

할지어다 하며
30 그에게 침 뱉고 갈대를 빼앗아 그
의 머리를 치더라
31 (戱弄)희롱을 다 한 후 홍포를 벗
기고 도로 그의 옷을 입혀 십자가
에 못 박으려고 끌고 나가니라

십자가에 못 박히시다(막 15:21-32; 눅 23:26-43; 요 19:17-27)

32 ●나가다가 시몬이란 구레네 사
람을 만나매 그에게 예수의 십자
가를 억지로 지워 가게 하였더라
33 골고다 즉 (骸骨)해골의 곳이라
는 곳에 이르러
34 쓸개 탄 (葡萄酒)포도주를 예수
께 주어 마시게 하려 하였더니 예
수께서 맛보시고 마시고자 하지
아니하시더라
35 그들이 예수를 (十字架)십자가에
못 박은 후에 그 옷을 제비 뽑아
나누고
36 거기 앉아 지키더라
37 그 머리 위에 이는 유대인의 (王)
왕 예수라 쓴 (罪牌)죄패를 붙였
더라
38 이 때에 예수와 함께 (强盜)강도
둘이 십자가에 못 박히니 하나는
우편에, 하나는 좌편에 있더라
39 지나가는 자들은 자기 머리를 흔
들며 예수를 (侮辱)모욕하여
40 이르되 (聖殿)성전을 헐고 사흘
에 짓는 자여 네가 만일 하나님의
아들이어든 자기를 구원하고 십
자가에서 내려오라 하며
41 그와 같이 대제사장들도 서기관
들과 장로들과 함께 (戱弄)희롱
하여 이르되
42 그가 남은 (救援)구원하였으되
자기는 구원할 수 없도다 그가 이
스라엘의 왕이로다 지금 십자가
에서 내려올지어다 그리하면 우
리가 믿겠노라
43 그가 하나님을 (信賴)신뢰하니
하나님이 원하시면 이제 그를 구
원하실지라 그의 말이 나는 하나
님의 아들이라 하였도다 하며
44 함께 십자가에 못 박힌 (强盜)강
도들도 이와 같이 (辱)욕하더라

영혼이 떠나시다(막 15:33-41; 눅 23:44-49; 요 19:28-30)

45 ●제육시로부터 온 땅에 어둠이
임하여 제구시까지 (繼續)계속되
더니
46 (第九時)제구시쯤에 예수께서 크
게 소리 질러 이르시되 ㄱ엘리 엘
리 라마 사박다니 하시니 이는 곧
나의 하나님, 나의 하나님, 어찌하
여 나를 버리셨나이까 하는 뜻이라
47 거기 섰던 자 (中)중 어떤 이들이
듣고 이르되 이 사람이 엘리야를
부른다 하고
48 그 중의 한 사람이 곧 달려가서
(海綿)해면을 가져다가 신 포도
주에 적시어 갈대에 꿰어 마시게
하거늘
49 그 남은 사람들이 이르되 가만 두
라 엘리야가 와서 그를 (救援)구
원하나 보자 하더라[1)]
50 예수께서 다시 크게 소리 지르시
고 (靈魂)영혼이 떠나시니라

1) 어떤 사본에, 49절 끝에 요 19:34와 같은 말이 있음 ㄱ 시 22:1

51 이에 성소 휘장이 위로부터 아래
까지 찢어져 둘이 되고 땅이 (震
動)진동하며 바위가 터지고
52 무덤들이 열리며 자던 (聖徒)성
도의 몸이 많이 일어나되
53 예수의 (復活)부활 (後)후에 그들
이 무덤에서 나와서 거룩한 성에
들어가 많은 사람에게 보이니라
54 (百夫長)백부장과 및 함께 예수
를 지키던 자들이 지진과 그 일어
난 일들을 보고 심히 두려워하여
이르되 이는 진실로 하나님의 아
들이었도다 하더라
55 예수를 섬기며 갈릴리에서부터
따라온 많은 (女子)여자가 거기
있어 멀리서 바라보고 있으니
56 그 중에는 막달라 마리아와 또 야
고보와 요셉의 어머니 마리아와
또 세베대의 아들들의 어머니도
있더라

요셉이 예수의 시체를 무덤에 넣어 두다
(막 15:42-47; 눅 23:50-56; 요 19:38-42)

57 ● 저물었을 때에 아리마대의 (富
者)부자 요셉이라 하는 사람이
왔으니 그도 예수의 제자라
58 빌라도에게 가서 예수의 (屍體)
시체를 달라 하니 이에 빌라도가
내주라 명령하거늘
59 요셉이 시체를 가져다가 깨끗한
(細麻布)세마포로 싸서
60 바위 속에 판 (自己)자기 새 무덤
에 넣어 두고 큰 돌을 굴려 무덤
문에 놓고 가니
61 거기 막달라 마리아와 다른 마리
아가 무덤을 (向)향하여 앉았더라

경비병이 무덤을 지키다

62 ● 그 이튿날은 (準備日)준비일
다음 날이라 대제사장들과 바리
새인들이 함께 빌라도에게 모여
이르되
63 (主)주여 저 속이던 자가 살아 있
을 때에 말하되 내가 사흘 후에
다시 살아나리라 한 것을 우리가
(記憶)기억하노니
64 그러므로 명령하여 그 무덤을 사
흘까지 굳게 지키게 하소서 그의
제자들이 와서 시체를 도둑질하
여 가고 (百姓)백성에게 말하되
그가 죽은 자 가운데서 살아났다
하면 후의 속임이 전보다 더 클까
하나이다 하니
65 빌라도가 이르되 너희에게 (警備
兵)경비병이 있으니 가서 힘대로
굳게 지키라 하거늘
66 그들이 경비병과 함께 가서 돌을
(印封)인봉하고 무덤을 굳게 지
키니라

살아나시다
(막 16:1-8; 눅 24:1-12; 요 20:1-10)

28 (安息日)안식일이 다 지나
고 [1]안식 후 첫날이 되려는
새벽에 막달라 마리아와 다른 마
리아가 무덤을 보려고 갔더니
2 큰 (地震)지진이 나며 주의 천사
가 하늘로부터 내려와 돌을 굴려
내고 그 위에 앉았는데
3 그 (形像)형상이 번개 같고 그 옷
은 눈 같이 희거늘
4 지키던 (者)자들이 그를 무서워

1) 헬, 그 주간의

하여 떨며 죽은 사람과 같이 되었
더라
5 (天使)천사가 여자들에게 말하여
이르되 너희는 무서워하지 말라
(十字架)십자가에 못 박히신 예
수를 너희가 찾는 줄을 내가 아노
라
6 그가 여기 계시지 않고 그가 말씀
하시던 대로 살아나셨느니라 와
서 그가 누우셨던 곳을 보라
7 또 빨리 가서 그의 (弟子)제자들
에게 이르되 그가 죽은 자 가운데
서 살아나셨고 너희보다 먼저 갈
릴리로 가시나니 거기서 너희가
뵈오리라 하라 보라 내가 너희에
게 일렀느니라 하거늘
8 그 (女子)여자들이 무서움과 큰
기쁨으로 빨리 무덤을 떠나 제자
들에게 알리려고 달음질할새
9 예수께서 그들을 만나 이르시되
평안하냐 하시거늘 여자들이 나
아가 그 발을 붙잡고 (敬拜)경배
하니
10 이에 예수께서 이르시되 무서워
하지 말라 가서 내 (兄弟)형제들
에게 갈릴리로 가라 하라 거기서
나를 보리라 하시니라

경비병의 보고

11 ● 여자들이 갈 때 (警備兵)경비
병 중 몇이 성에 들어가 모든 된
일을 대제사장들에게 알리니
12 그들이 장로들과 함께 모여 (議
論)의논하고 군인들에게 돈을 많
이 주며
13 이르되 너희는 말하기를 그의 (弟
子)제자들이 밤에 와서 우리가
잘 때에 그를 도둑질하여 갔다 하
라
14 만일 이 말이 (總督)총독에게 들
리면 우리가 권하여 너희로 근심
하지 않게 하리라 하니
15 (軍人)군인들이 돈을 받고 가르
친 대로 하였으니 이 말이 오늘날
까지 유대인 가운데 두루 퍼지니
라

제자들에게 할 일을 분부하시다
(막 16:14-18; 눅 24:36-49;
요 20:19-23; 행 1:6-8)

16 ● 열한 제자가 갈릴리에 가서 예
수께서 (指示)지시하신 산에 이
르러
17 예수를 뵈옵고 (敬拜)경배하나
아직도 의심하는 사람들이 있더
라
18 예수께서 나아와 말씀하여 이르
시되 하늘과 땅의 모든 (權勢)권
세를 내게 주셨으니
19 그러므로 너희는 가서 모든 민족
을 제자로 삼아 아버지와 아들과
성령의 이름으로 [1](洗禮)세례를
베풀고
20 내가 너희에게 (吩咐)분부한 모
든 것을 가르쳐 지키게 하라 볼지
어다 내가 세상 끝날까지 너희와
(恒常)항상 함께 있으리라 하시
니라

1) 헬, 또는 침례

마가福音 Mark

복음을 전파하다(마 3:1-12; 눅 3:1-9, 15-17; 요 1:19-23)

1 [1]하나님의 아들 예수 그리스도
의 복음의 (始作)시작이라
2 선지자 이사야의 글에
ㄱ보라 내가 내 사자를 네 앞에
보내노니 그가 네 길을 (準備)준
비하리라
3 ㄴ(曠野)광야에 외치는 자의 소
리가 있어 이르되 너희는 주의
길을 (準備)준비하라 그의 오실
길을 곧게 하라
기록된 것과 같이
4 [2]세례 요한이 광야에 이르러 죄
사함을 받게 하는 (悔改)회개의
[2]세례를 전파하니
5 온 유대 지방과 예루살렘 사람이
다 나아가 자기 죄를 (自服)자복
하고 요단 강에서 그에게 [2]세례
를 받더라
6 요한은 (駱駝)낙타털 옷을 입고
허리에 가죽 띠를 띠고 메뚜기와
석청을 먹더라
7 그가 (傳播)전파하여 이르되 나
보다 능력 많으신 이가 내 뒤에
오시나니 나는 굽혀 그의 신발끈
을 풀기도 감당하지 못하겠노라
8 나는 너희에게 물로 [2]세례를 베
풀었거니와 그는 너희에게 (聖
靈)성령으로 [2]세례를 베푸시리라

세례를 받으시다(마 3:13-17; 눅 3:21-22)

9 ●그 때에 예수께서 갈릴리 나사
렛으로부터 와서 요단 강에서 요
한에게 [2](洗禮)세례를 받으시고
10 곧 물에서 올라오실새 하늘이 갈
라짐과 성령이 비둘기 같이 (自己)
자기에게 내려오심을 보시더니
11 하늘로부터 소리가 나기를 너는
내 사랑하는 아들이라 내가 너를
기뻐하노라 하시니라

시험을 받으시다(마 4:1-11; 눅 4:1-13)

12 ●(聖靈)성령이 곧 예수를 광야
로 몰아내신지라
13 (曠野)광야에서 사십 일을 계시
면서 사탄에게 시험을 받으시며
들짐승과 함께 계시니 천사들이
(隨從)수종들더라

갈릴리에서 복음을 전파하시다 (마 4:12-17; 눅 4:14-15)

14 ●요한이 잡힌 후 예수께서 갈릴
리에 오셔서 하나님의 (福音)복
음을 전파하여
15 이르시되 때가 찼고 하나님의 나
라가 가까이 왔으니 회개하고 복
음을 믿으라 하시더라

어부들을 부르시다(마 4:18-22; 눅 5:1-11)

16 ●갈릴리 (海邊)해변으로 지나가
시다가 시몬과 그 형제 안드레가
바다에 그물 던지는 것을 보시니
그들은 (漁夫)어부라
17 예수께서 이르시되 나를 따라오
라 내가 너희로 사람을 낚는 (漁
夫)어부가 되게 하리라 하시니
18 곧 그물을 버려 두고 따르니라

1) 어떤 사본에는, '하나님의 아들'이 없음 2) 헬, 또는 침례
ㄱ 말 3:1 ㄴ 사 40:3

19 조금 더 가시다가 세베대의 아들
야고보와 그 (兄弟)형제 요한을
보시니 그들도 배에 있어 그물을
깁는데
20 곧 부르시니 그 아버지 세베대를
품꾼들과 함께 배에 버려 두고 예
수를 따라가니라

더러운 귀신 들린 사람을 고치시다 (눅 4:31-37)

21 ●그들이 가버나움에 들어가니
라 예수께서 곧 안식일에 (會堂)
회당에 들어가 가르치시매
22 뭇 사람이 그의 (敎訓)교훈에 놀
라니 이는 그가 가르치시는 것이
권위 있는 자와 같고 서기관들과
같지 아니함일러라
23 마침 그들의 회당에 더러운 (鬼
神)귀신 들린 사람이 있어 소리
질러 이르되
24 나사렛 예수여 우리가 당신과 무
슨 (相關)상관이 있나이까 우리
를 멸하러 왔나이까 나는 (當身)
당신이 누구인 줄 아노니 하나님
의 거룩한 자니이다
25 예수께서 꾸짖어 이르시되 (潛
潛)잠잠하고 그 사람에게서 나오
라 하시니
26 더러운 귀신이 그 사람에게 (痙
攣)경련을 일으키고 큰 소리를
지르며 나오는지라

27 다 놀라 서로 물어 이르되 이는
어찜이냐 권위 있는 새 (敎訓)교
훈이로다 더러운 귀신들에게 명
한즉 순종하는도다 하더라
28 예수의 (所聞)소문이 곧 온 갈릴
리 사방에 퍼지더라

많은 사람을 고치시다 (마 8:14-17; 눅 4:38-41)

29 ●(會堂)회당에서 나와 곧 야고
보와 요한과 함께 시몬과 안드레
의 집에 들어가시니
30 시몬의 장모가 (熱病)열병으로
누워 있는지라 사람들이 곧 그 여
자에 대하여 예수께 여짜온대
31 나아가사 그 손을 잡아 일으키시
니 열병이 떠나고 여자가 그들에
게 (隨從)수종드니라
32 ●저물어 해 질 때에 모든 (病者)
병자와 (鬼神)귀신 들린 자를 예
수께 데려오니
33 온 동네가 그 문 앞에 모였더라
34 예수께서 각종 병이 든 많은 사람
을 고치시며 많은 귀신을 내쫓으
시되 귀신이 자기를 알므로 그 말
하는 것을 (許諾)허락하지 아니
하시니라

전도 여행을 떠나시다(눅 4:42-44)

35 ●새벽 아직도 밝기 전에 예수께
서 일어나 나가 (閑寂)한적한 곳
으로 가사 거기서 기도하시더니
36 시몬과 및 그와 함께 있는 (者)자
들이 예수의 뒤를 따라가
37 만나서 이르되 모든 사람이 (主)
주를 찾나이다
38 이르시되 우리가 다른 가까운 마
을들로 가자 거기서도 (傳道)전
도하리니 내가 이를 위하여 왔노
라 하시고
39 이에 온 갈릴리에 다니시며 그들
의 여러 회당에서 (傳道)전도하

시고 또 귀신들을 내쫓으시더라

나병환자를 깨끗하게 하시다
(마 8:1-4; 눅 5:12-16)

40 ●한 나병환자가 예수께 와서 꿇
어 엎드려 (懇求)간구하여 이르
되 원하시면 저를 깨끗하게 하실
수 있나이다
41 예수께서 불쌍히 여기사 손을 내
밀어 그에게 대시며 이르시되 내
가 (願)원하노니 깨끗함을 받으라
하시니
42 곧 (癩病)나병이 그 사람에게서
떠나가고 깨끗하여진지라
43 곧 보내시며 엄히 (警告)경고하사
44 이르시되 삼가 아무에게 아무 말
도 하지 말고 가서 네 몸을 제사
장에게 보이고 네가 깨끗하게 되
었으니 ㄱ모세가 (命)명한 것을 드
려 그들에게 (立證)입증하라 하
셨더라
45 그러나 그 사람이 나가서 이 일을
많이 전파하여 널리 퍼지게 하니
그러므로 예수께서 다시는 드러
나게 동네에 들어가지 못하시고
오직 바깥 (閒寂)한적한 곳에 계
셨으나 사방에서 사람들이 그에
게로 나아오더라

중풍병자를 고치시다
(마 9:1-8; 눅 5:17-26)

2 수 일 후에 예수께서 다시 가버
나움에 들어가시니 집에 계시
다는 (所聞)소문이 들린지라
2 많은 사람이 모여서 문 앞까지도
들어설 자리가 없게 되었는데 예
수께서 그들에게 (道)도를 말씀
하시더니
3 사람들이 한 (中風病者)중풍병자
를 네 사람에게 메워 가지고 예수
께로 올새
4 무리들 때문에 예수께 데려갈 수
없으므로 그 계신 곳의 지붕을 뜯
어 구멍을 내고 (中風病者)중풍
병자가 누운 상을 달아 내리니
5 예수께서 그들의 믿음을 보시고
중풍병자에게 이르시되 작은 자
야 네 (罪)죄 (赦)사함을 받았느
니라 하시니
6 어떤 (書記官)서기관들이 거기
앉아서 마음에 생각하기를
7 이 사람이 어찌 이렇게 말하는가
(神聖冒瀆)신성모독이로다 오직
하나님 한 분 외에는 누가 능히
죄를 사하겠느냐
8 그들이 속으로 이렇게 생각하는
줄을 예수께서 곧 [1](中心)중심에
아시고 이르시되 어찌하여 이것
을 마음에 생각하느냐
9 중풍병자에게 네 죄 사함을 받았
느니라 하는 말과 일어나 네 (牀)
상을 가지고 걸어가라 하는 말 중
에서 어느 것이 쉽겠느냐
10 그러나 인자가 땅에서 죄를 (赦)
사하는 (權勢)권세가 있는 줄을
너희로 알게 하려 하노라 하시고
중풍병자에게 말씀하시되
11 내가 네게 이르노니 일어나 네 상
을 가지고 집으로 가라 하시니
12 그가 일어나 곧 상을 가지고 모든
사람 앞에서 나가거늘 그들이 다

1) 또는 심령으로 ㄱ 레 14:2 이하

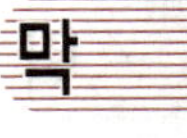

놀라 하나님께 (榮光)영광을 돌
리며 이르되 우리가 이런 일을 도
무지 보지 못하였다 하더라

레위를 부르시다(마 9:9-13; 눅 5:27-32)

13 ●예수께서 다시 바닷가에 나가
시매 큰 무리가 나왔거늘 예수께
서 그들을 가르치시니라
14 또 지나가시다가 알패오의 아들
레위가 (稅關)세관에 앉아 있는
것을 보시고 그에게 이르시되 나
를 따르라 하시니 일어나 따르니
라
15 그의 집에 [1]앉아 잡수실 때에 많
은 세리와 (罪人)죄인들이 예수
와 그의 제자들과 함께 [2]앉았으
니 이는 그러한 사람들이 많이 있
어서 예수를 따름이러라
16 바리새인의 서기관들이 예수께서
죄인 및 (稅吏)세리들과 함께 잡
수시는 것을 보고 그의 제자들에
게 이르되 어찌하여 세리 및 죄인
들과 함께 먹는가
17 예수께서 들으시고 그들에게 이
르시되 건강한 자에게는 의사가
쓸 데 없고 병든 자에게라야 쓸
데 있느니라 나는 (義人)의인을
부르러 온 것이 아니요 (罪人)죄
인을 부르러 왔노라 하시니라

금식 논쟁(마 9:14-17; 눅 5:33-39)

막
18 ●요한의 (弟子)제자들과 바리새
인들이 (禁食)금식하고 있는지라
사람들이 예수께 와서 말하되 요
한의 제자들과 바리새인의 제자
들은 금식하는데 어찌하여 당신
의 제자들은 금식하지 아니하나
이까
19 예수께서 그들에게 이르시되 혼
(婚姻)혼인 집 손님들이 신랑과
함께 있을 때에 금식할 수 있느냐
신랑과 함께 있을 동안에는 금식
할 수 없느니라
20 그러나 신랑을 빼앗길 날이 이르
리니 그 날에는 (禁食)금식할 것
이니라
21 생베 조각을 낡은 옷에 붙이는 자
가 없나니 (萬一)만일 그렇게 하
면 기운 새 것이 낡은 그것을 당
기어 해어짐이 더하게 되느니라
22 새 포도주를 낡은 가죽 부대에 넣
는 자가 없나니 (萬一)만일 그렇
게 하면 새 포도주가 (負袋)부대
를 터뜨려 포도주와 부대를 버리
게 되리라 오직 새 포도주는 새
부대에 넣느니라 하시니라

안식일에 밀 이삭을 자르다 (마 12:1-8; 눅 6:1-5)

23 ●안식일에 예수께서 밀밭 사이
로 지나가실새 그의 (弟子)제자
들이 길을 [3]열며 이삭을 자르니
24 바리새인들이 예수께 말하되 보시
오 저들이 어찌하여 (安息日)안식
일에 하지 못할 일을 하나이까
25 예수께서 이르시되 ㄱ다윗이 (自
己)자기와 및 함께 한 자들이 먹
을 것이 없어 시장할 때에 한 일
을 읽지 못하였느냐
26 그가 아비아달 대제사장 때에 하
나님의 전에 들어가서 제사장 외

1) 헬, 기대어 누워(유대인이 음식 먹을 때에 가지는 자세)
2) 헬, 기대어 누웠으니 3) 또는 가며 ㄱ 삼상 21:6

에는 먹어서는 안 되는 (陳設餠)
진설병을 먹고 함께 한 자들에게
도 주지 아니하였느냐
27 또 이르시되 (安息日)안식일이
사람을 위하여 있는 것이요 사람
이 안식일을 위하여 있는 것이 아
니니
28 이러므로 (人子)인자는 안식일에
도 주인이니라

안식일에 손 마른 사람을 고치시다
(마 12:9-14; 눅 6:6-11)

3 예수께서 다시 (會堂)회당에 들
어가시니 한쪽 손 마른 사람이
거기 있는지라
2 사람들이 예수를 (告發)고발하려
하여 안식일에 그 사람을 고치시
는가 주시하고 있거늘
3 예수께서 손 마른 사람에게 이르시
되 한 가운데에 일어서라 하시고
4 그들에게 이르시되 안식일에 선
을 행하는 것과 악을 행하는 것,
(生命)생명을 구하는 것과 죽이
는 것, 어느 것이 옳으냐 하시니
그들이 (潛潛)잠잠하거늘
5 그들의 마음이 (頑惡)완악함을
탄식하사 노하심으로 그들을 둘
러 보시고 그 사람에게 이르시되
네 손을 내밀라 하시니 내밀매 그
손이 (回復)회복되었더라
6 바리새인들이 나가서 곧 헤롯당
과 함께 어떻게 하여 예수를 죽일
까 (議論)의논하니라

많은 무리가 나아오다

7 ● 예수께서 (弟子)제자들과 함께
바다로 물러가시니 갈릴리에서
큰 무리가 따르며
8 유대와 예루살렘과 이두매와 요
단 강 건너편과 또 두로와 시돈
(近處)근처에서 많은 무리가 그가
하신 큰 일을 듣고 나아오는지라
9 예수께서 무리가 에워싸 미는 것
을 피하기 위하여 작은 배를 (待
機)대기하도록 제자들에게 명하
셨으니
10 이는 많은 사람을 고치셨으므로
병으로 (苦生)고생하는 자들이
예수를 만지고자 하여 몰려왔음
이더라
11 더러운 (鬼神)귀신들도 어느 때
든지 예수를 보면 그 앞에 엎드려 부
르짖어 이르되 당신은 하나님의
아들이니이다 하니
12 예수께서 자기를 나타내지 말라
고 많이 (警告)경고하시니라

열두 제자를 세우시다
(마 10:1-4; 눅 6:12-16)

13 ● 또 산에 오르사 자기가 (願)원
하는 자들을 부르시니 나아온지라
14 이에 열둘을 세우셨으니 이는 자
기와 함께 있게 하시고 또 보내사
(傳道)전도도 하며
15 (鬼神)귀신을 내쫓는 (權能)권능
도 가지게 하려 하심이러라
16 이 열둘을 세우셨으니 시몬에게
는 베드로란 이름을 더하셨고
17 또 세베대의 아들 야고보와 야고
보의 (兄弟)형제 요한이니 이 둘
에게는 보아너게 곧 우레의 아들
이란 이름을 더하셨으며
18 또 안드레와 빌립과 바돌로매와

마태와 도마와 알패오의 아들 야
고보와 및 다대오와 [1]가나나(人)
인 시몬이며
19 또 가룟 유다니 이는 예수를 판
(者)자더라

예수와 바알세불
(마 12:22-32; 눅 11:14-23; 12:10)

20 ●집에 들어가시니 무리가 다시
모이므로 (食事)식사할 겨를도
없는지라
21 예수의 (親族)친족들이 듣고 그
를 붙들러 나오니 이는 그가 미쳤
다 함일러라
22 예루살렘에서 내려온 (書記官)서
기관들은 그가 바알세불이 지폈
다 하며 또 귀신의 (王)왕을 힘입
어 귀신을 쫓아낸다 하니
23 예수께서 그들을 불러다가 (譬
喩)비유로 말씀하시되 사탄이 어
찌 사탄을 쫓아낼 수 있느냐
24 또 만일 나라가 스스로 (紛爭)분
쟁하면 그 나라가 설 수 없고
25 (萬一)만일 집이 스스로 분쟁하
면 그 집이 설 수 없고
26 만일 사탄이 자기를 거슬러 일어
나 분쟁하면 설 수 없고 (亡)망하
느니라
27 사람이 먼저 강한 자를 (結縛)결
박하지 않고는 그 강한 자의 집에
들어가 세간을 강탈하지 못하리
니 결박한 후에야 그 집을 (强奪)
강탈하리라
28 내가 진실로 너희에게 이르노니

1) 아람어에서 온 말로 열심당원이란 뜻이다 2) 헬, 인자들의
3) 또는 형제들

[2]사람의 모든 죄와 모든 (冒瀆)모
독하는 일은 사하심을 얻되
29 누구든지 성령을 모독하는 자는
(永遠)영원히 사하심을 얻지 못하
고 영원한 죄가 되느니라 하시니
30 이는 그들이 말하기를 더러운 (鬼
神)귀신이 들렸다 함이러라

예수의 어머니와 형제 자매
(마 12:46-50; 눅 8:19-21)

31 ●그 때에 예수의 어머니와 [3](同
生)동생들이 와서 밖에 서서 사
람을 보내어 예수를 부르니
32 무리가 예수를 둘러 앉았다가 여
짜오되 보소서 (當身)당신의 어
머니와 [3]동생들과 누이들이 밖에
서 찾나이다
33 (對答)대답하시되 누가 내 어머
니이며 [3]동생들이냐 하시고
34 둘러 앉은 자들을 보시며 이르시
되 내 어머니와 내 [3](同生)동생들
을 보라
35 누구든지 하나님의 뜻대로 행하
는 자가 내 (兄弟)형제요 (姊妹)
자매요 어머니이니라

네 가지 땅에 떨어진 씨 비유
(마 13:1-9; 눅 8:4-8)

4 예수께서 다시 바닷가에서 가
르치시니 큰 무리가 모여들거
늘 예수께서 바다에 떠 있는 배에
올라 앉으시고 온 무리는 바닷가
(陸地)육지에 있더라
2 이에 예수께서 여러 가지를 (譬
喩)비유로 가르치시니 그 가르치
시는 중에 그들에게 이르시되
3 들으라 씨를 뿌리는 (者)자가 뿌

막

리러 나가서
4 뿌릴새 더러는 길 가에 떨어지매
새들이 와서 먹어 버렸고
5 더러는 흙이 얕은 돌밭에 떨어지
매 흙이 깊지 아니하므로 곧 싹이
나오나
6 해가 돋은 (後)후에 타서 뿌리가
없으므로 말랐고
7 더러는 가시떨기에 떨어지매 가
시가 자라 (氣運)기운을 막으므
로 (結實)결실하지 못하였고
8 더러는 좋은 땅에 떨어지매 자라
(茂盛)무성하여 결실하였으니 삼
십 배나 육십 배나 백 배가 되었
느니라 하시고
9 또 이르시되 들을 귀 있는 (者)자
는 들으라 하시니라

비유를 설명하시다
(마 13:10-23; 눅 8:9-15)

10 ●예수께서 홀로 계실 때에 함께
한 사람들이 열두 (弟子)제자와
더불어 그 비유들에 (對)대하여
물으니
11 이르시되 하나님 나라의 비밀을
너희에게는 주었으나 (外人)외인
에게는 모든 것을 비유로 하나니
12 이는 ㄱ그들로 보기는 보아도 알지
못하며 듣기는 들어도 깨닫지 못
하게 하여 돌이켜 (罪)죄 (赦)사함
을 얻지 못하게 하려 함이라 하시
고
13 또 이르시되 너희가 이 (譬喩)비
유를 알지 못할진대 어떻게 모든
비유를 알겠느냐
14 뿌리는 (者)자는 말씀을 뿌리는
것이라
15 말씀이 길 가에 뿌려졌다는 것은
이들을 가리킴이니 곧 말씀을 들
었을 때에 사탄이 (卽時)즉시 와
서 그들에게 뿌려진 말씀을 빼앗
는 것이요
16 또 이와 같이 돌밭에 뿌려졌다는
것은 이들을 가리킴이니 곧 말씀
을 들을 때에 (卽時)즉시 기쁨으
로 받으나
17 그 속에 뿌리가 없어 잠깐 견디다
가 말씀으로 인하여 (患難)환난
이나 (迫害)박해가 일어나는 때
에는 곧 넘어지는 자요
18 또 어떤 이는 가시떨기에 뿌려진
자니 이들은 말씀을 듣기는 하되
19 세상의 (念慮)염려와 재물의 유
혹과 기타 욕심이 들어와 말씀을
막아 결실하지 못하게 되는 자요
20 좋은 땅에 뿌려졌다는 것은 곧 말
씀을 듣고 받아 삼십 배나 육십
배나 백 배의 (結實)결실을 하는
자니라

등불은 등경 위에(눅 8:16-18)

21 ●또 그들에게 이르시되 사람이
등불을 가져오는 것은 말 아래에
나 평상 아래에 두려 함이냐 (燈
檠)등경 위에 두려 함이 아니냐
22 드러내려 하지 않고는 숨긴 것이
없고 나타내려 하지 않고는 감추
인 것이 없느니라
23 들을 귀 있는 (者)자는 들으라
24 또 이르시되 너희가 무엇을 듣는
가 스스로 삼가라 너희의 헤아리

ㄱ 사 6:9,10

는 그 헤아림으로 너희가 헤아림
을 받을 것이며 더 받으리니
25 있는 자는 받을 것이요 없는 (者)
자는 그 있는 것까지도 빼앗기리라

자라나는 씨 비유(마 13:31-32; 눅 13:18-19)

26 ●또 이르시되 하나님의 나라는
사람이 씨를 땅에 뿌림과 같으니
27 그가 밤낮 자고 깨고 하는 (中)중
에 씨가 나서 자라되 어떻게 그리
되는지를 알지 못하느니라
28 땅이 스스로 열매를 맺되 처음에
는 싹이요 다음에는 이삭이요 그
다음에는 이삭에 (充實)충실한
(穀食)곡식이라
29 열매가 익으면 곧 낫을 대나니 이
는 추수 때가 이르렀음이라

겨자씨 비유(마 13:31-32; 눅 13:18-19)

30 ●또 이르시되 우리가 하나님의
나라를 어떻게 (比較)비교하며
또 무슨 비유로 나타낼까
31 겨자씨 한 알과 같으니 땅에 심길
때에는 땅 위의 모든 씨보다 작은
것이로되
32 심긴 후에는 자라서 모든 풀보다
커지며 큰 가지를 내나니 (空中)
공중의 새들이 그 그늘에 깃들일
만큼 되느니라

비유로 가르치시다(마 13:34-35)

33 ●예수께서 이러한 많은 (譬喩)
비유로 그들이 알아 들을 수 있는
대로 말씀을 가르치시되
34 비유가 아니면 말씀하지 아니하
시고 다만 혼자 계실 때에 그 제
자들에게 모든 것을 (解釋)해석
하시더라

바람과 바다를 잔잔하게 하시다
(마 8:23-27; 눅 8:22-25)

35 ●그 날 저물 때에 제자들에게 이
르시되 우리가 저(便)편으로 건너
가자 하시니
36 그들이 무리를 떠나 예수를 배에
계신 그대로 모시고 가매 다른 배
들도 함께 하더니
37 큰 (狂風)광풍이 일어나며 물결
이 배에 부딪쳐 들어와 배에 가득
하게 되었더라
38 예수께서는 고물에서 베개를 베
고 주무시더니 (弟子)제자들이
깨우며 이르되 (先生)선생님이여
우리가 죽게 된 것을 돌보지 아니
하시나이까 하니
39 예수께서 깨어 바람을 꾸짖으시
며 바다더러 이르시되 (潛潛)잠잠
하라 고요하라 하시니 바람이 그
치고 아주 (潺潺)잔잔하여지더라
40 이에 제자들에게 이르시되 어찌
하여 이렇게 무서워하느냐 너희
가 [1]어찌 믿음이 없느냐 하시니
41 그들이 심히 두려워하여 서로 말
하되 그가 누구이기에 바람과 바
다도 (順從)순종하는가 하였더라

귀신 들린 사람을 고치시다
(마 8:28-34; 눅 8:26-39)

5

예수께서 바다 건너편 거라사
인의 (地方)지방에 이르러
2 배에서 나오시매 곧 더러운 (鬼
神)귀신 들린 사람이 무덤 사이
에서 나와 예수를 만나니라
3 그 사람은 무덤 사이에 (居處)거

1) 어떤 사본에, 어찌 아직도 믿음이

처하는데 이제는 아무도 그를 쇠
사슬로도 맬 수 없게 되었으니
4 이는 여러 번 고랑과 쇠사슬에 매
였어도 쇠사슬을 끊고 고랑을 깨
뜨렸음이러라 그리하여 아무도 그
를 (制馭)제어할 힘이 없는지라
5 밤낮 무덤 사이에서나 (山)산에
서나 늘 소리 지르며 돌로 자기의
몸을 (害)해치고 있었더라
6 그가 멀리서 예수를 보고 달려와
절하며
7 큰 소리로 부르짖어 이르되 지극
히 높으신 하나님의 아들 예수여
나와 당신이 무슨 (相關)상관이
있나이까 원하건대 하나님 앞에
맹세하고 나를 괴롭히지 마옵소
서 하니
8 이는 예수께서 이미 그에게 이르
시기를 더러운 (鬼神)귀신아 그
사람에게서 나오라 하셨음이라
9 이에 물으시되 네 이름이 무엇이
냐 이르되 내 이름은 [1](軍隊)군대
니 우리가 많음이니이다 하고
10 자기를 그 (地方)지방에서 내보
내지 마시기를 간구하더니
11 마침 거기 돼지의 큰 떼가 (山)산
곁에서 먹고 있는지라
12 이에 (懇求)간구하여 이르되 우
리를 돼지에게로 보내어 들어가
게 하소서 하니
13 (許諾)허락하신대 더러운 귀신들
이 나와서 돼지에게로 들어가매
거의 이천 마리 되는 떼가 바다를
향하여 비탈로 내리달아 바다에
서 (沒死)몰사하거늘
14 치던 자들이 (逃亡)도망하여 읍
내와 여러 마을에 말하니 사람들
이 어떻게 되었는지를 보러 와서
15 예수께 이르러 그 귀신 들렸던 자
곧 군대 귀신 지폈던 자가 옷을
입고 정신이 (穩全)온전하여 앉
은 것을 보고 두려워하더라
16 이에 귀신 들렸던 자가 (當)당한
것과 돼지의 일을 본 자들이 그들
에게 알리매
17 그들이 예수께 그 (地方)지방에
서 떠나시기를 간구하더라
18 예수께서 배에 오르실 때에 귀신
들렸던 사람이 함께 있기를 (懇
求)간구하였으나
19 (許諾)허락하지 아니하시고 그에
게 이르시되 집으로 돌아가 주께
서 네게 어떻게 큰 일을 행하사
너를 불쌍히 여기신 것을 네 (家
族)가족에게 알리라 하시니
20 그가 가서 예수께서 자기에게 어
떻게 큰 일 행하셨는지를 데가볼
리에 (傳播)전파하니 모든 사람
이 놀랍게 여기더라

야이로의 딸과 예수의 옷에 손을 댄 여자
(마 9:18-26; 눅 8:40-56)

21 ● 예수께서 배를 타시고 다시 맞
은(便)편으로 건너가시니 큰 무
리가 그에게로 모이거늘 이에 바
닷가에 계시더니
22 (會堂長)회당장 (中)중의 하나인
야이로라 하는 이가 와서 예수를
보고 발 아래 엎드리어
23 (懇曲)간곡히 구하여 이르되 내

1) 헬, 레기온. 로마 군대의 여단 규모

어린 딸이 죽게 되었사오니 오셔
서 그 위에 손을 얹으사 그로 구
원을 받아 살게 하소서 하거늘
24 이에 그와 함께 가실새 큰 무리가
따라가며 에워싸 밀더라
25 ● 열두 해를 (血漏症)혈루증으로
앓아 온 한 여자가 있어
26 많은 (醫師)의사에게 많은 괴로
움을 받았고 가진 것도 다 허비하
였으되 아무 효험이 없고 도리어
더 중하여졌던 차에
27 예수의 (所聞)소문을 듣고 무리
가운데 끼어 뒤로 와서 그의 옷에
손을 대니
28 이는 내가 그의 옷에만 손을 대어
도 (救援)구원을 받으리라 생각
함일러라
29 이에 그의 (血漏)혈루 (根源)근원
이 곧 마르매 병이 나은 줄을 몸
에 깨달으니라
30 예수께서 그 (能力)능력이 자기
에게서 나간 줄을 곧 스스로 아시
고 무리 가운데서 돌이켜 말씀하
시되 누가 내 옷에 손을 대었느냐
하시니
31 (弟子)제자들이 여짜오되 무리가
에워싸 미는 것을 보시며 누가 내
게 손을 대었느냐 물으시나이까
하되
32 예수께서 이 일 행한 (女子)여자
를 보려고 둘러 보시니
33 여자가 (自己)자기에게 이루어진
일을 알고 두려워하여 떨며 와서 그
앞에 엎드려 모든 사실을 여쭈니
34 예수께서 이르시되 딸아 네 믿음
이 너를 구원하였으니 평안히 가
라 네 (病)병에서 놓여 건강할지
어다
35 ● 아직 예수께서 말씀하실 때에
회당장의 집에서 사람들이 와서
회당장에게 이르되 당신의 딸이
죽었나이다 어찌하여 (先生)선생
을 더 괴롭게 하나이까
36 예수께서 그 하는 말을 곁에서 들
으시고 (會堂長)회당장에게 이르
시되 두려워하지 말고 믿기만 하
라 하시고
37 베드로와 야고보와 야고보의 형
제 요한 외에 아무도 따라옴을
(許諾)허락하지 아니하시고
38 회당장의 집에 함께 가사 떠드는
것과 사람들이 울며 심히 (痛哭)
통곡함을 보시고
39 들어가서 그들에게 이르시되 너
희가 어찌하여 떠들며 우느냐 이
아이가 죽은 것이 아니라 잔다 하
시니
40 그들이 비웃더라 예수께서 그들
을 다 내보내신 후에 아이의 (父
母)부모와 또 (自己)자기와 함께
한 자들을 데리시고 아이 있는 곳
에 들어가사
41 그 아이의 손을 잡고 이르시되 달
리다굼 하시니 (飜譯)번역하면
곧 내가 네게 말하노니 소녀야 일
어나라 하심이라
42 (少女)소녀가 곧 일어나서 걸으
니 나이가 열두 살이라 사람들이
곧 크게 놀라고 놀라거늘
43 예수께서 이 일을 아무도 알지 못

하게 하라고 그들을 많이 (警戒)
경계하시고 이에 소녀에게 먹을
것을 주라 하시니라

고향에서 배척을 받으시다
(마 13:53-58; 눅 4:16-30)

6 예수께서 거기를 떠나사 (故鄕)
고향으로 가시니 제자들도 따
르니라
2 안식일이 되어 회당에서 가르치
시니 많은 사람이 듣고 놀라 이르
되 이 사람이 어디서 이런 것을
얻었느냐 이 사람이 받은 지혜와
그 손으로 이루어지는 이런 (權
能)권능이 어찌됨이냐
3 이 사람이 마리아의 아들 목수가
아니냐 야고보와 요셉과 유다와 시
몬의 형제가 아니냐 그 누이들이
우리와 함께 여기 있지 아니하냐
하고 [1]예수를 (排斥)배척한지라
4 예수께서 그들에게 이르시되 선
지자가 자기 고향과 자기 친척과
자기 집 외에서는 (尊敬)존경을
받지 못함이 없느니라 하시며
5 거기서는 아무 권능도 행하실 수
없어 다만 소수의 병자에게 (按
手)안수하여 고치실 뿐이었고
6 그들이 믿지 않음을 (異常)이상
히 여기셨더라

열두 제자를 부르사 둘씩 보내시다
(마 10:1, 5-15; 눅 9:1-6)

●이에 모든 (村)촌에 두루 다니
시며 가르치시더라
7 ●열두 제자를 부르사 둘씩 둘씩
보내시며 더러운 귀신을 (制馭)
제어하는 권능을 주시고
8 명하시되 (旅行)여행을 위하여
지팡이 외에는 (糧食)양식이나
배낭이나 전대의 [2]돈이나 아무
것도 가지지 말며
9 신만 신고 두 벌 옷도 입지 말라
하시고
10 또 이르시되 어디서든지 누구의
집에 들어가거든 그 곳을 떠나기
까지 거기 (留)유하라
11 어느 곳에서든지 너희를 (迎接)
영접하지 아니하고 너희 말을 듣
지도 아니하거든 거기서 나갈 때
에 발 아래 먼지를 떨어버려 그들
에게 증거를 삼으라 하시니
12 제자들이 나가서 (悔改)회개하라
전파하고
13 많은 귀신을 쫓아내며 많은 (病
者)병자에게 기름을 발라 고치더
라

세례 요한의 죽음
(마 14:1-12; 눅 9:7-9)

14 ●이에 예수의 이름이 드러난지라
헤롯 왕이 듣고 이르되 이는 [3]세례
요한이 죽은 자 가운데서 살아났
도다 그러므로 이런 (能力)능력이
그 속에서 일어나느니라 하고
15 어떤 이는 그가 엘리야라 하고 또
어떤 이는 그가 (先知者)선지자니
옛 선지자 중의 하나와 같다 하되
16 헤롯은 듣고 이르되 내가 목 벤
요한 그가 살아났다 하더라
17 (前)전에 헤롯이 자기가 (同生)동
생 빌립의 아내 헤로디아에게 장
가 든 고로 이 여자를 위하여 사

1) 또는 예수로 말미암아 실족한지라 2) 헬, 동 3) 헬, 또는 침례

람을 보내어 요한을 잡아 옥에 가
두었으니
18 이는 요한이 헤롯에게 말하되 동
생의 아내를 (娶)취한 것이 옳지
않다 하였음이라
19 헤로디아가 요한을 (怨讐)원수로
여겨 죽이고자 하였으되 하지 못
한 것은
20 헤롯이 요한을 의롭고 거룩한 사
람으로 알고 두려워하여 보호하
며 또 그의 말을 들을 때에 크게
(煩悶)번민을 하면서도 달갑게
들음이러라
21 마침 기회가 좋은 날이 왔으니 곧
헤롯이 자기 생일에 대신들과 (千
夫長)천부장들과 갈릴리의 귀인
들로 더불어 잔치할새
22 헤로디아의 [1]딸이 친히 들어와
춤을 추어 헤롯과 그와 함께 [2]앉
은 자들을 기쁘게 한지라 왕이 그
(少女)소녀에게 이르되 무엇이든
지 네가 원하는 것을 내게 구하라
내가 주리라 하고
23 또 (盟誓)맹세하기를 무엇이든지
네가 내게 구하면 내 나라의 (折
半)절반까지라도 주리라 하거늘
24 그가 나가서 그 어머니에게 말하
되 내가 무엇을 구하리이까 그 어
머니가 이르되 [3](洗禮)세례 요한
의 머리를 구하라 하니
25 그가 곧 (王)왕에게 급히 들어가
구하여 이르되 [3]세례 요한의 머
리를 소반에 얹어 곧 내게 주기를
원하옵나이다 하니

1) 또는 친딸이 들어와 2) 2:15 난하주를 보라 3) 헬, 또는 침례

26 왕이 심히 근심하나 자기가 맹세
한 것과 그 [2]앉은 자들로 인하여
그를 (拒絕)거절할 수 없는지라
27 왕이 곧 (侍衛兵)시위병 하나를
보내어 요한의 머리를 가져오라
명하니 그 사람이 나가 옥에서 요
한을 목 베어
28 그 머리를 (小盤)소반에 얹어다
가 소녀에게 주니 소녀가 이것을
그 어머니에게 주니라
29 요한의 제자들이 듣고 와서 (屍
體)시체를 가져다가 장사하니라

오천 명을 먹이시다

(마 14:13-21; 눅 9:10-17; 요 6:1-14)

30 ●(使徒)사도들이 예수께 모여
(自己)자기들이 행한 것과 가르
친 것을 낱낱이 고하니
31 이르시되 너희는 따로 한적한 곳
에 가서 잠깐 쉬어라 하시니 이는
오고 가는 사람이 많아 (飮食)음
식 먹을 겨를도 없음이라
32 이에 배를 타고 따로 (閒寂)한적
한 곳에 갈새
33 그들이 가는 것을 보고 많은 사람
이 그들인 줄 안지라 모든 고을로
부터 (徒步)도보로 그 곳에 달려
와 그들보다 먼저 갔더라
34 예수께서 나오사 큰 무리를 보시
고 그 (牧者)목자 없는 양 같음으
로 인하여 불쌍히 여기사 이에 여
러 가지로 가르치시더라
35 때가 저물어가매 (弟子)제자들이
예수께 나아와 여짜오되 이 곳은
빈 들이요 날도 저물어가니
36 무리를 보내어 두루 (村)촌과 마을

로 가서 무엇을 사 먹게 하옵소서
37 (對答)대답하여 이르시되 너희가
먹을 것을 주라 하시니 여짜오되
우리가 가서 (二百)이백 [1]데나리
온의 떡을 사다 먹이리이까
38 이르시되 너희에게 떡 몇 (個)개
나 있는지 가서 보라 하시니 알아
보고 이르되 떡 다섯 개와 물고기
두 마리가 있더이다 하거늘
39 (弟子)제자들에게 명하사 그 모
든 사람으로 떼를 지어 푸른 잔디
위에 앉게 하시니
40 떼로 (百)백 (名)명씩 또는 오십
명씩 앉은지라
41 예수께서 떡 다섯 개와 물고기 두
마리를 가지사 하늘을 우러러 (祝
謝)축사하시고 떡을 떼어 (弟子)
제자들에게 주어 사람들에게 나
누어 주게 하시고 또 물고기 두
마리도 모든 사람에게 나누시매
42 다 배불리 먹고
43 남은 떡 조각과 물고기를 열두 바
구니에 차게 거두었으며
44 떡을 먹은 (男子)남자는 오천 명
이었더라

바다 위로 걸으시다
(마 14:22-33; 요 6:15-21)

45 ● 예수께서 즉시 제자들을 재촉
하사 (自己)자기가 무리를 보내
는 동안에 배 타고 앞서 건너편
벳새다로 가게 하시고
46 무리를 (作別)작별하신 후에 기
도하러 산으로 가시니라
47 저물매 배는 바다 가운데 있고 예
수께서는 홀로 뭍에 계시다가
48 바람이 거스르므로 제자들이 힘
겹게 노 젓는 것을 보시고 밤 (四
更)사경쯤에 바다 위로 걸어서 그
들에게 오사 지나가려고 하시매
49 제자들이 그가 바다 위로 걸어 오
심을 보고 (幽靈)유령인가 하여
소리 지르니
50 그들이 다 예수를 보고 놀람이라
이에 예수께서 곧 그들에게 말씀
하여 이르시되 (安心)안심하라
내니 두려워하지 말라 하시고
51 배에 올라 그들에게 가시니 바람
이 그치는지라 제자들이 마음에
(甚)심히 놀라니
52 이는 그들이 그 떡 떼시던 일을
깨닫지 못하고 도리어 그 마음이
(鈍)둔하여졌음이러라

게네사렛에서 병자들을 고치시다
(마 14:34-36)

53 ● 건너가 게네사렛 땅에 이르러
대고
54 배에서 내리니 사람들이 곧 예수
신 줄을 알고
55 그 온 지방으로 달려 돌아 다니며
예수께서 어디 계시다는 말을 듣
는 대로 병든 자를 (寢牀)침상째
로 메고 나아오니
56 아무 데나 예수께서 들어가시는
지방이나 도시나 마을에서 (病
者)병자를 시장에 두고 예수께
그의 옷 가에라도 손을 대게 하시
기를 (懇求)간구하니 손을 대는
자는 다 성함을 얻으니라

장로들의 전통(마 15:1-20)

1) 은전의 명칭

7 바리새인들과 또 (書記官)서기
관 중 몇이 예루살렘에서 와서
예수께 모여들었다가
2 그의 제자 중 몇 사람이 (不淨)부
정한 손 곧 씻지 아니한 손으로
떡 먹는 것을 보았더라
3 바리새인들과 모든 유대인들은
장로들의 (傳統)전통을 지키어 [1]
손을 잘 씻지 않고서는 음식을 먹
지 아니하며
4 또 (市場)시장에서 돌아와서도 [2]
물을 뿌리지 않고서는 먹지 아니
하며 그 외에도 여러 가지를 지키
어 오는 것이 있으니 잔과 (周鉢)
주발과 놋그릇을 씻음이러라
5 이에 바리새인들과 서기관들이
예수께 묻되 어찌하여 당신의 제
자들은 장로들의 전통을 준행하
지 아니하고 (不淨)부정한 손으
로 떡을 먹나이까
6 이르시되 이사야가 너희 (外飾)
외식하는 자에 대하여 잘 (豫言)
예언하였도다 기록하였으되
ㄱ이 백성이 입술로는 나를 공경
하되 마음은 내게서 멀도다
7 사람의 계명으로 (敎訓)교훈을
삼아 가르치니 나를 헛되이 경
배하는도다
하였느니라
8 너희가 하나님의 (誡命)계명을 버
리고 사람의 전통을 지키느니라
9 또 이르시되 너희가 너희 (傳統)
전통을 지키려고 하나님의 계명
을 잘 저버리는도다
10 모세는 ㄴ네 부모를 (恭敬)공경하
라 하고 또 ㄷ아버지나 어머니를
모욕하는 자는 죽임을 당하리라
하였거늘
11 너희는 이르되 사람이 아버지에
게나 어머니에게나 말하기를 내
가 드려 (有益)유익하게 할 것이
고르반 곧 하나님께 드림이 되었
다고 하기만 하면 그만이라 하고
12 자기 아버지나 어머니에게 다시
아무 것도 하여 드리기를 (許諾)
허락하지 아니하여
13 너희가 전한 전통으로 하나님의
말씀을 (廢)폐하며 또 이같은 일
을 많이 행하느니라 하시고
14 무리를 다시 불러 이르시되 너희
는 다 내 말을 듣고 깨달으라
15 무엇이든지 밖에서 사람에게로
들어가는 것은 (能)능히 사람을
더럽게 하지 못하되
16 사람 안에서 나오는 것이 사람을
더럽게 하는 것이니라 하시고
17 무리를 떠나 집으로 들어가시니
제자들이 그 (譬喩)비유를 묻자
온대
18 예수께서 이르시되 너희도 이렇
게 깨달음이 없느냐 무엇이든지
밖에서 들어가는 것이 (能)능히
사람을 더럽게 하지 못함을 알지
못하느냐
19 이는 마음으로 들어가지 아니하
고 배로 들어가 뒤로 나감이라 이
러므로 모든 (飮食物)음식물을
깨끗하다 하시니라

1) 또는 팔뚝까지 2) 또는 목욕하지 않으면 ㄱ 사 29:13 ㄴ 출 20:12; 신 5:16 ㄷ 출 21:17; 레 20:9

20 또 이르시되 사람에게서 나오는
그것이 사람을 더럽게 하느니라
21 속에서 곧 사람의 마음에서 나오
는 것은 악한 생각 곧 (淫亂)음란
과 도둑질과 (殺人)살인과
22 (姦淫)간음과 탐욕과 악독과 속
임과 음탕과 질투와 비방과 (驕
慢)교만과 우매함이니
23 이 모든 (惡)악한 것이 다 속에서
나와서 사람을 더럽게 하느니라

수로보니게 여자의 믿음(마 15:21-28)

24 ●예수께서 일어나사 거기를 떠
나 두로 (地方)지방으로 가서 한
집에 들어가 아무도 모르게 하시
려 하나 숨길 수 없더라
25 이에 더러운 귀신 들린 어린 딸을
둔 한 여자가 예수의 (所聞)소문
을 듣고 곧 와서 그 발 아래에 엎
드리니
26 그 여자는 헬라인이요 수로보니
게 (族屬)족속이라 자기 딸에게
서 귀신 쫓아내 주시기를 간구하
거늘
27 예수께서 이르시되 (子女)자녀로
먼저 배불리 먹게 할지니 자녀의
떡을 (取)취하여 개들에게 던짐이
마땅치 아니하니라
28 여자가 (對答)대답하여 이르되
주여 옳소이다마는 상 아래 개들
도 아이들이 먹던 부스러기를 먹
나이다
29 예수께서 이르시되 이 말을 하였
으니 돌아가라 (鬼神)귀신이 네
딸에게서 나갔느니라 하시매
30 여자가 집에 돌아가 본즉 아이가
(寢牀)침상에 누웠고 귀신이 나
갔더라

귀 먹고 말 더듬는 사람을 고치시다

31 ●예수께서 다시 두로 지방에서
나와 시돈을 지나고 데가볼리 지
방을 통과하여 갈릴리 (湖水)호
수에 이르시매
32 사람들이 귀 먹고 말 더듬는 자를
데리고 예수께 나아와 (按手)안
수하여 주시기를 간구하거늘
33 예수께서 그 사람을 따로 데리
고 무리를 떠나사 손가락을 그의
(兩)양귀에 넣고 침을 뱉어 그의
혀에 손을 대시며
34 하늘을 우러러 (嘆息)탄식하시며
그에게 이르시되 에바다 하시니
이는 열리라는 뜻이라
35 그의 귀가 열리고 혀가 맺힌 것이
곧 풀려 말이 (分明)분명하여졌
더라
36 예수께서 그들에게 (警告)경고하
사 아무에게도 이르지 말라 하시
되 경고하실수록 그들이 더욱 널
리 (傳播)전파하니
37 사람들이 (甚)심히 놀라 이르되
그가 모든 것을 잘하였도다 못 듣
는 사람도 듣게 하고 말 못하는
사람도 말하게 한다 하니라

사천 명을 먹이시다(마 15:32-39)

8 그 무렵에 또 큰 무리가 있어
먹을 것이 없는지라 예수께서
(弟子)제자들을 불러 이르시되
2 내가 무리를 불쌍히 여기노라 그
들이 나와 함께 있은 지 이미 사
흘이 지났으나 먹을 것이 없도다

3 만일 내가 그들을 굶겨 집으로 보
내면 길에서 (氣盡)기진하리라
그 중에는 멀리서 온 사람들도 있
느니라
4 제자들이 대답하되 이 (曠野)광
야 어디서 떡을 얻어 이 사람들로
배부르게 할 수 있으리이까
5 예수께서 물으시되 너희에게 떡
몇 (個)개나 있느냐 이르되 일곱
이로소이다 하거늘
6 예수께서 무리를 명하여 땅에 [1]앉
게 하시고 떡 일곱 개를 가지사
(祝謝)축사하시고 떼어 (弟子)제
자들에게 주어 나누어 주게 하시
니 제자들이 무리에게 나누어 주
더라
7 또 작은 (生鮮)생선 두어 마리가
있는지라 이에 (祝福)축복하시고
명하사 이것도 나누어 주게 하시
니
8 배불리 먹고 남은 조각 일곱 광주
리를 거두었으며
9 사람은 (約)약 (四千 名)사천 명
이었더라 예수께서 그들을 흩어
보내시고
10 곧 제자들과 함께 배에 오르사 달
마누다 (地方)지방으로 가시니라

이 세대가 표적을 구하나(마 16:1-4)

11 ●바리새인들이 나와서 예수를
(詰難)힐난하며 그를 시험하여 하
늘로부터 오는 [2]표적을 구하거늘
12 예수께서 마음속으로 깊이 (嘆
息)탄식하시며 이르시되 어찌하
여 이 세대가 [2](表蹟)표적을 구하
느냐 내가 진실로 너희에게 이르
노니 이 세대에 [2]표적을 주지 아
니하리라 하시고
13 그들을 떠나 다시 배에 올라 건너
(便)편으로 가시니라

바리새인들과 헤롯의 누룩(마 16:5-12)

14 ●제자들이 떡 가져오기를 잊었
으매 배에 떡 한 (個)개밖에 그들
에게 없더라
15 예수께서 (警告)경고하여 이르시
되 삼가 바리새인들의 누룩과 헤
롯의 누룩을 주의하라 하시니
16 (弟子)제자들이 서로 수군거리기
를 [3]이는 우리에게 떡이 없음이
로다 하거늘
17 예수께서 아시고 이르시되 너희
가 어찌 떡이 없음으로 수군거리
느냐 아직도 알지 못하며 깨닫지
못하느냐 너희 마음이 (鈍)둔하냐
18 너희가 눈이 있어도 보지 못하
며 귀가 있어도 듣지 못하느냐 또
(記憶)기억하지 못하느냐
19 내가 떡 다섯 개를 (五千 名)오천
명에게 떼어 줄 때에 조각 몇 바
구니를 거두었더냐 이르되 열둘
이니이다
20 또 일곱 개를 (四千 名)사천 명에
게 떼어 줄 때에 조각 몇 광주리
를 거두었더냐 이르되 일곱이니
이다
21 이르시되 아직도 깨닫지 못하느
냐 하시니라

벳새다에서 맹인을 고치시다

22 ●벳새다에 이르매 사람들이 (盲
人)맹인 한 사람을 데리고 예수께

1) 2:15 난하주를 보라 2) 또는 이적 3) 또는 우리에게 떡이 없도다

나아와 손 대시기를 (求)구하거늘
23 예수께서 맹인의 손을 붙잡으시
고 마을 밖으로 데리고 나가사 눈
에 침을 뱉으시며 그에게 (按手)
안수하시고 무엇이 보이느냐 물
으시니
24 쳐다보며 이르되 사람들이 보이
나이다 나무 같은 것들이 걸어 가
는 것을 보나이다 하거늘
25 이에 그 눈에 다시 안수하시매 그
가 (注目)주목하여 보더니 나아
서 모든 것을 밝히 보는지라
26 예수께서 그 사람을 집으로 보내
시며 이르시되 마을에는 들어가
지 말라 하시니라

베드로의 고백, 죽음과 부활을 말씀하심
(마 16:13-28; 눅 9:18-27)

27 ● 예수와 (弟子)제자들이 빌립보
가이사랴 여러 마을로 나가실새
길에서 제자들에게 물어 이르시되
사람들이 나를 누구라고 하느냐
28 제자들이 여짜와 이르되 [1]세례
요한이라 하고 더러는 엘리야, 더
러는 (先知者)선지자 중의 하나
라 하나이다
29 또 물으시되 너희는 나를 누구라
하느냐 베드로가 (對答)대답하여
이르되 주는 그리스도시니이다
하매
30 이에 자기의 일을 아무에게도 말
하지 말라 (警告)경고하시고
31 인자가 많은 (苦難)고난을 받고
장로들과 대제사장들과 서기관들
에게 버린 바 되어 죽임을 (當)당
하고 사흘 만에 살아나야 할 것을
비로소 그들에게 가르치시되
32 드러내 놓고 이 말씀을 하시니 베
드로가 예수를 붙들고 (抗辯)항
변하매
33 예수께서 돌이키사 (弟子)제자들
을 보시며 베드로를 꾸짖어 이르
시되 사탄아 내 뒤로 물러가라 네
가 하나님의 일을 생각하지 아니
하고 도리어 사람의 일을 생각하
는도다 하시고
34 무리와 제자들을 불러 이르시되
누구든지 나를 따라오려거든 자
기를 (否認)부인하고 자기 십자
가를 지고 나를 따를 것이니라
35 누구든지 자기 목숨을 구원하고
자 하면 잃을 것이요 누구든지 나
와 (福音)복음을 위하여 자기 목
숨을 잃으면 (救援)구원하리라
36 사람이 만일 온 (天下)천하를 얻
고도 자기 목숨을 잃으면 무엇이
유익하리요
37 사람이 무엇을 주고 (自己)자기
목숨과 바꾸겠느냐
38 누구든지 이 (淫亂)음란하고 죄
많은 세대에서 나와 내 말을 부끄
러워하면 인자도 아버지의 영광
으로 거룩한 천사들과 함께 올 때
에 그 사람을 부끄러워하리라
9 또 그들에게 이르시되 내가 진
실로 너희에게 이르노니 여기
서 있는 사람 중에는 죽기 전에
하나님의 나라가 (權能)권능으로
임하는 것을 볼 자들도 있느니라
하시니라

1) 헬, 또는 침례

영광스러운 모습으로 변형되시다
(마 17:1-13; 눅 9:28-36)

2 ●엿새 후에 예수께서 베드로와
야고보와 요한을 데리시고 따로
높은 산에 올라가셨더니 그들 앞
에서 (變形)변형되사
3 그 옷이 (光彩)광채가 나며 세상
에서 빨래하는 자가 그렇게 희게
할 수 없을 만큼 매우 희어졌더라
4 이에 엘리야가 모세와 함께 그들
에게 나타나 예수와 더불어 말하
거늘
5 베드로가 예수께 고하되 랍비여
우리가 여기 있는 것이 좋사오니
우리가 (草幕)초막 셋을 짓되 하
나는 주를 위하여, 하나는 모세를
위하여, 하나는 엘리야를 위하여
하사이다 하니
6 이는 그들이 몹시 무서워하므로
그가 무슨 말을 할지 알지 못함이
더라
7 마침 구름이 와서 그들을 덮으며
구름 속에서 소리가 나되 이는 내
사랑하는 아들이니 너희는 그의
말을 들으라 하는지라
8 문득 둘러보니 아무도 보이지 아
니하고 오직 예수와 (自己)자기
들뿐이었더라
9 ●그들이 산에서 내려올 때에 예
수께서 경고하시되 (人子)인자가
죽은 자 가운데서 살아날 때까지
는 본 것을 아무에게도 이르지 말
라 하시니
10 그들이 이 말씀을 마음에 두며 서
로 (問議)문의하되 죽은 자 가운데
서 살아나는 것이 무엇일까 하고
11 이에 예수께 묻자와 이르되 어찌
하여 (書記官)서기관들이 엘리야
가 먼저 와야 하리라 하나이까
12 이르시되 엘리야가 과연 먼저 와
서 모든 것을 (回復)회복하거니
와 어찌 인자에 대하여 기록하기
를 많은 고난을 받고 (蔑視)멸시
를 당하리라 하였느냐
13 그러나 내가 너희에게 이르노니
엘리야가 왔으되 기록된 바와 같
이 사람들이 함부로 (待遇)대우
하였느니라 하시니라

귀신 들린 아이를 고치시다
(마 17:14-20; 눅 9:37-43 상)

14 ●이에 그들이 제자들에게 와서
보니 큰 무리가 그들을 둘러싸
고 서기관들이 그들과 더불어 (辯
論)변론하고 있더라
15 온 무리가 곧 예수를 보고 매우
놀라며 달려와 (問安)문안하거늘
16 예수께서 물으시되 너희가 무엇
을 그들과 (辯論)변론하느냐
17 무리 중의 하나가 대답하되 (先
生)선생님 말 못하게 귀신 들린
내 아들을 선생님께 데려왔나이다
18 (鬼神)귀신이 어디서든지 그를
잡으면 거꾸러져 거품을 흘리며
이를 갈며 그리고 파리해지는지
라 내가 선생님의 제자들에게 내
쫓아 달라 하였으나 그들이 능히
하지 못하더이다
19 대답하여 이르시되 믿음이 없는
(世代)세대여 내가 얼마나 너희
와 함께 있으며 얼마나 너희에게

참으리요 그를 내게로 데려오라
하시매
20 이에 데리고 오니 (鬼神)귀신이
예수를 보고 곧 그 아이로 심히
(痙攣)경련을 일으키게 하는지라
그가 땅에 엎드러져 구르며 거품
을 흘리더라
21 예수께서 그 아버지에게 물으시
되 언제부터 이렇게 되었느냐 하
시니 이르되 어릴 때부터니이다
22 (鬼神)귀신이 그를 죽이려고 불
과 물에 자주 던졌나이다 그러나
무엇을 하실 수 있거든 우리를 불
쌍히 여기사 도와 주옵소서
23 예수께서 이르시되 할 수 있거든
이 무슨 말이냐 믿는 자에게는
(能)능히 하지 못할 일이 없느니
라 하시니
24 곧 그 아이의 아버지가 소리를 질
러 이르되 내가 믿나이다 나의 믿
음 없는 것을 도와 주소서 하더라
25 예수께서 무리가 달려와 모이는
것을 보시고 그 더러운 귀신을 꾸
짖어 이르시되 말 못하고 못 듣는
귀신아 내가 네게 (命)명하노니
그 아이에게서 나오고 다시 들어
가지 말라 하시매
26 귀신이 소리 지르며 아이로 심히
(痙攣)경련을 일으키게 하고 나
가니 그 아이가 죽은 것 같이 되
어 많은 사람이 말하기를 죽었다
하나
27 예수께서 그 손을 잡아 일으키시
니 이에 일어서니라
28 집에 들어가시매 (弟子)제자들이
조용히 묻자오되 우리는 어찌하
여 능히 그 귀신을 쫓아내지 못하
였나이까
29 이르시되 (祈禱)기도 외에 다른
것으로는 이런 종류가 나갈 수 없
느니라 하시니라

죽음과 부활을 두 번째로 말씀하시다 (마 17:22-23; 눅 9:43 하-45)

30 ●그 곳을 떠나 갈릴리 가운데로
지날새 예수께서 아무에게도 알
리고자 아니하시니
31 이는 제자들을 가르치시며 또 (人
子)인자가 사람들의 손에 넘겨져
죽임을 당하고 죽은 지 (三 日)삼
일만에 살아나리라는 것을 말씀
하셨기 때문이더라
32 그러나 (弟子)제자들은 이 말씀
을 깨닫지 못하고 묻기도 두려워
하더라

누가 크냐(마 18:1-5; 눅 9:46-48)

33 ●가버나움에 이르러 집에 계실
새 제자들에게 물으시되 너희가
길에서 서로 (討論)토론한 것이
무엇이냐 하시되
34 그들이 잠잠하니 이는 길에서 서
로 누가 크냐 하고 (爭論)쟁론하
였음이라
35 예수께서 앉으사 열두 (弟子)제
자를 불러서 이르시되 누구든지
첫째가 되고자 하면 뭇 사람의 끝
이 되며 뭇 사람을 섬기는 자가
되어야 하리라 하시고
36 어린 아이 하나를 데려다가 그들
가운데 세우시고 안으시며 제자
들에게 이르시되

37 누구든지 내 이름으로 이런 어린
아이 하나를 (迎接)영접하면 곧
나를 영접함이요 누구든지 나를
영접하면 나를 영접함이 아니요
나를 보내신 이를 영접함이니라

우리를 위하는 사람(마 18:6-9; 눅 9:49-50; 17:1-2)

38 ●요한이 예수께 여짜오되 선생
님 우리를 따르지 않는 어떤 자가
주의 이름으로 귀신을 내쫓는 것
을 우리가 보고 우리를 따르지 아
니하므로 (禁)금하였나이다
39 예수께서 이르시되 금하지 말라
내 이름을 (依託)의탁하여 능한
일을 행하고 즉시로 나를 (誹謗)
비방할 자가 없느니라
40 우리를 (反對)반대하지 않는 자
는 우리를 위하는 자니라
41 누구든지 너희가 그리스도에게
속한 자라 하여 물 한 그릇이라도
주면 내가 (眞實)진실로 너희에
게 이르노니 그가 결코 상을 잃지
않으리라
42 또 누구든지 나를 믿는 이 작은
자들 중 하나라도 (失足)실족하
게 하면 차라리 연자맷돌이 그 목
에 매여 바다에 던져지는 것이 나
으리라
43 만일 네 손이 너를 [1]범죄하게 하
거든 찍어버리라 장애인으로 [2]
(永生)영생에 들어가는 것이 두
손을 가지고 지옥 곧 꺼지지 않는
불에 들어가는 것보다 나으니라

1) 또는 실족하게 2) 헬, 생에 3) 어떤 사본에, 44, 46 양 절에, 48절과 같은 문구가 있음 ㄱ 신 24:1, 3

44 [3]없음
45 만일 네 발이 너를 [1](犯罪)범죄하
게 하거든 찍어버리라 다리 저는
자로 [2]영생에 들어가는 것이 두
발을 가지고 (地獄)지옥에 던져
지는 것보다 나으니라
46 [3]없음
47 만일 네 눈이 너를 [1]범죄하게 하
거든 빼버리라 한 눈으로 하나님
의 나라에 들어가는 것이 두 눈을
가지고 (地獄)지옥에 던져지는
것보다 나으니라
48 거기에서는 구더기도 죽지 않고
불도 꺼지지 아니하느니라
49 사람마다 불로써 소금 치듯 함을
받으리라
50 소금은 좋은 것이로되 만일 소금
이 그 맛을 잃으면 무엇으로 이를
짜게 하리요 너희 속에 소금을 두
고 서로 (和睦)화목하라 하시니라

이혼에 대하여 가르치시다(마 19:1-12)

10 예수께서 거기서 떠나 유대
지경과 요단 강 건너편으로
가시니 무리가 다시 모여들거늘
예수께서 다시 (前例)전례대로
가르치시더니
2 바리새인들이 예수께 나아와 그
를 (試驗)시험하여 묻되 사람이
아내를 버리는 것이 옳으니이까
3 (對答)대답하여 이르시되 모세가
어떻게 너희에게 명하였느냐
4 이르되 ㄱ모세는 (離婚 證書)이혼
증서를 써주어 버리기를 허락하
였나이다
5 예수께서 그들에게 이르시되 너

희 마음이 (頑惡)완악함으로 말미
암아 이 명령을 기록하였거니와
6 (創造)창조 때로부터 사람을 남
자와 여자로 지으셨으니
7 이러므로 사람이 그 (父母)부모
를 떠나서
8 그 둘이 한 몸이 될지니라 이러한
즉 이제 둘이 아니요 한 몸이니
9 그러므로 하나님이 짝지어 주신
것을 사람이 나누지 못할지니라
하시더라
10 집에서 (弟子)제자들이 다시 이
일을 물으니
11 이르시되 누구든지 그 아내를 버
리고 다른 데에 장가 드는 자는
(本妻)본처에게 간음을 행함이요
12 또 아내가 남편을 버리고 다른 데
로 시집 가면 (姦淫)간음을 행함
이니라

어린 아이들을 축복하시다
(마 19:13-15; 눅 18:15-17)

13 ●사람들이 예수께서 만져 주심
을 바라고 어린 아이들을 데리고
오매 (弟子)제자들이 꾸짖거늘
14 예수께서 보시고 (怒)노하시어 이
르시되 어린 아이들이 내게 오는
것을 용납하고 금하지 말라 하나
님의 나라가 이런 자의 것이니라
15 내가 진실로 너희에게 이르노니
누구든지 하나님의 나라를 어린
아이와 같이 받들지 않는 자는
(決斷)결단코 그 곳에 들어가지
못하리라 하시고
16 그 어린 아이들을 안고 그들 위에
(按手)안수하시고 축복하시니라

재물이 많은 사람
(마 19:16-30; 눅 18:18-30)

17 ●예수께서 길에 나가실새 한 사
람이 달려와서 꿇어 앉아 묻자오
되 선한 선생님이여 내가 무엇을
하여야 (永生)영생을 얻으리이까
18 예수께서 이르시되 네가 어찌하
여 나를 선하다 일컫느냐 하나님
한 분 외에는 (善)선한 이가 없느
니라
19 네가 계명을 아나니 ㄱ(殺人)살인
하지 말라, (姦淫)간음하지 말라,
도둑질하지 말라, 거짓 증언 하지
말라, 속여 빼앗지 말라, 네 부모
를 (恭敬)공경하라 하였느니라
20 그가 여짜오되 (先生)선생님이여
이것은 내가 어려서부터 다 지켰
나이다
21 예수께서 그를 보시고 사랑하사
이르시되 네게 아직도 한 가지
(不足)부족한 것이 있으니 가서
네게 있는 것을 다 팔아 가난한
자들에게 주라 그리하면 하늘에
서 (寶貨)보화가 네게 있으리라
그리고 와서 나를 따르라 하시니
22 그 사람은 재물이 많은 고로 이
말씀으로 인하여 슬픈 (氣色)기
색을 띠고 근심하며 가니라
23 ●예수께서 둘러 보시고 제자들
에게 이르시되 (財物)재물이 있
는 자는 하나님의 나라에 들어가
기가 심히 어렵도다 하시니
24 (弟子)제자들이 그 말씀에 놀라
는지라 예수께서 다시 대답하여

ㄱ 출 20:12-16; 신 5:16-20

이르시되 애들아 [1]하나님의 나라
에 들어가기가 얼마나 어려운지
25 (駱駝)낙타가 바늘귀로 나가는
것이 부자가 하나님의 나라에 들
어가는 것보다 쉬우니라 하시니
26 제자들이 매우 놀라 서로 말하되
그런즉 누가 (救援)구원을 얻을
수 있는가 하니
27 예수께서 그들을 보시며 이르시
되 사람으로는 할 수 없으되 하나
님으로는 그렇지 아니하니 하나
님으로서는 다 하실 수 있느니라
28 베드로가 여짜와 이르되 보소서
우리가 모든 것을 버리고 (主)주
를 따랐나이다
29 예수께서 이르시되 내가 진실로
너희에게 이르노니 나와 (福音)
복음을 위하여 집이나 형제나 자
매나 어머니나 [2]아버지나 자식이
나 (田土)전토를 버린 자는
30 (現世)현세에 있어 집과 형제와
자매와 어머니와 자식과 전토를
백 배나 받되 박해를 겸하여 받고
(來世)내세에 영생을 받지 못할
자가 없느니라
31 그러나 먼저 된 (者)자로서 나중
되고 나중 된 자로서 먼저 될 자
가 많으니라

죽음과 부활을 세 번째로 이르시다
(마 20:17-19; 눅 18:31-34)

32 ● 예루살렘으로 올라가는 길에
예수께서 그들 앞에 서서 가시는
데 그들이 놀라고 따르는 자들은
두려워하더라 이에 다시 열두 제
자를 데리시고 (自己)자기가 (當)
당할 일을 말씀하여 이르시되
33 보라 우리가 예루살렘에 올라가
노니 인자가 대제사장들과 서기
관들에게 넘겨지매 그들이 죽이
기로 (決議)결의하고 이방인들에
게 넘겨 주겠고
34 그들은 (凌辱)능욕하며 침 뱉으
며 채찍질하고 죽일 것이나 그는
삼 일 만에 살아나리라 하시니라

야고보와 요한이 구하는 것
(마 20:20-28)

35 ● 세베대의 아들 야고보와 요한
이 주께 나아와 여짜오되 선생님
이여 무엇이든지 우리가 (求)구
하는 바를 우리에게 하여 주시기
를 원하옵나이다
36 이르시되 너희에게 무엇을 하여
주기를 원하느냐
37 여짜오되 주의 (榮光中)영광중에
서 우리를 하나는 주의 우편에,
하나는 좌편에 앉게 하여 주옵소
서
38 예수께서 이르시되 너희는 너희
가 구하는 것을 알지 못하는도다
내가 마시는 (盞)잔을 너희가 마
실 수 있으며 내가 받는 [3]세례를
너희가 받을 수 있느냐
39 그들이 말하되 할 수 있나이다 예
수께서 이르시되 너희는 내가 마
시는 잔을 마시며 내가 받는 [3](洗
禮)세례를 받으려니와
40 내 좌우편에 앉는 것은 내가 줄

1) 어떤 사본에, 재물을 의지하는 자는 하나님의 나라에 2) 어떤 사본에는, '아버지나' 아래에 '아내나'가 있음 3) 헬, 또는 침례

것이 아니라 누구를 위하여 (準
備)준비되었든지 그들이 얻을 것
이니라
41 열 제자가 듣고 야고보와 요한에
대하여 (火)화를 내거늘
42 예수께서 불러다가 이르시되 이
방인의 집권자들이 그들을 (任
意)임의로 (主管)주관하고 그 고
관들이 그들에게 권세를 부리는
줄을 너희가 알거니와
43 너희 중에는 그렇지 않을지니 너
희 중에 누구든지 크고자 하는 자
는 너희를 섬기는 자가 되고
44 너희 (中)중에 누구든지 으뜸이
되고자 하는 자는 모든 사람의 종
이 되어야 하리라
45 인자가 온 것은 섬김을 받으려 함
이 아니라 도리어 섬기려 하고 자
기 목숨을 많은 사람의 (代贖物)
대속물로 주려 함이니라

맹인 바디매오가 고침을 받다
(마 20:29-34; 눅 18:35-43)

46 ● 그들이 여리고에 이르렀더니
예수께서 제자들과 (許多)허다한
무리와 함께 여리고에서 나가실
때에 디매오의 아들인 맹인 거지
바디매오가 길 가에 앉았다가
47 나사렛 예수시란 말을 듣고 소리
질러 이르되 다윗의 (子孫)자손
예수여 나를 불쌍히 여기소서 하
거늘
48 많은 사람이 꾸짖어 (潛潛)잠잠
하라 하되 그가 더욱 크게 소리
질러 이르되 다윗의 자손이여 나
를 불쌍히 여기소서 하는지라
49 예수께서 머물러 서서 그를 부르
라 하시니 그들이 그 맹인을 부르
며 이르되 (安心)안심하고 일어
나라 그가 너를 부르신다 하매
50 (盲人)맹인이 겉옷을 내버리고
뛰어 일어나 예수께 나아오거늘
51 예수께서 말씀하여 이르시되 네
게 무엇을 하여 주기를 (願)원하
느냐 맹인이 이르되 (先生)선생
님이여 보기를 원하나이다
52 예수께서 이르시되 가라 네 믿음
이 너를 (救援)구원하였느니라
하시니 그가 곧 보게 되어 예수를
길에서 따르니라

예루살렘에 들어가시다(마 21:1-11;
눅 19:28-40; 요 12:12-19)

11 그들이 예루살렘에 가까이
와서 (橄欖 山)감람 산 벳바
게와 베다니에 이르렀을 때에 예
수께서 제자 중 둘을 보내시며
2 이르시되 너희는 맞은(便)편 마
을로 가라 그리로 들어가면 곧 아
직 아무도 타 보지 않은 나귀 새
끼가 매여 있는 것을 보리니 풀어
끌고 오라
3 만일 누가 너희에게 왜 이렇게 하
느냐 묻거든 주가 쓰시겠다[1] 하라
그리하면 (卽時)즉시 이리로 보
내리라 하시니
4 제자들이 가서 본즉 나귀 새끼가
(門)문 앞 거리에 매여 있는지라
그것을 푸니
5 거기 서 있는 사람 (中)중 어떤
이들이 이르되 나귀 새끼를 풀어

1) 또는 즉시 돌려 보내리라 하라 하시니

무엇 하려느냐 하매
6 제자들이 예수께서 이르신 대로
말한대 이에 (許諾)허락하는지라
7 나귀 새끼를 예수께로 끌고 와서
(自己)자기들의 겉옷을 그 위에
얹어 놓으매 예수께서 타시니
8 많은 사람들은 (自己)자기들의
겉옷을, 또 다른 이들은 들에서
벤 나뭇가지를 길에 펴며
9 앞에서 가고 뒤에서 따르는 자들
이 소리 지르되 호산나 (讚頌)찬
송하리로다 (主)주의 이름으로
오시는 이여
10 찬송하리로다 오는 우리 (祖上)
조상 다윗의 나라여 가장 높은 곳
에서 호산나 하더라
11 ●예수께서 예루살렘에 이르러
(聖殿)성전에 들어가사 모든 것
을 둘러 보시고 때가 이미 저물매
열두 제자를 데리시고 베다니에
나가시니라

무화과나무에게 이르시다(마 21:18-19)

12 ●이튿날 그들이 베다니에서 나왔
을 때에 예수께서 시장하신지라
13 멀리서 잎사귀 있는 한 (無花果)
무화과나무를 보시고 혹 그 나무
에 무엇이 있을까 하여 가셨더니
가서 보신즉 잎사귀 외에 아무 것
도 없더라 이는 무화과의 때가 아
님이라
14 예수께서 나무에게 말씀하여 이
르시되 이제부터 (永遠)영원토록
사람이 네게서 열매를 따 먹지 못
하리라 하시니 제자들이 이를 들
더라

성전을 깨끗하게 하시다
(마 21:12-17; 눅 19:45-48; 요 2:13-22)

15 ●그들이 예루살렘에 들어가니
라 예수께서 성전에 들어가사 성
전 안에서 (賣買)매매하는 자들
을 내쫓으시며 돈 바꾸는 자들의
상과 비둘기 파는 자들의 의자를
둘러 엎으시며
16 아무나 (物件)물건을 가지고 성
전 안으로 지나다님을 허락하지
아니하시고
17 이에 가르쳐 이르시되 기록된 바
ㄱ내 집은 만민이 기도하는 집이
라 칭함을 받으리라고 하지 아니
하였느냐 너희는 ㄴ(强盜)강도의
(巢窟)소굴을 만들었도다 하시매
18 대제사장들과 서기관들이 듣고
예수를 어떻게 죽일까 하고 꾀하
니 이는 무리가 다 그의 (敎訓)교
훈을 놀랍게 여기므로 그를 두려
워함일러라
19 ●그리고 날이 저물매 그들이
(城)성 밖으로 나가더라

무화과나무가 마르다(마 21:20-22)

20 ●그들이 아침에 지나갈 때에 (無
花果)무화과나무가 뿌리째 마른
것을 보고
21 베드로가 생각이 나서 여짜오되
랍비여 보소서 (詛呪)저주하신
무화과나무가 말랐나이다
22 예수께서 그들에게 (對答)대답하
여 이르시되 하나님을 믿으라
23 내가 진실로 너희에게 이르노니
누구든지 이 산더러 들리어 바다

ㄱ 사 56:7 ㄴ 렘 7:11

에 던져지라 하며 그 말하는 것이
이루어질 줄 믿고 마음에 (疑心)
의심하지 아니하면 그대로 되리라
24 그러므로 내가 너희에게 말하노
니 무엇이든지 (祈禱)기도하고
구하는 것은 받은 줄로 믿으라 그
리하면 너희에게 그대로 되리라
25 서서 기도할 때에 아무에게나 혐
의가 있거든 (容恕)용서하라 그
리하여야 하늘에 계신 너희 아버
지께서도 너희 허물을 사하여 주
시리라 하시니라
26 [1]없음

예수의 권위를 두고 말하다
(마 21:23-27; 눅 20:1-8)

27 ●그들이 다시 예루살렘에 들어
가니라 예수께서 (聖殿)성전에서
거니실 때에 대제사장들과 서기
관들과 (長老)장로들이 나아와
28 이르되 무슨 (權威)권위로 이런
일을 하느냐 누가 이런 일 할 권
위를 주었느냐
29 예수께서 이르시되 나도 한 말을
너희에게 물으리니 (對答)대답하
라 그리하면 나도 무슨 권위로 이
런 일을 하는지 이르리라
30 요한의 [2](洗禮)세례가 하늘로부
터냐 사람으로부터냐 내게 대답
하라
31 그들이 서로 (議論)의논하여 이
르되 만일 하늘로부터라 하면 어
찌하여 그를 믿지 아니하였느냐
할 것이니
32 그러면 사람으로부터라 할까 하
였으나 모든 사람이 요한을 참 선
지자로 여기므로 그들이 (百姓)
백성을 두려워하는지라
33 이에 예수께 대답하여 이르되 우
리가 알지 못하노라 하니 예수께
서 이르시되 나도 무슨 (權威)권
위로 이런 일을 하는지 너희에게
이르지 아니하리라 하시니라

포도원 농부 비유
(마 21:33-46; 눅 20:9-19)

12 예수께서 비유로 그들에게
말씀하시되 한 사람이 포도
원을 만들어 산울타리로 두르고
즙 짜는 틀을 만들고 (望臺)망대
를 지어서 농부들에게 세로 주고
타국에 갔더니
2 때가 이르매 농부들에게 (葡萄
園)포도원 (所出)소출 얼마를 받
으려고 한 종을 보내니
3 그들이 종을 잡아 (甚)심히 때리
고 거저 보내었거늘
4 다시 다른 종을 보내니 그의 머리
에 상처를 내고 (凌辱)능욕하였
거늘
5 또 다른 종을 보내니 그들이 그를
죽이고 또 그 (外)외 많은 종들도
더러는 때리고 더러는 죽인지라
6 이제 한 사람이 남았으니 곧 그가
사랑하는 아들이라 (最後)최후로
이를 보내며 이르되 내 아들은 존
대하리라 하였더니
7 그 농부들이 서로 말하되 이는
(相續者)상속자니 자 죽이자 그

1) 어떤 사본에, 26 '만일 너희가 용서하지 아니하면 하늘에 계신 너희 아버지도 너희 허물을 사하지 아니하시리라'가 있음
2) 헬, 또는 침례

러면 그 (遺産)유산이 우리 것이
되리라 하고
8 이에 잡아 죽여 (葡萄園)포도원
밖에 내던졌느니라
9 포도원 주인이 어떻게 하겠느냐
와서 그 농부들을 (殄滅)진멸하
고 포도원을 다른 사람들에게 주
리라
10 너희가 성경에
ㄱ(建築者)건축자들이 버린 돌이
모퉁이의 머릿돌이 되었나니
11 이것은 주로 말미암아 된 것이
요 우리 눈에 놀랍도다
함을 읽어 보지도 못하였느냐 하
시니라
12 그들이 예수의 이 (譬喩)비유가
자기들을 가리켜 말씀하심인 줄
알고 잡고자 하되 무리를 두려워
하여 예수를 두고 가니라

가이사에게 세금을 바치는 것 (마 22:15-22; 눅 20:20-26)

13 ●그들이 예수의 말씀을 (責)책
잡으려 하여 바리새인과 헤롯당
중에서 사람을 보내매
14 와서 이르되 선생님이여 우리가
아노니 당신은 참되시고 아무도
꺼리는 일이 없으시니 이는 사람
을 (外貌)외모로 보지 않고 오직
진리로써 하나님의 도를 가르치
심이니이다 가이사에게 세금을
바치는 것이 옳으니이까 옳지 아
니하니이까
15 우리가 바치리이까 말리이까 한
대 예수께서 그 (外飾)외식함을
아시고 이르시되 어찌하여 나를
시험하느냐 [1]데나리온 하나를 가
져다가 내게 보이라 하시니
16 가져왔거늘 예수께서 이르시되
이 (形像)형상과 이 글이 누구의
것이냐 이르되 가이사의 것이니
이다
17 이에 예수께서 이르시되 가이사
의 것은 가이사에게, 하나님의 것
은 하나님께 바치라 하시니 그들
이 예수께 (對)대하여 매우 놀랍
게 여기더라

부활 논쟁(마 22:23-33; 눅 20:27-40)

18 ●(復活)부활이 없다 하는 사두개
인들이 예수께 와서 물어 이르되
19 선생님이여 ㄴ모세가 우리에게 써
주기를 어떤 사람의 형이 자식이
없이 아내를 두고 죽으면 그 (同
生)동생이 그 아내를 취하여 형
을 위하여 (相續者)상속자를 세
울지니라 하였나이다
20 칠 (兄弟)형제가 있었는데 맏이
가 아내를 취하였다가 상속자가
없이 죽고
21 둘째도 그 (女子)여자를 취하였
다가 상속자가 없이 죽고 셋째도
그렇게 하여
22 일곱이 다 상속자가 없었고 (最
後)최후에 여자도 죽었나이다
23 일곱 사람이 다 그를 아내로 취하
였으니 (復活)부활 때 곧 그들이
살아날 때에 그 중의 누구의 아내
가 되리이까
24 예수께서 이르시되 너희가 성경
도 하나님의 능력도 알지 못하므

1) 은전의 명칭 ㄱ 시 118:22 이하 ㄴ 신 25:5

로 (誤解)오해함이 아니냐
25 사람이 죽은 자 가운데서 살아날
때에는 장가도 아니 가고 시집도
아니 가고 하늘에 있는 (天使)천
사들과 같으니라
26 죽은 자가 살아난다는 것을 말할
진대 너희가 모세의 (冊)책 중 가
시나무 떨기에 (關)관한 글에 하
나님께서 모세에게 이르시되 ㄱ나
는 아브라함의 하나님이요 이삭
의 하나님이요 야곱의 하나님이
로라 하신 말씀을 읽어보지 못하
였느냐
27 하나님은 죽은 자의 하나님이 아
니요 산 자의 하나님이시라 너희
가 크게 (誤解)오해하였도다 하
시니라

가장 큰 계명(마 22:34-40; 눅 10:25-28)

28 ● 서기관 중 한 사람이 그들이
(辯論)변론하는 것을 듣고 예수
께서 잘 대답하신 줄을 알고 나아
와 묻되 모든 계명 중에 첫째가
무엇이니이까
29 예수께서 대답하시되 첫째는 이
것이니 ㄴ이스라엘아 들으라 주
곧 우리 하나님은 (唯一)유일한
주시라
30 네 마음을 다하고 목숨을 다하고
뜻을 다하고 힘을 다하여 주 너의
하나님을 사랑하라 하신 것이요
31 둘째는 이것이니 ㄷ네 이웃을 네
자신과 같이 사랑하라 하신 것이
라 이보다 더 큰 (誡命)계명이 없
느니라
32 (書記官)서기관이 이르되 (先生)
선생님이여 옳소이다 하나님은
한 분이시요 그 외에 다른 이가
없다 하신 말씀이 참이니이다
33 또 마음을 다하고 지혜를 다하고
힘을 다하여 하나님을 사랑하는
것과 또 이웃을 자기 자신과 같이
사랑하는 것이 전체로 드리는 모
든 (燔祭物)번제물과 기타 제물
보다 나으니이다
34 예수께서 그가 (智慧)지혜 있게
대답함을 보시고 이르시되 네가
하나님의 나라에서 멀지 않도다
하시니 그 후에 감히 묻는 자가
없더라

그리스도와 다윗의 자손 (마 22:41-46; 눅 20:41-44)

35 ● 예수께서 성전에서 가르치실
새 대답하여 이르시되 어찌하여
서기관들이 그리스도를 다윗의
(子孫)자손이라 하느냐
36 다윗이 성령에 감동되어 친히 말
하되

ㄹ주께서 내 주께 이르시되 내가
네 (怨讐)원수를 네 발 아래에
둘 때까지 내 우편에 앉았으라
하셨도다

하였느니라
37 다윗이 그리스도를 주라 하였은
즉 어찌 그의 (子孫)자손이 되겠
느냐 하시니 많은 사람들이 즐겁
게 듣더라

서기관들을 삼가라 (마 23:1-36; 눅 20:45-47)

38 ● 예수께서 가르치실 때에 이르

ㄱ 출 3:6 ㄴ 신 6:4 이하 ㄷ 레 19:18 ㄹ 시 110:1

시되 긴 옷을 입고 다니는 것과
시장에서 (問安)문안 받는 것과
39 (會堂)회당의 높은 자리와 잔치
의 윗자리를 원하는 서기관들을
삼가라
40 그들은 (寡婦)과부의 가산을 삼
키며 외식으로 길게 기도하는 자
니 그 받는 (判決)판결이 더욱 중
하리라 하시니라

가난한 과부의 헌금(눅 21:1-4)

41 ●예수께서 (獻金函)헌금함을 대
하여 앉으사 무리가 어떻게 헌금
함에 돈 넣는가를 보실새 여러 부
자는 많이 넣는데
42 한 가난한 (寡婦)과부는 와서 두 [1]
렙돈 곧 한 [2]고드란트를 넣는지라
43 예수께서 제자들을 불러다가 이
르시되 내가 (眞實)진실로 너희
에게 이르노니 이 가난한 과부는
헌금함에 넣는 모든 사람보다 많
이 넣었도다
44 그들은 다 그 (豊足)풍족한 중에
서 넣었거니와 이 과부는 그 가난
한 중에서 자기의 모든 (所有)소
유 곧 생활비 전부를 넣었느니라
하시니라

성전이 무너뜨려질 것을 이르시다 (마 24:1-2; 눅 21:5-6)

13 예수께서 성전에서 나가실
때에 제자 중 하나가 이르되
선생님이여 보소서 이 돌들이 어
떠하며 이 (建物)건물들이 어떠
하니이까
2 예수께서 이르시되 네가 이 큰 건
물들을 보느냐 돌 하나도 돌 위에
남지 않고 다 무너뜨려지리라 하
시니라

재난의 징조(마 24:3-14; 눅 21:7-19)

3 ●예수께서 (橄欖 山)감람 산에
서 성전을 마주 대하여 앉으셨을
때에 베드로와 야고보와 요한과
안드레가 조용히 묻되
4 우리에게 이르소서 어느 때에 이
런 일이 있겠사오며 이 모든 일이
이루어지려 할 때에 무슨 (徵兆)
징조가 있사오리이까
5 예수께서 이르시되 너희가 사람
의 (迷惑)미혹을 받지 않도록 (注
意)주의하라
6 많은 사람이 내 이름으로 와서 이
르되 내가 그라 하여 많은 사람을
(迷惑)미혹하리라
7 (亂離)난리와 난리의 소문을 들을
때에 두려워하지 말라 이런 일이
있어야 하되 아직 끝은 아니니라
8 민족이 민족을, 나라가 나라를 대
적하여 일어나겠고 곳곳에 지진
이 있으며 기근이 있으리니 이는
(災難)재난의 시작이니라
9 ●너희는 스스로 (操心)조심하라
사람들이 너희를 공회에 넘겨 주
겠고 너희를 회당에서 매질하겠으
며 나로 말미암아 너희가 권력자
들과 임금들 앞에 서리니 이는 그
들에게 (證據)증거가 되려 함이라
10 또 복음이 먼저 만국에 (傳播)전
파되어야 할 것이니라
11 사람들이 너희를 끌어다가 넘겨
줄 때에 무슨 말을 할까 미리 염

1) 헬라 동전의 명칭 2) 로마 동전의 명칭

려하지 말고 무엇이든지 그 때에
너희에게 주시는 그 말을 하라 말
하는 이는 너희가 아니요 (聖靈)
성령이시니라
12 형제가 형제를, 아버지가 자식을
죽는 데에 내주며 자식들이 부모
를 (對敵)대적하여 죽게 하리라
13 또 너희가 내 이름으로 말미암아
모든 사람에게 미움을 받을 것이
나 끝까지 견디는 자는 (救援)구
원을 받으리라

가장 큰 환난
(마 24:15-28; 눅 21:20-24)

14 ● 멸망의 (可憎)가증한 것이 서지
못할 곳에 선 것을 보거든 (읽는
자는 깨달을진저) 그 때에 유대에
있는 자들은 산으로 도망할지어다
15 지붕 위에 있는 (者)자는 내려가
지도 말고 집에 있는 무엇을 가지
러 들어가지도 말며
16 밭에 있는 자는 겉옷을 가지러 뒤
로 돌이키지 말지어다
17 그 날에는 아이 밴 자들과 젖먹이
는 자들에게 (禍)화가 있으리로다
18 이 일이 겨울에 일어나지 않도록
(祈禱)기도하라
19 이는 그 날들이 (患難)환난의 날
이 되겠음이라 하나님께서 창조
하신 시초부터 지금까지 이런 환
난이 없었고 후에도 없으리라
20 만일 주께서 그 날들을 감하지 아
니하셨더라면 모든 육체가 (救
援)구원을 얻지 못할 것이거늘
자기가 택하신 자들을 위하여 그
날들을 감하셨느니라
21 그 때에 어떤 사람이 너희에게 말
하되 보라 그리스도가 여기 있다
보라 저기 있다 하여도 믿지 말라
22 거짓 그리스도들과 거짓 선지자
들이 일어나서 [1]이적과 기사를
행하여 할 수만 있으면 택하신 자
들을 (迷惑)미혹하려 하리라
23 너희는 삼가라 내가 모든 일을 너
희에게 미리 말하였노라

인자가 오는 것을 보리라
(마 24:29-31; 눅 21:25-28)

24 ● 그 때에 그 (患難)환난 (後)후
해가 어두워지며 달이 빛을 내지
아니하며
25 별들이 하늘에서 떨어지며 하늘에
있는 (權能)권능들이 흔들리리라
26 그 때에 인자가 구름을 타고 큰
(權能)권능과 영광으로 오는 것
을 사람들이 보리라
27 또 그 때에 그가 천사들을 보내어
자기가 (擇)택하신 자들을 땅 끝
으로부터 하늘 끝까지 사방에서
모으리라

무화과나무 비유에서 배울 교훈
(마 24:32-44; 눅 21:29-33)

28 ● 무화과나무의 비유를 배우라
그 가지가 (軟)연하여지고 잎사귀
를 내면 여름이 가까운 줄 아나니
29 이와 같이 너희가 이런 일이 일어
나는 것을 보거든 [2](人子)인자가
가까이 곧 (門)문 앞에 이른 줄 알
라
30 내가 진실로 너희에게 말하노니
이 (世代)세대가 지나가기 전에

1) 또는 표적 2) 또는 때가

이 일이 다 일어나리라
31 (天地)천지는 없어지겠으나 내
말은 없어지지 아니하리라
32 그러나 그 날과 그 때는 아무도
모르나니 하늘에 있는 (天使)천
사들도, 아들도 모르고 아버지만
아시느니라
33 (注意)주의하라 깨어 [1]있으라 그
때가 언제인지 알지 못함이라
34 가령 사람이 집을 떠나 타국으로
갈 때에 그 종들에게 (權限)권한
을 주어 각각 사무를 맡기며 문지
기에게 깨어 있으라 명함과 같으니
35 그러므로 깨어 있으라 집 (主人)
주인이 언제 올는지 혹 저물 때일
는지, 밤중일는지, 닭 울 때일는
지, 새벽일는지 너희가 알지 못함
이라
36 그가 (忽然)홀연히 와서 너희가
자는 것을 보지 않도록 하라
37 깨어 있으라 내가 너희에게 하는
이 말은 모든 사람에게 하는 말이
니라 하시니라

예수를 죽일 방도를 찾다
(마 26:1-5; 눅 22:1-2; 요 11:45-53)

14 이틀이 지나면 유월절과 무
교절이라 대제사장들과 서
기관들이 예수를 (凶計)흉계로
잡아 죽일 (方道)방도를 구하며
2 이르되 (民亂)민란이 날까 하노
니 명절에는 하지 말자 하더라

예수의 머리에 향유를 붓다
(마 26:6-13; 요 12:1-8)

1) 어떤 사본에, 있어 기도하라 2) 2:15 난하주를 보라
3) 은전의 명칭

3 ● 예수께서 베다니 나병환자 시
몬의 집에서 [2]식사하실 때에 한
여자가 매우 값진 향유 곧 순전한
나드 한 옥합을 가지고 와서 그
(玉盒)옥합을 깨뜨려 예수의 머
리에 부으니
4 어떤 사람들이 화를 내어 서로 말
하되 어찌하여 이 향유를 (虛費)
허비하는가
5 이 (香油)향유를 삼백 [3]데나리
온 이상에 팔아 가난한 자들에게
줄 수 있었겠도다 하며 그 여자를
(責望)책망하는지라
6 예수께서 이르시되 가만 두라 너희
가 어찌하여 그를 괴롭게 하느냐
그가 내게 좋은 일을 하였느니라
7 가난한 자들은 (恒常)항상 너희와
함께 있으니 아무 때라도 원하는
대로 도울 수 있거니와 나는 너희
와 항상 함께 있지 아니하리라
8 그는 힘을 다하여 내 몸에 향유를
부어 내 (葬禮)장례를 미리 준비
하였느니라
9 내가 진실로 너희에게 이르노니
온 천하에 어디서든지 복음이 전
파되는 곳에는 이 여자가 행한 일
도 말하여 그를 (記憶)기억하리
라 하시니라

유다가 배반하다(마 26:14-16; 눅 22:3-6)

10 ● 열둘 중의 하나인 가룟 유다가
예수를 넘겨 주려고 (大祭司長)
대제사장들에게 가매
11 그들이 듣고 기뻐하여 돈을 주기
로 (約束)약속하니 유다가 예수
를 어떻게 넘겨 줄까 하고 그 기

회를 찾더라

제자들과 함께 유월절을 지키시다
(마 26:17-25; 눅 22:7-14, 21-23; 요 13:21-30)

12 ●무교절의 첫날 곧 유월절 양 잡
는 날에 제자들이 예수께 여짜오
되 우리가 어디로 가서 선생님께
서 유월절 음식을 잡수시게 준비
하기를 (願)원하시나이까 하매
13 예수께서 제자 중의 둘을 보내시
며 이르시되 (城內)성내로 들어
가라 그리하면 물 한 동이를 가지
고 가는 사람을 만나리니 그를 따
라가서
14 어디든지 그가 들어가는 그 집
(主人)주인에게 이르되 선생님
의 말씀이 내가 내 제자들과 함께
(逾越節)유월절 음식을 먹을 나
의 (客室)객실이 어디 있느냐 하
시더라 하라
15 그리하면 자리를 펴고 (準備)준비
한 큰 다락방을 보이리니 거기서
우리를 위하여 준비하라 하시니
16 제자들이 나가 성내로 들어가서
예수께서 하시던 말씀대로 만나
유월절 (飮食)음식을 준비하니라
17 ●저물매 그 열둘을 데리시고 가
서
18 다 [1]앉아 먹을 때에 예수께서 이
르시되 내가 (眞實)진실로 너희
에게 이르노니 너희 중의 한 사람
곧 나와 함께 먹는 자가 나를 팔
리라 하신대
19 그들이 근심하며 하나씩 하나씩
나는 아니지요 하고 말하기 (始
作)시작하니
20 그들에게 이르시되 열둘 (中)중의
하나 곧 나와 함께 그릇에 손을
넣는 자니라
21 인자는 자기에 대하여 (記錄)기
록된 대로 가거니와 인자를 파는
그 사람에게는 화가 있으리로다
그 사람은 차라리 나지 아니하였
더라면 자기에게 좋을 뻔하였느
니라 하시니라

마지막 만찬(마 26:26-30; 눅 22:15-20; 고전 11:23-25)

22 ●그들이 먹을 때에 예수께서 떡
을 가지사 (祝福)축복하시고 떼어
제자들에게 주시며 이르시되 받으
라 이것은 내 몸이니라 하시고
23 또 잔을 가지사 (感謝)감사 기도
하시고 그들에게 주시니 다 이를
마시매
24 이르시되 이것은 많은 사람을
(爲)위하여 흘리는 나의 피 곧
(言約)언약의 피니라
25 (眞實)진실로 너희에게 이르노니
내가 포도나무에서 난 것을 하나
님 나라에서 새 것으로 마시는 날
까지 다시 마시지 아니하리라 하
시니라
26 ●이에 그들이 (讚美)찬미하고
감람 산으로 가니라

베드로가 부인할 것을 예언하시다
(마 26:31-35; 눅 22:31-34; 요 13:36-38)

27 ●예수께서 제자들에게 이르시
되 너희가 다 [2]나를 버리리라 이
는 기록된 바 [ㄱ]내가 (牧者)목자를

1) 2:15 난하주를 보라 2) 또는 나로 말미암아 실족하리라
ㄱ 슥 13:7

치리니 양들이 흩어지리라 하였
음이니라
28 그러나 내가 살아난 (後)후에 너
희보다 먼저 갈릴리로 가리라
29 베드로가 여짜오되 다 [1]버릴지라
도 나는 그리하지 않겠나이다
30 예수께서 이르시되 내가 (眞實)
진실로 네게 이르노니 오늘 이 밤
닭이 두 번 울기 전에 네가 세 번
나를 (否認)부인하리라
31 베드로가 힘있게 말하되 내가 주
와 함께 죽을지언정 주를 부인하
지 않겠나이다 하고 모든 (弟子)
제자도 이와 같이 말하니라

겟세마네에서 기도하시다
(마 26:36-46; 눅 22:39-46)

32 ●그들이 겟세마네라 하는 곳에
이르매 예수께서 제자들에게 이
르시되 내가 (祈禱)기도할 동안에
너희는 여기 앉아 있으라 하시고
33 베드로와 야고보와 요한을 데리
고 가실새 심히 놀라시며 슬퍼하
사
34 말씀하시되 내 마음이 심히 (苦悶)
고민하여 죽게 되었으니 너희는
여기 머물러 깨어 있으라 하시고
35 조금 나아가사 땅에 엎드리어 될
수 있는 대로 이 때가 자기에게서
지나가기를 구하여
36 이르시되 아빠 아버지여 아버지
께는 모든 것이 가능하오니 이 잔
을 내게서 옮기시옵소서 그러나
나의 (願)원대로 마시옵고 아버지
의 원대로 하옵소서 하시고

1) 헬, 실족할지라도

37 돌아오사 제자들이 자는 것을 보
시고 베드로에게 말씀하시되 시
몬아 자느냐 네가 한 (時間)시간
도 깨어 있을 수 없더냐
38 시험에 들지 않게 깨어 있어 기도
하라 마음에는 원이로되 (肉身)
육신이 (弱)약하도다 하시고
39 다시 나아가 (同一)동일한 말씀
으로 기도하시고
40 다시 오사 보신즉 그들이 자니 이
는 그들의 눈이 심히 (疲困)피곤
함이라 그들이 예수께 무엇으로
대답할 줄을 알지 못하더라
41 세 번째 오사 그들에게 이르시되
이제는 자고 쉬라 그만 되었다 때
가 왔도다 보라 (人子)인자가 (罪
人)죄인의 손에 팔리느니라
42 일어나라 함께 가자 보라 나를 파
는 자가 가까이 왔느니라

잡히시다(마 26:47-56;
눅 22:47-53; 요 18:2-12)

43 ●예수께서 말씀하실 때에 곧 열
둘 중의 하나인 유다가 왔는데 대
제사장들과 서기관들과 장로들에
게서 (派送)파송된 무리가 검과
몽치를 가지고 그와 함께 하였더
라
44 예수를 파는 자가 이미 그들과
(軍號)군호를 짜 이르되 내가 입
맞추는 자가 그이니 그를 잡아 단
단히 끌어 가라 하였는지라
45 이에 와서 곧 예수께 나아와 랍비
여 하고 입을 맞추니
46 그들이 예수께 손을 대어 잡거늘
47 곁에 서 있는 자 중의 한 사람이

칼을 빼어 (大祭司長)대제사장의
종을 쳐 그 귀를 떨어뜨리니라
48 예수께서 무리에게 말씀하여 이
르시되 너희가 (强盜)강도를 잡
는 것 같이 (劍)검과 몽치를 가지
고 나를 잡으러 나왔느냐
49 내가 날마다 너희와 함께 (聖殿)
성전에 있으면서 가르쳤으되 너
희가 나를 잡지 아니하였도다 그
러나 이는 성경을 이루려 함이니
라 하시더라
50 제자들이 다 예수를 버리고 (逃
亡)도망하니라

한 청년이 벗은 몸으로 도망하다

51 ●한 (靑年)청년이 벗은 몸에 베
홑이불을 두르고 예수를 따라가
다가 무리에게 잡히매
52 베 홑이불을 버리고 벗은 몸으로
(逃亡)도망하니라

공회 앞에 서시다(마 26:57-68; 눅 22:54-55, 63-71; 요 18:13-14, 19-24)

53 ●그들이 예수를 끌고 대제사장에
게로 가니 대제사장들과 (長老)장
로들과 서기관들이 다 모이더라
54 베드로가 예수를 멀찍이 따라 (大
祭司長)대제사장의 집 뜰 안까지
들어가서 아랫사람들과 함께 앉
아 [1]불을 쬐더라
55 대제사장들과 온 (公會)공회가
예수를 죽이려고 그를 칠 증거를
찾되 얻지 못하니
56 이는 예수를 쳐서 거짓 증언 하는
자가 많으나 그 (證言)증언이 서
로 일치하지 못함이라
57 어떤 사람들이 일어나 예수를 쳐
서 거짓 증언 하여 이르되
58 우리가 그의 말을 들으니 손으로
지은 이 (聖殿)성전을 내가 헐고
손으로 짓지 아니한 다른 성전을
사흘 동안에 지으리라 하더라 하되
59 그 증언도 서로 (一致)일치하지
않더라
60 대제사장이 가운데 일어서서 예
수에게 물어 이르되 너는 아무 대
답도 없느냐 이 사람들이 너를 치
는 (證據)증거가 어떠하냐 하되
61 (沈默)침묵하고 아무 대답도 아
니하시거늘 대제사장이 다시 물
어 이르되 네가 찬송 받을 이의
아들 그리스도냐
62 예수께서 이르시되 내가 그니라
인자가 (權能者)권능자의 우편에
앉은 것과 하늘 구름을 타고 오는
것을 너희가 보리라 하시니
63 대제사장이 자기 옷을 찢으며 이
르되 우리가 어찌 더 (證人)증인
을 (要求)요구하리요
64 그 신성모독 하는 말을 너희가 들
었도다 너희는 어떻게 생각하느
냐 하니 그들이 다 예수를 사형에
해당한 자로 (定罪)정죄하고
65 어떤 사람은 그에게 침을 뱉으며
그의 얼굴을 가리고 주먹으로 치
며 이르되 선지자 노릇을 하라 하
고 (下人)하인들은 손바닥으로
치더라

베드로가 예수를 알지 못한다고 하다 (마 26:69-75; 눅 22:56-62; 요 18:15-18, 25-27)

1) 헬, 빛을 쬐더라

66 ●베드로는 아랫뜰에 있더니 대
제사장의 (女)여종 하나가 와서
67 베드로가 불 쬐고 있는 것을 보고
(注目)주목하여 이르되 너도 나사
렛 예수와 함께 있었도다 하거늘
68 베드로가 (否認)부인하여 이르되
나는 네가 말하는 것이 무엇인지
알지도 못하고 깨닫지도 못하겠
노라 하며 앞뜰로 나갈새[1)]
69 여종이 그를 보고 곁에 서 있는
자들에게 다시 이르되 이 사람은
그 (徒黨)도당이라 하되
70 또 (否認)부인하더라 조금 후에
곁에 서 있는 사람들이 다시 베드
로에게 말하되 너도 갈릴리 사람
이니 참으로 그 도당이니라
71 그러나 베드로가 (詛呪)저주하며
(盟誓)맹세하되 나는 너희가 말하
는 이 사람을 알지 못하노라 하니
72 닭이 곧 두 번째 울더라 이에 베
드로가 예수께서 자기에게 하신
말씀 곧 닭이 두 번 울기 전에 네
가 세 번 나를 부인하리라 하심이
(記憶)기억되어 그 일을 생각하
고 울었더라

빌라도가 예수께 묻다(마 27:1-2, 11-14; 눅 23:1-5; 요 18:28-38)

15 새벽에 대제사장들이 즉시
장로들과 서기관들 곧 온
(公會)공회와 더불어 의논하고
예수를 (結縛)결박하여 끌고 가
서 빌라도에게 넘겨 주니
2 빌라도가 묻되 네가 유대인의 왕
이냐 예수께서 대답하여 이르시
되 네 말이 옳도다 하시매
3 대제사장들이 여러 가지로 (告
發)고발하는지라
4 빌라도가 또 물어 이르되 아무
(對答)대답도 없느냐 그들이 얼
마나 많은 것으로 너를 고발하는
가 보라 하되
5 예수께서 다시 아무 말씀으로도
대답하지 아니하시니 빌라도가
놀랍게 여기더라

십자가에 못 박히게 예수를 넘기다 (마 27:15-26; 눅 23:13-25; 요 18:39-19:16)

6 ●명절이 되면 백성들이 요구하
는 대로 죄수 한 사람을 놓아 주
는 (前例)전례가 있더니
7 (民亂)민란을 꾸미고 그 민란중
에 살인하고 체포된 자 중에 바라
바라 하는 자가 있는지라
8 무리가 나아가서 (前例)전례대로
하여 주기를 요구한대
9 빌라도가 대답하여 이르되 너희
는 내가 유대인의 왕을 너희에게
놓아 주기를 원하느냐 하니
10 이는 그가 대제사장들이 (猜忌)
시기로 예수를 넘겨 준 줄 앎이러
라
11 그러나 대제사장들이 무리를 (衝
動)충동하여 도리어 바라바를 놓
아 달라 하게 하니
12 빌라도가 또 대답하여 이르되 그
러면 너희가 유대인의 (王)왕이
라 하는 이를 내가 어떻게 하랴
13 그들이 다시 소리 지르되 그를 (十
字架)십자가에 못 박게 하소서
14 빌라도가 이르되 어찜이냐 무슨

1) 어떤 사본에는, 68절 끝에 '마침 닭이 울더라'가 있음

(惡)악한 일을 하였느냐 하니 더
욱 소리 지르되 십자가에 못 박게
하소서 하는지라
15 빌라도가 무리에게 (滿足)만족을
주고자 하여 바라바는 놓아 주고
예수는 채찍질하고 (十字架)십자
가에 못 박히게 넘겨 주니라

군인들이 예수를 희롱하다
(마 27:27-31; 요 19:2-3)

16 ●군인들이 예수를 끌고 브라이
도리온이라는 뜰 안으로 들어가
서 온 (軍隊)군대를 모으고
17 예수에게 (紫色)자색 옷을 입히
고 가시관을 엮어 씌우고
18 (敬禮)경례하여 이르되 유대인의
왕이여 평안할지어다 하고
19 갈대로 그의 머리를 치며 침을 뱉
으며 꿇어 절하더라
20 (戲弄)희롱을 다 한 후 자색 옷을
벗기고 도로 그의 옷을 입히고 십
자가에 못 박으려고 끌고 나가니라

십자가에 못 박히시다(마 27:32-44;
눅 23:26-43; 요 19:17-27)

21 ●마침 알렉산더와 루포의 아버
지인 구레네 사람 시몬이 시골로
부터 와서 지나가는데 그들이 그
를 억지로 같이 가게 하여 예수의
십자가를 지우고
22 예수를 끌고 골고다라 하는 곳 번
역하면 (骸骨)해골의 곳에 이르러
23 (沒藥)몰약을 탄 포도주를 주었으
나 예수께서 받지 아니하시니라
24 (十字架)십자가에 못 박고 그 옷
을 나눌새 누가 어느 것을 가질까
하여 제비를 뽑더라
25 때가 (第三時)제삼시가 되어 십
자가에 못 박으니라
26 그 위에 있는 (罪牌)죄패에 유대
인의 왕이라 썼고
27 (强盜)강도 둘을 예수와 함께 십
자가에 못 박으니 하나는 그의 우
편에, 하나는 좌편에 있더라
28 [1]없음
29 지나가는 자들은 자기 머리를 흔
들며 예수를 (侮辱)모욕하여 이
르되 아하 성전을 헐고 사흘에 짓
는다는 자여
30 네가 너를 (救援)구원하여 십자
가에서 내려오라 하고
31 그와 같이 대제사장들도 서기관
들과 함께 (戲弄)희롱하며 서로
말하되 그가 남은 (救援)구원하
였으되 자기는 구원할 수 없도다
32 이스라엘의 왕 그리스도가 (只
今)지금 십자가에서 내려와 우리
가 보고 믿게 할지어다 하며 함께
십자가에 못 박힌 자들도 예수를
욕하더라

숨지시다(마 27:45-61; 눅 23:44-56;
요 19:28-30, 38-42)

33 ●제육시가 되매 온 땅에 어둠이
임하여 제구시까지 (繼續)계속하
더니
34 제구시에 예수께서 크게 소리 지
르시되 엘리 엘리 라마 사박다니
하시니 이를 (飜譯)번역하면 나
의 하나님, 나의 하나님 어찌하여
나를 버리셨나이까 하는 뜻이라

1) 어떤 사본에는, 28 '불법자와 함께 인정함을 받았다 한 성경이 응하였느니라'가 있음

35 곁에 섰던 자 (中)중 어떤 이들이
듣고 이르되 보라 엘리야를 부른
다 하고
36 한 사람이 달려가서 (海綿)해면
에 신 포도주를 적시어 갈대에 꿰
어 마시게 하고 이르되 가만 두라
엘리야가 와서 그를 내려 주나 보
자 하더라
37 예수께서 큰 소리를 지르시고 숨
지시니라
38 이에 (聖所)성소 (揮帳)휘장이 위
로부터 아래까지 찢어져 둘이 되
니라
39 예수를 향하여 섰던 (百夫長)백
부장이 그렇게 숨지심을 보고 이
르되 이 사람은 진실로 하나님의
아들이었도다 하더라
40 멀리서 바라보는 (女子)여자들도
있었는데 그 중에 막달라 마리아
와 또 작은 야고보와 요세의 어머
니 마리아와 또 살로메가 있었으
니
41 이들은 예수께서 갈릴리에 계실
때에 따르며 섬기던 (者)자들이
요 또 이 외에 예수와 함께 예루
살렘에 올라온 여자들도 많이 있
었더라

요셉이 예수의 시체를 무덤에 넣어 두다 (마 27:57-61; 눅 23:50-56; 요 19:38-42)

42 ●이 날은 (準備日)준비일 곧 안
식일 전날이므로 저물었을 때에
43 아리마대 사람 요셉이 와서 당돌
히 빌라도에게 들어가 예수의 (屍
體)시체를 달라 하니 이 사람은
존경 받는 공회원이요 하나님의
나라를 기다리는 자라
44 빌라도는 예수께서 벌써 죽었을
까 하고 (異常)이상히 여겨 백부
장을 불러 죽은 지가 오래냐 묻고
45 (百夫長)백부장에게 알아 본 후
에 요셉에게 (屍體)시체를 내주
는지라
46 요셉이 (細麻布)세마포를 사서
예수를 내려다가 그것으로 싸서
바위 속에 판 무덤에 넣어 두고
돌을 굴려 무덤 문에 놓으매
47 막달라 마리아와 요세의 어머니
마리아가 예수 둔 곳을 보더라

살아나시다(마 28:1-10; 눅 24:1-12; 요 20:1-18)

16 안식일이 지나매 막달라 마
리아와 야고보의 어머니 마
리아와 또 살로메가 가서 예수께
바르기 위하여 (香品)향품을 사
다 두었다가
2 [1](安息)안식 (後)후 첫날 매우 일
찍이 해 돋을 때에 그 무덤으로
가며
3 서로 말하되 누가 우리를 위하여
무덤 (門)문에서 돌을 굴려 주리
요 하더니
4 눈을 들어본즉 벌써 돌이 굴려져
있는데 그 돌이 (甚)심히 크더라
5 무덤에 들어가서 흰 옷을 입은 한
청년이 (右便)우편에 앉은 것을
보고 놀라매
6 (靑年)청년이 이르되 놀라지 말
라 너희가 십자가에 못 박히신 나

1) 헬, 그 주간의

사렛 예수를 찾는구나 그가 살아
나셨고 여기 계시지 아니하니라
보라 그를 두었던 곳이니라
7 가서 그의 (弟子)제자들과 베드
로에게 이르기를 예수께서 너희
보다 먼저 갈릴리로 가시나니 전
에 너희에게 말씀하신 대로 너희
가 거기서 뵈오리라 하라 하는지
라
8 (女子)여자들이 몹시 놀라 떨며
나와 무덤에서 (逃亡)도망하고
무서워하여 아무에게 아무 말도
하지 못하더라

막달라 마리아에게 보이시다
(마 28:9-10; 요 20:11-18)

9 [1] [예수께서 안식 후 첫날 이른 아
침에 살아나신 후 전에 일곱 (鬼
神)귀신을 쫓아내어 주신 막달라
마리아에게 먼저 보이시니
10 마리아가 가서 예수와 함께 하
던 사람들이 슬퍼하며 울고 있는
(中)중에 이 일을 알리매
11 그들은 예수께서 살아나셨다는
것과 마리아에게 보이셨다는 것
을 듣고도 믿지 아니하니라

두 제자에게 나타나시다(눅 24:13-35)

12 ●그 후에 그들 중 두 사람이 걸
어서 시골로 갈 때에 예수께서 다
른 (貌樣)모양으로 그들에게 나
타나시니
13 두 사람이 가서 남은 제자들에게
알리었으되 (亦是)역시 믿지 아
니하니라

만민에게 복음을 전파하라(마 28:16-20; 눅 24:36-49; 요 20:19-23; 행 1:6-8)

14 ●그 후에 열한 제자가 [2](飮食)
음식 먹을 때에 예수께서 그들에
게 나타나사 그들의 믿음 없는 것
과 마음이 (頑惡)완악한 것을 꾸
짖으시니 이는 자기가 살아난 것
을 본 자들의 말을 믿지 아니함일
러라
15 또 이르시되 너희는 온 천하에 다
니며 [3](萬民)만민에게 복음을 전
파하라
16 믿고 [4](洗禮)세례를 받는 사람은
구원을 얻을 것이요 믿지 않는 사
람은 정죄를 받으리라
17 믿는 자들에게는 이런 [5](表蹟)표
적이 따르리니 곧 그들이 내 이름
으로 귀신을 쫓아내며 새 방언을
말하며
18 뱀을 집어올리며 무슨 (毒)독을
마실지라도 해를 받지 아니하며
병든 사람에게 손을 얹은즉 나으
리라 하시더라

하늘로 올려지시다
(눅 24:50-53; 행 1:9-11)

19 ●주 예수께서 말씀을 마치신 후
에 하늘로 올려지사 하나님 (右
便)우편에 앉으시니라
20 제자들이 나가 두루 (傳播)전파
할새 주께서 함께 역사하사 그 따
르는 [5](表蹟)표적으로 말씀을 확
실히 증언하시니라

1) 어떤 사본에는, 9-20절까지 없음 2) 2:15 난하주를 보라
3) 헬, 온 창조세계에 4) 헬, 또는 침례 5) 또는 이적

누가福音 Luke

데오빌로 각하에게

1 우리 중에 이루어진 (事實)사실
에 대하여
2 처음부터 (目擊者)목격자와 말씀
의 일꾼 된 자들이 전하여 준 그
대로 내력을 저술하려고 붓을 든
사람이 많은지라
3 그 모든 일을 근원부터 자세히 미
루어 살핀 나도 데오빌로 (閣下)
각하에게 차례대로 써 보내는 것
이 좋은 줄 알았노니
4 이는 각하가 알고 있는 바를 더
(確實)확실하게 하려 함이로라

세례 요한의 출생을 예고하다

5 ●유대 왕 헤롯 때에 아비야 (班
列)반렬에 제사장 한 사람이 있
었으니 이름은 사가랴요 그의 아
내는 아론의 자손이니 이름은 엘
리사벳이라
6 이 두 사람이 하나님 앞에 의인
이니 주의 모든 (誡命)계명과 (規
例)규례대로 흠이 없이 행하더라
7 엘리사벳이 (孕胎)잉태를 못하므
로 그들에게 자식이 없고 두 사람
의 나이가 많더라
8 ●마침 사가랴가 그 (班列)반열
의 차례대로 하나님 앞에서 제사
장의 (職務)직무를 행할새
9 제사장의 (前例)전례를 따라 제
비를 뽑아 주의 성전에 들어가 분
향하고
10 모든 백성은 그 (焚香)분향하는
시간에 밖에서 기도하더니
11 주의 (使者)사자가 그에게 나타
나 향단 우편에 선지라
12 사가랴가 보고 놀라며 무서워하
니
13 (天使)천사가 그에게 이르되 사
가랴여 무서워하지 말라 너의 (懇
求)간구함이 들린지라 네 아내
엘리사벳이 네게 아들을 낳아 주
리니 그 이름을 요한이라 하라
14 너도 기뻐하고 즐거워할 것이요
많은 사람도 그의 태어남을 기뻐
하리니
15 이는 그가 주 앞에 큰 자가 되며
포도주나 독한 술을 마시지 아니
하며 모태로부터 (聖靈)성령의
(充滿)충만함을 받아
16 이스라엘 (子孫)자손을 주 곧 그
들의 하나님께로 많이 돌아오게
하겠음이라
17 그가 또 엘리야의 (心靈)심령과
능력으로 주 앞에 먼저 와서 아버
지의 마음을 자식에게, 거스르는
자를 의인의 슬기에 돌아오게 하
고 주를 위하여 세운 백성을 준비
하리라
18 사가랴가 (天使)천사에게 이르되
내가 이것을 어떻게 알리요 내가
늙고 아내도 나이가 많으니이다
19 천사가 대답하여 이르되 나는 하
나님 앞에 서 있는 가브리엘이라
이 좋은 (消息)소식을 전하여 네
게 말하라고 보내심을 받았노라
20 보라 이 일이 되는 날까지 네가

말 못하는 자가 되어 (能)능히 말
을 못하리니 이는 네가 내 말을
믿지 아니함이거니와 때가 이르
면 내 말이 이루어지리라 하더라
21 백성들이 사가랴를 기다리며 그
가 성전 안에서 (遲滯)지체함을
이상히 여기더라
22 그가 나와서 그들에게 말을 못하
니 백성들이 그가 (聖殿)성전 안
에서 (幻像)환상을 본 줄 알았더
라 그가 몸짓으로 뜻을 표시하며
그냥 말 못하는 대로 있더니
23 그 (職務)직무의 날이 다 되매 집
으로 돌아가니라
24 ●이 후에 그의 아내 엘리사벳이
(孕胎)잉태하고 다섯 달 동안 숨
어 있으며 이르되
25 (主)주께서 나를 돌보시는 날에
사람들 앞에서 내 부끄러움을 없
게 하시려고 이렇게 행하심이라
하더라

예수의 나심을 예고하다

26 ●여섯째 달에 천사 가브리엘이
하나님의 보내심을 받아 갈릴리
나사렛이란 (洞)동네에 가서
27 다윗의 자손 요셉이라 하는 사람
과 (約婚)약혼한 처녀에게 이르
니 그 처녀의 이름은 마리아라
28 그에게 들어가 이르되 (恩惠)은
혜를 받은 자여 평안할지어다 주
께서 너와 함께 하시도다 하니
29 (處女)처녀가 그 말을 듣고 놀라
이런 인사가 어찌함인가 생각하매
30 천사가 이르되 마리아여 무서워
하지 말라 네가 하나님께 (恩惠)
은혜를 입었느니라
31 보라 네가 (孕胎)잉태하여 아들을
낳으리니 그 이름을 예수라 하라
32 그가 큰 자가 되고 지극히 높으신
이의 아들이라 일컬어질 것이요
주 하나님께서 그 (祖上)조상 다
윗의 왕위를 그에게 주시리니
33 영원히 야곱의 집을 왕으로 다스
리실 것이며 그 나라가 (無窮)무
궁하리라
34 마리아가 천사에게 말하되 나는
(男子)남자를 알지 못하니 어찌
이 일이 있으리이까
35 천사가 대답하여 이르되 (聖靈)
성령이 네게 임하시고 지극히 높
으신 이의 능력이 너를 덮으시리
니 이러므로 나실 바 거룩한 이는
하나님의 아들이라 일컬어지리라
36 보라 네 (親族)친족 엘리사벳도
늙어서 아들을 배었느니라 본래
(妊娠)임신하지 못한다고 알려진
이가 이미 여섯 달이 되었나니
37 (大抵)대저 하나님의 모든 말씀
은 능하지 못하심이 없느니라
38 마리아가 이르되 주의 여종이오
니 말씀대로 내게 이루어지이다
하매 (天使)천사가 떠나가니라

마리아가 엘리사벳을 방문하다

39 ●이 때에 마리아가 일어나 빨리
(山)산골로 가서 유대 한 동네에
이르러
40 사가랴의 집에 들어가 엘리사벳
에게 (問安)문안하니
41 엘리사벳이 마리아가 (問安)문안
함을 들으매 아이가 (腹中)복중

에서 뛰노는지라 엘리사벳이 성
령의 충만함을 받아
42 큰 소리로 불러 이르되 여자 중에
네가 복이 있으며 네 (胎中)태중
의 아이도 복이 있도다
43 내 (主)주의 어머니가 내게 나아
오니 이 어찌 된 일인가
44 보라 네 (問安)문안하는 소리가
내 귀에 들릴 때에 아이가 내 복
중에서 기쁨으로 뛰놀았도다
45 주께서 하신 말씀이 반드시 이
루어지리라고 믿은 그 여자에게
(福)복이 있도다

마리아의 찬가

46 마리아가 이르되
내 (靈魂)영혼이 주를 찬양하며
47 내 마음이 하나님 내 (救主)구
주를 기뻐하였음은
48 그의 여종의 (卑賤)비천함을 돌
보셨음이라 보라 이제 후로는
만세에 나를 복이 있다 일컬으
리로다
49 (能)능하신 이가 큰 일을 내게 행
하셨으니 그 이름이 거룩하시며
50 (矜恤)긍휼하심이 두려워하는
자에게 대대로 이르는도다
51 그의 팔로 힘을 보이사 마음의
생각이 (驕慢)교만한 자들을 흩
으셨고
52 권세 있는 자를 그 (位)위에서
내리치셨으며 비천한 자를 높이
셨고
53 주리는 자를 좋은 것으로 배불
리셨으며 (富者)부자는 빈 손으
로 보내셨도다

54 그 종 이스라엘을 도우사 (矜恤)
긍휼히 여기시고 기억하시되
55 우리 조상에게 말씀하신 것과
같이 아브라함과 그 (子孫)자손
에게 영원히 하시리로다
하니라
56 마리아가 석 달쯤 함께 있다가 집
으로 돌아가니라

세례 요한의 출생

57 ●엘리사벳이 (解産)해산할 기한
이 차서 아들을 낳으니
58 이웃과 친족이 주께서 그를 크게
(矜恤)긍휼히 여기심을 듣고 함
께 즐거워하더라
59 팔 일이 되매 아이를 (割禮)할례
하러 와서 그 아버지의 이름을 따
라 사가랴라 하고자 하더니
60 그 어머니가 (對答)대답하여 이르
되 아니라 요한이라 할 것이라 하매
61 그들이 이르되 네 (親族)친족
(中)중에 이 이름으로 이름한 이
가 없다 하고
62 그의 아버지께 몸짓하여 무엇으
로 이름을 지으려 하는가 물으니
63 그가 (書板)서판을 달라 하여 그
이름을 요한이라 쓰매 다 놀랍게
여기더라
64 이에 그 입이 곧 열리고 혀가 풀
리며 말을 하여 하나님을 (讚頌)
찬송하니
65 그 (近處)근처에 사는 자가 다 두
려워하고 이 모든 말이 온 유대
산골에 두루 퍼지매
66 듣는 사람이 다 이 말을 마음에
두며 이르되 이 아이가 (將次)장

차 어찌 될까 하니 이는 주의 손
이 그와 함께 하심이러라

사가랴의 예언

67 ●그 부친 사가랴가 성령의 (充滿)
충만함을 받아 예언하여 이르되
68 찬송하리로다 주 이스라엘의 하
나님이여 그 백성을 돌보사 (贖
良)속량하시며
69 우리를 위하여 (救援)구원의 뿔
을 그 종 다윗의 집에 일으키셨
으니
70 이것은 주께서 예로부터 거룩한
(先知者)선지자의 입으로 말씀
하신 바와 같이
71 우리 (怨讐)원수에게서와 우리
를 미워하는 모든 자의 손에서
구원하시는 일이라
72 우리 (祖上)조상을 긍휼히 여기
시며 그 거룩한 (言約)언약을
기억하셨으니
73 곧 우리 조상 아브라함에게 하
신 (盟誓)맹세라
74 우리가 (怨讐)원수의 손에서 건
지심을 받고
75 (終身)종신토록 주의 앞에서 성
결과 의로 두려움이 없이 섬기
게 하리라 하셨도다
76 이 아이여 네가 (至極)지극히
높으신 이의 선지자라 일컬음을
받고 주 앞에 앞서 가서 그 길을
준비하여
77 주의 (百姓)백성에게 그 죄 사
함으로 말미암는 구원을 알게
하리니
78 이는 우리 하나님의 (矜恤)긍휼
로 인함이라 이로써 돋는 해가
위로부터 우리에게 임하여
79 어둠과 죽음의 그늘에 앉은 자에
게 비치고 우리 발을 (平康)평강
의 길로 (引導)인도하시리로다
하니라
80 아이가 자라며 (心靈)심령이 강
하여지며 이스라엘에게 나타나는
날까지 빈 들에 있으니라

예수의 나심(마 1:18-25)

2 그 때에 가이사 아구스도가 영
을 내려 천하로 다 (戶籍)호적
하라 하였으니
2 이 호적은 구레뇨가 수리아 (總督)
총독이 되었을 때에 처음 한 것이라
3 모든 사람이 호적하러 각각 (故
鄕)고향으로 돌아가매
4 요셉도 다윗의 집 (族屬)족속이
므로 갈릴리 나사렛 동네에서 유
대를 향하여 베들레헴이라 하는
다윗의 동네로
5 그 약혼한 마리아와 함께 호적하
러 올라가니 마리아가 이미 (孕
胎)잉태하였더라
6 거기 있을 그 때에 (解産)해산할
날이 차서
7 첫아들을 낳아 (襁褓)강보로 싸
서 구유에 뉘었으니 이는 여관에
있을 곳이 없음이러라

목자들이 예수 탄생 소식을 듣다

8 ●그 (地域)지역에 목자들이 밤
에 밖에서 자기 양 떼를 지키더니
9 주의 (使者)사자가 곁에 서고 주
의 영광이 그들을 두루 비추매 크
게 무서워하는지라

10 천사가 이르되 무서워하지 말라
보라 내가 온 백성에게 미칠 큰
기쁨의 좋은 (消息)소식을 너희
에게 전하노라
11 오늘 다윗의 동네에 너희를 위하
여 (救主)구주가 나셨으니 곧 그
리스도 주시니라
12 너희가 가서 (襁褓)강보에 싸여
구유에 뉘어 있는 아기를 보리니
이것이 너희에게 (表蹟)표적이니
라 하더니
13 홀연히 수많은 천군이 그 천사와
함께 하나님을 (讚頌)찬송하여
이르되
14 지극히 높은 곳에서는 하나님께
(榮光)영광이요 땅에서는 하나
님이 기뻐하신 사람들 중에 평
화로다
하니라
15 ●천사들이 떠나 하늘로 올라가
니 (牧者)목자가 서로 말하되 이
제 베들레헴으로 가서 주께서 우
리에게 알리신 바 이 이루어진 일
을 보자 하고
16 빨리 가서 마리아와 요셉과 구유
에 누인 아기를 찾아서
17 보고 (天使)천사가 자기들에게 이
아기에 대하여 말한 것을 전하니
18 듣는 자가 다 (牧者)목자들이 그들
에게 말한 것들을 놀랍게 여기되

19 마리아는 이 모든 말을 마음에 새
기어 생각하니라
20 목자들은 자기들에게 이르던 바
와 같이 듣고 본 그 모든 것으로
인하여 하나님께 (榮光)영광을
돌리고 찬송하며 돌아가니라
21 ●(割禮)할례할 팔 일이 되매 그
이름을 예수라 하니 곧 잉태하기
전에 천사가 일컬은 바러라

아기 예수의 정결예식

22 ●ㄱ모세의 법대로 (淨潔禮式)정
결예식의 날이 차매 아기를 데리
고 예루살렘에 올라가니
23 이는 주의 (律法)율법에 쓴 바
ㄴ첫 태에 처음 난 남자마다 주의
거룩한 자라 하리라 한 대로 아기
를 주께 드리고
24 또 주의 율법에 말씀하신 대로
ㄷ산비둘기 한 쌍이나 혹은 어린
집비둘기 둘로 (祭祀)제사하려
함이더라
25 예루살렘에 시므온이라 하는 사
람이 있으니 이 사람은 의롭고 경
건하여 이스라엘의 (慰勞)위로를
기다리는 자라 성령이 그 위에 계
시더라
26 그가 주의 그리스도를 보기 전에
는 죽지 아니하리라 하는 (聖靈)
성령의 (指示)지시를 받았더니
27 성령의 감동으로 성전에 들어가
매 마침 부모가 율법의 (慣例)관
례대로 행하고자 하여 그 아기 예
수를 데리고 오는지라
28 시므온이 아기를 안고 하나님을
(讚頌)찬송하여 이르되
29 (主宰)주재여 이제는 말씀하신 대
로 종을 평안히 놓아 주시는도다
30 내 눈이 주의 (救援)구원을 보
았사오니

ㄱ 레 12:2-6 ㄴ 출 13:2,12 ㄷ 레 12:8; 5:11

31 이는 만민 앞에 (豫備)예비하신
것이요
32 (異邦)이방을 비추는 빛이요 주의
백성 이스라엘의 영광이니이다
하니
33 그의 (父母)부모가 그에 대한 말
들을 놀랍게 여기더라
34 시므온이 그들에게 축복하고 그
의 어머니 마리아에게 말하여 이
르되 보라 이는 이스라엘 중 많은
사람을 패하거나 흥하게 하며 비
방을 받는 (表蹟)표적이 되기 위
하여 세움을 받았고
35 또 칼이 네 마음을 찌르듯 하리니
이는 여러 사람의 마음의 생각을
드러내려 함이니라 하더라
36 또 아셀 (支派)지파 바누엘의 딸
안나라 하는 선지자가 있어 나이
가 매우 많았더라 그가 결혼한 후
일곱 해 동안 남편과 함께 살다가
37 과부가 되고 팔십사 세가 되었더
라 이 사람이 성전을 떠나지 아니
하고 (晝夜)주야로 (禁食)금식하
며 기도함으로 섬기더니
38 마침 이 때에 나아와서 하나님께
감사하고 예루살렘의 (贖良)속량
을 바라는 모든 사람에게 그에 대
하여 말하니라
39 주의 (律法)율법을 따라 모든 일
을 마치고 갈릴리로 돌아가 본 동
네 나사렛에 이르니라
40 ●아기가 자라며 강하여지고 지
혜가 (充滿)충만하며 하나님의
은혜가 그의 위에 있더라

열두 살 시절의 예수

41 ●그의 (父母)부모가 해마다 유
월절이 되면 예루살렘으로 가더니
42 예수께서 열두 살 되었을 때에 그
들이 이 (節期)절기의 관례를 따
라 올라갔다가
43 그 날들을 마치고 돌아갈 때에 아
이 예수는 예루살렘에 머무셨더라
그 (父母)부모는 이를 알지 못하고
44 동행 중에 있는 줄로 생각하고 하
룻길을 간 후 (親族)친족과 아는
자 중에서 찾되
45 만나지 못하매 찾으면서 예루살
렘에 돌아갔더니
46 사흘 후에 (聖殿)성전에서 만난즉
그가 선생들 중에 앉으사 그들에
게 듣기도 하시며 묻기도 하시니
47 듣는 자가 다 그 지혜와 (對答)대
답을 놀랍게 여기더라
48 그의 (父母)부모가 보고 놀라며
그의 어머니는 이르되 아이야 어
찌하여 우리에게 이렇게 하였느
냐 보라 네 아버지와 내가 근심하
여 너를 찾았노라
49 예수께서 이르시되 어찌하여 나
를 찾으셨나이까 내가 [1]내 아버
지 집에 있어야 될 줄을 알지 못
하셨나이까 하시니
50 그 (父母)부모가 그가 하신 말씀
을 깨닫지 못하더라
51 예수께서 함께 내려가사 나사렛
에 이르러 (順從)순종하여 받드
시더라 그 어머니는 이 모든 [2]말
을 마음에 두니라
52 ●예수는 (智慧)지혜와 키가 자

1) 또는 내 아버지의 일에 관계하여야 2) 또는 일을

라가며 하나님과 사람에게 더욱
사랑스러워 가시더라

세례 요한의 전파
(마 3:1-12; 막 1:1-8; 요 1:19-28)

3 디베료 황제가 (統治)통치한 지
열다섯 해 곧 본디오 빌라도가
유대의 총독으로, 헤롯이 갈릴리
의 분봉 왕으로, 그 (同生)동생
빌립이 이두래와 드라고닛 지방
의 분봉 왕으로, 루사니아가 아빌
레네의 분봉 왕으로,
2 안나스와 가야바가 (大祭司長)대
제사장으로 있을 때에 하나님의
말씀이 빈 들에서 사가랴의 아들
요한에게 임한지라
3 요한이 요단 강 부근 각처에 와서
죄 사함을 받게 하는 회개의 [1](洗
禮)세례를 전파하니
4 선지자 이사야의 책에 쓴 바
[ㄱ]광야에서 외치는 자의 소리가
있어 이르되 너희는 주의 길을
(準備)준비하라 그의 오실 길을
곧게 하라
5 모든 골짜기가 메워지고 모든
산과 작은 산이 낮아지고 굽은
것이 곧아지고 험한 길이 (平坦)
평탄하여질 것이요
6 모든 (肉體)육체가 하나님의 구
원하심을 보리라
함과 같으니라
7 ● 요한이 [1]세례 받으러 나아오
는 무리에게 이르되 독사의 자식
들아 누가 너희에게 일러 장차 올
(震怒)진노를 피하라 하더냐
8 그러므로 (悔改)회개에 합당한
열매를 맺고 속으로 아브라함이
우리 (祖上)조상이라 말하지 말
라 내가 너희에게 이르노니 하나
님이 능히 이 돌들로도 아브라함
의 자손이 되게 하시리라
9 이미 도끼가 나무 뿌리에 놓였으
니 좋은 열매 맺지 아니하는 나무
마다 찍혀 불에 던져지리라
10 무리가 물어 이르되 그러면 우리
가 무엇을 하리이까
11 (對答)대답하여 이르되 옷 두 벌
있는 자는 옷 없는 자에게 나눠
줄 것이요 먹을 것이 있는 자도
그렇게 할 것이니라 하고
12 세리들도 [1](洗禮)세례를 받고자
하여 와서 이르되 선생이여 우리
는 무엇을 하리이까 하매
13 이르되 (賦課)부과된 것 외에는
거두지 말라 하고
14 군인들도 물어 이르되 우리는 무
엇을 하리이까 하매 이르되 사람
에게서 강탈하지 말며 거짓으로
고발하지 말고 받는 (給料)급료
를 족한 줄로 알라 하니라
15 ● 백성들이 바라고 기다리므로
모든 사람들이 요한을 혹 그리스
도신가 (心中)심중에 생각하니
16 요한이 모든 사람에게 대답하여
이르되 나는 물로 너희에게 [1]세
례를 베풀거니와 나보다 (能力)
능력이 많으신 이가 오시나니 나
는 그의 신발끈을 풀기도 감당하
지 못하겠노라 그는 성령과 불로
너희에게 [1]세례를 베푸실 것이요

1) 헬, 또는 침례 ㄱ 사 40:3 이하

17 손에 키를 들고 자기의 타작 마당
을 정하게 하사 알곡은 모아 (庫
間)곳간에 들이고 쭉정이는 꺼지
지 않는 불에 태우시리라
18 ●또 그밖에 여러 가지로 권하여
백성에게 좋은 (消息)소식을 전
하였으나
19 (分封)분봉 왕 헤롯은 그의 동생
의 아내 헤로디아의 일과 또 자기
가 행한 모든 악한 일로 말미암아
요한에게 (責望)책망을 받고
20 그 위에 한 가지 악을 더하여 요
한을 (獄)옥에 가두니라

세례를 받으시다(마 3:13-17; 막 1:9-11)

21 ●백성이 다 [1](洗禮)세례를 받을
새 예수도 [1]세례를 받으시고 기
도하실 때에 하늘이 열리며
22 성령이 비둘기 같은 (形體)형체
로 그의 위에 강림하시더니 하늘
로부터 소리가 나기를 너는 내 사
랑하는 아들이라 내가 너를 기뻐
하노라 하시니라

예수의 족보(마 1:1-17)

23 ●예수께서 가르치심을 (始作)시
작하실 때에 삼십 세쯤 되시니라
사람들이 아는 대로는 요셉의 아
들이니 요셉의 위는 헬리요
24 그 위는 맛닷이요 그 위는 레위요
그 위는 멜기요 그 위는 얀나요
그 위는 요셉이요
25 그 위는 맛다디아요 그 위는 아모
스요 그 위는 나훔이요 그 위는
에슬리요 그 위는 낙개요
26 그 위는 마앗이요 그 위는 맛다디
아요 그 위는 서머인이요 그 위는
요섹이요 그 위는 요다요
27 그 위는 요아난이요 그 위는 레사
요 그 위는 스룹바벨이요 그 위는
스알디엘이요 그 위는 네리요
28 그 위는 멜기요 그 위는 앗디요
그 위는 고삼이요 그 위는 엘마담
이요 그 위는 에르요
29 그 위는 예수요 그 위는 엘리에서
요 그 위는 요림이요 그 위는 맛
닷이요 그 위는 레위요
30 그 위는 시므온이요 그 위는 유다
요 그 위는 요셉이요 그 위는 요
남이요 그 위는 엘리아김이요
31 그 위는 멜레아요 그 위는 멘나요
그 위는 맛다다요 그 위는 나단이
요 그 위는 다윗이요
32 그 위는 이새요 그 위는 오벳이요
그 위는 보아스요 그 위는 살몬이
요 그 위는 나손이요
33 그 위는 아미나답이요 그 위는 아
니요 그 위는 헤스론이요 그 위는
베레스요 그 위는 유다요
34 그 위는 야곱이요 그 위는 이삭이
요 그 위는 아브라함이요 그 위는
데라요 그 위는 나홀이요
35 그 위는 스룩이요 그 위는 르우요
그 위는 벨렉이요 그 위는 헤버요
그 위는 살라요
36 그 위는 가이난이요 그 위는 아박
삿이요 그 위는 셈이요 그 위는
노아요 그 위는 레멕이요
37 그 위는 므두셀라요 그 위는 에녹
이요 그 위는 야렛이요 그 위는 마
할랄렐이요 그 위는 가이난이요

1) 헬, 또는 침례

38 그 위는 에노스요 그 위는 셋이요
그 위는 아담이요 그 위는 하나님
이시니라

시험을 받으시다(마 4:1-11; 막 1:12-13)

4 예수께서 성령의 충만함을 입
어 요단 강에서 돌아오사 광야
에서 (四十)사십 (日)일 동안 (聖
靈)성령에게 이끌리시며
2 마귀에게 (試驗)시험을 받으시더
라 이 모든 날에 아무 것도 잡수
시지 아니하시니 날 수가 다하매
주리신지라
3 마귀가 이르되 네가 (萬一)만일
하나님의 아들이어든 이 돌들에
게 명하여 떡이 되게 하라
4 예수께서 대답하시되 (記錄)기록
된 바 ㄱ사람이 떡으로만 살 것이
아니라 하였느니라
5 마귀가 또 예수를 이끌고 올라가
서 (瞬息間)순식간에 천하 만국
을 보이며
6 이르되 이 모든 권위와 그 (榮光)
영광을 내가 네게 주리라 이것은
내게 넘겨 준 것이므로 내가 원하
는 자에게 주노라
7 그러므로 네가 (萬一)만일 내게
절하면 다 네 것이 되리라
8 예수께서 대답하여 이르시되 기
록된 바 ㄴ주 너의 하나님께 (敬
拜)경배하고 다만 그를 섬기라
하였느니라
9 또 이끌고 예루살렘으로 가서 (聖
殿)성전 꼭대기에 세우고 이르되
네가 만일 하나님의 아들이어든
여기서 뛰어내리라
10 기록되었으되
ㄷ하나님이 너를 위하여 그 사자
들을 (命)명하사 너를 지키게 하
시리라
하였고
11 또한
그들이 손으로 너를 받들어 네
발이 돌에 부딪치지 않게 하시
리라
하였느니라
12 예수께서 대답하여 이르시되 ㄹ주
너의 하나님을 (試驗)시험하지
말라 하였느니라
13 (魔鬼)마귀가 모든 시험을 다 한
후에 얼마 동안 떠나니라

갈릴리 여러 회당에서 가르치시다 (마 4:12-17; 막 1:14-15)

14 ●예수께서 성령의 능력으로 갈
릴리에 돌아가시니 그 (所聞)소
문이 사방에 퍼졌고
15 친히 그 여러 (會堂)회당에서 가
르치시매 뭇 사람에게 (稱頌)칭
송을 받으시더라

나사렛에서 배척을 받으시다 (마 13:53-58; 막 6:1-6)

16 ●예수께서 그 자라나신 곳 나사
렛에 이르사 안식일에 늘 하시던
대로 회당에 들어가사 (聖經)성
경을 읽으려고 서시매
17 선지자 이사야의 글을 드리거늘
책을 펴서 이렇게 (記錄)기록된
데를 찾으시니 곧
18 ㅁ주의 성령이 내게 임하셨으니
이는 가난한 자에게 복음을 전

ㄱ 신 8:3 ㄴ 신 6:13 ㄷ 시 91:11,12 ㄹ 신 6:16 ㅁ 사 61:1 이하

하게 하시려고 내게 기름을 부
으시고 나를 보내사 (捕虜)포로
된 자에게 (自由)자유를, 눈 먼
자에게 다시 보게 함을 전파하
며 눌린 자를 자유롭게 하고
19 주의 (恩惠)은혜의 해를 전파하
게 하려 하심이라
하였더라
20 책을 덮어 그 [1]맡은 자에게 주시
고 앉으시니 회당에 있는 자들이
다 (注目)주목하여 보더라
21 이에 예수께서 그들에게 말씀하
시되 이 글이 오늘 너희 귀에 (應)
응하였느니라 하시니
22 그들이 다 그를 (證言)증언하고
그 입으로 나오는 바 (恩惠)은혜
로운 말을 놀랍게 여겨 이르되 이
사람이 요셉의 아들이 아니냐
23 예수께서 그들에게 이르시되 너
희가 반드시 의사야 너 자신을 고
치라 하는 속담을 인용하여 내게
말하기를 우리가 들은 바 가버나
움에서 행한 일을 네 고향 여기서
도 행하라 하리라
24 또 이르시되 내가 진실로 너희에
게 이르노니 선지자가 고향에서는
(歡迎)환영을 받는 자가 없느니라
25 내가 참으로 너희에게 이르노니
엘리야 시대에 하늘이 삼 년 육
개월간 닫히어 온 땅에 큰 (凶年)
흉년이 들었을 때에 이스라엘에
많은 과부가 있었으되
26 엘리야가 그 중 한 사람에게도 보
내심을 받지 않고 오직 시돈 땅에
있는 사렙다의 한 (寡婦)과부에
게 뿐이었으며
27 또 선지자 엘리사 때에 이스라엘
에 많은 (癩病患者)나병환자가
있었으되 그 중의 한 사람도 깨끗
함을 얻지 못하고 오직 수리아 사
람 나아만뿐이었느니라
28 (會堂)회당에 있는 자들이 이것
을 듣고 다 크게 (火)화가 나서
29 일어나 동네 밖으로 쫓아내어 그
동네가 (建設)건설된 산 낭떠러
지까지 끌고 가서 밀쳐 떨어뜨리
고자 하되
30 예수께서 그들 가운데로 지나서
가시니라

더러운 귀신 들린 사람을 고치시다
(막 1:21-28)

31 ●갈릴리의 가버나움 동네에 내
려오사 (安息日)안식일에 가르치
시매
32 그들이 그 가르치심에 놀라니 이
는 그 말씀이 (權威)권위가 있음
이러라
33 회당에 더러운 (鬼神)귀신 들린 사
람이 있어 크게 소리 질러 이르되
34 아 나사렛 예수여 우리가 당신과
무슨 (相關)상관이 있나이까 우
리를 멸하러 왔나이까 나는 당신
이 누구인 줄 아노니 하나님의 거
룩한 자니이다
35 예수께서 꾸짖어 이르시되 잠잠
하고 그 사람에게서 나오라 하
시니 귀신이 그 사람을 무리 중
에 넘어뜨리고 나오되 그 사람은
(傷)상하지 아니한지라

1) 헬, 사환에게

36 다 놀라 서로 말하여 이르되 이
어떠한 말씀인고 (權威)권위와
(能力)능력으로 더러운 귀신을
명하매 나가는도다 하더라
37 이에 예수의 (所聞)소문이 그 근
처 사방에 퍼지니라

온갖 병자들을 고치시다
(마 8:14-17; 막 1:29-34)

38 ●예수께서 일어나 회당에서 나
가사 시몬의 집에 들어가시니 시
몬의 장모가 중한 (熱病)열병을
앓고 있는지라 사람들이 그를 위
하여 예수께 구하니
39 예수께서 가까이 서서 열병을 꾸짖
으신대 병이 떠나고 여자가 곧 일
어나 그들에게 (隨從)수종드니라
40 ●해 질 무렵에 사람들이 온갖
(病者)병자들을 데리고 나아오매
예수께서 일일이 그 위에 손을 얹
으사 고치시니
41 여러 사람에게서 귀신들이 나가
며 소리 질러 이르되 당신은 하나
님의 아들이니이다 예수께서 꾸
짖으사 그들이 말함을 (許諾)허
락하지 아니하시니 이는 자기를
그리스도인 줄 앎이러라

복음을 전하러 떠나시다(막 1:35-39)

42 ●날이 밝으매 예수께서 나오사
한적한 곳에 가시니 무리가 찾다
가 만나서 자기들에게서 떠나시
지 못하게 (挽留)만류하려 하매
43 예수께서 이르시되 내가 다른 동네
들에서도 하나님의 나라 (福音)복
음을 전하여야 하리니 나는 이 일
을 위해 보내심을 받았노라 하시고
44 [1]갈릴리 여러 회당에서 (傳道)전
도하시더라

어부들이 예수를 따르다
(마 4:18-22; 막 1:16-20)

5 무리가 몰려와서 하나님의 말씀
을 들을새 예수는 게네사렛 (湖
水)호수가에 서서
2 호숫가에 배 두 척이 있는 것을
보시니 (漁夫)어부들은 배에서
나와서 그물을 씻는지라
3 예수께서 한 배에 오르시니 그 배
는 시몬의 배라 (陸地)육지에서
조금 떼기를 청하시고 앉으사 배
에서 무리를 가르치시더니
4 말씀을 마치시고 시몬에게 이르
시되 깊은 데로 가서 그물을 내려
고기를 잡으라
5 시몬이 대답하여 이르되 (先生)
선생님 우리들이 밤이 새도록 수
고하였으되 잡은 것이 없지마는
말씀에 (依支)의지하여 내가 그
물을 내리리이다 하고
6 그렇게 하니 고기를 잡은 것이 (甚)
심히 많아 그물이 찢어지는지라
7 이에 다른 배에 있는 동무들에게
손짓하여 와서 도와 달라 하니 그
들이 와서 두 배에 채우매 잠기게
되었더라
8 시몬 베드로가 이를 보고 예수의
무릎 아래에 엎드려 이르되 주여
나를 떠나소서 나는 (罪人)죄인
이로소이다 하니
9 이는 (自己)자기 및 자기와 함께
있는 모든 사람이 고기 잡힌 것으

1) 어떤 사본에는, 유대

로 말미암아 놀라고
10 세베대의 아들로서 시몬의 (同業
者)동업자인 야고보와 요한도 놀
랐음이라 예수께서 시몬에게 이르
시되 무서워하지 말라 이제 후로
는 네가 사람을 [1]취하리라 하시니
11 그들이 배들을 (陸地)육지에 대
고 모든 것을 버려 두고 예수를
따르니라

나병 들린 사람을 깨끗하게 하시다 (마 8:1-4; 막 1:40-45)

12 ● 예수께서 한 동네에 계실 때에
온 몸에 나병 들린 사람이 있어
예수를 보고 엎드려 구하여 이르
되 주여 (願)원하시면 나를 깨끗
하게 하실 수 있나이다 하니
13 예수께서 손을 내밀어 그에게 대
시며 이르시되 내가 (願)원하노니
깨끗함을 받으라 하신대 (癩病)
나병이 곧 떠나니라
14 예수께서 그를 경고하시되 아무
에게도 이르지 말고 가서 ㄱ제사
장에게 네 몸을 보이고 또 네가
깨끗하게 됨으로 인하여 모세가
명한 대로 (禮物)예물을 드려 그
들에게 입증하라 하셨더니
15 예수의 (所聞)소문이 더욱 퍼지매
수많은 무리가 말씀도 듣고 자기
병도 고침을 받고자 하여 모여 오
되
16 예수는 물러가사 (閒寂)한적한
곳에서 기도하시니라

중풍병자를 고치시다(마 9:1-8; 막 2:1-12)

17 ● 하루는 가르치실 때에 갈릴리
의 각 마을과 유대와 예루살렘에
서 온 바리새인과 (律法敎師)율
법교사들이 앉았는데 병을 고치
는 주의 (能力)능력이 예수와 함
께 하더라
18 한 중풍병자를 사람들이 (寢床)
침상에 메고 와서 예수 앞에 들여
놓고자 하였으나
19 무리 때문에 메고 들어갈 길을 얻
지 못한지라 지붕에 올라가 기와
를 벗기고 (病者)병자를 침상째
무리 가운데로 예수 앞에 달아 내
리니
20 예수께서 그들의 믿음을 보시고
이르시되 이 사람아 네 (罪)죄 사
함을 받았느니라 하시니
21 서기관과 바리새인들이 생각하여
이르되 이 신성모독 하는 자가 누
구냐 오직 하나님 외에 누가 능히
죄를 (赦)사하겠느냐
22 예수께서 그 생각을 아시고 (對
答)대답하여 이르시되 너희 마음
에 무슨 생각을 하느냐
23 네 (罪)죄 사함을 받았느니라 하
는 말과 일어나 걸어가라 하는 말
이 어느 것이 쉽겠느냐
24 그러나 인자가 땅에서 죄를 사하
는 권세가 있는 줄을 너희로 알게
하리라 하시고 (中風病者)중풍병
자에게 말씀하시되 내가 네게 이
르노니 일어나 네 침상을 가지고
집으로 가라 하시매
25 그 사람이 그들 앞에서 곧 일어나
그 누웠던 것을 가지고 하나님께
영광을 돌리며 (自己)자기 집으

1) 헬, 사로잡으리라 ㄱ 레 14:2 이하

로 돌아가니
26 모든 사람이 놀라 하나님께 (榮
光)영광을 돌리며 심히 두려워하
여 이르되 오늘 우리가 놀라운 일
을 보았다 하니라

레위가 예수를 따르다
(마 9:9-17; 막 2:13-22)

27 ●그 후에 예수께서 나가사 레위
라 하는 세리가 (稅關)세관에 앉
아 있는 것을 보시고 나를 따르라
하시니
28 그가 모든 것을 버리고 일어나 따
르니라
29 레위가 예수를 위하여 자기 집에
서 큰 잔치를 하니 (稅吏)세리와
다른 사람이 많이 함께 [1]앉아 있
는지라
30 바리새인과 그들의 서기관들이
그 제자들을 (誹謗)비방하여 이
르되 너희가 어찌하여 세리와 죄
인과 함께 먹고 마시느냐
31 예수께서 대답하여 이르시되 건
강한 자에게는 (醫師)의사가 쓸
데 없고 병든 자에게라야 쓸 데
있나니
32 내가 의인을 부르러 온 것이 아니
요 죄인을 불러 (悔改)회개시키
러 왔노라
33 그들이 예수께 말하되 요한의 제
자는 자주 (禁食)금식하며 (祈禱)
기도하고 바리새인의 제자들도
또한 그리하되 당신의 제자들은
먹고 마시나이다

1) 헬, 기대어 누워 있는지라(유대인이 음식 먹을 때에 가지는 자세) ㄱ 삼상 21:6

34 예수께서 그들에게 이르시되 (婚
姻)혼인 집 손님들이 신랑과 함
께 있을 때에 너희가 그 손님으로
금식하게 할 수 있느냐
35 그러나 그 날에 이르러 그들이
(新郎)신랑을 빼앗기리니 그 날
에는 금식할 것이니라
36 또 (譬喩)비유하여 이르시되 새
옷에서 한 조각을 찢어 낡은 옷에
붙이는 자가 없나니 만일 그렇게
하면 새 옷을 찢을 뿐이요 또 새
옷에서 찢은 조각이 낡은 것에 어
울리지 아니하리라
37 새 포도주를 낡은 가죽 부대에 넣
는 자가 없나니 (萬一)만일 그렇
게 하면 새 포도주가 부대를 터뜨
려 포도주가 쏟아지고 부대도 못
쓰게 되리라
38 새 (葡萄酒)포도주는 새 (負袋)부
대에 넣어야 할 것이니라
39 묵은 포도주를 마시고 새 것을
(願)원하는 자가 없나니 이는 묵
은 것이 좋다 함이니라

안식일에 밀 이삭을 자르다
(마 12:1-8; 막 2:23-28)

6 (安息日)안식일에 예수께서 밀밭
사이로 지나가실새 제자들이 이
삭을 잘라 손으로 비비어 먹으니
2 어떤 바리새인들이 말하되 어찌
하여 (安息日)안식일에 하지 못
할 일을 하느냐
3 예수께서 대답하여 이르시되 ㄱ다
윗이 (自己)자기 및 자기와 함께
한 자들이 시장할 때에 한 일을
읽지 못하였느냐

4 그가 하나님의 전에 들어가서 다
만 제사장 외에는 먹어서는 안 되
는 (陳設餠)진설병을 먹고 함께
한 자들에게도 주지 아니하였느냐
5 또 이르시되 인자는 안식일의 (主
人)주인이니라 하시더라

안식일에 손 마른 사람을 고치시다 (마 12:9-14; 막 3:1-6)

6 ●또 다른 안식일에 예수께서 (會
堂)회당에 들어가사 가르치실새 거
기 오른손 마른 사람이 있는지라
7 서기관과 바리새인들이 예수를
(告發)고발할 (證據)증거를 찾으
려 하여 안식일에 병을 고치시는
가 엿보니
8 예수께서 그들의 생각을 아시고
손 마른 사람에게 이르시되 일어
나 한가운데 서라 하시니 그가 일
어나 서거늘
9 예수께서 그들에게 이르시되 내
가 너희에게 묻노니 안식일에 선
을 행하는 것과 악을 행하는 것,
(生命)생명을 구하는 것과 죽이
는 것, 어느 것이 옳으냐 하시며
10 무리를 둘러보시고 그 사람에게
이르시되 네 손을 내밀라 하시니
그가 그리하매 그 손이 (回復)회
복된지라
11 그들은 (怒氣)노기가 가득하여
예수를 어떻게 할까 하고 서로 의
논하니라

열두 제자를 사도로 택하시다 (마 10:1-4; 4:23-25; 막 3:13-19)

12 ●이 때에 예수께서 (祈禱)기도
하시러 산으로 가사 밤이 새도록
하나님께 기도하시고
13 밝으매 그 제자들을 부르사 그 중
에서 열둘을 택하여 (使徒)사도
라 칭하셨으니
14 곧 베드로라고도 이름을 주신 시
몬과 그의 (同生)동생 안드레와
야고보와 요한과 빌립과 바돌로
매와
15 마태와 도마와 알패오의 아들 야
고보와 [1]셀롯이라는 시몬과
16 야고보의 아들 유다와 예수를 파
는 (者)자 될 가룟 유다라
17 예수께서 그들과 함께 내려오사
(平地)평지에 서시니 그 제자의
많은 무리와 [2]예수의 말씀도 들
고 병 고침을 받으려고 유대 사방
과 예루살렘과 두로와 시돈의 (海
岸)해안으로부터 온 많은 백성도
있더라
18 더러운 귀신에게 (苦難)고난 받
는 자들도 고침을 받은지라
19 온 무리가 예수를 만지려고 힘쓰
니 이는 (能力)능력이 예수께로
부터 나와서 모든 사람을 낫게 함
이러라

복과 화를 선포하시다(마 5:1-12)

20 ●예수께서 눈을 들어 제자들을
보시고 이르시되 너희 가난한 자
는 (福)복이 있나니 하나님의 나
라가 너희 것임이요
21 (只今)지금 주린 자는 복이 있나
니 너희가 배부름을 얻을 것임이
요 지금 우는 자는 복이 있나니 너

1) 열심당원 2) 사본에 따라 이 구절은 18절 상반절에 나타날 수도 있음

희가 웃을 것임이요
22 (人子)인자로 말미암아 사람들이
너희를 미워하며 멀리하고 욕하
고 너희 이름을 악하다 하여 버릴
때에는 너희에게 복이 있도다
23 그 날에 기뻐하고 뛰놀라 하늘에
서 너희 상이 큼이라 그들의 조상
들이 (先知者)선지자들에게 이와
같이 하였느니라
24 그러나 화 있을진저 너희 (富饒)
부요한 자여 너희는 너희의 위로
를 이미 받았도다
25 화 있을진저 너희 지금 배부른 자
여 너희는 주리리로다 화 있을진
저 너희 지금 웃는 자여 너희가
(哀痛)애통하며 울리로다
26 모든 사람이 너희를 (稱讚)칭찬
하면 화가 있도다 그들의 조상들
이 거짓 선지자들에게 이와 같이
하였느니라

원수를 사랑하라(마 5:38-48; 7:1-5,12 상,17-20; 12:34 하-35)

27 ●그러나 너희 듣는 자에게 내가
이르노니 너희 (怨讐)원수를 사
랑하며 너희를 미워하는 자를 (善
待)선대하며
28 너희를 저주하는 자를 위하여 축
복하며 너희를 (侮辱)모욕하는
자를 위하여 기도하라
29 너의 이 뺨을 치는 자에게 저 뺨
도 돌려대며 네 겉옷을 빼앗는 자
에게 속옷도 (拒絕)거절하지 말라
30 네게 (求)구하는 자에게 주며 네
것을 가져가는 자에게 다시 달라
하지 말며
31 남에게 (待接)대접을 받고자 하
는 대로 너희도 남을 대접하라
32 너희가 만일 너희를 사랑하는 자
만을 사랑하면 (稱讚)칭찬 받을
것이 무엇이냐 죄인들도 사랑하
는 자는 사랑하느니라
33 너희가 (萬一)만일 선대하는 자만
을 선대하면 칭찬 받을 것이 무엇
이냐 죄인들도 이렇게 하느니라
34 너희가 받기를 바라고 사람들에
게 꾸어 주면 칭찬 받을 것이 무
엇이냐 (罪人)죄인들도 그만큼
받고자 하여 죄인에게 꾸어 주느
니라
35 오직 너희는 원수를 사랑하고 (善
待)선대하며 [1]아무 것도 바라지
말고 꾸어 주라 그리하면 너희 상
이 클 것이요 또 지극히 높으신
이의 아들이 되리니 그는 은혜를
모르는 자와 악한 자에게도 인자
하시니라
36 너희 아버지의 (慈悲)자비로우심
같이 너희도 자비로운 자가 되라
37 (批判)비판하지 말라 그리하면
너희가 비판을 받지 않을 것이요
(定罪)정죄하지 말라 그리하면
너희가 정죄를 받지 않을 것이요
용서하라 그리하면 너희가 용서
를 받을 것이요
38 주라 그리하면 너희에게 줄 것이
니 곧 (厚)후히 되어 누르고 흔들
어 넘치도록 하여 너희에게 안겨
주리라 너희가 헤아리는 그 헤아
림으로 너희도 헤아림을 도로 받

1) 어떤 사본에, 아무에게도 실망하지 말고

을 것이니라

네 눈 속에 있는 들보

39 ●또 비유로 말씀하시되 맹인이
맹인을 (引導)인도할 수 있느냐
둘이 다 구덩이에 빠지지 아니하
겠느냐
40 제자가 그 선생보다 높지 못하나
무릇 (穩全)온전하게 된 자는 그
선생과 같으리라
41 어찌하여 (兄弟)형제의 눈 속에
있는 티는 보고 네 눈 속에 있는
들보는 깨닫지 못하느냐
42 너는 네 눈 속에 있는 들보를 보
지 못하면서 어찌하여 형제에게
말하기를 형제여 나로 네 눈 속에
있는 티를 빼게 하라 할 수 있느
냐 (外飾)외식하는 자여 먼저 네
눈 속에서 들보를 빼라 그 후에야
네가 밝히 보고 형제의 눈 속에
있는 티를 빼리라
43 못된 열매 맺는 좋은 나무가 없고
또 좋은 열매 맺는 못된 나무가
없느니라
44 나무는 (各各)각각 그 열매로 아
나니 가시나무에서 무화과를, 또
는 찔레에서 포도를 따지 못하느
니라
45 (善)선한 사람은 마음에 쌓은 선
에서 선을 내고 (惡)악한 자는 그
쌓은 악에서 악을 내나니 이는 마
음에 가득한 것을 입으로 말함이
니라

듣고 행하는 자와 행하지 아니하는 자
(마 7:24-27)

46 ●너희는 나를 불러 주여 주여 하
면서도 어찌하여 내가 말하는 것
을 (行)행하지 아니하느냐
47 내게 나아와 내 말을 듣고 행하는
(者)자마다 누구와 같은 것을 너
희에게 보이리라
48 집을 짓되 깊이 파고 주추를 (盤
石)반석 위에 놓은 사람과 같으니
큰 물이 나서 탁류가 그 집에 부딪
치되 잘 지었기 때문에 능히 (搖
動)요동하지 못하게 하였거니와
49 듣고 행하지 아니하는 자는 주추
없이 흙 위에 집 지은 사람과 같
으니 (濁流)탁류가 부딪치매 집
이 곧 무너져 파괴됨이 심하니라
하시니라

백부장의 종을 고치시다
(마 8:5-13; 요 4:43-54)

7 예수께서 모든 말씀을 (百姓)백
성에게 들려 주시기를 마치신
후에 가버나움으로 들어가시니라
2 ●어떤 (百夫長)백부장의 사랑하
는 종이 병들어 죽게 되었더니
3 예수의 (所聞)소문을 듣고 유대
인의 장로 몇 사람을 예수께 보내
어 오셔서 그 종을 구해 주시기를
청한지라
4 이에 그들이 예수께 나아와 간절
히 구하여 이르되 이 일을 하시는
것이 이 사람에게는 (合當)합당
하니이다
5 그가 우리 민족을 사랑하고 또한
우리를 위하여 (會堂)회당을 지
었나이다 하니
6 예수께서 함께 가실새 이에 그 집
이 멀지 아니하여 백부장이 벗들을

보내어 이르되 주여 수고하시지 마
옵소서 내 집에 들어오심을 나는
(堪當)감당하지 못하겠나이다
7 그러므로 내가 주께 나아가기도
감당하지 못할 줄을 알았나이다
말씀만 [1]하사 내 (下人)하인을 낫
게 하소서
8 나도 남의 수하에 든 사람이요 내
아래에도 (兵士)병사가 있으니
이더러 가라 하면 가고 저더러 오
라 하면 오고 내 종더러 이것을
하라 하면 하나이다
9 예수께서 들으시고 그를 놀랍게
여겨 돌이키사 따르는 무리에게
이르시되 내가 너희에게 이르노
니 이스라엘 (中)중에서도 이만한
믿음은 만나보지 못하였노라 하
시더라
10 보내었던 사람들이 집으로 돌아
가 보매 종이 이미 나아 있었더라

과부의 아들을 살리시다

11 ●그 후에 예수께서 나인이란 성
으로 가실새 제자와 많은 무리가
(同行)동행하더니
12 (城門)성문에 가까이 이르실 때에
사람들이 한 죽은 자를 메고 나오
니 이는 한 어머니의 (獨子)독자
요 그의 어머니는 과부라 그 성의
많은 사람도 그와 함께 나오거늘
13 주께서 (寡婦)과부를 보시고 불
쌍히 여기사 울지 말라 하시고
14 가까이 가서 그 (棺)관에 손을 대
시니 멘 자들이 서는지라 예수께
서 이르시되 청년아 내가 네게 말
하노니 일어나라 하시매
15 죽었던 (者)자가 일어나 앉고 말
도 하거늘 예수께서 그를 어머니
에게 주시니
16 모든 사람이 두려워하며 하나님
께 (榮光)영광을 돌려 이르되 큰
선지자가 우리 가운데 일어나셨
다 하고 또 하나님께서 자기 (百
姓)백성을 돌보셨다 하더라
17 예수께 대한 이 소문이 온 유대와
(四方)사방에 두루 퍼지니라

세례 요한의 제자들에게 대답하시다

(마 11:2-19)

18 ●요한의 (弟子)제자들이 이 모
든 일을 그에게 알리니
19 요한이 그 제자 중 둘을 불러 주께
보내어 이르되 오실 그이가 (當身)
당신이오니이까 우리가 다른 이를
기다리오리이까 하라 하매
20 그들이 예수께 나아가 이르되 [2]
(洗禮)세례 요한이 우리를 보내
어 당신께 여쭈어 보라고 하기를
오실 그이가 당신이오니이까 우
리가 다른 이를 기다리오리이까
하더이다 하니
21 마침 그 때에 예수께서 (疾病)질
병과 고통과 및 악귀 들린 자를
많이 고치시며 또 많은 맹인을 보
게 하신지라
22 예수께서 대답하여 이르시되 너
희가 가서 보고 들은 것을 요한에
게 알리되 맹인이 보며 못 걷는 사
람이 걸으며 나병환자가 깨끗함을
받으며 귀먹은 사람이 들으며 죽
은 자가 살아나며 가난한 자에게

1) 어떤 사본에, 하소서 그리하면 내 하인이 낫겠나이다 2) 헬, 또는 침례

(福音)복음이 (傳播)전파된다 하
라
23 누구든지 나로 말미암아 (失足)
실족하지 아니하는 자는 복이 있
도다 하시니라
24 ●요한이 보낸 자가 떠난 후에 예
수께서 무리에게 요한에 대하여
말씀하시되 너희가 무엇을 보려
고 (曠野)광야에 나갔더냐 바람
에 흔들리는 갈대냐
25 그러면 너희가 무엇을 보려고 나
갔더냐 부드러운 옷 입은 사람이
냐 보라 (華糰)화려한 옷을 입고
사치하게 지내는 자는 왕궁에 있
느니라
26 그러면 너희가 무엇을 보려고 나
갔더냐 (先知者)선지자냐 옳다
내가 너희에게 이르노니 선지자
보다도 훌륭한 자니라
27 기록된 바
ㄱ보라 내가 내 사자를 네 앞에
보내노니 그가 네 앞에서 네 길
을 (準備)준비하리라
한 것이 이 사람에 대한 말씀이라
28 내가 너희에게 말하노니 (女子)
여자가 낳은 자 중에 요한보다 큰
자가 없도다 그러나 하나님의 나
라에서는 (極)극히 작은 자라도
그보다 크니라 하시니
29 모든 백성과 (稅吏)세리들은 이
미 요한의 [1]세례를 받은지라 이
말씀을 듣고 하나님을 의롭다 하
되
30 바리새인과 (律法敎師)율법교사
들은 그의 [1]세례를 받지 아니함으
로 그들 자신을 위한 하나님의 뜻
을 저버리니라
31 또 이르시되 이 (世代)세대의 사
람을 무엇으로 비유할까 무엇과
같은가
32 (譬喩)비유하건대 아이들이 장터
에 앉아 서로 불러 이르되 우리가
너희를 향하여 피리를 불어도 너
희가 춤추지 않고 우리가 곡하여
도 너희가 울지 아니하였다 함과
같도다
33 [1]세례 요한이 와서 떡도 먹지 아
니하며 포도주도 마시지 아니하
매 너희 말이 (鬼神)귀신이 들렸
다 하더니
34 인자는 와서 먹고 마시매 너희 말
이 보라 먹기를 탐하고 포도주를
즐기는 사람이요 세리와 죄인의
(親舊)친구로다 하니
35 (智慧)지혜는 자기의 모든 (子女)
자녀로 인하여 옳다 함을 얻느니
라

한 여자가 예수께 향유를 붓다

36 ●한 바리새인이 예수께 자기와
함께 잡수시기를 (請)청하니 이
에 바리새인의 집에 들어가 [2]앉
으셨을 때에
37 그 동네에 죄를 지은 한 여자가
있어 예수께서 바리새인의 집에
[2]앉아 계심을 알고 향유 담은 (玉
盒)옥합을 가지고 와서
38 예수의 뒤로 그 발 곁에 서서 울
며 눈물로 그 발을 적시고 자기
머리털로 닦고 그 발에 입맞추고

1) 헬, 또는 침례 2) 5:29 난하주를 보라 ㄱ 말 3:1

(香油)향유를 부으니
39 예수를 청한 바리새인이 그것을 보
고 마음에 이르되 이 사람이 만일
(先知者)선지자라면 자기를 만지는
이 여자가 누구며 어떠한 자 곧 죄
인인 줄을 알았으리라 하거늘
40 예수께서 대답하여 이르시되 시
몬아 내가 네게 이를 말이 있다
하시니 그가 이르되 (先生)선생
님 말씀하소서
41 이르시되 빚 주는 사람에게 빚진
자가 둘이 있어 하나는 (五百)오
백 [1]데나리온을 졌고 하나는 오
십 [1]데나리온을 졌는데
42 갚을 것이 없으므로 둘 다 (蕩減)
탕감하여 주었으니 둘 중에 누가
그를 더 사랑하겠느냐
43 시몬이 대답하여 이르되 내 생각
에는 많이 (蕩減)탕감함을 받은
자니이다 이르시되 네 (判斷)판
단이 옳다 하시고
44 그 (女子)여자를 돌아보시며 시
몬에게 이르시되 이 여자를 보느
냐 내가 네 집에 들어올 때 너는
내게 발 씻을 물도 주지 아니하였
으되 이 여자는 눈물로 내 발을
적시고 그 머리털로 닦았으며
45 너는 내게 입맞추지 아니하였으
되 그는 내가 들어올 때로부터 내
발에 입맞추기를 그치지 아니하
였으며
46 너는 내 머리에 (橄欖油)감람유
도 붓지 아니하였으되 그는 향유
를 내 발에 부었느니라

1) 은전의 명칭 2) 5:29 난하주를 보라

47 이러므로 내가 네게 말하노니 그
의 많은 죄가 (赦)사하여졌도다
이는 그의 사랑함이 많음이라 사
함을 받은 일이 적은 자는 적게
사랑하느니라
48 이에 (女子)여자에게 이르시되
네 (罪)죄 (赦)사함을 받았느니라
하시니
49 함께 [2]앉아 있는 자들이 속으로
말하되 이가 누구이기에 (罪)죄
도 사하는가 하더라
50 예수께서 여자에게 이르시되 네
믿음이 너를 구원하였으니 (平
安)평안히 가라 하시니라

여자들이 예수의 활동을 돕다

8 그 후에 예수께서 각 성과 마을
에 두루 다니시며 하나님의 나라
를 선포하시며 그 (福音)복음을 전
하실새 열두 제자가 함께 하였고
2 또한 (惡鬼)악귀를 쫓아내심과
병 고침을 받은 어떤 여자들 곧
일곱 귀신이 나간 자 막달라인이
라 하는 마리아와
3 헤롯의 청지기 구사의 아내 요안
나와 수산나와 다른 여러 여자가
함께 하여 자기들의 (所有)소유
로 그들을 섬기더라

네 가지 땅에 떨어진 씨 비유
(마 13:1-9; 막 4:1-9)

4 ●각 동네 사람들이 예수께로 나
아와 큰 무리를 이루니 예수께서
(譬喩)비유로 말씀하시되
5 씨를 뿌리는 자가 그 씨를 뿌리러
나가서 뿌릴새 더러는 길 가에 떨
어지매 밟히며 (空中)공중의 새

들이 먹어버렸고
6 더러는 바위 위에 떨어지매 싹이
났다가 (濕氣)습기가 없으므로
말랐고
7 더러는 가시떨기 속에 떨어지매 가
시가 함께 자라서 기운을 막았고
8 더러는 좋은 땅에 떨어지매 나서
백 배의 (結實)결실을 하였느니
라 이 말씀을 하시고 외치시되 들
을 귀 있는 자는 들을지어다

비유를 설명하시다(마 13:10-23; 막 4:13-20)

9 ● 제자들이 이 (譬喩)비유의 뜻
을 물으니
10 이르시되 하나님 나라의 비밀을
아는 것이 너희에게는 (許諾)허
락되었으나 다른 사람에게는 비
유로 하나니 이는 그들로 보아도
보지 못하고 들어도 깨닫지 못하
게 하려 함이라
11 이 (譬喩)비유는 이러하니라 씨
는 하나님의 말씀이요
12 길 가에 있다는 것은 말씀을 들은
자니 이에 (魔鬼)마귀가 가서 그
들이 믿어 (救援)구원을 얻지 못
하게 하려고 말씀을 그 마음에서
빼앗는 것이요
13 바위 위에 있다는 것은 말씀을 들
을 때에 기쁨으로 받으나 뿌리가
없어 잠깐 믿다가 (試鍊)시련을
당할 때에 배반하는 자요
14 가시떨기에 떨어졌다는 것은 말
씀을 들은 자이나 지내는 중 이생
의 염려와 재물과 (享樂)향락에
기운이 막혀 온전히 결실하지 못
하는 자요
15 좋은 땅에 있다는 것은 착하고 좋
은 마음으로 말씀을 듣고 지키어
(忍耐)인내로 결실하는 자니라

등불은 등경 위에(막 4:21-25)

16 ● 누구든지 (燈)등불을 켜서 그
릇으로 덮거나 평상 아래에 두지
아니하고 (燈檠)등경위에 두나니
이는 들어가는 자들로 그 빛을 보
게 하려 함이라
17 숨은 것이 (將次)장차 드러나지
아니할 것이 없고 감추인 것이 장
차 알려지고 나타나지 않을 것이
없느니라
18 그러므로 너희가 어떻게 들을
까 스스로 삼가라 누구든지 있는
(者)자는 받겠고 없는 자는 그 있
는 줄로 아는 것까지도 빼앗기리
라 하시니라

예수의 어머니와 동생들
(마 12:46-50; 막 3:31-35)

19 ● 예수의 어머니와 그 [1](同生)동
생들이 왔으나 무리로 인하여 가
까이 하지 못하니
20 어떤 이가 알리되 당신의 어머니
와 [1]동생들이 (當身)당신을 보려
고 밖에 서 있나이다
21 예수께서 대답하여 이르시되 내
어머니와 내 [1](同生)동생들은 곧
하나님의 말씀을 듣고 행하는 이
사람들이라 하시니라

바람과 물결을 잔잔하게 하시다
(마 8:23-27; 막 4:35-41)

22 ● 하루는 제자들과 함께 배에 오
르사 그들에게 이르시되 (湖水)

1) 또는 형제들

호수 저편으로 건너가자 하시매
이에 떠나
23 (行船)행선할 때에 예수께서 잠
이 드셨더니 마침 광풍이 호수로
내리치매 배에 물이 가득하게 되
어 위태한지라
24 제자들이 나아와 깨워 이르되 주
여 (主)주여 우리가 죽겠나이다
한대 예수께서 잠을 깨사 바람과
물결을 꾸짖으시니 이에 그쳐 잔
잔하여지더라
25 (弟子)제자들에게 이르시되 너희
믿음이 어디 있느냐 하시니 그들
이 두려워하고 놀랍게 여겨 서로
말하되 그가 누구이기에 바람과
물을 명하매 (順從)순종하는가
하더라

귀신 들린 사람을 고치시다
(마 8:28-34; 막 5:1-20)

26 ●그들이 갈릴리 맞은(便)편 거
라사인의 땅에 이르러
27 예수께서 (陸地)육지에 내리시매
그 도시 사람으로서 귀신 들린 자
하나가 예수를 만나니 그 사람은
오래 옷을 입지 아니하며 집에 거
하지도 아니하고 무덤 사이에 거
하는 자라
28 예수를 보고 부르짖으며 그 앞
에 엎드려 큰 소리로 불러 이르
되 (至極)지극히 높으신 하나님
의 아들 예수여 당신이 나와 무슨
(相關)상관이 있나이까 당신께
구하노니 나를 괴롭게 하지 마옵
소서 하니

1) 헬, 레기온. 로마 군대의 여단 규모

29 이는 예수께서 이미 더러운 귀신
을 명하사 그 사람에게서 나오라
하셨음이라 귀신이 가끔 그 사람
을 붙잡으므로 그를 쇠사슬과 고
랑에 매어 지켰으되 그 맨 것을
끊고 귀신에게 몰려 (曠野)광야
로 나갔더라
30 예수께서 네 이름이 무엇이냐 물
으신즉 이르되 [1](軍隊)군대라 하
니 이는 많은 귀신이 들렸음이라
31 (無底坑)무저갱으로 들어가라 하
지 마시기를 간구하더니
32 마침 그 곳에 많은 돼지 떼가 산
에서 먹고 있는지라 귀신들이 그
돼지에게로 들어가게 허락하심을
(懇求)간구하니 이에 허락하시니
33 귀신들이 그 사람에게서 나와 돼
지에게로 들어가니 그 떼가 비탈
로 내리달아 호수에 들어가 (沒
死)몰사하거늘
34 치던 자들이 그 이루어진 일을 보
고 (逃亡)도망하여 성내와 마을
에 알리니
35 사람들이 그 이루어진 일을 보러
나와서 예수께 이르러 귀신 나간
사람이 옷을 입고 정신이 (穩全)
온전하여 예수의 발치에 앉아 있
는 것을 보고 두려워하거늘
36 귀신 들렸던 자가 어떻게 (救援)
구원 받았는지를 본 자들이 그들
에게 이르매
37 거라사인의 땅 (近方)근방 모든
(百姓)백성이 크게 두려워하여
예수께 떠나가시기를 구하더라
예수께서 배에 올라 돌아가실새

38 (鬼神)귀신 나간 사람이 함께 있
기를 구하였으나 예수께서 그를
보내시며 이르시되
39 집으로 돌아가 하나님이 네게 어
떻게 큰 일을 행하셨는지를 말하
라 하시니 그가 가서 예수께서 자
기에게 어떻게 큰 일을 행하셨는
지를 온 성내에 (傳播)전파하니라

야이로의 딸과 예수의 옷에 손 댄 여자
(마 9:18-26; 막 5:21-43)

40 ● 예수께서 돌아오시매 무리가
(歡迎)환영하니 이는 다 기다렸
음이러라
41 이에 회당장인 야이로라 하는 사
람이 와서 예수의 발 아래에 엎드
려 자기 집에 오시기를 (懇求)간
구하니
42 이는 (自己)자기에게 열두 살 된
외딸이 있어 죽어감이러라 ● 예
수께서 가실 때에 무리가 밀려들
더라
43 이에 열두 해를 (血漏症)혈루증
으로 앓는 중에 [1]아무에게도 고
침을 받지 못하던 여자가
44 예수의 뒤로 와서 그의 옷 가에
손을 대니 혈루증이 (卽時)즉시
그쳤더라
45 예수께서 이르시되 내게 손을 댄
(者)자가 누구냐 하시니 다 아니
라 할 때에 [2]베드로가 이르되 주
여 무리가 밀려들어 미나이다
46 예수께서 이르시되 내게 손을 댄
자가 있도다 이는 내게서 (能力)
능력이 나간 줄 앎이로다 하신대
47 여자가 스스로 숨기지 못할 줄 알
고 떨며 나아와 엎드리어 그 손
댄 (理由)이유와 곧 나은 것을 모
든 사람 앞에서 말하니
48 예수께서 이르시되 딸아 네 믿음
이 너를 구원하였으니 (平安)평
안히 가라 하시더라
49 ● 아직 말씀하실 때에 (會堂長)
회당장의 집에서 사람이 와서 말
하되 당신의 딸이 죽었나이다 선
생님을 더 괴롭게 하지 마소서 하
거늘
50 예수께서 들으시고 이르시되 두
려워하지 말고 믿기만 하라 그리
하면 딸이 (救援)구원을 얻으리
라 하시고
51 그 집에 이르러 베드로와 요한과
야고보와 아이의 (父母)부모 외
에는 함께 들어가기를 (許諾)허
락하지 아니하시니라
52 모든 사람이 아이를 위하여 울며
(痛哭)통곡하매 예수께서 이르시
되 울지 말라 죽은 것이 아니라
잔다 하시니
53 그들이 그 죽은 것을 아는 (故)고
로 비웃더라
54 예수께서 아이의 손을 잡고 불러
이르시되 아이야 일어나라 하시니
55 그 (靈)영이 돌아와 아이가 곧 일
어나거늘 예수께서 먹을 것을 주
라 명하시니
56 그 부모가 놀라는지라 예수께서
(警告)경고하사 이 일을 아무에
게도 말하지 말라 하시니라

1) 어떤 사본에는, 의사들에게 그 가산을 다 허비하였으되 아무에게도 2) 어떤 사본에는, 베드로와 및 함께 있는 자들이

열두 제자를 내보내시다
(마 10:5-15; 막 6:7-13)

9 예수께서 열두 제자를 불러 모
으사 모든 귀신을 (制馭)제어하
며 병을 고치는 능력과 권위를 주
시고
2 하나님의 나라를 (傳播)전파하며
앓는 자를 고치게 하려고 내보내
시며
3 이르시되 (旅行)여행을 위하여
아무 것도 가지지 말라 지팡이나
배낭이나 양식이나 돈이나 두 벌
옷을 가지지 말며
4 어느 집에 들어가든지 거기서 머
물다가 거기서 떠나라
5 누구든지 너희를 (迎接)영접하지
아니하거든 그 성에서 떠날 때에 너
희 발에서 먼지를 떨어 버려 그들에
게 (證據)증거를 삼으라 하시니
6 제자들이 나가 각 마을에 두루 다
니며 곳곳에 (福音)복음을 전하
며 병을 고치더라

헤롯이 듣고 심히 당황하다
(마 14:1-12; 막 6:14-29)

7 ●(分封 王)분봉 왕 헤롯이 이 모
든 일을 듣고 심히 (唐慌)당황하
니 이는 어떤 사람은 요한이 죽은
자 가운데서 살아났다고도 하며
8 어떤 사람은 엘리야가 나타났다
고도 하며 어떤 사람은 옛 (先知
者)선지자 한 사람이 다시 살아
났다고도 함이라
9 헤롯이 이르되 요한은 내가 목을
베었거늘 이제 이런 일이 들리니
이 사람이 누군가 하며 그를 보고
자 하더라

오천 명을 먹이시다
(마 14:13-21; 막 6:30-44; 요 6:1-14)

10 ●(使徒)사도들이 돌아와 자기들
이 (行)행한 모든 것을 예수께 여
쭈니 데리시고 따로 벳새다라는
고을로 떠나 가셨으나
11 무리가 알고 따라왔거늘 예수께
서 그들을 (迎接)영접하사 하나
님 나라의 일을 이야기하시며 병
고칠 자들은 고치시더라
12 날이 저물어 가매 열두 (使徒)사
도가 나아와 여짜오되 무리를 보
내어 두루 마을과 촌으로 가서 유
하며 먹을 것을 얻게 하소서 우리
가 있는 여기는 빈 들이니이다
13 예수께서 이르시되 너희가 먹을
것을 주라 하시니 여짜오되 우리
에게 떡 다섯 (個)개와 물고기 두
마리밖에 없으니 이 모든 사람을
위하여 먹을 것을 사지 아니하고
서는 할 수 없사옵나이다 하니
14 이는 (男子)남자가 한 오천 명 됨
이러라 제자들에게 이르시되 떼를
지어 한 오십 명씩 앉히라 하시니
15 제자들이 이렇게 하여 다 앉힌
(後)후
16 예수께서 떡 다섯 개와 물고기 두
마리를 가지사 하늘을 우러러 (祝
謝)축사하시고 떼어 제자들에게 주
어 무리에게 나누어 주게 하시니
17 먹고 다 배불렀더라 그 남은 조각
을 열두 바구니에 거두니라

베드로의 고백, 죽음과 부활 예고
(마 16:13-28; 막 8:27-9:1)

18 ● 예수께서 따로 (祈禱)기도하실
때에 제자들이 주와 함께 있더니
물어 이르시되 무리가 나를 누구
라고 하느냐
19 대답하여 이르되 [1](洗禮)세례 요
한이라 하고 더러는 엘리야라, 더
러는 옛 선지자 중의 한 사람이
살아났다 하나이다
20 예수께서 이르시되 너희는 나를
누구라 하느냐 베드로가 (對答)
대답하여 이르되 하나님의 그리
스도시니이다 하니
21 (警告)경고하사 이 말을 아무에
게도 이르지 말라 명하시고
22 이르시되 인자가 많은 (苦難)고
난을 받고 (長老)장로들과 대제
사장들과 서기관들에게 버린 바
되어 죽임을 당하고 제삼일에 살
아나야 하리라 하시고
23 또 무리에게 이르시되 아무든지
나를 따라오려거든 자기를 부인
하고 날마다 제 (十字架)십자가
를 지고 나를 따를 것이니라
24 누구든지 제 목숨을 (救援)구원
하고자 하면 잃을 것이요 누구든
지 나를 위하여 제 목숨을 잃으면
구원하리라
25 사람이 만일 온 천하를 얻고도 자
기를 잃든지 빼앗기든지 하면 무
엇이 (有益)유익하리요
26 누구든지 나와 내 말을 부끄러워
하면 인자도 자기와 아버지와 거
룩한 천사들의 (榮光)영광으로 올
때에 그 사람을 부끄러워하리라
27 내가 참으로 너희에게 이르노니
여기 서 있는 사람 중에 죽기 (前)
전에 하나님의 나라를 볼 자들도
있느니라

영광스러운 모습으로 변화되시다
(마 17:1-8; 막 9:2-8)

28 ● 이 말씀을 하신 후 팔 일쯤 되
어 예수께서 베드로와 요한과 야
고보를 데리고 (祈禱)기도하시러
산에 올라가사
29 기도하실 때에 (容貌)용모가 변
화되고 그 옷이 희어져 (光彩)광
채가 나더라
30 문득 두 사람이 예수와 함께 말하
니 이는 모세와 엘리야라
31 영광중에 나타나서 장차 예수께
서 예루살렘에서 (別世)별세하실
것을 말할새
32 베드로와 및 함께 있는 자들이 깊
이 졸다가 (穩全)온전히 깨어나
예수의 영광과 및 함께 선 두 사
람을 보더니
33 두 사람이 떠날 때에 베드로가 예
수께 여짜오되 주여 우리가 여기
있는 것이 좋사오니 우리가 (草
幕)초막 셋을 짓되 하나는 주를
위하여, 하나는 모세를 위하여,
하나는 엘리야를 위하여 하사이
다 하되 자기가 하는 말을 자기도
알지 못하더라
34 이 말 할 즈음에 구름이 와서 그
들을 덮는지라 구름 속으로 들어
갈 때에 그들이 무서워하더니
35 구름 속에서 소리가 나서 이르되
이는 나의 아들 곧 (擇)택함을 받

1) 헬, 또는 침례

은 자니 너희는 그의 말을 들으라
하고
36 소리가 그치매 오직 예수만 보이
더라 제자들이 (潛潛)잠잠하여
그 본 것을 무엇이든지 그 때에는
아무에게도 이르지 아니하니라

귀신 들린 아이를 낫게 하시다
(마 17:14-18; 막 9:14-27)

37 ●이튿날 (山)산에서 내려오시니
큰 무리가 맞을새
38 무리 중의 한 사람이 소리 질러
이르되 (先生)선생님 청컨대 내
아들을 돌보아 주옵소서 이는 내
외아들이니이다
39 귀신이 그를 잡아 갑자기 부르짖
게 하고 경련을 일으켜 거품을 흘
리게 하며 몹시 (傷)상하게 하고
야 겨우 떠나 가나이다
40 (當身)당신의 제자들에게 내쫓아
주기를 구하였으나 그들이 능히
못하더이다
41 예수께서 대답하여 이르시되 믿
음이 없고 (悖逆)패역한 (世代)세
대여 내가 얼마나 너희와 함께 있
으며 너희에게 참으리요 네 아들
을 이리로 데리고 오라 하시니
42 올 때에 귀신이 그를 거꾸러뜨리
고 심한 (痙攣)경련을 일으키게
하는지라 예수께서 더러운 귀신
을 꾸짖으시고 아이를 낫게 하사
그 아버지에게 도로 주시니
43 사람들이 다 하나님의 (威嚴)위
엄에 놀라니라

인자가 사람들의 손에 넘겨지리라
(마 17:22-23; 막 9:30-32)

●그들이 다 그 행하시는 모든 일
을 놀랍게 여길새 예수께서 제자
들에게 이르시되
44 이 말을 너희 귀에 담아 두라 (人
子)인자가 (將次)장차 사람들의
손에 넘겨지리라 하시되
45 그들이 이 말씀을 알지 못하니 이
는 그들로 깨닫지 못하게 숨긴 바
되었음이라 또 그들은 이 말씀을
묻기도 두려워하더라

누가 크냐(마 18:1-5; 막 9:33-37)

46 ●제자 중에서 누가 크냐 하는
(辯論)변론이 일어나니
47 예수께서 그 마음에 (辯論)변론
하는 것을 아시고 어린 아이 하나
를 데려다가 자기 곁에 세우시고
48 그들에게 이르시되 누구든지 내
이름으로 이런 어린 아이를 영접
하면 곧 나를 (迎接)영접함이요
또 누구든지 나를 영접하면 곧 나
를 보내신 이를 영접함이라 너희
모든 사람 중에 가장 작은 그가
큰 자니라

너희를 위하는 사람(막 9:38-40)

49 ●요한이 여짜오되 주여 어떤 사
람이 주의 이름으로 (鬼神)귀신
을 내쫓는 것을 우리가 보고 우리
와 함께 따르지 아니하므로 금하
였나이다
50 예수께서 이르시되 금하지 말라
너희를 (反對)반대하지 않는 자는
너희를 위하는 자니라 하시니라

사마리아의 마을에서 예수를 받아들이지 않다

51 ●예수께서 (昇天)승천하실 기약
이 차가매 예루살렘을 향하여 올

라가기로 굳게 결심하시고
52 (使者)사자들을 앞서 보내시매
그들이 가서 예수를 위하여 (準
備)준비하려고 사마리아인의 한
마을에 들어갔더니
53 예수께서 예루살렘을 (向)향하여
가시기 때문에 그들이 받아들이
지 아니 하는지라
54 제자 야고보와 요한이 이를 보고
이르되 주여 우리가 불을 명하여
하늘로부터 내려 저들을 (滅)멸
하라 하기를 원하시나이까
55 예수께서 돌아보시며 꾸짖으시고[1]
56 함께 다른 마을로 가시니라

나를 따르라(마 8:19-22)

57 ●길 가실 때에 어떤 사람이 여짜
오되 어디로 가시든지 나는 따르
리이다
58 예수께서 이르시되 여우도 굴이
있고 (空中)공중의 새도 집이 있
으되 인자는 머리 둘 곳이 없도다
하시고
59 또 다른 사람에게 나를 따르라 하
시니 그가 이르되 나로 먼저 가서
내 아버지를 (葬事)장사하게 허
락하옵소서
60 이르시되 죽은 자들로 자기의 죽
은 자들을 장사하게 하고 너는 가
서 하나님의 나라를 (傳播)전파
하라 하시고
61 또 다른 사람이 이르되 주여 내가
주를 따르겠나이다마는 나로 먼
저 내 (家族)가족을 (作別)작별하
게 허락하소서
62 예수께서 이르시되 손에 쟁기를
잡고 뒤를 돌아보는 자는 하나님
의 나라에 (合當)합당하지 아니
하니라 하시니라

칠십 인을 세워서 보내시다(마 11:20-24)

10 그 후에 주께서 따로 칠십
인을 세우사 친히 가시려는
각 동네와 각 (地域)지역으로 둘
씩 앞서 보내시며
2 이르시되 (秋收)추수할 것은 많
되 일꾼이 적으니 그러므로 추수
하는 주인에게 청하여 추수할 일
꾼들을 보내 주소서 하라
3 갈지어다 내가 너희를 보냄이 어
린 (羊)양을 이리 가운데로 보냄
과 같도다
4 전대나 배낭이나 신발을 가지지
말며 길에서 아무에게도 (問安)
문안하지 말며
5 어느 집에 들어가든지 먼저 말하
되 이 집이 평안할지어다 하라
6 만일 [2](平安)평안을 받을 사람이
거기 있으면 너희의 평안이 그에
게 머물 것이요 그렇지 않으면 너
희에게로 돌아오리라
7 그 집에 (留)유하며 주는 것을 먹
고 마시라 일꾼이 그 삯을 받는
것이 마땅하니라 이 집에서 저 집
으로 옮기지 말라
8 어느 동네에 들어가든지 너희를
(迎接)영접하거든 너희 앞에 차
려놓는 것을 먹고
9 거기 있는 (病者)병자들을 고치

1) 어떤 고대 사본에는, 55절 끝에 다음 말이 있음. '이르시되 너희는 무슨 정신으로 말하는지 모르는구나 인자는 사람의 생명을 멸망시키러 온 것이 아니요 구원하러 왔노라 하시고' 2) 헬, 평안의 아들이

고 또 말하기를 하나님의 나라가
너희에게 가까이 왔다 하라
10 어느 (洞)동네에 들어가든지 너희
를 영접하지 아니하거든 그 거리
로 나와서 말하되
11 너희 (洞)동네에서 우리 발에 묻
은 먼지도 너희에게 떨어버리노
라 그러나 하나님의 나라가 가까
이 온 줄을 알라 하라
12 내가 너희에게 말하노니 그 날에
소돔이 그 동네보다 견디기 쉬우
리라
13 화 있을진저 고라신아, 화 있을진
저 벳새다야, 너희에게 행한 모든
(權能)권능을 두로와 시돈에서 행
하였더라면 그들이 벌써 베옷을
입고 재에 앉아 회개하였으리라
14 (審判)심판 때에 두로와 시돈이
너희보다 견디기 쉬우리라
15 가버나움아 네가 하늘에까지 높
아지겠느냐 (陰府)음부에까지 낮
아지리라
16 너희 말을 듣는 (者)자는 곧 내 말
을 듣는 것이요 너희를 저버리는
자는 곧 나를 저버리는 것이요 나
를 저버리는 자는 나 보내신 이를
저버리는 것이라 하시니라

칠십 인이 돌아오다

17 ●칠십 인이 기뻐하며 돌아와 이
르되 주여 주의 이름이면 귀신들
도 우리에게 (降伏)항복하더이다
18 예수께서 이르시되 사탄이 하늘
로부터 번개 같이 떨어지는 것을
내가 보았노라
19 내가 너희에게 뱀과 전갈을 밟으
며 원수의 모든 능력을 (制馭)제
어할 권능을 주었으니 너희를 해
칠 자가 결코 없으리라
20 그러나 귀신들이 너희에게 (降
伏)항복하는 것으로 기뻐하지 말
고 너희 이름이 하늘에 기록된 것
으로 기뻐하라 하시니라

예수의 감사 기도(마 11:25-27; 13:16-17)

21 ●그 때에 예수께서 성령으로 기
뻐하시며 이르시되 천지의 주재이
신 아버지여 이것을 지혜롭고 슬
기 있는 자들에게는 숨기시고 어
린 아이들에게는 나타내심을 (感
謝)감사하나이다 옳소이다 이렇
게 된 것이 아버지의 뜻이니이다
22 내 아버지께서 모든 것을 내게 주
셨으니 아버지 외에는 아들이 누
구인지 아는 자가 없고 아들과 또
아들의 소원대로 (啓示)계시를
받는 자 외에는 아버지가 누구인
지 아는 자가 없나이다 하시고
23 제자들을 돌아 보시며 조용히 이
르시되 너희가 보는 것을 보는 눈
은 (福)복이 있도다
24 내가 너희에게 말하노니 많은 (先
知者)선지자와 임금이 너희가 보
는 바를 보고자 하였으되 보지 못
하였으며 너희가 듣는 바를 듣고
자 하였으되 듣지 못하였느니라

자비를 베푼 사마리아 사람

25 ●어떤 율법교사가 일어나 예수
를 (試驗)시험하여 이르되 선생
님 내가 무엇을 하여야 (永生)영
생을 얻으리이까
26 예수께서 이르시되 (律法)율법에

무엇이라 기록되었으며 네가 어
떻게 읽느냐
27 (對答)대답하여 이르되 ㄱ네 마음
을 다하며 목숨을 다하며 힘을 다
하며 뜻을 다하여 주 너의 하나님
을 사랑하고 또한 ㄴ네 이웃을 네
(自身)자신 같이 사랑하라 하였
나이다
28 예수께서 이르시되 네 대답이 옳
도다 이를 (行)행하라 그러면 살
리라 하시니
29 그 사람이 (自己)자기를 옳게 보
이려고 예수께 여짜오되 그러면
내 이웃이 누구니이까
30 예수께서 대답하여 이르시되 어
떤 사람이 예루살렘에서 여리고
로 내려가다가 (强盜)강도를 만
나매 강도들이 그 옷을 벗기고 때
려 거의 죽은 것을 버리고 갔더라
31 마침 한 (祭司長)제사장이 그 길
로 내려가다가 그를 보고 피하여
지나가고
32 또 이와 같이 한 레위인도 그 곳
에 이르러 그를 보고 (避)피하여
지나가되
33 어떤 사마리아 사람은 (旅行)여
행하는 중 거기 이르러 그를 보고
불쌍히 여겨
34 가까이 가서 기름과 포도주를 그
(傷處)상처에 붓고 싸매고 자기
짐승에 태워 주막으로 데리고 가
서 돌보아 주니라
35 그 이튿날 그가 주막 주인에게 [1]
데나리온 둘을 내어 주며 이르되
이 사람을 돌보아 주라 (費用)비
용이 더 들면 내가 돌아올 때에
갚으리라 하였으니
36 네 생각에는 이 세 사람 중에 누
가 (强盜)강도 만난 자의 이웃이
되겠느냐
37 이르되 (慈悲)자비를 베푼 자니
이다 예수께서 이르시되 가서 너
도 이와 같이 하라 하시니라

마르다와 마리아

38 ●그들이 길 갈 때에 예수께서
한 마을에 들어가시매 마르다라
이름하는 한 여자가 자기 집으로
(迎接)영접하더라
39 그에게 마리아라 하는 (同生)동
생이 있어 주의 발치에 앉아 그의
말씀을 듣더니
40 마르다는 [2](準備)준비하는 일이
많아 마음이 분주한지라 예수께
나아가 이르되 주여 내 동생이 나
혼자 일하게 두는 것을 생각하지
아니하시나이까 그를 명하사 나
를 도와 주라 하소서
41 주께서 대답하여 이르시되 마르
다야 마르다야 네가 많은 일로
(念慮)염려하고 근심하나
42 [3]몇 가지만 하든지 (或)혹은 한
가지만이라도 족하니라 마리아는
이 좋은 (便)편을 택하였으니 빼
앗기지 아니하리라 하시니라

기도를 가르치시다(마 6:9-15; 7:7-11)

11 예수께서 한 곳에서 (祈禱)
기도하시고 마치시매 제자
중 하나가 여짜오되 주여 요한이

1) 은전의 명칭 2) 헬, 봉사하는 3) 최근의 본문(GNT 4판)에는 '한 가지만으로도 족하니라'로 되었음 ㄱ 신 6:5 ㄴ 레 19:18

자기 제자들에게 기도를 가르친
것과 같이 우리에게도 가르쳐 주
옵소서
2 예수께서 이르시되 너희는 기도
할 때에 이렇게 하라 아버지여 이
름이 거룩히 여김을 받으시오며
나라가 (臨)임하시오며
3 우리에게 날마다 일용할 (糧食)
양식을 주시옵고
4 우리가 우리에게 [1]죄 지은 모든
사람을 용서하오니 우리 죄도
(赦)사하여 주시옵고 우리를 시험
에 들게 하지 마시옵소서 하라
5 ●또 이르시되 너희 (中)중에 누
가 벗이 있는데 밤중에 그에게 가
서 말하기를 벗이여 떡 세 덩이를
내게 꾸어 달라
6 내 벗이 (旅行 中)여행 중에 내게
왔으나 내가 먹일 것이 없노라 하
면
7 그가 안에서 대답하여 이르되 나
를 괴롭게 하지 말라 문이 이미
닫혔고 아이들이 나와 함께 (寢
室)침실에 누웠으니 일어나 네게
줄 수가 없노라 하겠느냐
8 내가 너희에게 말하노니 비록 벗
됨으로 인하여서는 일어나서 주
지 아니할지라도 그 (懇請)간청
함을 인하여 일어나 그 (要求)요
구대로 주리라
9 내가 또 너희에게 이르노니 구하
라 그러면 너희에게 주실 것이
요 찾으라 그러면 찾아낼 것이요
(門)문을 두드리라 그러면 너희에
게 열릴 것이니
10 (求)구하는 이마다 받을 것이요
찾는 이는 찾아낼 것이요 두드리
는 이에게는 열릴 것이니라
11 너희 중에 아버지 된 자로서 누가
아들이 [2](生鮮)생선을 달라 하는
데 생선 대신에 뱀을 주며
12 알을 달라 하는데 (全蠍)전갈을
주겠느냐
13 너희가 악할지라도 좋은 것을 자
식에게 줄 줄 알거든 하물며 너희
하늘 아버지께서 구하는 자에게
(聖靈)성령을 주시지 않겠느냐
하시니라

예수와 바알세불(마 12:22-30, 43-45; 막 3:20-27)

14 ●예수께서 한 말 못하게 하는
(鬼神)귀신을 쫓아내시니 귀신이
나가매 말 못하는 사람이 말하는
지라 무리들이 놀랍게 여겼으나
15 그 중에 더러는 말하기를 그가 귀
신의 (王)왕 바알세불을 힘입어
귀신을 쫓아낸다 하고
16 또 더러는 예수를 시험하여 하늘
로부터 오는 [3](表蹟)표적을 구하
니
17 예수께서 그들의 생각을 아시고
이르시되 스스로 분쟁하는 나라
마다 황폐하여지며 스스로 (紛
爭)분쟁하는 집은 무너지느니라
18 너희 말이 내가 바알세불을 힘입
어 귀신을 쫓아낸다 하니 만일 사
탄이 스스로 (紛爭)분쟁하면 그
의 나라가 어떻게 서겠느냐

1) 헬, 빚진 모든 2) 어떤 사본에, 떡을 달라 하면 돌을 주며 생선을 3) 또는 이적

19 내가 바알세불을 힘입어 귀신을
쫓아내면 너희 아들들은 누구를
힘입어 쫓아내느냐 그러므로 그들
이 너희 (裁判官)재판관이 되리라
20 그러나 내가 만일 하나님의 [1]손
을 힘입어 (鬼神)귀신을 쫓아낸
다면 하나님의 나라가 이미 너희
에게 임하였느니라
21 강한 자가 무장을 하고 자기 집을
지킬 때에는 그 (所有)소유가 안
전하되
22 더 강한 자가 와서 그를 굴복시킬
때에는 그가 믿던 (武裝)무장을
빼앗고 그의 [2]재물을 나누느니라
23 나와 함께 하지 아니하는 자는 나
를 (反對)반대하는 자요 나와 함
께 모으지 아니하는 자는 헤치는
자니라
24 더러운 (鬼神)귀신이 사람에게서
나갔을 때에 물 없는 곳으로 다니
며 쉬기를 구하되 얻지 못하고 이
에 이르되 내가 나온 내 집으로
돌아가리라 하고
25 가서 보니 그 집이 (淸掃)청소되
고 (修理)수리되었거늘
26 이에 가서 저보다 더 악한 귀신
일곱을 데리고 들어가서 거하니
그 사람의 나중 (形便)형편이 전
보다 더 심하게 되느니라

복이 있는 자

27 ● 이 말씀을 하실 때에 무리 중에
서 한 여자가 (音聲)음성을 높여
이르되 당신을 밴 태와 당신을 먹
인 젖이 복이 있나이다 하니
28 예수께서 이르시되 오히려 하나
님의 말씀을 듣고 지키는 자가
(福)복이 있느니라 하시니라

악한 세대가 표적을 구하나 (마 12:38-42; 막 8:12)

29 ● 무리가 모였을 때에 예수께서
말씀하시되 이 세대는 악한 세대
라 [3](表蹟)표적을 구하되 요나의
[3]표적 밖에는 보일 [3]표적이 없나니
30 요나가 니느웨 사람들에게 [3]표적
이 됨과 같이 인자도 이 (世代)세
대에 그러하리라
31 (審判)심판 때에 남방 여왕이 일
어나 이 세대 사람을 정죄하리니
이는 그가 솔로몬의 (智慧)지혜
로운 말을 들으려고 땅 끝에서 왔
음이거니와 솔로몬보다 더 큰 이
가 여기 있으며
32 심판 때에 니느웨 사람들이 일어
나 이 세대 사람을 (定罪)정죄하
리니 이는 그들이 요나의 전도를
듣고 회개하였음이거니와 요나보
다 더 큰 이가 여기 있느니라

눈은 몸의 등불(마 5:15; 6:22-23)

33 ● 누구든지 등불을 켜서 움 속에
나 말 아래에 두지 아니하고 (燈
檠)등경 위에 두나니 이는 들어
가는 자로 그 빛을 보게 하려 함
이라
34 네 몸의 등불은 눈이라 네 눈이 [4]
성하면 온 몸이 밝을 것이요 (萬一)
만일 나쁘면 네 몸도 어두우리라
35 그러므로 네 속에 있는 빛이 어둡
지 아니한가 보라
36 네 온 몸이 밝아 조금도 어두운

1) 헬, 손가락을 2) 헬, 노략물을 3)또는 이적 4) 헬, 순전하면

데가 없으면 등불의 빛이 너를 비
출 때와 같이 (穩全)온전히 밝으
리라 하시니라

바리새인과 율법교사(마 23:1-36; 막 12:38-40; 눅 20:45-47)

37 ●예수께서 말씀하실 때에 한 바
리새인이 자기와 함께 (點心)점
심 잡수시기를 청하므로 들어가[1]
앉으셨더니
38 잡수시기 전에 손 씻지 아니하심
을 그 바리새인이 보고 (異常)이
상히 여기는지라
39 주께서 이르시되 너희 바리새인
은 지금 잔과 대접의 겉은 깨끗이
하나 너희 속에는 (貪慾)탐욕과
악독이 가득하도다
40 어리석은 자들아 겉을 만드신 이
가 속도 만들지 아니하셨느냐
41 그러나 그 안에 있는 것으로 (救
濟)구제하라 그리하면 모든 것이
너희에게 깨끗하리라
42 ●화 있을진저 너희 바리새인이
여 너희가 (薄荷)박하와 (芸香)운
향과 모든 채소의 십일조는 드리
되 공의와 하나님께 대한 사랑은
버리는도다 그러나 이것도 행하고
저것도 버리지 말아야 할지니라
43 화 있을진저 너희 바리새인이여
너희가 (會堂)회당의 높은 자리
와 시장에서 문안 받는 것을 기뻐
하는도다
44 화 있을진저 너희여 너희는 [2](平
土葬)평토장한 무덤 같아서 그 위
를 밟는 사람이 알지 못하느니라

1) 5:29 난하주를 보라 2) 헬, 보이지 않는

45 ●한 (律法教師)율법교사가 예
수께 대답하여 이르되 선생님 이
렇게 말씀하시니 우리까지 (侮
辱)모욕하심이니이다
46 이르시되 (禍)화 있을진저 또 너
희 율법교사여 지기 어려운 짐을
사람에게 지우고 너희는 한 손가
락도 이 짐에 대지 않는도다
47 화 있을진저 너희는 선지자들의
무덤을 만드는도다 그들을 죽인
자도 너희 (祖上)조상들이로다
48 이와 같이 그들은 죽이고 너희는
무덤을 만드니 너희가 너희 조상
의 행한 일에 (證人)증인이 되어
옳게 여기는도다
49 그러므로 하나님의 (智慧)지혜가
일렀으되 내가 선지자와 사도들
을 그들에게 보내리니 그 중에서
더러는 죽이며 또 박해하리라 하
였느니라
50 (創世)창세 (以後)이후로 흘린 모
든 선지자의 피를 이 세대가 담당
하되
51 곧 아벨의 피로부터 제단과 성전
사이에서 죽임을 당한 사가랴의
피까지 하리라 내가 너희에게 이
르노니 과연 이 세대가 (擔當)담
당하리라
52 화 있을진저 너희 율법교사여 너
희가 (知識)지식의 열쇠를 가져
가서 너희도 들어가지 않고 또 들
어가고자 하는 자도 막았느니라
하시니라
53 ●거기서 나오실 때에 (書記官)
서기관과 바리새인들이 거세게 달

려들어 여러 가지 일을 따져 묻고
54 그 입에서 나오는 말을 (責)책잡
고자 하여 노리고 있더라

바리새인들의 외식을 주의하라
(마 10:26-33; 12:32; 10:19-20)

12 그 동안에 무리 수만 명이
모여 서로 밟힐 만큼 되었
더니 예수께서 먼저 제자들에게
말씀하여 이르시되 바리새인들의
누룩 곧 (外飾)외식을 주의하라
2 감추인 것이 드러나지 않을 것이
없고 숨긴 것이 알려지지 않을 것
이 없나니
3 이러므로 너희가 어두운 데서 말
한 모든 것이 (光明)광명한 데서
들리고 너희가 골방에서 귀에 대
고 말한 것이 지붕 위에서 전파되
리라
4 내가 내 (親舊)친구 너희에게 말
하노니 몸을 죽이고 그 후에는 능
히 더 못하는 자들을 두려워하지
말라
5 마땅히 두려워할 자를 내가 너희
에게 보이리니 곧 죽인 후에 또한
(地獄)지옥에 던져 넣는 (權勢)권
세 있는 그를 두려워하라 내가 참
으로 너희에게 이르노니 그를 두
려워하라
6 참새 다섯 마리가 두 [1]앗사리온에
팔리는 것이 아니냐 그러나 하나
님 앞에는 그 하나도 잊어버리시
는 바 되지 아니하는도다
7 너희에게는 (甚至於)심지어 머리
털까지도 다 세신 바 되었나니 두
려워하지 말라 너희는 많은 참새
보다 더 귀하니라
8 내가 또한 너희에게 말하노니 누
구든지 사람 앞에서 나를 (是認)
시인하면 인자도 하나님의 사자
들 앞에서 그를 시인할 것이요
9 사람 앞에서 나를 (否認)부인하
는 자는 하나님의 사자들 앞에서
부인을 당하리라
10 누구든지 말로 인자를 (拒逆)거
역하면 사하심을 받으려니와 성
령을 (冒瀆)모독하는 자는 사하
심을 받지 못하리라
11 사람이 너희를 회당이나 (爲政者)
위정자나 권세 있는 자 앞에 끌고
가거든 어떻게 무엇으로 대답하며
무엇으로 말할까 염려하지 말라
12 마땅히 할 말을 (聖靈)성령이 곧
그 때에 너희에게 가르치시리라
하시니라

한 부자 비유

13 ●무리 중에 한 사람이 이르되 선
생님 내 [2]형을 명하여 (遺産)유산
을 나와 나누게 하소서 하니
14 이르시되 이 사람아 누가 나를 너
희의 (裁判長)재판장이나 물건
나누는 자로 세웠느냐 하시고
15 그들에게 이르시되 삼가 모든 (貪
心)탐심을 물리치라 사람의 생명
이 그 소유의 넉넉한 데 있지 아
니하니라 하시고
16 또 비유로 그들에게 말하여 이르
시되 한 부자가 그 밭에 (所出)소
출이 풍성하매
17 심중에 생각하여 이르되 내가 (穀

1) 동전의 명칭 2) 또는 동생

食)곡식 쌓아 둘 곳이 없으니 어
찌할까 하고
18 또 이르되 내가 이렇게 하리라 내
(庫間)곳간을 헐고 더 크게 짓고
내 모든 곡식과 물건을 거기 쌓아
두리라
19 또 내가 내 (靈魂)영혼에게 이르
되 영혼아 여러 해 쓸 물건을 많이
쌓아 두었으니 평안히 쉬고 먹고
마시고 즐거워하자 하리라 하되
20 하나님은 이르시되 어리석은 자
여 오늘 밤에 네 영혼을 도로 찾
으리니 그러면 네 (準備)준비한
것이 누구의 것이 되겠느냐 하셨
으니
21 자기를 위하여 재물을 쌓아 두고
하나님께 대하여 (富饒)부요하지
못한 자가 이와 같으니라

목숨과 몸을 위하여 염려하지 말라 (마 6:25-34)

22 ●또 제자들에게 이르시되 그러
므로 내가 너희에게 이르노니 너
희 목숨을 위하여 무엇을 먹을까
몸을 위하여 무엇을 입을까 (念
慮)염려하지 말라
23 목숨이 음식보다 중하고 몸이 (衣
服)의복보다 중하니라
24 까마귀를 생각하라 심지도 아니
하고 거두지도 아니하며 골방도
없고 (倉庫)창고도 없으되 하나
님이 기르시나니 너희는 새보다
얼마나 더 (貴)귀하냐
25 또 너희 중에 누가 (念慮)염려함
으로 그 [1]키를 한 자라도 더할 수
있느냐
26 그런즉 가장 작은 일도 하지 못하
면서 어찌 다른 일들을 염려하느냐
27 (白合花)백합화를 생각하여 보라
실도 만들지 않고 짜지도 아니하
느니라 그러나 내가 너희에게 말
하노니 솔로몬의 모든 (榮光)영
광으로도 입은 것이 이 꽃 하나만
큼 훌륭하지 못하였느니라
28 오늘 있다가 (來日)내일 아궁이
에 던져지는 들풀도 하나님이 이
렇게 입히시거든 하물며 너희일
까보냐 믿음이 작은 자들아
29 너희는 무엇을 먹을까 무엇을 마
실까 하여 (求)구하지 말며 근심
하지도 말라
30 이 모든 것은 세상 (百姓)백성들
이 구하는 것이라 너희 아버지께
서는 이런 것이 너희에게 있어야
할 것을 아시느니라
31 다만 너희는 그의 나라를 (求)구
하라 그리하면 이런 것들을 너희
에게 더하시리라
32 적은 무리여 무서워 말라 너희 아
버지께서 그 나라를 너희에게 주
시기를 기뻐하시느니라
33 너희 (所有)소유를 팔아 (救濟)구
제하여 낡아지지 아니하는 배낭
을 만들라 곧 하늘에 둔 바 다함
이 없는 보물이니 거기는 도둑도
가까이 하는 일이 없고 좀도 먹는
일이 없느니라
34 너희 (寶物)보물 있는 곳에는 너
희 마음도 있으리라

깨어 준비하고 있으라(마 24:45-51)

1) 혹 목숨을 한 시간이라도 연장할 수 있느냐

35 ● 허리에 띠를 띠고 (燈)등불을
켜고 서 있으라
36 너희는 마치 그 주인이 (婚姻)혼
인 집에서 돌아와 문을 두드리면
곧 열어 주려고 기다리는 사람과
같이 되라
37 (主人)주인이 와서 깨어 있는 것
을 보면 그 종들은 복이 있으리로
다 내가 진실로 너희에게 이르노
니 주인이 띠를 띠고 그 종들을
자리에 [1]앉히고 나아와 (隨從)수
종들리라
38 주인이 혹 (二更)이경에나 혹 삼
경에 이르러서도 종들이 그같이
하고 있는 것을 보면 그 종들은
복이 있으리로다
39 너희도 아는 바니 집 (主人)주인
이 만일 도둑이 어느 때에 이를
줄 알았더라면 그 집을 뚫지 못하
게 하였으리라
40 그러므로 너희도 (準備)준비하고
있으라 생각하지 않은 때에 인자
가 오리라 하시니라
41 ● 베드로가 여짜오되 주께서 이
(譬喩)비유를 우리에게 하심이니
이까 모든 사람에게 하심이니이까
42 주께서 이르시되 (智慧)지혜 있
고 진실한 청지기가 되어 주인에
게 그 집 종들을 맡아 때를 따라
(糧食)양식을 나누어 줄 자가 누
구냐
43 (主人)주인이 이를 때에 그 종이
그렇게 하는 것을 보면 그 종은
복이 있으리로다
44 내가 참으로 너희에게 이르노니
주인이 그 모든 (所有)소유를 그
에게 맡기리라
45 만일 그 종이 마음에 생각하기를
(主人)주인이 더디 오리라 하여
남녀 종들을 때리며 먹고 마시고
취하게 되면
46 생각하지 않은 날 알지 못하는
(時刻)시각에 그 종의 주인이 이
르러 [2]엄히 때리고 (信實)신실하
지 아니한 자의 받는 벌에 처하리
니
47 주인의 뜻을 알고도 (準備)준비
하지 아니하고 그 뜻대로 행하지
아니한 종은 많이 맞을 것이요
48 알지 못하고 맞을 일을 행한 종은
적게 맞으리라 무릇 많이 받은 자
에게는 많이 (要求)요구할 것이
요 많이 맡은 자에게는 많이 달라
할 것이니라

불을 던지러, 분쟁을 일으키러 왔다
(마 10:34-36)

49 ● 내가 불을 땅에 던지러 왔노니
이 불이 이미 붙었으면 내가 무엇
을 (願)원하리요
50 나는 받을 [3](洗禮)세례가 있으니
그것이 이루어지기까지 나의 답
답함이 어떠하겠느냐
51 내가 세상에 (和平)화평을 주려
고 온 줄로 아느냐 내가 너희에게
이르노니 아니라 도리어 분쟁하
게 하려 함이로라
52 이 후부터 한 집에 다섯 사람이
있어 (紛爭)분쟁하되 셋이 둘과,
둘이 셋과 하리니

1) 5:29 난하주를 보라 2) 헬, 쪼개어 내고 3) 헬, 또는 침례

53 아버지가 아들과, 아들이 아버지
와, 어머니가 딸과, 딸이 어머니
와, (媤)시어머니가 며느리와, 며
느리가 시어머니와 분쟁하리라
하시니라

시대를 분간하고, 화해하기를 힘쓰라
(마 5:25-26; 16:2-3)

54 ●또 무리에게 이르시되 너희가
구름이 서쪽에서 이는 것을 보면
곧 말하기를 소나기가 오리라 하
나니 (果然)과연 그러하고
55 (南風)남풍이 부는 것을 보면 말
하기를 심히 더우리라 하나니 과
연 그러하니라
56 외식하는 자여 너희가 천지의 기
상은 (分揀)분간할 줄 알면서 어
찌 이 (時代)시대는 분간하지 못
하느냐
57 또 어찌하여 옳은 것을 스스로
(判斷)판단하지 아니하느냐
58 네가 너를 고발하는 자와 함께 법
관에게 갈 때에 길에서 (和解)화
해하기를 힘쓰라 그가 너를 재판
장에게 끌어 가고 재판장이 너를
옥졸에게 넘겨 주어 옥졸이 옥에
가둘까 염려하라
59 네게 이르노니 한 푼이라도 남김
이 없이 갚지 아니하고서는 (決)
결코 거기서 나오지 못하리라 하
시니라

회개하지 아니하면 망하리라

13 그 때 마침 두어 사람이 와
서 빌라도가 어떤 갈릴리 사
람들의 피를 그들의 (祭物)제물
에 섞은 일로 예수께 아뢰니
2 대답하여 이르시되 너희는 이 갈
릴리 사람들이 이같이 (害)해 받
으므로 다른 모든 갈릴리 사람보
다 죄가 더 있는 줄 아느냐
3 너희에게 이르노니 아니라 너희
도 만일 (悔改)회개하지 아니하
면 다 이와 같이 망하리라
4 또 실로암에서 (望臺)망대가 무
너져 치어 죽은 열여덟 사람이 예
루살렘에 거한 다른 모든 사람보
다 [1]죄가 더 있는 줄 아느냐
5 너희에게 이르노니 아니라 너희
도 만일 (悔改)회개하지 아니하
면 다 이와 같이 망하리라

열매 맺지 못하는 무화과나무 비유

6 ●이에 비유로 말씀하시되 한 사
람이 (葡萄園)포도원에 무화과나
무를 심은 것이 있더니 와서 그
열매를 구하였으나 얻지 못한지
라
7 포도원지기에게 이르되 내가 삼
년을 와서 이 (無花果)무화과나
무에서 열매를 구하되 얻지 못하
니 찍어버리라 어찌 땅만 버리게
하겠느냐
8 대답하여 이르되 주인이여 (今
年)금년에도 그대로 두소서 내가
두루 파고 거름을 주리니
9 이 (後)후에 만일 열매가 열면 좋
거니와 그렇지 않으면 찍어버리
소서 하였다 하시니라

안식일에 꼬부라진 여자를 고치시다

10 ●예수께서 (安息日)안식일에 한
회당에서 가르치실 때에

1) 헬, 빚진 것이

11 열여덟 해 동안이나 (鬼神)귀신
들려 앓으며 꼬부라져 조금도 펴
지 못하는 한 여자가 있더라
12 예수께서 보시고 불러 이르시되
여자여 네가 네 (病)병에서 놓였
다 하시고
13 (按手)안수하시니 여자가 곧 펴
고 하나님께 영광을 돌리는지라
14 (會堂長)회당장이 예수께서 안식
일에 병 고치시는 것을 분 내어
무리에게 이르되 일할 날이 엿새
가 있으니 그 동안에 와서 고침을
받을 것이요 안식일에는 하지 말
것이니라 하거늘
15 (主)주께서 대답하여 이르시되
(外飾)외식하는 자들아 너희가
각각 안식일에 자기의 소나 나귀
를 외양간에서 풀어내어 이끌고
가서 물을 먹이지 아니하느냐
16 그러면 열여덟 해 동안 사탄에게
매인 바 된 이 아브라함의 딸을
(安息日)안식일에 이 매임에서 푸
는 것이 합당하지 아니하냐
17 예수께서 이 말씀을 하시매 모든
(反對)반대하는 자들은 부끄러워
하고 온 무리는 그가 하시는 모든
(榮光)영광스러운 일을 기뻐하니
라

겨자씨와 누룩 비유(마 13:31-33; 막 4:30-32)

18 ● 그러므로 예수께서 이르시되
하나님의 나라가 무엇과 같을까
내가 무엇으로 (比較)비교할까
19 마치 사람이 자기 (菜蔬)채소밭
에 갖다 심은 겨자씨 한 알 같으
니 자라 나무가 되어 공중의 새들
이 그 가지에 깃들였느니라
20 또 이르시되 내가 하나님의 나라
를 무엇으로 (比較)비교할까
21 마치 여자가 가루 서 말 속에 갖
다 넣어 (全部)전부 부풀게 한 누
룩과 같으니라 하셨더라

좁은 문으로 들어가기를 힘쓰라 (마 7:13-14, 21-23)

22 ● 예수께서 각 성 각 마을로 다니
사 가르치시며 예루살렘으로 (旅
行)여행하시더니
23 어떤 사람이 여짜오되 주여 (救
援)구원을 받는 자가 적으니이까
그들에게 이르시되
24 좁은 (門)문으로 들어가기를 힘쓰
라 내가 너희에게 이르노니 들어
가기를 구하여도 못하는 자가 많
으리라
25 집 주인이 일어나 문을 한 번 닫
은 후에 너희가 밖에 서서 문을
두드리며 주여 열어 주소서 하면
그가 (對答)대답하여 이르되 나
는 너희가 어디에서 온 자인지 알
지 못하노라 하리니
26 그 때에 너희가 말하되 우리는 주
앞에서 먹고 마셨으며 (主)주는
또한 우리의 길거리에서 가르치
셨나이다 하나
27 그가 너희에게 말하여 이르되 나
는 너희가 어디에서 왔는지 알지
못하노라 (行惡)행악하는 모든
자들아 나를 떠나 가라 하리라
28 너희가 아브라함과 이삭과 야곱
과 모든 (先知者)선지자는 하나

님 나라에 있고 오직 너희는 밖에
쫓겨난 것을 볼 때에 거기서 슬피
울며 이를 갈리라
29 사람들이 (東西南北)동서남북으
로부터 와서 하나님의 나라 잔치
에 [1](參與)참여하리니
30 보라 나중 된 (者)자로서 먼저 될
자도 있고 먼저 된 자로서 나중
될 자도 있느니라 하시더라

선지자들을 죽이는 예루살렘아
(마 23:37-39)

31 ●곧 그 때에 어떤 바리새인들이
나아와서 이르되 나가서 여기를
떠나소서 헤롯이 (當身)당신을
죽이고자 하나이다
32 이르시되 너희는 가서 저 여우에
게 이르되 오늘과 내일은 내가 귀
신을 쫓아내며 병을 고치다가 제
삼일에는 [2](完全)완전하여지리라
하라
33 그러나 오늘과 내일과 모레는 내
가 갈 길을 가야 하리니 선지자가
예루살렘 밖에서는 죽는 (法)법이
없느니라
34 예루살렘아 예루살렘아 선지자들
을 죽이고 네게 (派送)파송된 자
들을 돌로 치는 자여 암탉이 제
새끼를 날개 아래에 모음 같이 내
가 너희의 자녀를 모으려 한 일이
몇 번이냐 그러나 너희가 원하지
아니하였도다
35 보라 너희 집이 (荒廢)황폐하여
버린 바 되리라 내가 너희에게 이
르노니 너희가 주의 이름으로 오
시는 이를 (讚頌)찬송하리로다
할 때까지는 나를 보지 못하리라
하시니라

수종병 든 사람을 고치시다

14 안식일에 예수께서 한 바리
새인 (指導者)지도자의 집
에 떡 잡수시러 들어가시니 그들
이 엿보고 있더라
2 주의 앞에 (水腫病)수종병 든 한
사람이 있는지라
3 예수께서 대답하여 율법교사들과
바리새인들에게 이르시되 안식일
에 병 고쳐 주는 것이 (合當)합당
하냐 아니하냐
4 그들이 (潛潛)잠잠하거늘 예수께
서 그 사람을 데려다가 고쳐 보내
시고
5 또 그들에게 이르시되 너희 중에
누가 그 [3]아들이나 소가 우물에
빠졌으면 (安息日)안식일에라도
곧 끌어내지 않겠느냐 하시니
6 그들이 이에 대하여 (對答)대답
하지 못하니라

끝자리에 앉으라

7 ●청함을 받은 사람들이 높은 자
리 택함을 보시고 그들에게 (譬
喩)비유로 말씀하여 이르시되
8 네가 누구에게나 (婚姻)혼인 잔
치에 청함을 받았을 때에 높은 자
리에 [4]앉지 말라 그렇지 않으면
너보다 더 높은 사람이 청함을 받
은 (境遇)경우에
9 너와 그를 (請)청한 자가 와서 너
더러 이 사람에게 자리를 내주라

1) 5:29 난하주를 보라 2) 또는 완전히 이루리라 3) 어떤 사본
에, 나귀나 4) 5:29 난하주를 보라

하리니 그 때에 네가 부끄러워 끝
자리로 가게 되리라
10 청함을 받았을 때에 차라리 가
서 끝자리에 [1]앉으라 그러면 너
를 청한 자가 와서 너더러 벗이여
올라 [1]앉으라 하리니 그 때에야
함께 [1]앉은 모든 사람 앞에서 (榮
光)영광이 있으리라
11 무릇 (自己)자기를 높이는 자는
낮아지고 자기를 낮추는 자는 높
아지리라
12 ●또 자기를 청한 자에게 이르시
되 네가 점심이나 저녁이나 베풀
거든 벗이나 형제나 (親戚)친척
이나 부한 이웃을 청하지 말라 두
렵건대 그 사람들이 너를 도로 청
하여 네게 갚음이 될까 하노라
13 잔치를 베풀거든 차라리 가난한
자들과 몸 불편한 자들과 저는 자
들과 (盲人)맹인들을 청하라
14 그리하면 그들이 갚을 것이 없으
므로 네게 복이 되리니 이는 의인
들의 (復活)부활시에 네가 갚음
을 받겠음이라 하시더라

큰 잔치 비유(마 22:1-10)

15 ●함께 먹는 사람 중의 하나가 이
말을 듣고 이르되 무릇 하나님의
나라에서 떡을 먹는 자는 (福)복
되도다 하니
16 이르시되 어떤 사람이 큰 잔치를
베풀고 많은 사람을 (請)청하였더
니
17 잔치할 (時刻)시각에 그 청하였
던 자들에게 종을 보내어 이르되
오소서 모든 것이 준비되었나이
다 하매
18 다 일치하게 (辭讓)사양하여 한
사람은 이르되 나는 밭을 샀으매
아무래도 나가 보아야 하겠으니
청컨대 나를 (諒解)양해하도록
하라 하고
19 또 한 사람은 이르되 나는 소 다
섯 겨리를 샀으매 (試驗)시험하
러 가니 청컨대 나를 양해하도록
하라 하고
20 또 한 사람은 이르되 나는 장가
들었으니 그러므로 가지 못하겠
노라 하는지라
21 종이 돌아와 주인에게 그대로 고
하니 이에 집 주인이 노하여 그 종
에게 이르되 빨리 시내의 거리와
골목으로 나가서 가난한 자들과
몸 (不便)불편한 자들과 맹인들과
저는 자들을 데려오라 하니라
22 종이 이르되 (主人)주인이여 명
하신 대로 하였으되 아직도 자리
가 있나이다
23 주인이 종에게 이르되 길과 산울
타리 가로 나가서 사람을 (强勸)
강권하여 데려다가 내 집을 채우
라
24 내가 너희에게 말하노니 (前)전에
청하였던 그 사람들은 하나도 내
잔치를 맛보지 못하리라 하였다
하시니라

제자가 되는 길(마 5:13; 막 9:50)

25 ●(數)수많은 무리가 함께 갈새
예수께서 돌이키사 이르시되
26 무릇 내게 오는 자가 자기 (父母)

1) 5:29 난하주를 보라

부모와 처자와 형제와 자매와 더욱
이 자기 목숨까지 미워하지 아니하
면 능히 내 제자가 되지 못하고
27 누구든지 자기 (十字架)십자가를
지고 나를 따르지 않는 자도 능히
내 제자가 되지 못하리라
28 너희 중의 누가 망대를 세우고자
할진대 자기의 가진 것이 준공하
기까지에 족할는지 먼저 앉아 그
(費用)비용을 (計算)계산하지 아
니하겠느냐
29 그렇게 아니하여 그 (基礎)기초
만 쌓고 능히 이루지 못하면 보는
자가 다 비웃어
30 이르되 이 사람이 (工事)공사를
시작하고 능히 이루지 못하였다
하리라
31 또 어떤 임금이 다른 임금과 싸우
러 갈 때에 먼저 앉아 일만 명으
로써 저 이만 명을 거느리고 오는
자를 (對敵)대적할 수 있을까 헤
아리지 아니하겠느냐
32 만일 못할 터이면 그가 아직 멀리
있을 때에 사신을 보내어 (和親)
화친을 청할지니라
33 이와 같이 너희 중의 누구든지 자
기의 모든 (所有)소유를 버리지
아니하면 능히 내 제자가 되지 못
하리라
34 소금이 좋은 것이나 소금도 (萬
一)만일 그 맛을 잃으면 무엇으
로 짜게 하리요
35 땅에도, 거름에도 쓸 데 없어 내
버리느니라 들을 귀가 있는 (者)
자는 들을지어다 하시니라

잃은 양을 찾은 목자 비유(마 18:12-14)

15 모든 (稅吏)세리와 죄인들이
말씀을 들으러 가까이 나아
오니
2 바리새인과 서기관들이 수군거려
이르되 이 사람이 죄인을 (迎接)
영접하고 (飮食)음식을 같이 먹
는다 하더라
3 ● 예수께서 그들에게 이 (譬喩)
비유로 이르시되
4 너희 중에 어떤 사람이 (羊)양
(百)백 마리가 있는데 그 중의 하
나를 잃으면 아흔아홉 마리를 들
에 두고 그 잃은 것을 찾아내기까
지 찾아다니지 아니하겠느냐
5 또 찾아낸즉 즐거워 어깨에 메고
6 집에 와서 그 벗과 이웃을 불러
모으고 말하되 나와 함께 즐기자
나의 잃은 양을 찾아내었노라 하
리라
7 내가 너희에게 이르노니 이와 같
이 죄인 한 사람이 (悔改)회개하
면 하늘에서는 회개할 것 없는 의
인 아흔아홉으로 말미암아 기뻐
하는 것보다 더하리라

잃은 드라크마를 찾은 여인 비유

8 ● 어떤 (女子)여자가 열 [1]드라크
마가 있는데 하나를 잃으면 등불
을 켜고 집을 쓸며 찾아내기까지
부지런히 찾지 아니하겠느냐
9 또 찾아낸즉 벗과 이웃을 불러 모
으고 말하되 나와 함께 즐기자 잃
은 [1]드라크마를 찾아내었노라 하
리라

1) 은전의 명칭

10 내가 너희에게 이르노니 이와 같
이 죄인 한 사람이 회개하면 하나
님의 (使者)사자들 앞에 기쁨이
되느니라

잃은 아들을 되찾은 아버지 비유

11 ●또 이르시되 어떤 사람에게 두
아들이 있는데
12 그 둘째가 아버지에게 말하되 아
버지여 (財産)재산 중에서 내게
돌아올 분깃을 내게 주소서 하는
지라 아버지가 그 살림을 각각 나
눠 주었더니
13 그 후 며칠이 안 되어 둘째 아들
이 재물을 다 모아 가지고 먼 나
라에 가 거기서 (虛浪放蕩)허랑
방탕하여 그 재산을 (浪費)낭비
하더니
14 다 없앤 후 그 나라에 크게 흉년
이 들어 그가 비로소 (窮乏)궁핍
한지라
15 가서 그 나라 (百姓)백성 중 한
사람에게 붙여 사니 그가 그를 들
로 보내어 돼지를 치게 하였는데
16 그가 돼지 먹는 쥐엄 열매로 배를
채우고자 하되 주는 (者)자가 없
는지라
17 이에 스스로 돌이켜 이르되 내 아
버지에게는 (糧食)양식이 (豊足)
풍족한 품꾼이 얼마나 많은가 나
는 여기서 주려 죽는구나
18 내가 일어나 아버지께 가서 이르
기를 아버지 내가 하늘과 아버지
께 (罪)죄를 지었사오니
19 지금부터는 아버지의 아들이라
일컬음을 (堪當)감당하지 못하겠
나이다 나를 품꾼의 하나로 보소
서 하리라 하고
20 이에 일어나서 아버지께로 돌아가
니라 아직도 거리가 먼데 아버지
가 그를 보고 (惻隱)측은히 여겨
달려가 목을 안고 입을 맞추니
21 아들이 이르되 아버지 내가 하늘
과 아버지께 죄를 지었사오니 지
금부터는 아버지의 아들이라 일
컬음을 (堪當)감당하지 못하겠나
이다 [1]하나
22 아버지는 종들에게 이르되 (第
一)제일 좋은 옷을 내어다가 입
히고 손에 가락지를 끼우고 발에
신을 신기라
23 그리고 살진 송아지를 끌어다가
잡으라 우리가 먹고 즐기자
24 이 내 아들은 죽었다가 다시 살아
났으며 내가 잃었다가 다시 얻었
노라 하니 그들이 즐거워하더라
25 맏아들은 밭에 있다가 돌아와 집
에 가까이 왔을 때에 (風樂)풍악
과 춤추는 소리를 듣고
26 한 종을 불러 이 무슨 일인가 물
은대
27 대답하되 (當身)당신의 동생이
돌아왔으매 당신의 아버지가 (健
康)건강한 그를 다시 맞아들이게
됨으로 인하여 살진 송아지를 잡
았나이다 하니
28 그가 (怒)노하여 들어가고자 하지
아니하거늘 아버지가 나와서 권
한대
29 아버지께 대답하여 이르되 내가

1) 어떤 사본에, '나를 품꾼의 하나로 보소서'가 있음

여러 해 아버지를 섬겨 (命)명을
어김이 없거늘 내게는 염소 새끼
라도 주어 나와 내 벗으로 즐기게
하신 일이 없더니
30 아버지의 살림을 (娼女)창녀들과
함께 삼켜 버린 이 아들이 돌아오
매 이를 위하여 살진 송아지를 잡
으셨나이다
31 아버지가 이르되 얘 너는 (恒常)
항상 나와 함께 있으니 내 것이
다 네 것이로되
32 이 네 (同生)동생은 죽었다가 살
아났으며 내가 잃었다가 얻었기
로 우리가 즐거워하고 기뻐하는
것이 마땅하다 하니라

옳지 않은 청지기 비유

16 또한 제자들에게 이르시되
어떤 부자에게 청지기가 있
는데 그가 주인의 소유를 (浪費)
낭비한다는 말이 그 주인에게 들
린지라
2 주인이 그를 불러 이르되 내가 네
게 대하여 들은 이 말이 어찌 됨
이냐 네가 보던 일을 셈하라 청지
기 (職務)직무를 계속하지 못하
리라 하니
3 청지기가 속으로 이르되 주인이
내 (職分)직분을 빼앗으니 내가
무엇을 할까 땅을 파자니 힘이 없
고 빌어 먹자니 부끄럽구나
4 내가 할 일을 알았도다 이렇게 하
면 직분을 빼앗긴 후에 사람들이
나를 자기 집으로 (迎接)영접하
리라 하고
5 (主人)주인에게 빚진 자를 일일
이 불러다가 먼저 온 자에게 이르
되 네가 내 주인에게 얼마나 빚졌
느냐
6 말하되 기름 백 말이니이다 이르
되 여기 네 증서를 가지고 빨리
앉아 (五十)오십이라 쓰라 하고
7 또 다른 이에게 이르되 너는 얼마
나 빚졌느냐 이르되 밀 백 석이니
이다 이르되 여기 네 (證書)증서
를 가지고 팔십이라 쓰라 하였는
지라
8 주인이 이 옳지 않은 청지기가 일
을 지혜 있게 하였으므로 (稱讚)
칭찬하였으니 이 세대의 아들들
이 자기 시대에 있어서는 빛의 아
들들보다 더 (智慧)지혜로움이니
라
9 내가 너희에게 말하노니 불의의
(財物)재물로 친구를 사귀라 그
리하면 그 재물이 없어질 때에 그
들이 너희를 영주할 처소로 영접
하리라
10 지극히 작은 것에 (忠誠)충성된
자는 큰 것에도 충성되고 지극히
작은 것에 불의한 자는 큰 것에도
불의하니라
11 너희가 만일 (不義)불의한 재물
에도 충성하지 아니하면 누가 참
된 것으로 너희에게 맡기겠느냐
12 너희가 만일 남의 것에 (忠誠)충
성하지 아니하면 누가 너희의 것
을 너희에게 주겠느냐
13 집 하인이 두 주인을 섬길 수 없
나니 혹 이를 미워하고 저를 사랑
하거나 혹 이를 중히 여기고 저를

경히 여길 것임이니라 너희는 하
나님과 (財物)재물을 겸하여 섬
길 수 없느니라

율법과 하나님 나라의 복음

14 ●바리새(人)인들은 돈을 좋아하
는 자들이라 이 모든 것을 듣고
비웃거늘
15 예수께서 이르시되 너희는 사람
앞에서 스스로 옳다 하는 (者)자
들이나 너희 마음을 하나님께서
아시나니 사람 중에 높임을 받는
그것은 하나님 앞에 미움을 받는
것이니라
16 율법과 선지자는 요한의 때까지
요 그 후부터는 하나님 나라의
(福音)복음이 전파되어 사람마다
그리로 침입하느니라
17 그러나 (律法)율법의 한 (劃)획이
떨어짐보다 천지가 없어짐이 쉬
우리라
18 무릇 자기 아내를 버리고 다른 데
장가 드는 자도 (姦淫)간음함이
요 무릇 버림당한 여자에게 장가
드는 자도 간음함이니라

부자와 거지

19 ●한 부자가 있어 자색 옷과 고운
베옷을 입고 날마다 (豪華)호화
롭게 즐기더라
20 그런데 나사로라 이름하는 한 거
지가 헌데 투성이로 그의 (大門)
대문 앞에 버려진 채
21 그 부자의 상에서 떨어지는 것으
로 배불리려 하매 (甚至於)심지
어 개들이 와서 그 헌데를 핥더라
22 이에 그 거지가 죽어 천사들에게
받들려 아브라함의 품에 들어가
고 부자도 죽어 (葬事)장사되매
23 그가 (陰府)음부에서 고통중에
눈을 들어 멀리 아브라함과 그의
품에 있는 나사로를 보고
24 불러 이르되 아버지 아브라함이
여 나를 (矜恤)긍휼히 여기사 나
사로를 보내어 그 손가락 끝에 물
을 찍어 내 혀를 서늘하게 하소서
내가 이 불꽃 가운데서 괴로워하
나이다
25 아브라함이 이르되 얘 너는 살았
을 때에 좋은 것을 받았고 나사
로는 (苦難)고난을 받았으니 이
것을 기억하라 이제 그는 여기서
(慰勞)위로를 받고 너는 괴로움
을 받느니라
26 그뿐 아니라 너희와 우리 사이에
큰 구렁텅이가 놓여 있어 여기서
너희에게 건너가고자 하되 갈 수
없고 거기서 우리에게 건너올 수
도 없게 하였느니라
27 이르되 그러면 아버지여 (求)구하
노니 나사로를 내 아버지의 집에
보내소서
28 내 형제 다섯이 있으니 그들에게
증언하게 하여 그들로 이 (苦痛)
고통 받는 곳에 오지 않게 하소서
29 아브라함이 이르되 그들에게 모
세와 (先知者)선지자들이 있으니
그들에게 들을지니라
30 이르되 그렇지 아니하니이다 아
버지 아브라함이여 만일 죽은 자
에게서 그들에게 가는 자가 있으
면 (悔改)회개하리이다

31 이르되 모세와 선지자들에게 듣
지 아니하면 비록 죽은 자 가운
데서 살아나는 자가 있을지라도
(勸)권함을 받지 아니하리라 하였
다 하시니라

용서, 믿음, 종이 할 일
(마 18:6-7; 21:22; 막 9:42)

17 예수께서 제자들에게 이르
시되 (失足)실족하게 하는
것이 없을 수는 없으나 그렇게 하
게 하는 자에게는 화로다
2 그가 이 작은 자 중의 하나를 실
족하게 할진대 차라리 (硏子)연
자맷돌이 그 목에 매여 바다에 던
져지는 것이 나으리라
3 너희는 스스로 (操心)조심하라 만
일 네 형제가 죄를 범하거든 경고
하고 (悔改)회개하거든 용서하라
4 만일 하루에 일곱 번이라도 네게
죄를 짓고 일곱 번 네게 돌아와
내가 회개하노라 하거든 너는 (容
恕)용서하라 하시더라
5 ●(使徒)사도들이 주께 여짜오되
우리에게 믿음을 더하소서 하니
6 주께서 이르시되 너희에게 겨자씨
한 알만한 믿음이 있었더라면 이
뽕나무더러 뿌리가 뽑혀 바다에
심기어라 하였을 것이요 그것이
너희에게 (順從)순종하였으리라
7 너희 중 누구에게 밭을 갈거나
(羊)양을 치거나 하는 종이 있어
밭에서 돌아오면 그더러 곧 와[1]
앉아서 먹으라 말할 자가 있느냐
8 도리어 그더러 내 먹을 것을 준비

1) 5:29 난하주를 보라

하고 띠를 띠고 내가 먹고 마시는
동안에 (隨從)수종들고 너는 그
후에 먹고 마시라 하지 않겠느냐
9 명한 대로 하였다고 종에게 (感
謝)감사하겠느냐
10 이와 같이 너희도 (命令)명령 받
은 것을 다 행한 후에 이르기를
우리는 (無益)무익한 종이라 우
리가 하여야 할 일을 한 것뿐이라
할지니라

나병환자 열 명이 깨끗함을 받다

11 ●예수께서 예루살렘으로 가실
때에 사마리아와 갈릴리 사이로
지나가시다가
12 한 마을에 들어가시니 (癩病患
者)나병환자 열 명이 예수를 만
나 멀리 서서
13 소리를 높여 이르되 예수 (先生)
선생님이여 우리를 불쌍히 여기
소서 하거늘
14 보시고 이르시되 가서 (祭司長)
제사장들에게 너희 몸을 보이라
하셨더니 그들이 가다가 깨끗함
을 받은지라
15 그 중의 한 사람이 자기가 나은
것을 보고 큰 소리로 하나님께
(榮光)영광을 돌리며 돌아와
16 예수의 발 아래에 엎드리어 (感
謝)감사하니 그는 사마리아 사람
이라
17 예수께서 (對答)대답하여 이르시
되 열 사람이 다 깨끗함을 받지
아니하였느냐 그 아홉은 어디 있
느냐
18 이 (異邦人)이방인 외에는 하나

님께 (榮光)영광을 돌리러 돌아
온 자가 없느냐 하시고
19 그에게 이르시되 일어나 가라 네
믿음이 너를 (救援)구원하였느니
라 하시더라

하나님의 나라는 너희 안에 있다 (마 24:23-28, 37-41)

20 ●바리새인들이 하나님의 나라
가 어느 때에 (臨)임하나이까 묻
거늘 예수께서 대답하여 이르시
되 하나님의 나라는 볼 수 있게
임하는 것이 아니요
21 또 여기 있다 저기 있다고도 못하
리니 하나님의 나라는 너희 안에
있느니라
22 ●또 (弟子)제자들에게 이르시되
때가 이르리니 너희가 인자의 날
하루를 보고자 하되 보지 못하리
라
23 사람이 너희에게 말하되 보라 저
기 있다 보라 여기 있다 하리라
그러나 너희는 가지도 말고 따르
지도 말라
24 번개가 하늘 아래 이쪽에서 번쩍
이어 하늘 아래 저쪽까지 비침같
이 인자도 (自己)자기 날에 그러
하리라
25 그러나 그가 먼저 많은 (苦難)고
난을 받으며 이 세대에게 버린 바
되어야 할지니라
26 노아의 때에 된 것과 같이 (人子)
인자의 때에도 그러하리라
27 노아가 (方舟)방주에 들어가던
날까지 사람들이 먹고 마시고 장
가 들고 시집 가더니 (洪水)홍수
가 나서 그들을 다 멸망시켰으며
28 또 롯의 때와 같으리니 사람들이
먹고 마시고 사고 팔고 심고 집을
짓더니
29 롯이 소돔에서 나가던 날에 하늘
로부터 불과 유황이 비오듯 하여
그들을 (滅亡)멸망시켰느니라
30 (人子)인자가 나타나는 날에도
이러하리라
31 그 날에 (萬一)만일 사람이 지붕
위에 있고 그의 세간이 그 집 안에
있으면 그것을 가지러 내려가지
말 것이요 밭에 있는 자도 그와 같
이 뒤로 돌이키지 말 것이니라
32 롯의 처를 (記憶)기억하라
33 무릇 자기 목숨을 (保存)보전하
고자 하는 자는 잃을 것이요 잃는
자는 살리리라
34 내가 너희에게 이르노니 그 밤에
둘이 한 자리에 누워 있으매 하나
는 데려감을 얻고 하나는 버려둠
을 (當)당할 것이요
35 두 (女子)여자가 함께 맷돌을 갈
고 있으매 하나는 데려감을 얻고
하나는 버려둠을 당할 것이니라
36 [1]없음
37 그들이 대답하여 이르되 주여 어
디오니이까 이르시되 주검 있는
곳에는 (禿)독수리가 모이느니라
하시니라

과부와 재판장 비유

18 예수께서 그들에게 항상 기
도하고 (落心)낙심하지 말아

1) 어떤 고대 사본에, 36절 '두 사람이 밭에 있으매 하나는 데려
감을 당하고 하나는 버려둠을 당할 것이요'가 있음

야 할 것을 비유로 말씀하여
2 이르시되 어떤 도시에 하나님을
두려워하지 않고 사람을 (無視)
무시하는 한 재판장이 있는데
3 그 도시에 한 (寡婦)과부가 있어
자주 그에게 가서 내 (怨讐)원수
에 대한 나의 원한을 풀어 주소서
하되
4 그가 얼마 동안 듣지 아니하다가
후에 속으로 생각하되 내가 하나
님을 두려워하지 않고 사람을 (無
視)무시하나
5 이 과부가 나를 번거롭게 하니 내
가 그 (怨恨)원한을 풀어 주리라
그렇지 않으면 늘 와서 나를 괴롭
게 하리라 하였느니라
6 주께서 또 이르시되 (不義)불의
한 재판장이 말한 것을 들으라
7 하물며 하나님께서 그 밤낮 부르
짖는 (擇)택하신 자들의 원한을
풀어 주지 아니하시겠느냐 그들
에게 오래 참으시겠느냐
8 내가 너희에게 이르노니 속히 그
원한을 풀어 주시리라 그러나 인
자가 올 때에 (世上)세상에서 믿
음을 보겠느냐 하시니라

바리새인과 세리 비유

9 ●또 자기를 의롭다고 믿고 다른
사람을 (蔑視)멸시하는 자들에게
이 비유로 말씀하시되
10 두 사람이 기도하러 (聖殿)성전
에 올라가니 하나는 바리새인이
요 하나는 세리라
11 바리새인은 서서 따로 기도하여
이르되 하나님이여 나는 다른 사
람들 곧 (討索)토색, (不義)불의,
간음을 하는 자들과 같지 아니하
고 이 세리와도 같지 아니함을 감
사하나이다
12 나는 이레에 두 번씩 금식하고 또
(所得)소득의 십일조를 드리나이
다 하고
13 (稅吏)세리는 멀리 서서 감히 눈
을 들어 하늘을 쳐다보지도 못하
고 다만 가슴을 치며 이르되 하나
님이여 불쌍히 여기소서 나는 죄
인이로소이다 하였느니라
14 내가 너희에게 이르노니 이에 저
바리새인이 아니고 이 사람이
(義)의롭다 하심을 받고 그의 집
으로 내려갔느니라 무릇 자기를
높이는 자는 낮아지고 자기를 낮
추는 자는 높아지리라 하시니라

어린 아이들을 금하지 말라
(마 19:13-15; 막 10:13-16)

15 ●사람들이 예수께서 만져 주심
을 바라고 (自己)자기 어린 아기
를 데리고 오매 제자들이 보고 꾸
짖거늘
16 예수께서 그 어린 아이들을 불러
가까이 하시고 이르시되 어린 아
이들이 내게 오는 것을 (容納)용
납하고 금하지 말라 하나님의 나
라가 이런 자의 것이니라
17 내가 진실로 너희에게 이르노니
누구든지 하나님의 나라를 어린
아이와 같이 받아들이지 않는 자
는 (決斷)결단코 거기 들어가지
못하리라 하시니라

부자 관리(마 19:16-30; 막 10:17-31)

18 ●어떤 관리가 물어 이르되 선한
선생님이여 내가 무엇을 하여야
(永生)영생을 얻으리이까
19 예수께서 이르시되 네가 어찌하
여 나를 선하다 일컫느냐 하나님
한 분 (外)외에는 선한 이가 없느
니라
20 네가 (誡命)계명을 아나니 ㄱ간음
하지 말라, 살인하지 말라, 도둑
질하지 말라, 거짓 증언 하지 말
라, 네 부모를 (恭敬)공경하라 하
였느니라
21 여짜오되 이것은 내가 어려서부
터 다 지키었나이다
22 예수께서 이 말을 들으시고 이르
시되 네게 아직도 한 가지 부족한
것이 있으니 네게 있는 것을 다
팔아 가난한 자들에게 나눠 주라
그리하면 하늘에서 네게 (寶貨)
보화가 있으리라 그리고 와서 나
를 따르라 하시니
23 그 사람이 큰 (富者)부자이므로
이 말씀을 듣고 심히 근심하더라
24 예수께서 그를 보시고 이르시되
(財物)재물이 있는 자는 하나님
의 나라에 들어가기가 얼마나 어
려운지
25 (駱駝)낙타가 바늘귀로 들어가는
것이 부자가 하나님의 나라에 들
어가는 것보다 쉬우니라 하시니
26 듣는 자들이 이르되 그런즉 누가
(救援)구원을 얻을 수 있나이까
27 이르시되 무릇 사람이 할 수 없는
것을 하나님은 하실 수 있느니라
28 베드로가 여짜오되 보옵소서 우
리가 우리의 것을 다 버리고 (主)
주를 따랐나이다
29 이르시되 내가 (眞實)진실로 너
희에게 이르노니 하나님의 나라
를 위하여 집이나 아내나 형제나
부모나 자녀를 버린 자는
30 현세에 여러 배를 받고 (來世)내
세에 영생을 받지 못할 자가 없느
니라 하시니라

죽음과 부활을 다시 이르시다
(마 20:17-19; 막 10:32-34)

31 ●예수께서 열두 제자를 데리시
고 이르시되 보라 우리가 예루살
렘으로 올라가노니 선지자들을
통하여 (記錄)기록된 모든 것이
인자에게 (應)응하리라
32 인자가 이방인들에게 넘겨져 희
롱을 당하고 (凌辱)능욕을 당하
고 침 뱉음을 당하겠으며
33 그들은 채찍질하고 그를 죽일 것
이나 그는 (三 日)삼 일 만에 살
아나리라 하시되
34 (弟子)제자들이 이것을 하나도
깨닫지 못하였으니 그 말씀이 감
취었으므로 그들이 그 이르신 바
를 알지 못하였더라

맹인을 고치시다
(마 20:29-34; 막 10:46-52)

35 ●여리고에 가까이 가셨을 때에
한 맹인이 길 가에 앉아 (求乞)구
걸하다가
36 무리가 지나감을 듣고 이 무슨 일
이냐고 물은대
37 그들이 나사렛 예수께서 지나가

ㄱ 출 20:12-16; 신 5:16-20

신다 하니
38 (盲人)맹인이 외쳐 이르되 다윗
의 (子孫)자손 예수여 나를 불쌍
히 여기소서 하거늘
39 앞서 가는 자들이 그를 꾸짖어
(潛潛)잠잠하라 하되 그가 더욱
크게 소리 질러 다윗의 자손이여
나를 불쌍히 여기소서 하는지라
40 예수께서 머물러 서서 명하여 데
려오라 하셨더니 그가 가까이 오
매 물어 이르시되
41 네게 무엇을 하여 주기를 원하느
냐 이르되 주여 보기를 (願)원하
나이다
42 예수께서 그에게 이르시되 보라
네 믿음이 너를 (救援)구원하였
느니라 하시매
43 곧 보게 되어 하나님께 영광을 돌
리며 예수를 따르니 백성이 다 이
를 보고 하나님을 (讚揚)찬양하니
라

예수와 삭개오

19 예수께서 여리고로 들어가
지나가시더라
2 삭개오라 이름하는 자가 있으니
(稅吏長)세리장이요 또한 부자라
3 그가 예수께서 어떠한 사람인가
하여 보고자 하되 키가 작고 사람
이 많아 할 수 없어
4 앞으로 달려가서 보기 위하여 돌
(無花果)무화과나무에 올라가니
이는 예수께서 그리로 지나가시
게 됨이러라
5 예수께서 그 곳에 이르사 쳐다 보
시고 이르시되 삭개오야 (速)속히
내려오라 내가 오늘 네 집에 유하
여야 하겠다 하시니
6 급히 내려와 즐거워하며 (迎接)
영접하거늘
7 뭇 사람이 보고 수군거려 이르되
저가 (罪人)죄인의 집에 유하러
들어갔도다 하더라
8 삭개오가 서서 주께 여짜오되 주
여 보시옵소서 내 (所有)소유의
절반을 가난한 자들에게 주겠사
오며 만일 누구의 것을 속여 빼앗
은 일이 있으면 네 갑절이나 갚겠
나이다
9 예수께서 이르시되 오늘 구원이
이 집에 이르렀으니 이 사람도 아
브라함의 (子孫)자손임이로다
10 인자가 온 것은 잃어버린 자를 찾
아 (救援)구원하려 함이니라

은 열 므나 비유(마 25:14-30)

11 ●그들이 이 말씀을 듣고 있을 때
에 비유를 더하여 말씀하시니 이
는 자기가 예루살렘에 가까이 오
셨고 그들은 하나님의 나라가 (當
場)당장에 나타날 줄로 생각함이
더라
12 이르시되 어떤 (貴人)귀인이 왕
위를 받아가지고 오려고 먼 나라
로 갈 때에
13 그 종 열을 불러 (銀貨)은화 열[1]
므나를 주며 이르되 내가 돌아올
때까지 장사하라 하니라
14 그런데 그 백성이 그를 미워하여
(使者)사자를 뒤로 보내어 이르되
우리는 이 사람이 우리의 왕 됨을

1) 금은의 중량

원하지 아니하나이다 하였더라
15 귀인이 (王位)왕위를 받아가지고
돌아와서 은화를 준 종들이 각각
어떻게 장사하였는지를 알고자
하여 그들을 부르니
16 그 첫째가 나아와 이르되 (主人)
주인이여 당신의 한 [1]므나로 열 [1]
므나를 남겼나이다
17 주인이 이르되 잘하였다 착한 종
이여 네가 지극히 작은 것에 충성
하였으니 열 고을 (權勢)권세를
차지하라 하고
18 그 둘째가 와서 이르되 주인이여
(當身)당신의 한 [1]므나로 다섯 [1]
므나를 만들었나이다
19 (主人)주인이 그에게도 이르되
너도 다섯 고을을 차지하라 하고
20 또 한 사람이 와서 이르되 주인이
여 보소서 당신의 한 [1]므나가 여
기 있나이다 내가 (手巾)수건으
로 싸 두었었나이다
21 이는 당신이 (嚴)엄한 사람인 것
을 내가 무서워함이라 당신은 두
지 않은 것을 (取)취하고 심지 않
은 것을 거두나이다
22 주인이 이르되 악한 종아 내가 네
말로 너를 (審判)심판하노니 너
는 내가 두지 않은 것을 취하고
심지 않은 것을 거두는 엄한 사람
인 줄로 알았느냐
23 그러면 어찌하여 내 돈을 (銀行)
은행에 맡기지 아니하였느냐 그
리하였으면 내가 와서 그 (利子)
이자와 함께 그 돈을 찾았으리라
하고
24 곁에 섰는 (者)자들에게 이르되
그 한 [1]므나를 빼앗아 열 [1]므나
있는 자에게 주라 하니
25 그들이 이르되 (主)주여 그에게
이미 열 [1]므나가 있나이다
26 (主人)주인이 이르되 내가 너희
에게 말하노니 무릇 있는 자는 받
겠고 없는 자는 그 있는 것도 빼
앗기리라
27 그리고 내가 (王)왕 됨을 원하지
아니하던 저 (怨讐)원수들을 이
리로 끌어다가 내 앞에서 죽이라
하였느니라

예루살렘을 향하여 가시다
(마 21:1-11; 막 11:1-11; 요 12:12-19)

28 ● 예수께서 이 말씀을 하시고 예
루살렘을 (向)향하여 앞서서 가
시더라
29 (橄欖園)감람원이라 불리는 산쪽
에 있는 벳바게와 베다니에 가까
이 가셨을 때에 제자 중 둘을 보
내시며
30 이르시되 너희는 맞은(便)편 마을
로 가라 그리로 들어가면 아직 아무
도 타 보지 않은 나귀 새끼가 매여
있는 것을 보리니 풀어 끌고 오라
31 만일 누가 너희에게 어찌하여 푸
느냐 묻거든 말하기를 (主)주가
쓰시겠다 하라 하시매
32 보내심을 받은 (者)자들이 가서
그 말씀하신 대로 만난지라
33 나귀 새끼를 풀 때에 그 임자들이
이르되 어찌하여 나귀 새끼를 푸
느냐

1) 금은의 중량

34 (對答)대답하되 주께서 쓰시겠다
하고
35 그것을 예수께로 끌고 와서 (自
己)자기들의 겉옷을 나귀 새끼
위에 걸쳐 놓고 예수를 태우니
36 가실 때에 그들이 (自己)자기의
겉옷을 길에 펴더라
37 이미 (橄欖 山)감람 산 내리막길
에 가까이 오시매 제자의 온 무리
가 자기들이 본 바 모든 능한 일
로 인하여 기뻐하며 큰 소리로 하
나님을 (讚揚)찬양하여
38 이르되 찬송하리로다 주의 이름
으로 오시는 왕이여 하늘에는 평
화요 가장 높은 곳에는 (榮光)영
광이로다 하니
39 무리 중 어떤 바리새인들이 말하
되 선생이여 당신의 제자들을 (責
望)책망하소서 하거늘
40 대답하여 이르시되 내가 너희에
게 말하노니 만일 이 사람들이
(沈默)침묵하면 돌들이 소리 지
르리라 하시니라
41 ●가까이 오사 (城)성을 보시고
우시며
42 이르시되 너도 오늘 (平和)평화
에 관한 일을 알았더라면 좋을 뻔
하였거니와 지금 네 눈에 숨겨졌
도다
43 날이 이를지라 네 (怨讐)원수들
이 토둔을 쌓고 너를 둘러 사면으
로 가두고
44 또 너와 및 그 가운데 있는 네 자
식들을 땅에 메어치며 돌 하나도
돌 위에 남기지 아니하리니 이는
네가 [1]보살핌 받는 날을 알지 못
함을 (因)인함이니라 하시니라

성전에 들어가신 예수(마 21:12-17; 막 11:15-19; 요 2:13-22)

45 ●(聖殿)성전에 들어가사 장사하
는 자들을 내쫓으시며
46 그들에게 이르시되 기록된 바
ㄱ내 집은 기도하는 집이 되리라
하였거늘 ㄴ너희는 강도의 (巢窟)
소굴을 만들었도다 하시니라
47 ●예수께서 날마다 (聖殿)성전에
서 가르치시니 대제사장들과 서
기관들과 백성의 지도자들이 그
를 죽이려고 꾀하되
48 백성이 다 그에게 귀를 기울여 들
으므로 어찌할 (方道)방도를 찾
지 못하였더라

예수의 권위를 두고 말하다 (마 21:23-27; 막 11:27-33)

20 하루는 예수께서 (聖殿)성
전에서 백성을 가르치시며
(福音)복음을 전하실새 대제사장
들과 서기관들이 장로들과 함께
가까이 와서
2 말하여 이르되 당신이 무슨 권위
로 이런 일을 하는지 이 (權威)권
위를 준 이가 누구인지 우리에게
말하라
3 (對答)대답하여 이르시되 나도
한 말을 너희에게 물으리니 내게
말하라
4 요한의 [2](洗禮)세례가 하늘로부
터냐 사람으로부터냐
5 그들이 서로 (議論)의논하여 이

1) 심판, 벧전 2:12 참조 2) 헬, 또는 침례 ㄱ 사 56:7 ㄴ 렘 7:11

르되 만일 하늘로부터라 하면 어
찌하여 그를 믿지 아니하였느냐
할 것이요
6 만일 사람으로부터라 하면 백성
이 요한을 선지자로 (認定)인정
하니 그들이 다 우리를 돌로 칠
것이라 하고
7 (對答)대답하되 어디로부터인지
알지 못하노라 하니
8 예수께서 이르시되 나도 무슨 (權
威)권위로 이런 일을 하는지 너
희에게 이르지 아니하리라 하시
니라

포도원 농부 비유(마 21:33-46; 막 12:1-12)

9 ●그가 또 이 비유로 (百城)백성
에게 말씀하시기 시작하시니라
한 사람이 포도원을 만들어 (農
夫)농부들에게 세로 주고 타국에
가서 오래 있다가
10 때가 이르매 포도원 (所出)소출
얼마를 바치게 하려고 한 종을 농
부들에게 보내니 농부들이 종을
몹시 때리고 거저 보내었거늘
11 다시 다른 종을 보내니 그도 몹시
때리고 (凌辱)능욕하고 거저 보
내었거늘
12 다시 세 번째 (傷)상을 보내니 이
종도 상하게 하고 내쫓은지라
13 포도원 주인이 이르되 어찌할까
내 사랑하는 아들을 보내리니 그
들이 혹 그는 (尊待)존대하리라
하였더니
14 농부들이 그를 보고 서로 의논하
여 이르되 이는 (相續者)상속자
니 죽이고 그 유산을 우리의 것으
로 만들자 하고
15 (葡萄園)포도원 밖에 내쫓아 죽
였느니라 그런즉 포도원 주인이
이 사람들을 어떻게 하겠느냐
16 와서 그 농부들을 (殄滅)진멸하고
포도원을 다른 사람들에게 주리라
하시니 사람들이 듣고 이르되 그
렇게 되지 말아지이다 하거늘
17 그들을 보시며 이르시되 그러면
기록된 바

ㄱ(建築者)건축자들의 버린 돌이
모퉁이의 머릿돌이 되었느니라

함이 어찜이냐
18 무릇 이 돌 위에 떨어지는 (者)자
는 깨어지겠고 이 돌이 사람 위에
떨어지면 그를 가루로 만들어 흩
으리라 하시니라

가이사에게 세를 바치는 것 (마 22:15-22; 막 12:13-17)

19 ●서기관들과 대제사장들이 예
수의 이 비유는 자기들을 가리켜
말씀하심인 줄 알고 (卽時)즉시
잡고자 하되 백성을 두려워하더
라
20 이에 그들이 엿보다가 예수를 (總
督)총독의 다스림과 권세 아래에
넘기려 하여 (偵探)정탐들을 보
내어 그들로 스스로 의인인 체하
며 예수의 말을 (責)책잡게 하니
21 그들이 물어 이르되 선생님이여
우리가 아노니 당신은 바로 말씀
하시고 가르치시며 사람을 (外
貌)외모로 취하지 아니하시고 오
직 진리로써 하나님의 도를 가르

ㄱ 시 118:22

치시나이다
22 우리가 가이사에게 (稅)세를 바
치는 것이 옳으니이까 옳지 않으
니이까 하니
23 예수께서 그 (奸計)간계를 아시
고 이르시되
24 [1]데나리온 하나를 내게 보이라
누구의 (形像)형상과 글이 여기
있느냐 대답하되 가이사의 것이
니이다
25 이르시되 그런즉 가이사의 것은
가이사에게, 하나님의 것은 하나
님께 바치라 하시니
26 그들이 백성 앞에서 그의 말을 능
히 책잡지 못하고 그의 대답을 놀
랍게 여겨 (沈默)침묵하니라

부활 논쟁(마 22:23-33; 막 12:18-27)

27 ●(復活)부활이 없다고 주장하는
사두개인 중 어떤 이들이 와서
28 물어 이르되 선생님이여 ㄱ모세가
우리에게 써 주기를 만일 어떤 사
람의 형이 아내를 두고 자식이 없
이 죽으면 그 동생이 그 아내를
취하여 형을 위하여 (相續者)상
속자를 세울지니라 하였나이다
29 그런데 칠 형제가 있었는데 맏이
가 아내를 취하였다가 (子息)자
식이 없이 죽고
30 그 둘째와 셋째가 그를 (娶)취하고
31 일곱이 다 그와 같이 (子息)자식
이 없이 죽고
32 그 후에 (女子)여자도 죽었나이다
33 일곱이 다 그를 아내로 (娶)취하
였으니 부활 때에 그 중에 누구의
아내가 되리이까
34 예수께서 이르시되 이 세상의 (子
女)자녀들은 장가도 가고 시집도
가되
35 저 세상과 및 죽은 자 가운데서
부활함을 얻기에 (合當)합당히
여김을 받은 자들은 장가 가고 시
집 가는 일이 없으며
36 그들은 다시 죽을 수도 없나니 이
는 천사와 (同等)동등이요 부활의
자녀로서 하나님의 자녀임이라
37 죽은 자가 살아난다는 것은 ㄴ모
세도 가시나무 떨기에 관한 글에
서 주를 아브라함의 하나님이요
이삭의 하나님이요 야곱의 하나
님이시라 (稱)칭하였나니
38 하나님은 죽은 (者)자의 하나님이
아니요 살아 있는 자의 하나님이
시라 하나님에게는 모든 사람이
살았느니라 하시니
39 (書記官)서기관 중 어떤 이들이
말하되 선생님 잘 말씀하셨나이
다 하니
40 그들은 아무 것도 (敢)감히 더 물
을 수 없음이더라

그리스도와 다윗의 자손
(마 22:41-46; 막 12:35-37)

41 ●예수께서 그들에게 이르시되
사람들이 어찌하여 그리스도를
다윗의 (子孫)자손이라 하느냐
42 (詩篇)시편에 다윗이 친히 말하
였으되
ㄷ주께서 내 주께 이르시되
43 내가 네 (怨讐)원수를 네 발(凳
床)등상으로 삼을 때까지 내 우

1) 은전의 명칭 ㄱ 신 25:5 ㄴ 출 3:6 ㄷ 시 110:1

편에 앉았으라 하셨도다
하였느니라
44 그런즉 다윗이 그리스도를 주라
(稱)칭하였으니 어찌 그의 자손이
되겠느냐 하시니라

서기관들을 삼가라
(마 23:1-36; 막 12:38-40; 눅 11:37-54)

45 ●모든 (百姓)백성이 들을 때에
예수께서 그 제자들에게 이르시되
46 긴 옷을 입고 다니는 것을 원하며
시장에서 문안 받는 것과 (會堂)
회당의 높은 자리와 잔치의 윗자
리를 좋아하는 서기관들을 삼가라
47 그들은 과부의 가산을 삼키며 외
식으로 길게 기도하니 그들이 더
엄중한 (審判)심판을 받으리라
하시니라

가난한 과부의 헌금(막 12:41-44)

21 예수께서 눈을 들어 (富者)
부자들이 (獻金)헌금함에 헌
금 넣는 것을 보시고
2 또 어떤 가난한 (寡婦)과부가 두
[1]렙돈 넣는 것을 보시고
3 이르시되 내가 참으로 너희에게
말하노니 이 가난한 과부가 다른
모든 사람보다 많이 넣었도다
4 저들은 그 풍족한 중에서 헌금을
넣었거니와 이 과부는 그 가난한
중에서 자기가 가지고 있는 생활비
(全部)전부를 넣었느니라 하시니라

성전이 무너뜨려질 것을 이르시다
(마 24:1-2; 막 13:1-2)

5 ●어떤 사람들이 성전을 가리켜
그 아름다운 돌과 (獻物)헌물로
꾸민 것을 말하매 예수께서 이르
시되
6 너희 보는 이것들이 날이 이르면
돌 하나도 돌 위에 남지 않고 다
무너뜨려지리라
7 그들이 물어 이르되 선생님이여 그
러면 어느 때에 이런 일이 있겠사
오며 이런 일이 일어나려 할 때에
무슨 (徵兆)징조가 있사오리이까
8 이르시되 (迷惑)미혹을 받지 않
도록 주의하라 많은 사람이 내 이
름으로 와서 이르되 내가 그라 하
며 때가 가까이 왔다 하겠으나 그
들을 따르지 말라
9 (亂離)난리와 소요의 소문을 들
을 때에 두려워하지 말라 이 일이
먼저 있어야 하되 끝은 곧 되지
아니하리라

환난의 징조(마 24:3-14; 막 13:3-13)

10 ●또 이르시되 민족이 민족을,
나라가 나라를 (對敵)대적하여
일어나겠고
11 곳곳에 큰 지진과 기근과 전염병
이 있겠고 또 무서운 일과 하늘로
부터 큰 (徵兆)징조들이 있으리라
12 이 모든 일 전에 내 이름으로 말
미암아 너희에게 손을 대어 (迫
害)박해하며 회당과 옥에 넘겨
주며 임금들과 (執權者)집권자들
앞에 끌어 가려니와
13 이 일이 도리어 너희에게 [2](證據)
증거가 되리라
14 그러므로 너희는 (辨明)변명할 것
을 미리 궁리하지 않도록 명심하라
15 내가 너희의 모든 대적이 능히

1) 동전의 명칭 2) 또는 증거의 기회가

(對抗)대항하거나 변박할 수 없는
구변과 지혜를 너희에게 주리라
16 (甚至於)심지어 부모와 형제와
친척과 벗이 너희를 넘겨 주어 너
희 중의 몇을 죽이게 하겠고
17 또 너희가 내 이름으로 말미암아
모든 사람에게 미움을 받을 것이나
18 너희 머리털 하나도 (傷)상하지
아니하리라
19 너희의 (忍耐)인내로 너희 [1]영혼
을 얻으리라

예루살렘의 환난과 인자의 오심
(마 24:15-21, 29-31; 막 13:14-19, 24-27)

20 ● 너희가 예루살렘이 군대들에
게 에워싸이는 것을 보거든 그
(滅亡)멸망이 가까운 줄을 알라
21 그 때에 유대에 있는 자들은 산으
로 도망갈 것이며 [2](城內)성내에
있는 자들은 나갈 것이며 촌에 있
는 자들은 그리로 들어가지 말지
어다
22 이 날들은 기록된 모든 것을 이루
는 (懲罰)징벌의 날이니라
23 그 날에는 아이 밴 자들과 젖먹이
는 자들에게 화가 있으리니 이는
땅에 큰 (患難)환난과 이 백성에
게 진노가 있겠음이로다
24 그들이 칼날에 죽임을 당하며 모
든 이방에 사로잡혀 가겠고 예루
살렘은 (異邦人)이방인의 때가
차기까지 이방인들에게 밟히리라
25 일월 성신에는 징조가 있겠고 땅
에서는 민족들이 바다와 파도의
성난 소리로 인하여 (混亂)혼란
한 중에 곤고하리라
26 사람들이 세상에 임할 일을 생각
하고 무서워하므로 (氣絶)기절하
리니 이는 하늘의 권능들이 흔들
리겠음이라
27 그 때에 사람들이 인자가 구름을
타고 (能力)능력과 큰 영광으로
오는 것을 보리라
28 이런 일이 되기를 (始作)시작하거
든 일어나 머리를 들라 너희 (贖
良)속량이 가까웠느니라 하시더라

무화과나무에서 배울 교훈
(마 24:32-35; 막 13:28-31)

29 ● 이에 (譬喩)비유로 이르시되
무화과나무와 모든 나무를 보라
30 싹이 나면 너희가 보고 여름이 가
까운 줄을 (自然)자연히 아나니
31 이와 같이 너희가 이런 일이 일어
나는 것을 보거든 하나님의 나라
가 가까이 온 줄을 알라
32 내가 진실로 너희에게 말하노니
이 (世代)세대가 지나가기 전에
모든 일이 다 이루어지리라
33 (天地)천지는 없어지겠으나 내
말은 없어지지 아니하리라

항상 기도하며 깨어 있으라

34 ● 너희는 스스로 (操心)조심하
라 그렇지 않으면 방탕함과 술취
함과 생활의 염려로 마음이 둔하
여지고 뜻밖에 그 날이 덫과 같이
너희에게 임하리라
35 이 날은 온 (地球上)지구상에 거
하는 모든 사람에게 임하리라
36 이러므로 너희는 (將次)장차 올
이 모든 일을 능히 피하고 인자

1) 또는 목숨을 2) 헬, 그 안에

앞에 서도록 항상 기도하며 깨어
있으라 하시니라
37 ● 예수께서 낮에는 (聖殿)성전에
서 가르치시고 밤에는 나가 (橄欖
園)감람원이라 하는 산에서 쉬시
니
38 모든 (百姓)백성이 그 말씀을 들
으려고 이른 아침에 성전에 나아
가더라

유다가 배반하다(마 26:1-5, 14-16; 막 14:1-2, 10-11; 요 11:45-53)

22 유월절이라 하는 (無酵節)
무교절이 다가오매
2 대제사장들과 서기관들이 예수를
무슨 방도로 죽일까 (窮理)궁리
하니 이는 그들이 백성을 두려워
함이더라
3 ● 열둘 (中)중의 하나인 가룟인
이라 부르는 유다에게 사탄이 들
어가니
4 이에 유다가 대제사장들과 성전
경비대장들에게 가서 예수를 넘
겨 줄 (方道)방도를 의논하매
5 그들이 기뻐하여 돈을 주기로 (言
約)언약하는지라
6 유다가 허락하고 예수를 무리가
없을 때에 넘겨 줄 (機會)기회를
찾더라

유월절을 준비하다 (마 26:17-25; 막 14:12-21; 요 13:21-30)

7 ● (逾越節)유월절 (羊)양을 잡을
무교절날이 이른지라
8 예수께서 베드로와 요한을 보내
시며 이르시되 가서 우리를 위하
여 유월절을 (準備)준비하여 우
리로 먹게 하라
9 여짜오되 어디서 준비하기를
(願)원하시나이까
10 이르시되 보라 너희가 (城內)성
내로 들어가면 물 한 동이를 가지
고 가는 사람을 만나리니 그가 들
어가는 집으로 따라 들어가서
11 그 집 주인에게 이르되 선생님이
네게 하는 말씀이 내가 내 제자들
과 함께 유월절을 먹을 (客室)객
실이 어디 있느냐 하시더라 하라
12 그리하면 그가 자리를 마련한 큰
다락방을 보이리니 거기서 (準
備)준비하라 하시니
13 그들이 나가 그 하신 말씀대로 만
나 (逾越節)유월절을 준비하니라

마지막 만찬(마 26:26-30; 막 14:22-26; 고전 11:23-25)

14 ● 때가 이르매 예수께서 (使徒)
사도들과 함께 [1]앉으사
15 이르시되 내가 (苦難)고난을 받
기 전에 너희와 함께 이 유월절
먹기를 원하고 원하였노라
16 내가 너희에게 이르노니 이 (逾越
節)유월절이 하나님의 나라에서
이루기까지 다시 먹지 아니하리
라 하시고
17 이에 잔을 받으사 (感謝)감사 (祈
禱)기도 하시고 이르시되 이것을
갖다가 너희끼리 나누라
18 내가 너희에게 이르노니 내가 이
제부터 하나님의 나라가 (臨)임할
때까지 포도나무에서 난 것을 다
시 마시지 아니하리라 하시고

1) 5:29 난하주를 보라

19 또 떡을 가져 감사 기도 하시고
떼어 그들에게 주시며 이르시되
이것은 너희를 위하여 주는 내 몸
이라 너희가 이를 행하여 나를
(記念)기념하라 하시고
20 저녁 먹은 후에 잔도 그와 같이
하여 이르시되 이 잔은 내 피로
세우는 새 (言約)언약이니 곧 너
희를 위하여 붓는 것이라
21 그러나 보라 나를 파는 (者)자의
손이 나와 함께 상 위에 있도다
22 인자는 이미 (作定)작정된 대로
가거니와 그를 파는 그 사람에게
는 화가 있으리로다 하시니
23 그들이 서로 묻되 우리 중에서 이
일을 (行)행할 자가 누구일까 하
더라

베드로가 부인할 것을 이르시다
(마 26:31-35; 막 14:27-31; 요 13:36-38)

24 ●또 그들 사이에 그 (中)중 누가
크냐 하는 다툼이 난지라
25 예수께서 이르시되 이방인의 임
금들은 그들을 (主管)주관하며
그 집권자들은 (恩人)은인이라
칭함을 받으나
26 너희는 그렇지 않을지니 너희 중
에 큰 (者)자는 젊은 자와 같고 다
스리는 자는 섬기는 자와 같을지
니라
27 [1]앉아서 먹는 자가 크냐 섬기는
자가 크냐 [1]앉아서 먹는 자가 아
니냐 그러나 나는 섬기는 자로 너
희 (中)중에 있노라
28 너희는 나의 모든 (試驗)시험 중
에 항상 나와 함께 한 자들인즉
29 내 아버지께서 나라를 내게 맡기
신 것 같이 나도 너희에게 맡겨
30 너희로 내 나라에 있어 내 상에서
먹고 마시며 또는 (寶座)보좌에
앉아 이스라엘 열두 지파를 다스
리게 하려 하노라
31 시몬아, 시몬아, 보라 사탄이 너
희를 밀 까부르듯 하려고 (要求)
요구하였으나
32 그러나 내가 너를 위하여 네 믿음
이 떨어지지 않기를 (祈禱)기도
하였노니 너는 돌이킨 후에 네 형
제를 굳게 하라
33 그가 말하되 주여 내가 주와 함께
옥에도, 죽는 데에도 가기를 (覺
悟)각오하였나이다
34 이르시되 베드로야 내가 네게 말
하노니 오늘 닭 울기 전에 네가
세 번 나를 모른다고 (否認)부인
하리라 하시니라

전대와 배낭과 검

35 ●그들에게 이르시되 내가 너희
를 전대와 배낭과 신발도 없이 보
내었을 때에 (不足)부족한 것이
있더냐 이르되 없었나이다
36 이르시되 이제는 (纏帶)전대 있
는 자는 가질 것이요 배낭도 그리
하고 검 없는 자는 겉옷을 팔아
살지어다
37 내가 너희에게 말하노니 기록된
바 ㄱ그는 불법자의 (同類)동류로
여김을 받았다 한 말이 내게 이루
어져야 하리니 내게 관한 일이 [2]
이루어져 감이니라

1) 5:29 난하주를 보라 2) 또는 끝남이니라 ㄱ 사 53:12

38 그들이 여짜오되 주여 보소서 여
기 (劍)검 둘이 있나이다 대답하
시되 족하다 하시니라

감람 산에서 기도하시다
(마 26:36-46; 막 14:32-42)

39 ●예수께서 나가사 (習慣)습관을
따라 감람 산에 가시매 제자들도
따라갔더니
40 그 곳에 이르러 그들에게 이르시
되 (誘惑)유혹에 빠지지 않게 기
도하라 하시고
41 그들을 떠나 돌 던질 만큼 가서
무릎을 꿇고 (祈禱)기도하여
42 이르시되 아버지여 만일 아버지
의 뜻이거든 이 잔을 내게서 옮기
시옵소서 그러나 내 (願)원대로
마시옵고 아버지의 원대로 되기
를 원하나이다 하시니
43 (天使)천사가 하늘로부터 예수께
나타나 힘을 더하더라
44 예수께서 힘쓰고 애써 더욱 (懇
切)간절히 기도하시니 땀이 땅에
떨어지는 핏방울 같이 되더라
45 (祈禱)기도 (後)후에 일어나 제자
들에게 가서 슬픔으로 인하여 잠
든 것을 보시고
46 이르시되 어찌하여 자느냐 (試
驗)시험에 들지 않게 일어나 기
도하라 하시니라

잡히시다(마 26:47-56; 막 14:43-50; 요 18:3-11)

47 ●말씀하실 때에 한 무리가 오는
데 열둘 (中)중의 하나인 유다라
하는 자가 그들을 앞장서 와서
48 예수께 입을 맞추려고 가까이 하
는지라 예수께서 이르시되 유다
야 네가 입맞춤으로 (人子)인자
를 파느냐 하시니
49 그의 (周圍)주위 사람들이 그 된
일을 보고 여짜오되 주여 우리가
칼로 치리이까 하고
50 그 중의 한 사람이 (大祭司長)대
제사장의 종을 쳐 그 오른쪽 귀를
떨어뜨린지라
51 예수께서 일러 이르시되 이것까
지 참으라 하시고 그 귀를 만져
낫게 하시더라
52 예수께서 그 잡으러 온 대제사장
들과 성전의 경비대장들과 (長
老)장로들에게 이르시되 너희가
강도를 잡는 것 같이 검과 몽치를
가지고 나왔느냐
53 내가 날마다 너희와 함께 (聖殿)
성전에 있을 때에 내게 손을 대지
아니하였도다 그러나 이제는 너
희 때요 어둠의 (權勢)권세로다
하시더라

베드로가 예수를 모른다고 하다
(마 26:57-58; 막 14:53-54, 66-72; 요 18:12-18, 25-27)

54 ●예수를 잡아 끌고 (大祭司長)
대제사장의 집으로 들어갈새 베
드로가 멀찍이 따라가니라
55 사람들이 뜰 가운데 불을 피우고
함께 앉았는지라 베드로도 그 가
운데 앉았더니
56 한 여종이 베드로의 불빛을 향하
여 앉은 것을 보고 (注目)주목하
여 이르되 이 사람도 그와 함께
있었느니라 하니

57 베드로가 (否認)부인하여 이르되
이 여자여 내가 그를 알지 못하노
라 하더라
58 조금 후에 다른 사람이 보고 이르
되 너도 그 (徒黨)도당이라 하거
늘 베드로가 이르되 이 사람아 나
는 아니로라 하더라
59 한 (時間)시간쯤 있다가 또 한 사
람이 (壯談)장담하여 이르되 이
는 갈릴리 사람이니 참으로 그와
함께 있었느니라
60 베드로가 이르되 이 사람아 나는
네가 하는 말을 알지 못하노라고
아직 말하고 있을 때에 닭이 곧
울더라
61 주께서 돌이켜 베드로를 보시니
베드로가 주의 말씀 곧 오늘 닭
울기 전에 네가 세 번 나를 (否
認)부인하리라 하심이 생각나서
62 밖에 나가서 심히 (痛哭)통곡하
니라

예수를 희롱하고 때리다 (마 26:67-68; 막 14:65)

63 ●지키는 사람들이 예수를 (戱
弄)희롱하고 때리며
64 그의 눈을 가리고 물어 이르되
(先知者)선지자 노릇 하라 너를
친 자가 누구냐 하고
65 이 외에도 많은 말로 (辱)욕하더라

공회 앞에 서시다(마 26:59-66; 막 14:55-64; 요 18:19-24)

66 ●날이 새매 백성의 장로들 곧 대
제사장들과 서기관들이 모여서 예
수를 그 (公會)공회로 끌어들여
67 이르되 네가 그리스도이거든 우
리에게 말하라 (對答)대답하시되
내가 말할지라도 너희가 믿지 아
니할 것이요
68 내가 물어도 너희가 대답하지 아
니할 것이니라
69 그러나 이제부터는 인자가 하나
님의 (權能)권능의 (右便)우편에
앉아 있으리라 하시니
70 다 이르되 그러면 네가 하나님의
아들이냐 (對答)대답하시되 너희들
이 내가 그라고 말하고 있느니라
71 그들이 이르되 어찌 더 (證據)증
거를 요구하리요 우리가 친히 그
입에서 들었노라 하더라

빌라도가 예수께 묻다(마 27:1-2, 11-14; 막 15:1-5; 요 18:28-38)

23 무리가 다 일어나 예수를
빌라도에게 끌고 가서
2 고발하여 이르되 우리가 이 사람
을 보매 우리 백성을 (迷惑)미혹
하고 가이사에게 세금 바치는 것
을 금하며 자칭 왕 그리스도라 하
더이다 하니
3 빌라도가 예수께 물어 이르되 네
가 유대인의 (王)왕이냐 대답하
여 이르시되 네 말이 옳도다
4 빌라도가 대제사장들과 무리에
게 이르되 내가 보니 이 사람에게
(罪)죄가 없도다 하니
5 무리가 더욱 강하게 말하되 그가
온 유대에서 가르치고 갈릴리에
서부터 시작하여 여기까지 와서
백성을 (騷動)소동하게 하나이다
6 빌라도가 듣고 그가 갈릴리 사람
이냐 물어

7 헤롯의 (管轄)관할에 속한 줄을
알고 헤롯에게 보내니 그 때에 헤
롯이 예루살렘에 있더라

헤롯 앞에 서시다

8 ● 헤롯이 예수를 보고 매우 기뻐
하니 이는 그의 소문을 들었으므
로 보고자 한 지 오래였고 또한
무엇이나 [1](異蹟)이적 행하심을
볼까 바랐던 연고러라
9 여러 말로 물으나 아무 말도 (對
答)대답하지 아니하시니
10 대제사장들과 서기관들이 서서
힘써 (告發)고발하더라
11 헤롯이 그 군인들과 함께 예수를
업신여기며 (戱弄)희롱하고 빛난
옷을 입혀 빌라도에게 도로 보내니
12 헤롯과 빌라도가 전에는 (怨讐)
원수였으나 당일에 서로 친구가
되니라

십자가에 못 박히게 예수를 넘기다
(마 27:15-26; 막 15:6-15; 요 18:39-19:16)

13 ● 빌라도가 대제사장들과 (官吏)
관리들과 (百姓)백성을 불러 모으
고
14 이르되 너희가 이 사람이 백성을
미혹하는 자라 하여 내게 끌고 왔
도다 보라 내가 너희 앞에서 (審
問)심문하였으되 너희가 고발하
는 일에 대하여 이 사람에게서 죄
를 찾지 못하였고
15 헤롯이 또한 그렇게 하여 그를 우
리에게 도로 보내었도다 보라 그
가 (行)행한 일에는 죽일 일이 없
느니라
16 그러므로 때려서 놓겠노라
17 [2]없음
18 무리가 (一齊)일제히 소리 질러
이르되 이 사람을 없이하고 바라
바를 우리에게 놓아 주소서 하니
19 이 바라바는 성중에서 일어난 (民
亂)민란과 살인으로 말미암아 옥
에 갇힌 자러라
20 빌라도는 예수를 놓고자 하여 다
시 그들에게 말하되
21 그들은 소리 질러 이르되 그를 (十
字架)십자가에 못 박게 하소서 십
자가에 못 박게 하소서 하는지라
22 빌라도가 세 번째 말하되 이 사람
이 무슨 (惡)악한 일을 하였느냐
나는 그에게서 죽일 죄를 찾지 못
하였나니 때려서 놓으리라 하니
23 그들이 큰 소리로 재촉하여 십자
가에 못 박기를 (求)구하니 그들
의 소리가 이긴지라
24 이에 빌라도가 그들이 구하는 대
로 하기를 (言渡)언도하고
25 그들이 (要求)요구하는 자 곧 (民
亂)민란과 살인으로 말미암아 옥에
갇힌 자를 놓아 주고 예수는 넘겨
주어 그들의 뜻대로 하게 하니라

십자가에 못 박히시다
(마 27:32-44; 막 15:21-32; 요 19:17-27)

26 ● 그들이 예수를 끌고 갈 때에 시
몬이라는 구레네 사람이 시골에
서 오는 것을 붙들어 그에게 (十
字架)십자가를 지워 예수를 따르
게 하더라
27 또 (百姓)백성과 및 그를 위하여

1) 또는 표적 2) 어떤 사본에는, 17 '명절을 당하면 반드시 한 사람을 놓아 주더라'가 있음

가슴을 치며 슬피 우는 여자의 큰
무리가 따라오는지라
28 예수께서 돌이켜 그들을 향하여
이르시되 예루살렘의 딸들아 나
를 위하여 울지 말고 너희와 너희
(子女)자녀를 위하여 울라
29 보라 날이 이르면 사람이 말하기
를 잉태하지 못하는 이와 (解産)
해산하지 못한 배와 먹이지 못한
젖이 복이 있다 하리라
30 그 때에 사람이 (山)산들을 대하여
우리 위에 무너지라 하며 작은 산
들을 대하여 우리를 덮으라 하리라
31 푸른 나무에도 이같이 하거든 마
른 나무에는 어떻게 되리요 하시
니라
32 또 다른 두 (行惡者)행악자도 (死
刑)사형을 받게 되어 예수와 함
께 끌려 가니라
33 (骸骨)해골이라 하는 곳에 이르
러 거기서 예수를 십자가에 못 박
고 두 행악자도 그렇게 하니 하나
는 우편에, 하나는 좌편에 있더라
34 이에 [1]예수께서 이르시되 아버지
저들을 사하여 주옵소서 (自己)
자기들이 하는 것을 알지 못함이
니이다 하시더라 그들이 그의 옷
을 나눠 제비 뽑을새
35 백성은 서서 구경하는데 (官吏)
관리들은 비웃어 이르되 저가 남
을 구원하였으니 만일 하나님이
택하신 자 그리스도이면 자신도
구원할지어다 하고
36 군인들도 (戲弄)희롱하면서 나아

1) 어떤 사본에, '예수께서'부터 '하시더라'까지 없음

와 신 포도주를 주며
37 이르되 네가 만일 유대인의 왕이
면 네가 너를 (救援)구원하라 하
더라
38 그의 위에 이는 유대인의 왕이라
쓴 (牌)패가 있더라
39 ●달린 (行惡者)행악자 중 하나
는 (誹謗)비방하여 이르되 네가
그리스도가 아니냐 너와 우리를
구원하라 하되
40 하나는 그 사람을 꾸짖어 이르되
네가 동일한 (定罪)정죄를 받고
서도 하나님을 두려워하지 아니
하느냐
41 우리는 우리가 행한 일에 상당한
(報應)보응을 받는 것이니 이에
당연하거니와 이 사람이 행한 것
은 옳지 않은 것이 없느니라 하고
42 이르되 예수여 당신의 나라에 임
하실 때에 나를 (記憶)기억하소
서 하니
43 예수께서 이르시되 내가 진실로 네
게 이르노니 오늘 네가 나와 함께
(樂園)낙원에 있으리라 하시니라

숨지시다(마 27:45-56; 막 15:33-41; 요 19:28-30)

44 ●때가 제육시쯤 되어 해가 빛을
잃고 온 땅에 어둠이 임하여 제구
시까지 (繼續)계속하며
45 성소의 (揮帳)휘장이 한가운데가
찢어지더라
46 예수께서 큰 소리로 불러 이르시
되 아버지 내 영혼을 아버지 손에
(付託)부탁하나이다 하고 이 말
씀을 하신 후 숨지시니라

47 백부장이 그 된 일을 보고 하나님
께 영광을 돌려 이르되 이 사람은
정녕 (義人)의인이었도다 하고
48 이를 구경하러 모인 무리도 그 된
일을 보고 다 가슴을 치며 돌아가고
49 예수를 아는 자들과 갈릴리로부
터 따라온 (女子)여자들도 다 멀
리 서서 이 일을 보니라

요셉이 예수의 시체를 무덤에 넣어 두다
(마 27:57-61; 막 15:42-47; 요 19:38-42)

50 ●(公會)공회 의원으로 선하고 의
로운 요셉이라 하는 사람이 있으니
51 그들의 결의와 행사에 (贊成)찬
성하지 아니한 자라 그는 유대인
의 동네 아리마대 사람이요 하나
님의 나라를 기다리는 자라
52 그가 빌라도에게 가서 예수의 (屍
體)시체를 달라 하여
53 이를 내려 (細麻布)세마포로 싸
고 아직 사람을 (葬事)장사한 일
이 없는 바위에 판 무덤에 넣어
두니
54 이 날은 (準備日)준비일이요 안
식일이 거의 되었더라
55 갈릴리에서 예수와 함께 온 여자
들이 뒤를 따라 그 무덤과 그의
(屍體)시체를 어떻게 두었는지를
보고
56 돌아가 (香品)향품과 (香油)향유
를 준비하더라

살아나시다
(마 28:1-10; 막 16:1-8; 요 20:1-10)

●계명을 따라 안식일에 쉬더라
24 [1]안식 후 첫날 새벽에 이 여
자들이 그 (準備)준비한 향
품을 가지고 무덤에 가서
2 돌이 무덤에서 굴려 옮겨진 것을
보고
3 들어가니 주 예수의 (屍體)시체
가 보이지 아니하더라
4 이로 인하여 근심할 때에 문득
(燦爛)찬란한 옷을 입은 두 사람
이 곁에 섰는지라
5 (女子)여자들이 두려워 얼굴을
땅에 대니 두 사람이 이르되 어찌
하여 살아 있는 자를 죽은 자 가
운데서 찾느냐
6 여기 계시지 않고 살아나셨느니
라 갈릴리에 계실 때에 너희에게
어떻게 말씀하셨는지를 (記憶)기
억하라
7 이르시기를 (人子)인자가 죄인의
손에 넘겨져 십자가에 못 박히고
제삼일에 다시 살아나야 하리라
하셨느니라 한대
8 그들이 예수의 말씀을 (記憶)기
억하고
9 무덤에서 돌아가 이 모든 것을 열
한 (使徒)사도와 다른 모든 이에
게 알리니
10 이 여자들은 막달라 마리아와 요
안나와 야고보의 (母親)모친 마
리아라 또 그들과 함께 한 다른
여자들도 이것을 사도들에게 알
리니라
11 사도들은 그들의 말이 (虛誕)허
탄한 듯이 들려 믿지 아니하나
12 베드로는 일어나 무덤에 달려가서
구부려 들여다 보니 (細麻布)세마

1) 헬, 그 주간의

포만 보이는지라 그 된 일을 놀랍
게 여기며 집으로 돌아가니라

엠마오 길에서 제자들에게 나타나시다 (막 16:12-13)

13 ●그 날에 그들 중 둘이 예루살렘
에서 (二十五 里)이십오 리 되는
엠마오라 하는 마을로 가면서
14 이 모든 된 일을 서로 이야기하더
라
15 그들이 서로 이야기하며 (問議)
문의할 때에 예수께서 가까이 이
르러 그들과 (同行)동행하시나
16 그들의 눈이 가리어져서 그인 줄
알아보지 못하거늘
17 예수께서 이르시되 너희가 길 가
면서 서로 주고받고 하는 이야기
가 무엇이냐 하시니 두 사람이 슬
픈 빛을 띠고 머물러 서더라
18 그 한 사람인 글로바라 하는 자가
대답하여 이르되 당신이 예루살렘
에 (滯留)체류하면서도 요즘 거기
서 된 일을 혼자만 알지 못하느냐
19 이르시되 무슨 일이냐 이르되 나사
렛 예수의 일이니 그는 하나님과
모든 (百姓)백성 앞에서 말과 일에
능하신 (先知者)선지자이거늘
20 우리 대제사장들과 관리들이 사
형 (判決)판결에 넘겨 주어 십자
가에 못 박았느니라
21 우리는 이 사람이 이스라엘을 (贖
良)속량할 자라고 바랐노라 이뿐 아
니라 이 일이 일어난 지가 사흘째요
22 또한 우리 중에 어떤 (女子)여자
들이 우리로 놀라게 하였으니 이
는 그들이 새벽에 무덤에 갔다가
23 그의 (屍體)시체는 보지 못하고
와서 그가 살아나셨다 하는 천사
들의 나타남을 보았다 함이라
24 또 우리와 함께 한 자 중에 두어
사람이 무덤에 가 (果然)과연 여
자들이 말한 바와 같음을 보았으나
예수는 보지 못하였느니라 하거늘
25 이르시되 미련하고 (先知者)선지
자들이 말한 모든 것을 마음에 더
디 믿는 자들이여
26 그리스도가 이런 (苦難)고난을
받고 자기의 (榮光)영광에 들어
가야 할 것이 아니냐 하시고
27 이에 모세와 모든 선지자의 글로
시작하여 모든 성경에 쓴 바 자기
에 관한 것을 자세히 (說明)설명
하시니라
28 그들이 가는 마을에 가까이 가매 예
수는 더 가려 하는 것 같이 하시니
29 그들이 (強勸)강권하여 이르되
우리와 함께 유하사이다 때가 저
물어가고 날이 이미 기울었나이
다 하니 이에 그들과 함께 유하러
들어가시니라
30 그들과 함께 [1]음식 잡수실 때에
떡을 가지사 (祝謝)축사하시고
떼어 그들에게 주시니
31 그들의 눈이 밝아져 그인 줄 알아
보더니 예수는 그들에게 보이지
아니하시는지라
32 그들이 서로 말하되 길에서 우리에
게 말씀하시고 우리에게 (聖經)성
경을 풀어 주실 때에 우리 속에서
마음이 [2]뜨겁지 아니하더냐 하고

1) 5:29 난하주를 보라 2) 헬, 불타지

33 곧 그 때로 일어나 예루살렘에 돌
아가 보니 열한 (弟子)제자 및 그
들과 함께 한 자들이 모여 있어
34 말하기를 주께서 (果然)과연 살
아나시고 시몬에게 보이셨다 하
는지라
35 두 사람도 길에서 된 일과 예수께
서 떡을 떼심으로 (自己)자기들
에게 알려지신 것을 말하더라

열한 제자에게 나타나시다(마 28:16-20; 막 16:14-18; 요 20:19-23; 행 1:6-8)

36 ●이 말을 할 때에 예수께서 (親)
친히 그들 가운데 서서 이르시되
너희에게 (平康)평강이 있을지어
다 하시니
37 그들이 놀라고 무서워하여 그 보
는 것을 (靈)영으로 생각하는지
라
38 예수께서 이르시되 어찌하여 두
려워하며 어찌하여 마음에 (疑
心)의심이 일어나느냐
39 내 손과 발을 보고 나인 줄 알라
또 나를 만져 보라 (靈)영은 살과
뼈가 없으되 너희 보는 바와 같이
나는 있느니라
40 이 말씀을 하시고 손과 발을 보이
시나
41 그들이 너무 기쁘므로 아직도 믿
지 못하고 놀랍게 여길 때에 이르
시되 여기 무슨 먹을 것이 있느냐
하시니
42 이에 구운 (生鮮)생선 한 토막을
드리니
43 받으사 그 앞에서 잡수시더라
44 ●또 이르시되 내가 너희와 함께
있을 때에 너희에게 말한 바 곧
모세의 (律法)율법과 선지자의
글과 (詩篇)시편에 나를 가리켜
기록된 모든 것이 이루어져야 하
리라 한 말이 이것이라 하시고
45 이에 그들의 마음을 열어 (聖經)
성경을 깨닫게 하시고
46 또 이르시되 이같이 그리스도가
(苦難)고난을 받고 제삼일에 죽
은 자 가운데서 살아날 것과
47 또 그의 이름으로 죄 사함을 받게
하는 (悔改)회개가 예루살렘에서
시작하여 모든 족속에게 (傳播)
전파될 것이 기록되었으니
48 너희는 이 모든 일의 (證人)증인
이라
49 볼지어다 내가 내 아버지께서 (約
束)약속하신 것을 너희에게 보내
리니 너희는 위로부터 능력으로
입혀질 때까지 이 성에 머물라 하
시니라

하늘로 올려지시다(막 16:19-20; 행 1:9-11)

50 ●예수께서 그들을 데리고 베다
니 앞까지 나가사 손을 들어 그들
에게 (祝福)축복하시더니
51 축복하실 때에 그들을 떠나 [1]〔하
늘로 올려지시니〕
52 그들이 [1]〔그에게 (敬拜)경배하
고〕 큰 기쁨으로 예루살렘에 돌
아가
53 늘 성전에서 하나님을 (讚頌)찬
송하니라

1) 어떤 사본에는, 이 괄호 내 구절이 없음

요한福音 John

말씀이 육신이 되시다

1 (太初)태초에 [1]말씀이 계시니라
이 [1]말씀이 하나님과 함께 계셨
으니 이 말씀은 곧 하나님이시니
라
2 그가 (太初)태초에 하나님과 함
께 계셨고
3 (萬物)만물이 그로 말미암아 지
은 바 되었으니 지은 것이 하나도
그가 없이는 된 것이 없느니라
4 그 안에 (生命)생명이 있었으니
이 생명은 사람들의 빛이라
5 빛이 어둠에 비치되 어둠이 [2]깨
닫지 못하더라
6 하나님께로부터 보내심을 받은
사람이 있으니 그의 이름은 요한
이라
7 그가 (證言)증언하러 왔으니 곧
빛에 대하여 증언하고 모든 사람
이 (自己)자기로 말미암아 믿게
하려 함이라
8 그는 이 빛이 아니요 이 빛에 대
하여 증언하러 온 (者)자라
9 참 빛 곧 (世上)세상에 와서 각
사람에게 비추는 빛이 있었나니
10 그가 (世上)세상에 계셨으며 세
상은 그로 말미암아 지은 바 되었
으되 세상이 그를 알지 못하였고
11 [3]자기 땅에 오매 자기 백성이 (迎
接)영접하지 아니하였으나
12 영접하는 자 곧 그 이름을 믿는
자들에게는 하나님의 자녀가 되
는 (權勢)권세를 주셨으니
13 이는 혈통으로나 (肉情)육정으로
나 사람의 뜻으로 나지 아니하고
오직 하나님께로부터 난 자들이
니라
14 말씀이 육신이 되어 우리 가운데
거하시매 우리가 그의 영광을 보니
아버지의 독생자의 영광이요 은혜
와 [4]진리가 (充滿)충만하더라
15 요한이 그에 대하여 (證言)증언
하여 외쳐 이르되 내가 전에 말하
기를 내 뒤에 오시는 이가 나보다
앞선 것은 나보다 먼저 계심이라
한 것이 이 사람을 가리킴이라 하
니라
16 우리가 다 그의 충만한 데서 받으
니 (恩惠)은혜 위에 은혜러라
17 (律法)율법은 모세로 말미암아
주어진 것이요 은혜와 [4](眞理)진
리는 예수 그리스도로 말미암아
온 것이라
18 본래 하나님을 본 사람이 없으되
아버지 품 속에 있는 [5](獨生)독생
하신 하나님이 나타내셨느니라

세례 요한의 증언
(마 3:1-12; 막 1:7-8; 눅 3:15-17)

19 ● 유대인들이 예루살렘에서 (祭
司長)제사장들과 레위인들을 요
한에게 보내어 네가 누구냐 물을
때에 요한의 증언이 이러하니라
20 요한이 드러내어 말하고 숨기지
아니하니 드러내어 하는 말이 나

1) 헬, 로고스 2) 또는 이기지 못하더라 3) 또는 자기 소유에
4) 헬, 참이 5) 어떤 사본에, 독생자가

는 그리스도가 아니라 한대
21 또 묻되 그러면 누구냐 네가 엘리
야냐 이르되 나는 아니라 또 묻되
네가 그 (先知者)선지자냐 대답
하되 아니라
22 또 말하되 누구냐 우리를 보낸 이
들에게 (對答)대답하게 하라 너
는 네게 대하여 무엇이라 하느냐
23 이르되 나는 (先知者)선지자 이
사야의 말과 같이 ㄱ주의 길을 곧
게 하라고 (曠野)광야에서 외치
는 자의 소리로라 하니라
24 그들은 바리새인들이 보낸 (者)
자라
25 또 물어 이르되 네가 만일 그리
스도도 아니요 엘리야도 아니요
그 선지자도 아닐진대 어찌하여 [1)]
(洗禮)세례를 베푸느냐
26 요한이 (對答)대답하되 나는 물
로 [1)]세례를 베풀거니와 너희 가
운데 너희가 알지 못하는 한 사람
이 섰으니
27 곧 내 뒤에 오시는 그이라 나는
그의 신발끈을 풀기도 (堪當)감
당하지 못하겠노라 하더라
28 이 일은 요한이 [1)]세례 베풀던 곳
요단 강 건너(便)편 베다니에서
일어난 일이니라

하나님의 어린 양을 보라

29 ● 이튿날 요한이 예수께서 자기
에게 나아오심을 보고 이르되 보
라 (世上)세상 죄를 지고 가는 하
나님의 어린 양이로다
30 내가 (前)전에 말하기를 내 뒤에
오는 사람이 있는데 나보다 앞선
것은 그가 나보다 먼저 계심이라
한 것이 이 사람을 가리킴이라
31 나도 그를 알지 못하였으나 내가
와서 물로 [1)](洗禮)세례를 베푸는
것은 그를 이스라엘에 나타내려
함이라 하니라
32 요한이 또 (證言)증언하여 이르
되 내가 보매 성령이 비둘기 같이
하늘로부터 내려와서 그의 위에
머물렀더라
33 나도 그를 알지 못하였으나 나를
보내어 물로 [1)]세례를 베풀라 하
신 그이가 나에게 말씀하시되 (聖
靈)성령이 내려서 누구 위에든지
머무는 것을 보거든 그가 곧 성령
으로 [1)]세례를 베푸는 이인 줄 알
라 하셨기에
34 내가 보고 그가 하나님의 아들이
심을 (證言)증언하였노라 하니라

요한의 두 제자

35 ● 또 이튿날 요한이 (自己)자기
제자 중 두 사람과 함께 섰다가
36 예수께서 거니심을 보고 말하되
보라 하나님의 어린 (羊)양이로다
37 두 (弟子)제자가 그의 말을 듣고
예수를 따르거늘
38 예수께서 돌이켜 그 따르는 것을
보시고 물어 이르시되 무엇을 구
하느냐 이르되 랍비여 어디 계시
오니이까 하니 랍비는 번역하면
(先生)선생이라
39 예수께서 이르시되 와서 보라 그
러므로 그들이 가서 계신 데를 보
고 그 날 함께 (居)거하니 때가 열

1) 헬, 또는 침례 ㄱ 사 40:3

(時)시쯤 되었더라
40 요한의 말을 듣고 예수를 따르는
두 사람 중의 하나는 시몬 베드로
의 (兄弟)형제 안드레라
41 그가 먼저 자기의 형제 시몬을 찾
아 말하되 우리가 메시야를 만났
다 하고 메시야는 (飜譯)번역하
면 그리스도라
42 데리고 예수께로 오니 예수께서
보시고 이르시되 네가 요한의 아
들 시몬이니 (將次)장차 게바라
하리라 하시니라 게바는 번역하
면 베드로라

빌립과 나다나엘을 부르시다

43 ●이튿날 예수께서 갈릴리로 나
가려 하시다가 빌립을 만나 이르
시되 나를 따르라 하시니
44 빌립은 안드레와 베드로와 한
(洞)동네 벳새다 사람이라
45 빌립이 나다나엘을 찾아 이르되
모세가 (律法)율법에 기록하였고
여러 선지자가 기록한 그이를 우
리가 만났으니 요셉의 아들 나사
렛 예수니라
46 나다나엘이 이르되 나사렛에서
무슨 (善)선한 것이 날 수 있느냐
빌립이 이르되 와서 보라 하니라
47 예수께서 나다나엘이 (自己)자기
에게 오는 것을 보시고 그를 가리
켜 이르시되 보라 이는 참으로 이
스라엘 사람이라 그 속에 (奸詐)
간사한 것이 없도다
48 나다나엘이 이르되 어떻게 나를
아시나이까 예수께서 (對答)대답
하여 이르시되 빌립이 너를 부르
기 전에 네가 무화과나무 아래에
있을 때에 보았노라
49 나다나엘이 대답하되 랍비여 (當
身)당신은 하나님의 아들이시요
당신은 이스라엘의 임금이로소이
다
50 예수께서 대답하여 이르시되 내
가 너를 (無花果)무화과나무 아
래에서 보았다 하므로 믿느냐 이
보다 더 큰 일을 보리라
51 또 이르시되 (眞實)진실로 진실
로 너희에게 이르노니 하늘이 열
리고 하나님의 사자들이 (人子)
인자 위에 오르락 내리락 하는 것
을 보리라 하시니라

가나의 혼례

2 사흘째 되던 날 갈릴리 가나에
(婚禮)혼례가 있어 예수의 어머
니도 거기 계시고
2 예수와 그 제자들도 혼례에 (請)
청함을 받았더니
3 (葡萄酒)포도주가 떨어진지라 예
수의 어머니가 예수에게 이르되
저들에게 포도주가 없다 하니
4 예수께서 이르시되 여자여 나와
무슨 (相關)상관이 있나이까 내
때가 아직 이르지 아니하였나이
다
5 그의 어머니가 (下人)하인들에게
이르되 너희에게 무슨 말씀을 하
시든지 그대로 하라 하니라
6 거기에 유대인의 (淨潔 禮式)정
결 예식을 따라 두세 통 드는 돌
항아리 여섯이 놓였는지라
7 예수께서 그들에게 이르시되 항

아리에 물을 채우라 하신즉 아귀
까지 채우니
8 이제는 떠서 (宴會長)연회장에게
갖다 주라 하시매 갖다 주었더니
9 연회장은 물로 된 (葡萄酒)포도
주를 맛보고도 어디서 났는지 알
지 못하되 물 떠온 하인들은 알더
라 연회장이 신랑을 불러
10 말하되 사람마다 먼저 좋은 포도
주를 내고 (醉)취한 후에 낮은 것
을 내거늘 그대는 지금까지 좋은
포도주를 두었도다 하니라
11 예수께서 이 첫 [1](表蹟)표적을 갈
릴리 가나에서 행하여 그의 영광
을 나타내시매 제자들이 그를 믿
으니라
12 ●그 후에 예수께서 그 어머니와
(兄弟)형제들과 (弟子)제자들과
함께 가버나움으로 내려가셨으나
거기에 여러 날 계시지는 아니하
시니라

성전을 깨끗하게 하시다(마 21:12-13; 막 11:15-17; 눅 19:45-46)

13 ●유대인의 (逾越節)유월절이 가
까운지라 예수께서 예루살렘으로
올라가셨더니
14 성전 안에서 소와 (羊)양과 비둘
기 파는 사람들과 돈 바꾸는 사람
들이 앉아 있는 것을 보시고
15 노끈으로 채찍을 만드사 양이나
소를 다 (聖殿)성전에서 내쫓으
시고 돈 바꾸는 사람들의 돈을 쏟
으시며 (床)상을 엎으시고
16 비둘기 파는 사람들에게 이르시
되 이것을 여기서 가져가라 내 아
버지의 집으로 장사하는 집을 만
들지 말라 하시니
17 제자들이 성경 말씀에 ㄱ주의 전
을 (思慕)사모하는 열심이 나를
삼키리라 한 것을 기억하더라
18 이에 유대인들이 대답하여 예수
께 말하기를 네가 이런 일을 행하
니 무슨 [1](表蹟)표적을 우리에게
보이겠느냐
19 예수께서 대답하여 이르시되 너
희가 이 (聖殿)성전을 헐라 내가
사흘 동안에 일으키리라
20 유대인들이 이르되 이 성전은 사
십육 년 동안에 지었거늘 네가
(三 日)삼 일 동안에 일으키겠느
냐 하더라
21 그러나 예수는 성전된 자기 (肉
體)육체를 가리켜 말씀하신 것이
라
22 죽은 자 가운데서 살아나신 후에
야 제자들이 이 말씀하신 것을
(記憶)기억하고 성경과 예수께서
하신 말씀을 믿었더라

예수는 사람의 마음속을 아신다

23 ●(逾越節)유월절에 예수께서 예
루살렘에 계시니 많은 사람이 그
의 행하시는 [1]표적을 보고 그의
이름을 믿었으나
24 예수는 그의 몸을 그들에게 (依
託)의탁하지 아니하셨으니 이는
친히 모든 사람을 아심이요
25 또 사람에 대하여 누구의 (證言)
증언도 받으실 (必要)필요가 없
었으니 이는 그가 친히 사람의 속

1) 또는 이적 ㄱ 시 69:9

에 있는 것을 아셨음이니라

예수와 니고데모

3 그런데 바리새인 중에 니고데
모라 하는 사람이 있으니 유대
인의 [1](指導者)지도자라
2 그가 밤에 예수께 와서 이르되 랍
비여 우리가 당신은 하나님께로
부터 오신 선생인 줄 아나이다 하
나님이 함께 하시지 아니하시면
당신이 행하시는 이 [2](表蹟)표적
을 아무도 할 수 없음이니이다
3 예수께서 대답하여 이르시되 (眞
實)진실로 진실로 네게 이르노니
사람이 [3]거듭나지 아니하면 하나
님의 나라를 볼 수 없느니라
4 니고데모가 이르되 사람이 늙으
면 어떻게 날 수 있사옵나이까 두
번째 (母胎)모태에 들어갔다가
날 수 있사옵나이까
5 예수께서 대답하시되 진실로 진
실로 네게 이르노니 사람이 물과
(聖靈)성령으로 나지 아니하면
하나님의 나라에 들어갈 수 없느
니라
6 (肉)육으로 난 것은 육이요 (靈)
영으로 난 것은 영이니
7 내가 네게 거듭나야 하겠다 하는
말을 놀랍게 여기지 말라
8 바람이 (任意)임의로 불매 네가
그 소리는 들어도 어디서 와서 어
디로 가는지 알지 못하나니 성령
으로 난 사람도 다 그러하니라
9 니고데모가 (對答)대답하여 이르
되 어찌 그러한 일이 있을 수 있
나이까
10 예수께서 그에게 대답하여 이르
시되 너는 이스라엘의 (先生)선
생으로서 이러한 것들을 알지 못
하느냐
11 진실로 진실로 네게 이르노니 우
리는 아는 것을 말하고 본 것을 (證
言)증언하노라 그러나 너희가 우
리의 증언을 받지 아니하는도다
12 내가 땅의 일을 말하여도 너희가
믿지 아니하거든 하물며 하늘의
일을 말하면 어떻게 믿겠느냐
13 하늘에서 내려온 자 [4]곧 (人子)인
자 (外)외에는 하늘에 올라간 자
가 없느니라
14 모세가 (曠野)광야에서 뱀을 든
것 같이 인자도 들려야 하리니
15 이는 그를 믿는 자마다 (永生)영
생을 얻게 하려 하심이니라
16 ●하나님이 세상을 이처럼 사랑
하사 독생자를 주셨으니 이는 그
를 믿는 자마다 (滅亡)멸망하지
않고 영생을 얻게 하려 하심이라
17 하나님이 그 아들을 세상에 보내
신 것은 세상을 [5]심판하려 하심
이 아니요 그로 말미암아 세상이
(救援)구원을 받게 하려 하심이
라
18 그를 믿는 자는 [5]심판을 받지 아
니하는 것이요 믿지 아니하는 자
는 하나님의 (獨生子)독생자의
이름을 믿지 아니하므로 벌써 [5]
심판을 받은 것이니라
19 그 (定罪)정죄는 이것이니 곧 빛

1) 또는 산헤드린 공회원 2) 또는 이적 3) 또는 위에서 4) 어떤 사본에, 곧 하늘에 있는 인자 5) 또는 정죄

이 세상에 왔으되 사람들이 자기
행위가 (惡)악하므로 빛보다 어
둠을 더 사랑한 것이니라
20 악을 행하는 자마다 빛을 미워하여
빛으로 오지 아니하나니 이는 그
(行爲)행위가 드러날까 함이요
21 [1](眞理)진리를 따르는 자는 빛으
로 오나니 이는 그 행위가 하나님
안에서 행한 것임을 나타내려 함
이라 하시니라

그는 흥하고 나는 쇠하여야 하리라

22 ●그 후에 예수께서 제자들과 유
대 땅으로 가서 거기 함께 유하시
며 [2](洗禮)세례를 베푸시더라
23 요한도 살렘 가까운 애논에서 [2]세
례를 베푸니 거기 물이 많음이라
그러므로 사람들이 와서 [2]세례를
받더라
24 요한이 아직 (獄)옥에 갇히지 아
니하였더라
25 이에 요한의 제자 중에서 한 유대
인과 더불어 (淨潔禮式)정결예식
에 대하여 변론이 되었더니
26 그들이 요한에게 가서 이르되 랍
비여 선생님과 함께 요단 강 저편
에 있던 이 곧 선생님이 증언하시
던 이가 [2](洗禮)세례를 베풀매 사
람이 다 그에게로 가더이다
27 요한이 대답하여 이르되 (萬一)
만일 하늘에서 주신 바 아니면 사
람이 아무 것도 받을 수 없느니라
28 내가 말한 바 나는 그리스도가 아
니요 그의 앞에 보내심을 받은 자
라고 한 것을 (證言)증언할 자는
너희니라
29 신부를 (娶)취하는 자는 신랑이
나 서서 신랑의 음성을 듣는 친구
가 크게 기뻐하나니 나는 이러한
기쁨으로 (充滿)충만하였노라
30 그는 (興)흥하여야 하겠고 나는
쇠하여야 하리라 하니라

하늘로부터 오시는 이

31 ●위로부터 오시는 이는 (萬物)
만물 위에 계시고 땅에서 난 이는
땅에 속하여 땅에 속한 것을 말하
느니라 하늘로부터 오시는 이는
만물 위에 계시나니
32 그가 친히 보고 들은 것을 증언하
되 그의 (證言)증언을 받는 자가
없도다
33 그의 증언을 받는 자는 하나님이
참되시다는 것을 (印)인쳤느니라
34 하나님이 보내신 이는 하나님의
말씀을 하나니 이는 하나님이 성
령을 (限量)한량 없이 주심이니라
35 아버지께서 아들을 사랑하사 (萬
物)만물을 다 그의 손에 주셨으니
36 아들을 믿는 자에게는 영생이 있
고 아들에게 (順從)순종하지 아
니하는 자는 영생을 보지 못하고
도리어 하나님의 (震怒)진노가
그 위에 머물러 있느니라

사마리아 여자와 말씀하시다

4 예수께서 (弟子)제자를 삼고 [2]
세례를 베푸시는 것이 요한보
다 많다 하는 말을 바리새인들이
들은 줄을 주께서 아신지라
2 예수께서 친히 [2](洗禮)세례를 베
푸신 것이 아니요 제자들이 베푼

1) 헬, 참 2) 헬, 또는 침례

것이라
3 유대를 떠나사 다시 갈릴리로 가
실새
4 사마리아를 (通過)통과하여야 하
겠는지라
5 사마리아에 있는 수가라 하는
(洞)동네에 이르시니 야곱이 그
아들 요셉에게 준 땅이 가깝고
6 거기 또 야곱의 우물이 있더라 예
수께서 길 가시다가 (疲困)피곤
하여 우물 곁에 그대로 앉으시니
때가 여섯 시쯤 되었더라
7 사마리아 (女子)여자 한 사람이
물을 길으러 왔으매 예수께서 물
을 좀 달라 하시니
8 이는 (弟子)제자들이 먹을 것을
사러 그 동네에 들어갔음이러라
9 사마리아 여자가 이르되 당신은
유대인으로서 어찌하여 사마리아
여자인 나에게 물을 달라 하나이
까 하니 이는 유대인이 사마리아
인과 (相從)상종하지 아니함이러
라
10 예수께서 대답하여 이르시되 네
가 만일 하나님의 (膳物)선물과
또 네게 물 좀 달라 하는 이가 누
구인 줄 알았더라면 네가 그에게
구하였을 것이요 그가 생수를 네
게 주었으리라
11 여자가 이르되 주여 물 길을 그릇
도 없고 이 우물은 깊은데 어디서
당신이 그 (生水)생수를 얻겠사
옵나이까
12 우리 (祖上)조상 야곱이 이 우물
을 우리에게 주셨고 또 여기서
(自己)자기와 자기 아들들과 짐
승이 다 마셨는데 당신이 야곱보
다 더 크니이까
13 예수께서 (對答)대답하여 이르시
되 이 물을 마시는 자마다 다시
목마르려니와
14 내가 주는 물을 마시는 자는 영원
히 목마르지 아니하리니 내가 주
는 물은 그 속에서 (永生)영생하
도록 솟아나는 샘물이 되리라
15 여자가 이르되 (主)주여 그런 물
을 내게 주사 목마르지도 않고 또
여기 물 길으러 오지도 않게 하옵
소서
16 이르시되 가서 네 (男便)남편을
불러 오라
17 (女子)여자가 대답하여 이르되
나는 남편이 없나이다 예수께서
이르시되 네가 남편이 없다 하는
말이 옳도다
18 너에게 남편 다섯이 있었고 (只
今)지금 있는 자도 네 남편이 아
니니 네 말이 참되도다
19 (女子)여자가 이르되 주여 내가
보니 선지자로소이다
20 우리 조상들은 이 산에서 (禮拜)
예배하였는데 당신들의 말은 예
배할 곳이 예루살렘에 있다 하더
이다
21 예수께서 이르시되 여자여 내 말
을 믿으라 이 (山)산에서도 말고
예루살렘에서도 말고 너희가 아
버지께 예배할 때가 이르리라
22 너희는 알지 못하는 것을 예배하
고 우리는 아는 것을 예배하노니

이는 (救援)구원이 유대인에게서
남이라
23 아버지께 참되게 예배하는 자들
은 영과 (眞理)진리로 예배할 때
가 오나니 곧 이 때라 아버지께서
는 자기에게 이렇게 예배하는 자
들을 찾으시느니라
24 하나님은 (靈)영이시니 예배하는
자가 영과 진리로 예배할지니라
25 (女子)여자가 이르되 메시야 곧
그리스도라 하는 이가 오실 줄을
내가 아노니 그가 오시면 모든 것
을 우리에게 알려 주시리이다
26 예수께서 이르시되 네게 말하는
내가 그라 하시니라
27 ●이 때에 제자들이 돌아와서 예
수께서 여자와 말씀하시는 것을
(異常)이상히 여겼으나 무엇을
구하시나이까 어찌하여 그와 말
씀하시나이까 묻는 자가 없더라
28 여자가 물동이를 버려 두고 동네
로 들어가서 사람들에게 이르되
29 내가 (行)행한 모든 일을 내게 말
한 사람을 와서 보라 이는 그리스
도가 아니냐 하니
30 그들이 (洞)동네에서 나와 예수
께로 오더라
31 그 사이에 제자들이 (請)청하여
이르되 랍비여 잡수소서
32 이르시되 내게는 너희가 알지 못
하는 먹을 (糧食)양식이 있느니라
33 (弟子)제자들이 서로 말하되 누가
잡수실 것을 갖다 드렸는가 하니
34 예수께서 이르시되 나의 (糧食)
양식은 나를 보내신 이의 뜻을 행
하며 그의 일을 (穩全)온전히 이
루는 이것이니라
35 너희는 넉 달이 지나야 (秋收)추
수할 때가 이르겠다 하지 아니하
느냐 그러나 나는 너희에게 이르
노니 너희 눈을 들어 밭을 보라
희어져 추수하게 되었도다
36 거두는 자가 이미 삯도 받고 (永
生)영생에 이르는 열매를 모으나
니 이는 뿌리는 자와 거두는 자가
함께 즐거워하게 하려 함이라
37 그런즉 한 사람이 심고 다른 사람
이 거둔다 하는 말이 옳도다
38 내가 너희로 (努力)노력하지 아니
한 것을 거두러 보내었노니 다른
사람들은 노력하였고 너희는 그들
이 노력한 것에 참여하였느니라
39 ●여자의 말이 내가 행한 모든 것
을 그가 내게 말하였다 (證言)증
언하므로 그 동네 중에 많은 사마
리아인이 예수를 믿는지라
40 사마리아인들이 예수께 와서 자
기들과 함께 (留)유하시기를 청
하니 거기서 이틀을 유하시매
41 예수의 말씀으로 말미암아 믿는
(者)자가 더욱 많아
42 그 여자에게 말하되 이제 우리가
믿는 것은 네 말로 인함이 아니니
이는 우리가 친히 듣고 그가 참으
로 세상의 (救主)구주신 줄 앎이
라 하였더라

왕의 신하의 아들을 고치시다
(마 8:5-13; 눅 7:1-10)

43 ●이틀이 지나매 예수께서 거기
를 떠나 갈릴리로 가시며

44 친히 증언하시기를 선지자가 (故
鄕)고향에서는 높임을 받지 못한
다 하시고
45 갈릴리에 이르시매 갈릴리인들이
그를 (迎接)영접하니 이는 자기
들도 명절에 갔다가 예수께서 (名
節)명절중 예루살렘에서 하신 모
든 일을 보았음이더라
46 ●예수께서 다시 갈릴리 가나에
이르시니 전에 물로 (葡萄酒)포
도주를 만드신 곳이라 왕의 (臣
下)신하가 있어 그의 아들이 가
버나움에서 병들었더니
47 그가 예수께서 유대로부터 갈릴
리로 오셨다는 것을 듣고 가서 청
하되 내려오셔서 내 아들의 (病)
병을 고쳐 주소서 하니 그가 거의
죽게 되었음이라
48 예수께서 이르시되 너희는 [1](表
蹟)표적과 (奇事)기사를 보지 못
하면 도무지 믿지 아니하리라
49 신하가 이르되 (主)주여 내 아이
가 죽기 전에 내려오소서
50 예수께서 이르시되 가라 네 아들
이 살아 있다 하시니 그 사람이
예수께서 하신 말씀을 믿고 가더
니
51 내려가는 길에서 그 종들이 오다
가 만나서 아이가 살아 있다 하거
늘
52 그 낫기 시작한 때를 물은즉 어제
일곱 시에 (熱氣)열기가 떨어졌
나이다 하는지라

53 그의 아버지가 예수께서 네 아들
이 살아 있다 말씀하신 그 때인
줄 알고 (自己)자기와 그 온 집안
이 다 믿으니라
54 이것은 예수께서 유대에서 갈릴
리로 오신 후에 행하신 두 번째 [1]
(表蹟)표적이니라

오래된 병을 고치시다

5 그 후에 유대인의 (名節)명절이
되어 예수께서 예루살렘에 올
라가시니라
2 ●예루살렘에 있는 (羊門)양문
곁에 히브리 말로 베데스다라 하
는 못이 있는데 거기 (行閣)행각
다섯이 있고
3 그 안에 많은 병자, 맹인, 다리 저
는 사람, (血氣)혈기 마른 사람들
이 누워 [2][물의 움직임을 기다리
니
4 이는 (天使)천사가 가끔 못에 내
려와 물을 움직이게 하는데 움직
인 후에 먼저 들어가는 자는 어떤
병에 걸렸든지 낫게 됨이러라]
5 거기 서른여덟 해 된 (病者)병자
가 있더라
6 예수께서 그 누운 것을 보시고 병
이 벌써 오래된 줄 아시고 이르시
되 네가 낫고자 하느냐
7 병자가 (對答)대답하되 주여 물
이 움직일 때에 나를 못에 넣어
주는 사람이 없어 내가 가는 동안
에 다른 사람이 먼저 내려가나이
다
8 예수께서 이르시되 일어나 네 자
리를 들고 걸어가라 하시니

1) 또는 이적 2) 어떤 사본에는, 이 괄호 내 구절이 없고 3절의 '누워'는 '누웠으니'로 되어 있음

9 그 사람이 곧 나아서 자리를 들고
걸어가니라 ●이 날은 (安息日)안
식일이니
10 유대인들이 (病)병 나은 사람에게
이르되 안식일인데 네가 자리를
들고 가는 것이 옳지 아니하니라
11 (對答)대답하되 나를 낫게 한 그
가 자리를 들고 걸어가라 하더라
하니
12 그들이 묻되 너에게 자리를 들고
걸어가라 한 사람이 누구냐 하되
13 고침을 받은 사람은 그가 누구인
지 알지 못하니 이는 거기 사람이
많으므로 예수께서 이미 (避)피
하셨음이라
14 그 후에 예수께서 (聖殿)성전에
서 그 사람을 만나 이르시되 보라
네가 나았으니 더 심한 것이 생기
지 않게 다시는 죄를 범하지 말라
하시니
15 그 사람이 유대인들에게 가서 (自
己)자기를 고친 이는 예수라 하
니라
16 그러므로 (安息日)안식일에 이러
한 일을 행하신다 하여 유대인들
이 예수를 (迫害)박해하게 된지라
17 예수께서 그들에게 이르시되 내
아버지께서 이제까지 일하시니
나도 일한다 하시매
18 유대인들이 이로 말미암아 더욱
예수를 죽이고자 하니 이는 안식
일을 범할 뿐만 아니라 하나님을
자기의 친 아버지라 하여 자기를
하나님과 (同等)동등으로 삼으심
이러라

아들의 권한

19 ●그러므로 예수께서 그들에게
이르시되 내가 (眞實)진실로 진
실로 너희에게 이르노니 아들이
아버지께서 하시는 일을 보지 않
고는 아무 것도 스스로 할 수 없
나니 아버지께서 행하시는 그것
을 아들도 그와 같이 행하느니라
20 아버지께서 아들을 사랑하사 자
기가 (行)행하시는 것을 다 아들
에게 보이시고 또 그보다 더 큰
일을 보이사 너희로 놀랍게 여기
게 하시리라
21 아버지께서 죽은 자들을 일으켜
살리심 같이 아들도 (自己)자기
가 원하는 자들을 살리느니라
22 아버지께서 아무도 (審判)심판하
지 아니하시고 심판을 다 아들에
게 맡기셨으니
23 이는 모든 사람으로 아버지를 공
경하는 것 같이 아들을 (恭敬)공
경하게 하려 하심이라 아들을 공
경하지 아니하는 자는 그를 보내
신 아버지도 공경하지 아니하느
니라
24 내가 진실로 진실로 너희에게 이
르노니 내 말을 듣고 또 나 보내
신 이를 믿는 자는 영생을 얻었고
[1]심판에 이르지 아니하나니 사망
에서 (生命)생명으로 옮겼느니라
25 진실로 진실로 너희에게 이르노
니 죽은 자들이 하나님의 아들의
(音聲)음성을 들을 때가 오나니
곧 이 때라 듣는 자는 살아나리라

1) 또는 정죄

26 아버지께서 자기 속에 생명이 있
음 같이 아들에게도 생명을 주어
그 속에 있게 하셨고
27 또 인자됨으로 말미암아 (審判)
심판하는 (權限)권한을 주셨느니
라
28 이를 놀랍게 여기지 말라 무덤 속
에 있는 자가 다 그의 (音聲)음성
을 들을 때가 오나니
29 선한 일을 행한 자는 생명의 부활
로, 악한 일을 행한 자는 심판의
(復活)부활로 나오리라

예수를 믿게 하는 증언

30 ● 내가 아무 것도 스스로 할 수
없노라 듣는 대로 (審判)심판하노
니 나는 나의 뜻대로 하려 하지 않
고 나를 보내신 이의 뜻대로 하려
하므로 내 심판은 (義)의로우니라
31 내가 만일 나를 위하여 증언하면
내 (證言)증언은 참되지 아니하되
32 나를 위하여 증언하시는 이가 따
로 있으니 나를 (爲)위하여 증언
하시는 그 증언이 참인 줄 아노라
33 너희가 요한에게 사람을 보내매
요한이 (眞理)진리에 대하여 증
언하였느니라
34 그러나 나는 사람에게서 증언을
취하지 아니하노라 다만 이 말을
하는 것은 너희로 (救援)구원을
받게 하려 함이니라
35 요한은 켜서 비추이는 (燈)등불
이라 너희가 한때 그 빛에 즐거이
있기를 원하였거니와
36 내게는 요한의 증거보다 더 큰 증
거가 있으니 아버지께서 내게 주
사 이루게 하시는 (役事)역사 곧
내가 하는 그 역사가 아버지께서
나를 보내신 것을 나를 위하여 증
언하는 것이요
37 또한 나를 보내신 아버지께서 친
히 나를 위하여 증언하셨느니라
너희는 아무 때에도 그 음성을 듣
지 못하였고 그 (形像)형상을 보
지 못하였으며
38 그 말씀이 너희 속에 (居)거하지
아니하니 이는 그가 보내신 이를
믿지 아니함이라
39 너희가 (聖經)성경에서 영생을
얻는 줄 생각하고 성경을 연구하
거니와 이 성경이 곧 내게 대하여
증언하는 것이니라
40 그러나 너희가 (永生)영생을 얻
기 위하여 내게 오기를 원하지 아
니하는도다
41 나는 사람에게서 영광을 (取)취
하지 아니하노라
42 다만 하나님을 사랑하는 것이 너
희 속에 없음을 알았노라
43 나는 내 아버지의 이름으로 왔으
매 너희가 (迎接)영접하지 아니
하나 만일 다른 사람이 자기 이름
으로 오면 영접하리라
44 너희가 서로 (榮光)영광을 취하
고 유일하신 하나님께로부터 오
는 영광은 구하지 아니하니 어찌
나를 믿을 수 있느냐
45 내가 너희를 아버지께 (告發)고
발할까 생각하지 말라 너희를 고
발하는 이가 있으니 곧 너희가 바
라는 자 모세니라

46 모세를 믿었더라면 또 나를 믿었
으리니 이는 그가 내게 대하여
(記錄)기록하였음이라
47 그러나 그의 글도 믿지 아니하거
든 어찌 내 말을 믿겠느냐 하시니
라

오천 명을 먹이시다(마 14:13-21; 막 6:30-44; 눅 9:10-17)

6 그 (後)후에 예수께서 디베랴의
갈릴리 바다 건너(便)편으로 가
시매
2 큰 무리가 따르니 이는 (病者)병
자들에게 행하시는 [1]표적을 보았
음이러라
3 예수께서 산에 오르사 (弟子)제
자들과 함께 거기 앉으시니
4 마침 유대인의 명절인 (逾越節)
유월절이 가까운지라
5 예수께서 눈을 들어 큰 무리가
(自己)자기에게로 오는 것을 보
시고 빌립에게 이르시되 우리가
어디서 떡을 사서 이 사람들을 먹
이겠느냐 하시니
6 이렇게 말씀하심은 친히 어떻게
하실지를 아시고 빌립을 (試驗)
시험하고자 하심이라
7 빌립이 대답하되 각 사람으로 조
금씩 받게 할지라도 이백 [2]데나
리온의 떡이 (不足)부족하리이다
8 제자 중 하나 곧 시몬 베드로의
(兄弟)형제 안드레가 예수께 여
짜오되
9 여기 한 아이가 있어 보리떡 다섯
(個)개와 물고기 두 마리를 가지
고 있나이다 그러나 그것이 이 많
은 사람에게 얼마나 되겠사옵나
이까
10 예수께서 이르시되 이 사람들로 [3]
앉게 하라 하시니 그 곳에 잔디가
많은지라 사람들이 [3]앉으니 (數)
수가 (五千 名)오천 명쯤 되더라
11 예수께서 떡을 가져 (祝謝)축사
하신 후에 [3]앉아 있는 자들에게
나눠 주시고 물고기도 그렇게 그
들의 원대로 주시니라
12 그들이 배부른 후에 예수께서 (弟
子)제자들에게 이르시되 남은 조
각을 거두고 버리는 것이 없게 하
라 하시므로
13 이에 거두니 보리떡 다섯 개로 먹
고 남은 조각이 열두 바구니에 찼
더라
14 그 사람들이 예수께서 행하신 이
[1](表蹟)표적을 보고 말하되 이는
참으로 세상에 오실 그 선지자라
하더라
15 그러므로 예수께서 그들이 와서
자기를 억지로 붙들어 임금으로
삼으려는 줄 아시고 다시 혼자 산
으로 떠나 가시니라

바다 위로 걸어오시다 (마 14:22-27; 막 6:45-52)

16 ● 저물매 제자들이 바다에 내려
가서
17 배를 타고 바다를 건너 가버나움
으로 가는데 이미 어두웠고 예수
는 아직 그들에게 오시지 아니하
셨더니

1) 또는 이적 2) 은전의 명칭 3) 헬, 기대어 눕게(유대인이 음식 먹을 때에 가지는 자세)

18 큰 바람이 불어 (波濤)파도가 일
어나더라
19 제자들이 (櫓)노를 저어 (十餘
里)십여 리쯤 가다가 예수께서
바다 위로 걸어 배에 가까이 오심
을 보고 두려워하거늘
20 이르시되 내니 두려워하지 말라
하신대
21 이에 기뻐서 배로 (迎接)영접하
니 배는 곧 그들이 가려던 땅에
이르렀더라

생명의 떡

22 ●이튿날 바다 건너편에 서 있던
무리가 배 한 (隻)척 외에 다른 배
가 거기 없는 것과 또 어제 예수
께서 제자들과 함께 그 배에 오르
지 아니하시고 제자들만 가는 것
을 보았더니
23 (그러나 디베랴에서 배들이 주께
서 (祝謝)축사하신 후 여럿이 떡
먹던 그 곳에 가까이 왔더라)
24 무리가 거기에 예수도 안 계시고
(弟子)제자들도 없음을 보고 곧
배들을 타고 예수를 찾으러 가버
나움으로 가서
25 바다 건너(便)편에서 만나 랍비
여 언제 여기 오셨나이까 하니
26 예수께서 대답하여 이르시되 내
가 (眞實)진실로 진실로 너희에
게 이르노니 너희가 나를 찾는 것
은 [1]표적을 본 까닭이 아니요 떡
을 먹고 배부른 까닭이로다
27 썩을 (糧食)양식을 위하여 일하
지 말고 영생하도록 있는 양식을
위하여 하라 이 양식은 인자가 너
희에게 주리니 인자는 아버지 하
나님께서 (印)인치신 자니라
28 그들이 묻되 우리가 어떻게 하여
야 하나님의 일을 하오리이까
29 예수께서 (對答)대답하여 이르시
되 하나님께서 보내신 이를 믿는
것이 하나님의 일이니라 하시니
30 그들이 묻되 그러면 우리가 보고
당신을 믿도록 행하시는 [1](表蹟)
표적이 무엇이니이까, 하시는 일
이 무엇이니이까
31 기록된 바 ㄱ하늘에서 그들에게
떡을 주어 먹게 하였다 함과 같이
우리 (祖上)조상들은 (曠野)광야
에서 만나를 먹었나이다
32 예수께서 이르시되 내가 (眞實)
진실로 진실로 너희에게 이르노
니 모세가 너희에게 하늘로부터
떡을 준 것이 아니라 내 아버지께
서 너희에게 하늘로부터 참 떡을
주시나니
33 하나님의 떡은 하늘에서 내려 세
상에 (生命)생명을 주는 것이니라
34 그들이 이르되 주여 이 떡을 (恒
常)항상 우리에게 주소서
35 예수께서 이르시되 나는 (生命)
생명의 떡이니 내게 오는 자는 결
코 주리지 아니할 터이요 나를 믿
는 자는 (永遠)영원히 목마르지
아니하리라
36 그러나 내가 너희에게 이르기를
너희는 나를 보고도 믿지 아니하
는도다 하였느니라
37 아버지께서 내게 주시는 자는 다

1) 또는 이적 ㄱ 출 16:4, 15; 시 78:24; 105:40; 느 9:15

내게로 올 것이요 내게 오는 자는
내가 (決)결코 내쫓지 아니하리라
38 내가 하늘에서 내려온 것은 내 뜻
을 (行)행하려 함이 아니요 나를
보내신 이의 뜻을 행하려 함이니
라
39 나를 보내신 이의 뜻은 내게 주신
자 (中)중에 내가 하나도 잃어버
리지 아니하고 마지막 날에 다시
살리는 이것이니라
40 내 아버지의 뜻은 아들을 보고 믿
는 자마다 (永生)영생을 얻는 이
것이니 마지막 날에 내가 이를 다
시 살리리라 하시니라
41 ●(自己)자기가 하늘에서 내려온
떡이라 하시므로 유대인들이 예
수에 대하여 수군거려
42 이르되 이는 요셉의 아들 예수가
아니냐 그 (父母)부모를 우리가
아는데 자기가 지금 어찌하여 하
늘에서 내려왔다 하느냐
43 예수께서 (對答)대답하여 이르시
되 너희는 서로 수군거리지 말라
44 나를 보내신 아버지께서 이끌지
아니하시면 아무도 내게 올 수 없
으니 오는 그를 내가 마지막 날에
다시 살리리라
45 (先知者)선지자의 글에 ㄱ그들이
다 하나님의 가르치심을 받으리
라 기록되었은즉 아버지께 듣고
배운 사람마다 내게로 오느니라
46 이는 아버지를 본 자가 있다는 것
이 아니니라 오직 하나님에게서
온 자만 아버지를 보았느니라
47 진실로 진실로 너희에게 이르노
니 믿는 자는 (永生)영생을 가졌
나니
48 내가 곧 (生命)생명의 떡이니라
49 너희 (祖上)조상들은 광야에서
만나를 먹었어도 죽었거니와
50 이는 하늘에서 내려오는 떡이니
사람으로 하여금 먹고 죽지 아니
하게 하는 것이니라
51 나는 하늘에서 내려온 살아 있는
떡이니 사람이 이 떡을 먹으면 영
생하리라 내가 줄 떡은 곧 (世上)
세상의 생명을 위한 내 살이니라
하시니라
52 ●그러므로 유대인들이 서로 다
투어 이르되 이 사람이 어찌 (能)
능히 자기 살을 우리에게 주어 먹
게 하겠느냐
53 예수께서 이르시되 내가 진실로
진실로 너희에게 이르노니 (人子)
인자의 살을 먹지 아니하고 인자
의 피를 마시지 아니하면 너희 속
에 (生命)생명이 없느니라
54 내 살을 먹고 내 피를 마시는 자
는 (永生)영생을 가졌고 마지막
날에 내가 그를 다시 살리리니
55 내 살은 참된 (糧食)양식이요 내
피는 참된 (飮料)음료로다
56 내 살을 먹고 내 피를 마시는 자
는 내 안에 (居)거하고 나도 그의
안에 거하나니
57 살아 계신 아버지께서 나를 보내
시매 내가 아버지로 말미암아 사
는 것 같이 나를 먹는 그 사람도
나로 말미암아 살리라

ㄱ 사 54:13

58 이것은 하늘에서 내려온 떡이니
(祖上)조상들이 먹고도 죽은 그
것과 같지 아니하여 이 떡을 먹는
자는 (永遠)영원히 살리라
59 이 말씀은 예수께서 가버나움 (會
堂)회당에서 가르치실 때에 하셨
느니라

영생의 말씀

60 ●(弟子)제자 중 여럿이 듣고 말
하되 이 말씀은 어렵도다 누가 들
을 수 있느냐 한대
61 예수께서 스스로 제자들이 이 말
씀에 대하여 수군거리는 줄 아시
고 이르시되 이 말이 [1]너희에게
걸림이 되느냐
62 그러면 너희는 (人子)인자가 이
전에 있던 곳으로 올라가는 것을
본다면 어떻게 하겠느냐
63 살리는 것은 영이니 육은 (無益)
무익하니라 내가 너희에게 이른
말은 영이요 생명이라
64 그러나 너희 중에 믿지 아니하는
자들이 있느니라 하시니 이는 예
수께서 믿지 아니하는 자들이 누
구며 (自己)자기를 팔 자가 누구
인지 처음부터 아심이러라
65 또 이르시되 그러므로 (前)전에
너희에게 말하기를 내 아버지께
서 오게 하여 주지 아니하시면 누
구든지 내게 올 수 없다 하였노라
하시니라
66 ●그 때부터 그의 (弟子)제자
(中)중에서 많은 사람이 떠나가
고 다시 그와 함께 다니지 아니하

1) 또는 너희로 실족하게 하느냐

더라
67 예수께서 열두 제자에게 이르시
되 너희도 가려느냐
68 시몬 베드로가 대답하되 주여 (永
生)영생의 말씀이 주께 있사오니
우리가 누구에게로 가오리이까
69 우리가 (主)주는 하나님의 거룩
하신 자이신 줄 믿고 알았사옵나
이다
70 예수께서 대답하시되 내가 너희
열둘을 (擇)택하지 아니하였느냐
그러나 너희 중의 한 사람은 마귀
니라 하시니
71 이 말씀은 가룟 시몬의 아들 유다
를 가리키심이라 그는 열둘 중의
하나로 예수를 팔 (者)자러라

형제들까지도 예수를 믿지 아니하다

7 그 (後)후에 예수께서 갈릴리에
서 다니시고 유대에서 다니려
아니하심은 유대인들이 죽이려
함이러라
2 유대인의 명절인 (草幕節)초막절
이 가까운지라
3 그 형제들이 예수께 이르되 (當
身)당신이 행하는 일을 제자들도
보게 여기를 떠나 유대로 가소서
4 스스로 나타나기를 구하면서 묻
혀서 일하는 사람이 없나니 이 일
을 행하려 하거든 (自身)자신을
세상에 나타내소서 하니
5 이는 그 (兄弟)형제들까지도 예
수를 믿지 아니함이러라
6 예수께서 이르시되 내 때는 아직
이르지 아니하였거니와 너희 때
는 늘 (準備)준비되어 있느니라

7 (世上)세상이 너희를 미워하지
아니하되 나를 미워하나니 이는
내가 세상의 일들을 악하다고 (證
言)증언함이라
8 너희는 (名節)명절에 올라가라
내 때가 아직 차지 못하였으니 나
는 이 명절에 아직 올라가지 아니
하노라
9 이 말씀을 하시고 갈릴리에 머물
러 계시니라

명절을 지키러 올라가시다

10 ●그 형제들이 명절에 올라간 후
에 자기도 올라가시되 나타내지
않고 (隱密)은밀히 가시니라
11 (名節中)명절중에 유대인들이 예
수를 찾으면서 그가 어디 있느냐
하고
12 예수에 대하여 무리 중에서 수군
거림이 많아 어떤 사람은 좋은 사
람이라 하며 어떤 사람은 아니라
무리를 (迷惑)미혹한다 하나
13 그러나 유대인들을 두려워하므로
드러나게 그에 (對)대하여 말하
는 자가 없더라
14 ●이미 명절의 (中間)중간이 되
어 예수께서 (聖殿)성전에 올라
가사 가르치시니
15 유대인들이 놀랍게 여겨 이르되
이 사람은 배우지 아니하였거늘
어떻게 글을 아느냐 하니
16 예수께서 대답하여 이르시되 내
(教訓)교훈은 내 것이 아니요 나
를 보내신 이의 것이니라
17 사람이 하나님의 뜻을 (行)행하
려 하면 이 교훈이 하나님께로부
터 왔는지 내가 스스로 말함인지
알리라
18 스스로 말하는 자는 자기 영광만
구하되 보내신 이의 영광을 구하
는 자는 참되니 그 속에 (不義)불
의가 없느니라
19 모세가 너희에게 (律法)율법을
주지 아니하였느냐 너희 중에 율
법을 지키는 자가 없도다 너희가
어찌하여 나를 죽이려 하느냐
20 무리가 (對答)대답하되 당신은
귀신이 들렸도다 누가 당신을 죽
이려 하나이까
21 예수께서 대답하여 이르시되 내
가 한 가지 일을 행하매 너희가
다 이로 말미암아 (異常)이상히
여기는도다
22 모세가 너희에게 (割禮)할례를
행했으니 (그러나 할례는 모세에
게서 난 것이 아니요 조상들에게
서 난 것이라) 그러므로 너희가
안식일에도 사람에게 할례를 행
하느니라
23 모세의 율법을 범하지 아니하려
고 사람이 안식일에도 할례를 받
는 일이 있거든 내가 안식일에 사
람의 전신을 (健全)건전하게 한
것으로 너희가 내게 노여워하느
냐
24 (外貌)외모로 (判斷)판단하지 말
고 공의롭게 판단하라 하시니라

예수를 잡고자 하나

25 ●예루살렘 사람 중에서 어떤 사
람이 말하되 이는 그들이 죽이고
자 하는 그 사람이 아니냐

26 보라 드러나게 말하되 그들이 아
무 말도 아니하는도다 (當局者)
당국자들은 이 사람을 참으로 그
리스도인 줄 알았는가
27 그러나 우리는 이 사람이 어디서
왔는지 아노라 그리스도께서 오
실 때에는 어디서 오시는지 아는
(者)자가 없으리라 하는지라
28 예수께서 (聖殿)성전에서 가르치
시며 외쳐 이르시되 너희가 나를
알고 내가 어디서 온 것도 알거니
와 내가 스스로 온 것이 아니니라
나를 보내신 이는 참되시니 너희
는 그를 알지 못하나
29 나는 아노니 이는 내가 그에게서
났고 그가 나를 보내셨음이라 하
시니
30 그들이 예수를 잡고자 하나 손을
대는 (者)자가 없으니 이는 그의
때가 아직 이르지 아니하였음이
러라
31 무리 중의 많은 사람이 예수를 믿
고 말하되 그리스도께서 오실지
라도 그 행하실 [1](表蹟)표적이 이
사람이 행한 것보다 더 많으랴 하
니
32 예수에 대하여 무리가 수군거리
는 것이 바리새인들에게 들린지
라 (大祭司長)대제사장들과 바리
새인들이 그를 잡으려고 아랫사
람들을 보내니
33 예수께서 이르시되 내가 너희와
함께 조금 더 있다가 나를 보내신
이에게로 돌아가겠노라

1) 또는 이적 ㄱ 삼하 7:12 이하; 미 5:2

34 너희가 나를 찾아도 만나지 못할
터이요 나 있는 곳에 오지도 못하
리라 하시니
35 이에 유대인들이 서로 묻되 이 사
람이 어디로 가기에 우리가 그를
만나지 못하리요 헬라인 (中)중
에 흩어져 사는 자들에게로 가서
헬라인을 가르칠 터인가
36 나를 찾아도 만나지 못할 터이요
나 있는 곳에 오지도 못하리라 한
이 말이 무슨 말이냐 하니라

배에서 생수의 강이 흘러나오리라

37 ●(名節)명절 끝날 곧 큰 날에 예
수께서 서서 외쳐 이르시되 누구
든지 목마르거든 내게로 와서 마
시라
38 나를 믿는 자는 성경에 이름과 같
이 그 배에서 (生水)생수의 강이
흘러나오리라 하시니
39 이는 그를 믿는 자들이 받을 성령
을 가리켜 말씀하신 것이라 예수
께서 아직 (榮光)영광을 받지 않
으셨으므로 (聖靈)성령이 아직
그들에게 계시지 아니하시더라
40 이 말씀을 들은 무리 중에서 어떤
사람은 이 사람이 참으로 그 (先
知者)선지자라 하며
41 어떤 사람은 그리스도라 하며 어
떤 이들은 그리스도가 어찌 갈릴
리에서 나오겠느냐
42 ㄱ(聖經)성경에 이르기를 그리스
도는 다윗의 씨로 또 다윗이 살던
마을 베들레헴에서 나오리라 하
지 아니하였느냐 하며
43 예수로 말미암아 무리 중에서 (爭

論)쟁론이 되니
44 그 중에는 그를 잡고자 하는 자들
도 있으나 손을 대는 (者)자가 없
었더라

대제사장들과 바리새인들은 믿지 않다

45 ●아랫사람들이 (大祭司長)대제
사장들과 바리새인들에게로 오니
그들이 묻되 어찌하여 잡아오지
아니하였느냐
46 아랫사람들이 (對答)대답하되 그
사람이 말하는 것처럼 말한 사람
은 이 때까지 없었나이다 하니
47 바리새인들이 대답하되 너희도
(迷惑)미혹되었느냐
48 (當局者)당국자들이나 바리새인
중에 그를 믿는 자가 있느냐
49 율법을 알지 못하는 이 무리는
(詛呪)저주를 받은 자로다
50 그 중의 한 사람 곧 (前)전에 예
수께 왔던 니고데모가 그들에게
말하되
51 우리 (律法)율법은 사람의 말을
듣고 그 행한 것을 알기 전에 (審
判)심판하느냐
52 그들이 대답하여 이르되 너도 갈
릴리에서 왔느냐 찾아 보라 갈릴
리에서는 (先知者)선지자가 나지
못하느니라 하였더라

음행중에 잡혀온 여자가 용서 받다

53 [1] [다 각각 집으로 돌아가고
8 예수는 (橄欖 山)감람 산으로
가시니라
2 아침에 다시 성전으로 들어오시
니 (百姓)백성이 다 나아오는지
라 앉으사 그들을 가르치시더니
3 서기관들과 바리새인들이 (淫行
中)음행중에 잡힌 여자를 끌고
와서 가운데 세우고
4 예수께 말하되 선생이여 이 여자
가 (姦淫)간음하다가 현장에서
잡혔나이다
5 ㄱ모세는 (律法)율법에 이러한 여
자를 돌로 치라 명하였거니와 선
생은 어떻게 말하겠나이까
6 그들이 이렇게 말함은 고발할 조
건을 얻고자 하여 예수를 (試驗)
시험함이러라 예수께서 몸을 굽
히사 손가락으로 땅에 쓰시니
7 그들이 묻기를 마지 아니하는지
라 이에 일어나 이르시되 너희 중
에 (罪)죄 없는 자가 먼저 돌로 치
라 하시고
8 다시 몸을 굽혀 손가락으로 땅에
쓰시니
9 그들이 이 말씀을 듣고 (良心)양
심에 (呵責)가책을 느껴 어른으
로 시작하여 젊은이까지 하나씩
하나씩 나가고 오직 예수와 그 가
운데 섰는 여자만 남았더라
10 예수께서 일어나사 (女子 外)여
자 외에 아무도 없는 것을 보시고
이르시되 여자여 너를 (告發)고
발하던 그들이 어디 있느냐 너를
정죄한 자가 없느냐
11 대답하되 주여 없나이다 예수께
서 이르시되 나도 너를 (定罪)정
죄하지 아니하노니 가서 다시는
죄를 범하지 말라 하시니라]

1) 어떤 사본에, 7:53부터 8:11까지 없음 ㄱ 레 20:10; 신 22:22 이하

나는 세상의 빛

12 ●예수께서 또 말씀하여 이르시
되 나는 세상의 빛이니 나를 따르
는 자는 어둠에 다니지 아니하고
(生命)생명의 빛을 얻으리라
13 바리새인들이 이르되 네가 너를
위하여 증언하니 네 (證言)증언
은 참되지 아니하도다
14 예수께서 (對答)대답하여 이르시
되 내가 나를 (爲)위하여 증언하여
도 내 증언이 참되니 나는 내가 어
디서 오며 어디로 가는 것을 알거
니와 너희는 내가 어디서 오며 어
디로 가는 것을 알지 못하느니라
15 너희는 (肉體)육체를 따라 판단
하나 나는 아무도 판단하지 아니
하노라
16 만일 내가 (判斷)판단하여도 내
판단이 참되니 이는 내가 혼자 있
는 것이 아니요 나를 보내신 이가
나와 함께 계심이라
17 너희 ㄱ(律法)율법에도 두 사람의
증언이 참되다 기록되었으니
18 내가 나를 위하여 (證言)증언하
는 자가 되고 나를 보내신 아버지
도 나를 위하여 증언하시느니라
19 이에 그들이 묻되 네 아버지가 어
디 있느냐 예수께서 (對答)대답
하시되 너희는 나를 알지 못하고
내 아버지도 알지 못하는도다 나
를 알았더라면 내 아버지도 알았
으리라
20 이 말씀은 성전에서 가르치실 때
에 (獻金函)헌금함 앞에서 하셨

ㄱ 신 19:15; 17:6

으나 잡는 사람이 없으니 이는 그
의 때가 아직 이르지 아니하였음
이러라

내가 가는 곳

21 ●다시 이르시되 내가 가리니 너
희가 나를 찾다가 너희 (罪)죄 가
운데서 죽겠고 내가 가는 곳에는
너희가 오지 못하리라
22 유대인들이 이르되 그가 말하기
를 내가 가는 곳에는 너희가 오지
못하리라 하니 그가 (自決)자결
하려는가
23 예수께서 이르시되 너희는 아래
에서 났고 나는 위에서 났으며 너
희는 이 (世上)세상에 (屬)속하였
고 나는 이 세상에 속하지 아니하
였느니라
24 그러므로 내가 너희에게 말하기
를 너희가 너희 (罪)죄 가운데서
죽으리라 하였노라 너희가 만일
내가 그인 줄 믿지 아니하면 너희
죄 가운데서 죽으리라
25 그들이 말하되 네가 누구냐 예수
께서 이르시되 나는 처음부터 너
희에게 말하여 온 자니라
26 내가 너희에게 대하여 말하고 (判
斷)판단할 것이 많으나 나를 보
내신 이가 참되시매 내가 그에게
들은 그것을 세상에 말하노라 하
시되
27 그들은 아버지를 가리켜 말씀하
신 줄을 깨닫지 못하더라
28 이에 예수께서 이르시되 너희가
(人子)인자를 든 후에 내가 그인
줄을 알고 또 내가 스스로 아무

것도 하지 아니하고 오직 아버지
께서 가르치신 대로 이런 것을 말
하는 줄도 알리라
29 나를 보내신 이가 나와 함께 하시
도다 나는 (恒常)항상 그가 기뻐
하시는 일을 (行)행하므로 나를
혼자 두지 아니하셨느니라
30 이 말씀을 하시매 많은 사람이 믿
더라

진리가 너희를 자유롭게 하리라

31 ●그러므로 예수께서 (自己)자기
를 믿은 유대인들에게 이르시되
너희가 내 말에 거하면 참으로 내
제자가 되고
32 (眞理)진리를 알지니 진리가 너
희를 자유롭게 하리라
33 그들이 대답하되 우리가 아브라
함의 자손이라 남의 종이 된 적이
없거늘 어찌하여 우리가 (自由)
자유롭게 되리라 하느냐
34 예수께서 대답하시되 (眞實)진실
로 진실로 너희에게 이르노니 죄
를 (犯)범하는 자마다 죄의 종이
라
35 종은 (永遠)영원히 집에 거하지
못하되 아들은 영원히 거하나니
36 그러므로 아들이 너희를 (自由)
자유롭게 하면 너희가 참으로 자
유로우리라
37 나도 너희가 아브라함의 (子孫)
자손인 줄 아노라 그러나 내 말이
너희 안에 있을 곳이 없으므로 나
를 죽이려 하는도다
38 나는 내 아버지에게서 본 것을 말
하고 너희는 너희 아비에게서 들
은 것을 (行)행하느니라
39 대답하여 이르되 우리 아버지는
아브라함이라 하니 예수께서 이
르시되 너희가 아브라함의 자손
이면 아브라함이 행한 일들을 할
것이거늘
40 지금 하나님께 들은 (眞理)진리
를 너희에게 말한 사람인 나를 죽
이려 하는도다 아브라함은 이렇
게 하지 아니하였느니라
41 너희는 너희 아비가 행한 일들을
하는도다 대답하되 우리가 (淫亂)
음란한 데서 나지 아니하였고 아
버지는 한 분뿐이시니 곧 하나님
이시로다
42 예수께서 이르시되 하나님이 너
희 아버지였으면 너희가 나를 사
랑하였으리니 이는 내가 하나님
께로부터 나와서 왔음이라 나는
스스로 온 것이 아니요 아버지께
서 나를 보내신 것이니라
43 어찌하여 내 말을 깨닫지 못하느
냐 이는 내 말을 들을 줄 알지 못
함이로다
44 너희는 너희 아비 (魔鬼)마귀에
게서 났으니 너희 아비의 (慾心)
욕심대로 너희도 행하고자 하느
니라 그는 처음부터 살인한 자요
[1]진리가 그 속에 없으므로 [1]진리
에 서지 못하고 거짓을 말할 때마
다 제 것으로 말하나니 이는 그가
거짓말쟁이요 거짓의 아비가 되
었음이라
45 내가 [1](眞理)진리를 말하므로 너

1) 또는 참된 것

희가 나를 믿지 아니하는도다
46 너희 중에 누가 나를 (罪)죄로 책
잡겠느냐 내가 [1]진리를 말하는데
도 어찌하여 나를 믿지 아니하느
냐
47 하나님께 속한 자는 하나님의 말
씀을 듣나니 너희가 듣지 아니함
은 하나님께 (屬)속하지 아니하
였음이로다
48 유대인들이 대답하여 이르되 우
리가 너를 사마리아 사람이라 또
는 (鬼神)귀신이 들렸다 하는 말
이 옳지 아니하냐
49 예수께서 대답하시되 나는 귀신
들린 것이 아니라 오직 내 아버
지를 (恭敬)공경함이거늘 너희가
나를 무시하는도다
50 나는 내 (榮光)영광을 구하지 아
니하나 구하고 (判斷)판단하시는
이가 계시니라
51 진실로 진실로 너희에게 이르노
니 사람이 내 말을 지키면 (永遠)
영원히 죽음을 보지 아니하리라
52 유대인들이 이르되 지금 네가 귀
신 들린 줄을 아노라 아브라함과
(先知者)선지자들도 죽었거늘 네
말은 사람이 내 말을 지키면 영원
히 죽음을 맛보지 아니하리라 하
니
53 너는 이미 죽은 우리 (祖上)조상
아브라함보다 크냐 또 선지자들
도 죽었거늘 너는 너를 누구라 하
느냐
54 예수께서 대답하시되 내가 내게

1) 또는 참된 것

영광을 돌리면 내 영광이 아무 것
도 아니거니와 내게 영광을 돌리
시는 이는 내 아버지시니 곧 너희
가 너희 하나님이라 (稱)칭하는
그이시라
55 너희는 그를 알지 못하되 나는 아
노니 (萬一)만일 내가 알지 못한
다 하면 나도 너희 같이 거짓말
쟁이가 되리라 나는 그를 알고 또
그의 말씀을 지키노라
56 너희 (祖上)조상 아브라함은 나
의 때 볼 것을 즐거워하다가 보고
기뻐하였느니라
57 유대인들이 이르되 네가 아직
(五十 歲)오십 세도 못되었는데
아브라함을 보았느냐
58 예수께서 이르시되 진실로 진실
로 너희에게 이르노니 아브라함
이 나기 (前)전부터 내가 있느니
라 하시니
59 그들이 돌을 들어 치려 하거늘 예
수께서 숨어 (聖殿)성전에서 나
가시니라

날 때부터 맹인 된 사람을 고치시다

9 예수께서 길을 가실 때에 날 때
부터 (盲人)맹인 된 사람을 보
신지라
2 (弟子)제자들이 물어 이르되 랍
비여 이 사람이 맹인으로 난 것이
누구의 죄로 인함이니이까 자기
니이까 그의 부모니이까
3 예수께서 대답하시되 이 사람이
나 그 (父母)부모의 (罪)죄로 인
한 것이 아니라 그에게서 하나님
이 하시는 일을 나타내고자 하심

이라
4 때가 아직 낮이매 나를 보내신 이
의 일을 우리가 하여야 하리라 밤
이 오리니 그 때는 아무도 일할
수 없느니라
5 내가 (世上)세상에 있는 동안에
는 세상의 빛이로라
6 이 말씀을 하시고 땅에 침을 뱉어
진흙을 이겨 그의 눈에 바르시고
7 이르시되 실로암 못에 가서 씻으
라 하시니 실로암은 (飜譯)번역
하면 보냄을 받았다는 뜻이라 이
에 가서 씻고 밝은 눈으로 왔더라
8 이웃 사람들과 전에 그가 걸인인
것을 보았던 사람들이 이르되 이
는 앉아서 (求乞)구걸하던 자가
아니냐
9 어떤 사람은 그 사람이라 하며 어
떤 사람은 아니라 그와 비슷하다
하거늘 (自己)자기 말은 내가 그
라 하니
10 그들이 묻되 그러면 네 눈이 어떻
게 떠졌느냐
11 (對答)대답하되 예수라 하는 그
사람이 진흙을 이겨 내 눈에 바르
고 나더러 실로암에 가서 씻으라
하기에 가서 씻었더니 보게 되었
노라
12 그들이 이르되 그가 어디 있느냐
이르되 알지 못하노라 하니라

보게 된 맹인과 바리새인들

13 ●그들이 (前)전에 (盲人)맹인이
었던 사람을 데리고 바리새인들
에게 갔더라
14 예수께서 진흙을 이겨 눈을 뜨게
하신 날은 (安息日)안식일이라
15 그러므로 바리새(人)인들도 그가
어떻게 보게 되었는지를 물으니
이르되 그 사람이 진흙을 내 눈에
바르매 내가 씻고 보나이다 하니
16 바리새인 중에 어떤 사람은 말하
되 이 사람이 (安息日)안식일을
지키지 아니하니 하나님께로부터
온 자가 아니라 하며 어떤 사람은
말하되 죄인으로서 어떻게 이러
한 [1]표적을 행하겠느냐 하여 그
들 중에 분쟁이 있었더니
17 이에 (盲人)맹인되었던 자에게
다시 묻되 그 사람이 네 눈을 뜨
게 하였으니 너는 그를 어떠한 사
람이라 하느냐 대답하되 (先知
者)선지자니이다 하니
18 유대인들이 그가 맹인으로 있다
가 보게 된 것을 믿지 아니하고
그 (父母)부모를 불러 묻되
19 이는 너희 말에 맹인으로 났다 하
는 너희 아들이냐 그러면 (只今)
지금은 어떻게 해서 보느냐
20 그 (父母)부모가 대답하여 이르
되 이 사람이 우리 아들인 것과
맹인으로 난 것을 아나이다
21 그러나 지금 어떻게 해서 보는지
또는 누가 그 눈을 뜨게 하였는지
우리는 알지 못하나이다 그에게
물어 보소서 그가 (長成)장성하
였으니 자기 일을 말하리이다
22 그 부모가 이렇게 말한 것은 이
미 유대인들이 누구든지 예수를
그리스도로 (是認)시인하는 자는

1) 또는 이적

(黜敎)출교하기로 (決議)결의하
였으므로 그들을 무서워함이러라
23 이러므로 그 (父母)부모가 말하
기를 그가 장성하였으니 그에게
물어 보소서 하였더라
24 이에 그들이 맹인이었던 사람을
두 번째 불러 이르되 너는 하나님
께 (榮光)영광을 돌리라 우리는
이 사람이 죄인인 줄 아노라
25 대답하되 그가 (罪人)죄인인지
내가 알지 못하나 한 가지 아는
것은 내가 맹인으로 있다가 (只
今)지금 보는 그것이니이다
26 그들이 이르되 그 사람이 네게 무
엇을 하였느냐 어떻게 네 눈을 뜨
게 하였느냐
27 (對答)대답하되 내가 이미 일렀
어도 듣지 아니하고 어찌하여 다
시 듣고자 하나이까 당신들도 그
의 제자가 되려 하나이까
28 그들이 (辱)욕하여 이르되 너는
그의 제자이나 우리는 모세의 제
자라
29 하나님이 모세에게는 말씀하신
줄을 우리가 알거니와 이 사람은
어디서 왔는지 알지 못하노라
30 그 사람이 대답하여 이르되 (異
常)이상하다 이 사람이 내 눈을
뜨게 하였으되 당신들은 그가 어
디서 왔는지 알지 못하는도다
31 하나님이 죄인의 말을 듣지 아니
하시고 (敬虔)경건하여 그의 뜻
대로 행하는 자의 말은 들으시는
줄을 우리가 아나이다

1) 어떤 사본에, 하나님의 아들을

32 (創世)창세 (以後)이후로 맹인으
로 난 자의 눈을 뜨게 하였다 함
을 듣지 못하였으니
33 이 사람이 하나님께로부터 오지
아니하였으면 아무 일도 할 수 없
으리이다
34 그들이 대답하여 이르되 네가 (穩
全)온전히 죄 가운데서 나서 우
리를 가르치느냐 하고 이에 쫓아
내어 보내니라

맹인이 되었더라면 죄가 없으려니와

35 ●예수께서 그들이 그 사람을 쫓
아냈다 하는 말을 들으셨더니 그
를 만나사 이르시되 네가 [1](人子)
인자를 믿느냐
36 (對答)대답하여 이르되 주여 그
가 누구시오니이까 내가 믿고자
하나이다
37 예수께서 이르시되 네가 그를 보
았거니와 (只今)지금 너와 말하
는 자가 그이니라
38 이르되 (主)주여 내가 믿나이다
하고 절하는지라
39 예수께서 이르시되 내가 (審判)
심판하러 이 세상에 왔으니 보지
못하는 자들은 보게 하고 보는 자
들은 맹인이 되게 하려 함이라 하
시니
40 바리새인 (中)중에 예수와 함께
있던 자들이 이 말씀을 듣고 이르
되 우리도 (盲人)맹인인가
41 예수께서 이르시되 너희가 맹인
이 되었더라면 (罪)죄가 없으려
니와 본다고 하니 너희 죄가 그대
로 있느니라

양의 우리 비유

10 내가 진실로 진실로 너희에
게 이르노니 문을 통하여 양
의 우리에 들어가지 아니하고 다
른 데로 넘어가는 자는 절도며
(强盜)강도요
2 문으로 들어가는 이는 양의 (牧
者)목자라
3 문지기는 그를 위하여 문을 열고
양은 그의 음성을 듣나니 그가 자
기 양의 이름을 각각 불러 (引導)
인도하여 내느니라
4 자기 양을 다 내놓은 후에 앞서
가면 양들이 그의 (音聲)음성을
아는 고로 따라오되
5 (他人)타인의 음성은 알지 못하
는 고로 타인을 따르지 아니하고
도리어 도망하느니라
6 예수께서 이 (譬喩)비유로 그들
에게 말씀하셨으나 그들은 그가
하신 말씀이 무엇인지 알지 못하
니라

선한 목자

7 ●그러므로 예수께서 다시 이르
시되 내가 진실로 진실로 너희에
게 말하노니 나는 (羊)양의 (門)
문이라
8 나보다 먼저 온 자는 다 (竊盜)절
도요 강도니 양들이 듣지 아니하
였느니라
9 내가 문이니 누구든지 나로 말미
암아 들어가면 (救援)구원을 받
고 또는 들어가며 나오며 꼴을 얻
으리라
10 도둑이 오는 것은 도둑질하고 죽
이고 멸망시키려는 것뿐이요 내
가 온 것은 양으로 생명을 얻게
하고 더 (豊盛)풍성히 얻게 하려
는 것이라
11 나는 (善)선한 목자라 선한 목자
는 양들을 위하여 목숨을 버리거
니와
12 삯꾼은 (牧者)목자가 아니요 (羊)
양도 제 양이 아니라 이리가 오는
것을 보면 양을 버리고 달아나나
니 이리가 양을 물어 가고 또 헤
치느니라
13 달아나는 것은 그가 삯꾼인 까닭
에 양을 돌보지 아니함이나
14 나는 선한 목자라 나는 내 (羊)양
을 알고 양도 나를 아는 것이
15 아버지께서 나를 아시고 내가 아
버지를 아는 것 같으니 나는 양을
(爲)위하여 목숨을 버리노라
16 또 이 우리에 들지 아니한 다른
양들이 내게 있어 내가 (引導)인
도하여야 할 터이니 그들도 내
(音聲)음성을 듣고 한 무리가 되
어 한 목자에게 있으리라
17 내가 내 목숨을 버리는 것은 그것
을 내가 다시 얻기 위함이니 이로
말미암아 아버지께서 나를 사랑
하시느니라
18 이를 내게서 빼앗는 자가 있는 것
이 아니라 내가 스스로 버리노라
나는 버릴 (權勢)권세도 있고 다
시 얻을 권세도 있으니 이 계명은
내 아버지에게서 받았노라 하시
니라
19 ●이 말씀으로 말미암아 유대인

중에 다시 (紛爭)분쟁이 일어나
니
20 그 중에 많은 사람이 말하되 그가
(鬼神)귀신 들려 미쳤거늘 어찌
하여 그 말을 듣느냐 하며
21 어떤 사람은 말하되 이 말은 귀
신 들린 자의 말이 아니라 귀신이
(盲人)맹인의 눈을 뜨게 할 수 있
느냐 하더라

유대인들이 예수를 돌로 치려 하다

22 ● 예루살렘에 (修殿節)수전절이
이르니 때는 겨울이라
23 예수께서 성전 안 솔로몬 (行閣)
행각에서 거니시니
24 유대인들이 에워싸고 이르되 당
신이 언제까지나 우리 마음을 (疑
惑)의혹하게 하려 하나이까 그리
스도이면 밝히 말씀하소서 하니
25 예수께서 대답하시되 내가 너희
에게 말하였으되 믿지 아니하는
도다 내가 내 아버지의 이름으로
행하는 일들이 나를 (證據)증거
하는 것이거늘
26 너희가 내 양이 아니므로 믿지 아
니하는도다
27 내 양은 내 (音聲)음성을 들으며
나는 그들을 알며 그들은 나를 따
르느니라
28 내가 그들에게 (永生)영생을 주
노니 영원히 멸망하지 아니할 것
이요 또 그들을 내 손에서 빼앗을
자가 없느니라
29 [1]그들을 주신 내 아버지는 (萬物)
만물보다 크시매 아무도 아버지
손에서 빼앗을 수 없느니라
30 나와 아버지는 하나이니라 하신
대
31 유대인들이 다시 돌을 들어 치려
하거늘
32 예수께서 대답하시되 내가 아버지
로 말미암아 여러 가지 (善)선한
일로 너희에게 보였거늘 그 중에
어떤 일로 나를 돌로 치려 하느냐
33 유대인들이 대답하되 선한 일로
말미암아 우리가 너를 돌로 치려
는 것이 아니라 (神聖冒瀆)신성
모독으로 인함이니 네가 사람이
되어 자칭 하나님이라 함이로라
34 예수께서 이르시되 너희 ㄱ(律法)
율법에 기록된 바 내가 너희를 신
이라 하였노라 하지 아니하였느
냐
35 성경은 (廢)폐하지 못하나니 하나
님의 말씀을 받은 사람들을 (神)
신이라 하셨거든
36 하물며 아버지께서 거룩하게 하
사 세상에 보내신 자가 나는 하나
님의 아들이라 하는 것으로 너희
가 어찌 신성모독이라 하느냐
37 (萬一)만일 내가 내 아버지의 일
을 행하지 아니하거든 나를 믿지
말려니와
38 내가 (行)행하거든 나를 믿지 아
니할지라도 그 일은 믿으라 그러
면 너희가 아버지께서 내 안에 계
시고 내가 아버지 안에 있음을 깨
달아 알리라 하시니
39 그들이 다시 예수를 잡고자 하였
으나 그 손에서 벗어나 나가시니

1) 어떤 사본에, 내 아버지께서 내게 주신 것이 만물보다 크매 ㄱ 시 82:6

라
40 ●다시 요단 강 저편 요한이 처음
으로 [1](洗禮)세례 베풀던 곳에 가
사 거기 거하시니
41 많은 사람이 왔다가 말하되 요한
은 아무 [2](表蹟)표적도 행하지 아
니하였으나 요한이 이 사람을 가
리켜 말한 것은 다 참이라 하더라
42 그리하여 거기서 많은 사람이 예
수를 믿으니라

죽은 나사로를 살리시다

11 어떤 (病者)병자가 있으니
이는 마리아와 그 자매 마르
다의 마을 베다니에 사는 나사로
라
2 이 마리아는 (香油)향유를 주께
붓고 머리털로 주의 발을 닦던 자
요 병든 나사로는 그의 오라버니
더라
3 이에 그 누이들이 예수께 사람을
보내어 이르되 (主)주여 보시옵
소서 사랑하시는 자가 (病)병들
었나이다 하니
4 예수께서 들으시고 이르시되 이
병은 죽을 병이 아니라 하나님의
영광을 위함이요 하나님의 아들
이 이로 말미암아 (榮光)영광을
받게 하려 함이라 하시더라
5 예수께서 본래 마르다와 그 [3](同
生)동생과 나사로를 사랑하시더
니
6 나사로가 병들었다 함을 들으시
고 그 계시던 곳에 이틀을 더 (留)
유하시고
7 그 후에 (弟子)제자들에게 이르
시되 유대로 다시 가자 하시니
8 제자들이 말하되 랍비여 (方今)방
금도 유대인들이 돌로 치려 하였
는데 또 그리로 가시려 하나이까
9 예수께서 대답하시되 낮이 열두
(時間)시간이 아니냐 사람이 낮
에 다니면 이 세상의 빛을 보므로
실족하지 아니하고
10 밤에 다니면 빛이 그 사람 안에
없는 고로 (失足)실족하느니라
11 이 말씀을 하신 후에 또 이르시되
우리 (親舊)친구 나사로가 잠들었
도다 그러나 내가 깨우러 가노라
12 (弟子)제자들이 이르되 주여 잠
들었으면 낫겠나이다 하더라
13 예수는 그의 죽음을 가리켜 말씀
하신 것이나 그들은 잠들어 쉬는
것을 가리켜 말씀하심인 줄 생각
하는지라
14 이에 예수께서 밝히 이르시되 나
사로가 죽었느니라
15 내가 거기 있지 아니한 것을 너희
를 (爲)위하여 기뻐하노니 이는
너희로 믿게 하려 함이라 그러나
그에게로 가자 하시니
16 디두모라고도 하는 도마가 다른
제자들에게 말하되 우리도 (主)
주와 함께 죽으러 가자 하니라

나는 부활이요 생명이니

17 ●예수께서 와서 보시니 나사로
가 무덤에 있은 지 이미 나흘이라
18 베다니는 예루살렘에서 가깝기가
한 (五 里)오 리쯤 되매
19 많은 유대인이 마르다와 마리아

1) 헬 또는 침례 2) 또는 이적 3) 형제

에게 그 오라비의 일로 (慰問)위
문하러 왔더니
20 마르다는 예수께서 오신다는 말
을 듣고 곧 나가 맞이하되 마리아
는 집에 앉았더라
21 마르다가 예수께 여짜오되 (主)
주께서 여기 계셨더라면 내 오라
버니가 죽지 아니하였겠나이다
22 그러나 나는 이제라도 주께서 무
엇이든지 하나님께 (求)구하시는
것을 하나님이 주실 줄을 아나이
다
23 예수께서 이르시되 네 오라비가
다시 살아나리라
24 마르다가 이르되 마지막 날 (復
活)부활 때에는 다시 살아날 줄
을 내가 아나이다
25 예수께서 이르시되 나는 부활이
요 (生命)생명이니 나를 믿는 자
는 죽어도 살겠고
26 무릇 살아서 나를 믿는 자는 (永
遠)영원히 죽지 아니하리니 이것
을 네가 믿느냐
27 이르되 주여 그러하외다 주는 그
리스도시요 (世上)세상에 오시는
하나님의 아들이신 줄 내가 믿나
이다
28 이 말을 하고 돌아가서 가만히 그
자매 마리아를 불러 말하되 (先
生)선생님이 오셔서 너를 부르신
다 하니
29 마리아가 이 말을 듣고 (急)급히
일어나 예수께 나아가매
30 예수는 아직 마을로 들어오지 아
니하시고 마르다가 맞이했던 곳
에 그대로 계시더라
31 마리아와 함께 집에 있어 위로하
던 유대인들은 그가 급히 일어나
나가는 것을 보고 (哭)곡하러 무
덤에 가는 줄로 생각하고 따라가
더니
32 마리아가 예수 계신 곳에 가서 뵈
옵고 그 발 앞에 엎드리어 이르되
(主)주께서 여기 계셨더라면 내
오라버니가 죽지 아니하였겠나이
다 하더라
33 예수께서 그가 우는 것과 또 함께
온 유대인들이 우는 것을 보시고
(心靈)심령에 비통히 여기시고
불쌍히 여기사
34 이르시되 그를 어디 두었느냐 이
르되 주여 와서 보옵소서 하니
35 예수께서 눈물을 흘리시더라
36 이에 유대(人)인들이 말하되 보
라 그를 얼마나 사랑하셨는가 하
며
37 그 중 어떤 이는 말하되 (盲人)맹
인의 눈을 뜨게 한 이 사람이 그
사람은 죽지 않게 할 수 없었더냐
하더라
38 이에 예수께서 다시 속으로 (悲
痛)비통히 여기시며 무덤에 가시
니 무덤이 (窟)굴이라 돌로 막았
거늘
39 예수께서 이르시되 돌을 옮겨 놓
으라 하시니 그 죽은 (者)자의 누
이 마르다가 이르되 주여 죽은 지
가 나흘이 되었으매 벌써 냄새가
나나이다
40 예수께서 이르시되 내 말이 네가

믿으면 하나님의 (榮光)영광을 보
리라 하지 아니하였느냐 하시니
41 돌을 옮겨 놓으니 예수께서 눈을
들어 우러러 보시고 이르시되 아
버지여 내 말을 들으신 것을 (感
謝)감사하나이다
42 (恒常)항상 내 말을 들으시는 줄
을 내가 알았나이다 그러나 이 말
씀 하옵는 것은 둘러선 무리를 위
함이니 곧 아버지께서 나를 보내
신 것을 그들로 믿게 하려 함이니
이다
43 이 말씀을 하시고 큰 소리로 나사
로야 나오라 부르시니
44 죽은 자가 (手足)수족을 베로 동
인 채로 나오는데 그 얼굴은 (手
巾)수건에 싸였더라 예수께서 이
르시되 풀어 놓아 다니게 하라 하
시니라

예수를 죽이려고 모의하다(마 26:1-5; 막 14:1-2; 눅 22:1-2)

45 ●마리아에게 와서 예수께서 하
신 일을 본 많은 유대인이 그를
믿었으나
46 그 (中)중에 어떤 자는 바리새
(人)인들에게 가서 예수께서 하
신 일을 알리니라
47 ●이에 대제사장들과 바리새인
들이 (公會)공회를 모으고 이르
되 이 사람이 많은 [1]표적을 행하
니 우리가 어떻게 하겠느냐
48 만일 그를 이대로 두면 모든 사람
이 그를 믿을 것이요 그리고 로마
인들이 와서 우리 땅과 (民族)민
족을 빼앗아 가리라 하니
49 그 중의 한 사람 그 해의 (大祭司
長)대제사장인 가야바가 그들에
게 말하되 너희가 아무 것도 알지
못하는도다
50 한 사람이 백성을 위하여 죽어서
온 민족이 망하지 않게 되는 것이
너희에게 (有益)유익한 줄을 생
각하지 아니하는도다 하였으니
51 이 말은 스스로 함이 아니요 그
해의 대제사장이므로 예수께서
그 (民族)민족을 위하시고
52 또 그 민족만 위할 뿐 아니라 흩
어진 하나님의 (子女)자녀를 모
아 하나가 되게 하기 위하여 죽으
실 것을 미리 말함이러라
53 이 날부터는 그들이 예수를 죽이
려고 (謀議)모의하니라
54 ●그러므로 예수께서 다시 유대
인 가운데 드러나게 다니지 아니
하시고 거기를 떠나 빈 들 가까운
곳인 에브라임이라는 (洞)동네에
가서 제자들과 함께 거기 머무르
시니라
55 유대인의 유월절이 가까우매 많
은 사람이 자기를 (聖潔)성결하
게 하기 위하여 유월절 전에 시골
에서 예루살렘으로 올라갔더니
56 그들이 예수를 찾으며 (聖殿)성
전에 서서 서로 말하되 너희 생각
에는 어떠하냐 그가 (名節)명절
에 오지 아니하겠느냐 하니
57 이는 대제사장들과 바리새인들이
누구든지 예수 있는 곳을 알거든
신고하여 잡게 하라 (命令)명령

1) 또는 이적

하였음이러라

예수의 발에 향유를 붓다
(마 26:6-13; 막 14:3-9)

12 (逾越節)유월절 엿새 전에
예수께서 베다니에 이르시
니 이 곳은 예수께서 죽은 자 가
운데서 살리신 나사로가 있는 곳
이라
2 거기서 예수를 (爲)위하여 잔치
할새 마르다는 일을 하고 나사로
는 예수와 함께 [1]앉은 자 중에 있
더라
3 마리아는 지극히 비싼 향유 곧
(純全)순전한 나드 한 근을 가져
다가 예수의 발에 붓고 자기 머리
털로 그의 발을 닦으니 (香油)향
유 냄새가 집에 가득하더라
4 제자 중 하나로서 예수를 잡아 줄
가룟 유다가 말하되
5 이 (香油)향유를 어찌하여 삼백 [2]
데나리온에 팔아 가난한 자들에
게 주지 아니하였느냐 하니
6 이렇게 말함은 가난한 자들을 생
각함이 아니요 그는 도둑이라 돈
(櫃)궤를 맡고 거기 넣는 것을 훔
쳐 감이러라
7 예수께서 이르시되 그를 가만 두
어 나의 (葬禮)장례할 날을 위하
여 그것을 간직하게 하라
8 가난한 자들은 (恒常)항상 너희
와 함께 있거니와 나는 항상 있지
아니하리라 하시니라

나사로까지 죽이려고 모의하다

9 ●유대인의 큰 무리가 예수께서
여기 계신 줄을 알고 오니 이는
예수만 보기 위함이 아니요 죽은
(者)자 가운데서 살리신 나사로
도 보려 함이러라
10 (大祭司長)대제사장들이 나사로
까지 죽이려고 (謀議)모의하니
11 나사로 때문에 많은 유대인이 가
서 예수를 믿음이러라

예루살렘으로 가시다
(마 21:1-11; 막 11:1-11; 눅 19:28-40)

12 ●그 이튿날에는 (名節)명절에
온 큰 무리가 예수께서 예루살렘
으로 오신다는 것을 듣고
13 종려나무 가지를 가지고 맞으러
나가 외치되 호산나 (讚頌)찬송
하리로다 주의 이름으로 오시는
이 곧 이스라엘의 왕이시여 하더
라
14 예수는 한 어린 나귀를 보고 타시
니
15 이는 (記錄)기록된 바 ㄱ시온 딸아
두려워하지 말라 보라 너의 왕이
나귀 새끼를 타고 오신다 함과 같
더라
16 제자들은 처음에 이 일을 깨닫지
못하였다가 예수께서 (榮光)영광
을 얻으신 후에야 이것이 예수께
대하여 기록된 것임과 사람들이
예수께 이같이 한 것임이 생각났
더라
17 나사로를 무덤에서 불러내어 죽
은 자 가운데서 살리실 때에 함께
있던 무리가 (證言)증언한지라
18 이에 무리가 예수를 맞음은 이
[3](表蹟)표적 (行)행하심을 들었

1) 6:10 난하주를 보라 2) 은전의 명칭 3) 또는 이적 ㄱ 슥 9:9

음이러라
19 바리새인들이 서로 말하되 볼지
어다 너희 하는 일이 쓸 데 없다
보라 온 (世上)세상이 그를 따르
는도다 하니라

인자가 들려야 하리라

20 ●명절에 (禮拜)예배하러 올라온
사람 중에 헬라인 몇이 있는데
21 그들이 갈릴리 벳새다 사람 빌립
에게 가서 청하여 이르되 (先生)
선생이여 우리가 예수를 뵈옵고
자 하나이다 하니
22 빌립이 안드레에게 가서 말하고
안드레와 빌립이 예수께 가서 여
쭈니
23 예수께서 대답하여 이르시되 (人
子)인자가 영광을 얻을 때가 왔
도다
24 내가 (眞實)진실로 진실로 너희
에게 이르노니 한 알의 밀이 땅에
떨어져 죽지 아니하면 한 알 그대
로 있고 죽으면 많은 열매를 맺느
니라
25 자기의 [1]생명을 사랑하는 자는
잃어버릴 것이요 이 세상에서 자
기의 [1]생명을 미워하는 자는 (永
生)영생하도록 (保全)보전하리라
26 사람이 나를 섬기려면 나를 따르
라 나 있는 곳에 나를 섬기는 (者)
자도 거기 있으리니 사람이 나를
섬기면 내 아버지께서 그를 귀히
여기시리라
27 지금 내 [2]마음이 괴로우니 무슨
말을 하리요 아버지여 나를 (救
援)구원하여 이 때를 면하게 하
여 주옵소서 그러나 내가 이를 위
하여 이 때에 왔나이다
28 아버지여, 아버지의 이름을 (榮
光)영광스럽게 하옵소서 하시니
이에 하늘에서 소리가 나서 이르
되 내가 이미 영광스럽게 하였고
또다시 영광스럽게 하리라 하시니
29 곁에 서서 들은 무리는 천둥이 울
었다고도 하며 또 어떤 이들은
(天使)천사가 그에게 말하였다고
도 하니
30 예수께서 대답하여 이르시되 이
소리가 난 것은 나를 (爲)위한 것
이 아니요 너희를 위한 것이니라
31 이제 이 세상에 대한 (審判)심판
이 이르렀으니 이 세상의 임금이
쫓겨나리라
32 내가 땅에서 들리면 모든 사람을
내게로 이끌겠노라 하시니
33 이렇게 말씀하심은 (自己)자기가
어떠한 죽음으로 죽을 것을 보이
심이러라
34 이에 무리가 대답하되 우리는 (律
法)율법에서 그리스도가 (永遠)
영원히 계신다 함을 들었거늘 너
는 어찌하여 인자가 들려야 하리
라 하느냐 이 인자는 누구냐
35 예수께서 이르시되 아직 (暫時)
잠시 동안 빛이 너희 중에 있으니
빛이 있을 동안에 다녀 어둠에 붙잡
히지 않게 하라 어둠에 다니는 자는
그 가는 곳을 알지 못하느니라
36 너희에게 아직 빛이 있을 동안에
빛을 믿으라 그리하면 빛의 아들

1) 또는 영혼 2) 또는 영혼

이 되리라

그들이 예수를 믿지 아니하다

●예수께서 이 말씀을 하시고 그
들을 떠나가서 숨으시니라
37 이렇게 많은 [1](表蹟)표적을 그들
앞에서 행하셨으나 그를 믿지 아
니하니
38 이는 (先知者)선지자 이사야의
말씀을 이루려 하심이라 이르되
ㄱ주여 우리에게서 들은 바를 누
가 믿었으며 주의 팔이 누구에
게 나타났나이까
하였더라
39 그들이 (能)능히 믿지 못한 것은
이 때문이니 곧 이사야가 다시 일
렀으되
40 ㄴ그들의 눈을 멀게 하시고 그들
의 마음을 (頑固)완고하게 하셨
으니 이는 그들로 하여금 눈으
로 보고 마음으로 깨닫고 돌이
켜 내게 고침을 받지 못하게 하
려 함이라
하였음이더라
41 이사야가 이렇게 말한 것은 주의
(榮光)영광을 보고 주를 가리켜
말한 것이라
42 그러나 관리 중에도 그를 믿는 자
가 많되 바리새인들 때문에 드러
나게 말하지 못하니 이는 (黜敎)
출교를 당할까 두려워함이라
43 그들은 사람의 영광을 하나님의
영광보다 더 사랑하였더라

마지막 날과 심판

44 ●예수께서 외쳐 이르시되 나를
믿는 (者)자는 나를 믿는 것이 아
니요 나를 보내신 이를 믿는 것이
며
45 나를 보는 자는 나를 보내신 이를
보는 것이니라
46 나는 빛으로 (世上)세상에 왔나
니 무릇 나를 믿는 자로 어둠에
거하지 않게 하려 함이로라
47 사람이 내 말을 듣고 지키지 아니
할지라도 내가 그를 (審判)심판
하지 아니하노라 내가 온 것은 세
상을 심판하려 함이 아니요 세상
을 (救援)구원하려 함이로라
48 나를 저버리고 내 말을 받지 아니
하는 자를 (審判)심판할 이가 있
으니 곧 내가 한 그 말이 마지막
날에 그를 심판하리라
49 내가 내 (自意)자의로 말한 것이
아니요 나를 보내신 아버지께서
내가 말할 것과 이를 것을 친히
명령하여 주셨으니
50 나는 그의 (命令)명령이 (永生)영
생인 줄 아노라 그러므로 내가 이
르는 것은 내 아버지께서 내게 말
씀하신 그대로니라 하시니라

제자들의 발을 씻으시다

13 (逾越節)유월절 (前)전에 예
수께서 자기가 세상을 떠나
아버지께로 돌아가실 때가 이른
줄 아시고 세상에 있는 자기 사람
들을 사랑하시되 끝까지 사랑하
시니라
2 (魔鬼)마귀가 벌써 시몬의 아들
가룟 유다의 마음에 예수를 팔려
는 생각을 넣었더라

1) 또는 이적 ㄱ 사 53:1 ㄴ 사 6:10

3 저녁 먹는 중 예수는 아버지께서
모든 것을 자기 손에 맡기신 것과
또 (自己)자기가 하나님께 로부
터 오셨다가 하나님께로 돌아가
실 것을 아시고
4 저녁 잡수시던 자리에서 일어나
겉옷을 벗고 (手巾)수건을 가져
다가 허리에 두르시고
5 이에 대야에 물을 떠서 제자들의
발을 씻으시고 그 두르신 수건으
로 닦기를 (始作)시작하여
6 시몬 베드로에게 이르시니 베드
로가 이르되 (主)주여 주께서 내
발을 씻으시나이까
7 예수께서 대답하여 이르시되 내
가 하는 것을 네가 (只今)지금은
알지 못하나 이 후에는 알리라
8 베드로가 이르되 내 발을 [1]절대
로 씻지 못하시리이다 예수께서
대답하시되 내가 너를 씻어 주지
아니하면 네가 나와 (相關)상관
이 없느니라
9 시몬 베드로가 이르되 (主)주여
내 발뿐 아니라 손과 머리도 씻어
주옵소서
10 예수께서 이르시되 이미 목욕한
자는 발밖에 씻을 (必要)필요가
없느니라 온 몸이 깨끗하니라 너
희가 깨끗하나 다는 아니니라 하
시니
11 이는 (自己)자기를 팔 자가 누구
인지 아심이라 그러므로 다는 깨
끗하지 아니하다 하시니라
12 ● 그들의 발을 씻으신 (後)후에
옷을 입으시고 다시 앉아 그들에
게 이르시되 내가 너희에게 행한
것을 너희가 아느냐
13 너희가 나를 (先生)선생이라 또
는 (主)주라 하니 너희 말이 옳도
다 내가 그러하다
14 내가 주와 또는 선생이 되어 너희
발을 씻었으니 너희도 서로 발을
씻어 주는 것이 옳으니라
15 내가 너희에게 행한 것 같이 너희
도 행하게 하려 하여 (本)본을 보
였노라
16 내가 진실로 진실로 너희에게 이
르노니 종이 (主人)주인보다 크
지 못하고 보냄을 받은 자가 보낸
자보다 크지 못하나니
17 너희가 이것을 알고 행하면 (福)
복이 있으리라
18 내가 너희 모두를 가리켜 말하
는 것이 아니니라 나는 내가 택한
자들이 누구인지 앎이라 그러나
ㄱ내 떡을 먹는 자가 내게 발꿈치
를 들었다 한 성경을 (應)응하게
하려는 것이니라
19 (只今)지금부터 일이 일어나기
(前)전에 미리 너희에게 일러 둠
은 일이 일어날 때에 내가 그인
줄 너희가 믿게 하려 함이로라
20 내가 (眞實)진실로 진실로 너희
에게 이르노니 내가 보낸 자를 영
접하는 자는 나를 (迎接)영접하는
것이요 나를 영접하는 자는 나를
보내신 이를 영접하는 것이니라

너희 중 하나가 나를 팔리라
(마 26:20-25; 막 14:17-21; 눅 22:21-23)

1) 또는 영원히 ㄱ 시 41:9

21 ●예수께서 이 말씀을 하시고 (心
靈)심령이 괴로워 증언하여 이르
시되 내가 진실로 진실로 너희에
게 이르노니 너희 중 하나가 나를
팔리라 하시니
22 제자들이 서로 보며 누구에게 대
하여 말씀하시는지 (疑心)의심하
더라
23 예수의 제자 중 하나 곧 그가 사
랑하시는 자가 예수의 품에 (依
支)의지하여 누웠는지라
24 시몬 베드로가 머릿짓을 하여 말
하되 말씀하신 자가 누구인지 말
하라 하니
25 그가 예수의 가슴에 그대로 의지
하여 말하되 주여 누구니이까
26 예수께서 (對答)대답하시되 내가
떡 한 조각을 적셔다 주는 자가
그니라 하시고 곧 한 조각을 적셔
서 가룟 시몬의 아들 유다에게 주
시니
27 조각을 받은 (後)후 곧 사탄이 그
속에 들어간지라 이에 예수께서
유다에게 이르시되 네가 하는 일
을 속히 하라 하시니
28 이 말씀을 무슨 뜻으로 하셨는지
그 [1]앉은 (者)자 중에 아는 자가
없고
29 어떤 이들은 유다가 돈궤를 맡았
으므로 (名節)명절에 우리가 쓸
(物件)물건을 사라 하시는지 혹
은 가난한 자들에게 무엇을 주라
하시는 줄로 생각하더라
30 유다가 그 조각을 받고 곧 나가니
밤이러라

새 계명

31 ●그가 나간 후에 예수께서 이르
시되 지금 인자가 (榮光)영광을
받았고 하나님도 인자로 말미암
아 영광을 받으셨도다
32 만일 하나님이 그로 말미암아 영
광을 받으셨으면 하나님도 (自己)
자기로 말미암아 그에게 영광을
주시리니 곧 주시리라
33 작은 자들아 내가 아직 (暫時)잠
시 너희와 함께 있겠노라 너희가
나를 찾을 것이나 일찍이 내가 유
대인들에게 너희는 내가 가는 곳
에 올 수 없다고 말한 것과 같이
지금 너희에게도 이르노라
34 새 (誡命)계명을 너희에게 주노니
서로 사랑하라 내가 너희를 사랑
한 것 같이 너희도 서로 사랑하라
35 너희가 서로 사랑하면 이로써 모
든 사람이 너희가 내 (弟子)제자
인 줄 알리라

베드로가 부인할 것을 이르시다
(마 26:31-35; 막 14:27-31; 눅 22:31-34)

36 ●시몬 베드로가 이르되 주여 어
디로 가시나이까 예수께서 대답
하시되 내가 가는 곳에 네가 (只
今)지금은 따라올 수 없으나 후
에는 따라오리라
37 베드로가 이르되 (主)주여 내가
지금은 어찌하여 따라갈 수 없나
이까 주를 위하여 내 목숨을 버리
겠나이다
38 예수께서 대답하시되 네가 나를
위하여 네 목숨을 버리겠느냐 내

1) 6:10 난하주를 보라

가 진실로 진실로 네게 이르노니
닭 울기 전에 네가 세 번 나를 (否
認)부인하리라

내가 곧 길이요 진리요 생명이니

14 너희는 마음에 근심하지 말
라 하나님을 [1]믿으니 또 나
를 믿으라
2 내 아버지 집에 거할 곳이 많도다
그렇지 않으면 너희에게 일렀으
리라 내가 너희를 위하여 (居處)
거처를 예비하러 가노니
3 가서 너희를 위하여 거처를 (豫
備)예비하면 내가 다시 와서 너
희를 내게로 (迎接)영접하여 나
있는 곳에 너희도 있게 하리라
4 내가 어디로 가는지 그 길을 너희
가 아느니라
5 도마가 이르되 (主)주여 주께서
어디로 가시는지 우리가 알지 못
하거늘 그 길을 어찌 알겠사옵나
이까
6 예수께서 이르시되 내가 곧 길이
요 (眞理)진리요 생명이니 나로
말미암지 않고는 아버지께로 올
자가 없느니라
7 너희가 나를 알았더라면 내 아버
지도 알았으리로다 이제부터는
너희가 그를 알았고 또 보았느니
라
8 빌립이 이르되 (主)주여 아버지
를 우리에게 보여 주옵소서 그리
하면 (足)족하겠나이다
9 예수께서 이르시되 빌립아 내가
이렇게 오래 너희와 함께 있으되
네가 나를 알지 못하느냐 나를 본
(者)자는 아버지를 보았거늘 어
찌하여 아버지를 보이라 하느냐
10 내가 아버지 안에 (居)거하고 아
버지는 내 안에 계신 것을 네가
믿지 아니하느냐 내가 너희에게
이르는 말은 스스로 하는 것이 아
니라 아버지께서 내 안에 계셔서
그의 일을 하시는 것이라
11 내가 아버지 안에 거하고 아버지
께서 내 안에 계심을 믿으라 그렇
지 못하겠거든 (行)행하는 그 일
로 말미암아 나를 믿으라
12 내가 (眞實)진실로 진실로 너희
에게 이르노니 나를 믿는 자는 내
가 하는 일을 그도 할 것이요 또
한 그보다 큰 일도 하리니 이는
내가 아버지께로 감이라
13 너희가 내 이름으로 무엇을 구하
든지 내가 행하리니 이는 아버지
로 하여금 아들로 말미암아 (榮
光)영광을 받으시게 하려 함이라
14 내 이름으로 무엇이든지 내게 구
하면 내가 행하리라
15 너희가 나를 사랑하면 나의 (誡
命)계명을 지키리라
16 내가 아버지께 구하겠으니 그가
또 다른 (保惠師)보혜사를 너희
에게 주사 영원토록 너희와 함께
있게 하리니
17 그는 (眞理)진리의 (靈)영이라 세
상은 능히 그를 받지 못하나니 이
는 그를 보지도 못하고 알지도 못
함이라 그러나 너희는 그를 아나
니 그는 너희와 함께 거하심이요

1) 또는 믿고

또 너희 속에 계시겠음이라
18 내가 너희를 (孤兒)고아와 같이
버려두지 아니하고 너희에게로
오리라
19 조금 있으면 (世上)세상은 다시
나를 보지 못할 것이로되 너희는
나를 보리니 이는 내가 살아 있고
너희도 살아 있겠음이라
20 그 날에는 내가 아버지 안에, 너
희가 내 안에, 내가 너희 안에 있
는 것을 너희가 알리라
21 나의 (誡命)계명을 지키는 자라
야 나를 사랑하는 자니 나를 사랑
하는 자는 내 아버지께 사랑을 받
을 것이요 나도 그를 사랑하여 그
에게 나를 나타내리라
22 가룟인 아닌 유다가 이르되 주여
어찌하여 (自己)자기를 우리에게
는 나타내시고 세상에는 아니하
려 하시나이까
23 예수께서 (對答)대답하여 이르시
되 사람이 나를 사랑하면 내 말을
지키리니 내 아버지께서 그를 사
랑하실 것이요 우리가 그에게 가
서 (居處)거처를 그와 함께 하리
라
24 나를 사랑하지 아니하는 자는 내
말을 지키지 아니하나니 너희가
듣는 말은 내 말이 아니요 나를
보내신 아버지의 말씀이니라

보혜사

25 ●내가 아직 너희와 함께 있어서
이 말을 너희에게 하였거니와
26 (保惠師)보혜사 곧 아버지께서
내 이름으로 보내실 (聖靈)성령
그가 너희에게 모든 것을 가르치
고 내가 너희에게 말한 모든 것을
생각나게 하리라
27 (平安)평안을 너희에게 끼치노니
곧 나의 평안을 너희에게 주노라
내가 너희에게 주는 것은 세상이
주는 것과 같지 아니하니라 너희
는 마음에 근심하지도 말고 두려
워하지도 말라
28 내가 갔다가 너희에게로 온다 하
는 말을 너희가 들었나니 나를 사
랑하였더라면 내가 아버지께로
감을 기뻐하였으리라 아버지는
나보다 크심이라
29 이제 일이 일어나기 (前)전에 너
희에게 말한 것은 일이 일어날 때
에 너희로 믿게 하려 함이라
30 이 후에는 내가 너희와 말을 많이
하지 아니하리니 이 세상의 임금
이 오겠음이라 그러나 그는 내게
(關係)관계할 것이 없으니
31 오직 내가 아버지를 사랑하는 것
과 아버지께서 (命)명하신 대로
행하는 것을 세상이 알게 하려 함
이로라 일어나라 여기를 떠나자
하시니라

나는 포도나무요 너희는 가지라

15 나는 참(葡萄)포도나무요
내 아버지는 (農夫)농부라
2 무릇 내게 붙어 있어 열매를 맺지
아니하는 가지는 아버지께서 그
것을 (除去)제거해 버리시고 무
릇 열매를 맺는 가지는 더 열매를
맺게 하려 하여 그것을 깨끗하게
하시느니라

3 너희는 내가 일러준 말로 이미 깨
끗하여졌으니
4 내 안에 거하라 나도 너희 안에
(居)거하리라 가지가 포도나무에
붙어 있지 아니하면 스스로 열매
를 맺을 수 없음 같이 너희도 내
안에 있지 아니하면 그러하리라
5 나는 (葡萄)포도나무요 너희는
가지라 그가 내 안에, 내가 그 안
에 거하면 사람이 열매를 많이 맺
나니 나를 떠나서는 너희가 아무
것도 할 수 없음이라
6 사람이 내 안에 거하지 아니하면
가지처럼 밖에 버려져 마르나니
사람들이 그것을 모아다가 불에
던져 사르느니라
7 너희가 내 안에 거하고 내 말이
너희 안에 거하면 무엇이든지
(願)원하는 대로 (求)구하라 그리
하면 이루리라
8 너희가 열매를 많이 맺으면 내 아
버지께서 (榮光)영광을 받으실
것이요 너희는 내 제자가 되리라
9 아버지께서 나를 사랑하신 것 같
이 나도 너희를 사랑하였으니 나
의 사랑 안에 (居)거하라
10 내가 아버지의 (誡命)계명을 지
켜 그의 사랑 안에 거하는 것 같
이 너희도 내 계명을 지키면 내
사랑 안에 거하리라
11 내가 이것을 너희에게 이름은 내
기쁨이 너희 안에 있어 너희 기쁨
을 (充滿)충만하게 하려 함이라
12 내 계명은 곧 내가 너희를 사랑한
것 같이 너희도 서로 사랑하라 하
는 이것이니라
13 사람이 (親舊)친구를 위하여 자
기 목숨을 버리면 이보다 더 큰
사랑이 없나니
14 너희는 내가 명하는 대로 (行)행
하면 곧 나의 친구라
15 이제부터는 너희를 종이라 하지
아니하리니 종은 (主人)주인이
하는 것을 알지 못함이라 너희를
친구라 하였노니 내가 내 아버지
께 들은 것을 다 너희에게 알게
하였음이라
16 너희가 나를 택한 것이 아니요 내
가 너희를 택하여 세웠나니 이는
너희로 가서 열매를 맺게 하고 또
너희 열매가 (恒常)항상 있게 하
여 내 이름으로 아버지께 무엇을
구하든지 다 받게 하려 함이라
17 내가 이것을 너희에게 명함은 너
희로 서로 사랑하게 하려 함이라
18 (世上)세상이 너희를 미워하면
너희보다 먼저 나를 미워한 줄을
알라
19 너희가 세상에 (屬)속하였으면
세상이 자기의 것을 사랑할 것이
나 너희는 세상에 속한 자가 아니
요 도리어 내가 너희를 세상에서
택하였기 때문에 세상이 너희를
미워하느니라
20 내가 너희에게 종이 (主人)주인
보다 더 크지 못하다 한 말을 기
억하라 사람들이 나를 (迫害)박
해하였은즉 너희도 박해할 것이
요 내 말을 지켰은즉 너희 말도
지킬 것이라

21 그러나 사람들이 내 이름으로 말
미암아 이 모든 일을 너희에게 하
리니 이는 나를 보내신 이를 알지
못함이라
22 내가 와서 그들에게 말하지 아니
하였더라면 (罪)죄가 없었으려니
와 지금은 그 죄를 핑계할 수 없
느니라
23 나를 미워하는 (者)자는 또 내 아
버지를 미워하느니라
24 내가 아무도 못한 일을 그들 (中)
중에서 하지 아니하였더라면 그
들에게 죄가 없었으려니와 지금
은 그들이 나와 내 아버지를 보았
고 또 미워하였도다
25 그러나 이는 그들의 (律法)율법
에 ㄱ기록된 바 그들이 이유 없이
나를 미워하였다 한 말을 응하게
하려 함이라
26 내가 아버지께로부터 너희에게
보낼 (保惠師)보혜사 곧 아버지
께로부터 나오시는 진리의 성령
이 오실 때에 그가 나를 증언하실
것이요
27 너희도 처음부터 나와 함께 있었
으므로 (證言)증언하느니라

성령의 일

16 내가 이것을 너희에게 이름
은 너희로 (失足)실족하지
않게 하려 함이니
2 사람들이 너희를 (黜敎)출교할 뿐
아니라 때가 이르면 무릇 너희를
죽이는 자가 생각하기를 이것이
하나님을 섬기는 일이라 하리라

ㄱ 시 35:19; 69:4

3 그들이 이런 일을 할 것은 아버지
와 나를 알지 못함이라
4 오직 너희에게 이 말을 한 것은
너희로 그 때를 당하면 내가 너희
에게 말한 이것을 (記憶)기억나
게 하려 함이요 처음부터 이 말을
하지 아니한 것은 내가 너희와 함
께 있었음이라
5 (只今)지금 내가 나를 보내신 이
에게로 가는데 너희 중에서 나더
러 어디로 가는지 묻는 자가 없고
6 도리어 내가 이 말을 하므로 너희
마음에 근심이 가득하였도다
7 그러나 내가 너희에게 (實狀)실
상을 말하노니 내가 떠나가는 것
이 너희에게 (有益)유익이라 내
가 떠나가지 아니하면 보혜사가
너희에게로 오시지 아니할 것이
요 가면 내가 그를 너희에게로 보
내리니
8 그가 와서 죄에 대하여, 의에 대
하여, 심판에 대하여 세상을 (責
望)책망하시리라
9 (罪)죄에 대하여라 함은 그들이
나를 믿지 아니함이요
10 (義)의에 (對)대하여라 함은 내가
아버지께로 가니 너희가 다시 나
를 보지 못함이요
11 (審判)심판에 대하여라 함은 이
세상 임금이 심판을 받았음이라
12 내가 아직도 너희에게 이를 것이
많으나 지금은 너희가 (堪當)감
당하지 못하리라
13 그러나 진리의 (聖靈)성령이 오시
면 그가 너희를 모든 진리 가운데

로 인도하시리니 그가 스스로 말
하지 않고 오직 들은 것을 말하며
장래 일을 너희에게 알리시리라
14 그가 내 (榮光)영광을 나타내리
니 내 것을 가지고 너희에게 알리
시겠음이라
15 무릇 아버지께 있는 것은 다 내
것이라 그러므로 내가 말하기를
그가 내 것을 가지고 너희에게 알
리시리라 하였노라
16 조금 있으면 너희가 나를 보지 못
하겠고 또 조금 있으면 나를 보리
라 하시니
17 제자 중에서 서로 말하되 우리에
게 말씀하신 바 조금 있으면 나를
보지 못하겠고 또 조금 있으면 나
를 보리라 하시며 또 내가 아버지
께로 감이라 하신 것이 무슨 말씀
이냐 하고
18 또 말하되 조금 있으면이라 하신
말씀이 무슨 말씀이냐 무엇을 말
씀하시는지 알지 못하노라 하거
늘
19 예수께서 그 묻고자 함을 아시고
이르시되 내 말이 조금 있으면 나
를 보지 못하겠고 또 조금 있으면
나를 보리라 하므로 서로 (問議)
문의하느냐
20 내가 (眞實)진실로 진실로 너희
에게 이르노니 너희는 곡하고 (哀
痛)애통하겠으나 (世上)세상은
기뻐하리라 너희는 근심하겠으나
너희 근심이 도리어 기쁨이 되리
라
21 여자가 (解産)해산하게 되면 그
때가 이르렀으므로 근심하나 아
기를 낳으면 세상에 사람 난 기쁨
으로 말미암아 그 고통을 다시 기
억하지 아니하느니라
22 (只今)지금은 너희가 근심하나
내가 다시 너희를 보리니 너희 마
음이 기쁠 것이요 너희 기쁨을 빼
앗을 자가 없으리라
23 그 날에는 너희가 아무 것도 내게
[1]묻지 아니하리라 내가 진실로
진실로 너희에게 이르노니 너희
가 무엇이든지 아버지께 (求)구
하는 것을 내 이름으로 주시리라
24 지금까지는 너희가 내 이름으로
아무 것도 구하지 아니하였으나
구하라 그리하면 받으리니 너희
기쁨이 (充滿)충만하리라

내가 세상을 이기었다

25 ● 이것을 (譬喩)비유로 너희에게
일렀거니와 때가 이르면 다시는
비유로 너희에게 이르지 않고 아
버지에 대한 것을 밝히 이르리라
26 그 날에 너희가 내 이름으로 구할
것이요 내가 너희를 (爲)위하여
아버지께 구하겠다 하는 말이 아
니니
27 이는 너희가 나를 사랑하고 또 내
가 하나님께로부터 온 줄 믿었으
므로 아버지께서 (親)친히 너희
를 사랑하심이라
28 내가 아버지에게서 나와 (世上)
세상에 왔고 다시 세상을 떠나 아
버지께로 가노라 하시니
29 제자들이 말하되 지금은 밝히 말

1) 또는 구하지 아니하리라

씀하시고 아무 (譬喩)비유로도
하지 아니하시니
30 우리가 지금에야 (主)주께서 모
든 것을 아시고 또 사람의 물음을
기다리시지 않는 줄 아나이다 이
로써 하나님께로부터 나오심을
우리가 믿사옵나이다
31 예수께서 (對答)대답하시되 이제
는 너희가 믿느냐
32 보라 너희가 다 (各各)각각 제 곳
으로 흩어지고 나를 혼자 둘 때가
오나니 벌써 왔도다 그러나 내가
혼자 있는 것이 아니라 아버지께
서 나와 함께 계시느니라
33 이것을 너희에게 이르는 것은 너
희로 내 안에서 평안을 누리게 하
려 함이라 세상에서는 너희가 (患
難)환난을 당하나 (膽大)담대하
라 내가 세상을 이기었노라

기도하시다

17 예수께서 이 말씀을 하시
고 눈을 들어 하늘을 우러
러 이르시되 아버지여 때가 이르
렀사오니 아들을 (榮華)영화롭게
하사 아들로 아버지를 영화롭게
하게 하옵소서
2 아버지께서 아들에게 주신 모든
사람에게 영생을 주게 하시려고
(萬民)만민을 다스리는 권세를
아들에게 주셨음이로소이다
3 (永生)영생은 곧 유일하신 참 하
나님과 그가 보내신 자 예수 그리
스도를 아는 것이니이다
4 아버지께서 내게 하라고 주신 일
을 내가 이루어 아버지를 이 세상
에서 (榮華)영화롭게 하였사오니
5 아버지여 (創世)창세 전에 내가
아버지와 함께 가졌던 (榮華)영
화로써 지금도 아버지와 함께 나
를 영화롭게 하옵소서
6 (世上)세상 중에서 내게 주신 사
람들에게 내가 아버지의 이름을
나타내었나이다 그들은 아버지의
것이었는데 내게 주셨으며 그들
은 아버지의 말씀을 지키었나이
다
7 (只今)지금 그들은 아버지께서
내게 주신 것이 다 아버지로부터
온 것인 줄 알았나이다
8 나는 아버지께서 내게 주신 말씀
들을 그들에게 주었사오며 그들
은 이것을 받고 내가 아버지께로
부터 나온 줄을 참으로 아오며 아
버지께서 나를 보내신 줄도 믿었
사옵나이다
9 내가 그들을 위하여 비옵나니 내
가 비옵는 것은 세상을 위함이 아
니요 내게 주신 (者)자들을 (爲)
위함이니이다 그들은 아버지의
것이로소이다
10 내 것은 다 아버지의 것이요 아버
지의 것은 내 것이온데 내가 그들
로 말미암아 (榮光)영광을 받았
나이다
11 나는 세상에 더 있지 아니하오나
그들은 세상에 있사옵고 나는 아
버지께로 가옵나니 거룩하신 아
버지여 내게 주신 아버지의 이름
으로 그들을 (保全)보전하사 우
리와 같이 그들도 하나가 되게 하

옵소서
12 내가 그들과 함께 있을 때에 내게
주신 아버지의 이름으로 그들을
보전하고 지키었나이다 그 중의
하나도 멸망하지 않고 다만 (滅
亡)멸망의 자식뿐이오니 이는 (聖
經)성경을 응하게 함이니이다
13 지금 내가 아버지께로 가오니 내
가 세상에서 이 말을 하옵는 것은
그들로 내 기쁨을 그들 안에 (充
滿)충만히 가지게 하려 함이니이
다
14 내가 아버지의 말씀을 그들에게
주었사오매 (世上)세상이 그들을
미워하였사오니 이는 내가 세상
에 속하지 아니함 같이 그들도 세
상에 속하지 아니함으로 인함이
니이다
15 내가 비옵는 것은 그들을 세상에
서 데려가시기를 위함이 아니요
다만 (惡)악에 빠지지 않게 보전
하시기를 위함이니이다
16 내가 세상에 (屬)속하지 아니함
같이 그들도 세상에 속하지 아니
하였사옵나이다
17 그들을 (眞理)진리로 거룩하게
하옵소서 아버지의 말씀은 진리
니이다
18 아버지께서 나를 (世上)세상에
보내신 것 같이 나도 그들을 세상
에 보내었고
19 또 그들을 위하여 내가 나를 거룩
하게 하오니 이는 그들도 (眞理)
진리로 거룩함을 얻게 하려 함이
니이다
20 내가 비옵는 것은 이 사람들만 위
함이 아니요 또 그들의 말로 말미
암아 나를 믿는 사람들도 (爲)위
함이니
21 아버지여, 아버지께서 내 안에,
내가 아버지 안에 있는 것 같이
그들도 다 하나가 되어 우리 안에
있게 하사 (世上)세상으로 아버
지께서 나를 보내신 것을 믿게 하
옵소서
22 내게 주신 (榮光)영광을 내가 그
들에게 주었사오니 이는 우리가
하나가 된 것 같이 그들도 하나가
되게 하려 함이니이다
23 곧 내가 그들 안에 있고 아버지께
서 내 안에 계시어 그들로 (穩全)
온전함을 이루어 하나가 되게 하
려 함은 아버지께서 나를 보내신
것과 또 나를 사랑하심 같이 그들
도 사랑하신 것을 세상으로 알게
하려 함이로소이다
24 아버지여 내게 주신 (者)자도 나
있는 곳에 나와 함께 있어 아버지
께서 (創世)창세 전부터 나를 사
랑하시므로 내게 주신 나의 영광
을 그들로 보게 하시기를 원하옵
나이다
25 (義)의로우신 아버지여 세상이
아버지를 알지 못하여도 나는 아
버지를 알았사옵고 그들도 아버
지께서 나를 보내신 줄 알았사옵
나이다
26 내가 아버지의 이름을 그들에게
알게 하였고 또 알게 하리니 이는
나를 사랑하신 사랑이 그들 안에

있고 나도 그들 안에 있게 하려
함이니이다

잡히시다(마 26:47-56; 막 14:43-50; 눅 22:47-53)

18 예수께서 이 말씀을 하시고
(弟子)제자들과 함께 기드
론 시내 건너편으로 나가시니 그
곳에 동산이 있는데 제자들과 함
께 들어가시니라
2 그 곳은 가끔 예수께서 (弟子)제
자들과 모이시는 곳이므로 예수
를 파는 유다도 그 곳을 알더라
3 유다가 (軍隊)군대와 대제사장들
과 바리새인들에게서 얻은 아랫
사람들을 데리고 등과 횃불과 (武
器)무기를 가지고 그리로 오는지
라
4 예수께서 그 (當)당할 일을 다 아
시고 나아가 이르시되 너희가 누
구를 찾느냐
5 (對答)대답하되 나사렛 예수라
하거늘 이르시되 내가 그니라 하
시니라 그를 파는 유다도 그들과
함께 섰더라
6 예수께서 그들에게 내가 그니라
하실 때에 그들이 물러가서 땅에
엎드러지는지라
7 이에 다시 누구를 찾느냐고 물으
신대 그들이 말하되 나사렛 예수
라 하거늘
8 예수께서 대답하시되 너희에게
내가 그니라 하였으니 나를 찾거
든 이 사람들이 가는 것은 (容納)
용납하라 하시니
9 이는 아버지께서 내게 주신 자 중
에서 하나도 잃지 아니하였사옵
나이다 하신 말씀을 (應)응하게
하려 함이러라
10 이에 시몬 베드로가 칼을 가졌는
데 그것을 빼어 (大祭司長)대제
사장의 종을 쳐서 오른편 귀를 베
어버리니 그 종의 이름은 말고라
11 예수께서 베드로더러 이르시되
칼을 칼집에 꽂으라 아버지께서
주신 (盞)잔을 내가 마시지 아니
하겠느냐 하시니라

안나스에게로 끌고 가다(마 26:57-58; 막 14:53-54; 눅 22:54)

12 ●이에 군대와 천부장과 유대인
의 아랫사람들이 예수를 잡아 (結
縛)결박하여
13 먼저 안나스에게로 끌고 가니 안
나스는 그 해의 대제사장인 가야
바의 (丈人)장인이라
14 가야바는 유대인들에게 한 사람
이 백성을 위하여 죽는 것이 유익
하다고 (勸告)권고하던 자러라

베드로가 제자가 아니라고 하다(마 26:69-70; 막 14:66-68; 눅 22:55-57)

15 ●시몬 베드로와 또 다른 (弟子)
제자 한 사람이 예수를 따르니 이
제자는 대제사장과 아는 사람이
라 예수와 함께 대제사장의 집 뜰
에 들어가고
16 베드로는 (門)문 밖에 서 있는지
라 대제사장을 아는 그 다른 제자
가 나가서 문 지키는 (女子)여자
에게 말하여 베드로를 데리고 들
어오니
17 문 지키는 여종이 베드로에게 말

하되 너도 이 사람의 (弟子)제자
중 하나가 아니냐 하니 그가 말하
되 나는 아니라 하고
18 그 때가 추운 (故)고로 종과 아랫
사람들이 불을 피우고 서서 쬐니
베드로도 함께 서서 쬐더라

대제사장이 예수에게 묻다
(마 26:59-66; 막 14:55-64; 눅 22:66-71)

19 ● 대제사장이 예수에게 그의 제
자들과 그의 (敎訓)교훈에 대하
여 물으니
20 예수께서 대답하시되 내가 드러
내 놓고 세상에 말하였노라 모든
유대인들이 모이는 회당과 성전
에서 항상 가르쳤고 (隱密)은밀
하게는 아무 것도 말하지 아니하
였거늘
21 어찌하여 내게 묻느냐 내가 무슨
말을 하였는지 들은 (者)자들에
게 물어 보라 그들이 내가 하던
말을 아느니라
22 이 말씀을 하시매 곁에 섰던 아랫
사람 하나가 손으로 예수를 쳐 이
르되 네가 (大祭司長)대제사장에
게 이같이 대답하느냐 하니
23 예수께서 대답하시되 내가 말을
잘못하였으면 그 잘못한 것을 (證
言)증언하라 바른 말을 하였으면
네가 어찌하여 나를 치느냐 하시
더라
24 안나스가 예수를 (結縛)결박한
그대로 (大祭司長)대제사장 가야
바에게 보내니라

베드로가 다시 제자가 아니라고 하다
(마 26:71-75; 막 14:69-72; 눅 22:58-62)

25 ● 시몬 베드로가 서서 불을 쬐더
니 사람들이 묻되 너도 그 (弟子)
제자 (中)중 하나가 아니냐 베드
로가 부인하여 이르되 나는 아니
라 하니
26 대제사장의 종 하나는 베드로에
게 귀를 잘린 사람의 (親戚)친척
이라 이르되 네가 그 사람과 함께
동산에 있는 것을 내가 보지 아니
하였느냐
27 이에 베드로가 또 (否認)부인하
니 곧 닭이 울더라

빌라도 앞에 서시다(마 27:1-2, 11-14;
막 15:1-5; 눅 23:1-5)

28 ● 그들이 예수를 가야바에게서
(官庭)관정으로 끌고 가니 새벽
이라 그들은 더럽힘을 받지 아니
하고 유월절 잔치를 먹고자 하여
관정에 들어가지 아니하더라
29 그러므로 빌라도가 밖으로 나가
서 그들에게 말하되 너희가 무슨
일로 이 사람을 (告發)고발하느냐
30 대답하여 이르되 이 사람이 (行惡
者)행악자가 아니었더라면 우리
가 당신에게 넘기지 아니하였겠
나이다
31 빌라도가 이르되 너희가 그를 데
려다가 너희 법대로 (裁判)재판
하라 유대인들이 이르되 우리에
게는 사람을 죽이는 (權限)권한
이 없나이다 하니
32 이는 예수께서 (自己)자기가 어떠
한 죽음으로 죽을 것을 가리켜 하
신 말씀을 응하게 하려 함이러라
33 ● 이에 빌라도가 다시 (官庭)관

정에 들어가 예수를 불러 이르되
네가 유대인의 왕이냐
34 예수께서 (對答)대답하시되 이는
네가 스스로 하는 말이냐 다른 사
람들이 나에 대하여 네게 한 말이
냐
35 빌라도가 대답하되 내가 유대인
이냐 네 나라 사람과 (大祭司長)
대제사장들이 너를 내게 넘겼으
니 네가 무엇을 하였느냐
36 예수께서 (對答)대답하시되 내
나라는 이 세상에 속한 것이 아니
니라 만일 내 나라가 이 세상에
속한 것이었더라면 내 종들이 싸
워 나로 유대인들에게 넘겨지지
않게 하였으리라 이제 내 나라는
여기에 속한 것이 아니니라
37 빌라도가 이르되 그러면 네가 왕
이 아니냐 예수께서 대답하시되
네 말과 같이 내가 왕이니라 내가
이를 위하여 태어났으며 이를 위
하여 세상에 왔나니 곧 진리에 대
하여 증언하려 함이로라 무릇 진
리에 속한 자는 내 (音聲)음성을
듣느니라 하신대
38 빌라도가 이르되 (眞理)진리가
무엇이냐 하더라

십자가에 못 박도록 예수를 넘겨 주다
(마 27:15-31; 막 15:6-20; 눅 23:13-25)

●이 말을 하고 다시 유대인들에
게 나가서 이르되 나는 그에게서
아무 (罪)죄도 찾지 못하였노라
39 (逾越節)유월절이면 내가 너희에
게 한 사람을 놓아 주는 (前例)전
례가 있으니 그러면 너희는 내가
유대인의 왕을 너희에게 놓아 주
기를 원하느냐 하니
40 그들이 또 소리 질러 이르되 이
사람이 아니라 바라바라 하니 바
라바는 (强盜)강도였더라

19 이에 빌라도가 예수를 데려
다가 채찍질하더라
2 (軍人)군인들이 가시나무로 관을
엮어 그의 머리에 씌우고 자색 옷
을 입히고
3 앞에 가서 이르되 유대인의 왕이
여 (平安)평안할지어다 하며 손
으로 때리더라
4 빌라도가 다시 밖에 나가 말하되
보라 이 사람을 데리고 너희에게
나오나니 이는 내가 그에게서 아
무 (罪)죄도 찾지 못한 것을 너희
로 알게 하려 함이로라 하더라
5 이에 예수께서 가시관을 쓰고 (紫
色)자색 옷을 입고 나오시니 빌
라도가 그들에게 말하되 보라 이
사람이로다 하매
6 대제사장들과 아랫사람들이 예수
를 보고 소리 질러 이르되 십자가
에 못 박으소서 (十字架)십자가
에 못 박으소서 하는지라 빌라도
가 이르되 너희가 친히 데려다가
십자가에 못 박으라 나는 그에게
서 죄를 찾지 못하였노라
7 유대인들이 대답하되 우리에게
법이 있으니 그 (法)법대로 하면
그가 (當然)당연히 죽을 것은 그
가 자기를 하나님의 아들이라 함
이니이다
8 빌라도가 이 말을 듣고 더욱 두려

워하여
9 다시 (官庭)관정에 들어가서 예
수께 말하되 너는 어디로부터냐
하되 예수께서 대답하여 주지 아
니하시는지라
10 빌라도가 이르되 내게 말하지 아
니하느냐 내가 너를 놓을 (權限)
권한도 있고 십자가에 못 박을 권
한도 있는 줄 알지 못하느냐
11 예수께서 대답하시되 위에서 주
지 아니하셨더라면 나를 (害)해
할 권한이 없었으리니 그러므로
나를 네게 넘겨 준 자의 죄는 더
크다 하시니라
12 이러하므로 빌라도가 예수를 놓
으려고 힘썼으나 유대인들이 소
리 질러 이르되 이 사람을 놓으면
가이사의 (忠臣)충신이 아니니이
다 무릇 자기를 왕이라 하는 자는
가이사를 (叛逆)반역하는 것이니
이다
13 빌라도가 이 말을 듣고 예수를 끌
고 나가서 돌을 깐 뜰 (히브리 말
로 가바다)에 있는 (裁判席)재판
석에 앉아 있더라
14 이 날은 (逾越節)유월절의 준비
일이요 때는 [1]제육시라 빌라도가
유대인들에게 이르되 보라 너희
왕이로다
15 그들이 소리 지르되 없이 하소서
없이 하소서 그를 십자가에 못 박
게 하소서 빌라도가 이르되 내
가 너희 왕을 십자가에 못 박으랴
(大祭司長)대제사장들이 대답하
되 가이사 외에는 우리에게 왕이
없나이다 하니
16 이에 예수를 (十字架)십자가에
못 박도록 그들에게 넘겨 주니라

십자가에 못 박히시다

(마 27:32-44; 막 15:21-32; 눅 23:26-43)

17 ●그들이 예수를 맡으매 예수께
서 자기의 십자가를 지시고 (骸
骨)해골(히브리 말로 골고다)이
라 하는 곳에 나가시니
18 그들이 거기서 예수를 십자가에
못 박을새 다른 두 사람도 그와
함께 (左右便)좌우편에 못 박으
니 예수는 가운데 있더라
19 빌라도가 패를 써서 십자가 위에
붙이니 나사렛 예수 유대인의 왕
이라 (記錄)기록되었더라
20 예수께서 못 박히신 곳이 (城)성
에서 가까운 고로 많은 유대인이
이 (牌)패를 읽는데 히브리와 로
마와 헬라 말로 기록되었더라
21 유대인의 대제사장들이 빌라도에
게 이르되 유대인의 왕이라 쓰지
말고 (自稱)자칭 유대인의 왕이
라 쓰라 하니
22 빌라도가 (對答)대답하되 내가
쓸 것을 썼다 하니라
23 ●군인들이 예수를 십자가에 못
박고 그의 옷을 (取)취하여 네 깃
에 나눠 각각 한 깃씩 얻고 속옷
도 취하니 이 속옷은 호지 아니하
고 위에서부터 통으로 짠 것이라
24 (軍人)군인들이 서로 말하되 이
것을 찢지 말고 누가 얻나 제비
뽑자 하니 이는 성경에

1) 낮 열두 시

ㄱ그들이 내 옷을 나누고 내 옷
을 제비 뽑나이다
한 것을 응하게 하려 함이러라 군
인들은 이런 일을 하고
25 예수의 (十字架)십자가 곁에는
그 어머니와 이모와 글로바의 아
내 마리아와 막달라 마리아가 섰
는지라
26 예수께서 자기의 어머니와 사랑
하시는 제자가 곁에 서 있는 것을
보시고 자기 어머니께 말씀하시
되 (女子)여자여 보소서 아들이
니이다 하시고
27 또 그 제자에게 이르시되 보라 네
어머니라 하신대 그 때부터 그 (弟
子)제자가 자기 집에 모시니라

영혼이 떠나가시다
(마 27:45-56; 막 15:33-41; 눅 23:44-49)

28 ●그 (後)후에 예수께서 모든 일
이 이미 이루어진 줄 아시고 (聖
經)성경을 (應)응하게 하려 하사
이르시되 ㄴ내가 목마르다 하시니
29 거기 신 포도주가 가득히 담긴 그
릇이 있는지라 사람들이 신 포도
주를 적신 해면을 (牛膝草)우슬
초에 매어 예수의 입에 대니
30 예수께서 신 포도주를 받으신 후
에 이르시되 다 이루었다 하시고
머리를 숙이니 (靈魂)영혼이 떠
나가시니라

창으로 옆구리를 찌르다

31 ●이 날은 (準備日)준비일이라
유대인들은 그 안식일이 큰 날이
므로 그 안식일에 (屍體)시체들
을 십자가에 두지 아니하려 하여
빌라도에게 그들의 다리를 꺾어
시체를 치워 달라 하니
32 (軍人)군인들이 가서 예수와 함
께 못 박힌 첫째 사람과 또 그 다
른 사람의 다리를 꺾고
33 예수께 이르러서는 이미 죽으신
것을 보고 다리를 꺾지 아니하고
34 그 중 한 군인이 (槍)창으로 옆구
리를 찌르니 곧 피와 물이 나오더
라
35 이를 본 자가 (證言)증언하였으
니 그 증언이 참이라 그가 자기의
말하는 것이 참인 줄 알고 너희로
믿게 하려 함이니라
36 이 일이 일어난 것은 ㄷ그 뼈가 하
나도 꺾이지 아니하리라 한 성경
을 (膺)응하게 하려 함이라
37 또 다른 성경에 ㄹ그들이 그 찌른
(者)자를 보리라 하였느니라

새 무덤에 예수를 두다
(마 27:57-61; 막 15:42-47; 눅 23:50-56)

38 ●아리마대 사람 요셉은 예수의
제자이나 유대인이 두려워 그것
을 숨기더니 이 일 후에 빌라도에
게 예수의 (屍體)시체를 가져가
기를 구하매 빌라도가 (許諾)허
락하는지라 이에 가서 예수의 시
체를 가져가니라
39 일찍이 예수께 밤에 찾아왔던 니
고데모도 (沒藥)몰약과 침향 섞
은 것을 백 [1]리트라쯤 가지고 온
지라
40 이에 예수의 시체를 가져다가 유

1) 1리트라는 약 327그램임 ㄱ 시 22:18 ㄴ 시 69:21 ㄷ 출 12:46; 민 9:12; 시 34:20 ㄹ 슥 12:10

대인의 (葬禮 法)장례 법대로 그
(香品)향품과 함께 세마포로 쌌
더라
41 예수께서 십자가에 못 박히신 곳
에 동산이 있고 동산 안에 아직
사람을 (葬事)장사한 일이 없는
새 무덤이 있는지라
42 이 날은 유대인의 (準備日)준비
일이요 또 무덤이 가까운 고로 예
수를 거기 두니라

살아나시다
(마 28:1-10; 막 16:1-8; 눅 24:1-2)

20 [1)](安息)안식 후 첫날 일찍이
아직 어두울 때에 막달라 마
리아가 무덤에 와서 돌이 무덤에
서 옮겨진 것을 보고
2 시몬 베드로와 예수께서 사랑하
시던 그 다른 제자에게 달려가서
말하되 사람들이 (主)주님을 무
덤에서 가져다가 어디 두었는지
우리가 알지 못하겠다 하니
3 베드로와 그 다른 (弟子)제자가
나가서 무덤으로 갈새
4 둘이 같이 달음질하더니 그 다른
(弟子)제자가 베드로보다 더 빨
리 달려가서 먼저 무덤에 이르러
5 구부려 (細麻布)세마포 놓인 것
을 보았으나 들어가지는 아니하
였더니
6 시몬 베드로는 따라와서 무덤에
들어가 보니 (細麻布)세마포가
놓였고
7 또 머리를 쌌던 (手巾)수건은 세
마포와 함께 놓이지 않고 딴 곳에
쌌던 대로 놓여 있더라
8 그 때에야 무덤에 먼저 갔던 그
다른 제자도 들어가 보고 믿더라
9 그들은 (聖經)성경에 그가 죽은 자
가운데서 다시 살아나야 하리라 하
신 말씀을 아직 알지 못하더라
10 이에 두 (弟子)제자가 자기들의
집으로 돌아가니라

막달라 마리아에게 나타나시다
(막 16:9-11)

11 ●마리아는 무덤 밖에 서서 울고
있더니 울면서 구부려 무덤 안을
들여다보니
12 흰 옷 입은 두 천사가 예수의 (屍
體)시체 뉘었던 곳에 하나는 머리
편에, 하나는 발 편에 앉았더라
13 (天使)천사들이 이르되 여자여
어찌하여 우느냐 이르되 사람들
이 내 주님을 옮겨다가 어디 두었
는지 내가 알지 못함이니이다
14 이 말을 하고 뒤로 돌이켜 예수께
서 서 계신 것을 보았으나 예수이
신 줄은 알지 못하더라
15 예수께서 이르시되 여자여 어찌
하여 울며 누구를 찾느냐 하시니
마리아는 그가 동산지기인 줄 알
고 이르되 (主)주여 당신이 옮겼
거든 어디 두었는지 내게 이르소
서 그리하면 내가 가져가리이다
16 예수께서 마리아야 하시거늘 마
리아가 돌이켜 히브리 말로 랍오
니 하니 (이는 (先生)선생님이라
는 말이라)
17 예수께서 이르시되 나를 붙들지
말라 내가 아직 아버지께로 올라

1) 헬 그 주간의

가지 아니하였노라 너는 내 (兄
弟)형제들에게 가서 이르되 내가
내 아버지 곧 너희 아버지, 내 하
나님 곧 너희 하나님께로 올라간
다 하라 하시니
18 막달라 마리아가 가서 제자들에
게 내가 (主)주를 보았다 하고 또
주께서 (自己)자기에게 이렇게
말씀하셨다 이르니라

제자들에게 나타나시다
(마 28:16-20; 막 16:14-18; 눅 24:36-49)

19 ●이 날 곧 안식 후 첫날 저녁 때
에 제자들이 유대인들을 두려워
하여 모인 곳의 문들을 닫았더니
예수께서 오사 가운데 서서 이르
시되 너희에게 (平康)평강이 있
을지어다
20 이 말씀을 하시고 손과 옆구리를
보이시니 (弟子)제자들이 주를
보고 기뻐하더라
21 예수께서 또 이르시되 너희에게
평강이 있을지어다 아버지께서
나를 보내신 것 같이 나도 너희를
보내노라
22 이 말씀을 하시고 그들을 향하사
숨을 내쉬며 이르시되 (聖靈)성
령을 받으라
23 너희가 누구의 죄든지 (赦)사하
면 사하여질 것이요 누구의 죄든
지 그대로 두면 그대로 있으리라
하시니라

도마가 의심하다

24 ●열두 제자 (中)중의 하나로서
디두모라 불리는 도마는 예수께
서 오셨을 때에 함께 있지 아니한
지라
25 다른 제자들이 그에게 이르되 우
리가 (主)주를 보았노라 하니 도
마가 이르되 내가 그의 손의 못
자국을 보며 내 손가락을 그 못
자국에 넣으며 내 손을 그 옆구리
에 넣어 보지 않고는 믿지 아니하
겠노라 하니라
26 ●여드레를 지나서 제자들이 다
시 집 안에 있을 때에 도마도 함
께 있고 문들이 닫혔는데 예수께
서 오사 가운데 서서 이르시되 너
희에게 (平康)평강이 있을지어다
하시고
27 도마에게 이르시되 네 손가락을
이리 내밀어 내 손을 보고 네 손
을 내밀어 내 옆구리에 넣어 보라
그리하여 믿음 없는 자가 되지 말
고 믿는 (者)자가 되라
28 도마가 (對答)대답하여 이르되
나의 주님이시요 나의 하나님이
시니이다
29 예수께서 이르시되 너는 나를 본
고로 믿느냐 보지 못하고 믿는 자
들은 (福)복되도다 하시니라

이 책을 기록한 목적

30 ●예수께서 제자들 앞에서 이 책
에 기록되지 아니한 다른 [1](表蹟)
표적도 많이 행하셨으나
31 오직 이것을 (記錄)기록함은 너
희로 예수께서 하나님의 아들 그
리스도이심을 믿게 하려 함이요
또 너희로 믿고 그 이름을 힘입어
생명을 얻게 하려 함이니라

1) 또는 이적

일곱 제자에게 나타나시다

21 그 후에 예수께서 디베랴
(湖水)호수에서 또 제자들에
게 자기를 나타내셨으니 나타내
신 일은 이러하니라
2 시몬 베드로와 디두모라 하는 도
마와 갈릴리 가나 사람 나다나엘
과 세베대의 아들들과 또 다른
(弟子)제자 둘이 함께 있더니
3 시몬 베드로가 나는 물고기 잡으
러 가노라 하니 그들이 우리도 함
께 가겠다 하고 나가서 배에 올랐
으나 그 날 밤에 아무 것도 잡지
못하였더니
4 날이 새어갈 때에 예수께서 바닷
가에 서셨으나 제자들이 예수이
신 줄 알지 못하는지라
5 예수께서 이르시되 얘들아 너희
에게 고기가 있느냐 (對答)대답
하되 없나이다
6 이르시되 그물을 배 오른(便)편
에 던지라 그리하면 잡으리라 하
시니 이에 던졌더니 물고기가 많
아 그물을 들 수 없더라
7 예수께서 사랑하시는 그 (弟子)
제자가 베드로에게 이르되 주님
이시라 하니 시몬 베드로가 벗고
있다가 주님이라 하는 말을 듣고
겉옷을 두른 (後)후에 바다로 뛰
어 내리더라
8 다른 제자들은 육지에서 거리가
불과 한 [1](五十)오십 간쯤 되므
로 작은 배를 타고 물고기 든 그
물을 끌고 와서
9 (陸地)육지에 올라보니 숯불이
있는데 그 위에 (生鮮)생선이 놓
였고 떡도 있더라
10 예수께서 이르시되 지금 잡은 (生
鮮)생선을 좀 가져오라 하시니
11 시몬 베드로가 올라가서 그물을
(陸地)육지에 끌어 올리니 가득
히 찬 큰 물고기가 (百)백쉰세 마
리라 이같이 많으나 그물이 찢어
지지 아니하였더라
12 예수께서 이르시되 와서 (朝飯)
조반을 먹으라 하시니 제자들이
주님이신 줄 아는 고로 당신이 누
구냐 감히 묻는 자가 없더라
13 예수께서 가셔서 떡을 가져다가
그들에게 주시고 (生鮮)생선도
그와 같이 하시니라
14 이것은 예수께서 죽은 자 가운데
서 살아나신 (後)후에 세 번째로
제자들에게 나타나신 것이라

내 양을 먹이라

15 ●그들이 조반 먹은 (後)후에 예
수께서 시몬 베드로에게 이르시
되 요한의 아들 시몬아 네가 이
[2]사람들보다 나를 더 사랑하느냐
하시니 이르되 주님 그러하나이
다 내가 주님을 사랑하는 줄 주님
께서 아시나이다 이르시되 내 어
린 양을 먹이라 하시고
16 또 두 번째 이르시되 요한의 아들
시몬아 네가 나를 사랑하느냐 하
시니 이르되 (主)주님 그러하나
이다 내가 주님을 사랑하는 줄 주
님께서 아시나이다 이르시되 내
(羊)양을 치라 하시고

1) 200규빗 2) 또는 것들보다

17 세 (番)번째 이르시되 요한의 아
들 시몬아 네가 나를 사랑하느냐
하시니 주께서 세 번째 네가 나
를 사랑하느냐 하시므로 베드로
가 근심하여 이르되 주님 모든 것
을 아시오매 내가 주님을 사랑하
는 줄을 주님께서 아시나이다 예
수께서 이르시되 내 양을 먹이라
18 내가 (眞實)진실로 진실로 네게
이르노니 네가 젊어서는 스스로
띠 띠고 (願)원하는 곳으로 다녔
거니와 늙어서는 네 팔을 벌리리
니 남이 네게 띠 띠우고 원하지
아니하는 곳으로 데려가리라
19 이 말씀을 하심은 베드로가 어떠
한 죽음으로 하나님께 (榮光)영
광을 돌릴 것을 가리키심이러라
이 말씀을 하시고 베드로에게 이
르시되 나를 따르라 하시니
20 베드로가 돌이켜 예수께서 사랑
하시는 그 제자가 따르는 것을 보
니 그는 (晩餐席)만찬석에서 예
수의 품에 의지하여 주님 주님을
파는 자가 누구오니이까 묻던 자
더라

21 이에 베드로가 그를 보고 예수께
여짜오되 (主)주님 이 사람은 어
떻게 되겠사옵나이까
22 예수께서 이르시되 내가 올 때까
지 그를 머물게 하고자 할지라도
네게 무슨 상관이냐 너는 나를 따
르라 하시더라
23 이 말씀이 형제들에게 나가서 그
제자는 죽지 아니하겠다 하였으
나 예수의 말씀은 그가 죽지 않겠
다 하신 것이 아니라 내가 올 때
까지 그를 머물게 하고자 할지라
도 네게 무슨 (相關)상관이냐 하
신 것이러라
24 ●이 일들을 (證言)증언하고 이
일들을 기록한 제자가 이 사람이
라 우리는 그의 증언이 참된 줄
아노라
25 ●예수께서 행하신 일이 이 외에
도 많으니 만일 낱낱이 (記錄)기
록된다면 이 세상이라도 이 기록
된 책을 두기에 (不足)부족할 줄
아노라

使徒行傳 Acts

성령으로 세례를 받으리라

1 데오빌로여 내가 먼저 쓴 글에
는 무릇 예수께서 행하시며 가
르치시기를 (始作)시작하심부터
2 그가 택하신 사도들에게 성령으
로 명하시고 (昇天)승천하신 날
까지의 일을 기록하였노라
3 그가 고난 받으신 후에 또한 그들
에게 확실한 많은 (證據)증거로
친히 살아 계심을 나타내사 사십
일 동안 그들에게 보이시며 하나
님 나라의 일을 말씀하시니라
4 사도와 함께 모이사 그들에게 (吩
咐)분부하여 이르시되 예루살렘
을 떠나지 말고 내게서 들은 바
아버지께서 약속하신 것을 기다
리라
5 요한은 물로 [1](洗禮)세례를 베풀
었으나 너희는 몇 날이 못되어 성
령으로 [1]세례를 받으리라 하셨느
니라

예수께서 하늘로 올려지시다

6 ●그들이 모였을 때에 예수께 여
쭈어 이르되 주께서 이스라엘 나
라를 (回復)회복하심이 이 때니
이까 하니
7 이르시되 때와 (時期)시기는 아
버지께서 자기의 (權限)권한에
두셨으니 너희가 알 바 아니요
8 오직 성령이 너희에게 임하시면
너희가 (權能)권능을 받고 예루
살렘과 온 유대와 사마리아와 땅
끝까지 이르러 내 (證人)증인이
되리라 하시니라
9 이 말씀을 마치시고 그들이 보는
데 올려져 가시니 구름이 그를 가
리어 보이지 않게 하더라
10 올라가실 때에 제자들이 (仔細)
자세히 하늘을 쳐다보고 있는데
흰 옷 입은 두 사람이 그들 곁에
서서
11 이르되 갈릴리 사람들아 어찌하
여 서서 하늘을 쳐다보느냐 너희
가운데서 하늘로 올려지신 이 예
수는 하늘로 가심을 본 그대로 오
시리라 하였느니라

유다 대신에 맛디아를 세우다

12 ●제자들이 (橄欖園)감람원이라
하는 산으로부터 예루살렘에 돌
아오니 이 산은 예루살렘에서 가
까워 (安息日)안식일에 가기 알
맞은 길이라
13 들어가 그들이 (留)유하는 다락
방으로 올라가니 베드로, 요한,
야고보, 안드레와 빌립, 도마와
바돌로매, 마태와 및 알패오의 아
들 야고보, [2]셀롯인 시몬, 야고보
의 [3]아들 유다가 다 거기 있어
14 여자들과 예수의 어머니 마리아
와 예수의 아우들과 더불어 마음
을 같이하여 오로지 (祈禱)기도
에 힘쓰더라
15 ●모인 무리의 (數)수가 약 백이
십 명이나 되더라 그 때에 베드로
가 그 형제들 가운데 일어서서 이

1) 헬, 또는 침례 2) 열심당 3) 또는 형제

르되
16 형제들아 (聖靈)성령이 다윗의
입을 통하여 예수 잡는 자들의 길
잡이가 된 유다를 가리켜 미리 말
씀하신 (聖經)성경이 응하였으니
마땅하도다
17 이 사람은 본래 우리 수 가운데
참여하여 이 [1](職務)직무의 한 부
분을 맡았던 자라
18 (이 사람이 (不義)불의의 삯으로
밭을 사고 후에 몸이 곤두박질하
여 배가 터져 창자가 다 흘러 나
온지라
19 이 일이 예루살렘에 사는 모든 사
람에게 알리어져 그들의 말로는
그 밭을 아겔다마라 하니 이는 피
밭이라는 뜻이라)
20 시편에 기록하였으되
ㄱ그의 거처를 황폐하게 하시며
거기 거하는 자가 없게 하소서
하였고 또 일렀으되
ㄴ그의 [2](職分)직분을 타인이 취
하게 하소서
하였도다
21 이러하므로 요한의 [3](洗禮)세례
로부터 우리 가운데서 올려져 가
신 날까지 주 예수께서 우리 가운
데 (出入)출입하실 때에
22 항상 우리와 함께 다니던 사람 중
에 하나를 세워 우리와 더불어 예
수께서 (復活)부활하심을 증언할
사람이 되게 하여야 하리라 하거
늘

1) 헬, 봉사의 2) 헬, 감독의 직분 3) 헬, 또는 침례
ㄱ 시 69:25 ㄴ 시 109:8

23 그들이 두 사람을 내세우니 하나
는 바사바라고도 하고 (別名)별
명은 유스도라고 하는 요셉이요
하나는 맛디아라
24 그들이 (祈禱)기도하여 이르되
뭇 사람의 마음을 아시는 주여 이
두 사람 중에 누가 주님께 택하신
바 되어
25 (奉事)봉사와 및 사도의 직무를
대신할 자인지를 보이시옵소서
유다는 이 직무를 버리고 제 곳으
로 갔나이다 하고
26 제비 뽑아 맛디아를 얻으니 그가
열한 (使徒)사도의 수에 들어가니
라

성령이 임하시다

2 (五旬節)오순절 날이 이미 이르
매 그들이 다같이 한 곳에 모였
더니
2 (忽然)홀연히 하늘로부터 (急)급
하고 강한 바람 같은 소리가 있어
그들이 앉은 온 집에 가득하며
3 마치 불의 혀처럼 갈라지는 것들
이 그들에게 보여 각 사람 위에
하나씩 (臨)임하여 있더니
4 그들이 다 성령의 (充滿)충만함
을 받고 성령이 말하게 하심을 따
라 다른 언어들로 말하기를 시작
하니라
5 ●그 때에 (敬虔)경건한 유대인
들이 천하 각국으로부터 와서 예
루살렘에 머물러 있더니
6 이 소리가 나매 큰 무리가 모여
각각 자기의 방언으로 제자들이
말하는 것을 듣고 (騷動)소동하여

7 다 놀라 (神奇)신기하게 여겨 이
르되 보라 이 말하는 사람들이 다
갈릴리 사람이 아니냐
8 우리가 우리 각 사람이 난 곳 (方
言)방언으로 듣게 되는 것이 어
찌 됨이냐
9 우리는 바대인과 메대인과 엘람
인과 또 메소보다미아, 유대와 갑
바도기아, 본도와 아시아,
10 브루기아와 밤빌리아, 애굽과 및
구레네에 가까운 리비야 여러 (地
方)지방에 사는 사람들과 로마로
부터 온 나그네 곧 유대인과 유대
교에 들어온 사람들과
11 그레데인과 아라비아인들이라 우
리가 다 우리의 각 (言語)언어로
하나님의 큰 일을 말함을 듣는도
다 하고
12 다 놀라며 (唐慌)당황하여 서로
이르되 이 어찌 된 일이냐 하며
13 또 어떤 이들은 (嘲弄)조롱하여
이르되 그들이 새 술에 취하였다
하더라

베드로의 오순절 설교

14 ● 베드로가 열한 (使徒)사도와
함께 서서 소리를 높여 이르되 유
대인들과 예루살렘에 사는 모든
사람들아 이 일을 너희로 알게 할
것이니 내 말에 귀를 기울이라
15 때가 [1](第 三 時)제 삼 시니 너희
생각과 같이 이 사람들이 취한 것
이 아니라
16 이는 곧 (先知者)선지자 요엘을
(通)통하여 말씀하신 것이니 일
렀으되
17 ㄱ하나님이 말씀하시기를 (末世)
말세에 내가 내 영을 모든 육체
에 부어 주리니 너희의 자녀들
은 예언할 것이요 너희의 젊은
이들은 환상을 보고 너희의 늙
은이들은 꿈을 꾸리라
18 그 때에 내가 내 영을 내 남종과
여종들에게 부어 주리니 그들이
(豫言)예언할 것이요
19 또 내가 위로 하늘에서는 기사를
아래로 땅에서는 (徵兆)징조를
베풀리니 곧 피와 불과 연기로다
20 주의 크고 (榮華)영화로운 날이
이르기 전에 해가 변하여 어두워
지고 달이 변하여 피가 되리라
21 누구든지 주의 이름을 부르는
자는 (救援)구원을 받으리라
하였느니라
22 이스라엘 사람들아 이 말을 들으
라 너희도 아는 바와 같이 하나님
께서 나사렛 예수로 큰 권능과 기
사와 [2](表蹟)표적을 너희 가운데
서 베푸사 너희 앞에서 그를 증언
하셨느니라
23 그가 하나님께서 (定)정하신 뜻
과 미리 아신 대로 내준 바 되었
거늘 너희가 법 없는 자들의 손을
빌려 못 박아 죽였으나
24 하나님께서 그를 (死亡)사망의
(苦痛)고통에서 풀어 살리셨으니
이는 그가 사망에 매여 있을 수
없었음이라
25 다윗이 그를 가리켜 이르되
ㄴ내가 항상 내 앞에 계신 주를

1) 오전 아홉 시 2) 또는 이적 ㄱ 욜 2:28 이하 ㄴ 시 16:8 이하

뵈었음이여 나로 (搖動)요동하
지 않게 하기 위하여 그가 내 우
편에 계시도다
26 그러므로 내 마음이 기뻐하였고
내 혀도 즐거워하였으며 육체도
(希望)희망에 거하리니
27 이는 내 영혼을 (陰府)음부에
버리지 아니하시며 주의 거룩한
자로 썩음을 당하지 않게 하실
것임이로다
28 주께서 (生命)생명의 길을 내게
보이셨으니 주 앞에서 내게 기
쁨이 (充滿)충만하게 하시리로
다
하였으므로
29 형제들아 내가 조상 다윗에 대하
여 담대히 말할 수 있노니 다윗이
죽어 (葬事)장사되어 그 묘가 오
늘까지 우리 중에 있도다
30 그는 선지자라 하나님이 이미 (盟
誓)맹세하사 그 자손 중에서 한
사람을 그 위에 앉게 하리라 하심
을 알고
31 미리 본 고로 그리스도의 (復活)
부활을 말하되 그가 음부에 버림
이 되지 않고 그의 육신이 썩음을
당하지 아니하시리라 하더니
32 이 예수를 하나님이 살리신지라
우리가 다 [1]이 일에 (證人)증인이
로다
33 하나님이 오른손으로 예수를 높
이시매 그가 약속하신 (聖靈)성
령을 아버지께 받아서 너희가 보

1) 오전 아홉 시 2) 헬, 또는 침례 3) 또는 성령을 선물로
ㄱ 시 110:1

고 듣는 이것을 부어 주셨느니라
34 다윗은 하늘에 올라가지 못하였
으나 (親)친히 말하여 이르되
ㄱ주께서 내 주에게 말씀하시기
를
35 내가 네 (怨讐)원수로 네 발등
상이 되게 하기까지 너는 내 우
편에 앉아 있으라 하셨도다
하였으니
36 그런즉 이스라엘 온 집은 (確實)
확실히 알지니 너희가 십자가에
못 박은 이 예수를 하나님이 주와
그리스도가 되게 하셨느니라 하
니라
37 ●그들이 이 말을 듣고 마음에 찔
려 베드로와 다른 (使徒)사도들
에게 물어 이르되 형제들아 우리
가 어찌할꼬 하거늘
38 베드로가 이르되 너희가 (悔改)
회개하여 각각 예수 그리스도의
이름으로 [2]세례를 받고 죄 사함
을 받으라 그리하면 [3]성령의 선
물을 받으리니
39 이 (約束)약속은 너희와 너희 자
녀와 모든 먼 데 사람 곧 주 우리
하나님이 얼마든지 부르시는 자
들에게 하신 것이라 하고
40 또 여러 말로 확증하며 권하여 이
르되 너희가 이 (悖逆)패역한 세
대에서 구원을 받으라 하니
41 그 말을 받은 사람들은 [2](洗禮)세
례를 받으매 이 날에 신도의 수가
삼천이나 더하더라
42 그들이 사도의 가르침을 받아 서
로 (交際)교제하고 떡을 떼며 오

로지 기도하기를 힘쓰니라

믿는 사람이 모든 물건을 통용하다

43 ● 사람마다 두려워하는데 사도
들로 말미암아 기사와 [1](表蹟)표
적이 많이 나타나니
44 믿는 사람이 다 함께 있어 모든
물건을 서로 (通用)통용하고
45 또 (財産)재산과 소유를 팔아 각
사람의 필요를 따라 나눠 주며
46 날마다 마음을 같이하여 성전에
모이기를 힘쓰고 집에서 떡을 떼
며 기쁨과 (純全)순전한 마음으
로 음식을 먹고
47 하나님을 (讚美)찬미하며 또 온
백성에게 칭송을 받으니 주께서
(救援)구원 받는 사람을 날마다
더하게 하시니라

베드로와 요한이 못 걷게 된 이를 고치다

3 [2]제 구 시 기도 시간에 베드로
와 요한이 (聖殿)성전에 올라갈
새
2 나면서 못 걷게 된 이를 사람들이
메고 오니 이는 성전에 들어가는
사람들에게 구걸하기 위하여 날
마다 (美門)미문이라는 성전 문
에 두는 자라
3 그가 베드로와 요한이 성전에 들
어가려 함을 보고 (求乞)구걸하
거늘
4 베드로가 요한과 더불어 (注目)주
목하여 이르되 우리를 보라 하니
5 그가 그들에게서 무엇을 얻을까
하여 바라보거늘
6 베드로가 이르되 (銀)은과 (金)금
은 내게 없거니와 내게 있는 이것
을 네게 주노니 나사렛 예수 그리
스도의 이름으로 일어나 걸으라
하고
7 오른손을 잡아 일으키니 발과 발
목이 곧 힘을 얻고
8 뛰어 서서 걸으며 그들과 함께 성
전으로 들어가면서 걷기도 하고
뛰기도 하며 하나님을 (讚頌)찬
송하니
9 모든 (百姓)백성이 그 걷는 것과
하나님을 찬송함을 보고
10 그가 (本來)본래 성전 미문에 앉
아 구걸하던 사람인 줄 알고 그에
게 일어난 일로 인하여 심히 놀랍
게 여기며 놀라니라

베드로가 솔로몬의 행각에서 설교하다

11 ● 나은 사람이 베드로와 요한을
붙잡으니 모든 백성이 크게 놀라
며 달려 나아가 솔로몬의 (行閣)
행각이라 불리우는 행각에 모이
거늘
12 베드로가 이것을 보고 백성에게
말하되 이스라엘 사람들아 이 일
을 왜 놀랍게 여기느냐 우리 개인
의 (權能)권능과 (敬虔)경건으로
이 사람을 걷게 한 것처럼 왜 우
리를 주목하느냐
13 아브라함과 이삭과 야곱의 하나
님 곧 우리 조상의 하나님이 그의
[3]종 예수를 (榮華)영화롭게 하셨
느니라 너희가 그를 넘겨 주고 빌
라도가 놓아 주기로 결의한 것을
너희가 그 앞에서 (拒否)거부하
였으니

1) 또는 이적 2) 오후 세 시 3) 또는 소자

14 너희가 거룩하고 의로운 이를 거
부하고 도리어 (殺人)살인한 사
람을 놓아 주기를 구하여
15 생명의 주를 죽였도다 그러나 하
나님이 죽은 자 가운데서 그를 살
리셨으니 우리가 [1]이 일에 (證人)
증인이라
16 그 이름을 믿으므로 그 이름이 너
희가 보고 아는 이 사람을 성하게
하였나니 예수로 말미암아 난 믿
음이 너희 모든 사람 앞에서 이같
이 (完全)완전히 낫게 하였느니라
17 형제들아 너희가 알지 못하여서
그리하였으며 너희 (官吏)관리들
도 그리한 줄 아노라
18 그러나 하나님이 모든 선지자의
입을 통하여 자기의 그리스도께
서 (苦難)고난 받으실 일을 미리
알게 하신 것을 이와 같이 이루셨
느니라
19 그러므로 너희가 (悔改)회개하고
돌이켜 너희 죄 없이 함을 받으라
이같이 하면 새롭게 되는 날이 주
앞으로부터 이를 것이요
20 또 주께서 너희를 위하여 (豫定)
예정하신 그리스도 곧 예수를 보
내시리니
21 하나님이 영원 전부터 거룩한 선
지자들의 입을 통하여 말씀하신
바 만물을 (回復)회복하실 때까
지는 하늘이 마땅히 그를 받아 두
리라
22 ㄱ모세가 말하되 주 하나님이 너
희를 위하여 너희 (兄弟)형제 가
운데서 나 같은 선지자 하나를 세
울 것이니 너희가 무엇이든지 그
의 모든 말을 들을 것이라
23 ㄴ누구든지 그 선지자의 말을 듣
지 아니하는 자는 백성 중에서
(滅亡)멸망 받으리라 하였고
24 또한 사무엘 때부터 이어 말한 모
든 (先知者)선지자도 이 때를 가
리켜 말하였느니라
25 너희는 (先知者)선지자들의 (子
孫)자손이요 또 하나님이 너희
조상과 더불어 세우신 (言約)언
약의 자손이라 아브라함에게 이
르시기를 ㄷ땅 위의 모든 족속이
너의 씨로 말미암아 복을 받으리
라 하셨으니
26 하나님이 그 [2]종을 세워 복 주시
려고 너희에게 먼저 보내사 너희
로 하여금 돌이켜 각각 그 (惡)악
함을 버리게 하셨느니라

베드로와 요한이 공회 앞에 서다

4 사도들이 백성에게 말할 때에
제사장들과 (聖殿)성전 [3]맡은
자와 사두개인들이 이르러
2 예수 안에 죽은 자의 (復活)부활
이 있다고 백성을 가르치고 전함
을 싫어하여
3 그들을 잡으매 날이 이미 저물었
으므로 이튿날까지 가두었으나
4 말씀을 들은 사람 중에 믿는 자가
많으니 (男子)남자의 수가 약 오
천이나 되었더라
5 ●이튿날 (官吏)관리들과 장로들
과 서기관들이 예루살렘에 모였

1) 또는 그의 2) 또는 소자 3) 또는 경비대장 ㄱ 신 18:15 ㄴ 신 18:19 ㄷ 창 12:3; 22:18; 26:4; 28:14

는데
6 대제사장 안나스와 가야바와 요
한과 알렉산더와 및 대제사장의
문중이 다 (參與)참여하여
7 사도들을 가운데 세우고 묻되 너
희가 무슨 (權勢)권세와 누구의
이름으로 이 일을 행하였느냐
8 이에 베드로가 (聖靈)성령이 (充
滿)충만하여 이르되 백성의 관리
들과 장로들아
9 만일 병자에게 행한 착한 일에 대
하여 이 사람이 어떻게 구원을 받
았느냐고 오늘 우리에게 (質問)
질문한다면
10 너희와 모든 이스라엘 백성들은
알라 너희가 십자가에 못 박고 하
나님이 죽은 자 가운데서 살리신
나사렛 예수 그리스도의 이름으
로 이 사람이 (健康)건강하게 되
어 너희 앞에 섰느니라
11 이 예수는 ㄱ너희 (建築者)건축자
들의 버린 돌로서 집 모퉁이의 머
릿돌이 되었느니라
12 다른 이로써는 (救援)구원을 받
을 수 없나니 (天下)천하 사람 중
에 구원을 받을 만한 다른 이름을
우리에게 주신 일이 없음이라 하
였더라
13 ●그들이 베드로와 요한이 (膽
大)담대하게 말함을 보고 그들을
본래 학문 없는 범인으로 알았다
가 이상히 여기며 또 전에 예수와
함께 있던 줄도 알고
14 또 병 나은 사람이 그들과 함께
서 있는 것을 보고 (非難)비난할
말이 없는지라
15 명하여 공회에서 나가라 하고 서
로 (議論)의논하여 이르되
16 이 사람들을 어떻게 할까 그들로
말미암아 유명한 [1)](表蹟)표적 나
타난 것이 예루살렘에 사는 모든
사람에게 알려졌으니 우리도 부
인할 수 없는지라
17 이것이 민간에 더 퍼지지 못하게
그들을 (威脅)위협하여 이 후에
는 이 이름으로 아무에게도 말하
지 말게 하자 하고
18 그들을 불러 (警告)경고하여 도
무지 예수의 이름으로 말하지도
말고 가르치지도 말라 하니
19 베드로와 요한이 대답하여 이르
되 하나님 앞에서 너희의 말을 듣
는 것이 하나님의 말씀을 듣는 것
보다 옳은가 (判斷)판단하라
20 우리는 보고 들은 것을 말하지 아
니할 수 없다 하니
21 관리들이 백성들 때문에 그들을
어떻게 처벌할지 방법을 찾지 못
하고 다시 (威脅)위협하여 놓아
주었으니 이는 모든 사람이 그 된
일을 보고 하나님께 영광을 돌림
이라
22 이 [1)]표적으로 (病)병 나은 사람은
사십여 세나 되었더라

한마음으로 하나님께 기도하다

23 ●(使徒)사도들이 놓이매 그 동
료에게 가서 제사장들과 장로들
의 말을 다 알리니
24 그들이 듣고 한마음으로 하나님

1) 또는 이적 ㄱ 시 118:22

께 소리를 높여 이르되 (大主宰)
대주재여 천지와 바다와 그 가운
데 만물을 지은 이시요
25 또 주의 종 우리 조상 다윗의 입을
통하여 성령으로 말씀하시기를
ㄱ어찌하여 열방이 (憤怒)분노하
며 족속들이 (虛事)허사를 경영
하였는고
26 세상의 군왕들이 나서며 관리들
이 함께 모여 주와 그의 그리스
도를 (對敵)대적하도다
하신 이로소이다
27 과연 헤롯과 본디오 빌라도는 이
방인과 이스라엘 백성과 (合勢)
합세하여 하나님께서 기름 부으
신 거룩한 [1]종 예수를 거슬러
28 하나님의 [2](權能)권능과 뜻대로
이루려고 예정하신 그것을 행하
려고 이 성에 모였나이다
29 주여 이제도 그들의 (威脅)위협
함을 굽어보시옵고 또 종들로 하
여금 담대히 하나님의 말씀을 전
하게 하여 주시오며
30 손을 내밀어 병을 낫게 하시옵고
[3]표적과 (奇事)기사가 거룩한 종
예수의 이름으로 이루어지게 하
옵소서 하더라
31 빌기를 다하매 모인 곳이 (震動)
진동하더니 무리가 다 성령이 충
만하여 담대히 하나님의 말씀을
전하니라

물건을 서로 통용하다

32 ●믿는 무리가 한마음과 한 [4]뜻
이 되어 모든 물건을 서로 (通用)
통용하고 자기 (財物)재물을 조
금이라도 자기 것이라 하는 이가
하나도 없더라
33 사도들이 큰 권능으로 주 예수의
부활을 증언하니 무리가 큰 (恩
惠)은혜를 받아
34 그 중에 가난한 사람이 없으니 이
는 밭과 집 있는 (者)자는 팔아 그
판 것의 값을 가져다가
35 사도들의 발 앞에 두매 그들이 각
사람의 (必要)필요를 따라 나누
어 줌이라
36 ●구브로에서 난 레위족 사람이
있으니 이름은 요셉이라 사도들
이 일컬어 바나바라(번역하면 (慰
勞)위로의 아들이라) 하니
37 그가 밭이 있으매 팔아 그 값을
가지고 사도들의 발 앞에 두니라

아나니아와 삽비라

5 아나니아라 하는 사람이 그의
아내 삽비라와 더불어 (所有)소
유를 팔아
2 그 값에서 얼마를 감추매 그 아내
도 알더라 얼마만 가져다가 (使
徒)사도들의 발 앞에 두니
3 베드로가 이르되 아나니아야 어
찌하여 사탄이 네 마음에 가득하
여 네가 (聖靈)성령을 속이고 땅
값 얼마를 감추었느냐
4 땅이 그대로 있을 때에는 네 땅
이 아니며 판 (後)후에도 네 마음
대로 할 수가 없더냐 어찌하여 이
일을 네 마음에 두었느냐 사람에
게 거짓말한 것이 아니요 하나님
께로다

1) 또는 소자 2) 헬, 손과 3) 또는 이적 4) 또는 영혼 ㄱ 시 2:1, 2

5 아나니아가 이 말을 듣고 엎드러
져 (魂)혼이 떠나니 이 일을 듣는
사람이 다 크게 두려워하더라
6 젊은 사람들이 일어나 (屍身)시
신을 싸서 메고 나가 장사하니라
7 ●세 (時間)시간쯤 지나 그의 아
내가 그 일어난 일을 알지 못하고
들어오니
8 베드로가 이르되 그 땅 판 값이
이것뿐이냐 내게 말하라 하니 이
르되 예 이것뿐이라 하더라
9 베드로가 이르되 너희가 어찌 함
께 꾀하여 주의 영을 (試驗)시험
하려 하느냐 보라 네 남편을 (葬
事)장사하고 오는 사람들의 발이
문 앞에 이르렀으니 또 너를 메어
내가리라 하니
10 곧 그가 베드로의 발 앞에 엎드러
져 혼이 떠나는지라 젊은 사람들
이 들어와 죽은 것을 보고 메어다
가 그의 (男便)남편 곁에 장사하
니
11 온 (教會)교회와 이 일을 듣는 사
람들이 다 크게 두려워하니라

사도들이 표적을 일으키다

12 ●사도들의 손을 통하여 (民間)
민간에 [1]표적과 기사가 많이 일
어나매 믿는 사람이 다 마음을 같
이하여 솔로몬 (行閣)행각에 모
이고
13 그 나머지는 감히 그들과 (相從)
상종하는 사람이 없으나 백성이
칭송하더라
14 믿고 (主)주께로 나아오는 자가
더 많으니 남녀의 큰 무리더라
15 심지어 병든 사람을 메고 거리에
나가 (寢臺)침대와 요 위에 누이
고 베드로가 지날 때에 혹 그의
그림자라도 누구에게 덮일까 바
라고
16 예루살렘 부근의 수많은 사람들
도 모여 병든 사람과 더러운 (鬼
神)귀신에게 괴로움 받는 사람을
데리고 와서 다 나음을 얻으니라

사도들이 능욕을 받다

17 ●대제사장과 그와 함께 있는 사
람 즉 사두개인의 당파가 다 마음
에 (猜忌)시기가 가득하여 일어
나서
18 사도들을 잡아다가 (獄)옥에 가
두었더니
19 주의 사자가 밤에 (獄門)옥문을
열고 끌어내어 이르되
20 가서 성전에 서서 이 (生命)생명의
말씀을 다 백성에게 말하라 하매
21 그들이 듣고 새벽에 성전에 들어
가서 가르치더니 대제사장과 그
와 함께 있는 사람들이 와서 [2](公
會)공회와 이스라엘 족속의 원로
들을 다 모으고 사람을 옥에 보내
어 (使徒)사도들을 잡아오라 하
니
22 (部下)부하들이 가서 옥에서 사
도들을 보지 못하고 돌아와
23 이르되 우리가 보니 옥은 든든하
게 잠기고 지키는 사람들이 문에
서 있으되 (門)문을 열고 본즉 그
안에는 한 사람도 없더이다 하니
24 성전 [3]맡은 자와 제사장들이 이

1) 또는 이적 2) 또는 공회 즉 이스라엘 3) 또는 경비대장

말을 듣고 (疑惑)의혹하여 이 일
이 어찌 될까 하더니
25 사람이 와서 알리되 보소서 옥에
가두었던 사람들이 성전에 서서
(百姓)백성을 가르치더이다 하니
26 성전 [1]맡은 자가 부하들과 같이
가서 그들을 잡아왔으나 (强制)
강제로 못함은 백성들이 돌로 칠
까 두려워함이더라
27 그들을 끌어다가 (公會)공회 앞
에 세우니 대제사장이 물어
28 이르되 우리가 이 이름으로 사람
을 가르치지 말라고 (嚴禁)엄금
하였으되 너희가 너희 가르침을
예루살렘에 가득하게 하니 이 사
람의 피를 우리에게로 돌리고자
함이로다
29 베드로와 사도들이 대답하여 이
르되 사람보다 하나님께 (順從)
순종하는 것이 마땅하니라
30 너희가 나무에 달아 죽인 예수를
우리 (祖上)조상의 하나님이 살
리시고
31 이스라엘에게 (悔改)회개함과 죄
사함을 주시려고 그를 [2]오른손으
로 높이사 임금과 구주로 삼으셨
느니라
32 우리는 이 [3]일에 증인이요 하나
님이 자기에게 (順從)순종하는
사람들에게 주신 성령도 그러하
니라 하더라
33 ●그들이 듣고 크게 노하여 (使
徒)사도들을 없이하고자 할새
34 바리새인 가말리엘은 율법교사로

1) 또는 경비대장 2) 또는 오른편에 3) 또는 말씀의

모든 백성에게 (尊敬)존경을 받
는 자라 공회 중에 일어나 명하여
사도들을 잠깐 밖에 나가게 하고
35 말하되 이스라엘 사람들아 너희
가 이 사람들에게 대하여 어떻게
하려는지 (操心)조심하라
36 이 전에 드다가 일어나 스스로
(宣傳)선전하매 사람이 약 사백
명이나 따르더니 그가 죽임을 당
하매 따르던 모든 사람들이 흩어
져 없어졌고
37 그 후 (戶籍)호적할 때에 갈릴리
의 유다가 일어나 백성을 꾀어 따
르게 하다가 그도 망한즉 따르던
모든 사람들이 흩어졌느니라
38 이제 내가 너희에게 말하노니 이
사람들을 상관하지 말고 버려 두
라 이 (思想)사상과 이 (所行)소
행이 사람으로부터 났으면 무너
질 것이요
39 만일 하나님께로부터 났으면 너
희가 그들을 무너뜨릴 수 없겠고
도리어 하나님을 (對敵)대적하는
자가 될까 하노라 하니
40 그들이 옳게 여겨 사도들을 불러
들여 채찍질하며 예수의 이름으로
말하는 것을 (禁)금하고 놓으니
41 사도들은 그 이름을 위하여 능욕
받는 일에 (合當)합당한 자로 여
기심을 기뻐하면서 공회 앞을 떠
나니라
42 그들이 날마다 성전에 있든지 집
에 있든지 예수는 그리스도라고
가르치기와 (傳道)전도하기를 그
치지 아니하니라

일곱 일꾼을 택하다

6 그 때에 제자가 더 많아졌는데
헬라파 유대인들이 자기의 과부
들이 매일의 [1](救濟)구제에 빠지
므로 히브리파 사람을 원망하니
2 열두 (使徒)사도가 모든 제자를
불러 이르되 우리가 하나님의 말
씀을 제쳐 놓고 [2]접대를 일삼는
것이 마땅하지 아니하니
3 형제들아 너희 가운데서 성령과
지혜가 충만하여 (稱讚)칭찬 받
는 사람 일곱을 (擇)택하라 우리
가 이 일을 그들에게 맡기고
4 우리는 오로지 (祈禱)기도하는
일과 [3]말씀 사역에 힘쓰리라 하
니
5 온 무리가 이 말을 기뻐하여 믿음
과 성령이 (充滿)충만한 사람 스
데반과 또 빌립과 브로고로와 니
가노르와 디몬과 바메나와 유대
교에 입교했던 안디옥 사람 니골
라를 택하여
6 사도들 앞에 세우니 사도들이 기
도하고 그들에게 (按手)안수하니
라
7 ●하나님의 말씀이 점점 (旺盛)
왕성하여 예루살렘에 있는 제자
의 수가 더 심히 많아지고 허다한
제사장의 무리도 이 [4]도에 (服從)
복종하니라

스데반이 잡히다

8 ●스데반이 은혜와 권능이 충만
하여 큰 (奇事)기사와 [5]표적을 민
간에 행하니
9 이른 바 자유민들 즉 구레네인,
알렉산드리아인, 길리기아와 아
시아에서 온 사람들의 회당에서
어떤 자들이 일어나 스데반과 더
불어 (論爭)논쟁할새
10 스데반이 (智慧)지혜와 성령으로
말함을 그들이 능히 당하지 못하
여
11 사람들을 (買收)매수하여 말하게
하되 이 사람이 모세와 하나님을
모독하는 말을 하는 것을 우리가
들었노라 하게 하고
12 백성과 장로와 서기관들을 (衝動)
충동시켜 와서 잡아가지고 공회
에 이르러
13 거짓 증인들을 세우니 이르되 이
사람이 이 거룩한 곳과 (律法)율
법을 거슬러 말하기를 마지 아니
하는도다
14 그의 말에 이 나사렛 예수가 이
곳을 헐고 또 모세가 우리에게 전
하여 준 (規例)규례를 고치겠다
함을 우리가 들었노라 하거늘
15 공회 중에 앉은 사람들이 다 스데
반을 (注目)주목하여 보니 그 얼
굴이 (天使)천사의 얼굴과 같더
라

스데반이 설교하다

7 대제사장이 이르되 이것이 (事
實)사실이냐
2 스데반이 이르되 ●여러분 부형
들이여 들으소서 우리 조상 아브
라함이 하란에 있기 전 메소보다
미아에 있을 때에 (榮光)영광의

1) 헬, 봉사 2) 또는 재정 출납을 3) 헬, 말씀의 봉사에
4) 헬, 믿음 5) 또는 이적

하나님이 그에게 보여
3 이르시되 네 (故鄕)고향과 친척
을 떠나 내가 네게 보일 땅으로
가라 하시니
4 아브라함이 갈대아 사람의 땅을
떠나 하란에 (居)거하다가 그의
아버지가 죽으매 하나님이 그를
거기서 너희 지금 사는 이 땅으로
옮기셨느니라
5 그러나 여기서 발 붙일 만한 땅도
유업으로 주지 아니하시고 다만
이 땅을 아직 자식도 없는 그와
그의 후손에게 (所有)소유로 주
신다고 (約束)약속하셨으며
6 하나님이 또 이같이 말씀하시되
그 (後孫)후손이 다른 땅에서 나
그네가 되리니 그 땅 사람들이 종
으로 삼아 사백 년 동안을 괴롭게
하리라 하시고
7 또 이르시되 종 삼는 나라를 내가
(審判)심판하리니 그 후에 그들
이 나와서 이 곳에서 나를 섬기리
라 하시고
8 (割禮)할례의 언약을 아브라함에
게 주셨더니 그가 이삭을 낳아 여
드레 만에 할례를 행하고 이삭이
야곱을, 야곱이 우리 열두 조상을
낳으니라
9 여러 조상이 요셉을 (猜忌)시기
하여 애굽에 팔았더니 하나님이
그와 함께 계셔
10 그 모든 (患難)환난에서 건져내
사 애굽 왕 바로 앞에서 은총과
지혜를 주시매 바로가 그를 애굽
과 자기 온 집의 (統治者)통치자
로 세웠느니라
11 그 때에 애굽과 가나안 온 땅에
흉년이 들어 큰 환난이 있을새 우
리 조상들이 (糧食)양식이 없는
지라
12 야곱이 애굽에 (穀食)곡식 있다
는 말을 듣고 먼저 우리 조상들을
보내고
13 또 (再次)재차 보내매 요셉이 자
기 형제들에게 알려지게 되고 또
요셉의 친족이 바로에게 드러나
게 되니라
14 요셉이 사람을 보내어 그의 아버
지 야곱과 온 (親族)친족 일흔다
섯 사람을 청하였더니
15 야곱이 애굽으로 내려가 자기와
우리 (祖上)조상들이 거기서 죽
고
16 세겜으로 옮겨져 아브라함이 세
겜 하몰의 자손에게서 은으로 값
주고 산 무덤에 (葬事)장사되니라
17 하나님이 아브라함에게 (約束)약
속하신 때가 가까우매 이스라엘
백성이 애굽에서 (蕃盛)번성하여
많아졌더니
18 요셉을 알지 못하는 새 임금이 애
굽 (王位)왕위에 오르매
19 그가 우리 (族屬)족속에게 (狡猾)
교활한 방법을 써서 조상들을 괴
롭게 하여 그 어린 아이들을 내버
려 살지 못하게 하려 할새
20 그 때에 모세가 났는데 하나님 보
시기에 아름다운지라 그의 아버
지의 집에서 석 달 동안 길리더니
21 버려진 후에 바로의 딸이 그를 데

려다가 (自己)자기 아들로 기르매
22 모세가 애굽 사람의 모든 (智慧)
지혜를 배워 그의 말과 하는 일들
이 능하더라
23 나이가 사십이 되매 그 (兄弟)형
제 이스라엘 자손을 돌볼 생각이
나더니
24 한 사람이 원통한 일 당함을 보고
보호하여 (壓制)압제 받는 자를
위하여 (怨讐)원수를 갚아 애굽
사람을 쳐 죽이니라
25 그는 그의 형제들이 하나님께서
자기의 손을 통하여 (救援)구원
해 주시는 것을 깨달으리라고 생
각하였으나 그들이 깨닫지 못하
였더라
26 이튿날 이스라엘 사람끼리 싸울
때에 모세가 와서 (和解)화해시
키려 하여 이르되 너희는 형제인
데 어찌 서로 해치느냐 하니
27 그 동무를 해치는 사람이 모세를
밀어뜨려 이르되 누가 너를 (官
吏)관리와 재판장으로 우리 위에
세웠느냐
28 네가 어제는 애굽 사람을 죽임과
같이 또 나를 죽이려느냐 하니
29 모세가 이 말 때문에 (逃走)도주
하여 미디안 땅에서 나그네 되어
거기서 아들 둘을 낳으니라
30 사십 년이 차매 (天使)천사가 시
내 산 광야 가시나무 떨기 불꽃
가운데서 그에게 보이거늘
31 모세가 그 (光景)광경을 보고 놀
랍게 여겨 알아보려고 가까이 가
니 주의 소리가 있어
32 나는 네 (祖上)조상의 하나님 즉
아브라함과 이삭과 야곱의 하나
님이라 하신대 모세가 무서워 감
히 바라보지 못하더라
33 (主)주께서 이르시되 네 발의 신
을 벗으라 네가 서 있는 곳은 거
룩한 땅이니라
34 내 백성이 애굽에서 괴로움 받음
을 내가 확실히 보고 그 (嘆息)탄
식하는 소리를 듣고 그들을 구원
하려고 내려왔노니 이제 내가 너
를 애굽으로 보내리라 하시니라
35 그들의 말이 누가 너를 관리와 재
판장으로 세웠느냐 하며 (拒絕)
거절하던 그 모세를 하나님은 가
시나무 떨기 가운데서 보이던 천
사의 손으로 관리와 속량하는 자
로서 보내셨으니
36 이 사람이 백성을 인도하여 나오
게 하고 애굽과 홍해와 광야에서
사십 년간 (奇事)기사와 [1](表蹟)
표적을 행하였느니라
37 이스라엘 (子孫)자손에 대하여
ㄱ하나님이 너희 형제 가운데서
나와 같은 선지자를 세우리라 하
던 자가 곧 이 모세라
38 시내 산에서 말하던 그 천사와 우
리 조상들과 함께 (曠野)광야 교
회에 있었고 또 살아 있는 말씀을
받아 우리에게 주던 자가 이 사람
이라
39 우리 조상들이 모세에게 (服從)
복종하지 아니하고자 하여 거절
하며 그 마음이 도리어 애굽으로

1) 또는 이적 ㄱ 신 18:15

향하여
40 아론더러 이르되 우리를 (引導)
인도할 신들을 우리를 위하여 만
들라 애굽 땅에서 우리를 인도하
던 이 모세는 어떻게 되었는지 알
지 못하노라 하고
41 그 때에 그들이 송아지를 만들어
그 우상 앞에 (祭祀)제사하며 자
기 손으로 만든 것을 기뻐하더니
42 하나님이 (外面)외면하사 그들을
[1]그 하늘의 군대 섬기는 일에 버
려 두셨으니 이는 선지자의 책에
기록된 바

ㄱ이스라엘의 집이여 너희가 광
야에서 사십 년간 (犧牲)희생과
(祭物)제물을 내게 드린 일이
있었느냐
43 몰록의 장막과 신 레판의 별을
받들었음이여 이것은 너희가 절
하고자 하여 만든 (形像)형상이
로다 내가 너희를 바벨론 밖으
로 옮기리라

함과 같으니라
44 광야에서 우리 조상들에게 증거
의 장막이 있었으니 이것은 모세
에게 말씀하신 이가 명하사 그가
본 그 (樣式)양식대로 만들게 하
신 것이라
45 우리 조상들이 그것을 받아 하나
님이 그들 앞에서 쫓아내신 이방
인의 땅을 (占領)점령할 때에 여
호수아와 함께 가지고 들어가서
다윗 때까지 이르니라

1) 그 하늘의 별들 2) 다른 사본에, 하나님을 위하여 처소를
ㄱ 암 5:25 이하 ㄴ 사 66:1 이하

46 다윗이 하나님 앞에서 (恩惠)은
혜를 받아 [2]야곱의 집을 위하여
하나님의 처소를 준비하게 하여
달라고 하더니
47 솔로몬이 그를 (爲)위하여 집을
지었느니라
48 그러나 (至極)지극히 높으신 이
는 손으로 지은 곳에 계시지 아니
하시나니 선지자가 말한 바
49 ㄴ주께서 이르시되 하늘은 나의
(寶座)보좌요 땅은 나의 발등상
이니 너희가 나를 위하여 무슨
집을 짓겠으며 나의 (安息)안식
할 (處所)처소가 어디냐
50 이 모든 것이 다 내 손으로 지은
것이 아니냐

함과 같으니라
51 목이 곧고 마음과 귀에 할례를 받
지 못한 사람들아 너희도 너희 조
상과 같이 항상 (聖靈)성령을 거
스르는도다
52 너희 조상들이 선지자들 중의 누
구를 박해하지 아니하였느냐 의
인이 오시리라 (豫告)예고한 자
들을 그들이 죽였고 이제 너희는
그 의인을 잡아 준 자요 살인한
자가 되나니
53 너희는 천사가 전한 (律法)율법
을 받고도 지키지 아니하였도다
하니라

스데반이 순교하다

54 ●그들이 이 말을 듣고 마음에 찔
려 그를 (向)향하여 이를 갈거늘
55 스데반이 성령 충만하여 하늘을
우러러 (注目)주목하여 하나님의

영광과 및 예수께서 하나님 우편
에 서신 것을 보고
56 말하되 보라 하늘이 열리고 인자
가 하나님 (右便)우편에 서신 것
을 보노라 한대
57 그들이 큰 소리를 지르며 귀를 막
고 (一齊)일제히 그에게 달려들어
58 성 밖으로 내치고 돌로 칠새 증
인들이 옷을 벗어 사울이라 하는
(青年)청년의 발 앞에 두니라
59 그들이 돌로 스데반을 치니 스데반
이 부르짖어 이르되 주 예수여 내
(靈魂)영혼을 받으시옵소서 하고
60 무릎을 꿇고 크게 불러 이르되 주
여 이 (罪)죄를 그들에게 돌리지
마옵소서 이 말을 하고 자니라
8 사울은 그가 죽임 (當)당함을
마땅히 여기더라

사울이 교회를 박해하다

●그 날에 예루살렘에 있는 교회
에 큰 (迫害)박해가 있어 사도 외
에는 다 유대와 사마리아 모든 땅
으로 흩어지니라
2 (敬虔)경건한 사람들이 스데반을
(葬事)장사하고 위하여 크게 울
더라
3 사울이 교회를 (殘滅)잔멸할새
각 집에 들어가 남녀를 끌어다가
(獄)옥에 넘기니라

사마리아에 복음을 전하다

4 ●그 흩어진 사람들이 두루 다니
며 (福音)복음의 말씀을 전할새
5 빌립이 사마리아 성에 내려가 그리
스도를 백성에게 (傳播)전파하니
6 무리가 빌립의 말도 듣고 행하는
[1](表蹟)표적도 보고 한마음으로
그가 하는 말을 따르더라
7 많은 사람에게 붙었던 더러운 (鬼
神)귀신들이 크게 소리를 지르며
나가고 또 많은 중풍병자와 못 걷
는 사람이 나으니
8 그 (城)성에 큰 기쁨이 있더라
9 ●그 성에 시몬이라 하는 사람이
전부터 있어 (魔術)마술을 행하
여 사마리아 (百姓)백성을 놀라
게 하며 자칭 큰 자라 하니
10 낮은 사람부터 높은 사람까지 다
따르며 이르되 이 사람은 크다 일
컫는 하나님의 (能力)능력이라
하더라
11 오랫동안 그 (魔術)마술에 놀랐
으므로 그들이 따르더니
12 빌립이 하나님 나라와 및 예수 그
리스도의 이름에 관하여 전도함
을 그들이 믿고 남녀가 다 [2](洗
禮)세례를 받으니
13 시몬도 믿고 [2]세례를 받은 후에
전심으로 빌립을 따라다니며 그
나타나는 [1]표적과 큰 (能力)능력
을 보고 놀라니라
14 ●예루살렘에 있는 (使徒)사도들
이 사마리아도 하나님의 말씀을
받았다 함을 듣고 베드로와 요한
을 보내매
15 그들이 내려가서 그들을 위하여
성령 받기를 (祈禱)기도하니
16 이는 아직 한 사람에게도 (聖靈)
성령 내리신 일이 없고 오직 주
예수의 이름으로 [2]세례만 받을

1) 또는 이적 2) 헬, 또는 침례

뿐이더라
17 이에 두 사도가 그들에게 (按手)
안수하매 성령을 받는지라
18 시몬이 (使徒)사도들의 안수로
성령 받는 것을 보고 돈을 드려
19 이르되 이 (權能)권능을 내게도 주
어 누구든지 내가 안수하는 사람
은 성령을 받게 하여 주소서 하니
20 베드로가 이르되 네가 하나님의
(膳物)선물을 돈 주고 살 줄로 생
각하였으니 네 은과 네가 함께 망
할지어다
21 하나님 앞에서 네 마음이 바르지
못하니 이 [1]도에는 네가 (關係)관
계도 없고 분깃 될 것도 없느니라
22 그러므로 너의 이 (惡)악함을 (悔
改)회개하고 주께 기도하라 혹 마
음에 품은 것을 사하여 주시리라
23 내가 보니 너는 [2](惡毒)악독이
가득하며 불의에 [3]매인 바 되었
도다
24 시몬이 대답하여 이르되 나를 위
하여 주께 (祈禱)기도하여 말한
것이 하나도 내게 임하지 않게 하
소서 하니라
25 ●두 사도가 주의 말씀을 증언하
여 말한 후 예루살렘으로 돌아갈
새 사마리아인의 여러 마을에서
(福音)복음을 전하니라

빌립과 에디오피아 내시

26 ●주의 사자가 빌립에게 말하여
이르되 일어나서 남쪽으로 향하
여 예루살렘에서 가사로 내려가
는 길까지 가라 하니 그 길은 (曠
野)광야라
27 일어나 가서 보니 에디오피아 사
람 곧 에디오피아 여왕 간다게의
모든 국고를 맡은 관리인 내시가
(禮拜)예배하러 예루살렘에 왔다
가
28 돌아가는데 수레를 타고 (先知
者)선지자 이사야의 글을 읽더라
29 (聖靈)성령이 빌립더러 이르시되
이 수레로 가까이 나아가라 하시
거늘
30 빌립이 달려가서 (先知者)선지자
이사야의 글 읽는 것을 듣고 말하
되 읽는 것을 깨닫느냐
31 대답하되 지도해 주는 사람이 없
으니 어찌 깨달을 수 있느냐 하고
빌립을 (請)청하여 수레에 올라
같이 앉으라 하니라
32 읽는 성경 구절은 이것이니 일렀
으되
ㄱ그가 (屠殺者)도살자에게로 가
는 양과 같이 끌려갔고 털 깎는
자 앞에 있는 어린 양이 조용함
과 같이 그의 입을 열지 아니하
였도다
33 그가 굴욕을 당했을 때 공정한
재판도 받지 못하였으니 누가
그의 (世代)세대를 말하리요 그
의 생명이 땅에서 빼앗김이로다
하였거늘
34 그 내시가 빌립에게 말하되 청컨
대 내가 묻노니 선지자가 이 말한
것이 누구를 가리킴이냐 자기를
가리킴이냐 (他人)타인을 가리킴

1) 또는 일에는 2) 헬, 쓴 담즙이 3) 또는 매는 자가 되었도다
ㄱ 사 53:7 이하

이냐
35 빌립이 입을 열어 이 글에서 (始
作)시작하여 예수를 가르쳐 복음
을 전하니
36 길 가다가 물 있는 곳에 이르러
그 (內侍)내시가 말하되 보라 물
이 있으니 내가 [1]세례를 받음에
무슨 거리낌이 있느냐
37 [2]없음
38 이에 명하여 수레를 멈추고 빌립
과 내시가 둘 다 물에 내려가 빌
립이 [1](洗禮)세례를 베풀고
39 둘이 물에서 올라올새 주의 (靈)
영이 빌립을 [3]이끌어간지라 내시
는 기쁘게 길을 가므로 그를 다시
보지 못하니라
40 빌립은 아소도에 나타나 여러 성
을 지나 다니며 (福音)복음을 전
하고 가이사랴에 이르니라

사울이 회개하다(행 22:6-16; 26:12-18)

9 사울이 주의 제자들에 대하여
여전히 위협과 (殺氣)살기가 등
등하여 대제사장에게 가서
2 다메섹 여러 회당에 가져갈 공문
을 청하니 이는 만일 그 도를 따
르는 사람을 만나면 남녀를 막론
하고 (結縛)결박하여 예루살렘으
로 잡아오려 함이라
3 사울이 길을 가다가 다메섹에 가
까이 이르더니 (忽然)홀연히 하
늘로부터 빛이 그를 둘러 비추는
지라
4 땅에 엎드러져 들으매 소리가 있
어 이르시되 사울아 사울아 네가
어찌하여 나를 (迫害)박해하느냐
하시거늘
5 (對答)대답하되 주여 누구시니이
까 이르시되 나는 네가 박해하는
예수라
6 너는 일어나 (市內)시내로 들어
가라 네가 행할 것을 네게 이를
자가 있느니라 하시니
7 같이 가던 사람들은 소리만 듣고
아무도 보지 못하여 말을 못하고
서 있더라
8 사울이 땅에서 일어나 눈은 떴으
나 아무 것도 보지 못하고 사람의
손에 끌려 다메섹으로 들어가서
9 사흘 동안 보지 못하고 먹지도 마
시지도 아니하니라
10 ●그 때에 다메섹에 아나니아라
하는 (弟子)제자가 있더니 주께
서 (幻像)환상 중에 불러 이르시
되 아나니아야 하시거늘 대답하
되 주여 내가 여기 있나이다 하니
11 주께서 이르시되 일어나 (直街)
직가라 하는 거리로 가서 유다의
집에서 다소 사람 사울이라 하는
사람을 찾으라 그가 기도하는 중
이니라
12 그가 아나니아라 하는 사람이 들
어와서 자기에게 (按手)안수하여
다시 보게 하는 것을 [4]보았느니
라 하시거늘
13 아나니아가 대답하되 주여 이 사
람에 대하여 내가 여러 사람에게
듣사온즉 그가 예루살렘에서 주

1) 헬, 또는 침례 2) 어떤 사본에, 37 '빌립이 이르되 네가 마음을 온전히 하여 믿으면 가하니라 대답하여 이르되 내가 예수 그리스도께서 하나님의 아들인 줄 믿노라'가 있음 3) 헬, 빼앗아간지라 4) 어떤 사본에, 환상 중에 보았느니라

의 (聖徒)성도에게 적지 않은 해
를 끼쳤다 하더니
14 여기서도 주의 이름을 부르는 모
든 사람을 (結縛)결박할 (權限)권
한을 대제사장들에게서 받았나이
다 하거늘
15 주께서 이르시되 가라 이 사람은
내 이름을 (異邦人)이방인과 임
금들과 이스라엘 자손들에게 전
하기 위하여 택한 나의 그릇이라
16 그가 내 이름을 위하여 얼마나
(苦難)고난을 받아야 할 것을 내
가 그에게 보이리라 하시니
17 아나니아가 떠나 그 집에 들어가
서 그에게 (按手)안수하여 이르
되 형제 사울아 주 곧 네가 오는
길에서 나타나셨던 예수께서 나
를 보내어 너로 다시 보게 하시고
성령으로 (充滿)충만하게 하신다
하니
18 (卽時)즉시 사울의 눈에서 비늘
같은 것이 벗어져 다시 보게 된지
라 일어나 [1]세례를 받고
19 음식을 먹으매 (康健)강건하여지
니라

사울이 다메섹에서 전도하다

●사울이 다메섹에 있는 (弟子)
제자들과 함께 며칠 있을새
20 즉시로 각 회당에서 예수가 하나
님의 아들이심을 (傳播)전파하니
21 듣는 사람이 다 놀라 말하되 이
사람이 예루살렘에서 이 이름을
부르는 사람을 멸하려던 자가 아
니냐 여기 온 것도 그들을 (結縛)
결박하여 대제사장들에게 끌어
가고자 함이 아니냐 하더라
22 사울은 힘을 더 얻어 예수를 그리
스도라 (證言)증언하여 다메섹에
사는 유대인들을 (當惑)당혹하게
하니라

사울이 피신하다

23 ●여러 날이 지나매 유대인들이
사울 죽이기를 (共謀)공모하더니
24 그 계교가 사울에게 알려지니라
그들이 그를 죽이려고 밤낮으로
(城門)성문까지 지키거늘
25 그의 제자들이 밤에 사울을 광주
리에 담아 (城壁)성벽에서 달아
내리니라

사울이 예루살렘에 가다

26 ●사울이 예루살렘에 가서 제자
들을 사귀고자 하나 다 두려워하
여 그가 (弟子)제자 됨을 믿지 아
니하니
27 바나바가 데리고 사도들에게 가
서 그가 길에서 어떻게 주를 보았
는지와 주께서 그에게 말씀하신
일과 다메섹에서 그가 어떻게 예
수의 이름으로 (膽大)담대히 말
하였는지를 전하니라
28 사울이 제자들과 함께 있어 예루
살렘에 (出入)출입하며
29 또 주 예수의 이름으로 담대히 말
하고 헬라파 유대인들과 함께 말
하며 (辯論)변론하니 그 사람들
이 죽이려고 힘쓰거늘
30 (兄弟)형제들이 알고 가이사랴로
데리고 내려가서 다소로 보내니
라

1) 헬, 또는 침례

31 ●그리하여 온 유대와 갈릴리와
사마리아 교회가 (平安)평안하여
든든히 서 가고 주를 (敬畏)경외
함과 성령의 [1](慰勞)위로로 진행
하여 수가 더 많아지니라

베드로가 중풍병자를 고치다

32 ●그 때에 베드로가 (四方)사방
으로 두루 다니다가 룻다에 사는
성도들에게도 내려갔더니
33 거기서 애니아라 하는 사람을 만
나매 그는 (中風病)중풍병으로
침상 위에 누운 지 여덟 해라
34 베드로가 이르되 애니아야 예수
그리스도께서 너를 낫게 하시니
일어나 네 자리를 (整頓)정돈하
라 한대 곧 일어나니
35 룻다와 사론에 사는 사람들이 다
그를 보고 (主)주께로 돌아오니라

베드로가 도르가를 살리다

36 ●욥바에 다비다라 하는 여제자
가 있으니 그 이름을 번역하면 도
르가라 (善行)선행과 (救濟)구제
하는 일이 심히 많더니
37 그 때에 병들어 죽으매 (屍體)시
체를 씻어 다락에 누이니라
38 룻다가 욥바에서 가까운지라 제
자들이 베드로가 거기 있음을 듣
고 두 사람을 보내어 (遲滯)지체
말고 와 달라고 (懇請)간청하여
39 베드로가 일어나 그들과 함께 가
서 이르매 그들이 데리고 다락방
에 올라가니 모든 (寡婦)과부가
베드로 곁에 서서 울며 도르가가
그들과 함께 있을 때에 지은 속옷
과 겉옷을 다 내보이거늘
40 베드로가 사람을 다 내보내고 무
릎을 꿇고 (祈禱)기도하고 돌이
켜 시체를 향하여 이르되 다비다
야 일어나라 하니 그가 눈을 떠
베드로를 보고 일어나 앉는지라
41 베드로가 손을 내밀어 일으키고
(聖徒)성도들과 과부들을 불러
들여 그가 살아난 것을 보이니
42 온 욥바 사람이 알고 많은 사람이
(主)주를 믿더라
43 베드로가 욥바에 여러 날 있어 시
몬이라 하는 무두장이의 집에서
머무니라

고넬료가 베드로를 청하다

10 가이사랴에 고넬료라 하는
사람이 있으니 이달리야 부
대라 하는 군대의 (百夫長)백부
장이라
2 그가 경건하여 온 집안과 더불어
하나님을 (敬畏)경외하며 백성을
많이 구제하고 하나님께 항상 (祈
禱)기도하더니
3 하루는 제 구 시쯤 되어 (幻像)환
상 중에 밝히 보매 하나님의 사자
가 들어와 이르되 고넬료야 하니
4 고넬료가 주목하여 보고 두려워
이르되 주여 무슨 일이니이까 천
사가 이르되 네 기도와 구제가 하
나님 앞에 (上達)상달되어 기억
하신 바가 되었으니
5 네가 지금 사람들을 욥바에 보내
어 베드로라 하는 시몬을 (請)청하
라
6 그는 무두장이 시몬의 집에 (留

1) 또는 후원으로

宿)유숙하니 그 집은 해변에 있
다 하더라
7 마침 말하던 천사가 떠나매 고넬
료가 집안 하인 둘과 부하 가운데
(敬虔)경건한 사람 하나를 불러
8 이 일을 다 이르고 욥바로 보내니
라
9 ●이튿날 그들이 길을 가다가 그
성에 가까이 갔을 그 때에 베드로
가 (祈禱)기도하려고 지붕에 올
라가니 그 시각은 제 육 시더라
10 그가 시장하여 먹고자 하매 사람
들이 (準備)준비할 때에 황홀한
중에
11 하늘이 열리며 한 그릇이 내려오
는 것을 보니 큰 (褓)보자기 같고
네 귀를 매어 땅에 드리웠더라
12 그 안에는 땅에 있는 (各種)각종
네 발 가진 짐승과 기는 것과 공
중에 나는 것들이 있더라
13 또 소리가 있으되 베드로야 일어
나 잡아 먹어라 하거늘
14 베드로가 이르되 주여 그럴 수 없
나이다 (俗)속되고 깨끗하지 아
니한 것을 내가 결코 먹지 아니하
였나이다 한대
15 또 두 (番)번째 소리가 있으되 하
나님께서 깨끗하게 하신 것을 네
가 속되다 하지 말라 하더라
16 이런 일이 세 번 있은 (後)후 그
그릇이 곧 하늘로 올려져 가니라
17 ●베드로가 본 바 환상이 무슨 뜻
인지 속으로 (疑訝)의아해 하더
니 마침 고넬료가 보낸 사람들이

1) 어떤 사본에, 세 사람이

시몬의 집을 찾아 문 밖에 서서
18 불러 묻되 베드로라 하는 시몬이
여기 (留宿)유숙하느냐 하거늘
19 베드로가 그 (幻像)환상에 대하
여 생각할 때에 성령께서 그에게
말씀하시되 [1]두 사람이 너를 찾
으니
20 일어나 내려가 (疑心)의심하지
말고 함께 가라 내가 그들을 보내
었느니라 하시니
21 베드로가 내려가 그 사람들을 보
고 이르되 내가 곧 너희가 찾는 사
람인데 너희가 무슨 일로 왔느냐
22 그들이 대답하되 백부장 고넬료
는 의인이요 하나님을 경외하는
사람이라 유대 온 족속이 (稱讚)
칭찬하더니 그가 거룩한 천사의
(指示)지시를 받아 당신을 그 집
으로 청하여 말을 들으려 하느니
라 한대
23 베드로가 불러 들여 (留宿)유숙
하게 하니라

베드로가 고넬료의 집에서 설교하다

●이튿날 일어나 그들과 함께 갈
새 욥바에서 온 어떤 (兄弟)형제
들도 함께 가니라
24 이튿날 가이사랴에 들어가니 고
넬료가 그의 친척과 가까운 (親
舊)친구들을 모아 기다리더니
25 마침 베드로가 들어올 때에 고넬
료가 맞아 발 앞에 엎드리어 절하
니
26 베드로가 일으켜 이르되 일어서
라 나도 사람이라 하고
27 더불어 말하며 들어가 여러 사람

이 모인 것을 보고
28 이르되 유대인으로서 이방인과
교제하며 가까이 하는 것이 (違
法)위법인 줄은 너희도 알거니와
하나님께서 내게 지시하사 아무
도 속되다 하거나 깨끗하지 않다
하지 말라 하시기로
29 부름을 (辭讓)사양하지 아니하고
왔노라 묻노니 무슨 일로 나를 불
렀느냐
30 고넬료가 이르되 내가 나흘 전 이
맘때까지 내 집에서 제 구 시 (祈
禱)기도를 하는데 갑자기 한 사람
이 빛난 옷을 입고 내 앞에 서서
31 말하되 고넬료야 하나님이 네 기
도를 들으시고 네 (救濟)구제를
기억하셨으니
32 사람을 욥바에 보내어 베드로라
하는 시몬을 청하라 그가 바닷가
무두장이 시몬의 집에 (留宿)유
숙하느니라 하시기로
33 내가 곧 (當身)당신에게 사람을
보내었는데 오셨으니 잘하였나이
다 이제 우리는 주께서 당신에게
(命)명하신 모든 것을 듣고자 하
여 다 하나님 앞에 있나이다
34 베드로가 입을 열어 말하되 내가
참으로 하나님은 사람의 (外貌)
외모를 보지 아니하시고
35 각 나라 중 하나님을 경외하며
(義)의를 (行)행하는 사람은 다
받으시는 줄 깨달았도다
36 만유의 주 되신 예수 그리스도로
말미암아 (和平)화평의 복음을
전하사 이스라엘 자손들에게 보
내신 말씀
37 곧 요한이 그 [1]세례를 반포한 후
에 갈릴리에서 시작하여 온 유대
에 두루 (傳播)전파된 그것을 너
희도 알거니와
38 하나님이 나사렛 예수에게 성령
과 능력을 기름 붓듯 하셨으매 그
가 두루 다니시며 선한 일을 행하
시고 (魔鬼)마귀에게 눌린 모든
사람을 고치셨으니 이는 하나님
이 함께 하셨음이라
39 우리는 유대인의 땅과 예루살렘
에서 그가 행하신 모든 일에 (證
人)증인이라 그를 그들이 나무에
달아 죽였으나
40 하나님이 사흘 만에 다시 살리사
나타내시되
41 모든 백성에게 하신 것이 아니요
오직 미리 택하신 증인 곧 죽은
자 가운데서 (復活)부활하신 후
그를 모시고 음식을 먹은 우리에
게 하신 것이라
42 우리에게 명하사 백성에게 (傳道)
전도하되 하나님이 살아 있는 자
와 죽은 자의 재판장으로 정하신
자가 곧 이 사람인 것을 증언하게
하셨고
43 그에 대하여 모든 (先知者)선지
자도 증언하되 그를 믿는 사람들
이 다 그의 이름을 힘입어 죄 사
함을 받는다 하였느니라

이방인들도 성령을 받다

44 ●베드로가 이 말을 할 때에 (聖
靈)성령이 말씀 듣는 모든 사람

1) 헬 또는 침례

에게 내려오시니
45 베드로와 함께 온 (割禮)할례 받
은 신자들이 이방인들에게도 [1]성
령 부어 주심으로 말미암아 놀라
니
46 이는 (方言)방언을 말하며 하나
님 높임을 들음이러라
47 이에 베드로가 이르되 이 사람들
이 우리와 같이 성령을 받았으니
누가 능히 물로 [2](洗禮)세례 베풂
을 금하리요 하고
48 (命)명하여 예수 그리스도의 이
름으로 [2]세례를 베풀라 하니라
그들이 베드로에게 며칠 더 머물
기를 (請)청하니라

베드로가 예루살렘 교회에 보고하다

11 유대에 있는 (使徒)사도들과
형제들이 이방인들도 하나님
의 말씀을 받았다 함을 들었더니
2 베드로가 예루살렘에 올라갔을
때에 할례자들이 (非難)비난하여
3 이르되 네가 (無割禮者)무할례자
의 집에 들어가 함께 먹었다 하니
4 베드로가 그들에게 이 일을 차례
로 (說明)설명하여
5 이르되 내가 욥바 시에서 기도할
때에 황홀한 중에 (幻像)환상을
보니 큰 보자기 같은 그릇이 네
귀에 매어 하늘로부터 내리어 내
앞에까지 드리워지거늘
6 이것을 (注目)주목하여 보니 땅
에 네 발 가진 것과 들짐승과 기
는 것과 공중에 나는 것들이 보이
더라

1) 헬, 성령의 선물 부어 주심으로 2) 헬, 또는 침례

7 또 들으니 소리 있어 내게 이르되
베드로야 일어나 잡아 먹으라 하
거늘
8 내가 이르되 (主)주님 그럴 수 없
나이다 속되거나 깨끗하지 아니
한 것은 결코 내 입에 들어간 일
이 없나이다 하니
9 또 하늘로부터 두 번째 소리 있어
내게 이르되 하나님이 깨끗하게
하신 것을 네가 (俗)속되다고 하
지 말라 하더라
10 이런 일이 세 번 있은 (後)후에 모
든 것이 다시 하늘로 끌려 올라가
더라
11 마침 세 사람이 내가 (留宿)유숙
한 집 앞에 서 있으니 가이사랴에
서 내게로 보낸 사람이라
12 성령이 내게 명하사 아무 (疑心)
의심말고 함께 가라 하시매 이 여
섯 형제도 나와 함께 가서 그 사
람의 집에 들어가니
13 그가 우리에게 말하기를 (天使)
천사가 내 집에 서서 말하되 네가
사람을 욥바에 보내어 베드로라
하는 시몬을 청하라
14 그가 너와 네 온 집이 (救援)구원
받을 말씀을 네게 이르리라 함을
보았다 하거늘
15 내가 말을 (始作)시작할 때에 성
령이 그들에게 임하시기를 처음
우리에게 하신 것과 같이 하는지
라
16 내가 주의 말씀에 요한은 물로 [2]
세례를 베풀었으나 너희는 (聖靈)
성령으로 [2](洗禮)세례를 받으리

라 하신 것이 생각났노라
17 그런즉 하나님이 우리가 주 예수
그리스도를 믿을 때에 주신 것과
같은 (膳物)선물을 그들에게도
주셨으니 내가 누구이기에 하나
님을 능히 막겠느냐 하더라
18 그들이 이 말을 듣고 잠잠하여 하
나님께 (榮光)영광을 돌려 이르
되 그러면 하나님께서 이방인에
게도 생명 얻는 (悔改)회개를 주
셨도다 하니라

안디옥 교회

19 ●그 때에 스데반의 일로 일어난
(患難)환난으로 말미암아 흩어진
자들이 베니게와 구브로와 안디
옥까지 이르러 유대인에게만 말
씀을 전하는데
20 그 중에 구브로와 구레네 몇 사람
이 안디옥에 이르러 [1]헬라인에게
도 말하여 주 예수를 [2](傳播)전파
하니
21 (主)주의 손이 그들과 함께 하시
매 수많은 사람들이 믿고 주께 돌
아오더라
22 예루살렘 (敎會)교회가 이 사람
들의 소문을 듣고 바나바를 안디
옥까지 보내니
23 그가 이르러 하나님의 (恩惠)은
혜를 보고 기뻐하여 모든 사람에
게 굳건한 마음으로 주와 함께 머
물러 있으라 권하니
24 바나바는 착한 사람이요 성령과
믿음이 (充滿)충만한 사람이라 이
에 큰 무리가 주께 더하여지더라
25 바나바가 사울을 찾으러 다소에
가서
26 만나매 안디옥에 데리고 와서 둘
이 교회에 (一 年間)일 년간 모여
있어 큰 무리를 가르쳤고 제자들
이 안디옥에서 비로소 그리스도
인이라 일컬음을 받게 되었더라
27 ●그 때에 (先知者)선지자들이
예루살렘에서 안디옥에 이르니
28 그 중에 아가보라 하는 한 사람이
일어나 성령으로 말하되 천하에
큰 (凶年)흉년이 들리라 하더니
글라우디오 때에 그렇게 되니라
29 제자들이 각각 그 힘대로 유대에
사는 형제들에게 [3](扶助)부조를
보내기로 작정하고
30 이를 (實行)실행하여 바나바와
사울의 손으로 장로들에게 보내
니라

야고보의 순교와 베드로의 투옥

12 그 때에 헤롯 왕이 손을 들
어 (敎會)교회 중에서 몇 사
람을 해하려 하여
2 요한의 (兄弟)형제 야고보를 칼
로 죽이니
3 유대인들이 이 일을 기뻐하는 것
을 보고 베드로도 잡으려 할새 때
는 (無酵節)무교절 (期間)기간이
라
4 잡으매 옥에 가두어 군인 넷씩인
네 (牌)패에게 맡겨 지키고 유월
절 후에 백성 앞에 끌어 내고자
하더라
5 이에 베드로는 (獄)옥에 갇혔고

1) 어떤 사본에, 헬라파 유대인에게도 2) 헬, 복음으로 전하니
3) 헬, 봉사

교회는 그를 위하여 (懇切)간절
히 하나님께 기도하더라
6 헤롯이 잡아 내려고 하는 그 전날
밤에 베드로가 두 (軍人)군인 틈
에서 두 쇠사슬에 매여 누워 자는
데 파수꾼들이 문 밖에서 옥을 지
키더니
7 홀연히 주의 사자가 나타나매 옥
중에 (光彩)광채가 빛나며 또 베
드로의 옆구리를 쳐 깨워 이르되
급히 일어나라 하니 쇠사슬이 그
손에서 벗어지더라
8 (天使)천사가 이르되 띠를 띠고
신을 신으라 하거늘 베드로가 그
대로 하니 천사가 또 이르되 겉옷
을 입고 따라오라 한대
9 베드로가 나와서 따라갈새 천사가
하는 것이 생시인 줄 알지 못하고
(幻像)환상을 보는가 하니라
10 이에 첫째와 둘째 (把守)파수를
지나 시내로 통한 쇠문에 이르니
문이 저절로 열리는지라 나와서
한 거리를 지나매 천사가 곧 떠나
더라
11 이에 베드로가 (精神)정신이 들
어 이르되 내가 이제야 참으로 주
께서 그의 천사를 보내어 나를 헤
롯의 손과 유대 백성의 모든 (企
待)기대에서 벗어나게 하신 줄
알겠노라 하여
12 깨닫고 마가라 하는 요한의 어머
니 마리아의 집에 가니 여러 사람
이 거기에 모여 (祈禱)기도하고
있더라
13 베드로가 대문을 두드린대 로데
라 하는 여자 아이가 (迎接)영접
하러 나왔다가
14 베드로의 (音聲)음성인 줄 알고
기뻐하여 문을 미처 열지 못하고
달려 들어가 말하되 베드로가 대
문 밖에 섰더라 하니
15 그들이 말하되 네가 미쳤다 하나
여자 아이는 힘써 말하되 참말이
라 하니 그들이 말하되 그러면 그
의 (天使)천사라 하더라
16 베드로가 (門)문 두드리기를 그
치지 아니하니 그들이 문을 열어
베드로를 보고 놀라는지라
17 베드로가 그들에게 손짓하여 조
용하게 하고 주께서 자기를 이끌
어 옥에서 나오게 하던 일을 말하
고 또 야고보와 (兄弟)형제들에
게 이 말을 전하라 하고 떠나 다
른 곳으로 가니라
18 날이 새매 군인들은 베드로가 어
떻게 되었는지 알지 못하여 적지
않게 (騷動)소동하니
19 헤롯이 그를 찾아도 보지 못하매
파수꾼들을 (審問)심문하고 죽이
라 명하니라 헤롯이 유대를 떠나
가이사랴로 내려가서 머무니라

헤롯이 죽다

20 ●헤롯이 두로와 시돈 사람들을
대단히 노여워하니 그들의 지방
이 왕국에서 나는 양식을 먹는 까
닭에 한마음으로 그에게 나아와
왕의 침소 맡은 신하 블라스도를
(說得)설득하여 (和睦)화목하기
를 청한지라
21 헤롯이 날을 택하여 왕복을 입고

단상에 앉아 백성에게 (演說)연
설하니
22 백성들이 크게 부르되 이것은
(神)신의 소리요 사람의 소리가
아니라 하거늘
23 헤롯이 (榮光)영광을 하나님께로
돌리지 아니하므로 주의 사자가
곧 치니 벌레에게 먹혀 죽으니라
24 ●하나님의 말씀은 (興旺)흥왕하
여 더하더라
25 ●바나바와 사울이 [1](扶助)부조
하는 일을 마치고 마가라 하는 요
한을 데리고 예루살렘에서 돌아
오니라

바나바와 사울을 보내다

13 안디옥 교회에 선지자들과
(敎師)교사들이 있으니 곧
바나바와 니게르라 하는 시므온
과 구레네 사람 루기오와 분봉 왕
헤롯의 젖동생 마나엔과 및 사울
이라
2 주를 섬겨 (禁食)금식할 때에 성
령이 이르시되 내가 불러 시키는
일을 위하여 바나바와 사울을 따
로 세우라 하시니
3 이에 금식하며 (祈禱)기도하고
두 사람에게 (按手)안수하여 보
내니라

바나바와 사울이 구브로에서 전도하다

4 ●두 사람이 (聖靈)성령의 보내
심을 받아 실루기아에 내려가 거
기서 배 타고 구브로에 가서
5 살라미에 이르러 하나님의 말씀
을 유대인의 여러 회당에서 전할
새 요한을 (隨行員)수행원으로
두었더라
6 온 섬 가운데로 지나서 바보에 이
르러 바예수라 하는 유대인 거짓
선지자인 (魔術師)마술사를 만나
니
7 그가 총독 서기오 바울과 함께 있
으니 서기오 바울은 (智慧)지혜
있는 사람이라 바나바와 사울을
불러 하나님의 말씀을 듣고자 하
더라
8 이 마술사 엘루마는 (이 이름을
번역하면 마술사라) 그들을 (對
敵)대적하여 총독으로 믿지 못하
게 힘쓰니
9 바울이라고 하는 사울이 성령이
충만하여 그를 (注目)주목하고
10 이르되 모든 거짓과 (惡行)악행
이 가득한 자요 마귀의 자식이요
모든 의의 (怨讐)원수여 주의 바
른 길을 굽게 하기를 그치지 아니
하겠느냐
11 보라 이제 (主)주의 손이 네 위에
있으니 네가 맹인이 되어 얼마 동
안 해를 보지 못하리라 하니 즉시
안개와 어둠이 그를 덮어 (引導)
인도할 사람을 두루 구하는지라
12 이에 (總督)총독이 그렇게 된 것
을 보고 믿으며 주의 가르치심을
놀랍게 여기니라

바울과 바나바가 비시디아 안디옥에서 전도하다

13 ●바울과 및 (同行)동행하는 사
람들이 바보에서 배 타고 밤빌리
아에 있는 버가에 이르니 요한은

1) 헬, 봉사를

그들에게서 떠나 예루살렘으로
돌아가고
14 그들은 버가에서 더 나아가 비시
디아 안디옥에 이르러 (安息日)
안식일에 (會堂)회당에 들어가
앉으니라
15 (律法)율법과 선지자의 글을 읽은
후에 회당장들이 사람을 보내어
물어 이르되 형제들아 만일 백성
을 권할 말이 있거든 말하라 하니
16 바울이 일어나 손짓하며 말하되
이스라엘 사람들과 및 하나님을
(敬畏)경외하는 사람들아 들으라
17 이 이스라엘 백성의 하나님이 우
리 조상들을 택하시고 애굽 땅에
서 나그네 된 그 백성을 높여 [1]큰
(權能)권능으로 인도하여 내사
18 광야에서 약 사십 년간 [2]그들의
(所行)소행을 참으시고
19 가나안 땅 일곱 (族屬)족속을 멸
하사 그 땅을 (基業)기업으로 주
시기까지 약 사백오십 년간이라
20 그 후에 선지자 사무엘 때까지
(士師)사사를 주셨더니
21 그 후에 그들이 왕을 구하거늘 하
나님이 베냐민 (支派)지파 사람
기스의 아들 사울을 사십 년간 주
셨다가
22 (廢)폐하시고 다윗을 왕으로 세
우시고 증언하여 이르시되 ㄱ내가
이새의 아들 다윗을 만나니 내 마
음에 맞는 사람이라 내 뜻을 다
이루리라 하시더니

1) 헬, 높이 드신 팔로 2) 어떤 사본에, 기르시고
3) 헬, 또는 침례 ㄱ 삼상 13:14; 시 89:20

23 하나님이 (約束)약속하신 대로
이 사람의 후손에서 이스라엘을
위하여 구주를 세우셨으니 곧 예
수라
24 그가 오시기에 앞서 요한이 먼저
(悔改)회개의 [3]세례를 이스라엘
모든 백성에게 전파하니라
25 요한이 그 달려갈 길을 마칠 때에
말하되 너희가 나를 누구로 생각
하느냐 나는 그리스도가 아니라
내 뒤에 오시는 이가 있으니 나는
그 발의 신발끈을 풀기도 (堪當)
감당하지 못하리라 하였으니
26 형제들아 아브라함의 후손과 너
희 중 하나님을 경외하는 사람들
아 이 (救援)구원의 말씀을 우리
에게 보내셨거늘
27 예루살렘에 사는 자들과 그들 관
리들이 예수와 및 (安息日)안식일
마다 외우는 바 선지자들의 말을
알지 못하므로 예수를 정죄하여
선지자들의 말을 응하게 하였도다
28 죽일 (罪)죄를 하나도 찾지 못하
였으나 빌라도에게 죽여 달라 하
였으니
29 (聖經)성경에 그를 가리켜 기록
한 말씀을 다 응하게 한 것이라
후에 나무에서 내려다가 무덤에
두었으나
30 하나님이 죽은 (者)자 가운데서
그를 살리신지라
31 갈릴리로부터 예루살렘에 함께
올라간 사람들에게 여러 날 보이
셨으니 그들이 이제 (百姓)백성
앞에서 그의 (證人)증인이라

32 우리도 조상들에게 주신 약속을
너희에게 (傳播)전파하노니
33 곧 하나님이 예수를 일으키사 우
리 (子女)자녀들에게 이 약속을
이루게 하셨다 함이라 시편 둘째
편에 기록한 바와 같이 ㄱ너는 내
아들이라 오늘 너를 낳았다 하셨
고
34 또 하나님께서 죽은 자 가운데서
그를 일으키사 다시 썩음을 당하
지 않게 하실 것을 가르쳐 이르시
되 ㄴ내가 다윗의 거룩하고 미쁜
(恩賜)은사를 너희에게 주리라
하셨으며
35 또 다른 (詩篇)시편에 일렀으되
ㄷ주의 거룩한 자로 썩음을 당하
지 않게 하시리라 하셨느니라
36 다윗은 당시에 하나님의 뜻을 따
라 섬기다가 잠들어 그 (祖上)조
상들과 함께 묻혀 썩음을 당하였
으되
37 하나님께서 살리신 이는 썩음을
(當)당하지 아니하였나니
38 그러므로 (兄弟)형제들아 너희가
알 것은 이 사람을 힘입어 죄 사
함을 너희에게 전하는 이것이며
39 또 모세의 율법으로 너희가 (義)의
롭다 하심을 얻지 못하던 모든 일
에도 이 사람을 힘입어 믿는 자마
다 의롭다 하심을 얻는 이것이라
40 그런즉 너희는 (先知者)선지자들
을 통하여 말씀하신 것이 너희에
게 미칠까 삼가라
41 일렀으되
ㄹ보라 (蔑視)멸시하는 사람들아
너희는 놀라고 멸망하라 내가
너희 때를 당하여 한 일을 행할
것이니 사람이 너희에게 일러줄
지라도 도무지 믿지 못할 일이
라
하였느니라 하니라
42 ●그들이 나갈새 사람들이 (請)
청하되 다음 안식일에도 이 말씀
을 하라 하더라
43 회당의 모임이 끝난 후에 유대인
과 유대교에 입교한 (敬虔)경건
한 사람들이 많이 바울과 바나바
를 따르니 두 사도가 더불어 말하
고 항상 하나님의 (恩惠)은혜 가
운데 있으라 권하니라
44 ●그 다음 안식일에는 온 (市民)
시민이 거의 다 하나님의 말씀을
듣고자 하여 모이니
45 유대인들이 그 무리를 보고 시기
가 가득하여 바울이 말한 것을
(反駁)반박하고 비방하거늘
46 바울과 바나바가 (膽大)담대히
말하여 이르되 하나님의 말씀을
마땅히 먼저 너희에게 전할 것이
로되 너희가 그것을 버리고 (永
生)영생을 얻기에 합당하지 않은
자로 자처하기로 우리가 이방인
에게로 향하노라
47 주께서 이같이 우리에게 명하시
되
ㅁ내가 너를 이방의 빛으로 삼아
너로 땅 끝까지 (救援)구원하게
하리라
하셨느니라 하니

ㄱ시2:7 ㄴ사55:3 ㄷ시16:10 ㄹ합1:5 ㅁ사49:6

48 이방인들이 듣고 기뻐하여 하나
님의 말씀을 찬송하며 영생을 주
시기로 (作定)작정된 자는 다 믿
더라
49 주의 말씀이 그 (地方)지방에 두
루 퍼지니라
50 이에 유대인들이 경건한 귀부인
들과 그 시내 유력자들을 (煽動)
선동하여 바울과 바나바를 박해
하게 하여 그 지역에서 쫓아내니
51 두 사람이 그들을 (向)향하여 발
의 티끌을 떨어 버리고 이고니온
으로 가거늘
52 제자들은 기쁨과 (聖靈)성령이
충만하니라

바울과 바나바가 이고니온에서 전도하다

14 이에 이고니온에서 두 사도
가 함께 유대인의 회당에 들
어가 말하니 유대와 헬라의 (許
多)허다한 무리가 믿더라
2 그러나 (順從)순종하지 아니하는
유대인들이 이방인들의 마음을
선동하여 형제들에게 악감을 품
게 하거늘
3 두 사도가 오래 있어 주를 힘입어
담대히 말하니 주께서 그들의 손
으로 [1]표적과 기사를 행하게 하
여 주사 자기 (恩惠)은혜의 말씀
을 증언하시니
4 그 시내의 무리가 나뉘어 유대인
을 따르는 자도 있고 두 (使徒)사
도를 따르는 자도 있는지라
5 이방인과 유대인과 그 관리들이
두 사도를 (侮辱)모욕하며 돌로

1) 또는 이적

치려고 달려드니
6 그들이 알고 (逃亡)도망하여 루
가오니아의 두 성 루스드라와 더
베와 그 근방으로 가서
7 거기서 (福音)복음을 전하니라

바울과 바나바가 루스드라에서 전도하다

8 ●루스드라에 발을 쓰지 못하는
한 사람이 앉아 있는데 나면서 걷
지 못하게 되어 걸어 본 적이 없
는 (子)자라
9 바울이 말하는 것을 듣거늘 바울
이 (注目)주목하여 (救援)구원 받
을 만한 믿음이 그에게 있는 것을
보고
10 큰 소리로 이르되 네 발로 바로
일어서라 하니 그 사람이 일어나
걷는지라
11 무리가 바울이 한 일을 보고 루가
오니아 방언으로 소리 질러 이르
되 신들이 사람의 (形像)형상으
로 우리 가운데 내려오셨다 하여
12 바나바는 제우스라 하고 바울은
그 (中)중에 말하는 자이므로 헤
르메스라 하더라
13 시외 제우스 신당의 제사장이 소
와 (花環)화환들을 가지고 대문
앞에 와서 무리와 함께 (祭祀)제
사하고자 하니
14 두 (使徒)사도 바나바와 바울이
듣고 옷을 찢고 무리 가운데 뛰어
들어가서 소리 질러
15 이르되 여러분이여 어찌하여 이
러한 일을 하느냐 우리도 여러분
과 같은 (性情)성정을 가진 사람
이라 여러분에게 복음을 전하는

것은 이런 헛된 일을 버리고 천지
와 바다와 그 가운데 만물을 지으
시고 살아 계신 하나님께로 돌아
오게 함이라
16 하나님이 지나간 세대에는 모든
민족으로 자기들의 길들을 가게
(放任)방임하셨으나
17 그러나 자기를 증언하지 아니하
신 것이 아니니 곧 여러분에게 하
늘로부터 비를 내리시며 (結實
期)결실기를 주시는 선한 일을 하
사 음식과 기쁨으로 여러분의 마
음에 만족하게 하셨느니라 하고
18 이렇게 말하여 겨우 무리를 말려
자기들에게 (祭祀)제사를 못하게
하니라
19 ●유대인들이 안디옥과 이고니온
에서 와서 무리를 (衝動)충동하니
그들이 돌로 바울을 쳐서 죽은 줄
로 알고 시외로 끌어 내치니라
20 제자들이 둘러섰을 때에 바울이
일어나 그 (城)성에 들어갔다가 이
튿날 바나바와 함께 더베로 가서
21 (福音)복음을 그 성에서 전하여
많은 사람을 제자로 삼고 루스드
라와 이고니온과 안디옥으로 돌
아가서
22 제자들의 마음을 굳게 하여 이 믿
음에 머물러 있으라 권하고 또 우
리가 하나님의 나라에 들어가려
면 많은 (患難)환난을 겪어야 할
것이라 하고
23 각 교회에서 장로들을 택하여 (禁
食)금식 기도 하며 그들이 믿는
주께 그들을 위탁하고
24 비시디아 가운데로 지나서 밤빌
리아에 이르러
25 말씀을 버가에서 (傳)전하고 앗
달리아로 내려가서
26 거기서 배 타고 안디옥에 이르니
이 곳은 두 사도가 이룬 그 일을
위하여 전에 하나님의 (恩惠)은
혜에 (付託)부탁하던 곳이라
27 그들이 이르러 교회를 모아 하나
님이 함께 행하신 모든 일과 이방
인들에게 믿음의 문을 여신 것을
(報告)보고하고
28 (弟子)제자들과 함께 오래 있으
니라

예루살렘 회의

15 어떤 사람들이 유대로부터
내려와서 형제들을 가르치
되 너희가 모세의 법대로 (割禮)
할례를 받지 아니하면 능히 구원
을 받지 못하리라 하니
2 바울 및 바나바와 그들 사이에 적
지 아니한 다툼과 (辯論)변론이
일어난지라 형제들이 이 문제에
대하여 바울과 바나바와 및 그 중
의 몇 사람을 예루살렘에 있는 사
도와 장로들에게 보내기로 작정
하니라
3 그들이 교회의 (餞送)전송을 받고
베니게와 사마리아로 다니며 이방
인들이 주께 돌아온 일을 말하여
형제들을 다 크게 기쁘게 하더라
4 예루살렘에 이르러 교회와 사도
와 장로들에게 (迎接)영접을 받
고 하나님이 자기들과 함께 계셔
행하신 모든 일을 말하매

5 바리새파 중에 어떤 믿는 사람들
이 일어나 말하되 이방인에게 (割
禮)할례를 행하고 모세의 율법을
지키라 명하는 것이 마땅하다 하
니라
6 ●사도와 장로들이 이 일을 (議
論)의논하러 모여
7 많은 (辯論)변론이 있은 (後)후에
베드로가 일어나 말하되 형제들
아 너희도 알거니와 하나님이 이
방인들로 내 입에서 (福音)복음
의 말씀을 들어 믿게 하시려고 오
래 전부터 너희 가운데서 나를 택
하시고
8 또 마음을 아시는 하나님이 우리
에게와 같이 그들에게도 성령을
주어 (證言)증언하시고
9 믿음으로 그들의 마음을 깨끗이
하사 그들이나 우리나 (差別)차
별하지 아니하셨느니라
10 그런데 지금 너희가 어찌하여 하
나님을 (試驗)시험하여 우리 조
상과 우리도 능히 메지 못하던 멍
에를 제자들의 목에 두려느냐
11 그러나 우리는 그들이 우리와 (同
一)동일하게 주 예수의 은혜로
구원 받는 줄을 믿노라 하니라
12 ●온 무리가 가만히 있어 바나바
와 바울이 하나님께서 자기들로
말미암아 이방인 중에서 행하신 [1]
(表蹟)표적과 (奇事)기사에 관하
여 말하는 것을 듣더니
13 말을 마치매 야고보가 대답하여
이르되 (兄弟)형제들아 내 말을
들으라
14 하나님이 처음으로 이방인 중에
서 자기 이름을 위할 (百姓)백성
을 취하시려고 그들을 돌보신 것
을 시므온이 말하였으니
15 선지자들의 말씀이 이와 (一致)
일치하도다 기록된 바
16 ㄱ이 후에 내가 돌아와서 다윗의
무너진 (帳幕)장막을 다시 지으
며 또 그 허물어진 것을 다시 지
어 일으키리니
17 이는 그 남은 사람들과 내 이름
으로 일컬음을 받는 모든 (異邦
人)이방인들로 주를 찾게 하려
함이라 하셨으니
18 (卽)즉 예로부터 이것을 알게 하
시는 주의 말씀이라
함과 같으니라
19 그러므로 내 (意見)의견에는 이
방인 중에서 하나님께로 돌아오
는 자들을 괴롭게 하지 말고
20 다만 (偶像)우상의 더러운 것과
(淫行)음행과 목매어 죽인 것과
피를 멀리하라고 편지하는 것이
옳으니
21 이는 예로부터 각 성에서 모세를
전하는 자가 있어 안식일마다 (會
堂)회당에서 그 글을 읽음이라
하더라

이방인 신자들에게 보내는 편지

22 ●이에 사도와 장로와 온 교회가
그 중에서 사람들을 택하여 바울
과 바나바와 함께 안디옥으로 보
내기를 (決定)결정하니 곧 형제
중에 인도자인 바사바라 하는 유

1) 또는 이적 ㄱ 암 9:11,12

다와 실라더라
23 그 편에 (便紙)편지를 부쳐 이르
되 사도와 장로 된 형제들은 안디
옥과 수리아와 길리기아에 있는
이방인 형제들에게 (問安)문안하
노라
24 들은즉 우리 가운데서 어떤 사람
들이 우리의 지시도 없이 나가서
말로 너희를 괴롭게 하고 마음을
(混亂)혼란하게 한다 하기로
25 사람을 택하여 우리 주 예수 그리
스도의 이름을 위하여 생명을 아
끼지 아니하는 자인 우리가 사랑
하는 바나바와 바울과 함께 너희
에게 보내기를 (滿場一致)만장일
치로 결정하였노라
27 그리하여 유다와 실라를 보내니
그들도 이 일을 말로 (傳)전하리
라
28 (聖靈)성령과 우리는 이 요긴한
것들 외에는 아무 짐도 너희에게
지우지 아니하는 것이 옳은 줄 알
았노니
29 우상의 제물과 피와 목매어 죽인
것과 (淫行)음행을 멀리할지니라
이에 스스로 삼가면 잘되리라 평
안함을 원하노라 하였더라
30 ● 그들이 (作別)작별하고 안디옥
에 내려가 무리를 모은 후에 편지
를 전하니
31 읽고 그 [1](慰勞)위로한 말을 기뻐
하더라
32 유다와 실라도 선지자라 여러 말
로 형제를 [2](勸勉)권면하여 굳게
하고
33 얼마 있다가 평안히 가라는 (餞
送)전송을 형제들에게 받고 자기
를 보내던 사람들에게로 돌아가되
34 [3]없음
35 바울과 바나바는 안디옥에서 유
하며 수다한 다른 사람들과 함께
주의 말씀을 가르치며 (傳播)전
파하니라

바울과 바나바가 갈라서다

36 ● 며칠 (後)후에 바울이 바나바더
러 말하되 우리가 주의 말씀을 전
한 각 성으로 다시 가서 형제들이
어떠한가 (訪問)방문하자 하고
37 바나바는 마가라 하는 요한도 데
리고 가고자 하나
38 바울은 밤빌리아에서 (自己)자기
들을 떠나 함께 일하러 가지 아니
한 자를 데리고 가는 것이 옳지
않다 하여
39 서로 심히 다투어 (彼此)피차 갈
라서니 바나바는 마가를 데리고
배 타고 구브로로 가고
40 바울은 실라를 택한 후에 형제들
에게 주의 은혜에 (付託)부탁함
을 받고 떠나
41 수리아와 길리기아로 다니며 교
회들을 (堅固)견고하게 하니라

바울이 디모데를 데리고 가다

16 바울이 더베와 루스드라에
도 이르매 거기 디모데라
하는 제자가 있으니 그 어머니는
믿는 유대 (女子)여자요 아버지

1) 또는 권면 2) 또는 위로 3) 어떤 사본에, 34 '실라는 그들과 함께 유하기를 작정하고'가 있고 또 35 '바울과 바나바도'라 하였음

는 헬라인이라
2 디모데는 루스드라와 이고니온에
있는 형제들에게 (稱讚)칭찬 받
는 자니
3 바울이 그를 데리고 떠나고자 할
새 그 지역에 있는 유대인으로 말
미암아 그를 데려다가 (割禮)할
례를 행하니 이는 그 사람들이 그
의 아버지는 헬라인인 줄 다 앎이
러라
4 여러 성으로 다녀 갈 때에 예루살
렘에 있는 사도와 장로들이 (作
定)작정한 (規例)규례를 그들에
게 주어 지키게 하니
5 이에 여러 (敎會)교회가 믿음이
더 굳건해지고 수가 날마다 늘어
가니라

바울이 환상을 보다

6 ●(聖靈)성령이 아시아에서 말씀
을 전하지 못하게 하시거늘 그들
이 브루기아와 갈라디아 땅으로
다녀가
7 무시아 앞에 이르러 비두니아로
가고자 애쓰되 예수의 영이 (許
諾)허락하지 아니하시는지라
8 무시아를 지나 드로아로 내려갔
는데
9 밤에 (幻像)환상이 바울에게 보
이니 마게도냐 사람 하나가 서서
그에게 청하여 이르되 마게도냐
로 건너와서 우리를 도우라 하거
늘
10 바울이 그 환상을 보았을 때 우리
가 곧 마게도냐로 떠나기를 힘쓰
니 이는 하나님이 저 사람들에게
복음을 전하라고 우리를 부르신
줄로 (認定)인정함이러라

루디아가 믿다

11 ●우리가 드로아에서 배로 떠나
사모드라게로 (直行)직행하여 이
튿날 네압볼리로 가고
12 거기서 빌립보에 이르니 이는 마
게도냐 (地方)지방의 [1]첫 성이요
또 로마의 (植民地)식민지라 이
성에서 수일을 유하다가
13 안식일에 우리가 (祈禱)기도할
곳이 있을까 하여 문 밖 강가에
나가 거기 앉아서 모인 여자들에
게 말하는데
14 두아디라 시에 있는 (紫色)자색
옷감 장사로서 하나님을 섬기는
루디아라 하는 한 여자가 말을 듣
고 있을 때 주께서 그 마음을 열
어 바울의 말을 따르게 하신지라
15 그와 그 집이 다 [2]세례를 받고 우
리에게 청하여 이르되 만일 나를
주 믿는 자로 알거든 내 집에 들
어와 유하라 하고 (强勸)강권하
여 머물게 하니라

바울과 실라가 갇히다

16 ●우리가 기도하는 곳에 가다가
(占)점치는 귀신 들린 여종 하나
를 만나니 점으로 그 주인들에게
큰 이익을 주는 자라
17 그가 바울과 우리를 따라와 소리
질러 이르되 이 사람들은 지극히
높은 하나님의 종으로서 (救援)
구원의 길을 너희에게 전하는 자
라 하며

1) 또는 첫째가는 성이요 2) 헬, 또는 침례

18 이같이 여러 날을 하는지라 바울
이 심히 괴로워하여 돌이켜 그
(鬼神)귀신에게 이르되 예수 그
리스도의 이름으로 내가 네게 명
하노니 그에게서 나오라 하니 귀
신이 (卽時)즉시 나오니라
19 ● 여종의 주인들은 자기 수익의
(所望)소망이 끊어진 것을 보고
바울과 실라를 붙잡아 장터로 관
리들에게 끌어 갔다가
20 (上官)상관들 앞에 데리고 가서
말하되 이 사람들이 유대인인데
우리 성을 심히 (擾亂)요란하게
하여
21 로마 사람인 우리가 받지도 못하
고 행하지도 못할 (風俗)풍속을
전한다 하거늘
22 무리가 일제히 일어나 (告發)고
발하니 상관들이 옷을 찢어 벗기
고 매로 치라 하여
23 많이 친 후에 옥에 가두고 (看守)
간수에게 명하여 든든히 지키라
하니
24 그가 이러한 (命令)명령을 받아
그들을 깊은 옥에 가두고 그 발을
차꼬에 든든히 채웠더니
25 한밤중에 바울과 실라가 기도하
고 하나님을 (讚頌)찬송하매 죄
수들이 듣더라
26 이에 갑자기 큰 (地震)지진이 나
서 옥터가 움직이고 문이 곧 다
열리며 모든 사람의 매인 것이 다
벗어진지라
27 간수가 자다가 깨어 옥문들이 열
린 것을 보고 죄수들이 도망한 줄
생각하고 칼을 빼어 (自決)자결
하려 하거늘
28 바울이 크게 소리 질러 이르되 네
몸을 (傷)상하지 말라 우리가 다
여기 있노라 하니
29 (看守)간수가 등불을 달라고 하
며 뛰어 들어가 무서워 떨며 바울
과 실라 앞에 엎드리고
30 그들을 데리고 나가 이르되 (先
生)선생들이여 내가 어떻게 하여
야 구원을 받으리이까 하거늘
31 이르되 주 예수를 믿으라 그리하
면 너와 네 집이 (救援)구원을 받
으리라 하고
32 주의 말씀을 그 사람과 그 집에
있는 모든 사람에게 (傳)전하더
라
33 그 밤 그 (時刻)시각에 간수가 그
들을 데려다가 그 맞은 자리를 씻
어 주고 자기와 그 온 (家族)가족
이 다 [1]세례를 받은 후
34 그들을 데리고 자기 집에 올라가
서 (飮食)음식을 차려 주고 그와
온 집안이 하나님을 믿으므로 크
게 기뻐하니라
35 ● 날이 새매 (上官)상관들이 부
하를 보내어 이 사람들을 놓으라
하니
36 (看守)간수가 그 말대로 바울에
게 말하되 상관들이 사람을 보내
어 너희를 놓으라 하였으니 이제
는 나가서 평안히 가라 하거늘
37 바울이 이르되 로마 사람인 우리
를 죄도 정하지 아니하고 (公衆)

1) 헬 또는 침례

공중 앞에서 때리고 옥에 가두었
다가 이제는 가만히 내보내고자
하느냐 아니라 그들이 친히 와서
우리를 데리고 나가야 하리라 한
대
38 (部下)부하들이 이 말을 상관들
에게 보고하니 그들이 로마 사람
이라 하는 말을 듣고 두려워하여
39 와서 권하여 데리고 나가 그 (城)
성에서 떠나기를 청하니
40 두 사람이 (獄)옥에서 나와 루디
아의 집에 들어가서 형제들을 만
나 보고 [1]위로하고 가니라

바울이 데살로니가에서 전도하다

17 그들이 암비볼리와 아볼로
니아로 다녀가 데살로니가
에 이르니 거기 유대인의 (會堂)
회당이 있는지라
2 바울이 자기의 (慣例)관례대로
그들에게로 들어가서 세 안식일
에 성경을 가지고 (講論)강론하며
3 뜻을 풀어 그리스도가 해를 받고
죽은 자 가운데서 다시 살아나야
할 것을 (證言)증언하고 이르되
내가 너희에게 전하는 이 예수가
곧 그리스도라 하니
4 그 중의 어떤 사람 곧 (敬虔)경건
한 헬라인의 큰 무리와 적지 않은
귀부인도 권함을 받고 바울과 실
라를 따르나
5 그러나 유대인들은 시기하여 저
자의 어떤 불량한 사람들을 데리
고 떼를 지어 성을 (騷動)소동하
게 하여 야손의 집에 침입하여 그
들을 백성에게 끌어내려고 찾았
으나
6 (發見)발견하지 못하매 야손과 몇
형제들을 끌고 (邑長)읍장들 앞에
가서 소리 질러 이르되 천하를 어
지럽게 하던 이 사람들이 여기도
이르매
7 야손이 그들을 맞아 들였도다 이
사람들이 다 가이사의 명을 (拒
逆)거역하여 말하되 다른 임금
곧 예수라 하는 이가 있다 하더이
다 하니
8 무리와 읍장들이 이 말을 듣고
(騷動)소동하여
9 야손과 그 나머지 사람들에게 (保
釋金)보석금을 받고 놓아 주니라

베뢰아 사람들이 말씀을 받다

10 ●밤에 형제들이 곧 바울과 실라
를 베뢰아로 보내니 그들이 이르
러 유대인의 (會堂)회당에 들어
가니라
11 베뢰아에 있는 사람들은 데살로
니가에 있는 사람들보다 더 너그
러워서 간절한 마음으로 말씀을
받고 이것이 그러한가 하여 날마
다 성경을 (詳考)상고하므로
12 그 중에 믿는 사람이 많고 또 헬
라의 (貴婦人)귀부인과 남자가
적지 아니하나
13 데살로니가에 있는 유대인들은
바울이 하나님의 말씀을 베뢰아
에서도 전하는 줄을 알고 거기도
가서 무리를 움직여 (騷動)소동
하게 하거늘
14 (兄弟)형제들이 곧 바울을 내보

1) 권면하고

내어 바다까지 가게 하되 실라와
디모데는 아직 거기 머물더라
15 바울을 인도하는 사람들이 그를
데리고 아덴까지 이르러 그에게
서 실라와 디모데를 자기에게로
속히 오게 하라는 (命令)명령을
받고 떠나니라

바울이 아덴에서 전도하다

16 ●바울이 아덴에서 그들을 기다
리다가 그 성에 우상이 가득한 것
을 보고 마음에 (激忿)격분하여
17 회당에서는 유대인과 (敬虔)경건
한 사람들과 또 장터에서는 날마
다 만나는 사람들과 (辯論)변론
하니
18 어떤 에피쿠로스와 스토아 철학
자들도 바울과 쟁론할새 어떤 사
람은 이르되 이 말쟁이가 무슨 말
을 하고자 하느냐 하고 어떤 사람
은 이르되 이방 신들을 전하는 사
람인가보다 하니 이는 바울이 예
수와 (復活)부활을 전하기 때문
이러라
19 그를 붙들어 아레오바고로 가며
말하기를 네가 말하는 이 새로운
가르침이 무엇인지 우리가 알 수
있겠느냐
20 네가 어떤 (異常)이상한 것을 우
리 귀에 들려 주니 그 무슨 뜻인
지 알고자 하노라 하니
21 모든 아덴 사람과 거기서 나그
네 된 외국인들이 가장 새로운 것
을 말하고 듣는 것 이외에는 달리
(時間)시간을 쓰지 않음이더라
22 바울이 아레오바고 가운데 서서
말하되 아덴 사람들아 너희를 보
니 범사에 (宗敎心)종교심이 많
도다
23 내가 두루 다니며 너희가 위하는
것들을 보다가 알지 못하는 (神)
신에게라고 새긴 단도 보았으니
그런즉 너희가 알지 못하고 위하
는 그것을 내가 너희에게 알게 하
리라
24 우주와 그 가운데 있는 만물을 지
으신 하나님께서는 천지의 (主宰)
주재시니 손으로 지은 전에 계시
지 아니하시고
25 또 무엇이 부족한 것처럼 사람의
손으로 섬김을 받으시는 것이 아
니니 이는 만민에게 (生命)생명
과 (呼吸)호흡과 (萬物)만물을 친
히 주시는 이심이라
26 인류의 모든 족속을 한 (血統)혈
통으로 만드사 온 땅에 살게 하시
고 그들의 연대를 정하시며 거주
의 경계를 한정하셨으니
27 이는 사람으로 혹 [1]하나님을 더
듬어 찾아 (發見)발견하게 하려
하심이로되 그는 우리 각 사람에
게서 멀리 계시지 아니하도다
28 우리가 그를 힘입어 살며 (起動)
기동하며 존재하느니라 너희 시
인 중 어떤 사람들의 말과 같이
우리가 그의 소생이라 하니
29 이와 같이 하나님의 소생이 되었
은즉 하나님을 금이나 은이나 돌
에다 사람의 (技術)기술과 고안
으로 새긴 것들과 같이 여길 것이

1) 헬 신

아니니라
30 알지 못하던 시대에는 하나님이
(看過)간과하셨거니와 이제는 어
디든지 사람에게 다 명하사 (悔
改)회개하라 하셨으니
31 이는 정하신 사람으로 하여금 천
하를 (公義)공의로 심판할 날을
작정하시고 이에 그를 죽은 자 가
운데서 다시 살리신 것으로 모든
사람에게 믿을 만한 증거를 주셨
음이니라 하니라
32 ●그들이 죽은 자의 부활을 듣고
어떤 사람은 (嘲弄)조롱도 하고
어떤 사람은 이 일에 대하여 네
말을 다시 듣겠다 하니
33 이에 바울이 그들 가운데서 떠나
매
34 몇 사람이 그를 가까이하여 믿으
니 그 중에는 아레오바고 (官吏)
관리 디오누시오와 다마리라 하
는 여자와 또 다른 사람들도 있었
더라

바울이 고린도에서 전도하다

18 그 (後)후에 바울이 아덴을
떠나 고린도에 이르러
2 아굴라라 하는 본도에서 난 유대
인 한 사람을 만나니 글라우디오
가 모든 유대인을 (命)명하여 로
마에서 떠나라 한 고로 그가 그
아내 브리스길라와 함께 이달리
야로부터 새로 온지라 바울이 그
들에게 가매
3 (生業)생업이 같으므로 함께 살
며 일을 하니 그 생업은 (天幕)천
막을 만드는 것이더라
4 안식일마다 바울이 회당에서 강
론하고 유대인과 헬라인을 (勸勉)
권면하니라
5 ●실라와 디모데가 마게도냐로
부터 내려오매 바울이 하나님의
말씀에 붙잡혀 유대인들에게 예
수는 그리스도라 밝히 (證言)증
언하니
6 그들이 (對敵)대적하여 (誹謗)비
방하거늘 바울이 옷을 털면서 이
르되 너희 피가 너희 머리로 돌아
갈 것이요 나는 깨끗하니라 이 후
에는 이방인에게로 가리라 하고
7 거기서 옮겨 하나님을 (敬畏)경
외하는 디도 유스도라 하는 사람
의 집에 들어가니 그 집은 회당
옆이라
8 또 회당장 그리스보가 온 집안과
더불어 주를 믿으며 수많은 고린
도 사람도 듣고 믿어 [1](洗禮)세례
를 받더라
9 밤에 주께서 (幻像)환상 가운데
바울에게 말씀하시되 두려워하지
말며 침묵하지 말고 말하라
10 내가 너와 함께 있으매 어떤 사람
도 너를 (對敵)대적하여 해롭게
할 자가 없을 것이니 이는 이 성중
에 내 백성이 많음이라 하시더라
11 (一 年 六 個月)일 년 육 개월을
머물며 그들 가운데서 하나님의
말씀을 가르치니라
12 ●갈리오가 아가야 총독 되었을
때에 유대인이 일제히 일어나 바
울을 대적하여 (法廷)법정으로

1) 헬, 또는 침례

데리고 가서
13 말하되 이 사람이 (律法)율법을
어기면서 하나님을 경외하라고
사람들을 권한다 하거늘
14 바울이 입을 열고자 할 때에 갈리
오가 유대인들에게 이르되 너희
유대인들아 만일 이것이 무슨 부
정한 일이나 불량한 (行動)행동
이었으면 내가 너희 말을 들어 주
는 것이 옳거니와
15 만일 문제가 언어와 명칭과 너희
법에 관한 것이면 너희가 스스로
(處理)처리하라 나는 이러한 일
에 재판장 되기를 원하지 아니하
노라 하고
16 그들을 (法廷)법정에서 쫓아내니
17 모든 사람이 회당장 소스데네를
잡아 법정 앞에서 때리되 갈리오
가 이 일을 (相關)상관하지 아니
하니라

바울이 안디옥으로 내려가다

18 ● 바울은 더 여러 날 머물다가 형
제들과 (作別)작별하고 배 타고
수리아로 떠나갈새 브리스길라
와 아굴라도 함께 하더라 바울이
일찍이 (誓願)서원이 있었으므로
겐그레아에서 머리를 깎았더라
19 에베소에 와서 그들을 거기 머물
게 하고 자기는 회당에 들어가서
유대인들과 (辯論)변론하니
20 여러 사람이 더 오래 있기를 청하
되 (許諾)허락하지 아니하고
21 (作別)작별하여 이르되 만일 하나
님의 뜻이면 너희에게 돌아오리
라 하고 배를 타고 에베소를 떠나
22 가이사랴에 (上陸)상륙하여 올라
가 교회의 안부를 물은 후에 안디
옥으로 내려가서
23 얼마 있다가 떠나 갈라디아와 브
루기아 땅을 (次例)차례로 다니
며 모든 제자를 굳건하게 하니라

아볼로가 담대히 전도하다

24 ● 알렉산드리아에서 난 아볼로
라 하는 유대인이 에베소에 이르
니 이 사람은 언변이 좋고 (聖經)
성경에 (能通)능통한 자라
25 그가 일찍이 주의 도를 배워 (熱
心)열심으로 예수에 관한 것을
자세히 말하며 가르치나 요한의[1]
세례만 알 따름이라
26 그가 회당에서 담대히 말하기 시
작하거늘 브리스길라와 아굴라가
듣고 데려다가 하나님의 도를 더
(精確)정확하게 풀어 이르더라
27 아볼로가 아가야로 건너가고자
함으로 형제들이 그를 격려하며
제자들에게 편지를 써 (迎接)영
접하라 하였더니 그가 가매 은혜
로 말미암아 믿은 자들에게 많은
유익을 주니
28 이는 성경으로써 예수는 그리스
도라고 증언하여 (公衆)공중 앞
에서 힘있게 유대인의 말을 이김
이러라

바울이 에베소에서 전도하다

19 아볼로가 고린도에 있을 때
에 바울이 윗(地方)지방으로
다녀 에베소에 와서 어떤 제자들
을 만나

1) 헬, 또는 침례

2 이르되 너희가 믿을 때에 성령을
받았느냐 이르되 아니라 우리는
(聖靈)성령이 계심도 듣지 못하
였노라
3 바울이 이르되 그러면 너희가 무
슨 [1](洗禮)세례를 받았느냐 대답
하되 요한의 [1]세례니라
4 바울이 이르되 요한이 (悔改)회
개의 [1]세례를 베풀며 백성에게 말
하되 내 뒤에 오시는 이를 믿으라
하였으니 이는 곧 예수라 하거늘
5 그들이 듣고 (主)주 예수의 이름
으로 [1]세례를 받으니
6 바울이 그들에게 안수하매 성령
이 그들에게 임하시므로 방언도
하고 (豫言)예언도 하니
7 모두 열두 [2]사람쯤 되니라
8 ●바울이 회당에 들어가 석 달 동
안 담대히 하나님 나라에 관하여
(講論)강론하며 권면하되
9 어떤 사람들은 마음이 굳어 (順
從)순종하지 않고 무리 앞에서
이 도를 (誹謗)비방하거늘 바울
이 그들을 떠나 제자들을 따로 세
우고 두란노 서원에서 날마다 강
론하니라
10 두 해 동안 이같이 하니 아시아에
사는 자는 유대인이나 헬라인이
나 다 (主)주의 말씀을 듣더라
11 하나님이 바울의 손으로 놀라운
(能力)능력을 행하게 하시니
12 심지어 사람들이 바울의 몸에서
손수건이나 앞치마를 가져다가
병든 사람에게 얹으면 그 병이 떠
나고 [3](惡鬼)악귀도 나가더라
13 이에 돌아다니며 마술하는 어떤
유대인들이 [4]시험삼아 [3]악귀 들
린 자들에게 주 예수의 이름을 불
러 말하되 내가 바울이 전파하는
예수를 (依支)의지하여 너희에게
명하노라 하더라
14 유대의 한 (祭司長)제사장 스게
와의 일곱 아들도 이 일을 행하더
니
15 악귀가 (對答)대답하여 이르되
내가 예수도 알고 바울도 알거니
와 너희는 누구냐 하며
16 (惡鬼)악귀 들린 사람이 그들에
게 뛰어올라 눌러 이기니 그들이
상하여 벗은 몸으로 그 집에서 도
망하는지라
17 에베소에 사는 유대(人)인과 헬
라인들이 다 이 일을 알고 두려워
하며 주 예수의 이름을 높이고
18 믿은 사람들이 많이 와서 (自服)
자복하여 행한 일을 알리며
19 또 (魔術)마술을 행하던 많은 사
람이 그 책을 모아 가지고 와서
모든 사람 앞에서 불사르니 그 책
값을 계산한즉 은 오만이나 되더
라
20 이와 같이 주의 말씀이 힘이 있어
(興旺)흥왕하여 (勢力)세력을 얻
으니라

에베소에서 일어난 소동

21 ●이 일이 있은 후에 바울이 마게
도냐와 아가야를 거쳐 예루살렘
에 가기로 (作定)작정하여 이르
되 내가 거기 갔다가 후에 로마도

1) 헬, 또는 침례 2) 헬, 남자 3) 헬, 악령 4) 또는 망령되이

보아야 하리라 하고
22 (自己)자기를 돕는 사람 중에서
디모데와 에라스도 두 사람을 마
게도냐로 보내고 자기는 아시아
에 얼마 동안 더 있으니라
23 ●그 때쯤 되어 이 도로 말미암아
적지 않은 (騷動)소동이 있었으니
24 즉 데메드리오라 하는 어떤 (銀匠
色)은장색이 은으로 아데미의 신
상 모형을 만들어 직공들에게 적
지 않은 벌이를 하게 하더니
25 그가 그 (職工)직공들과 그러한
영업하는 자들을 모아 이르되 여
러분도 알거니와 우리의 풍족한
생활이 이 생업에 있는데
26 이 바울이 에베소뿐 아니라 거의
전 아시아를 통하여 수많은 사람
을 (勸誘)권유하여 말하되 사람
의 손으로 만든 것들은 신이 아니
라 하니 이는 그대들도 보고 들은
것이라
27 우리의 이 영업이 천하여질 (危
險)위험이 있을 뿐 아니라 큰 여
신 아데미의 신전도 무시 당하게
되고 온 아시아와 천하가 위하는
그의 (威嚴)위엄도 떨어질까 하
노라 하더라
28 그들이 이 말을 듣고 (憤怒)분노
가 가득하여 외쳐 이르되 크다 에
베소 사람의 아데미여 하니
29 온 시내가 (擾亂)요란하여 바울
과 같이 다니는 마게도냐 사람 가
이오와 아리스다고를 붙들어 일
제히 연극장으로 달려 들어가는
지라
30 바울이 (百姓)백성 가운데로 들
어가고자 하나 제자들이 말리고
31 또 아시아 관리 중에 바울의 친구
된 어떤 이들이 그에게 통지하여
(演劇場)연극장에 들어가지 말라
권하더라
32 사람들이 외쳐 어떤 이는 이런 말
을, 어떤 이는 저런 말을 하니 모
인 무리가 (紛亂)분란하여 태반
이나 어찌하여 모였는지 알지 못
하더라
33 유대인들이 무리 가운데서 알렉
산더를 권하여 앞으로 밀어내니
알렉산더가 손짓하며 백성에게
(辨明)변명하려 하나
34 그들은 그가 유대인인 줄 알고 다
한 소리로 외쳐 이르되 크다 에
베소 사람의 아데미여 하기를 두
(時間)시간이나 하더니
35 서기장이 무리를 (鎭靜)진정시키
고 이르되 에베소 사람들아 에베
소 시가 큰 아데미와 [1]제우스에
게서 내려온 우상의 신전지기가
된 줄을 누가 알지 못하겠느냐
36 이 일이 그렇지 않다 할 수 없으
니 너희가 가만히 있어서 무엇이
든지 (輕率)경솔히 아니하여야
하리라
37 (神殿)신전의 (物件)물건을 도둑
질하지도 아니하였고 우리 여신
을 비방하지도 아니한 이 사람들
을 너희가 붙잡아 왔으니
38 만일 데메드리오와 그와 함께 있
는 직공들이 누구에게 고발할 것

1) 또는 하늘로서

이 있으면 (裁判)재판 날도 있고
총독들도 있으니 피차 고소할 것
이요
39 만일 그 외에 무엇을 원하면 (正
式)정식으로 민회에서 결정할지
라
40 오늘 아무 까닭도 없는 이 일에
우리가 소요 사건으로 (責望)책
망 받을 (危險)위험이 있고 우리
는 이 불법 집회에 관하여 보고할
자료가 없다 하고
41 이에 그 모임을 흩어지게 하니라

바울이 마게도냐와 헬라를 다니다

20 소요가 그치매 바울은 제자
들을 불러 권한 후에 (作別)
작별하고 떠나 마게도냐로 가니
라
2 그 (地方)지방으로 다녀가며 여
러 말로 제자들에게 권하고 헬라
에 이르러
3 거기 석 달 동안 있다가 배 타고
수리아로 가고자 할 그 때에 유대
인들이 자기를 해하려고 (共謀)
공모하므로 마게도냐를 거쳐 돌
아가기로 작정하니
4 [1]아시아까지 함께 가는 (者)자는
베뢰아 사람 부로의 아들 소바더
와 데살로니가 사람 아리스다고
와 세군도와 더베 사람 가이오와
및 디모데와 아시아 사람 두기고
와 드로비모라
5 그들은 먼저 가서 드로아에서 우
리를 기다리더라
6 우리는 (無酵節)무교절 후에 빌
립보에서 배로 떠나 닷새 만에 드
로아에 있는 그들에게 가서 이레
를 머무니라

유두고를 살리다

7 ●그 주간의 첫날에 우리가 떡을
떼려 하여 모였더니 바울이 이튿
날 떠나고자 하여 그들에게 (講
論)강론할새 말을 밤중까지 계속
하매
8 우리가 모인 윗다락에 (燈)등불
을 많이 켰는데
9 유두고라 하는 (靑年)청년이 창에
걸터 앉아 있다가 깊이 졸더니 바
울이 강론하기를 더 오래 하매 졸
음을 이기지 못하여 삼 층에서 떨
어지거늘 일으켜보니 죽었는지라
10 바울이 내려가서 그 위에 엎드려
그 몸을 안고 말하되 떠들지 말라
(生命)생명이 그에게 있다 하고
11 올라가 떡을 떼어 먹고 오랫동안
곧 날이 새기까지 이야기하고 떠
나니라
12 사람들이 살아난 청년을 데리고
가서 적지 않게 (慰勞)위로를 받
았더라

드로아에서 밀레도까지 항해하다

13 ●우리는 앞서 배를 타고 앗소에
서 바울을 태우려고 그리로 가니
이는 바울이 [2]걸어서 가고자 하
여 그렇게 (定)정하여 준 것이라
14 바울이 앗소에서 우리를 만나니
우리가 배에 태우고 미둘레네로
가서
15 거기서 떠나 이튿날 기오 앞에 오
고 그 이튿날 사모에 들르고 또

1) 어떤 사본에는, '아시아까지'가 없음 2) 또는 육로로

그 다음 날 밀레도에 이르니라
16 바울이 아시아에서 (遲滯)지체하
지 않기 위하여 에베소를 지나 배
타고 가기로 작정하였으니 이는
될 수 있는 대로 오순절 안에 예
루살렘에 이르려고 급히 감이러
라

에베소 장로들에게 고별 설교를 하다

17 ●바울이 밀레도에서 사람을 에
베소로 보내어 (敎會)교회 (長老)
장로들을 청하니
18 오매 그들에게 말하되 아시아에
들어온 첫날부터 지금까지 내가
(恒常)항상 여러분 가운데서 어
떻게 행하였는지를 여러분도 아
는 바니
19 곧 모든 (謙遜)겸손과 눈물이며
유대인의 간계로 말미암아 당한
시험을 참고 주를 섬긴 것과
20 (有益)유익한 것은 무엇이든지
공중 앞에서나 각 집에서나 거리
낌이 없이 여러분에게 전하여 가
르치고
21 유대인과 헬라인들에게 하나님께
대한 (悔改)회개와 우리 주 예수
그리스도께 대한 믿음을 증언한
것이라
22 보라 이제 나는 (聖靈)성령에 매여
예루살렘으로 가는데 거기서 무슨
일을 당할는지 알지 못하노라
23 오직 성령이 각 성에서 내게 증언
하여 (結縛)결박과 환난이 나를
기다린다 하시나
24 내가 달려갈 길과 주 예수께 받은
사명 곧 하나님의 (恩惠)은혜의
복음을 증언하는 일을 마치려 함
에는 나의 생명조차 조금도 귀한
것으로 여기지 아니하노라
25 보라 내가 여러분 중에 (往來)왕
래하며 하나님의 나라를 전파하
였으나 이제는 여러분이 다 내 얼
굴을 다시 보지 못할 줄 아노라
26 그러므로 오늘 여러분에게 (證言)
증언하거니와 모든 사람의 피에
대하여 내가 깨끗하니
27 이는 내가 꺼리지 않고 하나님의
뜻을 다 여러분에게 (傳)전하였
음이라
28 여러분은 자기를 위하여 또는 온
양 떼를 위하여 삼가라 성령이 그
들 가운데 여러분을 (監督者)감
독자로 삼고 [1]하나님이 자기 피
로 사신 (敎會)교회를 보살피게
하셨느니라
29 내가 떠난 후에 사나운 이리가 여
러분에게 들어와서 그 (羊)양 떼
를 아끼지 아니하며
30 또한 여러분 중에서도 제자들을
끌어 (自己)자기를 따르게 하려
고 어그러진 말을 하는 사람들이
일어날 줄을 내가 아노라
31 그러므로 여러분이 일깨어 내가
삼 년이나 밤낮 쉬지 않고 눈물로
각 사람을 (訓戒)훈계하던 것을
기억하라
32 지금 내가 여러분을 주와 및 그
은혜의 말씀에 부탁하노니 그 말
씀이 여러분을 능히 든든히 세우
사 거룩하게 하심을 입은 모든 자

1) 어떤 사본에, 주께서

가운데 (基業)기업이 있게 하시
리라
33 내가 아무의 은이나 금이나 (衣
服)의복을 탐하지 아니하였고
34 여러분이 아는 바와 같이 이 손으
로 나와 내 (同行)동행들이 쓰는
것을 충당하여
35 범사에 여러분에게 (模本)모본을
보여준 바와 같이 수고하여 약한
사람들을 돕고 또 주 예수께서 친
히 말씀하신 바 주는 것이 받는
것보다 복이 있다 하심을 기억하
여야 할지니라
36 ●이 말을 한 후 무릎을 꿇고 그
모든 사람들과 함께 (祈禱)기도
하니
37 다 크게 울며 바울의 목을 안고
입을 맞추고
38 다시 그 얼굴을 보지 못하리라 한
말로 말미암아 더욱 근심하고 배
에까지 그를 (餞送)전송하니라

바울이 예루살렘으로 가다

21 우리가 그들을 (作別)작별
하고 배를 타고 바로 고스로
가서 이튿날 로도에 이르러 거기
서부터 바다라로 가서
2 베니게로 건너가는 배를 만나서
타고 가다가
3 구브로를 바라보고 이를 왼편에
두고 수리아로 항해하여 두로에
서 (上陸)상륙하니 거기서 배의
짐을 풀려 함이러라
4 제자들을 찾아 거기서 이레를 머
물더니 그 제자들이 성령의 (感
動)감동으로 바울더러 예루살렘
에 들어가지 말라 하더라
5 이 여러 날을 지낸 후 우리가 떠
나갈새 그들이 다 그 처자와 함께
(城門)성문 밖까지 (餞送)전송하
거늘 우리가 바닷가에서 무릎을
꿇어 기도하고
6 서로 (作別)작별한 후 우리는 배
에 오르고 그들은 집으로 돌아가
니라
7 ●두로를 떠나 항해를 다 마치고
돌레마이에 이르러 형제들에게
(安否)안부를 묻고 그들과 함께
하루를 있다가
8 이튿날 떠나 가이사랴에 이르러
일곱 집사 중 하나인 (傳道者)전
도자 빌립의 집에 들어가서 머무
르니라
9 그에게 딸 넷이 있으니 처녀로
(豫言)예언하는 자라
10 여러 날 머물러 있더니 아가보라
하는 한 (先知者)선지자가 유대
로부터 내려와
11 우리에게 와서 바울의 띠를 가져
다가 자기 수족을 잡아매고 말하
기를 성령이 말씀하시되 예루살
렘에서 유대인들이 이같이 이 띠
임자를 (結縛)결박하여 이방인의
손에 넘겨 주리라 하거늘
12 우리가 그 말을 듣고 그 곳 사람
들과 더불어 바울에게 예루살렘
으로 올라가지 말라 (勸)권하니
13 바울이 대답하되 여러분이 어찌
하여 울어 내 마음을 상하게 하느
냐 나는 주 예수의 이름을 위하여
결박 당할 뿐 아니라 예루살렘에

서 죽을 것도 (覺悟)각오하였노
라 하니
14 그가 (勸)권함을 받지 아니하므
로 우리가 주의 뜻대로 이루어지
이다 하고 그쳤노라
15 ●이 여러 날 (後)후에 (旅裝)여
장을 꾸려 예루살렘으로 올라갈
새
16 가이사랴의 몇 (弟子)제자가 함
께 가며 한 오랜 제자 구브로 사
람 나손을 데리고 가니 이는 우리
가 그의 집에 머물려 함이라

바울이 야고보를 방문하다

17 ●예루살렘에 이르니 형제들이
우리를 기꺼이 (迎接)영접하거늘
18 그 이튿날 바울이 우리와 함께 야
고보에게로 들어가니 (長老)장로
들도 다 있더라
19 바울이 (問安)문안하고 하나님이
자기의 사역으로 말미암아 이방
가운데서 하신 일을 낱낱이 말하
니
20 그들이 듣고 하나님께 영광을 돌
리고 바울더러 이르되 형제여 그
대도 보는 바에 유대인 중에 믿는
자 수만 명이 있으니 다 (律法)율
법에 열성을 가진 자라
21 네가 이방에 있는 모든 유대인을
가르치되 모세를 (背叛)배반하고
아들들에게 할례를 행하지 말고
또 관습을 지키지 말라 한다 함을
그들이 들었도다
22 그러면 어찌할꼬 그들이 (必然)
필연 그대가 온 것을 들으리니
23 우리가 말하는 이대로 하라 (誓
願)서원한 네 사람이 우리에게
있으니
24 그들을 데리고 함께 (潔禮)결례
를 행하고 그들을 위하여 (費用)비
용을 내어 머리를 깎게 하라 그러
면 모든 사람이 그대에 대하여 들
은 것이 사실이 아니고 그대도 율
법을 지켜 행하는 줄로 알 것이라
25 주를 믿는 이방인에게는 우리가
우상의 제물과 피와 목매어 죽인
것과 음행을 피할 것을 (決議)결
의하고 편지하였느니라 하니
26 바울이 이 사람들을 데리고 이튿
날 그들과 함께 결례를 행하고
(聖殿)성전에 들어가서 각 사람
을 위하여 (祭祀)제사 드릴 때까
지의 결례 기간이 만기된 것을 신
고하니라

바울이 잡히다

27 ●그 이레가 거의 차매 아시아로
부터 온 유대인들이 성전에서 바
울을 보고 모든 무리를 (衝動)충
동하여 그를 붙들고
28 외치되 이스라엘 사람들아 도우
라 이 사람은 (各處)각처에서 우
리 백성과 율법과 이 곳을 비방하
여 모든 사람을 가르치는 그 자인
데 또 헬라인을 데리고 성전에 들
어가서 이 거룩한 곳을 더럽혔다
하니
29 이는 그들이 전에 에베소 사람 드
로비모가 바울과 함께 (市內)시
내에 있음을 보고 바울이 그를 성
전에 데리고 들어간 줄로 생각함
이러라

30 온 성이 소동하여 백성이 달려와
모여 바울을 잡아 (聖殿)성전 밖
으로 끌고 나가니 문들이 곧 닫히
더라
31 그들이 그를 죽이려 할 때에 온
예루살렘이 요란하다는 (所聞)소
문이 군대의 천부장에게 들리매
32 그가 급히 (軍人)군인들과 백부
장들을 거느리고 달려 내려가니
그들이 천부장과 군인들을 보고
바울 치기를 그치는지라
33 이에 (千夫長)천부장이 가까이
가서 바울을 잡아 두 쇠사슬로
(結縛)결박하라 명하고 그가 누
구이며 그가 무슨 일을 하였느냐
물으니
34 무리 가운데서 어떤 이는 이런 말
로, 어떤 이는 저런 말로 소리 치
거늘 천부장이 소동으로 말미암
아 (眞相)진상을 알 수 없어 그를
영내로 데려가라 명하니라
35 바울이 층대에 이를 때에 무리의
(暴行)폭행으로 말미암아 군사들
에게 들려가니
36 이는 (百姓)백성의 무리가 그를
없이하자고 외치며 따라 감이러
라

바울이 백성에게 말하다

37 ●바울을 데리고 (營內)영내로
들어가려 할 그 때에 바울이 천부
장에게 이르되 내가 당신에게 말
할 수 있느냐 이르되 네가 헬라
말을 아느냐
38 그러면 네가 (以前)이전에 (騷擾)
소요를 일으켜 자객 사천 명을 거
느리고 광야로 가던 애굽인이 아
니냐
39 바울이 이르되 나는 유대인이라
(小邑)소읍이 아닌 길리기아 다
소 시의 시민이니 청컨대 백성에
게 말하기를 허락하라 하니
40 천부장이 (許諾)허락하거늘 바울
이 층대 위에 서서 백성에게 손짓
하여 매우 조용히 한 후에 히브리
말로 말하니라

22 부형들아 내가 지금 여러분
앞에서 (辨明)변명하는 말을
들으라

바울이 변명하다(행 9:1-19; 26:12-18)

2 ●그들이 그가 히브리 말로 말함
을 듣고 더욱 조용한지라 이어 이
르되
3 나는 유대인으로 길리기아 다소
에서 났고 이 성에서 자라 가말리
엘의 문하에서 우리 조상들의 율
법의 엄한 (敎訓)교훈을 받았고
오늘 너희 모든 사람처럼 하나님
께 대하여 열심이 있는 자라
4 내가 이 (道)도를 박해하여 사람
을 죽이기까지 하고 남녀를 결박
하여 옥에 넘겼노니
5 이에 대제사장과 모든 장로들이
내 (證人)증인이라 또 내가 그들
에게서 다메섹 형제들에게 가는
공문을 받아 가지고 거기 있는 자
들도 (結縛)결박하여 예루살렘으
로 끌어다가 형벌 받게 하려고 가
더니
6 가는 중 다메섹에 가까이 갔을 때
에 오정쯤 되어 (忽然)홀연히 하

늘로부터 큰 빛이 나를 둘러 비치
매
7 내가 땅에 엎드러져 들으니 소리
있어 이르되 사울아 사울아 네가
왜 나를 (迫害)박해하느냐 하시
거늘
8 내가 (對答)대답하되 주님 누구
시니이까 하니 이르시되 나는 네
가 박해하는 나사렛 예수라 하시
더라
9 나와 함께 있는 사람들이 빛은 보
면서도 나에게 말씀하시는 이의
소리는 듣지 못하더라
10 내가 이르되 (主)주님 무엇을 하
리이까 주께서 이르시되 일어나
다메섹으로 들어가라 네가 해야
할 모든 것을 거기서 누가 이르리
라 하시거늘
11 나는 그 빛의 (光彩)광채로 말미
암아 볼 수 없게 되었으므로 나와
함께 있는 사람들의 손에 끌려 다
메섹에 들어갔노라
12 율법에 따라 (敬虔)경건한 사람
으로 거기 사는 모든 유대인들에
게 칭찬을 듣는 아나니아라 하는
이가
13 내게 와 곁에 서서 말하되 (兄弟)
형제 사울아 [1]다시 보라 하거늘
즉시 그를 쳐다보았노라
14 그가 또 이르되 우리 조상들의 하
나님이 너를 택하여 너로 하여금
자기 뜻을 알게 하시며 그 의인
을 보게 하시고 그 입에서 나오는
(音聲)음성을 듣게 하셨으니
15 네가 그를 위하여 모든 사람 앞에
서 네가 보고 들은 것에 (證人)증
인이 되리라
16 이제는 왜 (躊躇)주저하느냐 일
어나 주의 이름을 불러 [2]세례를
받고 너의 죄를 씻으라 하더라
17 후에 내가 예루살렘으로 돌아와
서 성전에서 (祈禱)기도할 때에
황홀한 중에
18 보매 주께서 내게 말씀하시되 속
히 예루살렘에서 나가라 그들은
네가 내게 대하여 (證言)증언하
는 말을 듣지 아니하리라 하시거
늘
19 내가 말하기를 주님 내가 주를 믿
는 사람들을 가두고 또 각 (會堂)
회당에서 때리고
20 또 주의 증인 스데반이 피를 흘릴
때에 내가 곁에 서서 (贊成)찬성
하고 그 죽이는 사람들의 옷을 지
킨 줄 그들도 아나이다
21 나더러 또 이르시되 떠나가라 내
가 너를 멀리 (異邦人)이방인에
게로 보내리라 하셨느니라
22 이 말하는 것까지 그들이 듣다
가 소리 질러 이르되 이러한 자는
(世上)세상에서 없애 버리자 살
려 둘 자가 아니라 하여
23 떠들며 옷을 벗어 던지고 티끌을
(空中)공중에 날리니
24 (千夫長)천부장이 바울을 (營內)
영내로 데려가라 명하고 그들이
무슨 일로 그에 대하여 떠드는지
알고자 하여 채찍질하며 심문하
라 한대

1) 또는 쳐다보라 2) 헬, 또는 침례

25 가죽 줄로 바울을 매니 바울이 곁
에 서 있는 백부장더러 이르되 너
희가 로마 (市民)시민 된 자를 죄
도 정하지 아니하고 채찍질할 수
있느냐 하니
26 (百夫長)백부장이 듣고 가서 천
부장에게 전하여 이르되 어찌하려
하느냐 이는 로마 시민이라 하니
27 (千夫長)천부장이 와서 바울에게
말하되 네가 로마 시민이냐 내게
말하라 이르되 그러하다
28 천부장이 대답하되 나는 돈을 많
이 들여 이 (市民權)시민권을 얻
었노라 바울이 이르되 나는 나면
서부터라 하니
29 (審問)심문하려던 사람들이 곧
그에게서 물러가고 천부장도 그
가 로마 시민인 줄 알고 또 그 결
박한 것 때문에 두려워하니라

바울이 공회 앞에서 증언하다

30 ● 이튿날 천부장은 유대인들이
무슨 일로 그를 고발하는지 진상
을 알고자 하여 그 결박을 풀고
명하여 제사장들과 온 (公會)공
회를 모으고 바울을 데리고 내려
가서 그들 앞에 세우니라
23 바울이 공회를 주목하여 이
르되 여러분 형제들아 오늘
까지 나는 범사에 (良心)양심을
따라 [1]하나님을 섬겼노라 하거늘
2 대제사장 아나니아가 바울 곁에
서 있는 사람들에게 그 입을 치라
(命)명하니
3 바울이 이르되 (灰漆)회칠한 담
이여 하나님이 너를 치시리로다
네가 나를 율법대로 심판한다고
앉아서 율법을 어기고 나를 치라
하느냐 하니
4 곁에 선 사람들이 말하되 하나님
의 대제사장을 네가 (辱)욕하느냐
5 바울이 이르되 형제들아 나는 그
가 대제사장인 줄 알지 못하였노
라 기록하였으되 ㄱ너의 백성의
관리를 (誹謗)비방하지 말라 하
였느니라 하더라
6 바울이 그 중 일부는 사두개인이
요 다른 일부는 바리새인인 줄 알
고 공회에서 외쳐 이르되 여러분
형제들아 나는 바리새인이요 또
바리새인의 아들이라 죽은 자의
(所望)소망 곧 (復活)부활로 말미
암아 내가 심문을 받노라
7 그 말을 한즉 바리새(人)인과 사
두개인 사이에 다툼이 생겨 무리
가 나누어지니
8 이는 사두개인은 (復活)부활도
없고 (天使)천사도 없고 영도 없
다 하고 바리새인은 다 있다 함이
라
9 크게 떠들새 바리새인 편에서 몇
(書記官)서기관이 일어나 다투어
이르되 우리가 이 사람을 보니 악
한 것이 없도다 혹 영이나 혹 천
사가 그에게 말하였으면 어찌 하
겠느냐 하여
10 큰 (紛爭)분쟁이 생기니 천부장
은 바울이 그들에게 찢겨질까 하
여 군인을 명하여 내려가 무리 가
운데서 빼앗아 가지고 영내로 들

1) 헬, 하나님께 백성 노릇 하였노라 ㄱ 출 22:28

어가라 하니라
11 ●그 날 밤에 주께서 바울 곁에
서서 이르시되 (膽大)담대하라
네가 예루살렘에서 나의 일을 증
언한 것 같이 로마에서도 증언하
여야 하리라 하시니라

바울을 죽이려는 간계

12 ●날이 새매 유대인들이 당을 지
어 (盟誓)맹세하되 바울을 죽이
기 전에는 먹지도 아니하고 마시
지도 아니하겠다 하고
13 이같이 (同盟)동맹한 자가 사십
여 명이더라
14 대제사장들과 (長老)장로들에게
가서 말하되 우리가 바울을 죽이
기 전에는 아무 것도 먹지 않기로
굳게 맹세하였으니
15 이제 너희는 그의 (事實)사실을
더 자세히 물어보려는 척하면서
(公會)공회와 함께 천부장에게
청하여 바울을 너희에게로 데리
고 내려오게 하라 우리는 그가 가
까이 오기 전에 죽이기로 준비하
였노라 하더니
16 바울의 생질이 그들이 (埋伏)매
복하여 있다 함을 듣고 와서 영내
에 들어가 바울에게 알린지라
17 바울이 한 (百夫長)백부장을 청
하여 이르되 이 청년을 천부장에
게로 인도하라 그에게 무슨 할 말
이 있다 하니
18 천부장에게로 데리고 가서 이르
되 (罪囚)죄수 바울이 나를 불러
이 청년이 당신께 할 말이 있다
하여 데리고 가기를 청하더이다
하매
19 (千夫長)천부장이 그의 손을 잡
고 물러가서 조용히 묻되 내게 할
말이 무엇이냐
20 대답하되 유대인들이 (共謀)공모
하기를 그들이 바울에 대하여 더
자세한 것을 묻기 위함이라 하고
내일 그를 데리고 (公會)공회로
내려오기를 당신께 청하자 하였
으니
21 당신은 그들의 청함을 따르지 마
옵소서 그들 중에서 바울을 죽이
기 전에는 먹지도 않고 마시지도
않기로 맹세한 자 사십여 명이 그
를 죽이려고 숨어서 지금 다 (準
備)준비하고 당신의 허락만 기다
리나이다 하니
22 이에 천부장이 청년을 보내며 (警
戒)경계하되 이 일을 내게 알렸다
고 아무에게도 이르지 말라 하고
23 (百夫長)백부장 둘을 불러 이르
되 밤 제 삼 시에 가이사랴까지
갈 보병 이백 명과 기병 칠십 명
과 창병 이백 명을 준비하라 하고
24 또 바울을 태워 총독 벨릭스에게
로 (無事)무사히 보내기 위하여
짐승을 준비하라 명하며
25 또 이 아래와 같이 편지하니 일렀
으되
26 글라우디오 루시아는 총독 벨릭
스 각하께 (問安)문안하나이다
27 이 사람이 유대인들에게 잡혀 죽
게 된 것을 내가 로마 사람인 줄
들어 알고 군대를 거느리고 가서
(救援)구원하여다가

28 유대인들이 무슨 일로 그를 (告
發)고발하는지 알고자 하여 그들
의 공회로 데리고 내려갔더니
29 고발하는 것이 그들의 율법 문제
에 관한 것뿐이요 한 가지도 죽이
거나 결박할 (事由)사유가 없음
을 (發見)발견하였나이다
30 그러나 이 사람을 해하려는 (奸
計)간계가 있다고 누가 내게 알
려 주기로 곧 당신께로 보내며 또
고발하는 사람들도 당신 앞에서
그에 대하여 말하라 하였나이다
하였더라

바울을 벨릭스 총독 앞에 세우다

31 ●(步兵)보병이 명을 받은 대로
밤에 바울을 데리고 안디바드리
에 이르러
32 이튿날 기병으로 바울을 (護送)
호송하게 하고 영내로 돌아가니라
33 그들이 가이사랴에 들어가서 (便
紙)편지를 총독에게 드리고 바울
을 그 앞에 세우니
34 (總督)총독이 읽고 바울더러 어
느 (領地)영지 사람이냐 물어 길
리기아 사람인 줄 알고
35 이르되 너를 (告發)고발하는 사
람들이 오거든 네 말을 들으리라
하고 헤롯 궁에 그를 지키라 명하
니라

바울을 고발하다

24 닷새 후에 대제사장 아나니
아가 어떤 장로들과 한 변
호사 더둘로와 함께 내려와서 (總
督)총독 앞에서 바울을 고발하니
라
2 바울을 부르매 더둘로가 (告發)
고발하여 이르되
3 벨릭스 각하여 우리가 당신을 힘
입어 (泰平)태평을 누리고 또 이
민족이 당신의 선견으로 말미암
아 여러 가지로 개선된 것을 우리
가 어느 모양으로나 어느 곳에서
나 크게 감사하나이다
4 당신을 더 괴롭게 아니하려 하여
우리가 대강 여짜옵나니 (寬容)
관용하여 들으시기를 원하나이다
5 우리가 보니 이 사람은 (傳染病)
전염병 같은 자라 천하에 흩어진
유대인을 다 (騷擾)소요하게 하는
자요 나사렛 이단의 우두머리라
6-7 그가 또 (聖殿)성전을 더럽게 하
려 하므로 우리가 잡았사오니 [1](6
하반-8상반 없음)
8 당신이 친히 그를 (審問)심문하
시면 우리가 고발하는 이 모든 일
을 아실 수 있나이다 하니
9 유대인들도 이에 (參加)참가하여
이 말이 옳다 주장하니라

바울이 변명하다

10 ●총독이 바울에게 머리로 표시
하여 말하라 하니 그가 대답하되
당신이 여러 해 전부터 이 민족의
재판장 된 것을 내가 알고 내 (事
件)사건에 대하여 기꺼이 변명하
나이다
11 당신이 아실 수 있는 바와 같이
내가 예루살렘에 (禮拜)예배하러

1) 어떤 사본에는 24:6하반절-8상반절에 다음 내용이 더 있다. '그래서 우리의 율법대로 재판하려고 했으나 7 천부장 루시아가 와서 그를 우리 손에서 강제로 빼앗아 갔나이다 8 그리고는 그를 고발하는 사람들에게 각하께 가라고 명하였나이다'

올라간 지 열이틀밖에 안 되었고
12 그들은 내가 성전에서 누구와 (辯
論)변론하는 것이나 회당 또는
시중에서 무리를 (騷動)소동하게
하는 것을 보지 못하였으니
13 이제 나를 고발하는 모든 일에 대
하여 그들이 (能)능히 당신 앞에
내세울 것이 없나이다
14 그러나 이것을 당신께 고백하리
이다 나는 그들이 (異端)이단이
라 하는 도를 따라 조상의 하나님
을 섬기고 (律法)율법과 선지자
들의 글에 기록된 것을 다 믿으며
15 그들이 기다리는 바 하나님께 향
한 소망을 나도 가졌으니 곧 의인
과 악인의 (復活)부활이 있으리
라 함이니이다
16 이것으로 말미암아 나도 하나님
과 사람에 대하여 항상 (良心)양
심에 거리낌이 없기를 힘쓰나이다
17 여러 해 만에 내가 내 민족을 구
제할 것과 (祭物)제물을 가지고
와서
18 드리는 중에 내가 (潔禮)결례를
행하였고 모임도 없고 (騷動)소
동도 없이 성전에 있는 것을 그들
이 보았나이다 그러나 아시아로부
터 온 어떤 유대인들이 있었으니
19 그들이 만일 나를 (反對)반대할
사건이 있으면 마땅히 당신 앞에
와서 고발하였을 것이요
20 그렇지 않으면 이 사람들이 내가
(公會)공회 앞에 섰을 때에 무슨
옳지 않은 것을 보았는가 말하라
하소서
21 오직 내가 그들 가운데 서서 외치
기를 내가 죽은 자의 (復活)부활
에 대하여 오늘 너희 앞에 (審問)
심문을 받는다고 한 이 한 소리만
있을 따름이니이다 하니
22 벨릭스가 이 도에 관한 것을 더
자세히 아는 고로 (延期)연기하여
이르되 천부장 루시아가 내려오거
든 너희 일을 처결하리라 하고
23 백부장에게 명하여 바울을 지키
되 자유를 주고 그의 (親舊)친구
들이 그를 돌보아 주는 것을 금하
지 말라 하니라

바울이 감옥에 갇혀 지내다

24 ●(數日)수일 후에 벨릭스가 그
아내 유대 여자 드루실라와 함께
와서 바울을 불러 그리스도 예수
믿는 도를 듣거늘
25 바울이 의와 절제와 장차 오는
(審判)심판을 강론하니 벨릭스가
두려워하여 대답하되 지금은 가
라 내가 틈이 있으면 너를 부르리
라 하고
26 (同時)동시에 또 바울에게서 돈
을 받을까 바라는 고로 더 자주
불러 같이 이야기하더라
27 이태가 지난 후 보르기오 베스도
가 벨릭스의 소임을 이어받으니
벨릭스가 유대인의 마음을 얻고
자 하여 바울을 (拘留)구류하여
두니라

바울이 가이사에게 상소하다

25 베스도가 (赴任)부임한 지
삼 일 후에 가이사랴에서 예
루살렘으로 올라가니

2 대제사장들과 유대인 중 높은 사
람들이 바울을 (告訴)고소할새
3 베스도의 (好意)호의로 바울을
예루살렘으로 옮기기를 청하니
이는 길에 (埋伏)매복하였다가
그를 죽이고자 함이더라
4 베스도가 대답하여 바울이 가이
사랴에 (拘留)구류된 것과 자기
도 멀지 않아 떠나갈 것을 말하고
5 또 이르되 너희 중 (有力)유력한
자들은 나와 함께 내려가서 그 사
람에게 만일 옳지 아니한 일이 있
거든 (告發)고발하라 하니라
6 ●베스도가 그들 가운데서 팔 일
혹은 십 일을 지낸 후 가이사랴로
내려가서 이튿날 (裁判)재판 자리
에 앉고 바울을 데려오라 명하니
7 그가 나오매 예루살렘에서 내려
온 유대인들이 둘러서서 여러 가
지 중대한 사건으로 고발하되 능
히 (證據)증거를 대지 못한지라
8 바울이 변명하여 이르되 유대인
의 율법이나 (聖殿)성전이나 가
이사에게나 내가 도무지 죄를 범
하지 아니하였노라 하니
9 베스도가 유대인의 마음을 얻고
자 하여 바울더러 묻되 네가 예루
살렘에 올라가서 이 사건에 대하
여 내 앞에서 (審問)심문을 받으
려느냐
10 바울이 이르되 내가 가이사의 (裁
判)재판 자리 앞에 섰으니 마땅
히 거기서 심문을 받을 것이라 당
신도 잘 아시는 바와 같이 내가
유대인들에게 불의를 행한 일이
없나이다
11 만일 내가 (不義)불의를 행하여
무슨 죽을 죄를 지었으면 죽기를
(辭讓)사양하지 아니할 것이나
만일 이 사람들이 나를 고발하는
것이 다 사실이 아니면 아무도 나
를 그들에게 내줄 수 없나이다 내
가 가이사께 상소하노라 한대
12 베스도가 배석자들과 상의하고
이르되 네가 가이사에게 (上訴)
상소하였으니 가이사에게 갈 것
이라 하니라

바울이 아그립바 왕과 버니게 앞에 서다

13 ●수일 후에 아그립바 왕과 버니
게가 베스도에게 (問安)문안하러
가이사랴에 와서
14 여러 날을 있더니 베스도가 바울
의 일로 왕에게 고하여 이르되 벨
릭스가 한 사람을 (拘留)구류하
여 두었는데
15 내가 예루살렘에 있을 때에 유대
인의 대제사장들과 장로들이 그
를 고소하여 (定罪)정죄하기를
청하기에
16 내가 대답하되 무릇 피고가 원고
들 앞에서 고소 사건에 대하여 변
명할 (機會)기회가 있기 전에 내
주는 것은 로마 사람의 법이 아니
라 하였노라
17 그러므로 그들이 나와 함께 여기
오매 내가 (遲滯)지체하지 아니
하고 이튿날 재판 자리에 앉아 명
하여 그 사람을 데려왔으나
18 원고들이 서서 내가 짐작하던 것
같은 악행의 (嫌疑)혐의는 하나

도 제시하지 아니하고
19 오직 자기들의 (宗敎)종교와 또
는 예수라 하는 이가 죽은 것을
살아 있다고 바울이 (主張)주장
하는 그 일에 관한 문제로 고발하
는 것뿐이라
20 내가 이 일에 대하여 어떻게 심리
할는지 몰라서 바울에게 묻되 예
루살렘에 올라가서 이 일에 (審
問)심문을 받으려느냐 한즉
21 바울은 황제의 (判決)판결을 받
도록 자기를 지켜 주기를 (呼訴)
호소하므로 내가 그를 가이사에
게 보내기까지 지켜 두라 명하였
노라 하니
22 아그립바가 베스도에게 이르되
나도 이 사람의 말을 듣고자 하노
라 베스도가 이르되 (來日)내일
들으시리이다 하더라
23 ● 이튿날 아그립바와 버니게가
크게 (威嚴)위엄을 갖추고 와서
천부장들과 시중의 높은 사람들
과 함께 접견 장소에 들어오고 베
스도의 명으로 바울을 데려오니
24 베스도가 말하되 아그립바 왕과
여기 같이 있는 여러분이여 당신
들이 보는 이 사람은 유대의 모든
무리가 크게 외치되 살려 두지 못
할 사람이라고 하여 예루살렘에
서와 여기서도 내게 (請願)청원
하였으나
25 내가 살피건대 죽일 죄를 범한 일
이 없더이다 그러나 그가 [1](皇帝)
황제에게 상소한 고로 보내기로
(決定)결정하였나이다
26 그에 대하여 황제께 확실한 사실
을 아뢸 것이 없으므로 심문한 후
(上疏)상소할 자료가 있을까 하
여 당신들 앞 특히 아그립바 왕
당신 앞에 그를 내세웠나이다
27 그 죄목도 밝히지 아니하고 죄수
를 보내는 것이 (無理)무리한 일
인 줄 아나이다 하였더라

바울이 변명하다(행 9:1-19; 22:6-16)

26 아그립바가 바울에게 이르
되 너를 위하여 말하기를
네게 (許諾)허락하노라 하니 이
에 바울이 손을 들어 변명하되
2 아그립바 왕이여 유대인이 (告發)
고발하는 모든 일을 오늘 당신 앞
에서 변명하게 된 것을 다행히 여
기나이다
3 특히 당신이 유대인의 모든 (風
俗)풍속과 문제를 아심이니이다
그러므로 내 말을 너그러이 들으
시기를 바라나이다
4 내가 처음부터 내 민족과 더불어
예루살렘에서 젊었을 때 생활한
(狀況)상황을 유대인이 다 아는
바라
5 일찍부터 나를 알았으니 그들이
증언하려 하면 내가 우리 (宗敎)
종교의 가장 엄한 파를 따라 바리
새인의 생활을 하였다고 할 것이
라
6 이제도 여기 서서 (審問)심문 받
는 것은 하나님이 우리 조상에게
(約束)약속하신 것을 바라는 까
닭이니

1) 헬, 아구스도에게

7 이 약속은 우리 열두 지파가 밤낮
으로 (懇切)간절히 하나님을 받
들어 섬김으로 얻기를 바라는 바
인데 아그립바 왕이여 이 소망으
로 말미암아 내가 유대인들에게
고소를 당하는 것이니이다
8 (當身)당신들은 하나님이 죽은
사람을 살리심을 어찌하여 못 믿
을 것으로 여기나이까
9 나도 나사렛 예수의 이름을 (對
敵)대적하여 많은 일을 행하여야
될 줄 스스로 생각하고
10 예루살렘에서 이런 일을 행하여
대제사장들에게서 권한을 받아
가지고 많은 성도를 (獄)옥에 가
두며 또 죽일 때에 내가 찬성 투
표를 하였고
11 또 모든 회당에서 여러 번 형벌하
여 강제로 모독하는 말을 하게 하
고 그들에 대하여 심히 격분하여
외국 성에까지 가서 (迫害)박해
하였고
12 그 일로 대제사장들의 (權限)권
한과 위임을 받고 다메섹으로 갔
나이다
13 왕이여 정오가 되어 길에서 보니
하늘로부터 해보다 더 밝은 빛이
나와 내 (同行)동행들을 둘러 비
추는지라
14 우리가 다 땅에 엎드러지매 내가
소리를 들으니 히브리 말로 이르
되 사울아 사울아 네가 어찌하여
나를 박해하느냐 [1]가시채를 뒷발
질하기가 네게 (苦生)고생이니라

1) 가축을 앞으로 몰기 위한 끝이 뾰족한 막대기

15 내가 대답하되 주님 누구시니이
까 주께서 이르시되 나는 네가
(迫害)박해하는 예수라
16 일어나 너의 발로 서라 내가 네게
나타난 것은 곧 네가 나를 본 일
과 장차 내가 네게 나타날 일에
너로 종과 (證人)증인을 삼으려
함이니
17 이스라엘과 이방인들에게서 내가
너를 (救援)구원하여 그들에게
보내어
18 그 눈을 뜨게 하여 어둠에서 빛으
로, 사탄의 (權勢)권세에서 하나
님께로 돌아오게 하고 죄 사함과
나를 믿어 거룩하게 된 무리 가운
데서 (基業)기업을 얻게 하리라
하더이다
19 아그립바 (王)왕이여 그러므로
하늘에서 보이신 것을 내가 거스
르지 아니하고
20 먼저 다메섹과 예루살렘에 있는
사람과 유대 온 땅과 이방인에게
까지 (悔改)회개하고 하나님께로
돌아와서 회개에 합당한 일을 하
라 전하므로
21 유대인들이 (聖殿)성전에서 나를
잡아 죽이고자 하였으나
22 하나님의 도우심을 받아 내가 오
늘까지 서서 높고 낮은 사람 앞에
서 (證言)증언하는 것은 선지자
들과 모세가 반드시 되리라고 말
한 것밖에 없으니
23 곧 그리스도가 (苦難)고난을 받
으실 것과 죽은 자 가운데서 먼저
다시 살아나사 이스라엘과 (異邦

人)이방인들에게 빛을 전하시리
라 함이니이다 하니라

바울이 아그립바 왕에게 전도하다

24 ●바울이 이같이 (辨明)변명하
매 베스도가 크게 소리 내어 이르
되 바울아 네가 미쳤도다 네 많은
(學問)학문이 너를 미치게 한다
하니
25 바울이 이르되 베스도 각하여 내
가 미친 것이 아니요 참되고 (穩
全)온전한 말을 하나이다
26 왕께서는 이 일을 아시기로 내가
왕께 (膽大)담대히 말하노니 이
일에 하나라도 아시지 못함이 없
는 줄 믿나이다 이 일은 한쪽 구
석에서 행한 것이 아니니이다
27 아그립바 왕이여 (先知者)선지자
를 믿으시나이까 믿으시는 줄 아
나이다
28 아그립바가 바울에게 이르되 네
가 [1]적은 말로 나를 (勸)권하여 그
리스도인이 되게 하려 하는도다
29 바울이 이르되 [2]말이 적으나 많
으나 당신뿐만 아니라 오늘 내 말
을 듣는 모든 사람도 다 이렇게
(結縛)결박된 것 외에는 나와 같
이 되기를 하나님께 원하나이다
하니라
30 ●왕과 (總督)총독과 버니게와 그
함께 앉은 사람들이 다 일어나서
31 물러가 서로 말하되 이 사람은 사
형이나 결박을 당할 만한 (行爲)
행위가 없다 하더라
32 이에 아그립바가 베스도에게 이
르되 이 사람이 만일 가이사에게
상소하지 아니하였더라면 (釋放)
석방될 수 있을 뻔하였다 하니라

바울이 로마로 압송되다

27 우리가 배를 타고 이달리야
에 가기로 (作定)작정되매
바울과 다른 죄수 몇 사람을 아구
스도대의 백부장 율리오란 사람
에게 맡기니
2 아시아 해변 각처로 가려 하는 아
드라뭇데노 배에 우리가 올라 (航
海)항해할새 마게도냐의 데살로
니가 사람 아리스다고도 함께 하
니라
3 이튿날 시돈에 대니 율리오가 바
울을 (親切)친절히 대하여 친구
들에게 가서 대접 받기를 (許諾)
허락하더니
4 또 거기서 우리가 떠나가다가 맞
바람을 피하여 구브로 해안을 의
지하고 (航海)항해하여
5 길리기아와 밤빌리아 바다를 건
너 루기아의 무라 (市)시에 이르
러
6 거기서 (百夫長)백부장이 이달리
야로 가려 하는 알렉산드리아 배
를 만나 우리를 오르게 하니
7 배가 더디 가 여러 날 만에 간신
히 니도 맞은편에 이르러 (風勢)
풍세가 더 허락하지 아니하므로
살모네 앞을 지나 그레데 해안을
바람막이로 항해하여
8 간신히 그 (沿岸)연안을 지나 (美
港)미항이라는 곳에 이르니 라새
아 시에서 가깝더라

1) 또는 짧은 시간에 2) 또는 시간이 짧으나 기나

9 ●여러 날이 걸려 금식하는 절기
가 이미 지났으므로 항해하기가
(危殆)위태한지라 바울이 그들을
권하여
10 말하되 여러분이여 내가 보니 이
번 항해가 (荷物)하물과 배만 아
니라 우리 생명에도 타격과 많은
손해를 끼치리라 하되
11 백부장이 (船長)선장과 선주의
말을 바울의 말보다 더 믿더라
12 그 (港口)항구가 겨울을 지내기
에 불편하므로 거기서 떠나 아무
쪼록 뵈닉스에 가서 겨울을 지내
자 하는 자가 더 많으니 뵈닉스는
그레데 항구라 한쪽은 서남을, 한
쪽은 서북을 향하였더라
13 남풍이 순하게 불매 그들이 뜻을
이룬 줄 알고 닻을 감아 그레데
해변을 끼고 (航海)항해하더니
14 얼마 안 되어 섬 가운데로부터 유
라굴로라는 (狂風)광풍이 크게
일어나니
15 배가 밀려 바람을 맞추어 갈 수
없어 가는 대로 두고 쫓겨가다가
16 가우다라는 작은 섬 아래로 지나
(艱辛)간신히 거루를 잡아
17 끌어 올리고 줄을 가지고 (船體)
선체를 둘러 감고 [1]스르디스에
걸릴까 두려워하여 연장을 내리
고 그냥 쫓겨가더니
18 우리가 풍랑으로 심히 애쓰다가
이튿날 (沙工)사공들이 짐을 바
다에 풀어 버리고
19 사흘째 되는 날에 배의 (器具)기

1) 모래톱

구를 그들의 손으로 내버리니라
20 여러 날 동안 해도 별도 보이지
아니하고 큰 풍랑이 그대로 있으
매 (救援)구원의 (餘望)여망마저
없어졌더라
21 여러 사람이 오래 먹지 못하였으
매 바울이 가운데 서서 말하되 여
러분이여 내 말을 듣고 그레데에
서 떠나지 아니하여 이 (打擊)타
격과 손상을 면하였더라면 좋을
뻔하였느니라
22 내가 너희를 권하노니 이제는 안
심하라 너희 중 아무도 생명에는
아무런 (損傷)손상이 없겠고 오
직 배뿐이리라
23 내가 속한 바 곧 내가 섬기는 하
나님의 (使者)사자가 어제 밤에
내 곁에 서서 말하되
24 바울아 두려워하지 말라 네가 가
이사 앞에 서야 하겠고 또 하나님
께서 너와 함께 (航海)항해하는
자를 다 네게 주셨다 하였으니
25 그러므로 여러분이여 (安心)안심
하라 나는 내게 말씀하신 그대로
되리라고 하나님을 믿노라
26 그런즉 우리가 반드시 한 섬에 걸
리리라 하더라

풍랑으로 배가 깨어지다

27 ●열나흘째 되는 날 밤에 우리가
아드리아 바다에서 이리 저리 쫓
겨가다가 자정쯤 되어 (沙工)사
공들이 어느 육지에 가까워지는
줄을 (斟酌)짐작하고
28 물을 재어 보니 스무 길이 되고
조금 가다가 다시 재니 열다섯 길

이라
29 (暗礁)암초에 걸릴까 하여 고물
로 닻 넷을 내리고 날이 새기를
고대하니라
30 사공들이 (逃亡)도망하고자 하여
이물에서 닻을 내리는 체하고 거
룻배를 바다에 내려 놓거늘
31 바울이 (百夫長)백부장과 군인들
에게 이르되 이 사람들이 배에 있
지 아니하면 너희가 구원을 얻지
못하리라 하니
32 이에 (軍人)군인들이 거룻줄을
끊어 떼어 버리니라
33 날이 새어 가매 바울이 여러 사람
에게 (飮食)음식 먹기를 권하여
이르되 너희가 기다리고 기다리
며 먹지 못하고 주린 지가 오늘까
지 열나흘인즉
34 음식 먹기를 권하노니 이것이 너
희의 (救援)구원을 위하는 것이
요 너희 중 머리카락 하나도 잃을
자가 없으리라 하고
35 떡을 가져다가 모든 사람 앞에서
하나님께 (祝謝)축사하고 떼어
먹기를 시작하매
36 그들도 다 (安心)안심하고 받아
먹으니
37 배에 있는 우리의 수는 (全部)전
부 이백칠십육 명이더라
38 배부르게 먹고 밀을 바다에 버려
배를 가볍게 하였더니
39 날이 새매 어느 땅인지 알지 못하
나 경사진 해안으로 된 항만이 눈
에 띄거늘 배를 거기에 들여다 댈
수 있는가 (議論)의논한 후
40 닻을 끊어 바다에 버리는 동시에
키를 풀어 늦추고 돛을 달고 바람
에 맞추어 (海岸)해안을 향하여
들어가다가
41 두 물이 (合)합하여 흐르는 곳을
만나 배를 걸매 이물은 부딪쳐 움
직일 수 없이 붙고 고물은 큰 물
결에 깨어져 가니
42 군인들은 (罪囚)죄수가 헤엄쳐서
도망할까 하여 그들을 죽이는 것
이 좋다 하였으나
43 백부장이 바울을 구원하려 하여
그들의 뜻을 막고 헤엄칠 줄 아는
사람들을 명하여 물에 뛰어내려
먼저 (陸地)육지에 나가게 하고
44 그 남은 사람들은 널조각 혹은 배
물건에 의지하여 나가게 하니 마
침내 사람들이 다 (上陸)상륙하
여 구조되니라

멜리데 섬에 오르다

28 우리가 (救助)구조된 후에
안즉 그 섬은 멜리데라 하
더라
2 비가 오고 날이 차매 원주민들이
우리에게 특별한 동정을 하여 불
을 피워 우리를 다 (迎接)영접하
더라
3 바울이 나무 한 묶음을 거두어 불
에 넣으니 뜨거움으로 말미암아
(毒蛇)독사가 나와 그 손을 물고
있는지라
4 (原住民)원주민들이 이 짐승이
그 손에 매달려 있음을 보고 서로
말하되 진실로 이 사람은 살인한
자로다 바다에서는 구조를 받았

으나 (公義)공의가 그를 살지 못
하게 함이로다 하더니
5 바울이 그 짐승을 불에 떨어 버리
매 조금도 (傷)상함이 없더라
6 그들은 그가 붓든지 혹은 갑자기
쓰러져 죽을 줄로 기다렸다가 오
래 기다려도 그에게 아무 (異狀)
이상이 없음을 보고 돌이켜 생각
하여 말하되 그를 신이라 하더라
7 ●이 섬에서 가장 높은 사람 보블
리오라 하는 이가 그 근처에 토지
가 있는지라 그가 우리를 (迎接)
영접하여 사흘이나 친절히 머물
게 하더니
8 보블리오의 부친이 열병과 이질
에 걸려 누워 있거늘 바울이 들어
가서 (祈禱)기도하고 그에게 (按
手)안수하여 낫게 하매
9 이러므로 섬 가운데 다른 (病)병
든 사람들이 와서 고침을 받고
10 후한 예로 우리를 (待接)대접하
고 떠날 때에 우리 쓸 것을 배에
실었더라

바울이 로마로 가다

11 ●석 달 후에 우리가 그 섬에서
겨울을 난 알렉산드리아 배를 타
고 떠나니 그 배의 머리 (裝飾)장
식은 [1]디오스구로라
12 수라구사에 대고 사흘을 있다가
13 거기서 둘러가서 레기온에 이르
러 하루를 지낸 후 (南風)남풍이
일어나므로 이튿날 보디올에 이
르러
14 거기서 형제들을 만나 그들의
(請)청함을 받아 이레를 함께 머
무니라 그래서 우리는 이와 같이
로마로 가니라
15 그 곳 형제들이 우리 소식을 듣고
압비오 광장과 [2]트레이스 타베르
네까지 맞으러 오니 바울이 그들
을 보고 하나님께 (感謝)감사하
고 담대한 마음을 얻으니라

바울이 로마에서 전도하다

16 ●우리가 로마에 들어가니 바울
에게는 자기를 지키는 한 군인과
함께 따로 있게 (許諾)허락하더
라
17 사흘 후에 바울이 유대인 중 높은
사람들을 청하여 그들이 모인 후
에 이르되 여러분 형제들아 내가
이스라엘 백성이나 우리 조상의
관습을 (排斥)배척한 일이 없는
데 예루살렘에서 로마인의 손에
죄수로 내준 바 되었으니
18 로마인은 나를 (審問)심문하여
죽일 죄목이 없으므로 (釋放)석
방하려 하였으나
19 유대인들이 (反對)반대하기로 내
가 마지 못하여 가이사에게 상소
함이요 내 민족을 고발하려는 것
이 아니니라
20 이러므로 너희를 보고 함께 이야
기하려고 청하였으니 이스라엘의
(所望)소망으로 말미암아 내가
이 쇠사슬에 매인 바 되었노라
21 그들이 이르되 우리가 유대에서
네게 대한 (便紙)편지도 받은 일
이 없고 또 형제 중 누가 와서 네
게 대하여 좋지 못한 것을 전하든

1) 제우스의 쌍둥 아들 2) 헬, 세 여관이라는 뜻임

지 이야기한 일도 없느니라
22 이에 우리가 너의 (思想)사상이
어떠한가 듣고자 하니 이 파에 대
하여는 어디서든지 반대를 받는
줄 알기 때문이라 하더라
23 ●그들이 날짜를 정하고 그가 (留
宿)유숙하는 집에 많이 오니 바
울이 아침부터 저녁까지 (講論)
강론하여 하나님의 나라를 증언
하고 모세의 율법과 선지자의 말
을 가지고 예수에 대하여 권하더
라
24 그 말을 믿는 사람도 있고 믿지
아니하는 사람도 있어
25 서로 맞지 아니하여 흩어질 때에
바울이 한 말로 이르되 성령이 선
지자 이사야를 통하여 너희 (祖
上)조상들에게 말씀하신 것이 옳
도다
26 일렀으되
ㄱ이 (百姓)백성에게 가서 말하
기를 너희가 듣기는 들어도 도
무지 깨닫지 못하며 보기는 보
아도 도무지 알지 못하는도다
27 이 백성들의 마음이 (愚鈍)우둔
하여져서 그 귀로는 둔하게 듣
고 그 눈은 감았으니 이는 눈으
로 보고 귀로 듣고 마음으로 깨
달아 돌아오면 내가 고쳐 줄까
함이라
하였으니
28 그런즉 하나님의 이 (救援)구원
이 이방인에게로 보내어진 줄 알
라 그들은 그것을 들으리라 하더
라
29 [1]없음
30 ●바울이 온 이태를 자기 셋집에
머물면서 자기에게 오는 사람을
다 (迎接)영접하고
31 하나님의 나라를 (傳播)전파하며
주 예수 그리스도에 관한 모든 것
을 (膽大)담대하게 거침없이 가
르치더라

1) 어떤 사본에, 29 '그가 이 말을 마칠 때에 유대인들이 서로 큰 쟁론을 하며 물러가더라'가 있음 ㄱ 사 6:9, 10

로마書 Romans

인사

1 예수 그리스도의 종 바울은 사도로 부르심을 받아 하나님의 복음을 위하여 (擇定)택정함을 입었으니

2 이 (福音)복음은 하나님이 선지자들을 통하여 그의 아들에 관하여 성경에 미리 (約束)약속하신 것이라

3 그의 아들에 관하여 말하면 육신으로는 다윗의 [1](血統)혈통에서 나셨고

4 성결의 영으로는 [2]죽은 자들 가운데서 (復活)부활하사 능력으로 하나님의 아들로 선포되셨으니 곧 우리 주 예수 그리스도시니라

5 그로 말미암아 우리가 은혜와 (使徒)사도의 직분을 받아 그의 이름을 위하여 모든 이방인 중에서 믿어 (順從)순종하게 하나니

6 너희도 그들 (中)중에서 예수 그리스도의 것으로 부르심을 받은 자니라

7 로마에서 하나님의 사랑하심을 받고 성도로 부르심을 받은 모든 자에게 하나님 우리 아버지와 주 예수 그리스도로부터 (恩惠)은혜와 평강이 있기를 원하노라

바울의 로마 방문 계획

8 ●먼저 내가 예수 그리스도로 말미암아 너희 모든 사람에 관하여 내 하나님께 (感謝)감사함은 너희 믿음이 온 세상에 전파됨이로다

9 내가 그의 아들의 복음 안에서 내 심령으로 섬기는 하나님이 나의 증인이 되시거니와 항상 내 (祈禱)기도에 쉬지 않고 너희를 말하며

10 어떻게 하든지 이제 하나님의 뜻 안에서 너희에게로 나아갈 좋은 길 얻기를 (求)구하노라

11 내가 너희 보기를 간절히 원하는 것은 어떤 신령한 은사를 너희에게 나누어 주어 너희를 (堅固)견고하게 하려 함이니

12 이는 곧 내가 너희 가운데서 너희와 나의 믿음으로 말미암아 피차 (安慰)안위함을 얻으려 함이라

13 (兄弟)형제들아 내가 여러 번 너희에게 가고자 한 것을 너희가 모르기를 원하지 아니하노니 이는 너희 중에서도 다른 이방인 중에서와 같이 열매를 맺게 하려 함이로되 (只今)지금까지 길이 막혔도다

14 헬라인이나 [3]야만인이나 (智慧)지혜 있는 자나 어리석은 자에게 다 내가 빚진 자라

15 그러므로 나는 할 수 있는 대로 로마에 있는 너희에게도 복음 전하기를 (願)원하노라

16 내가 (福音)복음을 부끄러워하지 아니하노니 이 복음은 모든 믿는 자에게 구원을 주시는 하나님의

1) 헬, 씨 2) 헬, 죽은 자의 부활로 3) 헬라어를 사용하지 않는 사람

능력이 됨이라 먼저는 유대인에
게요 그리고 헬라인에게로다
17 복음에는 하나님의 의가 나타나
서 믿음으로 믿음에 이르게 하나
니 기록된 바 ㄱ오직 (義人)의인은
믿음으로 말미암아 살리라 함과
같으니라

모든 경건하지 않음과 불의

18 ●하나님의 (震怒)진노가 불의로
(眞理)진리를 막는 사람들의 모
든 경건하지 않음과 불의에 대하
여 하늘로부터 나타나나니
19 이는 하나님을 알 만한 것이 그들
속에 보임이라 하나님께서 이를
그들에게 보이셨느니라
20 (創世)창세로부터 그의 보이지
아니하는 것들 곧 그의 영원하신
능력과 신성이 그가 만드신 만물
에 분명히 보여 알려졌나니 [1]그
러므로 그들이 핑계하지 못할지
니라
21 하나님을 알되 하나님을 영화롭
게도 아니하며 감사하지도 아니
하고 오히려 그 생각이 (虛妄)허
망하여지며 미련한 마음이 어두
워졌나니
22 스스로 (智慧)지혜 있다 하나 어
리석게 되어
23 썩어지지 아니하는 하나님의 영
광을 썩어질 사람과 새와 짐승과
기어다니는 동물 모양의 (偶像)
우상으로 바꾸었느니라
24 ●그러므로 하나님께서 그들을
마음의 (情慾)정욕대로 더러움에
내버려 두사 그들의 몸을 서로 욕
되게 하게 하셨으니
25 이는 그들이 하나님의 진리를 거
짓 것으로 바꾸어 (被造物)피조
물을 조물주보다 더 경배하고 섬
김이라 주는 곧 영원히 (讚頌)찬
송할 이시로다 아멘
26 ●이 때문에 하나님께서 그들을
부끄러운 (慾心)욕심에 내버려 두
셨으니 곧 그들의 여자들도 순리
대로 쓸 것을 바꾸어 역리로 쓰며
27 그와 같이 남자들도 (順理)순리
대로 여자 쓰기를 버리고 서로 향
하여 (淫慾)음욕이 불 일듯 하매
남자가 남자와 더불어 부끄러운
일을 행하여 그들의 그릇됨에 상
당한 보응을 그들 자신이 받았느
니라
28 ●또한 그들이 [2]마음에 하나님
두기를 싫어하매 하나님께서 그
들을 그 상실한 마음대로 내버려
두사 (合當)합당하지 못한 일을
하게 하셨으니
29 곧 모든 (不義)불의, 추악, 탐욕,
악의가 가득한 자요 시기, 살인,
분쟁, 사기, 악독이 가득한 자요
수군수군하는 자요
30 (誹謗)비방하는 자요 [3]하나님께
서 미워하시는 자요 능욕하는 자
요 교만한 자요 자랑하는 자요 악
을 도모하는 자요 부모를 거역하
는 자요
31 (愚昧)우매한 자요 배약하는 자
요 무정한 자요 무자비한 자라

1) 또는 이는 그들로 핑계하지 못하게 하심이니라 2) 헬 지식에 3) 또는 하나님을 미워하는 자요 ㄱ 합 2:4

32 그들이 이같은 일을 행하는 자는
사형에 (該當)해당한다고 하나님
께서 정하심을 알고도 자기들만
행할 뿐 아니라 또한 그런 일을
행하는 자들을 옳다 하느니라

하나님의 심판

2 그러므로 남을 판단하는 사람
아, 누구를 막론하고 네가 핑계
하지 못할 것은 남을 판단하는 것
으로 네가 너를 (定罪)정죄함이
니 판단하는 네가 같은 일을 행함
이니라
2 이런 일을 행하는 자에게 하나님
의 (審判)심판이 진리대로 되는
줄 우리가 아노라
3 이런 일을 행하는 자를 (判斷)판
단하고도 같은 일을 행하는 사람
아, 네가 하나님의 심판을 피할
줄로 생각하느냐
4 혹 네가 하나님의 인자하심이 너
를 인도하여 회개하게 하심을 알
지 못하여 그의 인자하심과 용납
하심과 길이 참으심이 (豊盛)풍
성함을 멸시하느냐
5 다만 네 고집과 (悔改)회개하지
아니한 마음을 따라 (震怒)진노
의 날 곧 하나님의 의로우신 심판
이 나타나는 그 날에 임할 진노를
네게 쌓는도다
6 하나님께서 각 사람에게 그 행한
대로 (報應)보응하시되
7 참고 선을 행하여 영광과 존귀와
썩지 아니함을 구하는 자에게는
(永生)영생으로 하시고
8 오직 당을 지어 (眞理)진리를 따
르지 아니하고 불의를 따르는 자
에게는 진노와 분노로 하시리라
9 악을 행하는 각 사람의 영에는
(患難)환난과 (困苦)곤고가 있으
리니 먼저는 유대인에게요 그리
고 헬라인에게며
10 선을 행하는 각 사람에게는 영광
과 (尊貴)존귀와 평강이 있으리
니 먼저는 유대인에게요 그리고
헬라인에게라
11 이는 하나님께서 (外貌)외모로
사람을 취하지 아니하심이라
12 ●무릇 율법 없이 범죄한 자는 또
한 율법 없이 망하고 무릇 율법이
있고 범죄한 자는 율법으로 말미
암아 (審判)심판을 받으리라
13 하나님 앞에서는 율법을 듣는 자
가 (義人)의인이 아니요 오직 율
법을 행하는 자라야 의롭다 하심
을 얻으리니
14 (율법 없는 이방인이 (本性)본성
으로 율법의 일을 행할 때에는 이
사람은 율법이 없어도 자기가 자
기에게 율법이 되나니
15 이런 이들은 그 양심이 증거가 되어
그 생각들이 서로 혹은 고발하며 혹
은 변명하여 그 마음에 새긴 율법의
(行爲)행위를 나타내느니라)
16 곧 나의 (福音)복음에 이른 바와
같이 하나님이 예수 그리스도로
말미암아 사람들의 (隱密)은밀한
것을 심판하시는 그 날이라

유대인과 율법

17 ●유대인이라 불리는 네가 율법
을 (依支)의지하며 하나님을 자

랑하며
18 율법의 교훈을 받아 하나님의 뜻
을 알고 [1]지극히 선한 것을 분간
하며
19 맹인의 길을 (引導)인도하는 자
요 어둠에 있는 자의 빛이요
20 (律法)율법에 있는 지식과 진리
의 모본을 가진 자로서 어리석은
자의 교사요 어린 아이의 선생이
라고 스스로 믿으니
21 그러면 다른 사람을 가르치는 네
가 네 자신은 가르치지 아니하느
냐 도둑질하지 말라 (宣布)선포
하는 네가 도둑질하느냐
22 (姦淫)간음하지 말라 말하는 네가
간음하느냐 우상을 가증히 여기는
네가 신전 물건을 도둑질하느냐
23 율법을 자랑하는 네가 율법을 범
함으로 하나님을 (辱)욕되게 하
느냐
24 기록된 바와 같이 ㄱ하나님의 이
름이 너희 때문에 이방인 중에서
(冒瀆)모독을 받는도다
25 네가 율법을 행하면 할례가 유익
하나 만일 율법을 범하면 네 할례
는 (無割禮)무할례가 되느니라
26 그런즉 무할례자가 율법의 (規例)
규례를 지키면 그 무할례를 할례
와 같이 여길 것이 아니냐
27 또한 본래 무할례자가 율법을 온
전히 지키면 율법 조문과 (割禮)
할례를 가지고 율법을 범하는 너
를 정죄하지 아니하겠느냐
28 무릇 표면적 유대인이 유대인이
아니요 (表面的)표면적 육신의
할례가 할례가 아니니라
29 오직 (裏面的)이면적 유대인이
유대인이며 할례는 마음에 할지니
영에 있고 율법 조문에 있지 아니
한 것이라 그 칭찬이 사람에게서
가 아니요 다만 하나님에게서니라

3 그런즉 유대인의 나음이 무엇
이며 할례의 (有益)유익이 무엇
이냐
2 (凡事)범사에 많으니 우선은 그
들이 하나님의 말씀을 맡았음이
니라
3 어떤 자들이 믿지 아니하였으면
어찌하리요 그 믿지 아니함이 하
나님의 미쁘심을 (廢)폐하겠느냐
4 그럴 수 없느니라 사람은 다 거짓
되되 오직 하나님은 참되시다 할
지어다 기록된 바
ㄴ주께서 주의 말씀에 의롭다 함
을 얻으시고 (判斷)판단 받으실
때에 이기려 하심이라
함과 같으니라
5 그러나 우리 (不義)불의가 하나
님의 의를 드러나게 하면 무슨 말
하리요 [내가 사람의 말하는 대로
말하노니] 진노를 내리시는 하나
님이 불의하시냐
6 결코 그렇지 아니하니라 만일 그
러하면 하나님께서 어찌 세상을
(審判)심판하시리요
7 그러나 나의 거짓말로 하나님의
참되심이 더 (豊盛)풍성하여 그
의 영광이 되었다면 어찌 내가 죄
인처럼 (審判)심판을 받으리요

1) 또는 능히 같지 아니한 점을 분별하라 ㄱ 사 52:5 ㄴ 시 51:4

8 또는 그러면 선을 이루기 위하여 악을 행하자 하지 않겠느냐 어떤 이들이 이렇게 (誹謗)비방하여 우리가 이런 말을 한다고 하니 그들은 (定罪)정죄 받는 것이 마땅하니라

다 죄 아래에 있다

9 ● 그러면 어떠하냐 우리는 [1]나으냐 결코 아니라 유대인이나 헬라인이나 다 죄 아래에 있다고 우리가 이미 (宣言)선언하였느니라

10 기록된 바
[ㄱ](義人)의인은 없나니 하나도 없으며

11 깨닫는 자도 없고 하나님을 찾는 자도 없고

12 다 치우쳐 함께 (無益)무익하게 되고 선을 행하는 자는 없나니 하나도 없도다

13 [ㄴ]그들의 목구멍은 열린 무덤이요 [ㄷ]그 혀로는 속임을 일삼으며 그 입술에는 (毒蛇)독사의 독이 있고

14 [ㄹ]그 입에는 (詛呪)저주와 (惡毒)악독이 가득하고

15 [ㅁ]그 발은 피 흘리는 데 빠른지라

16 (破滅)파멸과 고생이 그 길에 있어

17 (平康)평강의 길을 알지 못하였고

18 [ㅂ]그들의 눈 앞에 하나님을 두려워함이 없느니라

함과 같으니라

하나님의 의

19 ● 우리가 알거니와 무릇 율법이 말하는 바는 율법 아래에 있는 자들에게 말하는 것이니 이는 모든 입을 막고 온 세상으로 하나님의 [2](審判)심판 아래에 있게 하려 함이라

20 그러므로 율법의 (行爲)행위로 그의 앞에 의롭다 하심을 얻을 육체가 없나니 율법으로는 죄를 깨달음이니라

21 이제는 율법 외에 하나님의 한 의가 나타났으니 율법과 선지자들에게 (證據)증거를 받은 것이라

22 곧 예수 그리스도를 믿음으로 말미암아 모든 믿는 자에게 미치는 하나님의 의니 (差別)차별이 없느니라

23 모든 사람이 죄를 범하였으매 하나님의 (榮光)영광에 이르지 못하더니

24 그리스도 예수 안에 있는 (贖良)속량으로 말미암아 하나님의 은혜로 값 없이 의롭다 하심을 얻은 자 되었느니라

25 이 예수를 하나님이 [3]그의 피로써 믿음으로 말미암는 (和睦祭物)화목제물로 세우셨으니 이는 하나님께서 길이 참으시는 중에 전에 지은 죄를 (看過)간과하심으로 자기의 의로우심을 나타내려 하심이니

26 곧 이 때에 자기의 (義)의로우심을 나타내사 자기도 의로우시며

1) 또는 그들만 못하뇨 2) 또는 정죄 3) 또는 그의 피를 믿음으로 말미암는 화목제물로 세우셨으니
ㄱ 시 14:1 이하; 53:1 이하 ㄴ 시 5:9 ㄷ 시 140:3
ㄹ 시 10:7 ㅁ 사 59:7 이하 ㅂ 시 36:1

또한 예수 믿는 자를 의롭다 하려
하심이라
27 그런즉 자랑할 데가 어디냐 있을
수가 없느니라 무슨 법으로냐 (行
爲)행위로냐 아니라 오직 믿음의
법으로니라
28 그러므로 사람이 의롭다 하심을
얻는 것은 율법의 행위에 있지 않
고 믿음으로 되는 줄 우리가 (認
定)인정하노라
29 하나님은 다만 유대인의 하나님
이시냐 또한 이방인의 하나님은
아니시냐 진실로 (異邦人)이방인
의 하나님도 되시느니라
30 할례자도 믿음으로 말미암아 또
한 무할례자도 믿음으로 말미암
아 (義)의롭다 하실 하나님은 한
분이시니라
31 그런즉 우리가 믿음으로 말미암
아 율법을 (破棄)파기하느냐 그
럴 수 없느니라 도리어 율법을 굳
게 세우느니라

아브라함의 믿음과 그로 말미암은 언약

4 그런즉 [1](肉身)육신으로 우리
(祖上)조상인 아브라함이 무엇
을 얻었다 하리요
2 만일 아브라함이 (行爲)행위로써
의롭다 하심을 받았으면 자랑할
것이 있으려니와 하나님 앞에서
는 없느니라
3 (聖經)성경이 무엇을 말하느냐
ㄱ아브라함이 하나님을 믿으매 그
것이 그에게 의로 여겨진 바 되었
느니라
4 일하는 자에게는 그 삯이 은혜로
여겨지지 아니하고 (報酬)보수로
여겨지거니와
5 일을 아니할지라도 (敬虔)경건하
지 아니한 자를 의롭다 하시는 이
를 믿는 자에게는 그의 믿음을 의
로 여기시나니
6 일한 것이 없이 하나님께 의로 여
기심을 받는 사람의 (福)복에 대
하여 다윗이 말한 바
7 ㄴ(不法)불법이 (赦)사함을 받고
죄가 가리어짐을 받는 사람들은
복이 있고
8 주께서 그 죄를 인정하지 아니
하실 사람은 복이 있도다
함과 같으니라
9 그런즉 이 (福)복이 할례자에게
냐 혹은 무할례자에게도냐 무릇
우리가 말하기를 아브라함에게는
그 믿음이 의로 여겨졌다 하노라
10 그런즉 그것이 어떻게 여겨졌느
냐 (割禮時)할례시냐 무할례시냐
할례시가 아니요 무할례시니라
11 그가 할례의 표를 받은 것은 무할
례시에 믿음으로 된 의를 인친 것
이니 이는 무할례자로서 믿는 모든
자의 (祖上)조상이 되어 그들도 의
로 여기심을 얻게 하려 하심이라
12 또한 (割禮)할례자의 조상이 되
었나니 곧 할례 받을 자에게뿐 아
니라 우리 조상 아브라함이 무할
례시에 가졌던 믿음의 자취를 따
르는 자들에게도 그러하니라
13 아브라함이나 그 [2]후손에게 세상

1) 또는 우리 조상 아브라함이 육으로 2) 헬, 씨 ㄱ 창 15:6
ㄴ 시 32:1 이하

의 상속자가 되리라고 하신 (言
約)언약은 율법으로 말미암은 것
이 아니요 오직 믿음의 의로 말미
암은 것이니라
14 만일 율법에 속한 자들이 (相續
者)상속자이면 믿음은 헛것이 되
고 약속은 파기되었느니라
15 율법은 진노를 이루게 하나니 율
법이 없는 곳에는 (犯法)범법도
없느니라
16 그러므로 상속자가 되는 그것이
은혜에 속하기 위하여 믿음으로
되나니 이는 그 (約束)약속을 그
모든 [1]후손에게 굳게 하려 하심
이라 율법에 속한 자에게뿐만 아
니라 아브라함의 믿음에 속한 자
에게도 그러하니 아브라함은 우
리 모든 사람의 조상이라
17 (記錄)기록된 바 ㄱ내가 너를 많은
민족의 조상으로 세웠다 하심과
같으니 그가 믿은 바 하나님은 죽
은 자를 살리시며 없는 것을 있는
것으로 부르시는 이시니라
18 아브라함이 바랄 수 없는 중에 바
라고 믿었으니 이는 ㄴ네 [1](後孫)
후손이 이같으리라 하신 말씀대
로 많은 민족의 조상이 되게 하려
하심이라
19 그가 백 세나 되어 자기 몸이 죽
은 것 같고 사라의 (胎)태가 죽은
것 같음을 알고도 믿음이 (弱)약
하여지지 아니하고

1) 헬, 씨 2) 또는 믿음으로 서 있는 이 은혜에 들어감을 우리로 얻게 하신 우리 주 예수 그리스도로 말미암아 하나님으로 더불어 화평을 누리며 또한 하나님의 영광을 바라고 즐거워하자 3) 또는 화평이 있고 ㄱ 창 17:5 ㄴ 창 15:5

20 믿음이 없어 하나님의 약속을 의
심하지 않고 믿음으로 (堅固)견
고하여져서 하나님께 영광을 돌
리며
21 약속하신 그것을 또한 능히 이루
실 줄을 (確信)확신하였으니
22 그러므로 그것이 그에게 (義)의
로 여겨졌느니라
23 그에게 의로 여겨졌다 (記錄)기
록된 것은 아브라함만 위한 것이
아니요
24 의로 여기심을 받을 우리도 위함
이니 곧 예수 우리 (主)주를 죽은
자 가운데서 살리신 이를 믿는 자
니라
25 예수는 우리가 (犯罪)범죄한 것
때문에 내줌이 되고 또한 우리를
의롭다 하시기 위하여 살아나셨
느니라

의롭다 하심을 받은 사람의 삶

5 그러므로 우리가 믿음으로 의
롭다 하심을 받았으니 [2]우리 주
예수 그리스도로 말미암아 하나
님과 [3](和平)화평을 누리자
2 또한 그로 말미암아 우리가 믿음
으로 서 있는 이 은혜에 들어감을
얻었으며 하나님의 (榮光)영광을
바라고 즐거워하느니라
3 다만 이뿐 아니라 우리가 (患難)
환난 중에도 즐거워하나니 이는
환난은 인내를,
4 (忍耐)인내는 (鍊鍛)연단을, 연단
은 소망을 이루는 줄 앎이로다
5 (所望)소망이 우리를 부끄럽게
하지 아니함은 우리에게 주신 성

령으로 말미암아 하나님의 사랑
이 우리 마음에 부은 바 됨이니
6 우리가 아직 (軟弱)연약할 때에
기약대로 그리스도께서 경건하지
않은 자를 위하여 죽으셨도다
7 (義人)의인을 위하여 죽는 자가
쉽지 않고 선인을 위하여 용감히
죽는 자가 혹 있거니와
8 우리가 아직 (罪人)죄인 되었을
때에 그리스도께서 우리를 위하
여 죽으심으로 하나님께서 우리
에 대한 자기의 사랑을 (確證)확
증하셨느니라
9 그러면 이제 우리가 그의 피로 말
미암아 의롭다 하심을 받았으니
더욱 그로 말미암아 진노하심에
서 (救援)구원을 받을 것이니
10 곧 우리가 (怨讐)원수 되었을 때
에 그의 아들의 죽으심으로 말미
암아 하나님과 화목하게 되었은
즉 화목하게 된 자로서는 더욱 그
의 살아나심으로 말미암아 구원
을 받을 것이니라
11 그뿐 아니라 이제 우리로 (和睦)
화목하게 하신 우리 주 예수 그리
스도로 말미암아 하나님 안에서
또한 즐거워하느니라

아담과 그리스도

12 ● 그러므로 한 사람으로 말미암
아 죄가 세상에 들어오고 죄로 말
미암아 (死亡)사망이 들어왔나니
이와 같이 모든 사람이 죄를 지었
으므로 사망이 모든 사람에게 이
르렀느니라
13 (罪)죄가 (律法)율법 있기 전에도
세상에 있었으나 율법이 없었을
때에는 죄를 죄로 여기지 아니하
였느니라
14 그러나 아담으로부터 모세까지
아담의 범죄와 같은 죄를 짓지 아
니한 자들까지도 사망이 왕 노릇
하였나니 아담은 오실 자의 [1](模
型)모형이라
15 그러나 이 (恩賜)은사는 그 범죄
와 같지 아니하니 곧 한 사람의
범죄를 인하여 많은 사람이 죽었
은즉 더욱 하나님의 (恩惠)은혜
와 또한 한 사람 예수 그리스도의
은혜로 말미암은 선물은 많은 사
람에게 넘쳤느니라
16 또 이 (膳物)선물은 범죄한 한 사
람으로 말미암은 것과 같지 아니
하니 심판은 한 사람으로 말미암
아 정죄에 이르렀으나 은사는 많
은 범죄로 말미암아 의롭다 하심
에 이름이니라
17 한 사람의 (犯罪)범죄로 말미암
아 (死亡)사망이 그 한 사람을 통
하여 왕 노릇 하였은즉 더욱 은혜
와 의의 (膳物)선물을 넘치게 받
는 자들은 한 분 예수 그리스도를
통하여 생명 안에서 왕 노릇 하리
로다
18 그런즉 한 범죄로 많은 사람이 정
죄에 이른 것 같이 한 의로운 행
위로 말미암아 많은 사람이 의롭
다 하심을 받아 (生命)생명에 이
르렀느니라
19 한 사람이 (順從)순종하지 아니

1) 또는 예표

함으로 많은 사람이 죄인 된 것
같이 한 사람이 순종하심으로 많
은 사람이 (義人)의인이 되리라
20 (律法)율법이 들어온 것은 범죄를
더하게 하려 함이라 그러나 죄가
더한 곳에 은혜가 더욱 넘쳤나니
21 이는 죄가 사망 안에서 왕 노릇
한 것 같이 은혜도 또한 의로 말
미암아 왕 노릇 하여 우리 주 예
수 그리스도로 말미암아 (永生)
영생에 이르게 하려 함이라

그리스도와 함께 죽고 함께 산다

6 그런즉 우리가 무슨 말을 하리
요 (恩惠)은혜를 더하게 하려고
죄에 (居)거하겠느냐
2 그럴 수 없느니라 (罪)죄에 대하
여 죽은 우리가 어찌 그 가운데
더 살리요
3 무릇 그리스도 예수와 합하여 [1)]
(洗禮)세례를 받은 우리는 그의
죽으심과 합하여 [1)]세례를 받은
줄을 알지 못하느냐
4 그러므로 우리가 그의 죽으심
과 합하여 [1)]세례를 받음으로 그
와 함께 (葬事)장사되었나니 이
는 아버지의 영광으로 말미암아
그리스도를 죽은 자 가운데서 살
리심과 같이 우리로 또한 새 생명
가운데서 행하게 하려 함이라
5 만일 우리가 그의 죽으심과 같은
모양으로 연합한 자가 되었으면
또한 그의 (復活)부활과 같은 모
양으로 연합한 자도 되리라
6 우리가 알거니와 우리의 옛 사람
이 예수와 함께 (十字架)십자가
에 못 박힌 것은 죄의 몸이 죽어
다시는 우리가 죄에게 종 노릇 하
지 아니하려 함이니
7 이는 죽은 자가 죄에서 벗어나
(義)의롭다 하심을 얻었음이라
8 (萬一)만일 우리가 그리스도와
함께 죽었으면 또한 그와 함께 살
줄을 믿노니
9 이는 그리스도께서 죽은 자 가운
데서 살아나셨으매 다시 죽지 아
니하시고 사망이 다시 그를 (主
掌)주장하지 못할 줄을 앎이로라
10 그가 죽으심은 (罪)죄에 대하여
단번에 죽으심이요 그가 살아 계
심은 하나님께 대하여 살아 계심
이니
11 이와 같이 너희도 너희 자신을
(罪)죄에 대하여는 죽은 자요 그
리스도 예수 안에서 하나님께 대
하여는 살아 있는 자로 여길지어
다
12 ●그러므로 너희는 죄가 너희 죽
을 몸을 지배하지 못하게 하여 몸
의 (私慾)사욕에 순종하지 말고
13 또한 너희 (肢體)지체를 불의의
무기로 죄에게 내주지 말고 오직
너희 자신을 죽은 자 가운데서 다
시 살아난 자 같이 하나님께 드리
며 너희 지체를 의의 무기로 하나
님께 드리라
14 죄가 너희를 (主掌)주장하지 못하
리니 이는 너희가 법 아래에 있지
아니하고 은혜 아래에 있음이라

의의 종

1) 헬, 또는 침례

15 ●그런즉 어찌하리요 우리가 법
아래에 있지 아니하고 (恩惠)은
혜 아래에 있으니 죄를 지으리요
그럴 수 없느니라
16 너희 자신을 종으로 내주어 누구
에게 순종하든지 그 순종함을 받
는 자의 종이 되는 줄을 너희가
알지 못하느냐 혹은 죄의 종으로
(死亡)사망에 이르고 혹은 순종
의 종으로 의에 이르느니라
17 하나님께 감사하리로다 너희가
본래 죄의 종이더니 [1]너희에게
전하여 준 바 교훈의 본을 마음으
로 (順從)순종하여
18 죄로부터 (解放)해방되어 의에게
종이 되었느니라
19 너희 육신이 (軟弱)연약하므로 내
가 사람의 예대로 말하노니 전에
너희가 너희 지체를 부정과 불법
에 내주어 (不法)불법에 이른 것
같이 이제는 너희 지체를 의에게
종으로 내주어 거룩함에 이르라
20 너희가 죄의 종이 되었을 때에는
의에 대하여 (自由)자유로웠느니
라
21 너희가 그 때에 무슨 열매를 얻었
느냐 이제는 너희가 그 일을 부끄
러워하나니 이는 그 마지막이 (死
亡)사망임이라
22 그러나 이제는 너희가 죄로부터
(解放)해방되고 하나님께 종이
되어 거룩함에 이르는 열매를 맺
었으니 그 마지막은 영생이라
23 죄의 삯은 사망이요 하나님의 [2]
은사는 그리스도 예수 우리 주 안
에 있는 (永生)영생이니라

혼인 관계로 비유한 율법과 죄

7 형제들아 내가 법 아는 자들에
게 말하노니 너희는 그 법이 사
람이 살 동안만 그를 (主管)주관
하는 줄 알지 못하느냐
2 남편 있는 여인이 그 남편 생전
에는 법으로 그에게 매인 바 되
나 만일 그 남편이 죽으면 남편의
(法)법에서 벗어나느니라
3 그러므로 만일 그 남편 생전에 다
른 남자에게 가면 음녀라 그러나
만일 남편이 죽으면 그 법에서 자
유롭게 되나니 다른 남자에게 갈
지라도 (淫女)음녀가 되지 아니
하느니라
4 그러므로 내 (兄弟)형제들아 너
희도 그리스도의 몸으로 말미암
아 율법에 대하여 죽임을 당하였
으니 이는 다른 이 곧 죽은 자 가
운데서 살아나신 이에게 가서 우
리가 하나님을 위하여 열매를 맺
게 하려 함이라
5 우리가 육신에 있을 때에는 율법
으로 말미암는 죄의 (情慾)정욕
이 우리 지체 중에 역사하여 우리
로 사망을 위하여 열매를 맺게 하
였더니
6 이제는 우리가 얽매였던 것에 대
하여 죽었으므로 율법에서 벗어
났으니 이러므로 우리가 영의 새
로운 것으로 섬길 것이요 율법
(條文)조문의 묵은 것으로 아니
할지니라

1) 헬, 너희를 맡은 바 교훈의 2) 선물

7 그런즉 우리가 무슨 말을 하리요
(律法)율법이 죄냐 그럴 수 없느
니라 율법으로 말미암지 않고는
내가 죄를 알지 못하였으니 곧 율
법이 [ㄱ]탐내지 말라 하지 아니하
였더라면 내가 (貪心)탐심을 알
지 못하였으리라
8 그러나 죄가 (機會)기회를 타서
계명으로 말미암아 내 속에서 온
갖 탐심을 이루었나니 이는 율법
이 없으면 죄가 죽은 것임이라
9 전에 [1](律法)율법을 깨닫지 못했
을 때에는 내가 살았더니 계명이
이르매 죄는 살아나고 나는 죽었
도다
10 (生命)생명에 이르게 할 그 계명
이 내게 대하여 도리어 사망에 이
르게 하는 것이 되었도다
11 죄가 (機會)기회를 타서 계명으
로 말미암아 나를 속이고 그것으
로 나를 죽였는지라
12 이로 보건대 율법은 거룩하고 계
명도 거룩하고 (義)의로우며 (善)
선하도다
13 그런즉 선한 것이 내게 사망이 되
었느냐 그럴 수 없느니라 오직 죄
가 죄로 드러나기 위하여 선한 그
것으로 말미암아 나를 죽게 만들
었으니 이는 (誡命)계명으로 말
미암아 죄로 심히 죄 되게 하려
함이라
14 우리가 율법은 (神靈)신령한 줄
알거니와 나는 육신에 속하여 죄
아래에 팔렸도다

1) 헬, 법 없이 내가 2) 또는 행할 능은 ㄱ 출 20:17; 신 5:21

15 내가 (行)행하는 것을 내가 알지
못하노니 곧 내가 원하는 것은 행
하지 아니하고 도리어 미워하는
것을 행함이라
16 만일 내가 원하지 아니하는 그것
을 행하면 내가 이로써 율법이 선
한 것을 (是認)시인하노니
17 이제는 그것을 행하는 자가 내가
아니요 내 속에 (居)거하는 죄니
라
18 내 속 곧 내 (肉身)육신에 선한
것이 거하지 아니하는 줄을 아노
니 원함은 내게 있으나 선을 [2]행
하는 것은 없노라
19 내가 (願)원하는 바 (善)선은 행
하지 아니하고 도리어 원하지 아
니하는 바 (惡)악을 행하는도다
20 만일 내가 원하지 아니하는 그것
을 하면 이를 행하는 자는 내가 아
니요 내 속에 거하는 (罪)죄니라
21 그러므로 내가 한 (法)법을 깨달
았노니 곧 선을 행하기 원하는 나
에게 악이 함께 있는 것이로다
22 내 속사람으로는 하나님의 법을
즐거워하되
23 내 (肢體)지체 속에서 한 다른 법
이 내 마음의 법과 싸워 내 지체
속에 있는 죄의 법으로 나를 사로
잡는 것을 보는도다
24 오호라 나는 (困苦)곤고한 사람
이로다 이 사망의 몸에서 누가 나
를 건져내랴
25 우리 주 예수 그리스도로 말미암
아 하나님께 (感謝)감사하리로다
그런즉 내 자신이 마음으로는 하

나님의 법을 육신으로는 죄의 법
을 섬기노라

생명의 성령의 법

8 그러므로 이제 그리스도 예수
안에 있는 자에게는 결코 (定
罪)정죄함이 없나니
2 이는 그리스도 예수 안에 있는 생
명의 성령의 법이 죄와 사망의 법
에서 [1]너를 (解放)해방하였음이라
3 율법이 육신으로 말미암아 (軟弱)
연약하여 할 수 없는 그것을 하나
님은 하시나니 곧 죄로 말미암아
자기 아들을 죄 있는 육신의 모양
으로 보내어 육신에 죄를 정하사
4 육신을 따르지 않고 그 영을 따라
행하는 우리에게 율법의 (要求)
요구가 이루어지게 하려 하심이
니라
5 (肉身)육신을 따르는 자는 육신
의 일을, 영을 따르는 자는 영의
일을 생각하나니
6 육신의 생각은 사망이요 영의 생
각은 (生命)생명과 (平安)평안이
니라
7 육신의 생각은 하나님과 원수가
되나니 이는 하나님의 법에 (屈
服)굴복하지 아니할 뿐 아니라
할 수도 없음이라
8 육신에 있는 (者)자들은 하나님
을 기쁘시게 할 수 없느니라
9 만일 너희 속에 하나님의 영이
(居)거하시면 너희가 육신에 있
지 아니하고 영에 있나니 누구든
지 그리스도의 영이 없으면 그리
스도의 사람이 아니라
10 또 그리스도께서 너희 안에 계시
면 몸은 죄로 말미암아 죽은 것이
나 영은 (義)의로 말미암아 [2]살아
있는 것이니라
11 예수를 죽은 자 가운데서 살리신
이의 영이 너희 안에 (居)거하시
면 그리스도 예수를 죽은 자 가운
데서 살리신 이가 너희 안에 거하
시는 그의 영으로 말미암아 너희
죽을 몸도 살리시리라
12 ●그러므로 (兄弟)형제들아 우리
가 빚진 자로되 육신에게 져서 육
신대로 살 것이 아니니라
13 너희가 육신대로 살면 반드시 죽
을 것이로되 영으로써 몸의 (行
實)행실을 죽이면 살리니
14 무릇 하나님의 영으로 (引導)인
도함을 받는 사람은 곧 하나님의
아들이라
15 너희는 다시 무서워하는 종의 영
을 받지 아니하고 (養子)양자의
영을 받았으므로 우리가 아빠 아
버지라고 부르짖느니라
16 (聖靈)성령이 친히 우리의 영과
더불어 우리가 하나님의 자녀인
것을 증언하시나니
17 자녀이면 또한 (相續者)상속자
곧 하나님의 상속자요 그리스도
와 함께 한 상속자니 우리가 그와
함께 영광을 받기 위하여 (苦難)
고난도 함께 받아야 할 것이니라

모든 피조물이 구원을 고대하다

18 ●생각하건대 현재의 고난은 장
차 우리에게 나타날 (榮光)영광

1) 어떤 사본에, 나를 2) 헬, 생명

과 (比較)비교할 수 없도다
19 피조물이 (苦待)고대하는 바는
하나님의 아들들이 나타나는 것
이니
20 피조물이 허무한 데 (屈服)굴복
하는 것은 자기 뜻이 아니요 오직
굴복하게 하시는 이로 말미암음
이라
21 그 바라는 것은 피조물도 썩어짐
의 종 노릇 한 데서 해방되어 하
나님의 자녀들의 영광의 (自由)
자유에 이르는 것이니라
22 피조물이 다 이제까지 함께 (嘆
息)탄식하며 함께 (苦痛)고통을
겪고 있는 것을 우리가 아느니라
23 그뿐 아니라 또한 우리 곧 성령
의 처음 익은 열매를 받은 우리까
지도 속으로 탄식하여 양자 될 것
곧 우리 몸의 (贖良)속량을 기다
리느니라
24 우리가 (所望)소망으로 (救援)구
원을 얻었으매 보이는 소망이 소
망이 아니니 보는 것을 누가 바라
리요
25 (萬一)만일 우리가 보지 못하는
것을 바라면 참음으로 기다릴지
니라
26 ●이와 같이 성령도 우리의 연약
함을 도우시나니 우리는 마땅히
기도할 바를 알지 못하나 오직 성
령이 말할 수 없는 탄식으로 우리
를 위하여 친히 (懇求)간구하시
느니라
27 마음을 살피시는 이가 (聖靈)성

1) 어떤 사본에, 하나님이 모든 것을 합하여 선을 이루시느니라

령의 생각을 아시나니 이는 성령
이 하나님의 뜻대로 성도를 위하
여 간구하심이니라
28 우리가 알거니와 하나님을 사랑
하는 자 곧 그의 뜻대로 부르심을
입은 자들에게는 [1]모든 것이 (合
力)합력하여 선을 이루느니라
29 하나님이 미리 아신 자들을 또한
그 아들의 (形像)형상을 본받게
하기 위하여 미리 정하셨으니 이
는 그로 많은 형제 중에서 맏아들
이 되게 하려 하심이니라
30 또 미리 정하신 그들을 또한 부르
시고 부르신 그들을 또한 의롭다
하시고 의롭다 하신 그들을 또한
(榮華)영화롭게 하셨느니라

그리스도의 사랑 하나님의 사랑

31 ●그런즉 이 일에 대하여 우리가
무슨 말 하리요 만일 하나님이 우
리를 위하시면 누가 우리를 (對
敵)대적하리요
32 (自己)자기 아들을 아끼지 아니
하시고 우리 모든 사람을 위하여
내주신 이가 어찌 그 아들과 함께
모든 것을 우리에게 주시지 아니
하겠느냐
33 누가 능히 하나님께서 택하신 자
들을 (告發)고발하리요 의롭다
하신 이는 하나님이시니
34 누가 (定罪)정죄하리요 죽으실
뿐 아니라 다시 살아나신 이는 그
리스도 예수시니 그는 하나님 우
편에 계신 자요 우리를 위하여
(懇求)간구하시는 자시니라
35 누가 우리를 그리스도의 사랑에

서 끊으리요 (患難)환난이나 곤
고나 박해나 기근이나 적신이나
위험이나 칼이랴
36 기록된 바
[ㄱ]우리가 종일 주를 위하여 죽임
을 당하게 되며 (屠殺)도살 당
할 양 같이 여김을 받았나이다
함과 같으니라
37 그러나 이 모든 일에 우리를 사랑
하시는 이로 말미암아 우리가 넉
넉히 이기느니라
38 내가 (確信)확신하노니 사망이나
생명이나 천사들이나 권세자들이
나 현재 일이나 (將來)장래 일이
나 능력이나
39 높음이나 깊음이나 다른 어떤 (被
造物)피조물이라도 우리를 우리
주 그리스도 예수 안에 있는 하나
님의 사랑에서 끊을 수 없으리라

약속의 자녀 약속의 말씀

9 1-2 내가 그리스도 안에서 참말
을 하고 거짓말을 아니하노라
나에게 큰 근심이 있는 것과 마음
에 그치지 않는 (苦痛)고통이 있
는 것을 내 양심이 성령 안에서
나와 더불어 증언하노니
3 나의 형제 곧 골육의 친척을 위하
여 내 자신이 (詛呪)저주를 받아
그리스도에게서 끊어질지라도 원
하는 바로라
4 그들은 이스라엘 사람이라 그들
에게는 양자 됨과 영광과 언약들
과 (律法)율법을 세우신 것과 (禮
拜)예배와 약속들이 있고
5 조상들도 그들의 것이요 육신으
로 하면 그리스도가 그들에게서
나셨으니 [1]그는 만물 위에 계셔
서 세세에 (讚揚)찬양을 받으실
하나님이시니라 아멘
6 그러나 하나님의 말씀이 (廢)폐하
여진 것 같지 않도다 이스라엘에게
서 난 그들이 다 이스라엘이 아니
요
7 또한 아브라함의 씨가 다 그의
(子女)자녀가 아니라 [ㄴ]오직 이삭
으로부터 난 자라야 네 씨라 불리
리라 하셨으니
8 곧 육신의 자녀가 하나님의 자녀
가 아니요 오직 (約束)약속의 자
녀가 씨로 여기심을 받느니라
9 약속의 말씀은 이것이니 [ㄷ](明年)
명년 이 때에 내가 이르리니 사라
에게 아들이 있으리라 하심이라
10 그뿐 아니라 또한 리브가가 우리
조상 이삭 한 사람으로 말미암아
(妊娠)임신하였는데
11 그 자식들이 아직 나지도 아니하
고 무슨 선이나 악을 행하지 아니
한 때에 택하심을 따라 되는 하나
님의 뜻이 (行爲)행위로 말미암
지 않고 오직 부르시는 이로 말미
암아 서게 하려 하사
12 [ㄹ]리브가에게 이르시되 큰 (者)자
가 어린 자를 섬기리라 하셨나니
13 (記錄)기록된 바 [ㅁ]내가 야곱은 사
랑하고 에서는 미워하였다 하심
과 같으니라

1) 또는 만물 위에 계신 하나님께 세세에 찬양이 있으리로다
ㄱ 시 44:22 ㄴ 창 21:12 ㄷ 창 18:10 ㄹ 창 25:23
ㅁ 말 1:2 이하

14 ●그런즉 우리가 무슨 말을 하리
요 하나님께 (不義)불의가 있느
냐 그럴 수 없느니라
15 모세에게 이르시되 ㄱ내가 (矜恤)
긍휼히 여길 자를 긍휼히 여기고
불쌍히 여길 자를 불쌍히 여기리
라 하셨으니
16 그런즉 (願)원하는 자로 말미암음
도 아니요 달음박질하는 자로 말미
암음도 아니요 오직 긍휼히 여기시
는 하나님으로 말미암음이니라
17 (聖經)성경이 바로에게 이르시되
ㄴ내가 이 일을 위하여 너를 세웠
으니 곧 너로 말미암아 내 능력을
보이고 내 이름이 온 땅에 전파되
게 하려 함이라 하셨으니
18 그런즉 하나님께서 하고자 하시
는 자를 긍휼히 여기시고 하고자
하시는 자를 (頑惡)완악하게 하
시느니라

하나님의 진노와 긍휼

19 ●혹 네가 내게 말하기를 그러면
하나님이 어찌하여 허물하시느냐
누가 그 뜻을 (對敵)대적하느냐
하리니
20 이 사람아 네가 누구이기에 감히
하나님께 (反問)반문하느냐 지음
을 받은 물건이 지은 자에게 어찌
나를 이같이 만들었느냐 말하겠
느냐
21 (土器)토기장이가 진흙 한 덩이
로 하나는 귀히 쓸 그릇을, 하나
는 천히 쓸 그릇을 만들 (權限)권
한이 없느냐
22 만일 하나님이 그의 진노를 보이시
고 그의 능력을 알게 하고자 하사
멸하기로 준비된 진노의 그릇을 오
래 참으심으로 (寬容)관용하시고
23 또한 영광 받기로 예비하신 바
(矜恤)긍휼의 그릇에 대하여 그
영광의 풍성함을 알게 하고자 하
셨을지라도 무슨 말을 하리요
24 이 그릇은 우리니 곧 유대인 (中)
중에서뿐 아니라 (異邦人)이방인
중에서도 부르신 자니라
25 호세아의 글에도 이르기를
ㄷ내가 내 (百姓)백성 아닌 자를
내 백성이라, 사랑하지 아니한
자를 사랑한 자라 부르리라
26 ㄹ너희는 내 (百姓)백성이 아니
라 한 그 곳에서 그들이 살아 계
신 하나님의 아들이라 일컬음을
받으리라
함과 같으니라
27 또 이사야가 이스라엘에 관하여
외치되 ㅁ이스라엘 (子孫)자손들
의 수가 비록 바다의 모래 같을지
라도 남은 자만 구원을 받으리니
28 주께서 땅 위에서 그 말씀을 이루
고 속히 (施行)시행하시리라 하
셨느니라
29 또한 이사야가 미리 말한 바
ㅂ만일 (萬軍)만군의 주께서 우
리에게 씨를 남겨 두지 아니하
셨더라면 우리가 소돔과 같이
되고 고모라와 같았으리로다
함과 같으니라

믿음에서 난 의

ㄱ출 33:19 ㄴ출 9:16 ㄷ호 2:23 ㄹ호 1:10 ㅁ사 10:22 이하
ㅂ사 1:9

30 ●그런즉 우리가 무슨 말을 하리
요 (義)의를 따르지 아니한 (異邦
人)이방인들이 의를 얻었으니 곧
믿음에서 난 의요
31 의의 (法)법을 따라간 이스라엘
은 율법에 이르지 못하였으니
32 어찌 그러하냐 이는 그들이 믿음
을 의지하지 않고 (行爲)행위를
의지함이라 부딪칠 돌에 부딪쳤
느니라
33 (記錄)기록된 바
[ㄱ]보라 내가 걸림돌과 거치는 바
위를 시온에 두노니 그를 믿는
자는 부끄러움을 당하지 아니하
리라
함과 같으니라

10 형제들아 내 마음에 원하는
바와 하나님께 구하는 바는
이스라엘을 위함이니 곧 그들로
(救援)구원을 받게 함이라
2 내가 증언하노니 그들이 하나님
께 (熱心)열심이 있으나 올바른
지식을 따른 것이 아니니라
3 하나님의 의를 모르고 자기 의를
세우려고 힘써 하나님의 의에 (服
從)복종하지 아니하였느니라
4 그리스도는 모든 믿는 자에게 의
를 이루기 위하여 (律法)율법의
마침이 되시니라
5 모세가 (記錄)기록하되 [ㄴ]율법으
로 말미암는 의를 행하는 사람은
그 의로 살리라 하였거니와
6 믿음으로 말미암는 (義)의는 이
같이 말하되 [ㄷ]네 마음에 누가 하
늘에 올라가겠느냐 하지 말라 하
니 올라가겠느냐 함은 그리스도
를 모셔 내리려는 것이요
7 혹은 누가 (無底坑)무저갱에 내려
가겠느냐 하지 말라 하니 내려가
겠느냐 함은 그리스도를 죽은 자
가운데서 모셔 올리려는 것이라
8 그러면 무엇을 말하느냐 [ㄹ]말씀이
네게 가까워 네 입에 있으며 네
마음에 있다 하였으니 곧 우리가
(傳播)전파하는 믿음의 말씀이라
9 네가 만일 네 입으로 예수를 주로
(是認)시인하며 또 하나님께서 그
를 죽은 자 가운데서 살리신 것을
네 마음에 믿으면 구원을 받으리라
10 사람이 마음으로 믿어 의에 이르
고 입으로 시인하여 (救援)구원
에 이르느니라
11 (聖經)성경에 이르되 [ㅁ]누구든지
그를 믿는 자는 부끄러움을 당하
지 아니하리라 하니
12 유대인이나 헬라인이나 (差別)차
별이 없음이라 한 분이신 주께서
모든 사람의 주가 되사 그를 부르
는 모든 사람에게 부요하시도다
13 [ㅂ]누구든지 주의 이름을 부르는
(者)자는 구원을 받으리라
14 그런즉 그들이 믿지 아니하는 이
를 어찌 부르리요 듣지도 못한 이
를 어찌 믿으리요 (傳播)전파하
는 자가 없이 어찌 들으리요
15 보내심을 받지 아니하였으면 어
찌 전파하리요 (記錄)기록된 바
[ㅅ]아름답도다 [1)]좋은 소식을 전하

1) 또는 복음을 ㄱ 사 28:16 ㄴ 레 18:5 ㄷ 신 30:12 이하 ㄹ 신 30:14
ㅁ 사 28:16 ㅂ 욜 2:32 ㅅ 사 52:7

는 자들의 발이여 함과 같으니
라

믿음과 들음과 그리스도의 말씀

16 ●그러나 그들이 다 (福音)복음
을 순종하지 아니하였도다 이사
야가 이르되 ㄱ주여 우리가 전한
것을 누가 믿었나이까 하였으니
17 그러므로 믿음은 들음에서 나며
들음은 그리스도의 말씀으로 말
미암았느니라
18 그러나 내가 말하노니 그들이 듣
지 아니하였느냐 그렇지 아니하니
ㄴ그 소리가 온 땅에 퍼졌고 그
말씀이 땅 끝까지 이르렀도다
하였느니라
19 그러나 내가 말하노니 이스라엘
이 알지 못하였느냐 먼저 모세가
이르되
ㄷ내가 백성 아닌 자로써 너희를
(猜忌)시기하게 하며 미련한 (百
姓)백성으로써 너희를 노엽게
하리라
하였고
20 이사야는 매우 (膽大)담대하여
ㄹ내가 나를 찾지 아니한 자들에
게 찾은 바 되고 내게 묻지 아니
한 자들에게 나타났노라
말하였고
21 이스라엘에 대하여 이르되 ㅁ(順
從)순종하지 아니하고 거슬러 말
하는 백성에게 내가 종일 내 손을
벌렸노라 하였느니라

이스라엘의 남은 자

1) 헬 영 ㄱ 사 53:1 ㄴ 시 19:4 ㄷ 신 32:21 ㄹ 사 65:1 ㅁ 사 65:2
ㅂ 왕상 19:10 ㅅ 왕상 19:18 ㅇ 사 29:10; 신 29:4 ㅈ 시 69:22 이하

11

그러므로 내가 말하노니 하
나님이 자기 백성을 버리셨
느냐 그럴 수 없느니라 나도 이스
라엘인이요 아브라함의 씨에서
난 자요 베냐민 (支派)지파라
2 하나님이 그 미리 아신 자기 백성
을 버리지 아니하셨나니 너희가
(聖經)성경이 엘리야를 가리켜
말한 것을 알지 못하느냐 그가 이
스라엘을 하나님께 (告發)고발하
되
3 ㅂ주여 그들이 주의 선지자들을
죽였으며 주의 (祭壇)제단들을
헐어 버렸고 나만 남았는데 내 목
숨도 찾나이다 하니
4 그에게 하신 (對答)대답이 무엇
이냐 ㅅ내가 나를 위하여 바알에
게 무릎을 꿇지 아니한 사람 칠천
명을 남겨 두었다 하셨으니
5 그런즉 이와 같이 지금도 (恩惠)
은혜로 택하심을 따라 남은 자가
있느니라
6 만일 은혜로 된 것이면 (行爲)행
위로 말미암지 않음이니 그렇지
않으면 은혜가 은혜 되지 못하느
니라
7 그런즉 어떠하냐 이스라엘이 구
하는 그것을 얻지 못하고 오직 택
하심을 입은 자가 얻었고 그 남은
자들은 (愚鈍)우둔하여졌느니라
8 기록된 바 ㅇ하나님이 오늘까지
그들에게 (昏迷)혼미한 [1]심령과
보지 못할 눈과 듣지 못할 귀를
주셨다 함과 같으니라
9 또 다윗이 이르되

ㅈ그들의 밥상이 올무와 덫과 거
치는 것과 (報應)보응이 되게 하
시옵고
10 그들의 눈은 흐려 보지 못하고
그들의 등은 (恒常)항상 굽게 하
옵소서
하였느니라
11 그러므로 내가 말하노니 그들이
넘어지기까지 (失足)실족하였느
냐 그럴 수 없느니라 그들이 넘어
짐으로 구원이 이방인에게 이르
러 이스라엘로 시기나게 함이니
라
12 그들의 넘어짐이 세상의 (豊盛)
풍성함이 되며 그들의 실패가 이
방인의 풍성함이 되거든 하물며
그들의 (充滿)충만함이리요

이방인의 구원

13 ●내가 이방인인 너희에게 말하
노라 내가 이방인의 사도인 만큼
내 직분을 (榮光)영광스럽게 여
기노니
14 이는 혹 내 골육을 아무쪼록 (猜
忌)시기하게 하여 그들 중에서
얼마를 구원하려 함이라
15 그들을 버리는 것이 세상의 (和
睦)화목이 되거든 그 받아들이는
것이 죽은 자 가운데서 살아나는
것이 아니면 무엇이리요
16 (祭祀)제사하는 처음 익은 곡식
가루가 거룩한즉 떡덩이도 그러
하고 뿌리가 거룩한즉 가지도 그
러하니라
17 또한 가지 얼마가 꺾이었는데 돌
감람나무인 네가 그들 중에 접붙
임이 되어 참감람나무 뿌리의 (津
液)진액을 함께 받는 자가 되었
은즉
18 그 가지들을 향하여 자랑하지 말
라 자랑할지라도 네가 뿌리를 (保
全)보전하는 것이 아니요 뿌리가
너를 보전하는 것이니라
19 그러면 네 말이 가지들이 꺾인 것
은 나로 (接)접붙임을 받게 하려
함이라 하리니
20 옳도다 그들은 믿지 아니하므로
꺾이고 너는 믿으므로 섰느니라
높은 마음을 품지 말고 도리어 두
려워하라
21 하나님이 (元)원 가지들도 아끼
지 아니하셨은즉 너도 아끼지 아
니하시리라
22 그러므로 하나님의 (仁慈)인자하
심과 (峻嚴)준엄하심을 보라 넘
어지는 자들에게는 준엄하심이
있으니 너희가 만일 하나님의 인
자하심에 머물러 있으면 그 인자
가 너희에게 있으리라 그렇지 않
으면 너도 찍히는 바 되리라
23 그들도 믿지 아니하는 데 머무르
지 아니하면 접붙임을 받으리니
이는 그들을 접붙이실 (能力)능
력이 하나님께 있음이라
24 네가 원 돌감람나무에서 찍힘을
받고 (本性)본성을 거슬러 좋은
감람나무에 접붙임을 받았으니
원 가지인 이 사람들이야 얼마나
더 자기 감람나무에 접붙이심을
받으랴

이스라엘의 구원

25 ●형제들아 너희가 스스로 지혜
있다 하면서 이 신비를 너희가 모
르기를 내가 원하지 아니하노니
이 신비는 이방인의 [1](充滿)충만
한 수가 들어오기까지 이스라엘
의 더러는 우둔하게 된 것이라
26 그리하여 온 이스라엘이 구원을
받으리라 기록된 바
ㄱ(救援者)구원자가 시온에서 오
사 야곱에게서 (敬虔)경건하지
않은 것을 돌이키시겠고
27 ㄴ내가 그들의 죄를 없이 할 때
에 그들에게 이루어질 내 (言約)
언약이 이것이라
함과 같으니라
28 복음으로 하면 그들이 너희로 말
미암아 (怨讐)원수 된 자요 택하
심으로 하면 조상들로 말미암아
사랑을 입은 자라
29 하나님의 (恩賜)은사와 부르심에
는 후회하심이 없느니라
30 너희가 전에는 하나님께 순종하
지 아니하더니 이스라엘이 순종
하지 아니함으로 이제 (矜恤)긍
휼을 입었는지라
31 이와 같이 이 사람들이 (順從)순
종하지 아니하니 이는 너희에게
베푸시는 긍휼로 이제 그들도 긍
휼을 얻게 하려 하심이라
32 하나님이 모든 사람을 순종하지
아니하는 가운데 가두어 두심은
모든 사람에게 (矜恤)긍휼을 베
풀려 하심이로다

1) 헬, 충만히 2) 또는 부요와 지혜와 지식이여 3) 합당한
ㄱ 사 59:20 이하 ㄴ 사 27:9 이하

33 ●깊도다 하나님의 [2](智慧)지혜
와 지식의 풍성함이여, 그의 판단
은 헤아리지 못할 것이며 그의 길
은 찾지 못할 것이로다
34 ●누가 주의 마음을 알았느냐 누
가 그의 (謀士)모사가 되었느냐
35 ●누가 (主)주께 먼저 드려서 갚
으심을 받겠느냐
36 ●이는 만물이 주에게서 나오고
주로 말미암고 주에게로 돌아감
이라 그에게 (榮光)영광이 세세
에 있을지어다 아멘

하나님의 뜻을 분별하는 새 생활

12 그러므로 형제들아 내가 하
나님의 모든 자비하심으로
너희를 권하노니 너희 몸을 하나
님이 기뻐하시는 거룩한 산 제물
로 드리라 이는 너희가 드릴 [3](靈
的)영적 (禮拜)예배니라
2 너희는 이 세대를 본받지 말고 오
직 마음을 새롭게 함으로 변화를
받아 하나님의 선하시고 기뻐하
시고 (穩全)온전하신 뜻이 무엇
인지 (分別)분별하도록 하라
3 ●내게 주신 은혜로 말미암아 너
희 각 사람에게 말하노니 마땅히
생각할 그 이상의 생각을 품지 말
고 오직 하나님께서 각 사람에게
나누어 주신 믿음의 (分量)분량
대로 지혜롭게 생각하라
4 우리가 한 몸에 많은 지체를 가졌
으나 모든 지체가 같은 (機能)기
능을 가진 것이 아니니
5 이와 같이 우리 많은 사람이 그리
스도 안에서 한 몸이 되어 서로

(肢體)지체가 되었느니라
6 우리에게 주신 은혜대로 받은 은
사가 각각 다르니 혹 (豫言)예언
이면 믿음의 분수대로,
7 (或)혹 섬기는 일이면 섬기는 일
로, 혹 가르치는 자면 가르치는
일로,
8 혹 위로하는 자면 위로하는 일로,
구제하는 자는 성실함으로, 다스
리는 자는 부지런함으로, (矜恤)
긍휼을 베푸는 자는 즐거움으로
할 것이니라
9 사랑에는 거짓이 없나니 (惡)악
을 미워하고 선에 속하라
10 형제를 사랑하여 서로 (友愛)우
애하고 존경하기를 서로 먼저 하
며
11 부지런하여 게으르지 말고 (熱心)
열심을 품고 주를 섬기라
12 소망 중에 즐거워하며 (患難)환
난 중에 참으며 기도에 항상 힘쓰
며
13 성도들의 쓸 것을 (供給)공급하
며 손 대접하기를 힘쓰라

그리스도인의 생활

14 ● 너희를 (迫害)박해하는 자를
축복하라 축복하고 저주하지 말
라
15 즐거워하는 (者)자들과 함께 즐
거워하고 우는 자들과 함께 울라
16 서로 마음을 같이하며 높은 데 마
음을 두지 말고 도리어 낮은 데
처하며 스스로 (智慧)지혜 있는
체 하지 말라
17 아무에게도 악을 악으로 갚지 말
고 모든 사람 앞에서 (善)선한 일
을 (圖謀)도모하라
18 할 수 있거든 너희로서는 모든 사
람과 더불어 (和睦)화목하라
19 내 사랑하는 자들아 너희가 친히
(怨讐)원수를 갚지 말고 하나님
의 (震怒)진노하심에 맡기라 기
록되었으되 ㄱ원수 갚는 것이 내
게 있으니 내가 갚으리라고 주께
서 말씀하시니라
20 ㄴ네 (怨讐)원수가 주리거든 먹이
고 목마르거든 마시게 하라 그리
함으로 네가 숯불을 그 머리에 쌓
아 놓으리라
21 (惡)악에게 지지 말고 선으로 악
을 이기라

그리스도인과 세상 권세

13 각 사람은 위에 있는 (權勢)
권세들에게 복종하라 권세
는 하나님으로부터 나지 않음이
없나니 모든 권세는 다 하나님께
서 정하신 바라
2 그러므로 권세를 거스르는 자는
하나님의 명을 거스름이니 거스
르는 자들은 (審判)심판을 자취
하리라
3 다스리는 자들은 선한 일에 대하
여 두려움이 되지 않고 악한 일에
대하여 되나니 네가 권세를 두려
워하지 아니하려느냐 선을 행하
라 그리하면 그에게 (稱讚)칭찬
을 받으리라
4 그는 하나님의 (使役者)사역자가
되어 네게 선을 베푸는 자니라 그

ㄱ 신 32:35 ㄴ 잠 25:21 이하

러나 네가 악을 행하거든 두려워
하라 그가 공연히 칼을 가지지 아
니하였으니 곧 하나님의 사역자
가 되어 악을 행하는 자에게 진노
하심을 따라 (報應)보응하는 자
니라
5 그러므로 (服從)복종하지 아니할
수 없으니 진노 때문에 할 것이
아니라 양심을 따라 할 것이라
6 너희가 (租稅)조세를 바치는 것
도 이로 말미암음이라 그들이 하
나님의 일꾼이 되어 바로 이 일에
항상 힘쓰느니라
7 모든 자에게 줄 것을 주되 조세를
받을 자에게 조세를 바치고 관세
를 받을 자에게 관세를 바치고 두
려워할 자를 두려워하며 (尊敬)
존경할 자를 존경하라

사랑은 율법의 완성

8 ●(彼此)피차 사랑의 빚 외에는
아무에게든지 아무 빚도 지지 말
라 남을 사랑하는 자는 율법을 다
이루었느니라
9 ㄱ(姦淫)간음하지 말라, (殺人)살
인하지 말라, 도둑질하지 말라,
탐내지 말라 한 것과 그 외에 다
른 계명이 있을지라도 네 이웃을
네 자신과 같이 사랑하라 하신 그
말씀 가운데 다 들었느니라
10 사랑은 이웃에게 악을 행하지 아
니하나니 그러므로 사랑은 율법
의 (完成)완성이니라

구원의 때가 가까워졌다

11 ●또한 너희가 이 시기를 알거니
와 자다가 깰 때가 벌써 되었으니
이는 이제 우리의 (救援)구원이
처음 믿을 때보다 가까웠음이라
12 밤이 깊고 낮이 가까웠으니 그러
므로 우리가 어둠의 일을 벗고 빛
의 (甲)갑옷을 입자
13 낮에와 같이 (端正)단정히 행하
고 방탕하거나 술 취하지 말며 음
란하거나 호색하지 말며 다투거
나 시기하지 말고
14 오직 주 예수 그리스도로 옷 입고
(情欲)정욕을 위하여 육신의 일
을 도모하지 말라

형제를 비판하지 말라

14 믿음이 연약한 자를 너희가
받되 그의 (意見)의견을 비
판하지 말라
2 어떤 사람은 모든 것을 먹을 만한
믿음이 있고 믿음이 (軟弱)연약
한 자는 채소만 먹느니라
3 먹는 자는 먹지 않는 자를 업신여
기지 말고 먹지 않는 자는 먹는
자를 (批判)비판하지 말라 이는
하나님이 그를 받으셨음이라
4 남의 하인을 비판하는 너는 누구
냐 그가 서 있는 것이나 넘어지는
것이 자기 주인에게 있으매 그가
세움을 받으리니 이는 그를 세우
시는 (權能)권능이 주께 있음이
라
5 어떤 사람은 이 날을 저 날보다
낫게 여기고 어떤 사람은 모든 날
을 같게 여기나니 각각 자기 마음
으로 (確定)확정할지니라
6 날을 중히 여기는 자도 주를 위하

ㄱ 출 20:13 이하; 신 5:17 이하

여 중히 여기고 먹는 자도 주를
위하여 먹으니 이는 하나님께 (感
謝)감사함이요 먹지 않는 자도
주를 위하여 먹지 아니하며 하나
님께 감사하느니라
7 우리 중에 누구든지 (自己)자기
를 위하여 사는 자가 없고 자기를
위하여 죽는 자도 없도다
8 우리가 살아도 주를 (爲)위하여
살고 죽어도 주를 위하여 죽나니
그러므로 사나 죽으나 우리가 주
의 것이로다
9 이를 위하여 그리스도께서 죽었
다가 다시 살아나셨으니 곧 죽은
자와 산 자의 (主)주가 되려 하심
이라
10 네가 어찌하여 네 (兄弟)형제를
비판하느냐 어찌하여 네 형제를
업신여기느냐 우리가 다 하나님
의 (審判臺)심판대 앞에 서리라
11 기록되었으되
ㄱ주께서 이르시되 내가 살았노
니 모든 무릎이 내게 꿇을 것이
요 모든 혀가 [1]하나님께 (自白)
자백하리라
하였느니라
12 이러므로 우리 각 사람이 자기 일
을 하나님께 (直告)직고하리라

형제로 거리끼게 하지 말라

13 ●그런즉 우리가 다시는 서로 비
판하지 말고 도리어 부딪칠 것이
나 거칠 것을 형제 앞에 두지 아
니하도록 [2](注意)주의하라
14 내가 주 예수 안에서 알고 (確信)
확신하노니 무엇이든지 스스로
속된 것이 없으되 다만 속되게 여
기는 그 사람에게는 속되니라
15 만일 (飮食)음식으로 말미암아
네 형제가 근심하게 되면 이는 네
가 사랑으로 행하지 아니함이라
그리스도께서 대신하여 죽으신
형제를 네 음식으로 망하게 하지
말라
16 그러므로 너희의 선한 것이 (誹
謗)비방을 받지 않게 하라
17 하나님의 나라는 먹는 것과 마시
는 것이 아니요 오직 성령 안에
있는 의와 평강과 (喜樂)희락이
라
18 이로써 그리스도를 섬기는 자는
하나님을 기쁘시게 하며 사람에
게도 (稱讚)칭찬을 받느니라
19 그러므로 우리가 (和平)화평의
일과 서로 덕을 세우는 일을 힘쓰
나니
20 음식으로 말미암아 하나님의 사
업을 무너지게 하지 말라 (萬物)
만물이 다 깨끗하되 거리낌으로
먹는 사람에게는 악한 것이라
21 고기도 먹지 아니하고 포도주도
마시지 아니하고 무엇이든지 네
(兄弟)형제로 거리끼게 하는 일
을 아니함이 아름다우니라
22 네게 있는 믿음을 하나님 앞에서
스스로 가지고 있으라 자기가 옳
다 하는 바로 자기를 (定罪)정죄
하지 아니하는 자는 복이 있도다
23 (疑心)의심하고 먹는 자는 정죄
되었나니 이는 믿음을 따라 하지

1) 또는 하나님을 찬미하리라 2) 또는 판단하라 ㄱ 사 45:23

아니하였기 때문이라 믿음을 따
라 하지 아니하는 것은 다 죄니라

선을 이루고 덕을 세우라

15 믿음이 강한 우리는 마땅
히 믿음이 약한 자의 약점을
(擔當)담당하고 자기를 기쁘게
하지 아니할 것이라
2 우리 각 사람이 이웃을 기쁘게 하
되 (善)선을 이루고 (德)덕을 세
우도록 할지니라
3 그리스도께서도 자기를 기쁘게
하지 아니하셨나니 기록된 바
[ㄱ]주를 (誹謗)비방하는 자들의 비
방이 내게 미쳤나이다 함과 같으
니라
4 무엇이든지 전에 기록된 바는 우
리의 (教訓)교훈을 위하여 기록
된 것이니 우리로 하여금 인내로
또는 성경의 위로로 (所望)소망
을 가지게 함이니라
5 이제 (忍耐)인내와 (慰勞)위로의
하나님이 너희로 그리스도 예수
를 본받아 서로 뜻이 같게 하여
주사
6 한마음과 한 입으로 하나님 곧 우
리 주 예수 그리스도의 아버지께
(榮光)영광을 돌리게 하려 하노
라
7 그러므로 그리스도께서 우리를
받아 하나님께 영광을 돌리심과
같이 너희도 서로 받으라
8 내가 말하노니 그리스도께서 하
나님의 진실하심을 위하여 할례
의 추종자가 되셨으니 이는 조상

ㄱ 시 69:9 ㄴ 시 18:49 ㄷ 신 32:43 ㄹ 시 117:1 ㅁ 사 11:10

들에게 주신 약속들을 (堅固)견
고하게 하시고
9 이방인들도 그 (矜恤)긍휼하심으
로 말미암아 하나님께 영광을 돌
리게 하려 하심이라 기록된 바
[ㄴ]그러므로 내가 열방 중에서 주
께 감사하고 주의 이름을 찬송
하리로다
함과 같으니라
10 또 이르되
[ㄷ](列邦)열방들아 주의 백성과
함께 즐거워하라
하였으며
11 또
[ㄹ]모든 열방들아 주를 찬양하며
모든 백성들아 그를 (讚頌)찬송
하라
하였으며
12 또 이사야가 이르되
[ㅁ]이새의 뿌리 곧 열방을 다스리
기 위하여 일어나시는 이가 있
으리니 열방이 그에게 (所望)소
망을 두리라
하였느니라
13 소망의 하나님이 모든 기쁨과 평
강을 믿음 안에서 너희에게 충만
하게 하사 성령의 (能力)능력으
로 소망이 넘치게 하시기를 원하
노라

하나님의 복음의 제사장 직분

14 ●내 형제들아 너희가 스스로 선
함이 가득하고 모든 지식이 차서
능히 서로 (勸)권하는 자임을 나
도 확신하노라
15 그러나 내가 너희로 다시 생각나

게 하려고 하나님께서 내게 주신
(恩惠)은혜로 말미암아 더욱 (膽
大)담대히 대략 너희에게 썼노니
16 이 은혜는 곧 나로 이방인을 위하
여 그리스도 예수의 일꾼이 되어
하나님의 복음의 제사장 (職分)
직분을 하게 하사 이방인을 제물
로 드리는 것이 성령 안에서 거룩
하게 되어 받으실 만하게 하려 하
심이라
17 그러므로 내가 그리스도 예수 안
에서 하나님의 일에 (對)대하여
자랑하는 것이 있거니와
18 그리스도께서 이방인들을 (順從)
순종하게 하기 위하여 나를 통하
여 (役事)역사하신 것 외에는 내
가 감히 말하지 아니하노라 그 일
은 말과 행위로
19 표적과 기사의 능력으로 성령의
능력으로 이루어졌으며 그리하여
내가 예루살렘으로부터 두루 행
하여 일루리곤까지 그리스도의
복음을 [1](遍滿)편만하게 전하였
노라
20 또 내가 그리스도의 이름을 부르
는 곳에는 복음을 전하지 않기를
힘썼노니 이는 남의 터 위에 (建
築)건축하지 아니하려 함이라
21 기록된 바

ㄱ주의 (消息)소식을 받지 못한
자들이 볼 것이요 듣지 못한 자
들이 깨달으리라

함과 같으니라

바울의 로마 방문 계획

22 ●그러므로 또한 내가 너희에게
가려 하던 것이 여러 (番)번 막혔
더니
23 이제는 이 (地方)지방에 일할 곳
이 없고 또 여러 해 전부터 언제
든지 서바나로 갈 때에 너희에게
가기를 바라고 있었으니
24 이는 지나가는 길에 너희를 보고
먼저 너희와 사귐으로 얼마(間)
간 기쁨을 가진 후에 너희가 그리
로 보내주기를 바람이라
25 그러나 이제는 내가 (聖徒)성도
를 섬기는 일로 예루살렘에 가노
니
26 이는 마게도냐와 아가야 사람들
이 예루살렘 성도 중 가난한 자들
을 위하여 기쁘게 얼마를 (捐補)
연보하였음이라
27 저희가 기뻐서 하였거니와 또한
저희는 그들에게 빚진 자니 만일
이방인들이 그들의 (靈的)영적인
[2]것을 나눠 가졌으면 (肉的)육적
인 것으로 그들을 섬기는 것이 마
땅하니라
28 그러므로 내가 이 일을 마치고 이
열매를 그들에게 [3](確證)확증한
후에 너희에게 들렀다가 서바나
로 가리라
29 내가 너희에게 나아갈 때에 그리
스도의 (充滿)충만한 복을 가지
고 갈 줄을 아노라
30 ●형제들아 내가 우리 주 예수 그
리스도와 성령의 사랑으로 말미
암아 너희를 권하노니 너희 (祈

1) 또는 채웠노라 2) 또는 것으로 동정을 받았으면 3) 헬, 인친 후에
ㄱ 사 52:15

禱)기도에 나와 힘을 같이하여
나를 위하여 하나님께 빌어
31 나로 유대에서 순종하지 아니하
는 자들로부터 건짐을 받게 하고
또 예루살렘에 대하여 내가 섬기
는 일을 (聖徒)성도들이 받을 만
하게 하고
32 나로 하나님의 뜻을 따라 기쁨으
로 너희에게 나아가 너희와 함께
(便)편히 쉬게 하라
33 (平康)평강의 하나님께서 너희
모든 사람과 함께 계실지어다 아
멘

인사

16 내가 겐그레아 교회의 [1]일꾼
으로 있는 우리 자매 뵈뵈를
너희에게 (推薦)추천하노니
2 너희는 주 안에서 성도들의 합당
한 예절로 그를 (迎接)영접하고
무엇이든지 그에게 소용되는 바
를 도와 줄지니 이는 그가 여러
사람과 나의 보호자가 되었음이
라
3 ●너희는 그리스도 예수 안에서
나의 (同役者)동역자들인 브리스
가와 아굴라에게 문안하라
4 그들은 내 목숨을 위하여 자기들
의 목까지도 내놓았나니 나뿐 아
니라 이방인의 모든 (敎會)교회
도 그들에게 감사하느니라
5 또 저의 집에 있는 교회에도 (問
安)문안하라 내가 사랑하는 에배
네도에게 문안하라 그는 아시아
에서 그리스도께 처음 맺은 열매

1) 또는 집사

니라
6 너희를 (爲)위하여 많이 수고한
마리아에게 문안하라
7 내 (親戚)친척이요 나와 함께 갇
혔던 안드로니고와 유니아에게
문안하라 그들은 사도들에게 (尊
重)존중히 여겨지고 또한 나보다
먼저 그리스도 안에 있는 자라
8 또 주 안에서 내 사랑하는 암블리
아에게 문안하라
9 그리스도 안에서 우리의 (同役
者)동역자인 우르바노와 나의 사
랑하는 스다구에게 문안하라
10 그리스도 안에서 (認定)인정함을
받은 아벨레에게 문안하라 아리
스도불로의 (眷屬)권속에게 문안
하라
11 내 (親戚)친척 헤로디온에게 문
안하라 나깃수의 가족 중 주 안에
있는 자들에게 문안하라
12 (主)주 안에서 수고한 드루배나
와 드루보사에게 문안하라 주 안
에서 많이 수고하고 사랑하는 버
시에게 문안하라
13 주 안에서 (擇)택하심을 입은 루
포와 그의 어머니에게 문안하라
그의 어머니는 곧 내 어머니니라
14 아순그리도와 블레곤과 허메와
바드로바와 허마와 및 그들과 함
께 있는 (兄弟)형제들에게 문안
하라
15 빌롤로고와 율리아와 또 네레오
와 그의 자매와 올름바와 그들과
함께 있는 모든 (聖徒)성도에게
문안하라

16 너희가 거룩하게 입맞춤으로 서
로 문안하라 그리스도의 모든 (敎
會)교회가 다 너희에게 문안하느
니라
17 ●형제들아 내가 너희를 권하노
니 너희가 배운 교훈을 거슬러
(紛爭)분쟁을 일으키거나 거치게
하는 자들을 살피고 그들에게서
떠나라
18 이같은 자들은 우리 주 그리스도
를 섬기지 아니하고 다만 자기들
의 배만 섬기나니 (狡猾)교활한
말과 아첨하는 말로 순진한 자들
의 마음을 (迷惑)미혹하느니라
19 너희의 (順從)순종함이 모든 사
람에게 들리는지라 그러므로 내
가 너희로 말미암아 기뻐하노니
너희가 선한 데 지혜롭고 악한 데
미련하기를 원하노라
20 (平康)평강의 하나님께서 속히
사탄을 너희 발 아래에서 상하게
하시리라 ●우리 주 예수의 (恩
惠)은혜가 너희에게 있을지어다

문안과 찬양

21 ●나의 (同役者)동역자 디모데와
나의 친척 누기오와 야손과 소시
바더가 너희에게 문안하느니라
22 이 (便紙)편지를 기록하는 나 더
디오도 주 안에서 너희에게 문안
하노라
23 나와 온 교회를 돌보아 주는 가이
오도 너희에게 문안하고 이 성의
[1](財務官)재무관 에라스도와 형
제 구아도도 너희에게 문안하느
니라
24 [2]없음
25 나의 복음과 예수 그리스도를 전
파함은 (永世)영세 (前)전부터 감
추어졌다가
26 이제는 나타내신 바 되었으며 영
원하신 하나님의 명을 따라 선지
자들의 글로 말미암아 모든 민족
이 믿어 순종하게 하시려고 알게
하신 바 그 (神秘)신비의 계시를
따라 된 것이니 이 복음으로 너희
를 능히 (堅固)견고하게 하실
27 (智慧)지혜로우신 하나님께 예수
그리스도로 말미암아 영광이 세
세무궁하도록 있을지어다 아멘

1) 헬, 청지기 2) 어떤 사본에, 24절 '우리 주 예수 그리스도의 은혜가 너희 모든 이에게 있을지어다 아멘'이 있음

인사와 감사

1 하나님의 뜻을 따라 그리스도
예수의 (使徒)사도로 부르심을
받은 바울과 형제 소스데네는
2 고린도에 있는 하나님의 교회 곧
그리스도 예수 안에서 거룩하여지
고 (聖徒)성도라 부르심을 받은 자
들과 또 각처에서 우리의 주 곧 그
들과 우리의 주 되신 예수 그리스
도의 이름을 부르는 모든 자들에게
3 하나님 우리 아버지와 주 예수 그
리스도로부터 은혜와 (平康)평강
이 있기를 원하노라
4 ●그리스도 예수 안에서 너희에
게 주신 하나님의 (恩惠)은혜로
말미암아 내가 너희를 위하여 항
상 하나님께 (感謝)감사하노니
5 이는 너희가 그 안에서 모든 일
곧 모든 언변과 모든 지식에 (豊
足)풍족하므로
6 그리스도의 증거가 너희 중에 (堅
固)견고하게 되어
7 너희가 모든 (恩賜)은사에 부족
함이 없이 우리 주 예수 그리스도
의 나타나심을 기다림이라
8 주께서 너희를 우리 주 예수 그리
스도의 날에 (責望)책망할 것이
없는 자로 끝까지 견고하게 하시
리라
9 너희를 불러 그의 아들 예수 그리
스도 우리 주와 더불어 (交際)교
제하게 하시는 하나님은 미쁘시
도다

고린도 교회의 분쟁

10 ●형제들아 내가 우리 주 예수 그
리스도의 이름으로 너희를 권하
노니 모두가 같은 말을 하고 너희
가운데 (紛爭)분쟁이 없이 같은 마
음과 같은 뜻으로 온전히 합하라
11 내 (兄弟)형제들아 글로에의 집
(便)편으로 너희에 대한 말이 내
게 들리니 곧 너희 가운데 분쟁이
있다는 것이라
12 내가 이것을 말하거니와 너희가
(各各)각각 이르되 나는 바울에
게, 나는 아볼로에게, 나는 게바
에게, 나는 그리스도에게 (屬)속
한 자라 한다는 것이니
13 그리스도께서 어찌 나뉘었느냐
바울이 너희를 위하여 (十字架)
십자가에 못 박혔으며 바울의 이
름으로 너희가 [1]세례를 받았느냐
14 나는 그리스보와 가이오 외에는
너희 중 아무에게도 내가 [1]세례
를 베풀지 아니한 것을 (感謝)감
사하노니
15 이는 아무도 나의 이름으로 [1](洗
禮)세례를 받았다 말하지 못하게
하려 함이라
16 내가 또한 스데바나 집 사람에게
[1]세례를 베풀었고 그 (外)외에는
다른 누구에게 [1]세례를 베풀었는
지 알지 못하노라
17 그리스도께서 나를 보내심은 [1]세
례를 베풀게 하려 하심이 아니요

1) 헬, 또는 침례

오직 (福音)복음을 전하게 하려
하심이로되 말의 지혜로 하지 아
니함은 그리스도의 십자가가 헛
되지 않게 하려 함이라

하나님의 능력과 지혜이신 그리스도

18 ●십자가의 도가 (滅亡)멸망하는
자들에게는 미련한 것이요 구원
을 받는 우리에게는 하나님의 능
력이라
19 기록된 바
ㄱ내가 지혜 있는 자들의 지혜를
멸하고 (聰明)총명한 자들의 총
명을 폐하리라
하였으니
20 (智慧)지혜 있는 자가 어디 있느
냐 선비가 어디 있느냐 이 (世代)
세대에 변론가가 어디 있느냐 하
나님께서 이 세상의 지혜를 미련
하게 하신 것이 아니냐
21 하나님의 지혜에 있어서는 이 세
상이 자기 지혜로 하나님을 알지
못하므로 하나님께서 전도의 미
련한 것으로 믿는 자들을 (救援)
구원하시기를 기뻐하셨도다
22 유대인은 [1](表蹟)표적을 구하고
헬라인은 지혜를 찾으나
23 우리는 (十字架)십자가에 못 박
힌 그리스도를 전하니 유대인에
게는 거리끼는 것이요 (異邦人)
이방인에게는 미련한 것이로되
24 오직 부르심을 받은 자들에게는
유대인이나 헬라인이나 그리스도
는 하나님의 (能力)능력이요 하
나님의 지혜니라
25 하나님의 어리석음이 사람보다
(智慧)지혜롭고 하나님의 약하심
이 사람보다 강하니라
26 ●(兄弟)형제들아 너희를 부르심
을 보라 (肉體)육체를 따라 지혜
로운 자가 많지 아니하며 능한 자
가 많지 아니하며 (門閥)문벌 좋
은 자가 많지 아니하도다
27 그러나 하나님께서 세상의 미련
한 것들을 (擇)택하사 지혜 있는
자들을 부끄럽게 하려 하시고 세
상의 (弱)약한 것들을 택하사 (强)
강한 것들을 부끄럽게 하려 하시
며
28 하나님께서 세상의 천한 것들과
(蔑視)멸시 받는 것들과 없는 것
들을 택하사 있는 것들을 폐하려
하시나니
29 이는 아무 (肉體)육체도 하나님
앞에서 자랑하지 못하게 하려 하
심이라
30 너희는 하나님으로부터 나서 그
리스도 예수 안에 있고 예수는 하
나님으로부터 나와서 우리에게
(智慧)지혜와 의로움과 거룩함과
구원함이 되셨으니
31 (記錄)기록된 바 ㄴ자랑하는 (者)
자는 주 안에서 자랑하라 함과 같
게 하려 함이라

십자가에 못 박히신 그리스도

2 형제들아 내가 너희에게 나아
가 하나님의 [2](證據)증거를 전
할 때에 말과 지혜의 아름다운 것
으로 아니하였나니
2 내가 너희 중에서 예수 그리스도

1) 또는 이적 2) 어떤 사본에, 비밀을 ㄱ 사 29:14 ㄴ 렘 9:23 이하

와 그가 십자가에 못 박히신 것
외에는 아무 것도 알지 아니하기
로 (作定)작정하였음이라
3 내가 너희 가운데 거할 때에 약하
고 두려워하고 (甚)심히 떨었노
라
4 내 말과 내 전도함이 (說得力)설
득력 있는 지혜의 말로 하지 아니
하고 다만 성령의 나타나심과 능
력으로 하여
5 너희 믿음이 사람의 지혜에 있지
아니하고 다만 하나님의 (能力)
능력에 있게 하려 하였노라

성령으로 보이셨다

6 ●그러나 우리가 [1](穩全)온전한
자들 중에서는 지혜를 말하노니
이는 이 세상의 지혜가 아니요 또
이 세상에서 없어질 (統治者)통
치자들의 지혜도 아니요
7 오직 [2](隱密)은밀한 가운데 있는
하나님의 지혜를 말하는 것으로
서 곧 감추어졌던 것인데 하나님
이 우리의 (榮光)영광을 위하여
만세 전에 미리 정하신 것이라
8 이 지혜는 이 세대의 (統治者)통
치자들이 한 사람도 알지 못하였
나니 만일 알았더라면 영광의 주
를 십자가에 못 박지 아니하였으
리라
9 기록된 바
ㄱ하나님이 자기를 사랑하는 자
들을 위하여 (豫備)예비하신 모
든 것은 눈으로 보지 못하고 귀
로 듣지 못하고 사람의 마음으
로 생각하지도 못하였다
함과 같으니라
10 오직 하나님이 성령으로 이것을
우리에게 보이셨으니 성령은 모
든 것 곧 하나님의 깊은 것까지도
(通達)통달하시느니라
11 사람의 일을 사람의 속에 있는
(靈)영 (外)외에 누가 알리요 이
와 같이 하나님의 일도 하나님의
영 외에는 아무도 알지 못하느니
라
12 우리가 세상의 영을 받지 아니하
고 오직 하나님으로부터 온 영을
받았으니 이는 우리로 하여금 하
나님께서 우리에게 (恩惠)은혜로
주신 것들을 알게 하려 하심이라
13 우리가 이것을 말하거니와 사람
의 (智慧)지혜가 가르친 말로 아
니하고 오직 성령께서 가르치신
것으로 하니 영적인 일은 영적인
것으로 분별하느니라
14 육에 속한 사람은 하나님의 (聖
靈)성령의 일들을 받지 아니하나
니 이는 그것들이 그에게는 어리
석게 보임이요, 또 그는 그것들을
알 수도 없나니 그러한 일은 영적
으로 분별되기 때문이라
15 (神靈)신령한 자는 모든 것을 판
단하나 자기는 아무에게도 (判
斷)판단을 받지 아니하느니라
16 누가 (主)주의 마음을 알아서 주
를 가르치겠느냐 그러나 우리가
그리스도의 마음을 가졌느니라

하나님의 동역자들

1) 또는 장성한 2) 하나님의 지혜를 비밀한 것으로
ㄱ 사 64:4; 65:17

3

형제들아 내가 신령한 자들을
대함과 같이 너희에게 말할 수
없어서 (肉身)육신에 속한 자 곧
그리스도 안에서 어린 아이들을
대함과 같이 하노라
2 내가 너희를 젖으로 먹이고 밥으
로 아니하였노니 이는 너희가 (堪
當)감당하지 못하였음이거니와
지금도 못하리라
3 너희는 아직도 육신에 속한 자로
다 너희 가운데 (猜忌)시기와 (紛
爭)분쟁이 있으니 어찌 육신에
속하여 사람을 따라 행함이 아니
리요
4 어떤 이는 말하되 나는 바울에게
라 하고 다른 이는 나는 아볼로에
게라 하니 너희가 (肉)육의 사람
이 아니리요
5 그런즉 아볼로는 무엇이며 바울
은 무엇이냐 그들은 주께서 각각
주신 대로 너희로 하여금 믿게 한
[1](使役者)사역자들이니라
6 나는 심었고 아볼로는 물을 주었
으되 오직 하나님께서 자라나게
하셨나니
7 그런즉 심는 이나 물 주는 이는
아무 것도 아니로되 오직 자라게
하시는 이는 하나님뿐이니라
8 심는 이와 물 주는 이는 한가지이
나 각각 자기가 일한 대로 자기의
(賞)상을 받으리라
9 우리는 하나님의 (同役者)동역자
들이요 너희는 하나님의 밭이요
하나님의 집이니라
10 ●내게 주신 하나님의 은혜를 따
라 내가 지혜로운 건축자와 같이
터를 닦아 두매 다른 이가 그 위
에 세우나 그러나 각각 어떻게 그
위에 세울까를 (操心)조심할지니
라
11 이 닦아 둔 것 외에 (能)능히 다
른 터를 닦아 둘 자가 없으니 이
터는 곧 예수 그리스도라
12 만일 누구든지 금이나 은이나 (寶
石)보석이나 나무나 풀이나 짚으
로 이 터 위에 세우면
13 각 사람의 (功績)공적이 나타날
터인데 그 날이 공적을 밝히리니
이는 불로 나타내고 그 불이 각
사람의 공적이 어떠한 것을 (試
驗)시험할 것임이라
14 (萬一)만일 누구든지 그 위에 세
운 공적이 그대로 있으면 상을 받
고
15 누구든지 그 공적이 불타면 해를
받으리니 그러나 자신은 (救援)
구원을 받되 불 가운데서 받은 것
같으리라
16 ●너희는 너희가 하나님의 성전
인 것과 하나님의 (聖靈)성령이
너희 안에 계시는 것을 알지 못하
느냐
17 누구든지 하나님의 (聖殿)성전을
[2]더럽히면 하나님이 그 사람을
멸하시리라 하나님의 성전은 거
룩하니 너희도 그러하니라
18 ●아무도 자신을 속이지 말라 너
희 중에 누구든지 이 세상에서
(智慧)지혜 있는 줄로 생각하거

1) 또는 집사들 2) 또는 멸하면

든 어리석은 자가 되라 그리하여
야 지혜로운 자가 되리라
19 이 (世上)세상 지혜는 하나님께
어리석은 것이니 기록된 바 하나
님은 ㄱ지혜 있는 자들로 하여금
자기 꾀에 빠지게 하시는 이라 하
였고
20 또 ㄴ(主)주께서 지혜 있는 자들의
생각을 헛것으로 아신다 하셨느
니라
21 그런즉 누구든지 사람을 자랑하
지 말라 (萬物)만물이 다 너희 것
임이라
22 바울이나 아볼로나 게바나 세계
나 생명이나 사망이나 (只今)지
금 것이나 (將來)장래 것이나 다
너희의 것이요
23 너희는 그리스도의 것이요 그리
스도는 하나님의 것이니라

그리스도의 일꾼

4 사람이 마땅히 우리를 그리스
도의 일꾼이요 하나님의 (秘密)
비밀을 맡은 자로 여길지어다
2 그리고 맡은 자들에게 구할 것은
(忠誠)충성이니라
3 너희에게나 [1]다른 사람에게나 (判
斷)판단 받는 것이 내게는 매우
작은 일이라 나도 나를 판단하지
아니하노니
4 내가 (自責)자책할 아무 것도 깨
닫지 못하나 이로 말미암아 의롭
다 함을 얻지 못하노라 다만 나를
심판하실 이는 주시니라
5 그러므로 때가 이르기 전 곧 주께
서 오시기까지 아무 것도 판단하지
말라 그가 어둠에 감추인 것들을
드러내고 마음의 뜻을 나타내시리
니 그 때에 각 사람에게 하나님으
로부터 (稱讚)칭찬이 있으리라
6 ●형제들아 내가 너희를 위하여
이 일에 나와 아볼로를 들어서 본
을 보였으니 이는 너희로 하여금
기록된 말씀 밖으로 넘어가지 말
라 한 것을 우리에게서 배워 서로
대적하여 (驕慢)교만한 마음을
가지지 말게 하려 함이라
7 누가 너를 남달리 (區別)구별하
였느냐 네게 있는 것 중에 받지
아니한 것이 무엇이냐 네가 받았
은즉 어찌하여 받지 아니한 것 같
이 자랑하느냐
8 너희가 이미 배 부르며 이미 (豊
盛)풍성하며 우리 없이도 왕이
되었도다 우리가 너희와 함께 왕
노릇 하기 위하여 참으로 너희가
왕이 되기를 원하노라
9 내가 생각하건대 하나님이 사도
인 우리를 죽이기로 작정된 자 같
이 끄트머리에 두셨으매 우리는
세계 곧 (天使)천사와 사람에게
구경거리가 되었노라
10 우리는 그리스도 때문에 어리석
으나 너희는 그리스도 안에서 지
혜롭고 우리는 약하나 너희는 강
하고 너희는 (尊貴)존귀하나 우
리는 (卑賤)비천하여
11 바로 이 시각까지 우리가 주리고
목마르며 헐벗고 매맞으며 (定處)
정처가 없고

1) 헬, 사람의 날에게나 ㄱ 욥 5:13 ㄴ 시 94:11

12 또 수고하여 친히 손으로 일을 하
며 (侮辱)모욕을 당한즉 축복하
고 박해를 받은즉 참고
13 (誹謗)비방을 받은즉 권면하니 우
리가 지금까지 세상의 더러운 것
과 만물의 찌꺼기 같이 되었도다
14 ●내가 너희를 부끄럽게 하려고
이것을 쓰는 것이 아니라 오직 너
희를 내 사랑하는 (子女)자녀 같
이 권하려 하는 것이라
15 그리스도 안에서 일만 스승이 있
으되 아버지는 많지 아니하니 그
리스도 예수 안에서 내가 (福音)
복음으로써 너희를 낳았음이라
16 그러므로 내가 너희에게 권하노
니 너희는 나를 본받는 자가 되라
17 이로 말미암아 내가 주 안에서 내
사랑하고 (信實)신실한 아들 디
모데를 너희에게 보내었으니 그
가 너희로 하여금 그리스도 예수
안에서 나의 행사 곧 내가 각처
각 교회에서 가르치는 것을 생각
나게 하리라
18 어떤 이들은 내가 너희에게 나아
가지 아니할 것 같이 스스로 (驕
慢)교만하여졌으나
19 주께서 [1](許諾)허락하시면 내가
너희에게 속히 나아가서 (驕慢)
교만한 자들의 말이 아니라 오직
그 능력을 알아보겠으니
20 하나님의 나라는 말에 있지 아니
하고 오직 (能力)능력에 있음이
라
21 너희가 무엇을 원하느냐 내가 매
를 가지고 너희에게 나아가랴 사
랑과 (溫柔)온유한 [2]마음으로 나
아가랴

음행한 자를 판단하다

5 너희 중에 심지어 (淫行)음행이
있다 함을 들으니 그런 음행은
이방인 중에서도 없는 것이라 누
가 그 아버지의 아내를 취하였다
하는도다
2 그리하고도 너희가 오히려 (驕慢)
교만하여져서 어찌하여 통한히
여기지 아니하고 그 일 행한 자를
너희 중에서 쫓아내지 아니하였
느냐
3 내가 (實)실로 몸으로는 떠나 있
으나 (靈)영으로는 함께 있어서
거기 있는 것 같이 이런 일 행한
자를 이미 (判斷)판단하였노라
4 주 예수의 이름으로 너희가 내 영
과 함께 모여서 우리 주 예수의
(能力)능력으로
5 이런 자를 사탄에게 내주었으니
이는 육신은 멸하고 영은 [3]주 예
수의 날에 (救援)구원을 받게 하
려 함이라
6 너희가 자랑하는 것이 옳지 아니
하도다 적은 누룩이 온 덩어리에
퍼지는 것을 알지 못하느냐
7 너희는 누룩 없는 자인데 새 덩어
리가 되기 위하여 묵은 누룩을 내
버리라 우리의 유월절 양 곧 그리
스도께서 (犧牲)희생되셨느니라
8 이러므로 우리가 명절을 지키되
묵은 누룩으로도 말고 악하고 악
의에 찬 누룩으로도 말고 누룩이

1) 또는 원하시면 2) 헬, 영 3) 어떤 사본에는 주의 날에

없이 오직 (純全)순전함과 진실
함의 떡으로 하자
9 ●내가 너희에게 쓴 (便紙)편지
에 음행하는 자들을 사귀지 말라
하였거니와
10 이 말은 이 세상의 (淫行)음행하
는 자들이나 (貪)탐하는 자들이
나 속여 빼앗는 자들이나 (偶像
崇拜)우상 숭배하는 자들을 도무
지 사귀지 말라 하는 것이 아니니
만일 그리하려면 너희가 세상 밖
으로 나가야 할 것이라
11 이제 내가 너희에게 쓴 것은 만일
어떤 형제라 일컫는 자가 (淫行)
음행하거나 탐욕을 부리거나 우
상 숭배를 하거나 모욕하거나 술
취하거나 속여 빼앗거든 사귀지
도 말고 그런 자와는 함께 먹지도
말라 함이라
12 밖에 있는 사람들을 판단하는 것
이야 내게 무슨 (相關)상관이 있
으리요마는 교회 안에 있는 사람
들이야 너희가 판단하지 아니하랴
13 밖에 있는 사람들은 하나님이 (審
判)심판하시려니와 이 악한 사람
은 너희 중에서 내쫓으라

세상 법정에 송사하지 말라

6 너희 중에 누가 다른 이와 더불
어 다툼이 있는데 구태여 불의
한 자들 앞에서 (告發)고발하고
성도 앞에서 하지 아니하느냐
2 (聖徒)성도가 세상을 판단할 것
을 너희가 알지 못하느냐 세상도
너희에게 판단을 받겠거든 지극
히 작은 일 판단하기를 (堪當)감
당하지 못하겠느냐
3 우리가 천사를 (判斷)판단할 것
을 너희가 알지 못하느냐 그러하
거든 하물며 세상 일이랴
4 그런즉 너희가 세상 (事件)사건
이 있을 때에 교회에서 경히 여김
을 받는 자들을 세우느냐
5 내가 너희를 부끄럽게 하려 하여
이 말을 하노니 너희 가운데 그
형제간의 일을 판단할 만한 (智
慧)지혜있는 자가 이같이 하나도
없느냐
6 (兄弟)형제가 형제와 더불어 고
발할 뿐더러 믿지 아니하는 자들
앞에서 하느냐
7 너희가 (彼此)피차 고발함으로
너희 가운데 이미 뚜렷한 허물이
있나니 차라리 불의를 당하는 것
이 낫지 아니하며 차라리 속는 것
이 낫지 아니하냐
8 너희는 (不義)불의를 행하고 속
이는구나 그는 너희 형제로다
9 불의한 자가 하나님의 나라를 (遺
業)유업으로 받지 못할 줄을 알
지 못하느냐 (迷惑)미혹을 받지
말라 음행하는 자나 우상 숭배하
는 자나 간음하는 자나 탐색하는
자나 남색하는 자나
10 도적이나 (貪慾)탐욕을 부리는
자나 술 취하는 자나 모욕하는 자
나 속여 빼앗는 자들은 하나님의
나라를 유업으로 받지 못하리라
11 너희 중에 이와 같은 자들이 있더
니 주 예수 그리스도의 이름과 우
리 하나님의 (聖靈)성령 안에서

씻음과 거룩함과 의롭다 하심을
받았느니라

몸으로 하나님께 영광을 돌리라

12 ●모든 것이 내게 가하나 다 (有
益)유익한 것이 아니요 모든 것
이 내게 가하나 내가 무엇에든지
얽매이지 아니하리라
13 음식은 배를 위하여 있고 배는 음
식을 위하여 있으나 하나님은 이
것 저것을 다 폐하시리라 몸은 음
란을 (爲)위하여 있지 않고 오직
주를 위하여 있으며 주는 몸을 위
하여 계시느니라
14 하나님이 주를 다시 살리셨고 또
한 그의 (權能)권능으로 우리를
다시 살리시리라
15 너희 몸이 그리스도의 지체인 줄
을 알지 못하느냐 내가 그리스도
의 지체를 가지고 창녀의 (肢體)
지체를 만들겠느냐 결코 그럴 수
없느니라
16 창녀와 합하는 자는 그와 한 몸
인 줄을 알지 못하느냐 일렀으되
[ㄱ]둘이 한 (肉體)육체가 된다 하셨
나니
17 (主)주와 합하는 자는 한 영이니
라
18 (淫行)음행을 피하라 사람이 범
하는 죄마다 몸 밖에 있거니와 음
행하는 자는 자기 몸에 죄를 범하
느니라
19 너희 몸은 너희가 하나님께로부
터 받은 바 너희 가운데 계신 성
령의 (殿)전인 줄을 알지 못하느
냐 너희는 너희 (自身)자신의 것
이 아니라
20 값으로 산 것이 되었으니 그런즉
너희 몸으로 하나님께 (榮光)영
광을 돌리라

결혼에 대하여 이르다

7 너희가 쓴 (問題)문제에 대하여
말하면 남자가 여자를 가까이
아니함이 좋으나
2 (淫行)음행을 피하기 위하여 남
자마다 자기 아내를 두고 여자마
다 자기 남편을 두라
3 남편은 그 아내에 대한 (義務)의
무를 [1]다하고 아내도 그 남편에
게 그렇게 할지라
4 아내는 자기 몸을 (主掌)주장하
지 못하고 오직 그 남편이 하며
남편도 그와 같이 자기 몸을 주장
하지 못하고 오직 그 아내가 하나
니
5 서로 분방하지 말라 다만 기도할
틈을 얻기 위하여 합의상 얼마 동
안은 하되 다시 합하라 이는 너희
가 (節制)절제 못함으로 말미암
아 사탄이 너희를 (試驗)시험하
지 못하게 하려 함이라
6 그러나 내가 이 말을 함은 (許諾)
허락이요 명령은 아니니라
7 나는 모든 사람이 나와 같기를 원
하노라 그러나 각각 하나님께 받
은 자기의 (恩賜)은사가 있으니
이 사람은 이러하고 저 사람은 저
러하니라
8 ●내가 결혼하지 아니한 자들과
(寡婦)과부들에게 이르노니 나와

1) 헬, 갚고 ㄱ 창 2:24

같이 그냥 지내는 것이 좋으니라
9 만일 절제할 수 없거든 결혼하라
(情慾)정욕이 불 같이 타는 것보
다 결혼하는 것이 나으니라
10 (結婚)결혼한 자들에게 내가 명
하노니 (명하는 자는 내가 아니요
주시라) 여자는 남편에게서 갈라
서지 말고
11 (만일 갈라섰으면 그대로 지내든
지 다시 그 남편과 (和合)화합하
든지 하라) 남편도 아내를 버리지
말라
12 그 나머지 사람들에게 내가 말하
노니 (이는 주의 (命令)명령이 아
니라) 만일 어떤 형제에게 믿지
아니하는 아내가 있어 남편과 함
께 살기를 좋아하거든 그를 버리
지 말며
13 어떤 (女子)여자에게 믿지 아니
하는 남편이 있어 아내와 함께 살
기를 좋아하거든 그 남편을 버리
지 말라
14 믿지 아니하는 (男便)남편이 아
내로 말미암아 거룩하게 되고 믿
지 아니하는 아내가 [1]남편으로
말미암아 거룩하게 되나니 그렇
지 아니하면 너희 (子女)자녀도
깨끗하지 못하니라 그러나 이제
거룩하니라
15 혹 믿지 아니하는 자가 갈리거든
갈리게 하라 형제나 자매나 이런
일에 구애될 것이 없느니라 그러
나 하나님은 (和平)화평 중에서
[2]너희를 부르셨느니라
16 아내 된 자여 네가 남편을 구원할
는지 어찌 알 수 있으며 남편 된
자여 네가 네 아내를 (救援)구원
할는지 어찌 알 수 있으리요
17 오직 주께서 각 사람에게 나눠 주
신 대로 하나님이 각 사람을 부르
신 그대로 행하라 내가 모든 (敎
會)교회에서 이와 같이 명하노라
18 (割禮者)할례자로서 부르심을 받
은 자가 있느냐 무할례자가 되지
말며 무할례자로 부르심을 받은
자가 있느냐 할례를 받지 말라
19 할례 받는 것도 아무 것도 아니요
할례 받지 아니하는 것도 아무 것
도 아니로되 오직 하나님의 (誡
命)계명을 지킬 따름이니라
20 (各)각 사람은 부르심을 받은 그
부르심 그대로 지내라
21 네가 종으로 있을 때에 부르심을
받았느냐 (念慮)염려하지 말라 [3]
그러나 네가 자유롭게 될 수 있거
든 그것을 (利用)이용하라
22 주 안에서 부르심을 받은 자는 종
이라도 주께 속한 (自由人)자유
인이요 또 그와 같이 자유인으로
있을 때에 부르심을 받은 자는 그
리스도의 종이니라
23 너희는 값으로 사신 것이니 사람
들의 종이 되지 말라
24 (兄弟)형제들아 너희는 각각 부
르심을 받은 그대로 하나님과 함
께 거하라

처녀와 과부에게 주는 권면

25 ● 처녀에 대하여는 내가 주께 받

1) 헬, 형제로 2) 어떤 사본에, 우리를 3) 또는 자유할 수 있어도 그대로 지내라

은 (誡命)계명이 없으되 주의 자
비하심을 받아서 충성스러운 자
가 된 내가 의견을 말하노니
26 내 생각에는 이것이 좋으니 곧 임
박한 (患難)환난으로 말미암아
사람이 그냥 지내는 것이 좋으니
라
27 네가 아내에게 매였느냐 놓이기
를 구하지 말며 아내에게서 놓였
느냐 아내를 (求)구하지 말라
28 그러나 장가 가도 죄 짓는 것이
아니요 처녀가 시집 가도 죄 짓는
것이 아니로되 이런 이들은 육신
에 (苦難)고난이 있으리니 나는
너희를 아끼노라
29 형제들아 내가 이 말을 하노니 그
때가 (短縮)단축하여진 고로 이
후부터 아내 있는 자들은 없는 자
같이 하며
30 우는 자들은 울지 않는 자 같이
하며 기쁜 자들은 기쁘지 않은 자
같이 하며 (賣買)매매하는 자들
은 없는 자 같이 하며
31 세상 물건을 쓰는 자들은 다 쓰지
못하는 자 같이 하라 이 세상의
(外形)외형은 지나감이니라
32 너희가 (念慮)염려 없기를 원하
노라 장가 가지 않은 자는 주의
일을 염려하여 어찌하여야 주를
기쁘시게 할까 하되
33 장가 간 자는 (世上)세상 일을 염
려하여 어찌하여야 아내를 기쁘
게 할까 하여
34 마음이 갈라지며 시집 가지 않은
자와 (處女)처녀는 주의 일을 염
려하여 몸과 영을 다 거룩하게 하
려 하되 시집 간 자는 세상 일을
염려하여 어찌하여야 남편을 기
쁘게 할까 하느니라
35 내가 이것을 말함은 너희의 (有
益)유익을 위함이요 너희에게 올
무를 놓으려 함이 아니니 오직 너
희로 하여금 이치에 합당하게 하
여 흐트러짐이 없이 주를 섬기게
하려 함이라
36 그러므로 만일 누가 자기의 [1]약
혼녀에 대한 (行動)행동이 합당
하지 못한 줄로 생각할 때에 그 [1]
약혼녀의 혼기도 지나고 그같이
할 필요가 있거든 원하는 대로 하
라 그것은 죄 짓는 것이 아니니
그들로 결혼하게 하라
37 그러나 그가 마음을 정하고 또 부
득이한 일도 없고 자기 뜻대로 할
(權利)권리가 있어서 그 [1]약혼녀
를 그대로 두기로 하여도 잘하는
것이니라
38 그러므로 (結婚)결혼하는 자도
잘하거니와 결혼하지 아니하는
자는 더 잘하는 것이니라
39 아내는 그 남편이 살아 있는 동안
에 매여 있다가 남편이 [2]죽으면
(自由)자유로워 자기 뜻대로 시
집 갈 것이나 주 안에서만 할 것
이니라
40 그러나 내 뜻에는 그냥 지내는 것
이 더욱 (福)복이 있으리로다 나
도 또한 하나님의 (靈)영을 받은
줄로 생각하노라

1) 헬, 처녀 또는 처녀 딸 2) 헬, 잠들면

우상에게 바친 제물

8 우상의 (祭物)제물에 대하여는 우리가 다 지식이 있는 줄을 아나 지식은 (驕慢)교만하게 하며 사랑은 덕을 세우나니

2 (萬一)만일 누구든지 무엇을 아는 줄로 생각하면 아직도 마땅히 알 것을 알지 못하는 것이요

3 또 누구든지 하나님을 사랑하면 그 사람은 하나님도 알아 주시느니라

4 그러므로 (偶像)우상의 제물을 먹는 일에 대하여는 우리가 우상은 세상에 아무 것도 아니며 또한 하나님은 한 분밖에 없는 줄 아노라

5 비록 하늘에나 땅에나 (神)신이라 불리는 자가 있어 많은 신과 많은 주가 있으나

6 그러나 우리에게는 한 하나님 곧 아버지가 계시니 (萬物)만물이 그에게서 났고 우리도 그를 위하여 있고 또한 한 주 예수 그리스도께서 계시니 만물이 그로 말미암고 우리도 그로 말미암아 있느니라

7 그러나 이 (知識)지식은 모든 사람에게 있는 것은 아니므로 어떤 이들은 지금까지 우상에 대한 (習慣)습관이 있어 우상의 제물로 알고 먹는 고로 그들의 양심이 약하여지고 더러워지느니라

8 (飮食)음식은 우리를 하나님 앞에 내세우지 못하나니 우리가 먹지 않는다고 해서 더 못사는 것도 아니고 먹는다고 해서 더 잘사는 것도 아니니라

9 그런즉 너희의 [1]자유가 믿음이 약한 자들에게 걸려 넘어지게 하는 것이 되지 않도록 (操心)조심하라

10 (知識)지식 있는 네가 우상의 집에 앉아 먹는 것을 누구든지 보면 그 믿음이 약한 자들의 양심이 담력을 얻어 우상의 제물을 먹게 되지 않겠느냐

11 그러면 네 지식으로 그 믿음이 약한 자가 (滅亡)멸망하나니 그는 그리스도께서 위하여 죽으신 형제라

12 이같이 너희가 (兄弟)형제에게 죄를 지어 그 약한 (良心)양심을 상하게 하는 것이 곧 그리스도에게 죄를 짓는 것이니라

13 그러므로 만일 음식이 내 형제를 (失足)실족하게 한다면 나는 (永遠)영원히 고기를 먹지 아니하여 내 형제를 실족하지 않게 하리라

사도의 권리

9 내가 (自由人)자유인이 아니냐 사도가 아니냐 예수 우리 주를 보지 못하였느냐 주 안에서 행한 나의 일이 너희가 아니냐

2 다른 사람들에게는 내가 (使徒)사도가 아닐지라도 너희에게는 사도이니 나의 사도 됨을 [2]주 안에서 인친 것이 너희라

3 나를 (批判)비판하는 자들에게 변명할 것이 이것이니

4 우리가 먹고 마실 (權利)권리가

1) 헬, 권리가 2) 또는 인친 것이 주 안에 있는 너희라

없겠느냐
5 우리가 다른 사도들과 주의 (兄
弟)형제들과 게바와 같이 믿음의
자매 된 아내를 데리고 다닐 권리
가 없겠느냐
6 어찌 나와 바나바만 일하지 아니
할 (權利)권리가 없겠느냐
7 누가 자기 비용으로 군 복무를 하
겠느냐 누가 (葡萄)포도를 심고
그 열매를 먹지 않겠느냐 누가 양
떼를 기르고 그 양 떼의 젖을 먹
지 않겠느냐
8 내가 사람의 예대로 이것을 말하
느냐 (律法)율법도 이것을 말하
지 아니하느냐
9 모세의 율법에 ㄱ곡식을 밟아 떠
는 소에게 망을 씌우지 말라 기록
하였으니 하나님께서 어찌 소들
을 위하여 (念慮)염려하심이냐
10 오로지 우리를 위하여 말씀하심
이 아니냐 과연 우리를 위하여 기
록된 것이니 밭 가는 자는 소망을
가지고 갈며 곡식 떠는 자는 함께
얻을 (所望)소망을 가지고 떠는
것이라
11 우리가 너희에게 (神靈)신령한
것을 뿌렸은즉 너희의 육적인 것
을 거두기로 과하다 하겠느냐
12 다른 이들도 너희에게 이런 권리
를 가졌거든 하물며 우리일까보
냐 그러나 우리가 이 권리를 쓰지
아니하고 (凡事)범사에 참는 것
은 그리스도의 복음에 아무 (障
碍)장애가 없게 하려 함이로다
13 성전의 일을 하는 이들은 성전에
서 나는 것을 먹으며 제단에서 섬
기는 이들은 (祭壇)제단과 함께
나누는 것을 너희가 알지 못하느
냐
14 이와 같이 주께서도 복음 (傳)전
하는 자들이 (福音)복음으로 말
미암아 살리라 명하셨느니라
15 그러나 내가 이것을 하나도 쓰지
아니하였고 또 이 말을 쓰는 것은
내게 이같이 하여 달라는 것이 아
니라 내가 차라리 죽을지언정 누
구든지 내 자랑하는 것을 헛된 데
로 돌리지 못하게 하리라
16 내가 복음을 전할지라도 자랑할
것이 없음은 내가 부득불 할 일임
이라 만일 복음을 전하지 아니하
면 내게 (禍)화가 있을 것이로다
17 내가 내 자의로 이것을 행하면 상
을 얻으려니와 내가 자의로 아니
한다 할지라도 나는 (使命)사명
을 받았노라
18 그런즉 내 상이 무엇이냐 내가
(福音)복음을 전할 때에 값없이
전하고 복음으로 말미암아 내게
있는 (權利)권리를 다 쓰지 아니
하는 이것이로다
19 내가 모든 사람에게서 (自由)자
유로우나 스스로 모든 사람에게
종이 된 것은 더 많은 사람을 얻
고자 함이라
20 유대인들에게 내가 유대인과 같
이 된 것은 유대인들을 얻고자 함
이요 율법 아래에 있는 (者)자들
에게는 내가 율법 아래에 있지 아

ㄱ 신 25:4

니하나 율법 아래에 있는 자 같이
된 것은 율법 아래에 있는 자들을
얻고자 함이요
21 (律法)율법 없는 자에게는 내가
하나님께는 율법 없는 자가 아니
요 도리어 그리스도의 율법 아래
에 있는 자이나 율법 없는 자와
같이 된 것은 율법 없는 자들을
얻고자 함이라
22 약한 자들에게 내가 약한 자와 같
이 된 것은 약한 자들을 얻고자
함이요 내가 여러 사람에게 여러
모습이 된 것은 아무쪼록 몇 사람
이라도 (救援)구원하고자 함이니
23 내가 복음을 위하여 모든 것을 행
함은 복음에 (參與)참여하고자
함이라
24 (運動場)운동장에서 달음질하는
자들이 다 달릴지라도 오직 상을
받는 사람은 한 사람인 줄을 너희
가 알지 못하느냐 너희도 상을 받
도록 이와 같이 달음질하라
25 이기기를 다투는 자마다 모든 일
에 (節制)절제하나니 그들은 썩
을 승리자의 관을 얻고자 하되 우
리는 썩지 아니할 것을 얻고자 하
노라
26 그러므로 나는 달음질하기를 향
방 없는 것 같이 아니하고 싸우기
를 (虛空)허공을 치는 것 같이 아
니하며
27 내가 내 몸을 쳐 (服從)복종하게
함은 내가 남에게 (傳播)전파한
후에 자신이 도리어 버림을 당할
까 두려워함이로다

우상 숭배하는 일을 피하라

10 (兄弟)형제들아 나는 너희가
알지 못하기를 원하지 아니
하노니 우리 조상들이 다 구름 아
래에 있고 바다 가운데로 지나며
2 모세에게 속하여 다 구름과 바다
에서 [1](洗禮)세례를 받고
3 다 같은 신령한 (飮食)음식을 먹
으며
4 다 같은 신령한 음료를 마셨으니
이는 그들을 따르는 신령한 반석
으로부터 마셨으매 그 (磐石)반
석은 곧 그리스도시라
5 그러나 그들의 다수를 하나님이
기뻐하지 아니하셨으므로 그들이
광야에서 (滅亡)멸망을 받았느니
라
6 이러한 일은 우리의 본보기가 되
어 우리로 하여금 그들이 (惡)
악을 즐겨 한 것 같이 즐겨 하는
(者)자가 되지 않게 하려 함이니
7 그들 가운데 어떤 사람들과 같이
너희는 우상 숭배하는 자가 되지
말라 기록된 바 [ㄱ](百姓)백성이 앉
아서 먹고 마시며 일어나서 뛰논
다 함과 같으니라
8 그들 중의 어떤 사람들이 (淫行)
음행하다가 하루에 이만 삼천 명
이 죽었나니 우리는 그들과 같이
음행하지 말자
9 그들 가운데 어떤 사람들이 주를
(試驗)시험하다가 뱀에게 멸망하
였나니 우리는 그들과 같이 시험
하지 말자

1) 헬. 또는 침례 ㄱ 출 32:6

10 그들 가운데 어떤 사람들이 (怨
望)원망하다가 멸망시키는 자에
게 멸망하였나니 너희는 그들과
같이 원망하지 말라
11 그들에게 일어난 이런 일은 본보
기가 되고 또한 (末世)말세를 만
난 우리를 깨우치기 위하여 기록
되었느니라
12 그런즉 선 줄로 생각하는 자는 넘
어질까 (操心)조심하라
13 사람이 감당할 (試驗)시험 밖에
는 너희가 당한 것이 없나니 오
직 하나님은 미쁘사 너희가 감당
하지 못할 시험 당함을 (許諾)허
락하지 아니하시고 시험 당할 즈
음에 또한 피할 길을 내사 너희로
능히 감당하게 하시느니라
14 ●그런즉 내 사랑하는 자들아 (偶
像)우상 (崇拜)숭배하는 일을 피
하라
15 나는 지혜 있는 자들에게 말함과
같이 하노니 너희는 내가 이르는
말을 스스로 (判斷)판단하라
16 우리가 (祝福)축복하는 바 축복
의 잔은 그리스도의 피에 참여함
이 아니며 우리가 떼는 떡은 그리
스도의 몸에 참여함이 아니냐
17 떡이 하나요 많은 우리가 한 몸이
니 이는 우리가 다 한 떡에 (參與)
참여함이라
18 육신을 따라 난 이스라엘을 보라
제물을 먹는 자들이 (祭壇)제단
에 참여하는 자들이 아니냐
19 그런즉 내가 무엇을 말하느냐 (偶
像)우상의 제물은 무엇이며 우상
은 무엇이냐
20 무릇 이방인이 (祭祀)제사하는
것은 귀신에게 하는 것이요 하나
님께 제사하는 것이 아니니 나는
너희가 귀신과 교제하는 자가 되
기를 원하지 아니하노라
21 너희가 주의 잔과 귀신의 잔을 겸
하여 마시지 못하고 주의 (食卓)
식탁과 귀신의 식탁에 겸하여 참
여하지 못하리라
22 그러면 우리가 (主)주를 노여워
하시게 하겠느냐 우리가 주보다
(强)강한 자냐

다 하나님의 영광을 위하여 하라

23 ●모든 것이 가하나 모든 것이
(有益)유익한 것은 아니요 모든
것이 가하나 모든 것이 덕을 세우
는 것은 아니니
24 누구든지 (自己)자기의 유익을
구하지 말고 남의 유익을 구하라
25 무릇 시장에서 파는 것은 (良心)
양심을 위하여 묻지 말고 먹으라
26 이는 땅과 거기 (充滿)충만한 것
이 주의 것임이라
27 (不信者)불신자 중 누가 너희를
청할 때에 너희가 가고자 하거든
너희 앞에 차려 놓은 것은 무엇이
든지 양심을 위하여 묻지 말고 먹
으라
28 누가 너희에게 이것이 (祭物)제
물이라 말하거든 알게 한 자와 그
양심을 위하여 먹지 말라
29 내가 말한 (良心)양심은 너희의
것이 아니요 남의 것이니 어찌하
여 내 자유가 남의 양심으로 말미

암아 판단을 받으리요
30 만일 내가 (感謝)감사함으로 (參
與)참여하면 어찌하여 내가 감사
하는 것에 대하여 비방을 받으리
요
31 그런즉 너희가 먹든지 마시든지
무엇을 하든지 다 하나님의 (榮
光)영광을 위하여 하라
32 유대인에게나 헬라인에게나 하나
님의 (教會)교회에나 거치는 자
가 되지 말고
33 나와 같이 모든 일에 모든 사람을
기쁘게 하여 자신의 유익을 구하
지 아니하고 많은 사람의 유익을
구하여 그들로 (救援)구원을 받
게 하라

11 내가 그리스도를 (本)본받는
자가 된 것 같이 너희는 나
를 본받는 자가 되라

여자가 머리를 가리는 것

2 ●너희가 모든 일에 나를 (記憶)
기억하고 또 내가 너희에게 전하
여 준 대로 그 전통을 너희가 지
키므로 너희를 칭찬하노라
3 그러나 나는 너희가 알기를 (願)
원하노니 각 남자의 머리는 그리
스도요 여자의 머리는 남자요 그
리스도의 머리는 하나님이시라
4 무릇 남자로서 머리에 무엇을 쓰
고 기도나 예언을 하는 자는 그
머리를 (辱)욕되게 하는 것이요
5 무릇 여자로서 머리에 쓴 것을 벗
고 (祈禱)기도나 (豫言)예언을 하
는 자는 그 머리를 욕되게 하는
것이니 이는 머리를 민 것과 다름
이 없음이라
6 (萬一)만일 여자가 머리를 가리
지 않거든 깎을 것이요 만일 깎거
나 미는 것이 여자에게 부끄러움
이 되거든 가릴지니라
7 남자는 하나님의 (形像)형상과
영광이니 그 머리를 마땅히 가리
지 않거니와 여자는 남자의 영광
이니라
8 (男子)남자가 여자에게서 난 것
이 아니요 여자가 남자에게서 났
으며
9 또 남자가 여자를 위하여 지음
을 받지 아니하고 여자가 남자를
(爲)위하여 지음을 받은 것이니
10 그러므로 여자는 (天使)천사들로
말미암아 권세 아래에 있는 표를
그 머리 위에 둘지니라
11 그러나 (主)주 안에는 남자 없이
여자만 있지 않고 여자 없이 남자
만 있지 아니하니라
12 이는 (女子)여자가 남자에게서
난 것 같이 남자도 여자로 말미암
아 났음이라 그리고 모든 것은 하
나님에게서 났느니라
13 너희는 스스로 (判斷)판단하라
여자가 머리를 가리지 않고 하나
님께 기도하는 것이 마땅하냐
14 만일 남자에게 긴 머리가 있으면
자기에게 부끄러움이 되는 것을
(本性)본성이 너희에게 가르치지
아니하느냐
15 만일 여자가 긴 머리가 있으면 자
기에게 (榮光)영광이 되나니 긴
머리는 가리는 것을 대신하여 주

셨기 때문이니라
16 (論爭)논쟁하려는 생각을 가진
자가 있을지라도 우리에게나 하
나님의 모든 교회에는 이런 (慣
例)관례가 없느니라

성만찬의 제정(마 26:26-29; 막 14:22-25; 눅 22:14-20)

17 ● 내가 명하는 이 일에 너희를
(稱讚)칭찬하지 아니하나니 이는
너희의 모임이 유익이 못되고 도
리어 해로움이라
18 먼저 너희가 교회에 모일 때에 너
희 중에 (紛爭)분쟁이 있다 함을
듣고 어느 정도 믿거니와
19 너희 중에 (派黨)파당이 있어야
너희 중에 옳다 인정함을 받은 자
들이 나타나게 되리라
20 그런즉 너희가 함께 모여서 주의
(晩餐)만찬을 먹을 수 없으니
21 이는 먹을 때에 각각 (自己)자기
의 만찬을 먼저 갖다 먹으므로 어
떤 사람은 시장하고 어떤 사람은
취함이라
22 너희가 먹고 마실 집이 없느냐 너
희가 하나님의 교회를 업신여기
고 (貧窮)빈궁한 자들을 부끄럽
게 하느냐 내가 너희에게 무슨 말
을 하랴 너희를 칭찬하랴 이것으
로 칭찬하지 않노라
23 내가 너희에게 전한 것은 (主)주
께 받은 것이니 곧 주 예수께서
잡히시던 밤에 떡을 가지사
24 (祝謝)축사하시고 떼어 이르시되
이것은 너희를 위하는 내 몸이니
이것을 행하여 나를 기념하라 하
시고
25 식후에 또한 그와 같이 잔을 가지
시고 이르시되 이 잔은 내 피로
세운 새 (言約)언약이니 이것을
행하여 마실 때마다 나를 기념하
라 하셨으니
26 너희가 이 [1]떡을 먹으며 이 (盞)
잔을 마실 때마다 주의 죽으심을
그가 오실 때까지 전하는 것이니
라
27 그러므로 누구든지 주의 [1]떡이나
잔을 (合當)합당하지 않게 먹고
마시는 자는 주의 몸과 피에 대하
여 죄를 짓는 것이니라
28 사람이 (自己)자기를 살피고 그
후에야 이 [1]떡을 먹고 이 잔을 마
실지니
29 주의 몸을 (分別)분별하지 못하
고 먹고 마시는 자는 자기의 [2]죄
를 먹고 마시는 것이니라
30 그러므로 너희 중에 (弱)약한 자
와 (病)병든 자가 많고 잠자는 자
도 적지 아니하니
31 우리가 우리를 살폈으면 (判斷)
판단을 받지 아니하려니와
32 우리가 판단을 받는 것은 주께
(懲戒)징계를 받는 것이니 이는
우리로 세상과 함께 정죄함을 받
지 않게 하려 하심이라
33 그런즉 내 (兄弟)형제들아 먹으
러 모일 때에 서로 기다리라
34 만일 누구든지 시장하거든 집에
서 먹을지니 이는 너희의 모임이
(判斷)판단 받는 모임이 되지 않

1) 헬, 떡덩이 2) 헬, 심판

게 하려 함이라 그밖의 일들은 내
가 언제든지 갈 때에 바로잡으리
라

성령의 은사

12 형제들아 (神靈)신령한 것에
대하여 나는 너희가 알지 못
하기를 원하지 아니하노니
2 너희도 알거니와 너희가 이방인
으로 있을 때에 말 못하는 (偶像)
우상에게로 끄는 그대로 끌려 갔
느니라
3 그러므로 내가 너희에게 알리노
니 하나님의 영으로 말하는 자는
누구든지 예수를 (詛呪)저주할
자라 하지 아니하고 또 성령으로
아니하고는 누구든지 예수를 주
시라 할 수 없느니라
4 ●(恩賜)은사는 여러 가지나 성
령은 같고
5 (職分)직분은 여러 가지나 주는
같으며
6 또 (使役)사역은 여러 가지나 모
든 것을 모든 사람 가운데서 이루
시는 하나님은 같으니
7 각 사람에게 성령을 나타내심은
(有益)유익하게 하려 하심이라
8 어떤 사람에게는 성령으로 말미
암아 (智慧)지혜의 말씀을, 어떤
사람에게는 같은 성령을 따라 지
식의 말씀을,
9 다른 사람에게는 같은 (聖靈)성
령으로 믿음을, 어떤 사람에게는
한 성령으로 병 고치는 은사를,
10 어떤 사람에게는 (能力)능력 행
함을, 어떤 사람에게는 (豫言)예
언함을, 어떤 사람에게는 영들 분
별함을, 다른 사람에게는 각종 방
언 말함을, 어떤 사람에게는 방언
들 통역함을 주시나니
11 이 모든 일은 같은 한 (聖靈)성령
이 행하사 그의 뜻대로 각 사람에
게 나누어 주시는 것이니라

하나의 몸과 많은 지체

12 ●몸은 하나인데 많은 (肢體)지
체가 있고 몸의 지체가 많으나 한
몸임과 같이 그리스도도 그러하
니라
13 우리가 유대인이나 헬라인이나
종이나 자유인이나 다 한 성령으
로 [1](洗禮)세례를 받아 한 몸이
되었고 또 다 한 성령을 마시게
하셨느니라
14 몸은 한 (肢體)지체뿐만 아니요
여럿이니
15 (萬一)만일 발이 이르되 나는 손
이 아니니 몸에 붙지 아니하였다
할지라도 이로써 몸에 붙지 아니
한 것이 아니요
16 또 귀가 이르되 나는 눈이 아니니
몸에 붙지 아니하였다 할지라도
이로써 몸에 붙지 아니한 것이 아
니니
17 (萬一)만일 온 몸이 눈이면 듣는
곳은 어디며 온 몸이 듣는 곳이면
냄새 맡는 곳은 어디냐
18 그러나 이제 하나님이 그 원하시
는 대로 지체를 (各各)각각 몸에
두셨으니
19 만일 다 한 (肢體)지체뿐이면 몸

1) 헬, 또는 침례

은 어디냐
20 이제 지체는 많으나 몸은 하나라
21 눈이 손더러 내가 너를 쓸 데가
없다 하거나 또한 머리가 발더러
내가 너를 쓸 데가 없다 하지 못
하리라
22 그뿐 아니라 더 약하게 보이는 몸
의 지체가 도리어 (要緊)요긴하
고
23 우리가 몸의 덜 (貴)귀히 여기는
그것들을 더욱 귀한 것들로 입혀
주며 우리의 아름답지 못한 지체
는 더욱 아름다운 것을 얻느니라
그런즉
24 우리의 아름다운 지체는 그럴 필
요가 없느니라 오직 하나님이 몸
을 고르게 하여 (不足)부족한 지
체에게 귀중함을 더하사
25 몸 가운데서 (紛爭)분쟁이 없고
오직 여러 지체가 서로 같이 돌보
게 하셨느니라
26 만일 한 지체가 (苦痛)고통을 받
으면 모든 지체가 함께 고통을 받
고 한 지체가 (榮光)영광을 얻으
면 모든 지체가 함께 즐거워하느
니라
27 너희는 그리스도의 몸이요 지체
의 (各 部分)각 부분이라
28 하나님이 교회 중에 몇을 세우셨
으니 첫째는 사도요 둘째는 선지
자요 셋째는 교사요 그 다음은 능
력을 행하는 자요 그 다음은 병
고치는 은사와 서로 돕는 것과 다
스리는 것과 각종 (方言)방언을
말하는 것이라
29 다 사도이겠느냐 다 (先知者)선
지자이겠느냐 다 교사이겠느냐
다 능력을 행하는 자이겠느냐
30 다 병 고치는 은사를 가진 자이겠
느냐 다 방언을 말하는 자이겠느
냐 다 (通譯)통역하는 자이겠느
냐
31 너희는 더욱 큰 은사를 (思慕)사
모하라 내가 또한 가장 좋은 길을
너희에게 보이리라

사랑

13 내가 사람의 방언과 (天使)
천사의 말을 할지라도 사랑
이 없으면 소리 나는 구리와 울리
는 꽹과리가 되고
2 내가 (豫言)예언하는 능력이 있
어 모든 (秘密)비밀과 모든 (知
識)지식을 알고 또 산을 옮길 만
한 모든 믿음이 있을지라도 사랑
이 없으면 내가 아무 것도 아니요
3 내가 내게 있는 모든 것으로 (救
濟)구제하고 또 내 몸을 불사르
게 내줄지라도 사랑이 없으면 내
게 아무 유익이 없느니라
4 사랑은 오래 참고 사랑은 (溫柔)
온유하며 시기하지 아니하며 사
랑은 자랑하지 아니하며 교만하
지 아니하며
5 (無禮)무례히 행하지 아니하며
자기의 [1]유익을 구하지 아니하며
성내지 아니하며 악한 것을 생각
하지 아니하며
6 (不義)불의를 기뻐하지 아니하며
진리와 함께 기뻐하고

1) 헬, 것을

7 모든 것을 참으며 모든 것을 믿으
며 모든 것을 바라며 모든 것을
견디느니라
8 사랑은 언제까지나 떨어지지 아
니하되 (豫言)예언도 폐하고 방
언도 그치고 지식도 폐하리라
9 우리는 (部分的)부분적으로 알고
부분적으로 예언하니
10 (穩全)온전한 것이 올 때에는 부
분적으로 하던 것이 (廢)폐하리라
11 내가 어렸을 때에는 말하는 것이
어린 아이와 같고 깨닫는 것이 어
린 아이와 같고 생각하는 것이 어
린 아이와 같다가 (長成)장성한
사람이 되어서는 어린 아이의 일
을 버렸노라
12 우리가 지금은 거울로 보는 것 같
이 (稀微)희미하나 그 때에는 얼
굴과 얼굴을 대하여 볼 것이요 지
금은 내가 부분적으로 아나 그 때
에는 주께서 나를 아신 것 같이
내가 온전히 알리라
13 그런즉 믿음, (所望)소망, 사랑,
이 세 가지는 (恒常)항상 있을 것
인데 그 중의 [1]제일은 사랑이라

방언과 예언

14 사랑을 추구하며 신령한 것
들을 (思慕)사모하되 특별히
예언을 하려고 하라
2 방언을 말하는 자는 사람에게 하
지 아니하고 하나님께 하나니 이
는 알아 듣는 자가 없고 영으로
(秘密)비밀을 말함이라
3 그러나 예언하는 자는 사람에게
말하여 덕을 세우며 (勸勉)권면
하며 위로하는 것이요
4 방언을 말하는 자는 자기의 (德)
덕을 세우고 예언하는 자는 교회
의 덕을 세우나니
5 나는 너희가 다 방언 말하기를 원
하나 (特別)특별히 예언하기를
원하노라 만일 방언을 말하는 자
가 통역하여 교회의 덕을 세우지
아니하면 예언하는 자만 못하니
라
6 그런즉 형제들아 내가 너희에게
나아가서 (方言)방언으로 말하고
(啓示)계시나 지식이나 예언이나
가르치는 것으로 말하지 아니하
면 너희에게 무엇이 유익하리요
7 혹 피리나 거문고와 같이 (生命)
생명 없는 것이 소리를 낼 때에
그 음의 분별을 나타내지 아니하
면 피리 부는 것인지 거문고 타는
것인지 어찌 알게 되리요
8 만일 나팔이 분명하지 못한 소리
를 내면 누가 (戰鬪)전투를 준비
하리요
9 이와 같이 너희도 혀로써 알아 듣
기 쉬운 말을 하지 아니하면 그
말하는 것을 어찌 알리요 이는
(虛空)허공에다 말하는 것이라
10 이같이 세상에 소리의 (種類)종
류가 많으나 뜻 없는 소리는 없나
니
11 그러므로 내가 그 소리의 뜻을 알
지 못하면 내가 말하는 자에게 [2]
(外國人)외국인이 되고 말하는
자도 내게 [2]외국인이 되리니

1) 헬, 더 큰 것은 2) 또는 야만인

12 그러므로 너희도 영적인 것을 사모하는 자인즉 교회의 덕을 세우기 위하여 그것이 (豊盛)풍성하기를 구하라

13 그러므로 방언을 말하는 자는 통역하기를 (祈禱)기도할지니

14 내가 (萬一)만일 (方言)방언으로 기도하면 나의 영이 기도하거니와 나의 마음은 열매를 맺지 못하리라

15 그러면 어떻게 할까 내가 영으로 기도하고 또 마음으로 기도하며 내가 영으로 (讚頌)찬송하고 또 마음으로 찬송하리라

16 그렇지 아니하면 네가 영으로 (祝福)축복할 때에 [1]알지 못하는 처지에 있는 자가 네가 무슨 말을 하는지 알지 못하고 네 감사에 어찌 아멘 하리요

17 너는 감사를 잘하였으나 그러나 다른 사람은 (德)덕 세움을 받지 못하리라

18 내가 너희 모든 사람보다 방언을 더 말하므로 하나님께 (感謝)감사하노라

19 그러나 (敎會)교회에서 내가 남을 가르치기 위하여 깨달은 마음으로 다섯 마디 말을 하는 것이 일만 마디 방언으로 말하는 것보다 나으니라

20 ● 형제들아 지혜에는 아이가 되지 말고 악에는 어린 아이가 되라 지혜에는 (長成)장성한 사람이 되라

21 (律法)율법에 (記錄)기록된 바 [ㄱ]주께서 이르시되 내가 다른 방언을 말하는 자와 다른 입술로 이 백성에게 말할지라도 그들이 여전히 듣지 아니하리라 하였으니

22 그러므로 방언은 믿는 자들을 위하지 아니하고 믿지 아니하는 자들을 위하는 (表蹟)표적이나 예언은 믿지 아니하는 자들을 위하지 않고 믿는 자들을 위함이니라

23 그러므로 온 (敎會)교회가 함께 모여 다 방언으로 말하면 [2]알지 못하는 자들이나 믿지 아니하는 자들이 들어와서 너희를 미쳤다 하지 아니하겠느냐

24 그러나 다 예언을 하면 믿지 아니하는 자들이나 알지 못하는 자들이 들어와서 모든 사람에게 책망을 들으며 모든 사람에게 (判斷)판단을 받고

25 그 마음의 숨은 일들이 드러나게 되므로 엎드리어 하나님께 (敬拜)경배하며 하나님이 참으로 너희 가운데 계신다 전파하리라

차례를 따라 하라

26 ● 그런즉 형제들아 어찌할까 너희가 모일 때에 각각 찬송시도 있으며 가르치는 말씀도 있으며 (啓示)계시도 있으며 방언도 있으며 (通譯)통역함도 있나니 모든 것을 덕을 세우기 위하여 하라

27 만일 누가 방언으로 말하거든 두 사람이나 많아야 세 사람이 (次例)차례를 따라 하고 한 사람이

1) 또는 은사를 받지 못한 자가 2) 또는 은사를 받지 못한 자들
ㄱ 사 28:11 이하

통역할 것이요
28 만일 (通譯)통역하는 자가 없으
면 교회에서는 잠잠하고 자기와
하나님께 말할 것이요
29 (豫言)예언하는 자는 둘이나 셋
이나 말하고 다른 이들은 분별할
것이요
30 만일 곁에 앉아 있는 다른 이에
게 계시가 있으면 먼저 하던 자는
(潛潛)잠잠할지니라
31 너희는 다 모든 사람으로 배우게
하고 모든 사람으로 (勸勉)권면
을 받게 하기 위하여 하나씩 하나
씩 예언할 수 있느니라
32 예언하는 자들의 영은 예언하는
자들에게 (制裁)제재를 받나니
33 하나님은 무질서의 하나님이 아
니시요 오직 (和平)화평의 [1]하나
님이시니라 ●모든 (聖徒)성도가
교회에서 함과 같이
34 여자는 교회에서 잠잠하라 그들
에게는 말하는 것을 (許諾)허락
함이 없나니 율법에 이른 것 같이
ㄱ오직 (服從)복종할 것이요
35 (萬一)만일 무엇을 배우려거든
집에서 자기 남편에게 물을지니
여자가 교회에서 말하는 것은 부
끄러운 것이라
36 하나님의 말씀이 너희로부터 난
것이냐 또는 너희에게만 (臨)임
한 것이냐
37 ●만일 누구든지 자기를 선지자
나 혹은 (神靈)신령한 자로 생각

1) 또는 하나님이시니 모든 성도의 교회에서 그러하니라 2) 어떤 사본에, 알지 못하는 대로 두라 ㄱ 창 3:16

하거든 내가 너희에게 편지하는
이 글이 주의 (命令)명령인 줄 알
라
38 만일 누구든지 알지 못하면 [2]그
는 알지 못한 (者)자니라
39 ●그런즉 내 형제들아 예언하기
를 (思慕)사모하며 방언 말하기
를 금하지 말라
40 모든 것을 품위 있게 하고 (秩序)
질서 있게 하라

그리스도의 부활

15 형제들아 내가 너희에게 전
한 (福音)복음을 너희에게
알게 하노니 이는 너희가 받은 것
이요 또 그 가운데 선 것이라
2 너희가 만일 내가 전한 그 말을
굳게 지키고 헛되이 믿지 아니하
였으면 그로 말미암아 (救援)구
원을 받으리라
3 내가 받은 것을 먼저 너희에게 전
하였노니 이는 (聖經)성경대로
그리스도께서 우리 죄를 위하여
죽으시고
4 (葬事)장사 지낸 바 되셨다가 성
경대로 사흘 만에 다시 살아나사
5 게바에게 보이시고 후에 열두 (弟
子)제자에게와
6 그 후에 오백여 형제에게 일시에
보이셨나니 그 중에 지금까지 (大
多數)대다수는 살아 있고 어떤
사람은 잠들었으며
7 그 후에 야고보에게 보이셨으며
그 후에 모든 (使徒)사도에게와
8 맨 나중에 (滿朔)만삭되지 못하
여 난 자 같은 내게도 보이셨느니

라
9 나는 사도 중에 가장 작은 자라
나는 하나님의 교회를 (迫害)박
해하였으므로 사도라 칭함 받기
를 (堪當)감당하지 못할 자니라
10 그러나 내가 나 된 것은 하나님의
(恩惠)은혜로 된 것이니 내게 주
신 그의 은혜가 헛되지 아니하여
내가 모든 사도보다 더 많이 수고
하였으나 내가 한 것이 아니요 오
직 나와 함께 하신 하나님의 은혜
로라
11 그러므로 나나 그들이나 이같이
(傳播)전파하매 너희도 이같이
믿었느니라

죽은 사람의 부활

12 ●그리스도께서 죽은 자 가운데
서 다시 살아나셨다 (傳播)전파
되었거늘 너희 중에서 어떤 사람
들은 어찌하여 죽은 자 가운데서
(復活)부활이 없다 하느냐
13 (萬一)만일 죽은 자의 부활이 없
으면 그리스도도 다시 살아나지
못하셨으리라
14 그리스도께서 만일 다시 살아나
지 못하셨으면 우리가 (傳播)전
파하는 것도 헛것이요 또 너희 믿
음도 헛것이며
15 또 우리가 하나님의 거짓 증인으
로 (發見)발견되리니 우리가 하
나님이 그리스도를 다시 살리셨
다고 증언하였음이라 만일 죽은
자가 다시 살아나는 일이 없으면
하나님이 그리스도를 다시 살리
지 아니하셨으리라
16 만일 죽은 (者)자가 다시 살아나
는 일이 없으면 그리스도도 다시
살아나신 일이 없었을 터이요
17 그리스도께서 다시 살아나신 일
이 없으면 너희의 믿음도 헛되고
너희가 (如前)여전히 (罪)죄 가운
데 있을 것이요
18 또한 그리스도 안에서 잠자는 자
도 (亡)망하였으리니
19 만일 그리스도 안에서 우리가 바
라는 것이 다만 이 (世上)세상의
삶뿐이면 모든 사람 가운데 우리
가 더욱 불쌍한 자이리라
20 ●그러나 이제 그리스도께서 죽
은 (者)자 가운데서 다시 살아나
사 잠자는 자들의 첫 열매가 되셨
도다
21 (死亡)사망이 한 사람으로 말미
암았으니 죽은 자의 (復活)부활
도 한 사람으로 말미암는도다
22 아담 안에서 모든 사람이 죽은 것
같이 그리스도 안에서 모든 사람
이 삶을 얻으리라
23 그러나 각각 자기 차례대로 되리
니 먼저는 첫 열매인 그리스도요
다음에는 그가 (降臨)강림하실
때에 그리스도에게 속한 자요
24 그 후에는 마지막이니 그가 모든
(統治)통치와 모든 권세와 능력
을 멸하시고 나라를 아버지 하나
님께 바칠 때라
25 그가 모든 (怨讐)원수를 그 발 아
래에 둘 때까지 반드시 왕 노릇
하시리니
26 맨 나중에 (滅亡)멸망 받을 원수

는 사망이니라
27 ㄱ(萬物)만물을 그의 발 아래에 두
셨다 하셨으니 만물을 아래에 둔
다 말씀하실 때에 만물을 그의 아
래에 두신 이가 그 중에 들지 아
니한 것이 분명하도다
28 (萬物)만물을 그에게 (服從)복종
하게 하실 때에는 [1]아들 자신도
그 때에 만물을 자기에게 복종하
게 하신 이에게 복종하게 되리니
이는 하나님이 (萬有)만유의 주
로서 만유 안에 계시려 하심이라
29 ●만일 죽은 (者)자들이 도무지
다시 살아나지 못하면 죽은 자들
을 위하여 [2](洗禮)세례를 받는 자
들이 무엇을 하겠느냐 어찌하여
그들을 (爲)위하여 [2]세례를 받느
냐
30 또 어찌하여 우리가 언제나 (危
險)위험을 무릅쓰리요
31 형제들아 내가 그리스도 예수 우
리 주 안에서 가진 바 너희에 대
한 나의 자랑을 두고 (斷言)단언
하노니 나는 날마다 죽노라
32 내가 사람의 방법으로 에베소에
서 (猛獸)맹수와 더불어 싸웠다
면 내게 무슨 유익이 있으리요 죽
은 자가 다시 살아나지 못한다면
내일 죽을 터이니 먹고 마시자 하
리라
33 속지 말라 악한 동무들은 선한
(行實)행실을 더럽히나니
34 깨어 의를 행하고 (罪)죄를 짓지
말라 하나님을 알지 못하는 자가
있기로 내가 너희를 부끄럽게 하
기 (爲)위하여 말하노라

몸의 부활

35 ●누가 묻기를 죽은 (者)자들이
어떻게 다시 살아나며 어떠한 몸
으로 오느냐 하리니
36 어리석은 (者)자여 네가 뿌리는
씨가 죽지 않으면 살아나지 못하
겠고
37 또 네가 뿌리는 것은 (將來)장래
의 형체를 뿌리는 것이 아니요 다
만 밀이나 다른 것의 알맹이 뿐이
로되
38 하나님이 그 뜻대로 그에게 (形
體)형체를 주시되 각 종자에게
그 형체를 주시느니라
39 (肉體)육체는 다 같은 육체가 아
니니 하나는 사람의 육체요 하나
는 짐승의 육체요 하나는 새의 육
체요 하나는 물고기의 육체라
40 하늘에 속한 형체도 있고 땅에 속
한 형체도 있으나 하늘에 속한 것
의 (榮光)영광이 따로 있고 땅에
속한 것의 영광이 따로 있으니
41 해의 영광이 다르고 달의 영광이
다르며 별의 영광도 다른데 별과
별의 영광이 다르도다
42 죽은 자의 (復活)부활도 그와 같
으니 썩을 것으로 심고 썩지 아니
할 것으로 다시 살아나며
43 (辱)욕된 것으로 심고 영광스러
운 것으로 다시 살아나며 약한 것
으로 심고 강한 것으로 다시 살아
나며

1) 또는 아들도 그 때에 스스로 만물을 자기에게 복종하게 하신 이에게 복종하리라 2) 헬, 또는 침례 ㄱ 시 8:6

44 (肉)육의 몸으로 심고 (神靈)신령
한 몸으로 다시 살아나나니 육의
몸이 있은즉 또 영의 몸도 있느니
라
45 기록된 바 ㄱ첫 사람 아담은 (生
靈)생령이 되었다 함과 같이 마
지막 아담은 살려 주는 영이 되었
나니
46 그러나 먼저는 (神靈)신령한 사
람이 아니요 육의 사람이요 그 다
음에 신령한 사람이니라
47 첫 사람은 땅에서 났으니 흙에
(屬)속한 자이거니와 둘째 사람
은 하늘에서 나셨느니라
48 무릇 흙에 속한 자들은 저 흙에
속한 자와 같고 무릇 하늘에 속한
자들은 저 하늘에 (屬)속한 이와
같으니
49 우리가 흙에 속한 자의 (形像)형
상을 입은 것 같이 또한 하늘에
속한 이의 형상을 입으리라
50 ● 형제들아 내가 이것을 말하노
니 (血)혈과 (肉)육은 하나님 나
라를 이어 받을 수 없고 또한 썩
는 것은 썩지 아니하는 것을 유업
으로 받지 못하느니라
51 보라 내가 너희에게 (秘密)비밀
을 말하노니 우리가 다 잠 잘 것
이 아니요 마지막 나팔에 순식간
에 홀연히 다 변화되리니
52 나팔 소리가 나매 죽은 자들이 썩
지 아니할 것으로 다시 살아나고
우리도 (變化)변화되리라
53 이 썩을 것이 반드시 썩지 아니할
것을 입겠고 이 죽을 것이 죽지
아니함을 입으리로다
54 이 썩을 것이 썩지 아니함을 입고
이 죽을 것이 죽지 아니함을 입을
때에는 ㄴ(死亡)사망을 삼키고 이
기리라고 기록된 말씀이 이루어
지리라
55 ㄷ(死亡)사망아 너의 승리가 어디
있느냐 사망아 네가 쏘는 것이 어
디 있느냐
56 사망이 쏘는 것은 죄요 죄의 (權
能)권능은 (律法)율법이라
57 우리 주 예수 그리스도로 말미암
아 우리에게 (勝利)승리를 주시
는 하나님께 감사하노니
58 그러므로 내 사랑하는 형제들아
(堅實)견실하며 흔들리지 말고
항상 주의 일에 더욱 힘쓰는 자들
이 되라 이는 너희 수고가 주 안
에서 헛되지 않은 줄 앎이라

성도를 위하는 연보

16 성도를 위하는 (捐補)연보에
관하여는 내가 갈라디아 교
회들에게 명한 것 같이 너희도 그
렇게 하라
2 매주 첫날에 너희 각 사람이 (收
入)수입에 따라 모아 두어서 내가
갈 때에 연보를 하지 않게 하라
3 내가 이를 때에 너희가 (認定)인
정한 사람에게 편지를 주어 너희
의 은혜를 예루살렘으로 가지고
가게 하리니
4 만일 나도 가는 것이 (合當)합당
하면 그들이 나와 함께 가리라
5 내가 마게도냐를 지날 터이니 마

ㄱ 창 2:7 ㄴ 사25:8 ㄷ 호13:14

게도냐를 지난 (後)후에 너희에
게 가서
6 (或)혹 너희와 함께 머물며 겨울
을 지낼 듯도 하니 이는 너희가
나를 내가 갈 곳으로 보내어 주게
하려 함이라
7 이제는 지나는 길에 너희 보기를
원하지 아니하노니 이는 만일 주
께서 (許諾)허락하시면 얼마 동
안 너희와 함께 머물기를 바람이
라
8 내가 (五旬節)오순절까지 에베소
에 머물려 함은
9 내게 (廣大)광대하고 유효한 문
이 열렸으나 대적하는 자가 많음
이라
10 ●디모데가 이르거든 너희는 (操
心)조심하여 그로 두려움이 없이
너희 가운데 있게 하라 이는 그도
나와 같이 주의 일을 힘쓰는 자임
이라
11 그러므로 누구든지 그를 (蔑視)
멸시하지 말고 평안히 보내어 내
게로 오게 하라 나는 그가 형제들
과 함께 오기를 기다리노라
12 형제 아볼로에 대하여는 그에게
형제들과 함께 너희에게 가라고
내가 많이 (勸)권하였으되 지금
은 갈 뜻이 전혀 없으나 기회가
있으면 가리라

권면과 끝 인사

13 ●깨어 믿음에 굳게 서서 남자답
게 (康健)강건하라

1) 또는 우리 주께서 임하셨도다 아람어, 마라나타 2) 어떤 사본에, 할지어다 아멘

14 너희 모든 일을 사랑으로 (行)행
하라
15 ●형제들아 스데바나의 집은 곧
아가야의 첫 열매요 또 (聖徒)성
도 섬기기로 (作定)작정한 줄을
너희가 아는지라 내가 너희를 권
하노니
16 이같은 사람들과 또 함께 일하며
수고하는 모든 사람에게 (順從)
순종하라
17 내가 스데바나와 브드나도와 아
가이고가 온 것을 기뻐하노니 그
들이 너희의 (不足)부족한 것을
채웠음이라
18 그들이 나와 너희 마음을 시원하
게 하였으니 그러므로 너희는 이
런 사람들을 알아 주라
19 ●아시아의 교회들이 너희에게
(問安)문안하고 아굴라와 브리스
가와 그 집에 있는 교회가 주 안
에서 너희에게 (懇切)간절히 문
안하고
20 모든 (兄弟)형제도 너희에게 문
안하니 너희는 거룩하게 입맞춤
으로 서로 문안하라
21 ●나 바울은 (親筆)친필로 너희
에게 문안하노니
22 만일 누구든지 주를 사랑하지 아
니하면 (詛呪)저주를 받을지어다
[1]우리 주여 오시옵소서
23 (主)주 예수 그리스도의 (恩惠)은
혜가 너희와 함께 하고
24 나의 사랑이 그리스도 예수 안에
서 너희 무리와 함께 [2]할지어다

고린도後書 2Corinthians

고난과 위로와 구원과 감사

1 하나님의 뜻으로 말미암아 그리
스도 예수의 (使徒)사도 된 바
울과 형제 디모데는 고린도에 있
는 하나님의 (敎會)교회와 또 온
아가야에 있는 모든 성도에게
2 하나님 우리 아버지와 주 예수 그
리스도로부터 (恩惠)은혜와 평강
이 있기를 원하노라
3 (讚頌)찬송하리로다 그는 우리
주 예수 그리스도의 하나님이시
요 자비의 아버지시요 모든 위로
의 하나님이시며
4 우리의 모든 (患難)환난 중에서
우리를 위로하사 우리로 하여금
하나님께 받는 위로로써 모든 환
난 중에 있는 자들을 능히 위로하
게 하시는 이시로다
5 그리스도의 (苦難)고난이 우리에
게 넘친 것 같이 우리가 받는 위
로도 그리스도로 말미암아 넘치
는도다
6 우리가 환난 당하는 것도 너희가
위로와 구원을 받게 하려는 것이
요 우리가 (慰勞)위로를 받는 것
도 너희가 위로를 받게 하려는 것
이니 이 위로가 너희 속에 역사하
여 우리가 받는 것 같은 고난을
너희도 견디게 하느니라
7 너희를 위한 우리의 소망이 (堅
固)견고함은 너희가 고난에 참여
하는 자가 된 것 같이 (慰勞)위로
에도 그러할 줄을 앎이라
8 형제들아 우리가 아시아에서 당
한 환난을 너희가 모르기를 원하
지 아니하노니 힘에 겹도록 심한
고난을 당하여 살 (所望)소망까
지 끊어지고
9 우리는 우리 자신이 (死刑 宣告)
사형 선고를 받은 줄 알았으니 이
는 우리로 자기를 의지하지 말고
오직 죽은 자를 다시 살리시는 하
나님만 의지하게 하심이라
10 그가 이같이 큰 (死亡)사망에서
우리를 건지셨고 또 건지실 것이
며 이 후에도 건지시기를 그에게
바라노라
11 너희도 우리를 위하여 (懇求)간
구함으로 도우라 이는 우리가 많
은 사람의 기도로 얻은 (恩賜)은
사로 말미암아 많은 사람이 우리
를 위하여 감사하게 하려 함이라

고린도 교회 방문을 연기하다

12 ●우리가 세상에서 특별히 너희
에 대하여 하나님의 거룩함과 (眞
實)진실함으로 행하되 육체의 (智
慧)지혜로 하지 아니하고 하나님
의 은혜로 행함은 우리 양심이 증
언하는 바니 이것이 우리의 자랑
이라
13 오직 너희가 읽고 아는 것 외에
우리가 다른 것을 쓰지 아니하노
니 너희가 (完全)완전히 알기를
내가 바라는 것은
14 너희가 우리를 (部分的)부분적으
로 알았으나 우리 주 예수의 날에

는 너희가 우리의 자랑이 되고 우
리가 너희의 자랑이 되는 그것이
라
15 ●내가 이 (確信)확신을 가지고
너희로 두 번 은혜를 얻게 하기
위하여 먼저 너희에게 이르렀다
가
16 너희를 지나 마게도냐로 갔다가
다시 마게도냐에서 너희에게 가
서 너희의 도움으로 유대로 가기
를 (計劃)계획하였으니
17 이렇게 계획할 때에 어찌 (輕率)
경솔히 하였으리요 혹 계획하기
를 육체를 따라 계획하여 예 예
하면서 아니라 아니라 하는 일이
내게 있겠느냐
18 하나님은 미쁘시니라 우리가 너
희에게 한 말은 예 하고 아니라
함이 없노라
19 우리 곧 나와 실루아노와 디모데
로 말미암아 너희 가운데 (傳播)
전파된 하나님의 아들 예수 그리
스도는 예 하고 아니라 함이 되지
아니하셨으니 그에게는 예만 되
었느니라
20 하나님의 (約束)약속은 얼마든지
그리스도 안에서 예가 되니 그런
즉 그로 말미암아 우리가 아멘 하
여 하나님께 영광을 돌리게 되느
니라
21 우리를 너희와 함께 그리스도 안
에서 굳건하게 하시고 우리에게
기름을 부으신 이는 하나님이시
니
22 그가 또한 우리에게 (印)인치시
고 (保證)보증으로 우리 마음에
성령을 주셨느니라
23 ●내가 내 목숨을 걸고 하나님을
불러 (證言)증언하시게 하노니
내가 다시 고린도에 가지 아니한
것은 너희를 아끼려 함이라
24 우리가 너희 믿음을 (主管)주관
하려는 것이 아니요 오직 너희 기
쁨을 돕는 자가 되려 함이니 이는
너희가 믿음에 섰음이라

2 내가 다시는 너희에게 근심
(中)중에 나아가지 아니하기로
스스로 (決心)결심하였노니
2 내가 너희를 근심하게 한다면 내
가 근심하게 한 자밖에 나를 기쁘
게 할 자가 누구냐
3 내가 이같이 쓴 것은 내가 갈 때
에 마땅히 나를 기쁘게 할 자로
부터 도리어 근심을 얻을까 염려
함이요 또 너희 모두에 대한 나
의 기쁨이 너희 모두의 기쁨인 줄
(確信)확신함이로라
4 내가 마음에 큰 눌림과 걱정이 있
어 많은 눈물로 너희에게 썼노니
이는 너희로 근심하게 하려 한 것
이 아니요 오직 내가 너희를 (向)
향하여 넘치는 사랑이 있음을 너
희로 알게 하려 함이라

근심하게 한 사람을 용서하라

5 ●근심하게 한 자가 있었을지라
도 나를 근심하게 한 것이 아니요
어느 (程度)정도 너희 모두를 근
심하게 한 것이니 어느 정도라 함
은 내가 너무 지나치게 말하지 아
니하려 함이라

6 이러한 사람은 많은 사람에게서
(罰)벌 받는 것이 마땅하도다
7 그런즉 너희는 차라리 그를 용서
하고 (慰勞)위로할 것이니 그가
너무 많은 근심에 [1]잠길까 두려
워하노라
8 그러므로 너희를 (勸)권하노니
사랑을 그들에게 나타내라
9 너희가 범사에 (順從)순종하는지
그 증거를 알고자 하여 내가 이것
을 너희에게 썼노라
10 너희가 무슨 일에든지 누구를 (容
恕)용서하면 나도 그리하고 내가
만일 용서한 일이 있으면 용서한
그것은 너희를 위하여 그리스도
앞에서 한 것이니
11 이는 우리로 사탄에게 속지 않게
하려 함이라 우리는 그 (計策)계
책을 알지 못하는 바가 아니로라

그리스도의 향기

12 ● 내가 그리스도의 (福音)복음을
위하여 드로아에 이르매 주 안에
서 문이 내게 열렸으되
13 내가 내 형제 디도를 만나지 못하
므로 내 (心靈)심령이 편하지 못
하여 그들을 작별하고 마게도냐
로 갔노라
14 항상 우리를 그리스도 안에서 이
기게 하시고 우리로 말미암아 (各
處)각처에서 그리스도를 아는 냄
새를 나타내시는 하나님께 (感謝)
감사하노라
15 우리는 구원 받는 자들에게나 망
하는 자들에게나 하나님 앞에서
그리스도의 (香氣)향기니
16 이 사람에게는 사망으로부터 사
망에 이르는 냄새요 저 사람에게
는 생명으로부터 생명에 이르는
냄새라 누가 이 일을 (堪當)감당
하리요
17 우리는 수많은 사람들처럼 하나
님의 말씀을 (混雜)혼잡하게 하
지 아니하고 곧 (純全)순전함으
로 하나님께 받은 것 같이 하나님
앞에서와 그리스도 안에서 말하
노라

새 언약의 일꾼들

3 우리가 다시 (自薦)자천하기를
시작하겠느냐 우리가 어찌 어
떤 사람처럼 추천서를 너희에게
부치거나 혹은 너희에게 받거나
할 필요가 있느냐
2 너희는 우리의 (便紙)편지라 우
리 마음에 썼고 뭇 사람이 알고
읽는 바라
3 너희는 우리로 말미암아 나타난
그리스도의 편지니 이는 먹으로
쓴 것이 아니요 오직 살아 계신
하나님의 (靈)영으로 쓴 것이며
또 돌판에 쓴 것이 아니요 오직
육의 마음판에 쓴 것이라
4 우리가 그리스도로 말미암아 하
나님을 향하여 이같은 (確信)확
신이 있으니
5 우리가 무슨 일이든지 우리에게
서 난 것 같이 스스로 (滿足)만족
할 것이 아니니 우리의 만족은 오
직 하나님으로부터 나느니라
6 그가 또한 우리를 새 (言約)언약

1) 헬 삼키울까

의 일꾼 되기에 만족하게 하셨으니 율법 조문으로 하지 아니하고 오직 영으로 함이니 율법 조문은 죽이는 것이요 영은 살리는 것이니라

7 돌에 써서 새긴 죽게 하는 율법 조문의 직분도 영광이 있어 이스라엘 자손들은 모세의 얼굴의 없어질 영광 때문에도 그 얼굴을 (注目)주목하지 못하였거든

8 하물며 영의 (職分)직분은 더욱 영광이 있지 아니하겠느냐

9 (定罪)정죄의 직분도 영광이 있은즉 의의 직분은 영광이 더욱 넘치리라

10 (榮光)영광되었던 것이 더 큰 영광으로 말미암아 이에 영광될 것이 없으나

11 없어질 것도 영광으로 말미암았은즉 길이 있을 것은 더욱 영광 가운데 있느니라

12 ● 우리가 이같은 (所望)소망이 있으므로 담대히 말하노니

13 우리는 모세가 이스라엘 (子孫)자손들에게 장차 없어질 것의 결국을 주목하지 못하게 하려고 수건을 그 얼굴에 쓴 것 같이 아니하노라

14 그러나 그들의 마음이 (頑固)완고하여 오늘까지도 구약을 읽을 때에 그 (手巾)수건이 벗겨지지 아니하고 있으니 그 수건은 그리스도 안에서 없어질 것이라

15 오늘까지 모세의 글을 읽을 때에 (手巾)수건이 그 마음을 덮었도다

16 그러나 언제든지 (主)주께로 돌아가면 그 수건이 벗겨지리라

17 주는 영이시니 주의 영이 계신 곳에는 (自由)자유가 있느니라

18 우리가 다 수건을 벗은 얼굴로 거울을 보는 것 같이 주의 영광을 보매 그와 같은 (形像)형상으로 변화하여 영광에서 영광에 이르니 곧 주의 영으로 말미암음이니라

질그릇에 담긴 보배

4 그러므로 우리가 이 직분을 받아 (矜恤)긍휼하심을 입은 대로 낙심하지 아니하고

2 이에 숨은 부끄러움의 일을 버리고 속임으로 행하지 아니하며 하나님의 말씀을 (混雜)혼잡하게 하지 아니하고 오직 [1](眞理)진리를 나타냄으로 하나님 앞에서 각 사람의 양심에 대하여 스스로 추천하노라

3 만일 우리의 복음이 가리었으면 (亡)망하는 자들에게 가리어진 것이라

4 그 중에 이 세상의 신이 믿지 아니하는 자들의 마음을 (昏迷)혼미하게 하여 그리스도의 영광의 복음의 광채가 비치지 못하게 함이니 그리스도는 하나님의 형상이니라

5 우리는 우리를 (傳播)전파하는 것이 아니라 오직 그리스도 예수의 주 되신 것과 또 예수를 위하여 우리가 너희의 종 된 것을 전파함이라

1) 헬 참

6 ㄱ어두운 데에 빛이 비치라 말씀
하셨던 그 하나님께서 예수 그리
스도의 얼굴에 있는 하나님의 (榮
光)영광을 아는 빛을 우리 마음
에 비추셨느니라
7 ●우리가 이 보배를 질그릇에 가
졌으니 이는 심히 큰 (能力)능력
은 하나님께 있고 우리에게 있지
아니함을 알게 하려 함이라
8 우리가 (四方)사방으로 욱여쌈을
당하여도 싸이지 아니하며 답답
한 일을 당하여도 낙심하지 아니
하며
9 (迫害)박해를 받아도 버린 바 되
지 아니하며 거꾸러뜨림을 당하
여도 망하지 아니하고
10 우리가 (恒常)항상 예수의 죽음
을 몸에 짊어짐은 예수의 (生命)
생명이 또한 우리 몸에 나타나게
하려 함이라
11 우리 살아 있는 자가 항상 예수를
위하여 죽음에 넘겨짐은 예수의
생명이 또한 우리 죽을 (肉體)육
체에 나타나게 하려 함이라
12 그런즉 사망은 우리 안에서 (役
事)역사하고 생명은 너희 안에서
역사하느니라
13 (記錄)기록된 바 ㄴ내가 믿었으므
로 말하였다 한 것 같이 우리가
같은 믿음의 마음을 가졌으니 우
리도 믿었으므로 또한 말하노라
14 (主)주 예수를 다시 살리신 이가
예수와 함께 우리도 다시 살리사
너희와 함께 그 앞에 서게 하실
줄을 아노라
15 이는 모든 것이 너희를 위함이니
많은 사람의 (感謝)감사로 말미
암아 은혜가 더하여 넘쳐서 하나
님께 영광을 돌리게 하려 함이라

겉사람과 속사람

16 ●그러므로 우리가 (落心)낙심하
지 아니하노니 우리의 겉사람은
낡아지나 우리의 속사람은 날로
새로워지도다
17 우리가 (暫時)잠시 받는 환난의
경한 것이 지극히 크고 영원한 영
광의 중한 것을 우리에게 이루게
함이니
18 우리가 주목하는 것은 보이는 것
이 아니요 보이지 않는 것이니 보
이는 것은 잠깐이요 보이지 않는
것은 (永遠)영원함이라

5 만일 땅에 있는 우리의 (帳幕)
장막 집이 무너지면 하나님께
서 지으신 집 곧 손으로 지은 것
이 아니요 하늘에 있는 영원한 집
이 우리에게 있는 줄 아느니라
2 참으로 우리가 여기 있어 탄식하며
하늘로부터 오는 우리 처소로 덧입
기를 간절히 (思慕)사모하노라
3 이렇게 입음은 우리가 벗은 자들로
(發見)발견되지 않으려 함이라
4 참으로 이 장막에 있는 우리가 짐
진 것 같이 (嘆息)탄식하는 것은
벗고자 함이 아니요 오히려 덧입
고자 함이니 죽을 것이 (生命)생
명에 삼킨 바 되게 하려 함이라
5 곧 이것을 우리에게 이루게 하시
고 (保證)보증으로 성령을 우리

ㄱ 창1:3 ㄴ 시116:10

에게 주신 이는 하나님이시니라
6 그러므로 우리가 (恒常)항상 담
대하여 몸으로 있을 때에는 주와
따로 있는 줄을 아노니
7 이는 우리가 믿음으로 (行)행하
고 보는 것으로 행하지 아니함이
로라
8 ●우리가 (膽大)담대하여 원하는
바는 차라리 몸을 떠나 주와 함께
있는 그것이라
9 그런즉 우리는 몸으로 있든지 떠
나든지 주를 기쁘시게 하는 (者)
자가 되기를 힘쓰노라
10 이는 우리가 다 반드시 그리스도
의 (審判臺)심판대 앞에 나타나
게 되어 각각 선악간에 그 몸으로
행한 것을 따라 받으려 함이라

화목하게 하는 직분

11 ●우리는 주의 두려우심을 알므
로 사람들을 권면하거니와 우리
가 하나님 앞에 알리어졌으니 또
너희의 (良心)양심에도 알리어지
기를 바라노라
12 우리가 다시 너희에게 (自薦)자
천하는 것이 아니요 오직 우리로
말미암아 자랑할 기회를 너희에
게 주어 마음으로 하지 않고 (外
貌)외모로 자랑하는 자들에게 대
답하게 하려 하는 것이라
13 우리가 만일 미쳤어도 하나님을
위한 것이요 정신이 (穩全)온전
하여도 너희를 위한 것이니
14 그리스도의 사랑이 우리를 [1](强
勸)강권하시는도다 우리가 생각
하건대 한 사람이 모든 사람을 대
신하여 죽었은즉 모든 사람이 죽
은 것이라
15 그가 모든 사람을 (代身)대신하
여 죽으심은 살아 있는 자들로 하
여금 다시는 그들 자신을 위하여
살지 않고 오직 그들을 대신하여
죽었다가 다시 살아나신 이를 위
하여 살게 하려 함이라
16 그러므로 우리가 이제부터는 어
떤 사람도 (肉身)육신을 따라 알
지 아니하노라 비록 우리가 그리
스도도 육신을 따라 알았으나 이
제부터는 그같이 알지 아니하노
라
17 그런즉 누구든지 그리스도 안에
있으면 새로운 (被造物)피조물이
라 이전 것은 지나갔으니 보라 새
것이 되었도다
18 모든 것이 하나님께로서 났으며
그가 그리스도로 말미암아 우리
를 자기와 화목하게 하시고 또 우
리에게 화목하게 하는 (職分)직
분을 주셨으니
19 곧 하나님께서 그리스도 안에 계
시사 세상을 자기와 (和睦)화목
하게 하시며 그들의 죄를 그들에
게 돌리지 아니하시고 화목하게
하는 말씀을 우리에게 부탁하셨
느니라
20 ●그러므로 우리가 그리스도를
대신하여 사신이 되어 하나님이
우리를 통하여 너희를 (勸勉)권
면하시는 것 같이 그리스도를 대
신하여 간청하노니 너희는 하나

1) 또는 끄는도다

님과 화목하라
21 하나님이 (罪)죄를 알지도 못하
신 이를 우리를 (代身)대신하여
죄로 삼으신 것은 우리로 하여금
그 안에서 하나님의 의가 되게 하
려 하심이라

6

우리가 하나님과 함께 일하는
자로서 너희를 권하노니 하나
님의 (恩惠)은혜를 헛되이 받지
말라
2 이르시되
ㄱ내가 은혜 [1]베풀 때에 너에게
듣고 구원의 날에 너를 도왔다
하셨으니 보라 지금은 은혜 받을
만한 때요 보라 지금은 (救援)구
원의 날이로다
3 우리가 이 직분이 (誹謗)비방을
받지 않게 하려고 무엇에든지 아
무에게도 거리끼지 않게 하고
4 오직 모든 일에 하나님의 일꾼으
로 (自薦)자천하여 많이 견디는
것과 환난과 궁핍과 고난과
5 매 맞음과 갇힘과 (亂動)난동과
수고로움과 자지 못함과 먹지 못
함 가운데서도
6 깨끗함과 지식과 오래 참음과 자
비함과 성령의 (感化)감화와 거
짓이 없는 사랑과
7 [2](眞理)진리의 말씀과 하나님의
능력으로 의의 무기를 좌우에 가
지고
8 영광과 욕됨으로 그러했으며 (惡)
악한 이름과 아름다운 이름으로
그러했느니라 우리는 속이는 자
같으나 참되고
9 (無名)무명한 자 같으나 (有名)
유명한 자요 죽은 자 같으나 보라
우리가 살아 있고 (懲戒)징계를
받는 자 같으나 죽임을 당하지 아
니하고
10 근심하는 자 같으나 항상 기뻐하
고 가난한 자 같으나 많은 사람을
(富饒)부요하게 하고 아무 것도
없는 자 같으나 모든 것을 가진
자로다
11 ●고린도인들이여 너희를 (向)향
하여 우리의 입이 열리고 우리의
마음이 넓어졌으니
12 너희가 우리 안에서 좁아진 것이
아니라 오직 너희 (心情)심정에
서 좁아진 것이니라
13 내가 자녀에게 말하듯 하노니 (報
答)보답하는 것으로 너희도 마음
을 넓히라

우리는 살아 계신 하나님의 성전

14 ●너희는 믿지 않는 자와 멍에를
함께 메지 말라 의와 (不法)불법
이 어찌 함께 하며 빛과 어둠이
어찌 사귀며
15 그리스도와 벨리알이 어찌 (調和)
조화되며 믿는 자와 믿지 않는 자
가 어찌 상관하며
16 하나님의 성전과 우상이 어찌 (一
致)일치가 되리요 우리는 살아
계신 하나님의 성전이라 이와 같
이 하나님께서 이르시되
ㄴ내가 그들 가운데 거하며 두루
행하여 ㄷ나는 그들의 하나님이

1) 또는 받을 만한 때 2) 헬, 참 ㄱ 사 49:8 ㄴ 레 26:12; 출 29:45; 겔 37:27 ㄷ 렘 31:1

되고 그들은 나의 (百姓)백성이
되리라
17 그러므로 ㄱ너희는 그들 중에서
나와서 따로 있고 (不淨)부정한
것을 만지지 말라 내가 너희를
영접하여
18 ㄴ너희에게 아버지가 되고 너희
는 내게 자녀가 되리라 (全能)
전능하신 주의 말씀이니라
하셨느니라

7 그런즉 사랑하는 자들아 이 (約
束)약속을 가진 우리는 하나님
을 두려워하는 가운데서 거룩함
을 온전히 이루어 육과 영의 온갖
더러운 것에서 자신을 깨끗하게
하자

고린도 교회의 회개를 기뻐하다

2 ●마음으로 우리를 (迎接)영접하
라 우리는 아무에게도 불의를 행
하지 않고 아무에게도 해롭게 하
지 않고 아무에게서도 속여 빼앗
은 일이 없노라
3 내가 이 말을 하는 것은 너희를
(定罪)정죄하려고 하는 것이 아
니라 내가 이전에 말하였거니와
너희가 우리 마음에 있어 함께 죽
고 함께 살게 하고자 함이라
4 나는 너희를 향하여 담대한 것도
많고 너희를 위하여 자랑하는 것
도 많으니 내가 우리의 모든 (患
難)환난 가운데서도 위로가 가득
하고 기쁨이 넘치는도다
5 ●우리가 마게도냐에 이르렀을
때에도 우리 (肉體)육체가 편하
지 못하였고 사방으로 환난을 당
하여 밖으로는 다툼이요 안으로
는 두려움이었노라
6 그러나 (落心)낙심한 자들을 위
로하시는 하나님이 디도가 옴으
로 우리를 위로하셨으니
7 그가 온 것뿐 아니요 오직 그가
너희에게서 받은 그 (慰勞)위로
로 위로하고 너희의 사모함과 애
통함과 나를 위하여 열심 있는 것
을 우리에게 보고함으로 나를 더
욱 기쁘게 하였느니라
8 그러므로 내가 편지로 너희를 근
심하게 한 것을 (後悔)후회하였
으나 지금은 후회하지 아니함은
그 편지가 너희로 잠시만 근심하
게 한 줄을 앎이라
9 내가 지금 기뻐함은 너희로 근심
하게 한 까닭이 아니요 도리어 너
희가 근심함으로 (悔改)회개함
에 이른 까닭이라 너희가 하나님
의 뜻대로 근심하게 된 것은 우리
에게서 아무 해도 받지 않게 하려
함이라
10 하나님의 뜻대로 하는 근심은 후
회할 것이 없는 (救援)구원에 이
르게 하는 회개를 이루는 것이요
세상 근심은 사망을 이루는 것이
니라
11 보라 하나님의 뜻대로 하게 된 이
근심이 너희로 얼마나 (懇切)간
절하게 하며 얼마나 변증하게 하
며 얼마나 분하게 하며 얼마나 두
렵게 하며 얼마나 (思慕)사모하
게 하며 얼마나 열심 있게 하며

ㄱ 사 52:11 ㄴ 호 1:10; 사 43:6

얼마나 벌하게 하였는가 너희가
그 일에 대하여 일체 너희 자신의
깨끗함을 나타내었느니라
12 그런즉 내가 너희에게 쓴 것은 그
불의를 행한 자를 위한 것도 아니
요 그 (不義)불의를 당한 자를 위
한 것도 아니요 오직 우리를 위한
너희의 (懇切)간절함이 하나님
앞에서 너희에게 나타나게 하려
함이로라
13 이로 말미암아 우리가 위로를 받
았고 우리가 받은 위로 위에 디도
의 기쁨으로 우리가 더욱 많이 기
뻐함은 그의 [1)]마음이 너희 무리
로 말미암아 (安心)안심함을 얻
었음이라
14 내가 그에게 너희를 위하여 자랑
한 것이 있더라도 부끄럽지 아니
하니 우리가 너희에게 이른 말이
다 참된 것 같이 디도 앞에서 우리
가 자랑한 것도 참되게 되었도다
15 그가 너희 모든 사람들이 두려움
과 떪으로 자기를 영접하여 (順
從)순종한 것을 생각하고 너희를
향하여 그의 심정이 더욱 깊었으
니
16 내가 범사에 너희를 (信賴)신뢰
하게 된 것을 기뻐하노라

풍성한 연보

8 형제들아 하나님께서 마게도냐
(敎會)교회들에게 주신 은혜를
우리가 너희에게 알리노니
2 (患難)환난의 많은 시련 가운데
서 그들의 넘치는 기쁨과 극심한
가난이 그들의 풍성한 (捐補)연
보를 넘치도록 하게 하였느니라
3 내가 증언하노니 그들이 힘대로
할 뿐 아니라 힘에 지나도록 (自
願)자원하여
4 이 (恩惠)은혜와 성도 섬기는 일
에 (參與)참여함에 대하여 우리
에게 간절히 구하니
5 우리가 바라던 것뿐 아니라 그들
이 먼저 (自身)자신을 주께 드리
고 또 하나님의 뜻을 따라 우리에
게 주었도다
6 그러므로 우리가 디도를 권하여
그가 이미 너희 가운데서 시작하
였은즉 이 은혜를 그대로 (成就)
성취하게 하라 하였노라
7 오직 너희는 믿음과 말과 지식과
모든 (懇切)간절함과 우리를 사
랑하는 이 모든 일에 (豊盛)풍성
한 것 같이 이 은혜에도 풍성하게
할지니라
8 내가 명령으로 하는 말이 아니요
오직 다른 이들의 간절함을 가지
고 너희의 사랑의 진실함을 (證
明)증명하고자 함이로라
9 우리 주 예수 그리스도의 은혜를
너희가 알거니와 (富饒)부요하신
이로서 너희를 위하여 가난하게
되심은 그의 가난함으로 말미암
아 너희를 부요하게 하려 하심이
라
10 이 일에 관하여 나의 뜻을 알리노
니 이 일은 너희에게 유익함이라
너희가 일 년 전에 행하기를 먼저
(始作)시작할 뿐 아니라 원하기

1) 헬 영

도 하였은즉
11 이제는 하던 일을 성취할지니 마
음에 원하던 것과 같이 (完成)완
성하되 있는 대로 하라
12 할 마음만 있으면 있는 대로 받으
실 터이요 없는 것은 받지 아니하
시리라
13 이는 다른 사람들은 평안하게 하
고 너희는 (困苦)곤고하게 하려
는 것이 아니요 균등하게 하려 함
이니
14 이제 너희의 넉넉한 것으로 그들
의 부족한 것을 (補充)보충함은
후에 그들의 넉넉한 것으로 너희
의 부족한 것을 보충하여 (均等)
균등하게 하려 함이라
15 (記錄)기록된 것 같이 ㄱ많이 거둔
자도 남지 아니하였고 적게 거둔
자도 모자라지 아니하였느니라

디도와 그의 동역자

16 ●너희를 위하여 같은 간절함을
디도의 마음에도 주시는 하나님
께 (感謝)감사하노니
17 그가 권함을 받고 더욱 (懇切)간
절함으로 자원하여 너희에게 나
아갔고
18 또 그와 함께 그 형제를 보내었으
니 이 사람은 복음으로써 모든 교
회에서 (稱讚)칭찬을 받는 자요
19 이뿐 아니라 그는 (同一)동일한
주의 영광과 우리의 (願)원을 나
타내기 위하여 여러 교회의 택함
을 받아 우리가 맡은 은혜의 일로
우리와 (同行)동행하는 자라

1) 헬, 사도들 ㄱ 출 16:18

20 이것을 조심함은 우리가 맡은 이
거액의 (捐補)연보에 대하여 아
무도 우리를 (誹謗)비방하지 못
하게 하려 함이니
21 이는 우리가 주 앞에서뿐 아니라
사람 앞에서도 선한 일에 (操心)
조심하려 함이라
22 또 그들과 함께 우리의 한 형제를
보내었노니 우리는 그가 여러 가
지 일에 간절한 것을 여러 번 (確
認)확인하였거니와 이제 그가 너
희를 크게 믿으므로 더욱 간절하
니라
23 디도로 말하면 나의 동료요 너희
를 위한 나의 (同役者)동역자요
우리 형제들로 말하면 여러 교회
의 [1]사자들이요 그리스도의 영광
이니라
24 그러므로 너희는 여러 교회 앞에
서 너희의 사랑과 너희에 대한 우
리 자랑의 (證據)증거를 그들에
게 보이라

가난한 성도를 섬기는 연보

9 성도를 섬기는 일에 대하여는
내가 너희에게 쓸 (必要)필요
가 없나니
2 이는 내가 너희의 원함을 앎이라
내가 너희를 위하여 마게도냐인
들에게 아가야에서는 일 년 전부
터 준비하였다는 것을 자랑하였
는데 과연 너희의 (熱心)열심이
퍽 많은 사람들을 (奮發)분발하
게 하였느니라
3 그런데 이 형제들을 보낸 것은 이
일에 너희를 위한 우리의 자랑이

헛되지 않고 내가 말한 것 같이
(準備)준비하게 하려 함이라
4 혹 마게도냐인들이 나와 함께 가
서 너희가 준비하지 아니한 것을
보면 너희는 (姑捨)고사하고 우
리가 이 믿던 것에 부끄러움을 당
할까 두려워하노라
5 그러므로 내가 이 형제들로 먼저
너희에게 가서 너희가 전에 약속
한 [1](捐補)연보를 미리 준비하게
하도록 (勸勉)권면하는 것이 필
요한 줄 생각하였노니 이렇게 준
비하여야 참 [1]연보답고 [2]억지가
아니니라
6 ●이것이 곧 적게 심는 (者)자는
적게 거두고 [3]많이 심는 자는 [3]많
이 거둔다 하는 말이로다
7 각각 그 마음에 정한 대로 할 것
이요 (吝嗇)인색함으로나 억지로
하지 말지니 하나님은 즐겨 내는
자를 사랑하시느니라
8 하나님이 (能)능히 모든 (恩惠)은
혜를 너희에게 넘치게 하시나니
이는 너희로 모든 일에 항상 모든
것이 넉넉하여 모든 착한 일을 넘
치게 하게 하려 하심이라
9 기록된 바

[ㄱ]그가 흩어 가난한 자들에게 주
었으니 그의 의가 (永遠)영원토
록 있느니라

함과 같으니라
10 심는 자에게 씨와 먹을 양식을
[4]주시는 이가 너희 심을 것을 [5]주
사 (豊盛)풍성하게 하시고 너희
의의 열매를 더하게 하시리니
11 너희가 모든 일에 넉넉하여 너그
럽게 연보를 함은 그들이 우리로
말미암아 하나님께 (感謝)감사하
게 하는 것이라
12 이 봉사의 직무가 성도들의 부족
한 것을 (補充)보충할 뿐 아니라
사람들이 하나님께 드리는 많은
감사로 말미암아 넘쳤느니라
13 이 직무로 증거를 삼아 너희가 그
리스도의 복음을 진실히 믿고 (服
從)복종하는 것과 그들과 모든
사람을 섬기는 너희의 후한 연보
로 말미암아 하나님께 영광을 돌
리고
14 또 그들이 너희를 위하여 간구하
며 하나님이 너희에게 주신 지극
한 은혜로 말미암아 너희를 (思
慕)사모하느니라
15 말할 수 없는 그의 (恩賜)은사로
말미암아 하나님께 감사하노라

바울이 자기의 사도직을 변호하다

10 너희를 대면하면 (柔順)유순
하고 떠나 있으면 너희에 대
하여 담대한 나 바울은 이제 그리
스도의 (溫柔)온유와 (寬容)관용
으로 친히 너희를 권하고
2 또한 우리를 육신에 따라 행하는
자로 여기는 자들에 대하여 내가
담대히 대하는 것 같이 너희와 함
께 있을 때에 나로 하여금 이 (膽
大)담대한 태도로 대하지 않게
하기를 구하노라
3 우리가 (肉身)육신으로 행하나

1) 헬, 복 2) 또는 탐심이 3) 헬, 복으로 4) 헬, 공급하시는
5) 헬, 공급하사 ㄱ 시 112:9

육신에 따라 싸우지 아니하노니
4 우리의 싸우는 (武器)무기는 육
신에 속한 것이 아니요 오직 어떤
(堅固)견고한 진도 무너뜨리는
하나님의 능력이라 모든 이론을
무너뜨리며
5 하나님 아는 것을 대적하여 높아
진 것을 다 무너뜨리고 모든 생각
을 사로잡아 그리스도에게 (服從)
복종하게 하니
6 너희의 복종이 (穩全)온전하게
될 때에 모든 복종하지 않는 것을
벌하려고 준비하는 중에 있노라
7 너희는 (外貌)외모만 보는도다
만일 사람이 자기가 그리스도에
게 속한 줄을 믿을진대 자기가 그
리스도에게 속한 것 같이 우리도
그러한 줄을 자기 속으로 다시 생
각할 것이라
8 주께서 주신 (權勢)권세는 너희
를 무너뜨리려고 하신 것이 아니
요 세우려고 하신 것이니 내가 이
에 대하여 지나치게 자랑하여도
부끄럽지 아니하리라
9 이는 내가 (便紙)편지들로 너희
를 놀라게 하려는 것 같이 생각하
지 않게 함이라
10 그들의 말이 그의 편지들은 무게
가 있고 힘이 있으나 그가 몸으로
대할 때는 (弱)약하고 그 말도 시
원하지 않다 하니
11 이런 사람은 우리가 떠나 있을 때
에 편지들로 말하는 것과 함께 있
을 때에 행하는 일이 같은 것임을
알지라
12 우리는 자기를 칭찬하는 어떤 자
와 더불어 감히 짝하며 (比較)비
교할 수 없노라 그러나 그들이 자
기로써 자기를 헤아리고 자기로써
자기를 비교하니 지혜가 없도다
13 그러나 우리는 분수 이상의 자랑
을 하지 않고 오직 하나님이 우리
에게 나누어 주신 그 범위의 (限
界)한계를 따라 하노니 곧 너희
에게까지 이른 것이라
14 우리가 너희에게 미치지 못할 자
로서 스스로 지나쳐 나아간 것이
아니요 그리스도의 (福音)복음으
로 너희에게까지 이른 것이라
15 우리는 남의 수고를 가지고 분수
이상의 자랑을 하는 것이 아니라
오직 너희 믿음이 자랄수록 우리
의 규범을 따라 너희 가운데서 더
욱 풍성하여지기를 바라노라
16 이는 남의 규범으로 이루어 놓은
것으로 자랑하지 아니하고 너희
(地域)지역을 넘어 복음을 전하
려 함이라
17 ㄱ자랑하는 자는 (主)주 안에서 자
랑할지니라
18 옳다 (認定)인정함을 받는 자는
자기를 (稱讚)칭찬하는 자가 아
니요 오직 주께서 칭찬하시는 자
니라

바울과 거짓 사도들

11 원하건대 너희는 나의 좀 어
리석은 것을 (容納)용납하라
[1]청하건대 나를 용납하라
2 내가 하나님의 (熱心)열심으로

1) 또는 너희가 과연 나를 용납하느니라 ㄱ 렘 9:24

너희를 위하여 열심을 내노니 내
가 너희를 (淨潔)정결한 처녀로
한 남편인 그리스도께 드리려고
중매함이로다 그러나 나는
3 뱀이 그 (奸計)간계로 하와를 미
혹한 것 같이 너희 마음이 그리스
도를 향하는 진실함과 깨끗함에
서 떠나 부패할까 두려워하노라
4 만일 누가 가서 우리가 (傳播)전
파하지 아니한 다른 예수를 전파
하거나 혹은 너희가 받지 아니한
다른 영을 받게 하거나 혹은 너희
가 받지 아니한 다른 복음을 받게
할 때에는 너희가 잘 용납하는구
나
5 나는 지극히 크다는 (使徒)사도
들보다 부족한 것이 조금도 없는
줄로 생각하노라
6 내가 비록 말에는 (不足)부족하
나 지식에는 그렇지 아니하니 이
것을 우리가 모든 사람 가운데서
모든 일로 너희에게 나타내었노
라
7 내가 너희를 높이려고 나를 낮추
어 하나님의 (福音)복음을 값없
이 너희에게 전함으로 죄를 지었
느냐
8 내가 너희를 섬기기 위하여 다른
여러 교회에서 비용을 받은 것은
(奪取)탈취한 것이라
9 또 내가 너희와 함께 있을 때 비
용이 부족하였으되 아무에게도
(累)누를 끼치지 아니하였음은
마게도냐에서 온 형제들이 나의
부족한 것을 (補充)보충하였음이
라 내가 모든 일에 너희에게 (幣)
폐를 끼치지 않기 위하여 스스로
조심하였고 또 조심하리라
10 그리스도의 [1](眞理)진리가 내 속
에 있으니 아가야 지방에서 나의
이 자랑이 막히지 아니하리라
11 어떠한 까닭이냐 내가 너희를 사
랑하지 아니함이냐 하나님이 아
시느니라
12 나는 내가 해 온 그대로 앞으로도
하리니 (機會)기회를 찾는 자들
이 그 자랑하는 일로 우리와 같이
인정 받으려는 그 기회를 끊으려
함이라
13 그런 사람들은 거짓 (使徒)사도
요 속이는 일꾼이니 자기를 그리
스도의 사도로 가장하는 자들이
니라
14 이것은 (異常)이상한 일이 아니
니라 사탄도 자기를 (光明)광명
의 천사로 가장하나니
15 그러므로 사탄의 일꾼들도 자기
를 의의 일꾼으로 (假裝)가장하
는 것이 또한 대단한 일이 아니니
라 그들의 마지막은 그 행위대로
되리라

바울의 참된 자랑

16 ●내가 다시 말하노니 누구든지
나를 어리석은 자로 여기지 말라
(萬一)만일 그러하더라도 내가
조금 자랑할 수 있도록 어리석은
자로 받으라
17 내가 말하는 것은 주를 따라 하는
말이 아니요 오직 어리석은 자와

1) 헬, 참

같이 (忌憚)기탄 없이 자랑하노
라
18 여러 사람이 (肉身)육신을 따라
자랑하니 나도 자랑하겠노라
19 너희는 (智慧)지혜로운 자로서
어리석은 자들을 기쁘게 용납하
는구나
20 누가 너희를 종으로 삼거나 잡아
먹거나 빼앗거나 스스로 높이거
나 뺨을 칠지라도 너희가 (容納)
용납하는도다
21 나는 우리가 약한 것 같이 욕되게
말하노라 그러나 누가 무슨 일에
(膽大)담대하면 어리석은 말이나
마 나도 담대하리라
22 그들이 히브리인이냐 나도 그러
하며 그들이 이스라엘인이냐 나
도 그러하며 그들이 아브라함의
(後孫)후손이냐 나도 그러하며
23 그들이 그리스도의 일꾼이냐 (精
神)정신 없는 말을 하거니와 나
는 더욱 그러하도다 내가 수고를
넘치도록 하고 (獄)옥에 갇히기
도 더 많이 하고 매도 수없이 맞
고 여러 번 죽을 뻔하였으니
24 유대인들에게 사십에서 하나 (減)
감한 매를 다섯 번 맞았으며
25 세 번 (笞杖)태장으로 맞고 한 번
돌로 맞고 세 번 (破船)파선하고
일 주야를 깊은 바다에서 지냈으
며
26 여러 번 (旅行)여행하면서 강의
위험과 강도의 (危險)위험과 동
족의 위험과 이방인의 위험과 시
내의 위험과 광야의 위험과 바다
의 위험과 거짓 형제 중의 위험을
당하고
27 또 수고하며 애쓰고 여러 (番)번
자지 못하고 주리며 목마르고 여
러 번 굶고 춥고 헐벗었노라
28 이 외의 일은 (姑捨)고사하고 아
직도 날마다 내 속에 눌리는 일
이 있으니 곧 모든 교회를 위하여
(念慮)염려하는 것이라
29 누가 약하면 내가 약하지 아니하
며 누가 (失足)실족하게 되면 내
가 [1]애타지 아니하더냐
30 내가 (不得不)부득불 자랑할진대
내가 약한 것을 자랑하리라
31 주 예수의 아버지 (永遠)영원히
(讚頌)찬송할 하나님이 내가 거
짓말 아니하는 것을 아시느니라
32 다메섹에서 아레다 왕의 (高官)
고관이 나를 잡으려고 다메섹 성
을 지켰으나
33 나는 광주리를 타고 들창문으로
(城壁)성벽을 내려가 그 손에서
벗어났노라

주께서 보여 주신 환상과 계시

12 무익하나마 내가 부득불 자
랑하노니 주의 환상과 (啓
示)계시를 말하리라
2 내가 그리스도 안에 있는 한 사람
을 아노니 그는 (十四 年 前)십사
년 전에 셋째 하늘에 이끌려 간
자라 (그가 몸 안에 있었는지 몸
밖에 있었는지 나는 모르거니와
하나님은 아시느니라)
3 내가 이런 사람을 아노니 (그가

1) 헬, 타지 않더냐

몸 안에 있었는지 몸 밖에 있었는
지 나는 모르거니와 하나님은 아
시느니라)
4 그가 (樂園)낙원으로 이끌려 가
서 말로 표현할 수 없는 말을 들
었으니 사람이 가히 이르지 못할
말이로다
5 내가 이런 사람을 위하여 자랑하
겠으나 나를 위하여는 (弱)약한
것들 외에 자랑하지 아니하리라
6 내가 (萬一)만일 자랑하고자 하
여도 어리석은 자가 되지 아니할
것은 내가 참말을 함이라 그러나
누가 나를 보는 바와 내게 듣는
바에 지나치게 생각할까 두려워
하여 그만두노라
7 여러 계시를 받은 것이 지극히 크
므로 너무 자만하지 않게 하시려
고 내 육체에 가시 곧 사탄의 사
자를 주셨으니 이는 나를 쳐서 너
무 (自慢)자만하지 않게 하려 하
심이라
8 이것이 내게서 떠나가게 하기 위
하여 내가 세 번 주께 (懇求)간구
하였더니
9 나에게 이르시기를 내 은혜가 네
게 족하도다 이는 내 능력이 약한
데서 (穩全)온전하여짐이라 하신
지라 그러므로 도리어 크게 기뻐
함으로 나의 여러 약한 것들에 대
하여 자랑하리니 이는 그리스도
의 능력이 내게 [1]머물게 하려 함
이라
10 그러므로 내가 그리스도를 위하
여 약한 것들과 (凌辱)능욕과 (窮
乏)궁핍과 박해와 곤고를 기뻐하
노니 이는 내가 약한 그 때에 강
함이라

고린도 교회의 일을 염려하다

11 ●내가 어리석은 자가 되었으나
너희가 억지로 시킨 것이니 나는
너희에게 (稱讚)칭찬을 받아야
마땅하도다 내가 아무 것도 아니
나 지극히 크다는 사도들보다 조
금도 부족하지 아니하니라
12 사도의 표가 된 것은 내가 너희
가운데서 모든 참음과 [2](表蹟)표
적과 기사와 능력을 행한 것이라
13 내 자신이 너희에게 폐를 끼치지
아니한 일밖에 다른 교회보다 부
족하게 한 것이 무엇이 있느냐 너
희는 나의 이 (公平)공평하지 못
한 것을 용서하라
14 ●보라 내가 이제 세 번째 너희에
게 가기를 준비하였으나 너희에
게 폐를 끼치지 아니하리라 내가
구하는 것은 너희의 (財物)재물
이 아니요 오직 너희니라 어린 아
이가 부모를 위하여 재물을 저축
하는 것이 아니요 부모가 어린 아
이를 위하여 하느니라
15 내가 너희 (靈魂)영혼을 위하여
크게 기뻐하므로 재물을 사용하
고 또 내 자신까지도 내어 주리니
너희를 더욱 사랑할수록 나는 사
랑을 덜 받겠느냐
16 하여간 어떤 이의 말이 내가 너희
에게 짐을 지우지는 아니하였을
지라도 (狡猾)교활한 자가 되어

1) 헬, 장막으로 덮게 2) 또는 이적

너희를 속임수로 취하였다 하니
17 내가 너희에게 보낸 자 중에 누구
로 너희의 (利得)이득을 취하더
냐
18 내가 디도를 권하고 함께 한 형제
를 보내었으니 디도가 너희의 이
득을 취하더냐 우리가 동일한 성
령으로 행하지 아니하더냐 동일
한 (步調)보조로 하지 아니하더
냐
19 너희는 이 때까지 우리가 자기
(辨明)변명을 하는 줄로 생각하
는구나 우리는 그리스도 안에서
하나님 앞에 말하노라 사랑하는
자들아 이 모든 것은 너희의 덕을
세우기 위함이니라
20 내가 갈 때에 너희를 내가 원하는
것과 같이 보지 못하고 또 내가
너희에게 너희가 원하지 않는 것
과 같이 보일까 두려워하며 또 다
툼과 시기와 분냄과 당 짓는 것과
비방과 수군거림과 (倨慢)거만함
과 혼란이 있을까 두려워하고
21 또 내가 다시 갈 때에 내 하나님
이 나를 너희 앞에서 낮추실까 두
려워하고 또 내가 전에 죄를 지은
여러 사람의 그 행한 바 더러움과
(淫亂)음란함과 (好色)호색함을
회개하지 아니함 때문에 슬퍼할
까 두려워하노라

권면과 끝 인사

13 내가 이제 세 번째 너희에게
가리니 두세 증인의 입으로
말마다 (確定)확정하리라

1) 어떤 사본에, 그와 함께 약하나

2 내가 이미 말하였거니와 (只今)
지금 떠나 있으나 두 번째 대면하
였을 때와 같이 전에 죄 지은 자
들과 그 남은 모든 사람에게 미리
말하노니 내가 다시 가면 (容恕)
용서하지 아니하리라
3 이는 그리스도께서 내 안에서 말
씀하시는 (證據)증거를 너희가
구함이니 그는 너희에게 대하여
약하지 않고 도리어 너희 안에서
강하시니라
4 그리스도께서 약하심으로 십자가
에 못 박히셨으나 하나님의 능력
으로 살아 계시니 우리도 [1]그 안
에서 약하나 너희에게 대하여 하
나님의 (能力)능력으로 그와 함
께 살리라
5 너희는 믿음 안에 있는가 너희 자
신을 (試驗)시험하고 너희 자신
을 (確證)확증하라 예수 그리스
도께서 너희 안에 계신 줄을 너희
가 스스로 알지 못하느냐 그렇지
않으면 너희는 버림 받은 자니라
6 우리가 버림 받은 자 되지 아니한
것을 너희가 알기를 내가 바라고
7 우리가 하나님께서 너희로 (惡)
악을 조금도 행하지 않게 하시기
를 (求)구하노니 이는 우리가 옳
은 자임을 나타내고자 함이 아니
라 오직 우리는 버림 받은 자 같
을지라도 너희는 선을 행하게 하
고자 함이라
8 우리는 (眞理)진리를 거슬러 아
무 것도 할 수 없고 오직 진리를
위할 뿐이니

9 우리가 (弱)약할 때에 너희가 (强)
강한 것을 기뻐하고 또 이것을 위
하여 구하니 곧 너희가 온전하게
되는 것이라
10 그러므로 내가 떠나 있을 때에 이
렇게 쓰는 것은 대면할 때에 주께
서 너희를 넘어뜨리려 하지 않고
세우려 하여 내게 주신 그 (權限)
권한을 따라 엄하지 않게 하려 함
이라
11 ●마지막으로 말하노니 형제들
아 기뻐하라 (穩全)온전하게 되
며 위로를 받으며 마음을 같이하
며 평안할지어다 또 사랑과 평강
의 하나님이 너희와 함께 계시리
라 거룩하게 입맞춤으로 서로 문
안하라
12 모든 (聖徒)성도가 너희에게 문
안하느니라
13 ●주 예수 그리스도의 은혜와 하
나님의 사랑과 성령의 (交通)교
통하심이 너희 무리와 함께 있을
지어다

갈라디아書 Galatians

인사

1 사람들에게서 난 것도 아니요 사
람으로 말미암은 것도 아니요 오
직 예수 그리스도와 그를 죽은 자
가운데서 살리신 하나님 아버지로
말미암아 (使徒)사도 된 바울은
2 함께 있는 모든 형제와 더불어 갈
라디아 여러 (敎會)교회들에게
3 우리 하나님 아버지와 주 예수 그
리스도로부터 (恩惠)은혜와 평강
이 있기를 원하노라
4 그리스도께서 하나님 곧 우리 아
버지의 뜻을 따라 이 악한 세대에
서 우리를 건지시려고 우리 (罪)
죄를 (代贖)대속하기 위하여 자
기 몸을 주셨으니
5 (榮光)영광이 그에게 세세토록
있을지어다 아멘

다른 복음은 없다

6 ●그리스도의 은혜로 너희를 부
르신 이를 이같이 속히 떠나 다른
복음을 따르는 것을 내가 (異常)
이상하게 여기노라
7 다른 복음은 없나니 다만 어떤 사
람들이 너희를 (攪亂)교란하여
그리스도의 복음을 변하게 하려
함이라
8 그러나 우리나 혹은 하늘로부터
온 천사라도 우리가 너희에게 전
한 복음 외에 다른 (福音)복음을
전하면 저주를 받을지어다
9 우리가 전에 말하였거니와 내가
지금 다시 말하노니 만일 누구든
지 너희가 받은 것 외에 다른 복
음을 전하면 (詛呪)저주를 받을
지어다
10 이제 내가 사람들에게 좋게 하랴
하나님께 좋게 하랴 사람들에게
기쁨을 (求)구하랴 내가 지금까
지 사람들의 기쁨을 구하였다면
그리스도의 종이 아니니라

바울이 사도가 된 내력

11 ●(兄弟)형제들아 내가 너희에게
알게 하노니 내가 전한 복음은 사
람의 뜻을 따라 된 것이 아니니라
12 이는 내가 사람에게서 받은 것도
아니요 배운 것도 아니요 오직 예
수 그리스도의 (啓示)계시로 말
미암은 것이라
13 내가 이전에 유대교에 있을 때에
행한 일을 너희가 들었거니와 하
나님의 교회를 심히 (迫害)박해
하여 멸하고
14 내가 내 동족 중 여러 (年甲者)연
갑자보다 유대교를 지나치게 믿
어 내 조상의 전통에 대하여 더욱
열심이 있었으나
15 그러나 내 어머니의 (胎)태로부
터 나를 (擇定)택정하시고 그의
은혜로 나를 부르신 이가
16 그의 아들을 이방에 전하기 위하
여 그를 내 속에 나타내시기를 기
뻐하셨을 때에 내가 곧 (血肉)혈
육과 의논하지 아니하고
17 또 나보다 먼저 (使徒)사도 된 자
들을 만나려고 예루살렘으로 가

지 아니하고 아라비아로 갔다가
다시 다메섹으로 돌아갔노라
18 ●그 후 삼 년 만에 내가 게바를
(訪問)방문하려고 예루살렘에 올
라가서 그와 함께 십오 일을 머무
는 동안
19 (主)주의 형제 야고보 외에 다른
사도들을 보지 못하였노라
20 보라 내가 너희에게 쓰는 것은 하
나님 앞에서 거짓말이 아니로다
21 그 후에 내가 수리아와 길리기아
(地方)지방에 이르렀으나
22 그리스도 안에 있는 유대의 (敎
會)교회들이 나를 얼굴로는 알지
못하고
23 다만 우리를 (迫害)박해하던 자
가 전에 (滅)멸하려던 그 믿음을
지금 전한다 함을 듣고
24 나로 말미암아 하나님께 (榮光)
영광을 돌리니라

할례자의 사도와 이방인의 사도

2 십사 년 (後)후에 내가 바나바
와 함께 디도를 데리고 다시 예
루살렘에 올라갔나니
2 (啓示)계시를 따라 올라가 내가
이방 가운데서 전파하는 복음을
그들에게 제시하되 유력한 자들
에게 사사로이 한 것은 내가 달음
질하는 것이나 달음질한 것이 헛
되지 않게 하려 함이라
3 그러나 나와 함께 있는 헬라인 디
도까지도 억지로 (割禮)할례를
받게 하지 아니하였으니
4 이는 가만히 들어온 거짓 (兄弟)
형제들 때문이라 그들이 가만히
들어온 것은 그리스도 예수 안에
서 우리가 가진 (自由)자유를 엿
보고 우리를 종으로 삼고자 함이
로되
5 그들에게 우리가 한시도 (服從)
복종하지 아니하였으니 이는 복
음의 진리가 항상 너희 가운데 있
게 하려 함이라

6 (有力)유력하다는 이들 중에 (본
래 어떤 이들이든지 내게 상관이
없으며 하나님은 사람을 (外貌)
외모로 취하지 아니하시나니) 저
유력한 이들은 내게 의무를 더하
여 준 것이 없고
7 도리어 그들은 내가 무할례자에
게 복음 전함을 맡은 것이 베드
로가 (割禮者)할례자에게 맡음과
같은 것을 보았고
8 베드로에게 (役事)역사하사 그를
할례자의 사도로 삼으신 이가 또
한 내게 역사하사 나를 이방인의
사도로 삼으셨느니라
9 또 기둥 같이 여기는 야고보와 게
바와 요한도 내게 주신 (恩惠)은
혜를 알므로 나와 바나바에게 친
교의 악수를 하였으니 우리는 이
방인에게로, 그들은 할례자에게
로 가게 하려 함이라
10 다만 우리에게 가난한 자들을 기
억하도록 (付託)부탁하였으니 이
것은 나도 본래부터 힘써 행하여
왔노라

믿음으로 의롭게 되다

11 ●게바가 안디옥에 이르렀을 때에
(責望)책망 받을 일이 있기로 내가

그를 대면하여 책망하였노라
12 야고보에게서 온 어떤 이들이 이
르기 전에 게바가 (異邦人)이방
인과 함께 먹다가 그들이 오매 그
가 할례자들을 두려워하여 떠나
물러가매
13 남은 유대인들도 그와 같이 (外
飾)외식하므로 바나바도 그들의
외식에 유혹되었느니라
14 그러므로 나는 그들이 (福音)복
음의 (眞理)진리를 따라 바르게
행하지 아니함을 보고 모든 자 앞
에서 게바에게 이르되 네가 유대
인으로서 이방인을 따르고 유대
인답게 살지 아니하면서 어찌하
여 억지로 이방인을 유대인답게
살게 하려느냐 하였노라
15 우리는 본래 유대인이요 이방 (罪
人)죄인이 아니로되
16 사람이 의롭게 되는 것은 (律法)
율법의 행위로 말미암음이 아니
요 오직 예수 그리스도를 믿음으
로 말미암는 줄 알므로 우리도 그
리스도 예수를 믿나니 이는 우리
가 율법의 행위로써가 아니고 그
리스도를 믿음으로써 의롭다 함
을 얻으려 함이라 율법의 행위로
써는 의롭다 함을 얻을 육체가 없
느니라
17 만일 우리가 그리스도 안에서
(義)의롭게 되려 하다가 죄인으
로 드러나면 그리스도께서 죄를
짓게 하는 자냐 (決)결코 그럴 수
없느니라

1) 또는 믿음으로 들음에서냐 2) 헬, 수응하고

18 만일 내가 헐었던 것을 다시 세우
면 내가 나를 (犯法)범법한 자로
만드는 것이라
19 내가 율법으로 말미암아 율법에
(對)대하여 죽었나니 이는 하나
님에 대하여 살려 함이라
20 내가 그리스도와 함께 십자가에
못 박혔나니 그런즉 이제는 내가
사는 것이 아니요 오직 내 안에 그
리스도께서 사시는 것이라 이제
내가 (肉體)육체 가운데 사는 것은
나를 사랑하사 나를 위하여 자기
자신을 버리신 하나님의 아들을
믿는 믿음 안에서 사는 것이라
21 내가 하나님의 (恩惠)은혜를 (廢)
폐하지 아니하노니 만일 의롭게
되는 것이 율법으로 말미암으면
그리스도께서 헛되이 죽으셨느
니라

갈라디아 사람들에게 호소하다

3 어리석도다 갈라디아 사람들아
예수 그리스도께서 (十字架)십
자가에 못 박히신 것이 너희 눈
앞에 밝히 보이거늘 누가 너희를
꾀더냐
2 내가 너희에게서 다만 이것을 알
려 하노니 너희가 성령을 받은 것
이 율법의 (行爲)행위로냐 혹은 [1]
듣고 믿음으로냐
3 너희가 이같이 어리석으냐 (聖靈)
성령으로 시작하였다가 이제는
육체로 마치겠느냐
4 너희가 이같이 많은 괴로움을 헛
되이 받았느냐 (果然)과연 헛되냐
5 너희에게 성령을 [2]주시고 너희

가운데서 (能力)능력을 행하시는
이의 일이 율법의 행위에서냐 혹
은 듣고 믿음에서냐
6 ㄱ아브라함이 하나님을 믿으매 그
것을 그에게 의로 (定)정하셨다
함과 같으니라
7 그런즉 믿음으로 말미암은 자들
은 아브라함의 (子孫)자손인 줄
알지어다
8 또 하나님이 [1)](異邦)이방을 믿음
으로 말미암아 의로 정하실 것을
성경이 미리 알고 먼저 아브라함
에게 복음을 전하되 ㄴ모든 [1)]이방
인이 너로 말미암아 복을 받으리
라 하였느니라
9 그러므로 믿음으로 말미암은 자
는 믿음이 있는 아브라함과 함께
(福)복을 받느니라
10 무릇 율법 행위에 속한 자들은 저
주 아래에 있나니 기록된 바 ㄷ누
구든지 율법 (册)책에 기록된 대
로 모든 일을 항상 행하지 아니하
는 자는 (詛呪)저주 아래에 있는
자라 하였음이라
11 또 하나님 앞에서 아무도 율법으
로 말미암아 의롭게 되지 못할 것
이 분명하니 이는 ㄹ(義人)의인은
믿음으로 살리라 하였음이라
12 (律法)율법은 믿음에서 난 것이
아니니 ㅁ율법을 행하는 자는 그
가운데서 살리라 하였느니라
13 그리스도께서 우리를 위하여 저
주를 받은 바 되사 율법의 저주
에서 우리를 (贖良)속량하셨으니
기록된 바 ㅂ나무에 달린 자마다
저주 아래에 있는 자라 하였음이
라
14 이는 그리스도 예수 안에서 아브
라함의 복이 이방인에게 미치게
하고 또 우리로 하여금 믿음으로
말미암아 (聖靈)성령의 약속을
받게 하려 함이라

율법과 약속

15 ● 형제들아 내가 사람의 예대로
말하노니 사람의 (言約)언약이라
도 정한 후에는 아무도 폐하거나
더하거나 하지 못하느니라
16 이 약속들은 ㅅ아브라함과 그 [2)](子
孫)자손에게 말씀하신 것인데 여
럿을 가리켜 그 [2)]자손들이라 하
지 아니하시고 오직 한 사람을 가
리켜 네 [2)]자손이라 하셨으니 곧
그리스도라
17 내가 이것을 말하노니 하나님께
서 미리 정하신 언약을 사백삼십
년 후에 생긴 율법이 폐기하지 못
하고 그 (約束)약속을 헛되게 하
지 못하리라
18 만일 그 (遺業)유업이 율법에서
난 것이면 약속에서 난 것이 아니
리라 그러나 하나님이 약속으로
말미암아 아브라함에게 주신 것
이라
19 그런즉 율법은 무엇이냐 (犯法)
범법하므로 더하여진 것이라 천
사들을 통하여 한 (中保)중보자
의 손으로 베푸신 것인데 약속하
신 [2)]자손이 오시기까지 있을 것

1) 또는 족속 2) 헬 씨 ㄱ 창 15:6 ㄴ 창 12:3 ㄷ 신 27:26 ㄹ 합 2:4
ㅁ 레 18:5 ㅂ 신 21:23 ㅅ 창 13:15; 17:8

갈

이라
20 그 (中保者)중보자는 한 편만 위
한 자가 아니나 하나님은 한 분이
시니라
21 그러면 율법이 하나님의 약속들
과 (反對)반대되는 것이냐 결코
그럴 수 없느니라 만일 능히 살게
하는 (律法)율법을 주셨더라면
의가 반드시 율법으로 말미암았
으리라
22 그러나 (聖經)성경이 모든 것을
죄 아래에 가두었으니 이는 예수
그리스도를 믿음으로 말미암는 약
속을 믿는 자들에게 주려 함이라

하나님의 아들

23 ●믿음이 오기 전에 우리는 율법
아래에 매인 바 되고 (啓示)계시
될 믿음의 때까지 갇혔느니라
24 이같이 율법이 우리를 그리스도
께로 (引導)인도하는 초등교사가
되어 우리로 하여금 믿음으로 말
미암아 의롭다 함을 얻게 하려 함
이라
25 믿음이 온 후로는 우리가 (初等
敎師)초등교사 아래에 있지 아니
하도다
26 너희가 다 믿음으로 말미암아 그
리스도 예수 안에서 하나님의 아
들이 되었으니
27 누구든지 그리스도와 (合)합하기
위하여 [1](洗禮)세례를 받은 자는
그리스도로 옷 입었느니라
28 너희는 유대인이나 헬라인이나
종이나 (自由人)자유인이나 남자
나 여자나 다 그리스도 예수 안에
서 하나이니라
29 너희가 그리스도의 것이면 곧 아
브라함의 [2](子孫)자손이요 약속
대로 유업을 이을 자니라

4

내가 또 말하노니 (遺業)유업을
이을 자가 모든 것의 주인이나
어렸을 동안에는 종과 다름이 없
어서
2 그 아버지가 정한 때까지 (後見
人)후견인과 청지기 아래에 있나
니
3 이와 같이 우리도 어렸을 때에 이
세상의 [3](初等學問)초등학문 아
래에 있어서 종 노릇 하였더니
4 때가 차매 하나님이 그 아들을 보
내사 (女子)여자에게서 나게 하
시고 율법 아래에 나게 하신 것은
5 율법 아래에 있는 자들을 (贖良)
속량하시고 우리로 아들의 명분
을 얻게 하려 하심이라
6 너희가 아들이므로 하나님이 그
아들의 (靈)영을 우리 마음 가운
데 보내사 아빠 아버지라 부르게
하셨느니라
7 그러므로 네가 이 (後)후로는 종
이 아니요 아들이니 아들이면 하
나님으로 말미암아 유업을 받을
자니라

바울이 갈라디아 교회를 염려하다

8 ●그러나 너희가 그 때에는 하나
님을 알지 못하여 (本質上)본질
상 하나님이 아닌 자들에게 종 노
릇 하였더니

1) 헬, 또는 침례 2) 헬, 씨 3) 헬, 스토이케이아. 고대의 우주관과 운명론 등

9 이제는 너희가 하나님을 알 뿐 아
니라 더욱이 하나님이 아신 바 되
었거늘 어찌하여 다시 약하고 (淺
薄)천박한 초등학문으로 돌아가
서 다시 그들에게 종 노릇 하려
하느냐
10 너희가 날과 달과 (節期)절기와
해를 삼가 지키니
11 내가 너희를 (爲)위하여 수고한
것이 헛될까 두려워하노라
12 ●형제들아 내가 너희와 같이 되
었은즉 너희도 나와 같이 되기를
구하노라 너희가 내게 (害)해롭
게 하지 아니하였느니라
13 내가 처음에 육체의 약함으로 말
미암아 너희에게 (福音)복음을
전한 것을 너희가 아는 바라
14 너희를 (試驗)시험하는 것이 내
육체에 있으되 이것을 너희가 업
신여기지도 아니하며 버리지도
아니하고 오직 나를 하나님의 천
사와 같이 또는 그리스도 예수와
같이 (迎接)영접하였도다
15 너희의 복이 지금 어디 있느냐 내
가 너희에게 (證言)증언하노니 너
희가 할 수만 있었더라면 너희의
눈이라도 빼어 나에게 주었으리라
16 그런즉 [1]내가 너희에게 참된 말
을 하므로 (怨讐)원수가 되었느
냐
17 그들이 너희에게 대하여 열심 내
는 것은 좋은 뜻이 아니요 오직
너희를 (離間)이간시켜 너희로
그들에게 대하여 (熱心)열심을
내게 하려 함이라
18 좋은 일에 대하여 열심으로 (思
慕)사모함을 받음은 내가 너희를
대하였을 때뿐 아니라 언제든지
좋으니라
19 나의 자녀들아 너희 속에 그리스
도의 (形像)형상을 이루기까지
다시 너희를 위하여 해산하는 수
고를 하노니
20 내가 이제라도 너희와 함께 있어
내 언성을 높이려 함은 너희에 대
하여 (疑惑)의혹이 있음이라

하갈과 사라

21 ●내게 말하라 (律法)율법 아래
에 있고자 하는 자들아 율법을 듣
지 못하였느냐
22 (記錄)기록된 바 ㄱ아브라함에게
두 아들이 있으니 하나는 여종에
게서, 하나는 자유 있는 여자에게
서 났다 하였으며
23 ㄴ여종에게서는 육체를 따라 났고
자유 있는 여자에게서는 (約束)
약속으로 말미암았느니라
24 이것은 (譬喩)비유니 이 여자들은
두 언약이라 하나는 시내 산으로
부터 종을 낳은 자니 곧 하갈이라
25 이 하갈은 아라비아에 있는 시내
산으로서 (只今)지금 있는 예루
살렘과 같은 곳이니 그가 그 자녀
들과 더불어 종 노릇 하고
26 오직 위에 있는 예루살렘은 (自由
者)자유자니 곧 우리 어머니라
27 기록된 바
ㄷ(孕胎)잉태하지 못한 자여 즐

1) 또는 내가 정당히 너희를 대접하므로 ㄱ 창 16:15 ㄴ 창 21:2 ㄷ 사 54:1

갈

거워하라 (産苦)산고를 모르는
자여 소리 질러 외치라 이는 [1]홀
로 사는 자의 자녀가 남편 있는
자의 자녀보다 많음이라
하였으니
28 형제들아 너희는 이삭과 같이 (約
束)약속의 자녀라
29 그러나 그 때에 (肉體)육체를 따
라 난 자가 (聖靈)성령을 따라 난
자를 박해한 것 같이 이제도 그러
하도다
30 그러나 성경이 무엇을 말하느냐
ㄱ여종과 그 아들을 내쫓으라 여
종의 아들이 자유 있는 여자의 아
들과 더불어 (遺業)유업을 얻지
못하리라 하였느니라
31 그런즉 (兄弟)형제들아 우리는
여종의 자녀가 아니요 자유 있는
여자의 자녀니라

5 그리스도께서 우리를 (自由)자
유롭게 하려고 자유를 주셨으
니 그러므로 굳건하게 서서 다시
는 종의 멍에를 메지 말라

그리스도인의 자유와 사랑

2 ●보라 나 바울은 너희에게 말하
노니 너희가 만일 할례를 받으면
그리스도께서 너희에게 아무 (有
益)유익이 없으리라
3 내가 할례를 받는 각 사람에게 다
시 증언하노니 그는 율법 전체를
행할 (義務)의무를 가진 자라
4 율법 안에서 의롭다 함을 얻으려
하는 너희는 그리스도에게서 끊
어지고 (恩惠)은혜에서 떨어진
자로다
5 우리가 성령으로 믿음을 따라 의
의 (所望)소망을 기다리노니
6 그리스도 예수 안에서는 할례나
무할례나 효력이 없으되 사랑으
로써 (役事)역사하는 믿음뿐이니
라
7 너희가 달음질을 잘 하더니 누가
너희를 막아 (眞理)진리를 (順從)
순종하지 못하게 하더냐
8 그 (勸勉)권면은 너희를 부르신
이에게서 난 것이 아니니라
9 적은 누룩이 온 덩이에 퍼지느니
라
10 나는 너희가 아무 다른 마음을 품
지 아니할 줄을 주 안에서 확신하
노라 그러나 너희를 요동하게 하
는 자는 누구든지 (審判)심판을
받으리라
11 형제들아 내가 지금까지 할례를
전한다면 어찌하여 지금까지 (迫
害)박해를 받으리요 그리하였으
면 십자가의 걸림돌이 제거되었
으리니
12 너희를 어지럽게 하는 자들은 스
스로 베어 버리기를 (願)원하노
라
13 ●형제들아 너희가 자유를 위하
여 부르심을 입었으나 그러나 그
자유로 육체의 (機會)기회를 삼
지 말고 오직 사랑으로 서로 종
노릇 하라
14 온 (律法)율법은 ㄴ네 이웃 사랑하
기를 네 자신 같이 하라 하신 한
말씀에서 이루어졌나니

1) 헬, 광야의 자녀가 ㄱ 창 21:10, 12 ㄴ 레 19:18

15 만일 서로 물고 먹으면 피차 (滅
亡)멸망할까 조심하라

육체의 일과 성령의 열매

16 ● 내가 이르노니 너희는 성령을
따라 행하라 그리하면 육체의 (慾
心)욕심을 이루지 아니하리라
17 (肉體)육체의 (所欲)소욕은 성령
을 거스르고 성령은 육체를 거스
르나니 이 둘이 서로 (對敵)대적
함으로 너희가 원하는 것을 하지
못하게 하려 함이니라
18 너희가 만일 (聖靈)성령의 인도
하시는 바가 되면 율법 아래에 있
지 아니하리라
19 육체의 일은 (分明)분명하니 곧
음행과 더러운 것과 호색과
20 우상 숭배와 주술과 원수 맺는 것
과 분쟁과 시기와 분냄과 당 짓는
것과 분열함과 (異端)이단과
21 투기와 술 취함과 방탕함과 또 그
와 같은 것들이라 전에 너희에게
경계한 것 같이 경계하노니 이런
일을 하는 자들은 하나님의 나라
를 (遺業)유업으로 받지 못할 것
이요
22 오직 성령의 열매는 사랑과 희락
과 화평과 오래 참음과 자비와
(良善)양선과 충성과
23 온유와 절제니 이같은 것을 (禁
止)금지할 법이 없느니라
24 그리스도 예수의 사람들은 육체
와 함께 그 (情慾)정욕과 탐심을
십자가에 못 박았느니라
25 ● 만일 우리가 (聖靈)성령으로
살면 또한 성령으로 행할지니
26 헛된 영광을 구하여 서로 노엽게
하거나 서로 (妬忌)투기하지 말
지니라

짐을 서로 지라

6 형제들아 사람이 만일 무슨 (犯
罪)범죄한 일이 드러나거든 신
령한 너희는 온유한 (心靈)심령
으로 그러한 자를 바로잡고 너 자
신을 살펴보아 너도 시험을 받을
까 두려워하라
2 너희가 [1]짐을 서로 지라 그리하
여 그리스도의 (法)법을 (成就)성
취하라
3 만일 누가 아무 것도 되지 못하고
된 줄로 생각하면 스스로 속임이
라
4 (各各)각각 자기의 일을 살피라
그리하면 자랑할 것이 자기에게
는 있어도 남에게는 있지 아니하
리니
5 각각 (自己)자기의 짐을 질 것이
라
6 ● 가르침을 받는 (者)자는 말씀
을 가르치는 자와 모든 좋은 것을
함께 하라
7 스스로 속이지 말라 하나님은 업
신여김을 받지 아니하시나니 사
람이 무엇으로 심든지 그대로 거
두리라
8 자기의 (肉體)육체를 위하여 심
는 자는 육체로부터 썩어질 것을
거두고 성령을 위하여 심는 자는
(聖靈)성령으로부터 영생을 거두
리라

1) 또는 무거운 짐을

9 우리가 선을 행하되 (落心)낙심
하지 말지니 포기하지 아니하면
때가 이르매 거두리라
10 그러므로 우리는 (機會)기회 있
는 대로 모든 이에게 착한 일을
하되 더욱 믿음의 가정들에게 할
지니라

할례와 그리스도의 십자가

11 ●내 손으로 너희에게 이렇게 큰
글(字)자로 쓴 것을 보라
12 무릇 육체의 (貌樣)모양을 내려
하는 자들이 억지로 너희에게 할
례를 받게 함은 그들이 그리스도
의 십자가로 말미암아 박해를 면
하려 함뿐이라
13 (割禮)할례를 받은 그들이라도
스스로 율법은 지키지 아니하고
너희에게 할례를 받게 하려 하는
것은 그들이 너희의 육체로 자랑
하려 함이라
14 그러나 내게는 우리 주 예수 그리
스도의 십자가 외에 결코 자랑할
것이 없으니 그리스도로 말미암
아 (世上)세상이 나를 대하여 십
자가에 못 박히고 내가 또한 세상
을 대하여 그러하니라
15 할례나 무할례가 아무 것도 아니
로되 오직 새로 지으심을 받는 것
만이 (重要)중요하니라
16 무릇 이 (規例)규례를 행하는 자
에게와 하나님의 이스라엘에게
평강과 긍휼이 있을지어다
17 ●이 후로는 누구든지 나를 괴롭
게 하지 말라 내가 내 몸에 예수
의 (痕跡)흔적을 지니고 있노라
18 ●형제들아 우리 주 예수 그리스
도의 은혜가 너희 (心靈)심령에
있을지어다 아멘

에베소書 Ephesians

인사

1 하나님의 뜻으로 말미암아 그
리스도 예수의 사도 된 바울은
에베소에 있는 성도들과 그리스
도 예수 안에 있는 (信實)신실한
자들에게 편지하노니
2 하나님 우리 아버지와 주 예수 그
리스도로부터 은혜와 (平康)평강
이 너희에게 있을지어다

하늘에 속한 신령한 복

3 ●찬송하리로다 하나님 곧 우리
주 예수 그리스도의 아버지께서
그리스도 안에서 하늘에 속한 모
든 (神靈)신령한 복을 우리에게
주시되
4 곧 (創世)창세 (前)전에 그리스도
안에서 우리를 택하사 우리로 [1]
사랑 안에서 그 앞에 거룩하고 흠
이 없게 하시려고
5 그 기쁘신 뜻대로 우리를 (豫定)예
정하사 예수 그리스도로 말미암아
자기의 아들들이 되게 하셨으니
6 이는 그가 사랑하시는 자 안에
서 우리에게 거저 주시는 바 그의
(恩惠)은혜의 영광을 찬송하게
하려는 것이라
7 우리는 그리스도 안에서 그의 은
혜의 풍성함을 따라 그의 피로 말
미암아 (贖良)속량 곧 죄 사함을
받았느니라
8 이는 그가 모든 (智慧)지혜와 (聰
明)총명을 우리에게 넘치게 하사
9 그 뜻의 비밀을 우리에게 알리신
것이요 그의 기뻐하심을 따라 그
리스도 안에서 때가 찬 (經綸)경
륜을 위하여 예정하신 것이니
10 하늘에 있는 것이나 땅에 있는 것
이 다 그리스도 안에서 (統一)통
일되게 하려 하심이라
11 모든 일을 그의 뜻의 (決定)결정
대로 일하시는 이의 계획을 따
라 우리가 예정을 입어 그 안에서
(基業)기업이 되었으니
12 이는 우리가 그리스도 안에서 전
부터 바라던 그의 영광의 (讚頌)
찬송이 되게 하려 하심이라
13 그 안에서 너희도 [2]진리의 말씀
곧 너희의 구원의 복음을 듣고 그
안에서 또한 믿어 [3](約束)약속의
성령으로 인치심을 받았으니
14 이는 우리 기업의 [4](保證)보증이
되사 그 얻으신 것을 속량하시고
그의 영광을 찬송하게 하려 하심
이라

바울의 기도

15 ●이로 말미암아 주 예수 안에서
너희 믿음과 모든 (聖徒)성도를
향한 사랑을 나도 듣고
16 내가 기도할 때에 기억하며 너희
로 말미암아 (感謝)감사하기를
그치지 아니하고
17 우리 주 예수 그리스도의 하나님,
영광의 아버지께서 지혜와 (啓示)
계시의 영을 너희에게 주사 하나

1) 4절에 '사랑 안에서'를 빼고 5절에 '사랑으로 예정하사'로 할 수 있음 2) 헬, 참 3) 또는 약속의 성령에 4) 헬, 보증금

님을 알게 하시고
18 너희 마음의 눈을 밝히사 그의 부
르심의 (所望)소망이 무엇이며
성도 안에서 그 기업의 영광의
(豊盛)풍성함이 무엇이며
19 그의 힘의 (威力)위력으로 역사하
심을 따라 믿 는 우리에게 베푸신
능력의 지극히 크심이 어떠한 것을
너희로 알게 하시기를 구하노라
20 그의 (能力)능력이 그리스도 안
에서 역사하사 죽은 자들 가운데
서 다시 살리시고 하늘에서 자기
의 오른편에 앉히사
21 모든 (統治)통치와 권세와 능력
과 주권과 이 세상뿐 아니라 오는
세상에 일컫는 모든 이름 위에 뛰
어나게 하시고
22 또 (萬物)만물을 그의 발 아래에
복종하게 하시고 그를 만물 위에
교회의 머리로 삼으셨느니라
23 교회는 그의 몸이니 만물 안에서
만물을 (充滿)충만하게 하시는
이의 충만함이니라

엡

허물과 죄로 죽었던 너희를 살리셨다

2 그는 허물과 (罪)죄로 죽었던
너희를 살리셨도다
2 그 때에 너희는 그 가운데서 행하
여 이 [1]세상 (風潮)풍조를 따르고
공중의 권세 잡은 자를 따랐으니
곧 지금 불순종의 아들들 가운데
서 역사하는 영이라
3 전에는 우리도 다 그 가운데서 우
리 육체의 욕심을 따라 지내며 육
체와 마음의 원하는 것을 하여 다
른 이들과 같이 본질상 (震怒)진
노의 자녀이었더니
4 (矜恤)긍휼이 풍성하신 하나님이
우리를 사랑하신 그 큰 사랑을 인
하여
5 허물로 죽은 우리를 그리스도와
함께 살리셨고 (너희는 (恩惠)은
혜로 구원을 받은 것이라)
6 또 함께 일으키사 그리스도 예수
안에서 함께 하늘에 앉히시니
7 이는 그리스도 예수 안에서 우리
에게 (慈悲)자비하심으로써 그 은
혜의 지극히 (豊盛)풍성함을 오는
여러 세대에 나타내려 하심이라
8 너희는 그 은혜에 의하여 믿음으
로 말미암아 (救援)구원을 받았
으니 이것은 너희에게서 난 것이
아니요 하나님의 선물이라
9 (行爲)행위에서 난 것이 아니니
이는 누구든지 자랑하지 못하게
함이라
10 우리는 그가 만드신 바라 그리스
도 예수 안에서 선한 일을 위하여
지으심을 받은 자니 이 일은 하나
님이 전에 (豫備)예비하사 우리
로 그 가운데서 행하게 하려 하심
이니라

십자가로 화목하게 하시다

11 ●그러므로 생각하라 너희는 그
때에 육체로는 이방인이요 손으
로 육체에 행한 (割禮)할례를 받
은 무리라 칭하는 자들로부터 할
례를 받지 않은 무리라 칭함을 받
는 자들이라
12 그 때에 너희는 그리스도 밖에 있

1) 헬, 세대

었고 이스라엘 나라 밖의 사람이
라 약속의 (言約)언약들에 대하
여는 외인이요 세상에서 소망이
없고 하나님도 없는 자이더니
13 이제는 (前)전에 멀리 있던 너희
가 그리스도 예수 안에서 그리스
도의 피로 가까워졌느니라
14 그는 우리의 (和平)화평이신지라
둘로 하나를 만드사 원수 된 것
곧 (中間)중간에 막힌 담을 자기
육체로 허시고
15 법조문으로 된 (誡命)계명의 율
법을 폐하셨으니 이는 이 둘로 자
기 안에서 한 새 사람을 지어 화
평하게 하시고
16 또 십자가로 이 둘을 한 몸으로
하나님과 화목하게 하려 하심이
라 원수 된 것을 십자가로 (消滅)
소멸하시고
17 또 오셔서 먼 데 있는 너희에게
(平安)평안을 전하시고 가까운 데
있는 자들에게 평안을 전하셨으니
18 이는 그로 말미암아 우리 둘이 한
(聖靈)성령 안에서 아버지께 나
아감을 얻게 하려 하심이라
19 그러므로 이제부터 너희는 외인
도 아니요 나그네도 아니요 오직
성도들과 동일한 시민이요 하나
님의 (眷屬)권속이라
20 너희는 (使徒)사도들과 선지자들
의 터 위에 세우심을 입은 자라
그리스도 예수께서 친히 모퉁잇
돌이 되셨느니라
21 그의 안에서 건물마다 서로 연결
하여 주 안에서 (聖殿)성전이 되
어 가고
22 너희도 성령 안에서 하나님이 거
하실 (處所)처소가 되기 위하여
그리스도 예수 안에서 함께 지어
져 가느니라

하나님의 구원의 경륜의 비밀

3 이러므로 그리스도 예수의 일로
너희 (異邦人)이방인을 위하여
갇힌 자 된 나 바울이 말하거니와
2 너희를 위하여 내게 주신 하나님
의 그 은혜의 (經綸)경륜을 너희
가 들었을 터이라
3 곧 (啓示)계시로 내게 비밀을 알
게 하신 것은 내가 먼저 간단히
기록함과 같으니
4 그것을 읽으면 내가 그리스도의
(秘密)비밀을 깨달은 것을 너희
가 알 수 있으리라
5 이제 그의 거룩한 사도들과 선지자
들에게 성령으로 나타내신 것 같이
다른 (世代)세대에서는 사람의 아
들들에게 알리지 아니하셨으니
6 이는 이방인들이 복음으로 말미
암아 그리스도 예수 안에서 함께
(相續者)상속자가 되고 함께 지
체가 되고 함께 약속에 참여하는
자가 됨이라
7 이 복음을 위하여 그의 능력이 역
사하시는 대로 내게 주신 하나님
의 (恩惠)은혜의 (膳物)선물을 따
라 내가 일꾼이 되었노라
8 모든 성도 중에 지극히 작은 자보
다 더 작은 나에게 이 은혜를 주
신 것은 (測量)측량할 수 없는 그
리스도의 풍성함을 이방인에게

전하게 하시고
9 [1](永遠)영원부터 만물을 (創造)
창조하신 하나님 속에 감추어졌
던 비밀의 경륜이 어떠한 것을 드
러내게 하려 하심이라
10 이는 이제 (敎會)교회로 말미암
아 하늘에 있는 통치자들과 권세
들에게 하나님의 각종 지혜를 알
게 하려 하심이니
11 곧 영원부터 우리 주 그리스도 예
수 안에서 (豫定)예정하신 뜻대
로 하신 것이라
12 우리가 그 안에서 그를 믿음으로 말
미암아 담대함과 (確信)확신을 가지
고 하나님께 나아감을 얻느니라
13 그러므로 너희에게 구하노니 너
희를 위한 나의 여러 (患難)환난
에 대하여 (落心)낙심하지 말라
이는 너희의 영광이니라

그리스도의 사랑을 알게 하시기를

14 ●이러므로 내가 하늘과 땅에 있
는 각 (族屬)족속에게
15 이름을 주신 아버지 앞에 무릎을
꿇고 비노니
16 그의 영광의 (豊盛)풍성함을 따
라 그의 성령으로 말미암아 너희
속사람을 능력으로 (康健)강건하
게 하시오며
17 믿음으로 말미암아 그리스도께서
너희 마음에 계시게 하시옵고 너
희가 사랑 가운데서 뿌리가 박히
고 터가 굳어져서
18 능히 모든 성도와 함께 (知識)지식
에 넘치는 그리스도의 사랑을 알고
19 그 너비와 길이와 높이와 깊이가
어떠함을 깨달아 하나님의 모든
(充滿)충만하신 것으로 너희에게
충만하게 하시기를 구하노라
20 ●우리 가운데서 역사하시는 (能
力)능력대로 우리가 구하거나 생
각하는 모든 것에 더 넘치도록 능
히 하실 이에게
21 (敎會)교회 안에서와 그리스도
예수 안에서 영광이 대대로 영원
무궁하기를 원하노라 아멘

성령이 하나되게 하신 것

4 그러므로 주 안에서 갇힌 내가
너희를 (勸)권하노니 너희가 부
르심을 받은 일에 (合當)합당하
게 (行)행하여
2 모든 (謙遜)겸손과 (溫柔)온유로
하고 오래 참음으로 사랑 가운데
서 서로 용납하고
3 (平安)평안의 매는 줄로 성령이
하나 되게 하신 것을 힘써 지키라
4 몸이 하나요 (聖靈)성령도 한 분
이시니 이와 같이 너희가 부르심
의 한 소망 안에서 부르심을 받았
느니라
5 주도 한 분이시요 믿음도 하나요
[2](洗禮)세례도 하나요
6 하나님도 한 분이시니 곧 (萬有)
만유의 아버지시라 만유 위에 계
시고 만유를 통일하시고 만유 가
운데 계시도다
7 우리 각 사람에게 그리스도의 선물
의 분량대로 (恩惠)은혜를 주셨나니
8 그러므로 이르기를

1) 어떤 사본에, 9절 처음에 '모든 사람에게'가 있음 2) 헬, 또
는 침례

ㄱ그가 위로 올라가실 때에 사로
잡혔던 자들을 사로잡으시고 사
람들에게 (膳物)선물을 주셨다
하였도다
9 올라가셨다 하였은즉 땅 아래 낮
은 곳으로 내리셨던 것이 아니면
무엇이냐
10 내리셨던 그가 곧 모든 하늘 위에
오르신 자니 이는 만물을 (充滿)
충만하게 하려 하심이라
11 그가 어떤 사람은 (使徒)사도로,
어떤 사람은 선지자로, 어떤 사람
은 복음 전하는 자로, 어떤 사람
은 목사와 교사로 삼으셨으니
12 이는 성도를 온전하게 하여 (奉
事)봉사의 일을 하게 하며 그리
스도의 몸을 세우려 하심이라
13 우리가 다 하나님의 아들을 믿는
것과 아는 일에 하나가 되어 (穩
全)온전한 사람을 이루어 그리스
도의 [1](長成)장성한 분량이 (充
滿)충만한 데까지 이르리니
14 이는 우리가 이제부터 어린 아이
가 되지 아니하여 사람의 속임수
와 간사한 (誘惑)유혹에 빠져 온
갖 교훈의 풍조에 밀려 요동하지
않게 하려 함이라
15 오직 [2]사랑 안에서 [3]참된 것을
하여 (凡事)범사에 그에게까지 자
랄지라 그는 머리니 곧 그리스도라
16 그에게서 온 몸이 각 마디를 통하
여 도움을 받음으로 연결되고 결
합되어 각 지체의 (分量)분량대
로 역사하여 그 몸을 자라게 하며
사랑 안에서 스스로 세우느니라

옛 사람과 새 사람

17 ●그러므로 내가 이것을 말하며
주 안에서 증언하노니 이제부터
너희는 이방인이 그 마음의 (虛
妄)허망한 것으로 행함 같이 행
하지 말라
18 그들의 (聰明)총명이 어두워지고
그들 가운데 있는 무지함과 그들
의 마음이 굳어짐으로 말미암아
하나님의 생명에서 떠나 있도다
19 그들이 감각 없는 자가 되어 자신
을 방탕에 (放任)방임하여 모든
더러운 것을 욕심으로 행하되
20 오직 너희는 그리스도를 그같이
배우지 아니하였느니라
21 [4](眞理)진리가 예수 안에 있는 것
같이 너희가 참으로 그에게서 들
고 또한 그 안에서 가르침을 받았
을진대
22 너희는 유혹의 욕심을 따라 썩어
져 가는 (舊習)구습을 따르는 옛
사람을 벗어 버리고
23 오직 너희의 심령이 새롭게 되어
24 하나님을 따라 (義)의와 (眞理)진
리의 거룩함으로 지으심을 받은
새 사람을 입으라

하나님을 본받는 생활

25 ●그런즉 거짓을 버리고 ㄴ(各各)
각각 그 이웃과 더불어 참된 것을
말하라 이는 우리가 서로 (肢體)
지체가 됨이라
26 ㄷ(忿)분을 내어도 죄를 짓지 말며
해가 지도록 분을 품지 말고

1) 헬, 충만의 신장의 분량이 2) 사랑 안에서 자라자 3) 또는 참된 생활을 하여 4) 헬, 참 ㄱ 시 68:18 ㄴ 슥 8:16 ㄷ 시 4:4

엡

27 마귀에게 틈을 주지 말라
28 도둑질하는 자는 다시 도둑질하
지 말고 돌이켜 가난한 자에게
(救濟)구제할 수 있도록 자기 손
으로 수고하여 선한 일을 하라
29 무릇 더러운 말은 너희 입 밖에도
내지 말고 오직 덕을 세우는 데 (所
用)소용되는 대로 선한 말을 하여
듣는 자들에게 은혜를 끼치게 하라
30 하나님의 성령을 근심하게 하지 말
라 그 안에서 너희가 (救援)구원의
날까지 (印)인치심을 받았느니라
31 너희는 모든 악독과 노함과 분냄
과 떠드는 것과 비방하는 것을 모
든 (惡意)악의와 함께 버리고
32 서로 친절하게 하며 불쌍히 여기
며 서로 (容恕)용서하기를 하나
님이 그리스도 안에서 너희를 용
서하심과 같이 하라

5 그러므로 사랑을 받는 (子女)자
녀 같이 너희는 하나님을 본받
는 자가 되고
2 그리스도께서 너희를 사랑하신 것
같이 너희도 사랑 가운데서 행하라
그는 우리를 위하여 자신을 버리사
향기로운 제물과 (犧牲祭物)희생
제물로 하나님께 드리셨느니라
3 음행과 온갖 더러운 것과 (貪欲)
탐욕은 너희 중에서 그 이름조차
도 부르지 말라 이는 성도에게 마
땅한 바니라
4 누추함과 어리석은 말이나 희롱
의 말이 마땅치 아니하니 오히려
(感謝)감사하는 말을 하라

1) 헬, 참

5 너희도 정녕 이것을 알거니와 (淫
行)음행하는 자나 더러운 자나
탐하는 자 곧 우상 숭배자는 다
그리스도와 하나님의 나라에서
기업을 얻지 못하리니
6 누구든지 헛된 말로 너희를 속이
지 못하게 하라 이로 말미암아 하
나님의 (震怒)진노가 불순종의
아들들에게 (臨)임하나니
7 그러므로 그들과 함께 하는 자가
되지 말라
8 너희가 전에는 어둠이더니 이제
는 주 안에서 빛이라 빛의 자녀들
처럼 (行)행하라
9 빛의 열매는 모든 착함과 의로움
과 [1](眞實)진실함에 있느니라
10 주를 기쁘시게 할 것이 무엇인가
(試驗)시험하여 보라
11 너희는 열매 없는 어둠의 일에 참여
하지 말고 도리어 (責望)책망하라
12 그들이 (隱密)은밀히 행하는 것들
은 말하기도 부끄러운 것들이라
13 그러나 (責望)책망을 받는 모든
것은 빛으로 말미암아 드러나나
니 드러나는 것마다 빛이니라
14 그러므로 이르시기를 잠자는 (者)
자여 깨어서 죽은 자들 가운데서
일어나라 그리스도께서 너에게
비추이시리라 하셨느니라

그리스도의 이름으로 감사하라

15 ●그런즉 너희가 어떻게 행할지
를 자세히 주의하여 (智慧)지혜
없는 자 같이 하지 말고 오직 지
혜 있는 자 같이 하여
16 [1](歲月)세월을 아끼라 [2]때가 악

하니라
17 그러므로 어리석은 자가 되지 말
고 오직 주의 뜻이 무엇인가 (理
解)이해하라
18 술 취하지 말라 이는 (放蕩)방탕
한 것이니 오직 성령으로 (充滿)
충만함을 받으라
19 시와 (讚頌)찬송과 신령한 노래
들로 서로 화답하며 너희의 마음
으로 주께 노래하며 찬송하며
20 (凡事)범사에 우리 주 예수 그리
스도의 이름으로 항상 아버지 하
나님께 감사하며
21 그리스도를 (敬畏)경외함으로 피
차 복종하라

아내와 남편

22 ●아내들이여 자기 (男便)남편에
게 복종하기를 주께 하듯 하라
23 이는 남편이 아내의 머리 됨이 그
리스도께서 교회의 머리 됨과 같
음이니 그가 바로 몸의 (救主)구
주시니라
24 그러므로 교회가 그리스도에게
하듯 아내들도 범사에 자기 남편
에게 (服從)복종할지니라
25 남편들아 아내 사랑하기를 그리
스도께서 (敎會)교회를 사랑하시
고 그 교회를 위하여 자신을 주심
같이 하라
26 이는 곧 물로 씻어 말씀으로 깨끗
하게 하사 거룩하게 하시고
27 자기 앞에 영광스러운 (敎會)교
회로 세우사 티나 주름 잡힌 것이
나 이런 것들이 없이 거룩하고 흠
이 없게 하려 하심이라
28 이와 같이 남편들도 자기 아내 사
랑하기를 (自己)자기 자신과 같
이 할지니 자기 아내를 사랑하는
자는 자기를 사랑하는 것이라
29 누구든지 언제나 자기 육체를 미
워하지 않고 오직 양육하여 (保
護)보호하기를 그리스도께서 교
회에게 함과 같이 하나니
30 우리는 그 몸의 (肢體)지체임이라
31 [ㄱ]그러므로 사람이 (父母)부모를
떠나 그의 아내와 합하여 그 둘이
한 (肉體)육체가 될지니
32 이 (秘密)비밀이 크도다 나는 그리
스도와 교회에 대하여 말하노라
33 그러나 너희도 각각 자기의 아내
사랑하기를 자신 같이 하고 아내
도 자기 남편을 (尊敬)존경하라

자녀와 부모

6 자녀들아 주 안에서 너희 부모
에게 (順從)순종하라 이것이 옳
으니라
2 [ㄴ]네 아버지와 어머니를 (恭敬)공
경하라 이것은 약속이 있는 첫
(誡命)계명이니
3 이로써 네가 잘되고 땅에서 (長
壽)장수하리라
4 또 아비들아 너희 자녀를 노엽게
하지 말고 오직 주의 교훈과 훈계
로 (養育)양육하라

종과 상전

5 ●종들아 두려워하고 떨며 (誠
實)성실한 마음으로 육체의 (上
典)상전에게 (順從)순종하기를
그리스도께 하듯 하라

1) 헬, 기회를 사라 2) 헬, 그 날들이 ㄱ 창 2:24 ㄴ 출 20:12; 신 5:16

6 눈가림만 하여 사람을 기쁘게 하
는 (者)자처럼 하지 말고 그리스
도의 종들처럼 [1]마음으로 하나님
의 뜻을 (行)행하고
7 기쁜 마음으로 섬기기를 (主)주께
하듯 하고 사람들에게 하듯 하지
말라
8 이는 각 사람이 무슨 선을 행하든
지 종이나 (自由人)자유인이나 주
께로부터 그대로 받을 줄을 앎이라
9 상전들아 너희도 그들에게 이와
같이 하고 (威脅)위협을 그치라
이는 그들과 너희의 상전이 하늘
에 계시고 그에게는 사람을 (外
貌)외모로 취하는 일이 없는 줄
너희가 앎이라

마귀를 대적하는 싸움

10 ●끝으로 너희가 주 안에서와 그 힘
의 능력으로 (康健)강건하여지고
11 마귀의 간계를 능히 (對敵)대적
하기 위하여 하나님의 (全身 甲
冑)전신 갑주를 입으라
12 우리의 씨름은 혈과 육을 상대하
는 것이 아니요 통치자들과 (權
勢)권세들과 이 어둠의 세상 주
관자들과 하늘에 있는 악의 영들
을 상대함이라
13 그러므로 하나님의 전신 갑주를
취하라 이는 악한 날에 너희가 능
히 (對敵)대적하고 모든 일을 행
한 후에 서기 위함이라
14 그런즉 서서 [2]진리로 너희 허리
띠를 띠고 의의 (護心鏡)호심경
을 붙이고

1)헬 목숨 2)헬 참

15 평안의 복음이 (準備)준비한 것
으로 신을 신고
16 모든 것 위에 믿음의 (防牌)방패
를 가지고 이로써 능히 악한 자의
모든 불화살을 소멸하고
17 (救援)구원의 투구와 성령의 (劍)
검 곧 하나님의 말씀을 가지라
18 모든 기도와 (懇求)간구를 하되 항
상 (聖靈)성령 안에서 기도하고 이
를 위하여 깨어 구하기를 항상 힘
쓰며 여러 성도를 위하여 구하라
19 또 나를 위하여 구할 것은 내게
말씀을 주사 나로 입을 열어 복음
의 (秘密)비밀을 (膽大)담대히 알
리게 하옵소서 할 것이니
20 이 일을 위하여 내가 쇠사슬에 매
인 (使臣)사신이 된 것은 나로 이
일에 당연히 할 말을 담대히 하게
하려 하심이라

끝 인사

21 ●나의 (事情)사정 곧 내가 무엇
을 하는지 너희에게도 알리려 하
노니 사랑을 받은 형제요 주 안에
서 진실한 일꾼인 두기고가 모든
일을 너희에게 알리리라
22 우리 사정을 알리고 또 너희 마음
을 (慰勞)위로하기 위하여 내가 특
별히 그를 너희에게 보내었노라
23 ●아버지 하나님과 주 예수 그리
스도께로부터 (平安)평안과 믿음
을 겸한 사랑이 형제들에게 있을
지어다
24 우리 주 예수 그리스도를 (變)변
함 없이 사랑하는 모든 자에게 은
혜가 있을지어다

빌립보書 Philippians

인사

1 그리스도 예수의 종 바울과 디
모데는 그리스도 예수 안에서
빌립보에 사는 모든 성도와 또한
감독들과 집사들에게 (便紙)편지
하노니
2 하나님 우리 아버지와 주 예수 그
리스도로부터 (恩惠)은혜와 (平
康)평강이 너희에게 있을지어다

빌립보 성도들을 생각하며 간구하다

3 ●내가 너희를 생각할 때마다 나
의 하나님께 (感謝)감사하며
4 (懇求)간구할 때마다 너희 무리
를 위하여 기쁨으로 항상 간구함
은
5 너희가 첫날부터 이제까지 복음
을 위한 일에 (參與)참여하고 있
기 때문이라
6 너희 안에서 착한 일을 (始作)시
작하신 이가 그리스도 예수의 날
까지 이루실 줄을 우리는 (確信)
확신하노라
7 내가 너희 무리를 위하여 이와 같
이 생각하는 것이 마땅하니 이는
너희가 내 마음에 있음이며 나의
매임과 복음을 변명함과 (確定)
확정함에 너희가 다 나와 함께 은
혜에 참여한 자가 됨이라
8 내가 예수 그리스도의 심장으로
너희 무리를 얼마나 (思慕)사모
하는지 하나님이 내 증인이시니
라
9 내가 기도하노라 너희 사랑을 지
식과 모든 총명으로 점점 더 (豊
盛)풍성하게 하사
10 너희로 [1]지극히 선한 것을 (分別)
분별하며 또 진실하여 허물 없이
그리스도의 날까지 이르고
11 예수 그리스도로 말미암아 의의
열매가 가득하여 하나님의 (榮光)
영광과 (讚頌)찬송이 되기를 원
하노라

바울의 매임과 복음 전파

12 ●형제들아 내가 당한 일이 도리
어 복음 전파에 (進展)진전이 된
줄을 너희가 알기를 원하노라
13 이러므로 나의 매임이 그리스도
안에서 모든 (侍衛隊)시위대 안
과 그 밖의 모든 사람에게 나타났
으니
14 [2]형제 중 (多數)다수가 나의 매임
으로 말미암아 주 안에서 신뢰함
으로 겁 없이 하나님의 말씀을 더
욱 담대히 전하게 되었느니라
15 어떤 이들은 투기와 분쟁으로, 어
떤 이들은 착한 뜻으로 그리스도
를 (傳播)전파하나니
16 이들은 내가 복음을 (辨證)변증
하기 위하여 세우심을 받은 줄 알
고 사랑으로 하나
17 그들은 나의 매임에 괴로움을 더
하게 할 줄로 생각하여 (純粹)순
수하지 못하게 다툼으로 그리스
도를 전파하느니라
18 그러면 무엇이냐 겉치레로 하나

1) 또는 같지 아니한 것을 2) 또는 주 안의 형제들

참으로 하나 무슨 (方道)방도로
하든지 전파되는 것은 그리스도
니 이로써 나는 기뻐하고 또한 기
뻐하리라
19 이것이 너희의 (懇求)간구와 예
수 그리스도의 성령의 도우심으
로 나를 구원에 이르게 할 줄 아
는 고로
20 나의 간절한 기대와 (所望)소망
을 따라 아무 일에든지 부끄러워
하지 아니하고 지금도 전과 같이
온전히 담대하여 살든지 죽든지
내 몸에서 그리스도가 (尊貴)존
귀하게 되게 하려 하나니
21 이는 내게 사는 것이 그리스도니
죽는 것도 (有益)유익함이라
22 그러나 만일 (肉身)육신으로 사
는 이것이 내 일의 열매일진대 무
엇을 택해야 할는지 나는 알지 못
하노라
23 내가 그 둘 사이에 끼었으니 차라
리 (世上)세상을 떠나서 그리스
도와 함께 있는 것이 훨씬 더 좋
은 일이라 그렇게 하고 싶으나
24 내가 육신으로 있는 것이 너희를
(爲)위하여 더 유익하리라
25 내가 [1]살 것과 너희 믿음의 (進
步)진보와 기쁨을 위하여 너희
무리와 함께 거할 이것을 확실히
아노니
26 내가 다시 너희와 같이 있음으로
그리스도 예수 안에서 너희 자랑
이 나로 말미암아 (豊盛)풍성하
게 하려 함이라

1) 헬, 거할 것과 2) 또는 시민 노릇 3) 헬, 영 또는 정신

27 오직 너희는 그리스도의 복음에
합당하게 [2]생활하라 이는 내가
너희에게 가 보나 떠나 있으나 너
희가 [3]한마음으로 서서 한 뜻으
로 복음의 신앙을 위하여 (協力)
협력하는 것과
28 무슨 일에든지 대적하는 자들 때
문에 두려워하지 아니하는 이 일
을 듣고자 함이라 이것이 그들에
게는 (滅亡)멸망의 증거요 너희
에게는 (救援)구원의 증거니 이
는 하나님께로부터 난 것이라
29 그리스도를 위하여 너희에게 (恩
惠)은혜를 주신 것은 다만 그를
믿을 뿐 아니라 또한 그를 위하여
고난도 받게 하려 하심이라
30 너희에게도 그와 같은 싸움이 있
으니 너희가 내 안에서 본 바요
이제도 내 안에서 듣는 바니라

그리스도의 겸손

2 그러므로 그리스도 안에 무슨
(勸勉)권면이나 사랑의 무슨 위
로나 성령의 무슨 교제나 긍휼이
나 (慈悲)자비가 있거든
2 마음을 같이하여 같은 사랑을 가
지고 뜻을 합하며 한마음을 품어
3 아무 일에든지 다툼이나 (虛榮)
허영으로 하지 말고 오직 겸손한
마음으로 각각 자기보다 남을 낫
게 여기고
4 각각 자기 일을 돌볼뿐더러 또한
각각 다른 사람들의 일을 돌보아
나의 기쁨을 (充滿)충만하게 하라
5 너희 안에 이 마음을 품으라 곧
그리스도 예수의 마음이니

6 그는 근본 하나님의 [1](本體)본체
시나 하나님과 동등됨을 [2]취할
것으로 여기지 아니하시고
7 오히려 자기를 비워 종의 [3](形體)
형체를 가지사 사람들과 같이 되
셨고
8 사람의 (貌樣)모양으로 나타나사
자기를 낮추시고 죽기까지 복종
하셨으니 곧 십자가에 죽으심이
라
9 이러므로 하나님이 그를 (至極)
지극히 높여 모든 이름 위에 뛰어
난 이름을 주사
10 하늘에 있는 자들과 땅에 있는
(者)자들과 땅 아래에 있는 자들
로 모든 무릎을 예수의 이름에 꿇
게 하시고
11 모든 입으로 예수 그리스도를 주
라 (是認)시인하여 하나님 아버
지께 영광을 돌리게 하셨느니라

하나님의 흠 없는 자녀로 살라

12 ●그러므로 나의 사랑하는 자들
아 너희가 나 있을 때뿐 아니라
더욱 지금 나 없을 때에도 항상
(服從)복종하여 두렵고 떨림으로
너희 (救援)구원을 이루라
13 너희 안에서 행하시는 이는 하나
님이시니 자기의 기쁘신 뜻을 위
하여 너희에게 (所願)소원을 두
고 행하게 하시나니
14 모든 일을 (怨望)원망과 (是非)시
비가 없이 하라
15 이는 너희가 (欠)흠이 없고 (純
全)순전하여 어그러지고 거스르
는 (世代)세대 가운데서 하나님
의 흠 없는 자녀로 세상에서 그들
가운데 빛들로 나타내며
16 [4](生命)생명의 말씀을 [5]밝혀 나
의 달음질이 헛되지 아니하고 수
고도 헛되지 아니함으로 그리스
도의 날에 내가 자랑할 것이 있게
하려 함이라
17 만일 너희 믿음의 (祭物)제물과
섬김 위에 내가 나를 전제로 드릴
지라도 나는 기뻐하고 너희 무리
와 함께 기뻐하리니
18 이와 같이 너희도 기뻐하고 나와
함께 기뻐[6]하라

디모데와 에바브로디도

19 ●내가 디모데를 속히 너희에게
보내기를 주 안에서 바람은 너희
의 사정을 앎으로 (安慰)안위를
받으려 함이니
20 이는 뜻을 같이하여 너희 (私情)
사정을 진실히 생각할 자가 이밖
에 내게 없음이라
21 그들이 다 자기 일을 (求)구하고
그리스도 예수의 일을 구하지 아
니하되
22 디모데의 (鍊鍛)연단을 너희가
아나니 자식이 아버지에게 함같
이 나와 함께 복음을 위하여 수고
하였느니라
23 그러므로 내가 내 일이 어떻게 될
지를 보아서 곧 이 사람을 보내기
를 바라고
24 나도 (速)속히 가게 될 것을 주 안
에서 (確信)확신하노라

1) 또는 형체 2) 또는 보류 3) 또는 본체 4) 헬, 생 5) 또는 붙들어 6) 또는 하느니라

25 그러나 에바브로디도를 너희에게
보내는 것이 필요한 줄로 생각하
노니 그는 나의 형제요 함께 수고
하고 함께 군사 된 자요 너희 (使
者)사자로 내가 쓸 것을 돕는 자
라
26 그가 너희 무리를 간절히 (思慕)
사모하고 자기가 병든 것을 너희
가 들은 줄을 알고 심히 근심한지
라
27 그가 병들어 죽게 되었으나 하나
님이 그를 (矜恤)긍휼히 여기셨
고 그뿐 아니라 또 나를 긍휼히
여기사 내 근심 위에 근심을 면하
게 하셨느니라
28 그러므로 내가 더욱 (急)급히 그
를 보낸 것은 너희로 그를 다시
보고 기뻐하게 하며 내 근심도 덜
려 함이니라
29 이러므로 너희가 주 안에서 모든
기쁨으로 그를 영접하고 또 이와
같은 자들을 (尊貴)존귀히 여기
라
30 그가 그리스도의 일을 위하여 죽
기에 이르러도 자기 목숨을 돌보
지 아니한 것은 나를 섬기는 너희
의 일에 (不足)부족함을 채우려
함이니라

하나님께로부터 난 의

3 끝으로 나의 형제들아 주 안에
서 기뻐하라 너희에게 같은 말
을 쓰는 것이 내게는 수고로움이
없고 너희에게는 (安全)안전하니
라

1) 또는 예수 안에서 2) 또는 교제

2 개들을 삼가고 (行惡)행악하는
자들을 삼가고 몸을 상해하는 일
을 삼가라
3 하나님의 성령으로 (奉事)봉사
하며 그리스도 [1]예수로 자랑하고
육체를 신뢰하지 아니하는 우리
가 곧 (割禮派)할례파라
4 그러나 나도 육체를 신뢰할 만하
며 만일 누구든지 다른 이가 육체
를 (信賴)신뢰할 것이 있는 줄로
생각하면 나는 더욱 그러하리니
5 나는 팔일 만에 할례를 받고 이스
라엘 족속이요 베냐민 지파요 히
브리인 중의 히브리인이요 (律法)
율법으로는 바리새인이요
6 열심으로는 교회를 (迫害)박해하
고 율법의 의로는 흠이 없는 자라
7 그러나 무엇이든지 내게 유익하
던 것을 내가 그리스도를 위하여
다 (害)해로 여길뿐더러
8 또한 모든 것을 해로 여김은 내
주 그리스도 예수를 아는 지식이
가장 (高尙)고상하기 때문이라
내가 그를 위하여 모든 것을 잃어
버리고 배설물로 여김은 그리스
도를 얻고
9 그 안에서 (發見)발견되려 함이
니 내가 가진 의는 (律法)율법에
서 난 것이 아니요 오직 그리스도
를 믿음으로 말미암은 것이니 곧
믿음으로 하나님께로부터 난 의
라
10 내가 그리스도와 그 부활의 권능
과 그 고난에 [2](參與)참여함을 알
고자 하여 그의 죽으심을 본받아

11 어떻게 해서든지 죽은 자 가운데
서 (復活)부활에 이르려 하노니
12 내가 이미 얻었다 함도 아니요
(穩全)온전히 이루었다 함도 아
니라 오직 내가 그리스도 예수께
잡힌 바 된 그것 을 잡으려고 달
려가노라
13 형제들아 나는 아직 내가 잡은 줄
로 여기지 아니하고 오직 한 일
(卽)즉 뒤에 있는 것은 잊어버리
고 앞에 있는 것을 잡으려고
14 (標)푯대를 향하여 그리스도 예
수 안에서 하나님이 [1)]위에서 부
르신 부름의 (賞)상을 위하여 달
려가노라
15 그러므로 누구든지 우리 온전히
이룬 자들은 이렇게 생각할지니
(萬一)만일 어떤 일에 너희가 달
리 생각하면 하나님이 이것도 너
희에게 나타내시리라
16 오직 우리가 어디까지 이르렀든
지 그대로 (行)행할 것이라

우리의 시민권은 하늘에

17 ●(兄弟)형제들아 너희는 함께
나를 본받으라 그리고 너희가 우
리를 본받은 것처럼 그와 같이 행
하는 자들을 눈여겨 보라
18 내가 여러 번 너희에게 말하였거
니와 이제도 눈물을 흘리며 말하
노니 여러 사람들이 그리스도의
십자가의 (怨讐)원수로 행하느니
라
19 그들의 마침은 (滅亡)멸망이요
그들의 신은 배요 그 (榮光)영광
은 그들의 부끄러움에 있고 땅의
일을 생각하는 자라
20 그러나 우리의 (市民權)시민권은
하늘에 있는지라 거기로부터 구
원하는 자 곧 주 예수 그리스도를
기다리노니
21 그는 만물을 자기에게 (服從)복
종하게 하실 수 있는 자의 역사로
우리의 낮은 몸을 자기 영광의 몸
의 (形體)형체와 같이 변하게 하
시리라

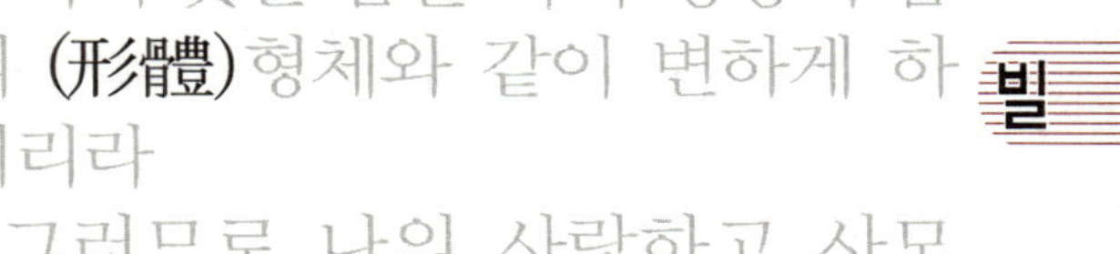

빌

4 그러므로 나의 사랑하고 사모
하는 형제들, 나의 기쁨이요 (冕
旒冠)면류관인 사랑하는 자들아
이와 같이 주 안에 서라

권면

2 ●내가 유오디아를 (勸)권하고
순두게를 권하노니 주 안에서 같
은 마음을 품으라
3 또 참으로 나와 멍에를 같이한 네
게 구하노니 (福音)복음에 나와
함께 힘쓰던 저 여인들을 돕고 또
한 글레멘드와 그 외에 나의 (同
役者)동역자들을 도우라 그 이름
들이 생명책에 있느니라
4 ●주 안에서 (恒常)항상 기뻐하
라 내가 다시 말하노니 기뻐하라
5 너희 (寬容)관용을 모든 사람에
게 알게 하라 주께서 가까우시니
라
6 아무 것도 염려하지 말고 다만 모
든 일에 기도와 (懇求)간구로, 너
희 구할 것을 감사함으로 하나님
께 아뢰라
7 그리하면 모든 (知覺)지각에 뛰

1) 또는 위로

어난 하나님의 (平康)평강이 그
리스도 예수 안에서 너희 마음과
생각을 지키시리라
8 ●끝으로 형제들아 무엇에든지
참되며 무엇에든지 (敬虔)경건하
며 무엇에든지 옳으며 무엇에든
지 정결하며 무엇에든지 사랑 받
을 만하며 무엇에든지 칭찬 받을
만하며 무슨 덕이 있든지 무슨 기
림이 있든지 이것들을 생각하라
9 [1]너희는 내게 배우고 받고 듣고
본 바를 행하라 그리하면 (平康)
평강의 하나님이 너희와 함께 계
시리라

빌립보 사람들의 선물

10 ●내가 주 안에서 크게 기뻐함은
너희가 나를 생각하던 것이 이제
다시 싹이 남이니 너희가 또한 이
를 위하여 생각은 하였으나 (機
會)기회가 없었느니라
11 내가 (窮乏)궁핍하므로 말하는
것이 아니니라 어떠한 형편에든
지 나는 자족하기를 배웠노니
12 나는 비천에 처할 줄도 알고 풍부
에 처할 줄도 알아 모든 일 곧 배
부름과 배고픔과 풍부와 궁핍에
도 처할 줄 아는 일체의 (秘訣)비
결을 배웠노라
13 내게 (能力)능력 주시는 자 안에
서 내가 모든 것을 할 수 있느니라
14 그러나 너희가 내 괴로움에 함께
[2](參與)참여하였으니 잘하였도다
15 빌립보 사람들아 너희도 알거니
와 복음의 (始初)시초에 내가 마
게도냐를 떠날 때에 주고 받는 내
일에 [2]참여한 교회가 너희 외에
아무도 없었느니라
16 데살로니가에 있을 때에도 너희
가 한 번뿐 아니라 두 (番)번이나
나의 쓸 것을 보내었도다
17 내가 선물을 구함이 아니요 오직
너희에게 (有益)유익하도록 풍성
한 열매를 구함이라
18 내게는 모든 것이 있고 또 (豊富)
풍부한지라 에바브로디도 편에
너희가 준 것을 받으므로 내가 풍
족하니 이는 받으실 만한 향기로
운 (祭物)제물이요 하나님을 기
쁘시게 한 것이라
19 나의 하나님이 그리스도 예수 안
에서 영광 가운데 그 (豊盛)풍성
한 대로 너희 모든 쓸 것을 채우
시리라
20 하나님 곧 우리 아버지께 세세 무
궁하도록 (榮光)영광을 돌릴지어
다 아멘

끝 인사

21 ●그리스도 예수 안에 있는 (聖
徒)성도에게 각각 문안하라 나와
함께 있는 형제들이 너희에게 문
안하고
22 모든 성도들이 너희에게 (問安)
문안하되 특히 가이사의 집 사람
들 중 몇이니라
23 ●주 예수 그리스도의 (恩惠)은
혜가 너희 (心靈)심령에 있을지
어다

1) 또는 너희는 배우고…… 내 안에서 본 바를 2) 또는 교제

골로새書 Colossians

인사

1 하나님의 뜻으로 말미암아 그
리스도 예수의 (使徒)사도 된
바울과 형제 디모데는
2 골로새에 있는 [1]성도들 곧 그리
스도 안에서 (信實)신실한 형제
들에게 편지하노니 우리 아버지
하나님으로부터 (恩惠)은혜와 평
강이 너희에게 있을지어다

하나님께 감사를 드리다

3 ●우리가 너희를 위하여 (祈禱)
기도할 때마다 하나님 곧 우리 주
예수 그리스도의 아버지께 (感謝)
감사하노라
4 이는 그리스도 예수 안에 너희의
믿음과 모든 (聖徒)성도에 대한
사랑을 들었음이요
5 너희를 (爲)위하여 하늘에 쌓아
둔 (所望)소망으로 말미암음이니
곧 너희가 (前)전에 복음 [2](眞理)
진리의 말씀을 들은 것이라
6 이 (福音)복음이 이미 너희에게
이르매 너희가 듣고 참으로 하나
님의 은혜를 깨달은 날부터 너희
중에서와 같이 또한 온 (天下)천
하에서도 열매를 맺어 자라는도
다
7 이와 같이 우리와 함께 종 된 사
랑하는 에바브라에게 너희가 배
웠나니 그는 너희를 위한 그리스
도의 (信實)신실한 일꾼이요
8 (聖靈)성령 안에서 너희 사랑을
우리에게 알린 자니라

하나님의 형상이시요 교회의 머리시라

9 ●이로써 우리도 듣던 날부터 너
희를 위하여 (祈禱)기도하기를
그치지 아니하고 구하노니 너희
로 하여금 모든 (神靈)신령한 지
혜와 (聰明)총명에 하나님의 뜻
을 아는 것으로 채우게 하시고
10 주께 합당하게 행하여 (凡事)범
사에 기쁘시게 하고 모든 선한 일
에 열매를 맺게 하시며 하나님을
아는 것에 자라게 하시고
11 그의 (榮光)영광의 힘을 따라 모
든 (能力)능력으로 (能)능하게 하
시며 기쁨으로 모든 견딤과 오래
참음에 이르게 하시고
12 우리로 하여금 빛 가운데서 성도
의 기업의 부분을 얻기에 (合當)
합당하게 하신 아버지께 감사하
게 하시기를 원하노라
13 그가 우리를 흑암의 (權勢)권세
에서 건져내사 그의 사랑의 아들
의 나라로 옮기셨으니
14 그 아들 안에서 우리가 (贖良)속
량 곧 죄 사함을 얻었도다
15 그는 보이지 아니하는 하나님의
(形像)형상이시요 모든 피조물보
다 먼저 나신 이시니
16 (萬物)만물이 그에게서 (創造)창
조되되 하늘과 땅에서 보이는 것
들과 보이지 않는 것들과 혹은 왕
권들이나 주권들이나 통치자들이
나 권세들이나 만물이 다 그로 말

1) 또는 성도들과 2) 헬, 참

미암고 그를 위하여 창조되었고
17 또한 그가 만물보다 먼저 계시고
(萬物)만물이 그 안에 함께 섰느
니라
18 그는 몸인 교회의 머리시라 그가
(根本)근본이시요 죽은 자들 가
운데서 먼저 나신 이시니 이는 친
히 만물의 으뜸이 되려 하심이요
19 아버지께서는 모든 충만으로 예
수 안에 거하게 하시고
골 20 그의 십자가의 피로 (和平)화평
을 이루사 만물 곧 땅에 있는 것
들이나 하늘에 있는 것들이 그로
말미암아 자기와 (和睦)화목하게
되기를 기뻐하심이라
21 전에 악한 (行實)행실로 멀리 떠
나 마음으로 원수가 되었던 너희
를
22 이제는 그의 육체의 죽음으로 말
미암아 화목하게 하사 너희를 거
룩하고 흠 없고 (責望)책망할 것
이 없는 자로 그 앞에 세우고자
하셨으니
23 만일 너희가 믿음에 거하고 터 위
에 굳게 서서 너희 들은 바 (福音)
복음의 소망에서 흔들리지 아니
하면 그리하리라 이 복음은 천하
[1]만민에게 전파된 바요 나 바울
은 이 복음의 일꾼이 되었노라

교회를 위하여 바울이 하는 일

24 ●나는 이제 너희를 위하여 받는
괴로움을 기뻐하고 그리스도의
남은 (苦難)고난을 그의 몸된 교
회를 위하여 내 육체에 채우노라

1) 헬, 모든 창조물에게 2) 또는 모든 지혜로 각 사람을 권하고

25 내가 (教會)교회의 일꾼 된 것은
하나님이 너희를 위하여 내게 주
신 직분을 따라 하나님의 말씀을
이루려 함이니라
26 이 (秘密)비밀은 만세와 만대로
부터 감추어졌던 것인데 이제는
그의 성도들에게 나타났고
27 하나님이 그들로 하여금 이 비밀
의 영광이 이방인 가운데 얼마나
풍성한지를 알게 하려 하심이라
이 비밀은 너희 안에 계신 그리스
도시니 곧 영광의 (所望)소망이
니라
28 우리가 그를 전파하여 [2]각 사람
을 권하고 모든 (智慧)지혜로 각
사람을 가르침은 각 사람을 그리
스도 안에서 완전한 자로 세우려
함이니
29 이를 위하여 나도 내 속에서 (能
力)능력으로 역사하시는 이의 (役
事)역사를 따라 힘을 다하여 수
고하노라

2 내가 너희와 라오디게아에 있
는 자들과 무릇 내 (肉身)육신
의 얼굴을 보지 못한 자들을 위하
여 얼마나 힘쓰는지를 너희가 알
기를 원하노니
2 이는 그들로 마음에 (慰安)위안
을 받고 사랑 안에서 연합하여 확
실한 이해의 모든 풍성함과 하나
님의 비밀인 그리스도를 깨닫게
하려 함이니
3 그 안에는 지혜와 지식의 모든
(寶貨)보화가 감추어져 있느니라
4 내가 이것을 말함은 아무도 (巧

妙)교묘한 말로 너희를 속이지
못하게 하려 함이니
5 이는 내가 육신으로는 떠나 있으
나 (心靈)심령으로는 너희와 함
께 있어 너희가 질서 있게 행함과
그리스도를 믿는 너희 믿음이 굳
건한 것을 기쁘게 봄이라

그리스도 안에서 행하라

6 ●그러므로 너희가 그리스도 예
수를 (主)주로 받았으니 그 안에
서 (行)행하되
7 그 안에 뿌리를 박으며 세움을 받
아 (敎訓)교훈을 받은 대로 믿음
에 굳게 서서 (感謝)감사함을 넘
치게 하라
8 ●누가 철학과 헛된 속임수로 너
희를 사로잡을까 (注意)주의하라
이것은 사람의 전통과 세상의 초
등학문을 따름이요 그리스도를
따름이 아니니라
9 그 안에는 (神性)신성의 모든 충
만이 육체로 거하시고
10 너희도 그 안에서 (充滿)충만하
여졌으니 그는 모든 통치자와 권
세의 머리시라
11 또 그 안에서 너희가 손으로 하지
아니한 (割禮)할례를 받았으니
곧 육의 몸을 벗는 것이요 그리스
도의 할례니라
12 너희가 [1](洗禮)세례로 그리스도
와 함께 장사되고 또 죽은 자들
가운데서 그를 일으키신 하나님
의 역사를 믿음으로 말미암아 그
안에서 함께 일으키심을 받았느
니라
13 또 범죄와 육체의 (無割禮)무할
례로 죽었던 너희를 하나님이 그
와 함께 살리시고 우리의 모든 죄
를 사하시고
14 우리를 거스르고 불리하게 하는
법조문으로 쓴 (證書)증서를 지
우시고 제하여 버리사 십자가에
못 박으시고
15 통치자들과 권세들을 [2]무력화하
여 드러내어 구경거리로 삼으시
고 (十字架)십자가로 그들을 이
기셨느니라
16 ●그러므로 먹고 마시는 것과 (節
期)절기나 초하루나 안식일을 이
유로 누구든지 너희를 비판하지
못하게 하라
17 이것들은 (將來)장래 일의 그림
자이나 몸은 그리스도의 것이니
라
18 아무도 꾸며낸 겸손과 천사 (崇
拜)숭배를 이유로 너희를 정죄하
지 못하게 하라 그가 그 본 것에
의지하여 그 육신의 생각을 따라
헛되이 과장하고
19 머리를 붙들지 아니하는지라 온
몸이 머리로 말미암아 마디와 힘
줄로 공급함을 받고 (聯合)연합
하여 하나님이 자라게 하시므로
자라느니라

그리스도와 함께 하는 새 사람

20 ●너희가 세상의 초등학문에서
그리스도와 함께 죽었거든 어찌
하여 세상에 사는 것과 같이 (規
例)규례에 (順從)순종하느냐

1) 헬, 또는 침례 2) 또는 폐하여

21 (곧 붙잡지도 말고 맛보지도 말고
만지지도 말라 하는 것이니
22 이 모든 것은 한때 쓰이고는 없어
지리라) 사람의 (命令)명령과 가
르침을 따르느냐
23 이런 것들은 자의적 숭배와 (謙
遜)겸손과 몸을 괴롭게 하는 데
는 지혜 있는 모양이나 오직 육체
따르는 것을 금하는 데는 조금도
유익이 없느니라

골

3 그러므로 너희가 그리스도와
함께 다시 살리심을 받았으면
위의 것을 찾으라 거기는 그리스
도께서 하나님 (右便)우편에 앉
아 계시느니라
2 위의 것을 생각하고 땅의 것을 생
각하지 말라
3 이는 너희가 죽었고 너희 (生命)
생명이 그리스도와 함께 하나님
안에 감추어졌음이라
4 우리 생명이신 그리스도께서 나
타나실 그 때에 너희도 그와 함께
(榮光)영광 (中)중에 나타나리라
5 ●그러므로 땅에 있는 (肢體)지
체를 죽이라 곧 음란과 부정과
(邪慾)사욕과 악한 정욕과 탐심
이니 탐심은 우상 숭배니라
6 이것들로 말미암아 하나님의 [1]진
노가 임하느니라
7 너희도 전에 그 가운데 살 때에는
그 가운데서 (行)행하였으나
8 이제는 너희가 이 모든 것을 벗어
버리라 곧 분함과 노여움과 악의
와 (誹謗)비방과 너희 입의 부끄
러운 말이라
9 너희가 서로 거짓말을 하지 말라
옛 사람과 그 (行爲)행위를 벗어
버리고
10 새 사람을 입었으니 이는 자기를
(創造)창조하신 이의 (形像)형상
을 따라 지식에까지 새롭게 하심
을 입은 자니라
11 거기에는 헬라인이나 유대인이나
할례파나 무할례파나 야만인이나
스구디아인이나 종이나 자유인이
차별이 있을 수 없나니 오직 그리
스도는 (萬有)만유시요 만유 안
에 계시니라
12 ●그러므로 너희는 하나님이 택
하사 거룩하고 사랑 받는 자처럼
긍휼과 (慈悲)자비와 겸손과 온
유와 오래 참음을 옷 입고
13 누가 누구에게 불만이 있거든 서
로 (容納)용납하여 피차 용서하
되 주께서 너희를 용서하신 것 같
이 너희도 그리하고
14 이 모든 것 위에 사랑을 더하라
이는 (穩全)온전하게 매는 띠니
라
15 그리스도의 (平康)평강이 너희
마음을 (主掌)주장하게 하라 너
희는 평강을 위하여 한 몸으로 부
르심을 받았나니 너희는 또한 감
사하는 자가 되라
16 그리스도의 말씀이 너희 속에 풍
성히 거하여 모든 지혜로 피차 가
르치며 권면하고 시와 찬송과 (神
靈)신령한 노래를 부르며 [2]감사

1) 어떤 사본에, '진노가' 아래 '순종하지 아니하는 자식들에게'가 있음 2) 또는 은혜로

하는 마음으로 하나님을 찬양하
고
17 또 무엇을 하든지 말에나 일에나
다 주 예수의 이름으로 하고 그를
힘입어 하나님 아버지께 (感謝)
감사하라

주께 하듯 하라

18 ●아내들아 남편에게 (服從)복종
하라 이는 주 안에서 마땅하니라
19 (男便)남편들아 아내를 사랑하며
괴롭게 하지 말라
20 자녀들아 모든 일에 부모에게 (順
從)순종하라 이는 주 안에서 기
쁘게 하는 것이니라
21 아비들아 너희 자녀를 노엽게 하
지 말지니 (落心)낙심할까 함이
라
22 종들아 모든 일에 육신의 (上典)
상전들에게 순종하되 사람을 기
쁘게 하는 자와 같이 눈가림만 하
지 말고 오직 주를 두려워하여 성
실한 마음으로 하라
23 무슨 일을 하든지 마음을 다하여
(主)주께 하듯 하고 사람에게 하
듯 하지 말라
24 이는 (基業)기업의 상을 주께 받
을 줄 아나니 너희는 주 [1]그리스
도를 섬기느니라
25 불의를 행하는 자는 불의의 (報
應)보응을 받으리니 주는 사람을
외모로 취하심이 없느니라

4 상전들아 (義)의와 (公平)공평
을 종들에게 베풀지니 너희에
게도 하늘에 상전이 계심을 알지
어다

권면

2 ●(祈禱)기도를 계속하고 기도에
감사함으로 깨어 있으라
3 또한 우리를 위하여 기도하되 하
나님이 [2](傳道)전도할 문을 우리
에게 열어 주사 그리스도의 비밀
을 말하게 하시기를 구하라 내가
이 일 때문에 매임을 당하였노라
4 그리하면 내가 마땅히 할 말로써
이 (秘密)비밀을 나타내리라
5 외인에게 대해서는 지혜로 행하
여 [3](歲月)세월을 아끼라
6 너희 말을 항상 [4](恩惠)은혜 가운
데서 소금으로 맛을 냄과 같이 하
라 그리하면 각 사람에게 마땅히
대답할 것을 알리라

끝 인사

7 ●두기고가 내 사정을 다 너희에
게 알려 주리니 그는 사랑 받는
형제요 (信實)신실한 일꾼이요
주 안에서 함께 종이 된 자니라
8 내가 그를 (特別)특별히 너희에
게 보내는 것은 너희로 우리 사정
을 알게 하고 너희 마음을 (慰勞)
위로하게 하려 함이라
9 신실하고 사랑을 받는 (兄弟)형
제 오네시모를 함께 보내노니 그
는 너희에게서 온 사람이라 그들
이 여기 일을 다 너희에게 알려
주리라
10 ●나와 함께 갇힌 아리스다고와
바나바의 (甥姪)생질 마가와 (이
마가에 대하여 너희가 명을 받았

1) 헬, 그리스도께 종 노릇하느니라 2) 또는 말씀의 문을
3) 헬, 기회를 사라 4) 또는 감사하는 가운데서

으매 그가 이르거든 영접하라)
11 유스도라 하는 예수도 너희에게
문안하느니라 그들은 할례파이나
이들만은 하나님의 나라를 위하
여 함께 역사하는 자들이니 이런
사람들이 나의 (慰勞)위로가 되
었느니라
12 그리스도 예수의 종인 너희에게
서 온 에바브라가 너희에게 (問
安)문안하느니라 그가 항상 너희
를 위하여 애써 기도하여 너희로
하나님의 모든 뜻 가운데서 완전
하고 (確信)확신 있게 서기를 구
하나니
13 그가 너희와 라오디게아에 있는
자들과 히에라볼리에 있는 자들
을 위하여 많이 수고하는 것을 내
가 증언하노라
14 사랑을 받는 (醫師)의사 누가와
또 데마가 너희에게 문안하느니
라
15 라오디게아에 있는 형제들과 눔
바와 그 여자의 집에 있는 (敎會)
교회에 문안하고
16 이 (便紙)편지를 너희에게서 읽
은 후에 라오디게아인의 교회에
서도 읽게 하고 또 라오디게아로
부터 오는 편지를 너희도 읽으라
17 아킵보에게 이르기를 주 안에서
받은 (職分)직분을 삼가 이루라
고 하라
18 ●나 바울은 (親筆)친필로 문안
하노니 내가 매인 것을 생각하라
은혜가 너희에게 있을지어다

데살로니가前書 1Thessalonians

인사

1 바울과 실루아노와 디모데는
하나님 아버지와 주 예수 그리
스도 안에 있는 데살로니가인의
(敎會)교회에 편지하노니 은혜와
(平康)평강이 너희에게 있을지어
다

데살로니가 교인들의 믿음의 본

2 ●우리가 너희 모두로 말미암아
항상 하나님께 감사하며 (祈禱)
기도할 때에 너희를 기억함은
3 너희의 믿음의 (役事)역사와 사
랑의 수고와 우리 주 예수 그리스
도에 대한 (所望)소망의 (忍耐)인
내를 우리 하나님 아버지 앞에서
끊임없이 기억함이니
4 하나님의 사랑하심을 받은 형제
들아 너희를 (擇)택하심을 아노라
5 이는 우리 (福音)복음이 너희에
게 말로만 이른 것이 아니라 또한
(能力)능력과 성령과 큰 확신으로
된 것임이라 우리가 너희 가운데
서 너희를 위하여 어떤 사람이 된
것은 너희가 아는 바와 같으니라
6 또 너희는 많은 (患難)환난 가운
데서 성령의 기쁨으로 말씀을 받
아 우리와 주를 본받은 자가 되었
으니
7 그러므로 너희가 마게도냐와 아
가야에 있는 모든 믿는 자의 (本)
본이 되었느니라
8 주의 말씀이 너희에게로부터 마
게도냐와 아가야에만 들릴 뿐 아
니라 하나님을 향하는 너희 믿음
의 (所聞)소문이 각처에 퍼졌으
므로 우리는 아무 말도 할 것이
없노라
9 그들이 우리에 대하여 스스로 말
하기를 우리가 어떻게 너희 가운
데에 들어갔는지와 너희가 어떻
게 (偶像)우상을 버리고 하나님
께로 돌아와서 살아 계시고 참되
신 하나님을 섬기는지와
10 또 죽은 자들 가운데서 다시 살리
신 그의 아들이 하늘로부터 (降
臨)강림하실 것을 너희가 어떻게
기다리는지를 말하니 이는 장래
의 노하심에서 우리를 건지시는
예수시니라

데살로니가에서 벌인 바울의 사역

2 형제들아 우리가 너희 가운데
들어간 것이 헛되지 않은 줄을
너희가 (親)친히 아나니
2 너희가 아는 바와 같이 우리가 먼
저 빌립보에서 (苦難)고난과 (凌
辱)능욕을 당하였으나 우리 하나
님을 힘입어 많은 싸움 중에 하나
님의 복음을 너희에게 전하였노라
3 우리의 (勸勉)권면은 간사함이나
부정에서 난 것이 아니요 속임수
로 하는 것도 아니라
4 오직 하나님께 옳게 여기심을 입
어 (福音)복음을 위탁 받았으니
우리가 이와 같이 말함은 사람을
기쁘게 하려 함이 아니요 오직 우
리 마음을 (鑑察)감찰하시는 하

나님을 기쁘시게 하려 함이라
5 너희도 알거니와 우리가 아무 때
에도 (阿諂)아첨하는 말이나 (貪
心)탐심의 탈을 쓰지 아니한 것
을 하나님이 증언하시느니라
6 또한 우리는 너희에게서든지 다른
이에게서든지 사람에게서는 (榮
光)영광을 구하지 아니하였노라
7 우리는 그리스도의 사도로서 마땅
히 [1]권위를 주장할 수 있으나 도
리어 너희 가운데서 (柔順)유순한
자가 되어 유모가 자기 자녀를 기
름과 같이 하였으니
8 우리가 이같이 너희를 (思慕)사모
하여 하나님의 (福音)복음뿐 아니
라 우리의 목숨까지도 너희에게
주기를 기뻐함은 너희가 우리의
사랑하는 자 됨이라
9 형제들아 우리의 수고와 애쓴 것
을 너희가 (記憶)기억하리니 너희
아무에게도 폐를 끼치지 아니하려
고 밤낮으로 일하면서 너희에게
하나님의 복음을 전하였노라
10 우리가 너희 믿는 자들을 향하여
어떻게 거룩하고 옳고 흠 없이 행
하였는지에 대하여 너희가 (證人)
증인이요 하나님도 그러하시도다
11 너희도 아는 바와 같이 우리가 너
희 각 사람에게 아버지가 자기 자
녀에게 하듯 (勸勉)권면하고 위로
하고 (警戒)경계하노니
12 이는 너희를 부르사 자기 나라와
영광에 이르게 하시는 하나님께
(合當)합당히 행하게 하려 함이라

1) 또는 폐를 끼칠 터이나

13 ● 이러므로 우리가 하나님께 끊
임없이 (感謝)감사함은 너희가 우
리에게 들은 바 하나님의 말씀을
받을 때에 사람의 말로 받지 아니
하고 하나님의 말씀으로 받음이니
(眞實)진실로 그러하도다 이 말씀
이 또한 너희 믿는 자 가운데에서
역사하느니라
14 형제들아 너희가 그리스도 예수
안에서 유대에 있는 하나님의 (敎
會)교회들을 본받은 자 되었으니
그들이 유대인들에게 고난을 받음
과 같이 너희도 너희 동족에게서
동일한 고난을 받았느니라
15 유대인은 주 예수와 (先知者)선지
자들을 죽이고 우리를 쫓아내고
하나님을 기쁘시게 하지 아니하고
모든 사람에게 대적이 되어
16 우리가 이방인에게 말하여 (救援)
구원받게 함을 그들이 금하여 자
기 죄를 항상 채우매 노하심이 끝
까지 그들에게 임하였느니라

바울이 데살로니가에 다시 가기를 원하다

17 ● 형제들아 우리가 잠시 너희를
떠난 것은 얼굴이요 마음은 아니
니 너희 얼굴 보기를 (熱情)열정
으로 더욱 힘썼노라
18 그러므로 나 바울은 한(番)번 두
번 너희에게 가고자 하였으나 사
탄이 우리를 막았도다
19 우리의 (所望)소망이나 기쁨이나
자랑의 면류관이 무엇이냐 그가
(降臨)강림하실 때 우리 주 예수
앞에 너희가 아니냐

20 너희는 우리의 (榮光)영광이요 기
쁨이니라

3 이러므로 우리가 참다 못하여
우리만 아덴에 머물기를 좋게
생각하고
2 우리 형제 곧 그리스도의 (福音)
복음을 전하는 하나님의 일꾼인
디모데를 보내노니 이는 너희를
굳건하게 하고 너희 믿음에 대하
여 위로함으로
3 아무도 이 여러 (患難)환난 중에
흔들리지 않게 하려 함이라 우리
가 이것을 위하여 세움 받은 줄을
너희가 친히 알리라
4 우리가 너희와 함께 있을 때에 장
차 받을 (患難)환난을 너희에게
미리 말하였는데 과연 그렇게 된
것을 너희가 아느니라
5 이러므로 나도 참다 못하여 너희
믿음을 알기 위하여 그를 보내었
노니 이는 (或)혹 (試驗)시험하는
자가 너희를 시험하여 우리 수고
를 헛되게 할까 함이니
6 지금은 디모데가 너희에게로부터
와서 너희 믿음과 사랑의 기쁜 소
식을 우리에게 전하고 또 너희가
항상 우리를 잘 생각하여 우리가
너희를 (懇切)간절히 보고자 함과
같이 너희도 우리를 간절히 보고
자 한다 하니
7 이러므로 형제들아 우리가 모든
(窮乏)궁핍과 (患難)환난 가운데
서 너희 믿음으로 말미암아 너희
에게 위로를 받았노라
8 그러므로 너희가 (主)주 안에 굳
게 선즉 우리가 이제는 살리라
9 우리가 우리 하나님 앞에서 너희
로 말미암아 모든 기쁨으로 기뻐
하니 너희를 위하여 능히 어떠한
감사로 하나님께 (報答)보답할까
10 주야로 심히 간구함은 너희 얼굴
을 보고 너희 믿음이 부족한 것을
(補充)보충하게 하려 함이라
11 ● 하나님 우리 아버지와 우리 주
예수는 우리 길을 너희에게로 갈
수 있게 하시오며
12 또 주께서 우리가 너희를 사랑함
과 같이 너희도 (彼此間)피차간과
모든 사람에 대한 사랑이 더욱 많
아 넘치게 하사
13 너희 마음을 굳건하게 하시고 우
리 주 예수께서 그의 모든 (聖徒)
성도와 함께 강림하실 때에 하나
님 우리 아버지 앞에서 거룩함에
흠이 없게 하시기를 원하노라

하나님을 기쁘시게 하는 생활

4 그러므로 형제들아 우리가 끝
으로 주 예수 안에서 너희에게
구하고 (勸勉)권면하노니 너희가
마땅히 어떻게 행하며 하나님을
기쁘시게 할 수 있는지를 우리에
게 배웠으니 곧 너희가 행하는 바
라 더욱 많이 힘쓰라
2 우리가 주 예수로 말미암아 너희
에게 무슨 (命令)명령으로 준 것
을 너희가 아느니라
3 하나님의 뜻은 이것이니 너희의
거룩함이라 곧 (淫亂)음란을 버리
고
4 각각 거룩함과 (尊貴)존귀함으로

[1]자기의 아내 대할 줄을 알고
5 하나님을 모르는 이방인과 같이
(色慾)색욕을 따르지 말고
6 이 일에 (分數)분수를 넘어서 형
제를 (害)해하지 말라 이는 우리
가 너희에게 미리 말하고 증언한
것과 같이 이 모든 일에 주께서
(伸寃)신원하여 주심이라
7 하나님이 우리를 부르심은 (不淨)
부정하게 하심이 아니요 거룩하게
하심이니
8 그러므로 저버리는 자는 사람을
저버림이 아니요 너희에게 그의
(聖靈)성령을 주신 하나님을 저버
림이니라
9 ●(兄弟)형제 사랑에 (關)관하여
는 너희에게 쓸 것이 없음은 너희
들 자신이 하나님의 가르치심을
받아 서로 사랑함이라
10 너희가 온 마게도냐 모든 형제에
대하여 과연 이것을 행하도다 (兄
弟)형제들아 권하노니 더욱 그렇
게 행하고
11 또 너희에게 명한 것 같이 조용히
(自己)자기 일을 하고 너희 손으
로 일하기를 힘쓰라
12 이는 (外人)외인에 대하여 단정히
행하고 또한 아무 (窮乏)궁핍함이
없게 하려 함이라

주의 강림과 죽은 자들의 부활

13 ●(兄弟)형제들아 자는 자들에 관
하여는 너희가 알지 못함을 우리
가 원하지 아니하노니 이는 (所
望)소망 없는 다른 이와 같이 슬
퍼하지 않게 하려 함이라
14 우리가 예수께서 죽으셨다가 다시
살아나심을 믿을진대 이와 같이 [2]
예수 안에서 자는 자들도 하나님
이 그와 함께 데리고 오시리라
15 우리가 주의 말씀으로 너희에게
이것을 말하노니 주께서 (降臨)강
림하실 때까지 우리 살아 남아 있
는 자도 자는 자보다 결코 앞서지
못하리라
16 주께서 호령과 천사장의 소리와
하나님의 (喇叭)나팔 소리로 친히
하늘로부터 강림하시리니 그리스
도 안에서 죽은 자들이 먼저 일어
나고
17 그 후에 우리 살아 남은 자들도 그
들과 함께 구름 속으로 끌어 올려
공중에서 주를 (迎接)영접하게 하
시리니 그리하여 우리가 (恒常)항
상 주와 함께 있으리라
18 그러므로 이러한 말로 서로 (慰
勞)위로하라

5 형제들아 때와 (時期)시기에 관
하여는 너희에게 쓸 것이 없음은
2 주의 날이 밤에 도둑 같이 이를
줄을 너희 자신이 (仔細)자세히
알기 때문이라
3 그들이 (平安)평안하다, (安全)안
전하다 할 그 때에 임신한 여자에
게 해산의 고통이 이름과 같이 멸
망이 갑자기 그들에게 이르리니
결코 피하지 못하리라
4 형제들아 너희는 어둠에 있지 아
니하매 그 날이 도둑 같이 너희에

1) 헬, 자기 몸을 절제할 줄 알고 2) 또는 자는 자들을 예수로 말미암아

게 (臨)임하지 못하리니
5 너희는 다 빛의 아들이요 낮의 아
들이라 우리가 밤이나 어둠에 속
하지 아니하나니
6 그러므로 우리는 다른 이들과 같
이 자지 말고 오직 깨어 (精神)정
신을 차릴지라
7 자는 자들은 밤에 자고 (醉)취하
는 자들은 밤에 취하되
8 우리는 낮에 속하였으니 정신을
차리고 믿음과 사랑의 (護心鏡)
호심경을 붙이고 구원의 소망의
투구를 쓰자
9 하나님이 우리를 세우심은 노하
심에 이르게 하심이 아니요 오직
우리 주 예수 그리스도로 말미암
아 (救援)구원을 받게 하심이라
10 예수께서 우리를 위하여 죽으사
우리로 하여금 깨어 있든지 자든
지 (自己)자기와 함께 살게 하려
하셨느니라
11 그러므로 (彼此)피차 (勸勉)권면
하고 서로 덕을 세우기를 너희가
하는 것 같이 하라

권면과 끝 인사

12 ●형제들아 우리가 너희에게 구
하노니 너희 가운데서 수고하고
주 안에서 너희를 다스리며 권하
는 자들을 너희가 알고
13 그들의 (役事)역사로 말미암아
사랑 안에서 가장 귀히 여기며 너
희끼리 (和睦)화목하라
14 또 형제들아 너희를 권면하노니
게으른 자들을 (權戒)권계하며 마
음이 약한 자들을 격려하고 힘이
없는 자들을 붙들어 주며 모든 사
람에게 오래 참으라
15 삼가 누가 누구에게든지 악으로
악을 갚지 말게 하고 서로 대하
든지 모든 사람을 대하든지 항상
(善)선을 따르라
16 (恒常)항상 기뻐하라
17 쉬지 말고 (祈禱)기도하라
18 범사에 (感謝)감사하라 이것이
그리스도 예수 안에서 너희를 향
하신 하나님의 뜻이니라
19 성령을 (消滅)소멸하지 말며
20 예언을 (蔑視)멸시하지 말고
21 (凡事)범사에 헤아려 좋은 것을
(取)취하고
22 악은 어떤 (貌樣)모양이라도 버
리라
23 ●(平康)평강의 하나님이 친히 너
희를 온전히 거룩하게 하시고 또
너희의 온 영과 [1]혼과 몸이 우리
주 예수 그리스도께서 강림하실
때에 흠 없게 보전되기를 원하노
라
24 너희를 부르시는 이는 미쁘시니
그가 또한 이루시리라
25 ●형제들아 우리를 위하여 (祈
禱)기도하라
26 ●거룩하게 입맞춤으로 모든 형
제에게 (問安)문안하라
27 내가 주를 힘입어 너희를 명하노
니 모든 형제에게 이 (便紙)편지
를 읽어 주라
28 ●우리 주 예수 그리스도의 (恩
惠)은혜가 너희에게 있을지어다

1) 또는 목숨

데살로니가後書 2Thessalonians

인사

1 바울과 실루아노와 디모데는 하
나님 우리 아버지와 주 예수 그
리스도 안에 있는 데살로니가인
의 (敎會)교회에 편지하노니
2 하나님 아버지와 주 예수 그리스
도로부터 은혜와 (平康)평강이 너
희에게 있을지어다

하나님의 공의로운 심판의 표

3 ●형제들아 우리가 너희를 위하
여 항상 하나님께 감사할지니 이
것이 당연함은 너희의 믿음이 더
욱 자라고 너희가 다 각기 서로
사랑함이 (豐盛)풍성함이니
4 그러므로 너희가 견디고 있는 모
든 박해와 환난 중에서 너희 (忍
耐)인내와 믿음으로 말미암아 하
나님의 여러 교회에서 우리가 친
히 자랑하노라
5 이는 하나님의 공의로운 (審判)
심판의 표요 너희로 하여금 하나
님의 나라에 합당한 자로 여김을
받게 하려 함이니 그 나라를 위하
여 너희가 또한 (苦難)고난을 받
느니라
6 너희로 (患難)환난을 받게 하는
자들에게는 환난으로 갚으시고
7 환난을 받는 너희에게는 우리와
함께 (安息)안식으로 갚으시는 것
이 하나님의 공의시니 주 예수께
서 자기의 능력의 천사들과 함께
하늘로부터 불꽃 가운데에 나타나
실 때에

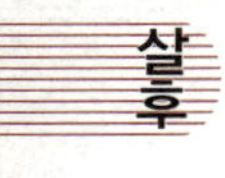

8 하나님을 모르는 자들과 우리 주
예수의 복음에 (服從)복종하지
않는 자들에게 형벌을 내리시리
니
9 이런 자들은 주의 얼굴과 그의 힘
의 영광을 떠나 영원한 멸망의
(刑罰)형벌을 받으리로다
10 그 날에 그가 (降臨)강림하사 그
의 성도들에게서 영광을 받으시
고 모든 믿는 자들에게서 놀랍게
여김을 얻으시리니 이는 (우리의
증거가 너희에게 믿어졌음이라)
11 이러므로 우리도 항상 너희를 위
하여 (祈禱)기도함은 우리 하나
님이 너희를 그 부르심에 합당한
자로 여기시고 모든 선을 기뻐함
과 믿음의 역사를 능력으로 이루
게 하시고
12 우리 하나님과 주 예수 그리스도
의 (恩惠)은혜대로 우리 주 예수
의 이름이 너희 가운데서 영광을
받으시고 너희도 그 안에서 영광
을 받게 하려 함이라

멸망하는 자들

2 형제들아 우리가 너희에게 구
하는 것은 우리 주 예수 그리스
도의 강림하심과 우리가 그 앞에
모임에 (關)관하여
2 (靈)영으로나 또는 말로나 또는
우리에게서 받았다 하는 편지로
나 주의 날이 이르렀다고 해서 쉽
게 마음이 흔들리거나 두려워하
거나 하지 말아야 한다는 것이라

3 누가 어떻게 하여도 너희가 (迷
惑)미혹되지 말라 먼저 배교하는
일이 있고 저 불법의 사람 곧 (滅
亡)멸망의 아들이 나타나기 전에
는 그 날이 이르지 아니하리니
4 그는 (對敵)대적하는 자라 신이
라고 불리는 모든 것과 (崇拜)숭
배함을 받는 것에 대항하여 그 위
에 자기를 높이고 하나님의 성전
에 앉아 자기를 하나님이라고 내
세우느니라
5 내가 너희와 함께 있을 때에 이
일을 너희에게 말한 것을 (記憶)
기억하지 못하느냐
6 너희는 (只今)지금 그로 하여금
그의 때에 나타나게 하려 하여 막
는 것이 있는 것을 아나니
7 불법의 (秘密)비밀이 이미 활동
하였으나 지금은 그것을 막는 자
가 있어 그 중에서 옮겨질 때까지
하리라
8 그 때에 (不法)불법한 자가 나타
나리니 주 예수께서 그 입의 기운
으로 그를 죽이시고 강림하여 나
타나심으로 폐하시리라
9 악한 자의 나타남은 사탄의 (活
動)활동을 따라 모든 능력과 표
적과 거짓 기적과
10 불의의 모든 속임으로 멸망하는
자들에게 있으리니 이는 그들이
[1](眞理)진리의 사랑을 받지 아니
하여 구원함을 받지 못함이라
11 이러므로 하나님이 미혹의 (役事)
역사를 그들에게 보내사 거짓 것
을 믿게 하심은
12 [1]진리를 믿지 않고 (不義)불의를
좋아하는 모든 자들로 하여금 심
판을 받게 하려 하심이라

가르침을 받은 전통을 지키라

13 ●주께서 사랑하시는 형제들아
우리가 항상 너희에 관하여 마땅
히 하나님께 (感謝)감사할 것은
하나님이 처음부터 너희를 택하사
성령의 거룩하게 하심과 [1]진리를
믿음으로 구원을 받게 하심이니
14 이를 위하여 우리의 (福音)복음
으로 너희를 부르사 우리 주 예수
그리스도의 (榮光)영광을 얻게
하려 하심이니라
15 그러므로 형제들아 굳건하게 서
서 말로나 우리의 편지로 가르침
을 받은 (傳統)전통을 지키라
16 ●우리 주 예수 그리스도와 우리
를 사랑하시고 영원한 위로와 좋
은 (所望)소망을 은혜로 주신 하
나님 우리 아버지께서
17 너희 마음을 (慰勞)위로하시고
모든 선한 일과 말에 굳건하게 하
시기를 원하노라

우리를 위하여 기도하라

3 끝으로 형제들아 너희는 우리
를 위하여 (祈禱)기도하기를 주
의 말씀이 너희 가운데서와 같이
퍼져 나가 영광스럽게 되고
2 또한 우리를 부당하고 (惡)악한
사람들에게서 건지시옵소서 하라
믿음은 모든 사람의 것이 아니니
라
3 (主)주는 미쁘사 너희를 굳건하

1) 헬 참

살후

게 하시고 악한 자에게서 지키시
리라
4 너희에 대하여는 우리가 명한 것
을 너희가 행하고 또 행할 줄을
우리가 주 안에서 (確信)확신하
노니
5 주께서 너희 마음을 (引導)인도
하여 하나님의 사랑과 그리스도
의 (忍耐)인내에 들어가게 하시
기를 원하노라

게으름을 경계하다

6 ●(兄弟)형제들아 우리 주 예수
그리스도의 이름으로 너희를 명하
노니 게으르게 행하고 우리에게서
받은 (傳統)전통대로 행하지 아니
하는 모든 형제에게서 떠나라
7 어떻게 우리를 본받아야 할지를
너희가 스스로 아나니 우리가 너
희 가운데서 (無秩序)무질서하게
행하지 아니하며
8 누구에게서든지 음식을 값없이
먹지 않고 오직 수고하고 애써
(晝夜)주야로 일함은 너희 아무
에게도 폐를 끼치지 아니하려 함
이니
9 우리에게 (權利)권리가 없는 것
이 아니요 오직 스스로 너희에게
본을 보여 우리를 본받게 하려 함
이니라
10 우리가 너희와 함께 있을 때에도
너희에게 (命)명하기를 누구든지
일하기 싫어하거든 먹지도 말게
하라 하였더니
11 우리가 들은즉 너희 가운데 게으
르게 (行)행하여 도무지 일하지
아니하고 일을 만들기만 하는 자
들이 있다 하니
12 이런 자들에게 우리가 명하고 주
예수 그리스도 안에서 권하기를
조용히 일하여 자기 (糧食)양식
을 먹으라 하노라
13 형제들아 너희는 선을 행하다가
(落心)낙심하지 말라
14 누가 이 편지에 한 우리 말을 (順
從)순종하지 아니하거든 그 사람
을 지목하여 사귀지 말고 그로 하
여금 부끄럽게 하라
15 그러나 (怨讐)원수와 같이 생각하
지 말고 형제 같이 (勸勉)권면하
라

축복

16 ●(平康)평강의 주께서 친히 때
마다 일마다 너희에게 평강을 주
시고 주께서 너희 모든 사람과 함
께 하시기를 (願)원하노라
17 ●나 바울은 친필로 (問安)문안
하노니 이는 편지마다 표시로서
이렇게 쓰노라
18 우리 주 예수 그리스도의 (恩惠)
은혜가 너희 무리에게 있을지어
다

디모데前書 1Timothy

인사

1 우리 (救主)구주 하나님과 우리
의 (所望)소망이신 그리스도 예
수의 (命令)명령을 따라 그리스
도 예수의 사도 된 바울은
2 믿음 안에서 참 아들 된 디모데에
게 (便紙)편지하노니 하나님 아
버지와 그리스도 예수 우리 주께
로부터 은혜와 긍휼과 평강이 네
게 있을지어다

다른 교훈을 가르치지 말라

3 ●내가 마게도냐로 갈 때에 너를
권하여 에베소에 머물라 한 것은
어떤 사람들을 명하여 다른 (敎
訓)교훈을 가르치지 말며
4 (神話)신화와 끝없는 (族譜)족보
에 몰두하지 말게 하려 함이라 이
런 것은 믿음 안에 있는 하나님의
(經綸)경륜을 이룸보다 도리어
변론을 내는 것이라
5 이 교훈의 목적은 (淸潔)청결한
마음과 선한 양심과 거짓이 없는
믿음에서 나오는 사랑이거늘
6 사람들이 이에서 벗어나 헛된 말
에 빠져
7 율법의 선생이 되려 하나 자기가
말하는 것이나 자기가 (確證)확
증하는 것도 깨닫지 못하는도다
8 그러나 (律法)율법은 사람이 그
것을 적법하게만 쓰면 (善)선한
것임을 우리는 아노라
9 알 것은 이것이니 율법은 옳은 사
람을 위하여 세운 것이 아니요 오
직 불법한 자와 (服從)복종하지
아니하는 자와 (敬虔)경건하지
아니한 자와 죄인과 거룩하지 아
니한 자와 (妄靈)망령된 자와 아
버지를 죽이는 자와 어머니를 죽
이는 자와 살인하는 자며
10 (淫行)음행하는 (者)자와 (男色)
남색하는 자와 인신 매매를 하는
자와 거짓말하는 자와 거짓맹세
하는 자와 기타 [1]바른 교훈을 거
스르는 자를 위함이니
11 이 (敎訓)교훈은 내게 맡기신 바
복되신 하나님의 (榮光)영광의
복음을 따름이니라

은혜를 감사하다

12 ●나를 능하게 하신 그리스도 예
수 우리 주께 내가 (感謝)감사함
은 나를 (忠誠)충성되이 여겨 내
게 직분을 맡기심이니
13 내가 전에는 비방자요 박해자요
폭행자였으나 도리어 (矜恤)긍휼
을 입은 것은 내가 믿지 아니할
때에 알지 못하고 행하였음이라
14 우리 주의 은혜가 그리스도 예수
안에 있는 믿음과 사랑과 함께 넘
치도록 (豐盛)풍성하였도다
15 미쁘다 모든 사람이 받을 만한 이
말이여 그리스도 예수께서 죄인
을 구원하시려고 세상에 임하셨
다 하였도다 죄인 중에 내가 (魁
首)괴수니라
16 그러나 내가 긍휼을 입은 까닭은

1) 헬 건전한

예수 그리스도께서 내게 먼저 일
체 오래 참으심을 보이사 후에 주
를 믿어 (永生)영생 얻는 자들에
게 본이 되게 하려 하심이라
17 영원하신 왕 곧 썩지 아니하고 보
이지 아니하고 홀로 하나이신 하
나님께 (尊貴)존귀와 영광이 영
원무궁하도록 있을지어다 아멘
18 ●아들 디모데야 내가 네게 이 교
훈으로써 명하노니 전에 너를 지
도한 (豫言)예언을 따라 그것으
로 선한 싸움을 싸우며
19 믿음과 착한 양심을 가지라 어떤
이들은 이 양심을 버렸고 그 믿음
에 관하여는 (破船)파선하였느니
라
20 그 가운데 후메내오와 알렉산더가
있으니 내가 사탄에게 내준 것은
그들로 훈계를 받아 (神聖)신성을
모독하지 못하게 하려 함이라

기도에 대한 가르침

2 그러므로 내가 첫째로 권하노
니 모든 사람을 위하여 간구와
기도와 (禱告)도고와 감사를 하
되
2 임금들과 높은 (地位)지위에 있
는 모든 사람을 위하여 하라 이는
우리가 모든 경건과 단정함으로
고요하고 평안한 (生活)생활을
하려 함이라
3 이것이 우리 (救主)구주 하나님
앞에 선하고 받으실 만한 것이니
4 하나님은 모든 사람이 (救援)구
원을 받으며 [1]진리를 아는 데에
이르기를 원하시느니라
5 하나님은 한 분이시요 또 하나님
과 사람 사이에 (中保者)중보자
도 한 분이시니 곧 사람이신 그리
스도 예수라
6 그가 모든 사람을 위하여 자기를
(代贖物)대속물로 주셨으니 기약
이 이르러 주신 증거니라
7 이를 위하여 내가 전파하는 자와
사도로 세움을 입은 것은 참말이
요 거짓말이 아니니 믿음과 (眞
理)진리 안에서 내가 이방인의
스승이 되었노라
8 ●그러므로 (各處)각처에서 남자
들이 분노와 다툼이 없이 거룩한
손을 들어 (祈禱)기도하기를 원
하노라
9 또 이와 같이 여자들도 단정하게
옷을 입으며 소박함과 (貞節)정
절로써 자기를 단장하고 땋은 머
리와 금이나 진주나 값진 옷으로
하지 말고
10 오직 선행으로 하기를 원하노라
이것이 하나님을 (敬畏)경외한다
하는 자들에게 마땅한 것이니라
11 여자는 일체 (順從)순종함으로
조용히 배우라
12 여자가 가르치는 것과 남자를 주
관하는 것을 (許諾)허락하지 아
니하노니 오직 조용할지니라
13 이는 아담이 먼저 지음을 받고 하
와가 그 (後)후며
14 아담이 속은 것이 아니고 여자가
속아 (罪)죄에 빠졌음이라
15 그러나 여자들이 만일 정숙함으

1) 헬 참

로써 믿음과 사랑과 거룩함에 거
하면 그의 (解産)해산함으로 구
원을 얻으리라

감독과 집사의 자격

3 미쁘다 이 말이여, 곧 사람이
감독의 (職分)직분을 얻으려 함
은 선한 일을 사모하는 것이라 함
이로다
2 그러므로 감독은 책망할 것이 없
으며 한 아내의 남편이 되며 절
제하며 신중하며 단정하며 나그
네를 (待接)대접하며 가르치기를
잘하며
3 술을 즐기지 아니하며 구타하지
아니하며 오직 (寬容)관용하며
다투지 아니하며 돈을 사랑하지
아니하며
4 자기 집을 잘 다스려 자녀들로 모
든 공손함으로 (服從)복종하게
하는 자라야 할지며
5 (사람이 자기 집을 다스릴 줄 알
지 못하면 어찌 하나님의 (敎會)
교회를 돌보리요)
6 새로 (入敎)입교한 자도 말지니
교만하여져서 마귀를 정죄하는
그 정죄에 빠질까 함이요
7 또한 외인에게서도 선한 (證據)
증거를 얻은 자라야 할지니 비방
과 마귀의 올무에 빠질까 (念慮)
염려하라
8 이와 같이 집사들도 정중하고 일
구이언을 하지 아니하고 술에 인
박히지 아니하고 더러운 (利)이
를 탐하지 아니하고
9 깨끗한 양심에 믿음의 (秘密)비
밀을 가진 자라야 할지니
10 이에 이 사람들을 먼저 (試驗)시
험하여 보고 그 후에 책망할 것이
없으면 집사의 직분을 맡게 할 것
이요
11 여자들도 이와 같이 정숙하고 모
함하지 아니하며 절제하며 모든
일에 (忠誠)충성된 자라야 할지
니라
12 (執事)집사들은 한 아내의 남편
이 되어 자녀와 자기 집을 잘 다
스리는 자일지니
13 집사의 직분을 잘한 자들은 아름
다운 지위와 그리스도 예수 안에
있는 믿음에 큰 (膽力)담력을 얻
느니라

경건의 비밀

14 ●내가 (速)속히 네게 가기를 바
라나 이것을 네게 쓰는 것은
15 만일 내가 (遲滯)지체하면 너로
하여금 하나님의 집에서 어떻게
행하여야 할지를 알게 하려 함이
니 이 집은 살아 계신 하나님의
교회요 진리의 기둥과 터니라
16 크도다 (敬虔)경건의 비밀이여,
그렇지 않다 하는 이 없도다 ●그
는 육신으로 나타난 바 되시고 영
으로 의롭다 하심을 받으시고 천
사들에게 보이시고 만국에서 (傳
播)전파되시고 세상에서 믿은 바
되시고 영광 가운데서 올려지셨
느니라

거짓말하는 자들

4 그러나 (聖靈)성령이 밝히 말씀
하시기를 (後日)후일에 어떤 사

람들이 믿음에서 떠나 (迷惑)미
혹하는 영과 귀신의 가르침을 따
르리라 하셨으니
2 자기 양심이 (火印)화인을 맞아
서 외식함으로 거짓말하는 자들
이라
3 혼인을 금하고 어떤 음식물은 먹
지 말라고 할 터이나 음식물은 하
나님이 지으신 바니 믿는 자들과
진리를 아는 자들이 (感謝)감사
함으로 받을 것이니라
4 하나님께서 지으신 모든 것이 선
하매 (感謝)감사함으로 받으면
버릴 것이 없나니

5 하나님의 말씀과 (祈禱)기도로
거룩하여짐이라

그리스도 예수의 좋은 일꾼

6 ●네가 이것으로 형제를 깨우치
면 그리스도 예수의 좋은 일꾼이
되어 믿음의 말씀과 네가 따르는
좋은 교훈으로 (養育)양육을 받
으리라
7 (妄靈)망령되고 (虛誕)허탄한 (神
話)신화를 버리고 경건에 이르도
록 네 자신을 연단하라
8 육체의 (鍊鍛)연단은 약간의 유
익이 있으나 (敬虔)경건은 범사
에 유익하니 (今生)금생과 (來生)
내생에 약속이 있느니라
9 미쁘다 이 말이여 모든 사람들이
받을 만하도다
10 이를 위하여 우리가 수고하고 힘
쓰는 것은 우리 (所望)소망을 살
아 계신 하나님께 둠이니 곧 모든
사람 특히 믿는 자들의 구주시라
11 너는 이것들을 (命)명하고 가르
치라
12 누구든지 네 (年少)연소함을 업
신여기지 못하게 하고 오직 말과
행실과 사랑과 믿음과 정절에 있
어서 믿는 자에게 본이 되어
13 내가 이를 때까지 읽는 것과 권하
는 것과 가르치는 것에 (專念)전
념하라
14 네 속에 있는 (恩賜)은사 곧 (長
老)장로의 회에서 안수 받을 때
에 (豫言)예언을 통하여 받은 것
을 가볍게 여기지 말며
15 이 모든 일에 전심 전력하여 너의
(成熟)성숙함을 모든 사람에게
나타나게 하라
16 네가 네 자신과 가르침을 살펴 이
일을 (繼續)계속하라 이것을 행
함으로 네 자신과 네게 듣는 자를
구원하리라

성도를 대하는 태도

5 늙은이를 꾸짖지 말고 권하되
아버지에게 하듯 하며 젊은이
에게는 (兄弟)형제에게 하듯 하
고
2 늙은 여자에게는 어머니에게 하
듯 하며 젊은 여자에게는 (穩全)
온전히 깨끗함으로 자매에게 하
듯 하라
3 참 과부인 과부를 (尊待)존대하
라
4 만일 어떤 과부에게 자녀나 손자
들이 있거든 그들로 먼저 자기 집
에서 효를 행하여 부모에게 (報
答)보답하기를 배우게 하라 이것

이 하나님 앞에 받으실 만한 것이
니라
5 참 과부로서 외로운 자는 하나님
께 소망을 두어 주야로 항상 (懇
求)간구와 기도를 하거니와
6 (享樂)향락을 좋아하는 자는 살
았으나 죽었느니라
7 네가 또한 이것을 명하여 그들로
(責望)책망 받을 것이 없게 하라
8 누구든지 자기 (親族)친족 특히
자기 가족을 돌보지 아니하면 믿
음을 (背叛)배반한 자요 불신자
보다 더 악한 자니라
9 과부로 (名簿)명부에 올릴 자는
나이가 육십이 덜 되지 아니하고
한 남편의 아내였던 자로서
10 선한 (行實)행실의 증거가 있어
혹은 자녀를 양육하며 혹은 나그
네를 대접하며 혹은 성도들의 발
을 씻으며 혹은 환난 당한 자들을
구제하며 혹은 모든 선한 일을 행
한 자라야 할 것이요
11 젊은 과부는 올리지 말지니 이는
(情慾)정욕으로 그리스도를 배반
할 때에 시집 가고자 함이니
12 처음 믿음을 저버렸으므로 (定罪)
정죄를 받느니라
13 또 그들은 게으름을 익혀 집집으
로 돌아 다니고 게으를 뿐 아니라
쓸데없는 말을 하며 일을 만들며
마땅히 아니할 말을 하나니
14 그러므로 젊은이는 시집 가서 아
이를 낳고 집을 다스리고 대적에
게 비방할 (機會)기회를 조금도
주지 말기를 원하노라
15 이미 사탄에게 돌아간 (者)자들
도 있도다
16 만일 믿는 여자에게 과부 친척이
있거든 자기가 도와 주고 (敎會)
교회가 짐지지 않게 하라 이는 참
과부를 도와 주게 하려 함이라
17 ●잘 다스리는 장로들은 (倍)배
나 존경할 자로 알되 말씀과 가르
침에 수고하는 이들에게는 더욱
그리할 것이니라
18 성경에 일렀으되 ㄱ(穀食)곡식을
밟아 떠는 소의 입에 (網)망을 씌
우지 말라 하였고 또 일꾼이 그
삯을 받는 것은 마땅하다 하였느
니라
19 장로에 대한 (告發)고발은 두세
증인이 없으면 받지 말 것이요
20 (犯罪)범죄한 자들을 모든 사람
앞에서 꾸짖어 나머지 사람들로
두려워하게 하라
21 하나님과 그리스도 예수와 (擇)
택하심을 받은 천사들 앞에서 내
가 엄히 명하노니 너는 (偏見)편
견이 없이 이것들을 지켜 아무 일
도 불공평하게 하지 말며
22 아무에게나 경솔히 (按手)안수하
지 말고 다른 사람의 죄에 간섭하
지 말며 네 자신을 지켜 정결하게
하라
23 이제부터는 물만 마시지 말고 네
(胃腸)위장과 자주 나는 병을 위
하여는 포도주를 조금씩 쓰라
24 어떤 사람들의 죄는 밝히 드러나
먼저 (審判)심판에 나아가고 어

ㄱ 신 25:4

떤 사람들의 죄는 그 뒤를 따르나
니
25 이와 같이 (善行)선행도 밝히 드
러나고 그렇지 아니한 것도 숨길
수 없느니라

6 무릇 멍에 아래에 있는 종들은
자기 상전들을 범사에 마땅히
(恭敬)공경할 자로 알지니 이는
하나님의 이름과 (敎訓)교훈으로
비방을 받지 않게 하려 함이라
2 믿는 (上典)상전이 있는 자들은
그 상전을 형제라고 가볍게 여기
지 말고 더 잘 섬기게 하라 이는
유익을 받는 자들이 믿는 자요 사
랑을 받는 자임이라 너는 이것들
을 가르치고 권하라

말씀과 경건에 관한 교훈

3 ●누구든지 다른 (敎訓)교훈을
하며 [1]바른 말 곧 우리 주 예수 그
리스도의 말씀과 경건에 관한 교
훈을 따르지 아니하면
4 그는 교만하여 아무 것도 알지 못
하고 변론과 언쟁을 좋아하는 자
니 이로써 (妬忌)투기와 분쟁과
비방과 악한 생각이 나며
5 마음이 부패하여지고 진리를 잃
어 버려 (敬虔)경건을 이익의 방
도로 생각하는 자들의 다툼이 일
어나느니라
6 그러나 (自足)자족하는 마음이
있으면 경건은 큰 이익이 되느니
라
7 우리가 (世上)세상에 아무 것도
가지고 온 것이 없으매 또한 아무

1) 헬, 건전한

것도 가지고 가지 못하리니
8 우리가 먹을 것과 입을 것이 있은
즉 (足)족한 줄로 알 것이니라
9 (富)부하려 하는 자들은 시험과
올무와 여러 가지 어리석고 해로
운 욕심에 떨어지나니 곧 사람으
로 파멸과 멸망에 빠지게 하는 것
이라
10 돈을 사랑함이 일만 악의 뿌리가
되나니 이것을 탐내는 자들은 (迷
惑)미혹을 받아 믿음에서 떠나
많은 근심으로써 자기를 찔렀도
다

믿음의 선한 싸움

11 ●오직 너 하나님의 사람아 이것
들을 (避)피하고 의와 (敬虔)경건
과 믿음과 사랑과 (忍耐)인내와
(溫柔)온유를 따르며
12 믿음의 선한 싸움을 싸우라 (永
生)영생을 취하라 이를 위하여
네가 부르심을 받았고 많은 증인
앞에서 선한 증언을 하였도다
13 (萬物)만물을 살게 하신 하나님
앞과 본디오 빌라도를 향하여 선
한 증언을 하신 그리스도 예수 앞
에서 내가 너를 명하노니
14 우리 주 예수 그리스도께서 나타
나실 때까지 흠도 없고 (責望)책
망 받을 것도 없이 이 (命令)명령
을 지키라
15 (期約)기약이 이르면 하나님이
그의 나타나심을 보이시리니 하
나님은 복되시고 유일하신 주권
자이시며 만왕의 왕이시며 만주
의 주시요

16 오직 그에게만 죽지 아니함이 있
고 가까이 가지 못할 빛에 거하시
고 어떤 사람도 보지 못하였고 또
볼 수 없는 이시니 그에게 존귀와
영원한 (權能)권능을 돌릴지어다
아멘
17 ●네가 이 세대에서 부한 자들을
명하여 마음을 높이지 말고 정함
이 없는 (財物)재물에 소망을 두
지 말고 오직 우리에게 모든 것을
후히 주사 누리게 하시는 하나님
께 두며
18 선을 행하고 선한 (事業)사업을
많이 하고 나누어 주기를 좋아하
며 너그러운 자가 되게 하라
19 이것이 (將來)장래에 자기를 위
하여 좋은 터를 쌓아 참된 생명을
취하는 것이니라
20 ●디모데야 망령되고 헛된 말과
거짓된 지식의 (反論)반론을 피
함으로 네게 부탁한 것을 지키라
21 이것을 따르는 사람들이 있어 믿
음에서 벗어났느니라 (恩惠)은혜
가 너희와 함께 있을지어다

디모데後書 2Timothy

인사

1 하나님의 뜻으로 말미암아 그
리스도 예수 안에 있는 생명의
(約束)약속대로 그리스도 예수의
사도 된 바울은
2 사랑하는 아들 디모데에게 편지
하노니 하나님 아버지와 그리스
도 예수 우리 주께로부터 은혜와
긍휼과 (平康)평강이 네게 있을
지어다

복음과 함께 고난을 받으라

3 ●내가 밤낮 (懇求)간구하는 가
운데 쉬지 않고 너를 생각하여 청
결한 양심으로 조상적부터 섬겨
오는 하나님께 감사하고

4 네 눈물을 생각하여 너 보기를
(願)원함은 내 기쁨이 가득하게
하려 함이니
5 이는 네 속에 거짓이 없는 믿음이
있음을 생각함이라 이 믿음은 먼
저 네 (外祖母)외조모 로이스와
네 어머니 유니게 속에 있더니 네
속에도 있는 줄을 (確信)확신하
노라
6 그러므로 내가 나의 (按手)안수
함으로 네 속에 있는 하나님의 은
사를 다시 불일듯 하게 하기 위하
여 너로 생각하게 하노니
7 하나님이 우리에게 주신 것은 두
려워하는 [1]마음이 아니요 오직
능력과 사랑과 (節制)절제하는 [1]
마음이니

1) 헬 영 2) 헬 건전한

8 그러므로 너는 내가 우리 주를 증
언함과 또는 주를 위하여 갇힌 자
된 나를 부끄러워하지 말고 오직
하나님의 능력을 따라 (福音)복
음과 함께 (苦難)고난을 받으라
9 하나님이 우리를 (救援)구원하사
거룩하신 소명으로 부르심은 우
리의 행위대로 하심이 아니요 오
직 자기의 뜻과 영원 전부터 그리
스도 예수 안에서 우리에게 주신
은혜대로 하심이라
10 이제는 우리 구주 그리스도 예수
의 나타나심으로 말미암아 나타
났으니 그는 사망을 (廢)폐하시
고 복음으로써 생명과 썩지 아니
할 것을 드러내신지라
11 내가 이 (福音)복음을 위하여 선
포자와 사도와 교사로 세우심을
입었노라
12 이로 말미암아 내가 또 이 고난을
받되 부끄러워하지 아니함은 내
가 믿는 자를 내가 알고 또한 내
가 (依託)의탁한 것을 그 날까지
그가 능히 지키실 줄을 확신함이
라
13 너는 그리스도 예수 안에 있는 믿
음과 사랑으로써 내게 들은 바 [2]
바른 말을 (本)본받아 지키고
14 우리 안에 거하시는 성령으로 말
미암아 네게 (付託)부탁한 아름
다운 것을 지키라
15 ●아시아에 있는 모든 사람이 나
를 버린 이 일을 네가 아나니 그

(中)중에는 부겔로와 허모게네도
있느니라
16 원하건대 주께서 오네시보로의
집에 긍휼을 베푸시옵소서 그가
나를 자주 (激勵)격려해 주고 내
가 사슬에 매인 것을 부끄러워하
지 아니하고
17 로마에 있을 때에 나를 부지런히
찾아와 만났음이라
18 (원하건대 주께서 그로 하여금 그
날에 주의 (矜恤)긍휼을 입게 하
여 주옵소서) 또 그가 에베소에서
많이 (奉事)봉사한 것을 네가 잘
아느니라

예수 그리스도의 좋은 병사

2 내 아들아 그러므로 너는 그리
스도 예수 안에 있는 (恩惠)은
혜 가운데서 강하고
2 또 네가 많은 증인 앞에서 내게
들은 바를 (忠誠)충성된 사람들
에게 부탁하라 그들이 또 다른 사
람들을 가르칠 수 있으리라
3 너는 그리스도 예수의 좋은 병사
로 나와 함께 (苦難)고난을 받으
라
4 병사로 복무하는 자는 자기 생활
에 얽매이는 자가 하나도 없나니
이는 병사로 (募集)모집한 자를
기쁘게 하려 함이라
5 (競技)경기하는 자가 법대로 경
기하지 아니하면 승리자의 관을
얻지 못할 것이며
6 수고하는 (農夫)농부가 곡식을
먼저 받는 것이 마땅하니라
7 내가 말하는 것을 생각해 보라 주
께서 (凡事)범사에 네게 (聰明)총
명을 주시리라
8 내가 전한 복음대로 다윗의 씨로
죽은 자 가운데서 다시 살아나신
예수 그리스도를 (記憶)기억하라
9 (福音)복음으로 말미암아 내가
죄인과 같이 매이는 데까지 (苦
難)고난을 받았으나 하나님의 말
씀은 매이지 아니하니라
10 그러므로 내가 (擇)택함 받은 자
들을 위하여 모든 것을 참음은 그
들도 그리스도 예수 안에 있는
(救援)구원을 영원한 (榮光)영광
과 함께 받게 하려 함이라
11 미쁘다 이 말이여 우리가 (主)주
와 함께 죽었으면 또한 함께 살
것이요
12 참으면 또한 함께 왕 노릇 할 것
이요 우리가 주를 (否認)부인하
면 주도 우리를 부인하실 것이라
13 우리는 미쁨이 없을지라도 주는
(恒常)항상 미쁘시니 자기를 부
인하실 수 없으시리라

인정 받는 일꾼

14 ●너는 그들로 이 일을 기억하게
하여 말다툼을 하지 말라고 하나
님 앞에서 엄히 명하라 이는 (有
益)유익이 하나도 없고 도리어
듣는 자들을 망하게 함이라
15 너는 진리의 말씀을 옳게 (分別)
분별하며 부끄러울 것이 없는 일
꾼으로 인정된 자로 자신을 하나
님 앞에 드리기를 힘쓰라
16 (妄靈)망령되고 헛된 말을 버리
라 그들은 (敬虔)경건하지 아니

함에 점점 나아가나니
17 그들의 말은 (惡性)악성 종양이
퍼져나감과 같은데 그 중에 후메
내오와 빌레도가 있느니라
18 (眞理)진리에 (關)관하여는 그들
이 그릇되었도다 부활이 이미 지
나갔다 함으로 어떤 사람들의 믿
음을 무너뜨리느니라
19 그러나 하나님의 견고한 터는 섰
으니 인침이 있어 일렀으되 ㄱ주
께서 자기 백성을 아신다 하며 또
ㄴ주의 이름을 부르는 자마다 (不
義)불의에서 떠날지어다 하였느
니라
20 큰 집에는 (金)금 그릇과 (銀)은
그릇뿐 아니라 나무 그릇과 질그
릇도 있어 (貴)귀하게 쓰는 것도
있고 (賤)천하게 쓰는 것도 있나
니
21 그러므로 누구든지 이런 것에서
자기를 깨끗하게 하면 귀히 쓰는
그릇이 되어 거룩하고 주인의 쓰
심에 (合當)합당하며 모든 선한
일에 준비함이 되리라
22 또한 너는 청년의 (情欲)정욕을
피하고 주를 깨끗한 마음으로 부
르는 자들과 함께 의와 믿음과 사
랑과 화평을 따르라
23 어리석고 무식한 (辯論)변론을 버
리라 이에서 다툼이 나는 줄 앎이
라
24 주의 종은 마땅히 다투지 아니하
고 모든 사람에 대하여 (溫柔)온
유하며 가르치기를 잘하며 참으

ㄱ 민 16:5 ㄴ 사 26:13

며
25 (拒逆)거역하는 자를 (溫柔)온유
함으로 훈계할지니 혹 하나님이
그들에게 회개함을 주사 진리를
알게 하실까 하며
26 그들로 깨어 (魔鬼)마귀의 올무에
서 벗어나 하나님께 사로잡힌 바
되어 그 뜻을 따르게 하실까 함이
라

마지막 가르침

3 너는 이것을 알라 (末世)말세에
고통하는 때가 이르러
2 사람들이 자기를 사랑하며 돈을
사랑하며 자랑하며 교만하며 비
방하며 부모를 거역하며 (感謝)
감사하지 아니하며 거룩하지 아
니하며
3 무정하며 (寃痛)원통함을 풀지
아니하며 모함하며 (節制)절제하
지 못하며 사나우며 (善)선한 것
을 좋아하지 아니하며
4 배신하며 조급하며 자만하며 (快
樂)쾌락을 사랑하기를 하나님 사
랑하는 것보다 더하며
5 경건의 (貌樣)모양은 있으나 경
건의 능력은 부인하니 이같은 자
들에게서 네가 돌아서라
6 그들 중에 남의 집에 가만히 들어
가 어리석은 여자를 유인하는 자
들이 있으니 그 여자는 죄를 중히
지고 여러 가지 (慾心)욕심에 끌
린 바 되어
7 항상 배우나 끝내 (眞理)진리의
지식에 이를 수 없느니라
8 얀네와 얌브레가 모세를 (對敵)

대적한 것 같이 그들도 진리를 대
적하니 이 사람들은 그 마음이 부
패한 자요 믿음에 관하여는 버림
받은 자들이라
9 그러나 그들이 더 나아가지 못할
것은 저 두 사람이 된 것과 같이
그들의 어리석음이 드러날 것임
이라
10 나의 교훈과 (行實)행실과 (意向)
의향과 믿음과 오래 참음과 사랑
과 인내와
11 (迫害)박해를 받음과 고난과 또
한 안디옥과 이고니온과 루스드
라에서 당한 일과 어떠한 박해를
받은 것을 네가 과연 보고 알았거
니와 주께서 이 모든 것 가운데서
나를 건지셨느니라
12 무릇 그리스도 예수 안에서 (敬
虔)경건하게 살고자 하는 자는
박해를 받으리라
13 (惡)악한 사람들과 속이는 자들
은 더욱 악하여져서 속이기도 하
고 속기도 하나니
14 그러나 너는 배우고 (確信)확신
한 일에 거하라 너는 네가 누구에
게서 배운 것을 알며
15 또 어려서부터 (聖經)성경을 알
았나니 성경은 능히 너로 하여금
그리스도 예수 안에 있는 믿음으
로 말미암아 구원에 이르는 지혜
가 있게 하느니라
16 모든 성경은 하나님의 [1](感動)감
동으로 된 것으로 교훈과 책망과
바르게 함과 의로 [2]교육하기에
유익하니
17 이는 하나님의 사람으로 (穩全)
온전하게 하며 모든 선한 일을 행
할 능력을 갖추게 하려 함이라

4 하나님 앞과 살아 있는 자와 죽
은 자를 (審判)심판하실 그리스
도 예수 앞에서 그가 나타나실 것
과 그의 나라를 두고 엄히 명하노
니
2 너는 말씀을 (傳播)전파하라 때
를 얻든지 못 얻든지 항상 힘쓰라
범사에 오래 참음과 가르침으로
경책하며 경계하며 권하라
3 때가 이르리니 사람이 [3]바른 (敎
訓)교훈을 받지 아니하며 귀가
가려워서 자기의 사욕을 따를 스
승을 많이 두고
4 또 그 귀를 진리에서 돌이켜 (虛
誕)허탄한 이야기를 따르리라
5 그러나 너는 모든 일에 신중하여
고난을 받으며 전도자의 일을 하
며 네 (職務)직무를 다하라
6 전제와 같이 내가 벌써 부어지고
나의 떠날 (時刻)시각이 가까웠
도다
7 나는 (善)선한 싸움을 싸우고 나
의 달려갈 길을 마치고 믿음을 지
켰으니
8 이제 후로는 나를 위하여 의의 면
류관이 예비되었으므로 주 곧 의
로우신 (裁判長)재판장이 그 날
에 내게 주실 것이며 내게만 아니
라 주의 나타나심을 (思慕)사모
하는 모든 자에게도니라

사사로운 부탁

1) 또는 영감 2) 또는 징계 3) 헬, 건전한

9 ●너는 어서 (速)속히 내게로 오
라
10 데마는 이 (世上)세상을 사랑하
여 나를 버리고 데살로니가로 갔
고 그레스게는 갈라디아로, 디도
는 달마디아로 갔고
11 누가만 나와 함께 있느니라 네가
올 때에 마가를 데리고 오라 그가
나의 일에 (有益)유익하니라
12 두기고는 에베소로 보내었노라
13 네가 올 때에 내가 드로아 가보의
집에 둔 겉옷을 가지고 오고 또
책은 (特別)특별히 가죽 종이에
쓴 것을 가져오라
14 구리 (細工業者)세공업자 알렉산
더가 내게 해를 많이 입혔으매 주
께서 그 행한 대로 그에게 갚으시
리니
15 너도 그를 (注意)주의하라 그가
우리 말을 심히 대적하였느니라
16 내가 처음 (辨明)변명할 때에 나
와 함께 한 자가 하나도 없고 다
나를 버렸으나 그들에게 허물을
돌리지 않기를 원하노라
17 주께서 내 곁에 서서 나에게 힘을
주심은 나로 말미암아 (宣布)선
포된 말씀이 온전히 (傳播)전파
되어 모든 이방인이 듣게 하려 하
심이니 내가 사자의 입에서 건짐
을 받았느니라
18 주께서 나를 모든 악한 일에서 건
져내시고 또 그의 천국에 들어가
도록 구원하시리니 그에게 (榮光)
영광이 세세무궁토록 있을지어다
아멘

끝 인사

19 ●브리스가와 아굴라와 및 오네
시보로의 집에 (問安)문안하라
20 에라스도는 고린도에 머물러 있
고 드로비모는 (病)병들어서 밀
레도에 두었노니
21 너는 겨울 전에 어서 오라 으불
로와 부데와 리노와 글라우디아
와 모든 (兄弟)형제가 다 네게 (問
安)문안하느니라
22 ●나는 주께서 네 (心靈)심령에
함께 계시기를 바라노니 은혜가
너희와 함께 있을지어다

디도書 Titus

인사

1 하나님의 종이요 예수 그리스도
의 (使徒)사도인 나 바울이 사도
된 것은 하나님이 (擇)택하신 자
들의 믿음과 (敬虔)경건함에 속
한 진리의 지식과
2 영생의 소망을 위함이라 이 영생
은 거짓이 없으신 하나님이 영원
전부터 (約束)약속하신 것인데
3 자기 때에 자기의 말씀을 (傳道)
전도로 나타내셨으니 이 전도는
우리 구주 하나님이 명하신 대로
내게 맡기신 것이라
4 같은 믿음을 따라 나의 참 아들
된 디도에게 편지하노니 하나님
아버지와 그리스도 예수 우리 (救
主)구주로부터 은혜와 평강이 네
게 있을지어다

그레데에서 해야 할 디도의 사역

5 ●내가 너를 그레데에 남겨 둔
(理由)이유는 남은 일을 정리하
고 내가 명한 대로 각 성에 장로
들을 세우게 하려 함이니
6 (責望)책망할 것이 없고 한 아내
의 남편이며 방탕하다는 비난을
받거나 불순종하는 일이 없는 믿
는 자녀를 둔 자라야 할지라
7 (監督)감독은 하나님의 청지기로
서 (責望)책망할 것이 없고 제 (固
執)고집대로 하지 아니하며 급히
분내지 아니하며 술을 즐기지 아
니하며 구타하지 아니하며 더러
운 이득을 탐하지 아니하며
8 오직 나그네를 대접하며 (善行)
선행을 좋아하며 신중하며 의로
우며 거룩하며 절제하며
9 미쁜 말씀의 가르침을 그대로 지
켜야 하리니 이는 능히 [1]바른 (敎
訓)교훈으로 권면하고 거슬러 말
하는 자들을 책망하게 하려 함이
라
10 ●(不順從)불순종하고 헛된 말을
하며 속이는 자가 많은 중 할례파
가운데 특히 그러하니
11 그들의 입을 막을 것이라 이런 자
들이 더러운 (利得)이득을 취하
려고 마땅하지 아니한 것을 가르
쳐 가정들을 온통 무너뜨리는도
다
12 그레데인 중의 어떤 (先知者)선
지자가 말하되
그레데인들은 항상 거짓말쟁이
며 악한 짐승이며 배만 위하는
게으름뱅이라
하니
13 이 증언이 참되도다 그러므로 네
가 그들을 (嚴)엄히 꾸짖으라 이
는 그들로 하여금 믿음을 [2](穩全)
온전하게 하고
14 유대인의 (虛誕)허탄한 이야기와
진리를 배반하는 사람들의 명령
을 따르지 않게 하려 함이라
15 깨끗한 (者)자들에게는 모든 것
이 깨끗하나 더럽고 믿지 아니하
는 자들에게는 아무 것도 깨끗

1) 헬, 건전한 2) 헬, 건전하게

한 것이 없고 오직 그들의 마음과
(良心)양심이 더러운지라
16 그들이 하나님을 시인하나 행위
로는 부인하니 (可憎)가증한 자
요 복종하지 아니하는 자요 모든
선한 일을 버리는 자니라

교훈에 합당한 말

2 오직 너는 [1]바른 교훈에 (合當)
합당한 것을 말하여
2 늙은 남자로는 절제하며 경건하
며 신중하며 믿음과 사랑과 인내
함에 [2](穩全)온전하게 하고
3 늙은 여자로는 이와 같이 행실이
거룩하며 (謀陷)모함하지 말며
많은 술의 종이 되지 아니하며 선
한 것을 가르치는 자들이 되고
4 그들로 젊은 여자들을 (敎訓)교
훈하되 그 남편과 자녀를 사랑하
며
5 신중하며 (純全)순전하며 집안
일을 하며 선하며 자기 남편에게
(服從)복종하게 하라 이는 하나
님의 말씀이 비방을 받지 않게 하
려 함이라
6 너는 이와 같이 젊은 남자들을 신
중하도록 (勸勉)권면하되
7 범사에 네 자신이 선한 일의 본을
보이며 교훈에 부패하지 아니함
과 (端正)단정함과
8 (責望)책망할 것이 없는 [1]바른 말
을 하게 하라 이는 대적하는 자로
하여금 부끄러워 우리를 악하다
할 것이 없게 하려 함이라
9 종들은 자기 상전들에게 범사에

1) 헬, 건전한 2) 헬, 건전하게 3) 헬, 단장하게

(順從)순종하여 기쁘게 하고 거
슬러 말하지 말며
10 훔치지 말고 오히려 모든 참된 신
실성을 나타내게 하라 이는 (凡
事)범사에 우리 구주 하나님의
교훈을 [3]빛나게 하려 함이라
11 모든 사람에게 (救援)구원을 주
시는 하나님의 은혜가 나타나
12 우리를 양육하시되 경건하지 않
은 것과 이 세상 (情慾)정욕을 다
버리고 신중함과 의로움과 경건
함으로 이 세상에 살고
13 복스러운 (所望)소망과 우리의
크신 하나님 구주 예수 그리스도
의 영광이 나타나심을 기다리게
하셨으니
14 그가 우리를 대신하여 자신을 주
심은 모든 (不法)불법에서 우리
를 속량하시고 우리를 깨끗하게
하사 선한 일을 열심히 하는 자기
백성이 되게 하려 하심이라

선한 일을 가르치라

15 ● 너는 이것을 말하고 권면하며
모든 (權威)권위로 책망하여 누
구에게서든지 업신여김을 받지
말라

3 너는 그들로 하여금 통치자들
과 권세 잡은 자들에게 (服從)
복종하며 순종하며 모든 선한 일
행하기를 준비하게 하며
2 아무도 (誹謗)비방하지 말며 다
투지 말며 관용하며 범사에 온유
함을 모든 사람에게 나타낼 것을
(記憶)기억하게 하라
3 우리도 전에는 어리석은 자요 순

종하지 아니한 자요 속은 자요 여
러 가지 (情慾)정욕과 (行樂)행락
에 종 노릇 한 자요 악독과 (妬忌)
투기를 일삼은 자요 가증스러운
자요 피차 미워한 자였으나
4 우리 구주 하나님의 (慈悲)자비
와 사람 사랑하심이 나타날 때에
5 우리를 구원하시되 우리가 행한
바 의로운 행위로 말미암지 아니
하고 오직 그의 (矜恤)긍휼하심
을 따라 중생의 씻음과 성령의 새
롭게 하심으로 하셨나니
6 우리 구주 예수 그리스도로 말미
암아 우리에게 그 (聖靈)성령을
(豊盛)풍성히 부어 주사
7 우리로 그의 (恩惠)은혜를 힘입
어 의롭다 하심을 얻어 영생의
(所望)소망을 따라 상속자가 되
게 하려 하심이라
8 이 말이 미쁘도다 원하건대 너는
이 여러 것에 대하여 굳세게 말하
라 이는 하나님을 믿는 자들로 하
여금 (操心)조심하여 선한 일을
힘쓰게 하려 함이라 이것은 아름
다우며 사람들에게 (有益)유익하
니라
9 그러나 어리석은 (辯論)변론과
족보 이야기와 (紛爭)분쟁과 율
법에 대한 다툼은 피하라 이것은
무익한 것이요 헛된 것이니라
10 이단에 속한 사람을 한두 번 (訓
戒)훈계한 후에 멀리하라
11 이러한 사람은 네가 아는 바와 같
이 (腐敗)부패하여 스스로 정죄
한 자로서 죄를 짓느니라

부탁과 끝 인사

12 ●내가 아데마나 두기고를 네게
보내리니 그 때에 네가 급히 니고
볼리로 내게 오라 내가 거기서 겨
울을 지내기로 (作定)작정하였노
라
13 율법교사 세나와 및 아볼로를 급
히 먼저 보내어 그들로 (不足)부
족함이 없게 하고
14 또 우리 사람들도 열매 없는 자가
되지 않게 하기 위하여 필요한 것
을 (準備)준비하는 좋은 일에 힘
쓰기를 배우게 하라
15 ●나와 함께 있는 자가 다 네게
(問安)문안하니 믿음 안에서 우
리를 사랑하는 자들에게 너도 문
안하라 ●(恩惠)은혜가 너희 무
리에게 있을지어다

빌레몬書 Philemon

인사

1 그리스도 예수를 위하여 간힌
자 된 바울과 및 형제 디모데는
우리의 사랑을 받는 자요 (同役
者)동역자인 빌레몬과
2 (姉妹)자매 압비아와 우리와 함
께 병사 된 아킵보와 네 집에 있
는 교회에 편지하노니
3 하나님 우리 아버지와 주 예수 그
리스도로부터 (恩惠)은혜와 (平
康)평강이 너희에게 있을지어다

빌레몬의 믿음과 사랑

4 ●내가 항상 내 하나님께 (感謝)
감사하고 기도할 때에 너를 말함
은
5 주 예수와 및 모든 (聖徒)성도에
대한 네 사랑과 믿음이 있음을 들
음이니
6 이로써 네 믿음의 (交際)교제가
우리 가운데 있는 선을 알게 하고
그리스도께 이르도록 역사하느니
라
7 형제여 (聖徒)성도들의 마음이
너로 말미암아 평안함을 얻었으
니 내가 너의 사랑으로 많은 기쁨
과 위로를 받았노라

오네시모를 위하여 간구하다

8 ●이러므로 내가 그리스도 안에
서 아주 (膽大)담대하게 네게 마
땅한 일로 명할 수도 있으나
9 도리어 사랑으로써 (懇求)간구하
노라 나이가 많은 나 바울은 (只
今)지금 또 예수 그리스도를 위
하여 갇힌 자 되어
10 갇힌 (中)중에서 낳은 아들 오네
시모를 위하여 네게 간구하노라
11 그가 전에는 네게 무익하였으나
이제는 나와 네게 (有益)유익하
므로
12 네게 그를 돌려 보내노니 그는 내
[1](心腹)심복이라
13 그를 내게 머물러 있게 하여 내
(福音)복음을 위하여 갇힌 중에
서 네 대신 나를 섬기게 하고자
하나
14 다만 네 (承諾)승낙이 없이는 내
가 아무 것도 하기를 원하지 아니
하노니 이는 너의 선한 일이 억지
같이 되지 아니하고 (自意)자의
로 되게 하려 함이라
15 아마 그가 잠시 떠나게 된 것은
너로 하여금 그를 (永遠)영원히
두게 함이리니
16 이 후로는 종과 같이 대하지 아
니하고 종 이상으로 곧 사랑 받
는 (兄弟)형제로 둘 자라 내게 (特
別)특별히 그러하거든 하물며 육
신과 주 안에서 상관된 네게랴
17 그러므로 네가 나를 동역자로 알
진대 그를 (迎接)영접하기를 내
게 하듯 하고
18 그가 만일 네게 불의를 하였거나
네게 빚진 것이 있으면 그것을 내
앞으로 (計算)계산하라
19 나 바울이 (親筆)친필로 쓰노니

1) 헬 심장

내가 갚으려니와 네가 이 외에 네
자신이 내게 빚진 것은 내가 말하
지 아니하노라
20 오 형제여 나로 주 안에서 너로
말미암아 기쁨을 얻게 하고 내 마
음이 그리스도 안에서 (平安)평
안하게 하라
21 나는 네가 (順從)순종할 것을 확
신하므로 네게 썼노니 네가 내가
말한 것보다 더 행할 줄을 아노라
22 오직 너는 나를 위하여 (宿所)숙
소를 마련하라 너희 기도로 내가
너희에게 나아갈 수 있기를 바라
노라

끝 인사

23 ●그리스도 예수 안에서 나와 함
께 갇힌 (者)자 에바브라와
24 또한 나의 (同役者)동역자 마가,
아리스다고, 데마, 누가가 (問安)
문안하느니라
25 ●우리 주 예수 그리스도의 (恩
惠)은혜가 너희 (心靈)심령과 함
께 있을지어다

히브리書 Hebrews

하나님이 아들을 통하여 말씀하시다

1 옛적에 선지자들을 통하여 여
러 부분과 여러 (貌樣)모양으로
우리 조상들에게 말씀하신 하나
님이
2 이 모든 날 마지막에는 아들을 통
하여 우리에게 말씀하셨으니 이
아들을 만유의 (相續者)상속자로
세우시고 또 그로 말미암아 모든
(世界)세계를 지으셨느니라
3 이는 하나님의 (榮光)영광의 (光
彩)광채시요 그 본체의 (形狀)형
상이시라 그의 능력의 말씀으로
만물을 붙드시며 죄를 정결하게
하는 일을 하시고 높은 곳에 계신
지극히 크신 이의 우편에 앉으셨
느니라
4 그가 천사보다 훨씬 뛰어남은 그
들보다 더욱 아름다운 이름을 (基
業)기업으로 얻으심이니
5 하나님께서 어느 때에 (天使)천
사 중 누구에게
ㄱ너는 내 아들이라 오늘 내가
너를 낳았다
하셨으며 또 다시
ㄴ나는 그에게 아버지가 되고 그
는 내게 아들이 되리라
하셨느냐
6 또 그가 맏아들을 이끌어 세상에
다시 들어오게 하실 때에
ㄷ하나님의 모든 천사들은 그에
게 (敬拜)경배할지어다
말씀하시며
7 또 천사들에 관하여는
ㄹ그는 그의 천사들을 [1]바람으
로, 그의 (使役者)사역자들을
불꽃으로 삼으시느니라
하셨으되
8 아들에 관하여는
ㅁ하나님이여 주의 (寶座)보좌는
영영하며 주의 나라의 규는 공
평한 규이니이다
9 주께서 의를 사랑하시고 (不法)
불법을 미워하셨으니 그러므로
하나님 곧 주의 하나님이 즐거
움의 기름을 주께 부어 주를 동
류들보다 뛰어나게 하셨도다
하였고
10 또
ㅂ주여 태초에 주께서 땅의 (基
礎)기초를 두셨으며 하늘도 주
의 손으로 지으신 바라
11 그것들은 (滅亡)멸망할 것이나
오직 주는 영존할 것이요 그것
들은 다 옷과 같이 낡아지리니
12 의복처럼 갈아입을 것이요 그것
들은 옷과 같이 변할 것이나 주
는 (如前)여전하여 연대가 다함
이 없으리라
하였으나
13 어느 때에 천사 중 누구에게
ㅅ내가 네 원수로 네 발등상이
되게 하기까지 너는 내 (右便)
우편에 앉아 있으라

1) 또는 영들로 ㄱ 시 2:7 ㄴ 삼하 7:14 ㄷ 시 97:7; 벧전 3:22
ㄹ 시 104:4 ㅁ 시 45:6 이하 ㅂ 시 102:25 이하 ㅅ 시 110:1

하셨느냐
14 모든 천사들은 섬기는 영으로서 (救援)구원 받을 상속자들을 위하여 섬기라고 보내심이 아니냐

큰 구원

2 그러므로 우리는 들은 것에 더욱 (留念)유념함으로 우리가 흘러 떠내려가지 않도록 함이 마땅하니라
2 천사들을 통하여 하신 말씀이 견고하게 되어 모든 범죄함과 순종하지 아니함이 공정한 (報應)보응을 받았거든
3 우리가 이같이 큰 구원을 (等閑)등한히 여기면 어찌 그 보응을 피하리요 이 구원은 처음에 주로 말씀하신 바요 들은 자들이 우리에게 확증한 바니
4 하나님도 [1](表蹟)표적들과 (奇事)기사들과 여러 가지 능력과 및 자기의 뜻을 따라 (聖靈)성령이 나누어 주신 것으로써 그들과 함께 증언하셨느니라

구원의 창시자

5 ●하나님이 우리가 말하는 바 (將次)장차 올 세상을 천사들에게 복종하게 하심이 아니니라
6 그러나 누구인가가 어디에서 증언하여 이르되

ㄱ사람이 무엇이기에 주께서 그를 생각하시며 (人子)인자가 무엇이기에 주께서 그를 돌보시나이까

7 그를 [2]잠시 동안 천사보다 못하게 하시며 영광과 (尊貴)존귀로 관을 씌우시며[3]
8 (萬物)만물을 그 발 아래에 (服從)복종하게 하셨느니라

하였으니 만물로 그에게 복종하게 하셨은즉 복종하지 않은 것이 하나도 없어야 하겠으나 지금 우리가 만물이 아직 그에게 복종하고 있는 것을 보지 못하고
9 오직 우리가 천사들보다 [2]잠시 동안 못하게 하심을 입은 자 곧 죽음의 고난 받으심으로 말미암아 (榮光)영광과 (尊貴)존귀로 관을 쓰신 예수를 보니 이를 행하심은 하나님의 은혜로 말미암아 모든 사람을 위하여 죽음을 맛보려 하심이라
10 그러므로 만물이 그를 위하고 또한 그로 말미암은 이가 많은 아들들을 이끌어 영광에 들어가게 하시는 일에 그들의 구원의 창시자를 고난을 통하여 (穩全)온전하게 하심이 합당하도다
11 거룩하게 하시는 이와 거룩하게 함을 입은 자들이 다 한 (根源)근원에서 난지라 그러므로 형제라 부르시기를 부끄러워하지 아니하시고
12 이르시되

ㄴ내가 주의 이름을 내 형제들에게 (宣布)선포하고 내가 주를 교회 중에서 찬송하리라

하셨으며

1) 또는 이적 2) 또는 조금 3) 어떤 사본에, 7절 끝에 '또한 주의 손으로 만드신 것 위에 그를 세우시고'가 있음
ㄱ 시 8:4 이하 ㄴ 시 22:22

13 또 다시
ㄱ내가 그를 (依支)의지하리라
하시고 또 다시
ㄴ볼지어다 나와 및 하나님께서
내게 주신 자녀라
하셨으니
14 자녀들은 (血)혈과 (肉)육에 속하
였으매 그도 또한 같은 모양으로
혈과 육을 함께 지니심은 죽음을
통하여 죽음의 세력을 잡은 자 곧
마귀를 멸하시며
15 또 죽기를 무서워하므로 한(平
生)평생 매여 종 노릇 하는 모든
자들을 놓아 주려 하심이니
16 이는 확실히 천사들을 붙들어 주
려 하심이 아니요 오직 아브라함
의 [1](子孫)자손을 붙들어 주려 하
심이라
17 그러므로 그가 범사에 형제들과
같이 되심이 마땅하도다 이는 하
나님의 일에 (慈悲)자비하고 신
실한 대제사장이 되어 백성의 죄
를 속량하려 하심이라
18 그가 시험을 받아 (苦難)고난을
당하셨은즉 시험 받는 자들을 능
히 도우실 수 있느니라

하나님이 주시는 안식

3 그러므로 함께 하늘의 부르심
을 받은 거룩한 형제들아 우리
가 믿는 도리의 사도이시며 (大祭
司長)대제사장이신 예수를 깊이
생각하라
2 그는 자기를 세우신 이에게 (信
實)신실하시기를 모세가 하나님
의 온 집에서 한 것과 같이 하셨
으니
3 그는 모세보다 더욱 영광을 받을
만한 것이 마치 집 지은 자가 그
집보다 더욱 (尊貴)존귀함 같으
니라
4 집마다 지은 이가 있으니 (萬物)
만물을 지으신 이는 하나님이시
라
5 또한 모세는 (將來)장래에 말할
것을 증언하기 위하여 하나님의
온 집에서 종으로서 신실하였고
6 그리스도는 하나님의 집을 맡은
아들로서 그와 같이 하셨으니 우
리가 소망의 확신과 자랑을 끝까
지 굳게 잡고 있으면 우리는 그의
집이라
7 그러므로 (聖靈)성령이 이르신
바와 같이
ㄷ오늘 너희가 그의 음성을 듣거
든
8 광야에서 시험하던 날에 거역하
던 것 같이 너희 마음을 (頑固)
완고하게 하지 말라
9 거기서 너희 (列祖)열조가 나를
(試驗)시험하여 (證驗)증험하고
사십 년 동안 나의 (行事)행사
를 보았느니라
10 그러므로 내가 이 세대에게 노
하여 이르기를 그들이 항상 마
음이 (迷惑)미혹되어 내 길을 알
지 못하는도다 하였고
11 내가 노하여 맹세한 바와 같이
그들은 내 (安息)안식에 들어오
지 못하리라 하였다

1) 헬, 씨 ㄱ 사 8:17 ㄴ 사 8:18 ㄷ 시 95:7 이하

히

하였느니라
12 형제들아 너희는 삼가 혹 너희 중
에 누가 믿지 아니하는 악한 마음
을 품고 살아 계신 하나님에게서
떨어질까 (操心)조심할 것이요
13 오직 오늘이라 일컫는 동안에 매
일 피차 (勸勉)권면하여 너희 중
에 누구든지 죄의 유혹으로 완고
하게 되지 않도록 하라
14 우리가 시작할 때에 확신한 것을
끝까지 견고히 잡고 있으면 그리
스도와 함께 (參與)참여한 자가
되리라
15 성경에 일렀으되
ㄱ오늘 너희가 그의 음성을 듣거
든 격노하시게 하던 것 같이 너
희 마음을 (頑固)완고하게 하지
말라
하였으니
16 듣고 (激怒)격노하시게 하던 자
가 누구냐 모세를 따라 애굽에서
나온 모든 사람이 아니냐
17 또 하나님이 사십 년 동안 누구에
게 노하셨느냐 그들의 시체가 (曠
野)광야에 엎드러진 범죄한 자들
에게가 아니냐
18 또 하나님이 누구에게 (盟誓)맹
세하사 그의 안식에 들어오지 못
하리라 하셨느냐 곧 (順從)순종
하지 아니하던 자들에게가 아니
냐
19 이로 보건대 그들이 믿지 아니하
므로 능히 들어가지 못한 것이라

4 그러므로 우리는 두려워할지니
그의 안식에 들어갈 (約束)약속
이 남아 있을지라도 너희 중에는
혹 이르지 못할 자가 있을까 함이
라
2 그들과 같이 우리도 (福音)복음
전함을 받은 자이나 들은 바 그
말씀이 그들에게 (有益)유익하지
못한 것은 듣는 자가 믿음과 결부
시키지 아니함이라
3 이미 믿는 우리들은 저 안식에 들
어가는도다 그가 말씀하신 바와
같으니
ㄴ내가 노하여 맹세한 바와 같이
그들이 내 안식에 들어오지 못
하리라 하셨다
하였으나 세상을 (創造)창조할
때부터 그 일이 이루어졌느니라
4 (第七日)제칠일에 관하여는 어딘
가에 이렇게 일렀으되 ㄷ하나님은
제칠일에 그의 모든 일을 쉬셨다
하였으며
5 또 다시 거기에 ㄴ그들이 내 (安
息)안식에 들어오지 못하리라 하
였으니
6 그러면 거기에 들어갈 자들이 남
아 있거니와 (福音)복음 전함을
먼저 받은 자들은 순종하지 아니
함으로 말미암아 들어가지 못하
였으므로
7 오랜 후에 다윗의 글에 다시 어느
날을 정하여 오늘이라고 미리 이
같이 일렀으되
ㄱ오늘 너희가 그의 (音聲)음성
을 듣거든 너희 마음을 완고하
게 하지 말라

ㄱ 시 95:7 ㄴ 시 95:11 ㄷ 창 2:2

하였나니
8 만일 [1]여호수아가 그들에게 안식
을 주었더라면 그 (後)후에 다른
날을 말씀하지 아니하셨으리라
9 그런즉 안식할 때가 하나님의 (百
姓)백성에게 남아 있도다
10 이미 그의 안식에 들어간 자는 하
나님이 (自己)자기의 일을 쉬심
과 같이 그도 자기의 일을 쉬느니
라
11 그러므로 우리가 저 (安息)안식
에 들어가기를 힘쓸지니 이는 누
구든지 저 순종하지 아니하는 본
에 빠지지 않게 하려 함이라
12 하나님의 말씀은 살아 있고 활력
이 있어 좌우에 날선 어떤 검보다
도 (銳利)예리하여 혼과 영과 및
관절과 골수를 찔러 쪼개기까지
하며 또 마음의 생각과 뜻을 판단
하나니
13 지으신 것이 하나도 그 앞에 나타
나지 않음이 없고 우리의 (決算)
결산을 받으실 이의 눈 앞에 만물
이 벌거벗은 것 같이 드러나느니
라

큰 대제사장이신 예수

14 ●그러므로 우리에게 큰 대제사
장이 계시니 승천하신 이 곧 하나
님의 아들 예수시라 우리가 믿는
(道理)도리를 굳게 잡을지어다
15 우리에게 있는 대제사장은 우리
의 (軟弱)연약함을 동정하지 못
하실 이가 아니요 모든 일에 우리
와 똑같이 (試驗)시험을 받으신
이로되 죄는 없으시니라
16 그러므로 우리는 긍휼하심을 받
고 때를 따라 돕는 은혜를 얻기
위하여 은혜의 (寶座)보좌 앞에
담대히 나아갈 것이니라

5 대제사장마다 사람 가운데서
택한 자이므로 하나님께 속한
일에 사람을 위하여 예물과 속죄
하는 (祭祀)제사를 드리게 하나
니
2 그가 무식하고 미혹된 자를 능히
(容納)용납할 수 있는 것은 자기
도 연약에 휩싸여 있음이라
3 그러므로 백성을 위하여 (贖罪
祭)속죄제를 드림과 같이 또한
자신을 위하여도 드리는 것이 마
땅하니라
4 이 (尊貴)존귀는 아무도 스스로
(取)취하지 못하고 오직 아론과
같이 하나님의 부르심을 받은 자
라야 할 것이니라
5 또한 이와 같이 그리스도께서 대
제사장 되심도 스스로 (榮光)영
광을 취하심이 아니요 오직 말씀
하신 이가 그에게 이르시되
ㄱ너는 내 아들이니 내가 오늘
너를 낳았다
하셨고
6 또한 이와 같이 다른 데서 말씀하
시되
ㄴ네가 (永遠)영원히 멜기세덱의
반차를 따르는 제사장이라
하셨으니
7 그는 육체에 계실 때에 자기를 죽
음에서 능히 구원하실 이에게 심

1) 헬, 예수 ㄱ 시 2:7 ㄴ 시 110:4

한 통곡과 눈물로 (懇求)간구와
소원을 올렸고 그의 경건하심으
로 말미암아 들으심을 얻었느니
라
8 그가 아들이시면서도 받으신 (苦
難)고난으로 순종함을 배워서
9 온전하게 되셨은즉 자기에게 순
종하는 모든 자에게 영원한 구원
의 (根源)근원이 되시고
10 하나님께 멜기세덱의 (班次)반차
를 따른 대제사장이라 칭하심을
받으셨느니라

변절을 경계하다

11 ● 멜기세덱에 관하여는 우리가
할 말이 많으나 너희가 듣는 것이
(鈍)둔하므로 설명하기 어려우니
라
12 때가 오래 되었으므로 너희가 마
땅히 선생이 되었을 터인데 너희
가 다시 하나님의 말씀의 (初步)
초보에 대하여 누구에게서 가르
침을 받아야 할 처지이니 단단한
음식은 못 먹고 젖이나 먹어야 할
자가 되었도다
13 이는 젖을 먹는 자마다 어린 아이
니 의의 말씀을 (經驗)경험하지
못한 자요
14 단단한 음식은 장성한 자의 것이
니 그들은 지각을 사용함으로 연
단을 받아 선악을 (分別)분별하
는 자들이니라

6 그러므로 우리가 그리스도의
[1](道)도의 초보를 버리고 죽은
행실을 회개함과 하나님께 대한
신앙과
2 [2]세례들과 (按手)안수와 죽은 자
의 부활과 영원한 심판에 관한 교
훈의 터를 다시 닦지 말고 완전한
데로 나아갈지니라
3 하나님께서 (許諾)허락하시면 우
리가 이것을 하리라
4 한 번 빛을 받고 하늘의 (恩賜)은
사를 맛보고 성령에 참여한 바 되
고
5 하나님의 [3]선한 말씀과 (來世)내
세의 능력을 맛보고도
6 (墮落)타락한 자들은 다시 새롭
게 하여 회개하게 할 수 없나니
이는 그들이 하나님의 아들을 다
시 십자가에 못 박아 드러내 놓고
욕되게 함이라
7 땅이 그 위에 자주 내리는 비를
(吸收)흡수하여 밭 가는 자들이
쓰기에 (合當)합당한 채소를 내
면 하나님께 복을 받고
8 만일 가시와 엉겅퀴를 내면 버림
을 당하고 (詛呪)저주함에 가까
워 그 마지막은 불사름이 되리라
9 ● 사랑하는 자들아 우리가 이같
이 말하나 너희에게는 이보다 더
좋은 것 곧 (救援)구원에 속한 것
이 있음을 확신하노라
10 하나님은 (不義)불의하지 아니하
사 너희 행위와 그의 이름을 위하
여 나타낸 사랑으로 이미 성도를
섬긴 것과 이제도 섬기고 있는 것
을 잊어버리지 아니하시느니라
11 우리가 간절히 원하는 것은 너희
각 사람이 동일한 부지런함을 나

1) 또는 말씀 2) 헬, 또는 침례 3) 또는 말씀의 선하심과

타내어 끝까지 소망의 (豊盛)풍
성함에 이르러
12 게으르지 아니하고 믿음과 오래
참음으로 말미암아 약속들을 (基
業)기업으로 받는 자들을 본받는
자 되게 하려는 것이니라

하나님의 확실한 약속

13 ●하나님이 아브라함에게 약속
하실 때에 가리켜 (盟誓)맹세할
자가 자기보다 더 큰 이가 없으므
로 자기를 가리켜 맹세하여
14 이르시되 ㄱ내가 반드시 너에게
복 주고 복 주며 너를 (蕃盛)번성
하게 하고 번성하게 하리라 하셨
더니
15 그가 이같이 오래 참아 (約束)약
속을 받았느니라
16 사람들은 자기보다 더 큰 자를 가
리켜 맹세하나니 맹세는 그들이
다투는 모든 일의 최후 (確定)확
정이니라
17 하나님은 약속을 기업으로 받는
자들에게 그 뜻이 변하지 아니함
을 충분히 나타내시려고 그 일을
맹세로 (保證)보증하셨나니
18 이는 하나님이 거짓말을 하실 수
없는 이 두 가지 변하지 못할 사
실로 말미암아 앞에 있는 소망을
얻으려고 피난처를 찾은 우리에
게 큰 (安慰)안위를 받게 하려 하
심이라
19 우리가 이 소망을 가지고 있는 은
영혼의 닻 같아서 튼튼하고 (堅
固)견고하여 휘장 안에 들어 가
나니
20 그리로 앞서 가신 예수께서 멜기
세덱의 (班次)반차를 따라 영원
히 대제사장이 되어 우리를 위하
여 들어 가셨느니라

ㄱ 창 22:16

멜기세덱

7 이 멜기세덱은 살렘 왕이요 (至
極)지극히 높으신 하나님의 (祭
司長)제사장이라 여러 왕을 쳐서
죽이고 돌아오는 아브라함을 만
나 복을 빈 자라
2 아브라함이 모든 것의 십분의 일
을 그에게 나누어 주니라 그 이름
을 해석하면 먼저는 의의 왕이요
그 다음은 살렘 왕이니 곧 (平康)
평강의 왕이요
3 아버지도 없고 어머니도 없고 족
보도 없고 시작한 날도 없고 (生
命)생명의 끝도 없어 하나님의
아들과 닮아서 항상 제사장으로
있느니라
4 ●이 사람이 얼마나 높은가를 생
각해 보라 조상 아브라함도 (擄掠
物)노략물 중 십분의 일을 그에
게 주었느니라
5 레위의 아들들 가운데 제사장의
(職分)직분을 받은 자들은 율법
을 따라 아브라함의 허리에서 난
자라도 자기 형제인 백성에게서
십분의 일을 취하라는 명령을 받
았으나
6 레위 (族譜)족보에 들지 아니한
멜기세덱은 아브라함에게서 십분
의 일을 취하고 약속을 받은 그를
위하여 복을 빌었나니

7 (論難)논란의 여지 없이 낮은 자
가 높은 자에게서 축복을 받느니
라
8 또 여기는 죽을 자들이 십분의 일
을 받으나 저기는 산다고 (證據)
증거를 얻은 자가 받았느니라
9 또한 십분의 일을 받는 레위도 아
브라함으로 말미암아 (十分)십분
의 (一)일을 바쳤다고 할 수 있나
니
10 이는 멜기세덱이 아브라함을 만
날 때에 레위는 이미 자기 (祖上)
조상의 허리에 있었음이라
11 ●레위 (系統)계통의 제사 직분
으로 말미암아 온전함을 얻을 수
있었으면 (백성이 그 아래에서 율
법을 받았으니 어찌하여 아론의
반차를 따르지 않고 멜기세덱의
반차를 따르는 다른 한 제사장을
세울 필요가 있느냐)
12 (祭司)제사 (職分)직분이 바꾸어
졌은즉 율법도 반드시 바꾸어지
리니
13 이것은 한 사람도 (祭壇)제단 일
을 받들지 않는 다른 지파에 속한
자를 가리켜 말한 것이라
14 우리 주께서는 유다로부터 나신
것이 분명하도다 이 (支派)지파
에는 모세가 제사장들에 관하여
말한 것이 하나도 없고
15 멜기세덱과 같은 별다른 한 제사
장이 일어난 것을 보니 더욱 (分
明)분명하도다
16 그는 육신에 속한 한 계명의 법을
따르지 아니하고 오직 (不滅)불
멸의 생명의 능력을 따라 되었으
니
17 증언하기를 ᄀ네가 (永遠)영원히
멜기세덱의 반차를 따르는 제사
장이라 하였도다
18 전에 있던 계명은 (軟弱)연약하
고 무익하므로 폐하고
19 (율법은 아무 것도 (穩全)온전하
게 못할지라) 이에 더 좋은 (所望)
소망이 생기니 이것으로 우리가
하나님께 가까이 가느니라
20 또 예수께서 제사장이 되신 것은
(盟誓)맹세 없이 된 것이 아니니
21 (그들은 맹세 없이 제사장이 되었
으되 오직 예수는 자기에게 말씀
하신 이로 말미암아 맹세로 되신
것이라 ᄂ주께서 맹세하시고 뉘우
치지 아니하시리니 네가 영원히
(祭司長)제사장이라 하셨도다)
22 이와 같이 예수는 더 좋은 (言約)
언약의 보증이 되셨느니라
23 제사장 된 그들의 (數爻)수효가
많은 것은 죽음으로 말미암아 항
상 있지 못함이로되
24 예수는 (永遠)영원히 계시므로
그 제사장 직분도 갈리지 아니하
느니라
25 그러므로 자기를 힘입어 하나님
께 나아가는 자들을 온전히 구원
하실 수 있으니 이는 그가 항상
살아 계셔서 그들을 위하여 (懇
求)간구하심이라
26 ●이러한 대제사장은 우리에게
(合當)합당하니 거룩하고 (惡)악

ᄀ 시 110:4 ᄂ 시 110:4

이 없고 더러움이 없고 죄인에게
서 떠나 계시고 하늘보다 높이 되
신 이라
27 그는 저 대제사장들이 먼저 자기
죄를 위하고 다음에 백성의 죄를
위하여 날마다 제사 드리는 것과
같이 할 필요가 없으니 이는 그가
(單番)단번에 자기를 드려 이루
셨음이라
28 율법은 (弱點)약점을 가진 사람
들을 제사장으로 세웠거니와 율
법 후에 하신 맹세의 말씀은 영원
히 온전하게 되신 아들을 세우셨
느니라

새 언약의 대제사장

8 지금 우리가 하는 말의 요점은
이러한 대제사장이 우리에게
있다는 것이라 그는 하늘에서 (至
極)지극히 크신 이의 보좌 우편
에 앉으셨으니
2 성소와 참 (帳幕)장막에서 섬기
는 이시라 이 장막은 주께서 세우
신 것이요 사람이 세운 것이 아니
니라
3 대제사장마다 (禮物)예물과 제사
드림을 위하여 세운 자니 그러므
로 그도 무엇인가 드릴 것이 있어
야 할지니라
4 예수께서 만일 땅에 계셨더라면
제사장이 되지 아니하셨을 것이
니 이는 (律法)율법을 따라 예물
을 드리는 제사장이 있음이라
5 그들이 섬기는 것은 하늘에 있는
것의 모형과 그림자라 모세가 장
막을 지으려 할 때에 (指示)지시
하심을 얻음과 같으니 이르시되
ㄱ삼가 모든 것을 산에서 네게 보
이던 본을 따라 지으라 하셨느니
라
6 그러나 이제 그는 더 아름다운
(職分)직분을 얻으셨으니 그는
더 좋은 약속으로 세우신 더 좋은
언약의 중보자시라
7 저 첫 언약이 (無欠)무흠하였더
라면 둘째 것을 (要求)요구할 일
이 없었으려니와
8 그들의 잘못을 (指摘)지적하여
말씀하시되
ㄴ주께서 이르시되 볼지어다 날
이 이르리니 내가 이스라엘 집
과 유다 집과 더불어 새 언약을
맺으리라
9 또 주께서 이르시기를 이 언약
은 내가 그들의 열조의 손을 잡
고 애굽 땅에서 (引導)인도하여
내던 날에 그들과 맺은 언약과
같지 아니하도다 그들은 내 언
약 안에 머물러 있지 아니하므
로 내가 그들을 돌보지 아니하
였노라
10 또 주께서 이르시되 그 날 후에
내가 이스라엘 집과 맺을 언약
은 이것이니 내 (法)법을 그들의
생각에 두고 그들의 마음에 이
것을 (記錄)기록하리라 나는 그
들에게 하나님이 되고 그들은
내게 백성이 되리라
11 또 각각 자기 나라 사람과 각각
자기 (兄弟)형제를 가르쳐 이르

ㄱ 출 25:40 ㄴ 렘 31:31 이하

기를 주를 알라 하지 아니할 것
은 그들이 작은 자로부터 큰 자
까지 다 나를 앎이라
12 내가 그들의 (不義)불의를 긍휼
히 여기고 그들의 죄를 다시 기
억하지 아니하리라
하셨느니라
13 새 (言約)언약이라 말씀하셨으매
첫 것은 낡아지게 하신 것이니 낡
아지고 쇠하는 것은 없어져 가는
것이니라

손으로 지은 성소와 온전한 성소

9 첫 언약에도 섬기는 (禮法)예법
과 세상에 속한 성소가 있더라
2 예비한 첫 장막이 있고 그 안에
등잔대와 상과 (陳設餠)진설병이
있으니 이는 성소라 일컫고
3 또 둘째 휘장 뒤에 있는 장막을
(至聖所)지성소라 일컫나니
4 ㄱ금 향로와 사면을 금으로 싼 (言
約櫃)언약궤가 있고 그 안에 만
나를 담은 금 항아리와 아론의 싹
난 지팡이와 언약의 돌판들이 있
고
5 그 위에 (贖罪所)속죄소를 덮는
영광의 그룹들이 있으니 이것들
에 관하여는 이제 낱낱이 말할 수
없노라
6 이 모든 것을 이같이 예비하였으
니 제사장들이 항상 첫 장막에 들
어가 섬기는 (禮式)예식을 행하
고
7 오직 둘째 장막은 (大祭司長)대
제사장이 홀로 일 년에 한 번 들
어가되 자기와 백성의 허물을 위
하여 드리는 피 없이는 아니하나
니
8 (聖靈)성령이 이로써 보이신 것
은 첫 장막이 서 있을 동안에는
성소에 들어가는 길이 아직 나타
나지 아니한 것이라
9 이 장막은 현재까지의 비유니 이
에 따라 드리는 예물과 제사는 섬
기는 자를 그 양심상 (穩全)온전
하게 할 수 없나니
10 이런 것은 먹고 마시는 것과 여러
가지 씻는 것과 함께 육체의 (禮
法)예법일 뿐이며 (改革)개혁할
때까지 맡겨 둔 것이니라
11 ●그리스도께서는 장래 좋은 일
의 대제사장으로 오사 손으로 짓
지 아니한 것 곧 이 (創造)창조에
속하지 아니한 더 크고 온전한 장
막으로 말미암아
12 염소와 송아지의 피로 하지 아니
하고 오직 자기의 피로 영원한
(贖罪)속죄를 이루사 단번에 (聖
所)성소에 들어가셨느니라
13 염소와 황소의 피와 및 암송아지
의 재를 (不淨)부정한 자에게 뿌
려 그 육체를 (淨潔)정결하게 하
여 거룩하게 하거든
14 하물며 (永遠)영원하신 성령으로
말미암아 흠 없는 자기를 하나님
께 드린 그리스도의 피가 어찌 너
희 양심을 죽은 행실에서 깨끗하
게 하고 살아 계신 하나님을 섬기
게 하지 못하겠느냐
15 이로 말미암아 그는 새 언약의 중

ㄱ 대하 26:19; 겔 8:11

보자시니 이는 첫 언약 때에 범한
죄에서 (贖良)속량하려고 죽으사
부르심을 입은 자로 하여금 영원
한 기업의 약속을 얻게 하려 하심
이라
16 [1](遺言)유언은 [1]유언한 자가 죽어
야 되나니
17 [1]유언은 그 사람이 죽은 후에야
유효한즉 [1]유언한 자가 살아 있
는 동안에는 (效力)효력이 없느
니라
18 이러므로 첫 (言約)언약도 피 없
이 세운 것이 아니니
19 모세가 율법대로 모든 계명을 온
백성에게 말한 후에 송아지와 염
소의 피 및 물과 붉은 양털과 (牛
膝草)우슬초를 취하여 그 두루마
리와 온 백성에게 뿌리며
20 이르되 [ㄱ]이는 하나님이 너희에게
명하신 (言約)언약의 피라 하고
21 또한 이와 같이 피를 (帳幕)장막
과 섬기는 일에 쓰는 모든 그릇에
뿌렸느니라
22 율법을 따라 거의 모든 물건이 피
로써 (淨潔)정결하게 되나니 피
흘림이 없은즉 사함이 없느니라

그리스도의 희생으로 이루어진 속죄

23 ● 그러므로 하늘에 있는 것들의
(模型)모형은 이런 것들로써 정
결하게 할 필요가 있었으나 하늘
에 있는 그것들은 이런 것들보다
더 좋은 제물로 할지니라
24 그리스도께서는 참 것의 그림자
인 손으로 만든 (聖所)성소에 들
어가지 아니하시고 바로 그 하늘
에 들어가사 이제 우리를 위하여
하나님 앞에 나타나시고
25 (大祭司長)대제사장이 해마다 다
른 것의 피로써 성소에 들어가는
것 같이 자주 자기를 드리려고 아
니하실지니
26 그리하면 그가 세상을 (創造)창
조한 때부터 자주 고난을 받았어
야 할 것이로되 이제 자기를 단번
에 (祭物)제물로 드려 죄를 없이
하시려고 세상 끝에 나타나셨느
니라
27 한번 죽는 것은 사람에게 정해진
것이요 그 후에는 (審判)심판이
있으리니
28 이와 같이 그리스도도 많은 사람
의 (罪)죄를 담당하시려고 단번
에 드리신 바 되셨고 구원에 이르
게 하기 위하여 죄와 상관 없이
자기를 바라는 자들에게 두 번째
나타나시리라

10 율법은 장차 올 좋은 일의
그림자일 뿐이요 참 (形狀)
형상이 아니므로 해마다 늘 드리
는 같은 제사로는 나아오는 자들
을 언제나 온전하게 할 수 없느니
라
2 그렇지 아니하면 섬기는 자들이
단번에 정결하게 되어 다시 (罪)
죄를 깨닫는 일이 없으리니 어찌
제사 드리는 일을 그치지 아니하
였으리요
3 그러나 이 제사들에는 해마다 죄
를 (記憶)기억하게 하는 것이 있

1) 헬, 언약 ㄱ 출 24:8

나니
4 이는 황소와 염소의 피가 (能)능
히 죄를 없이 하지 못함이라
5 그러므로 주께서 세상에 임하실
때에 이르시되
ㄱ하나님이 제사와 예물을 원하
지 아니하시고 오직 나를 위하
여 한 몸을 (豫備)예비하셨도다
6 (燔祭)번제와 (贖罪祭)속죄제는
기뻐하지 아니하시나니
7 이에 내가 말하기를 하나님이여
보시옵소서 두루마리 (冊)책에
나를 가리켜 기록된 것과 같이
하나님의 뜻을 행하러 왔나이다
하셨느니라
8 위에 말씀하시기를 주께서는 제
사와 예물과 번제와 (贖罪祭)속
죄제는 원하지도 아니하고 기뻐
하지도 아니하신다 하셨고 (이는
다 율법을 따라 드리는 것이라)
9 그 후에 말씀하시기를 보시옵소
서 내가 하나님의 뜻을 행하러 왔
나이다 하셨으니 그 첫째 것을
(廢)폐하심은 둘째 것을 세우려
하심이라
10 이 뜻을 따라 예수 그리스도의 몸
을 (單番)단번에 드리심으로 말
미암아 우리가 거룩함을 얻었노
라
11 (祭司長)제사장마다 매일 서서
섬기며 자주 같은 (祭祀)제사를
드리되 이 제사는 언제나 죄를 없
게 하지 못하거니와
12 오직 그리스도는 죄를 위하여 [1]
한 영원한 제사를 드리시고 하나
님 우편에 앉으사
13 그 (後)후에 자기 (怨讐)원수들을
자기 발등상이 되게 하실 때까지
기다리시나니
14 그가 거룩하게 된 자들을 한 번의
제사로 영원히 (穩全)온전하게
하셨느니라
15 또한 (聖靈)성령이 우리에게 증
언하시되
16 ㄴ주께서 이르시되 그 날 후로는
그들과 맺을 (言約)언약이 이것
이라 하시고 내 법을 그들의 마
음에 두고 그들의 생각에 기록
하리라
하신 후에
17 또
그들의 죄와 그들의 (不法)불법
을 내가 다시 기억하지 아니하
리라
하셨으니
18 이것들을 사하셨은즉 다시 죄를
위하여 (祭祀)제사 드릴 것이 없
느니라

소망을 굳게 잡으라

19 ●그러므로 형제들아 우리가 예
수의 피를 힘입어 성소에 들어갈
(膽力)담력을 얻었나니
20 그 길은 우리를 위하여 (揮帳)휘
장 가운데로 열어 놓으신 새로운
살 길이요 휘장은 곧 그의 육체니
라
21 또 하나님의 집 다스리는 큰 (祭
司長)제사장이 계시매
22 우리가 마음에 뿌림을 받아 악한

1) 또는 한 제사를 드리고 영원히 ㄴ 시 40:6 이하 ㄱ 렘 31:33 이하

(良心)양심으로부터 벗어나고 몸
은 맑은 물로 씻음을 받았으니 참
마음과 온전한 믿음으로 하나님
께 나아가자
23 또 약속하신 이는 미쁘시니 우리
가 믿는 (道理)도리의 소망을 움
직이지 말며 굳게 잡고
24 서로 돌아보아 사랑과 선행을 (激
勵)격려하며
25 모이기를 (廢)폐하는 어떤 사람
들의 (習慣)습관과 같이 하지 말
고 오직 권하여 그 날이 가까움을
볼수록 더욱 그리하자
26 ●우리가 (眞理)진리를 아는 지
식을 받은 후 짐짓 죄를 범한즉
다시 속죄하는 제사가 없고
27 오직 무서운 마음으로 (審判)심
판을 기다리는 것과 대적하는 자
를 태울 맹렬한 불만 있으리라
28 모세의 법을 폐한 자도 두세 (證
人)증인으로 말미암아 불쌍히 여
김을 받지 못하고 죽었거든
29 하물며 하나님의 아들을 짓밟고
자기를 거룩하게 한 언약의 피를
부정한 것으로 여기고 은혜의 성
령을 욕되게 하는 자가 당연히 받
을 (刑罰)형벌은 얼마나 더 무겁
겠느냐 너희는 생각하라
30 ㄱ(怨讐)원수 갚는 것이 내게 있으
니 내가 갚으리라 하시고 또 다시
주께서 그의 백성을 심판하리라
말씀하신 것을 우리가 아노니
31 살아 계신 하나님의 손에 빠져 들
어가는 것이 무서울진저

ㄱ 신 32:35, 36 ㄴ 합 2:3 이하

32 ●전날에 너희가 빛을 받은 후에
(苦難)고난의 큰 싸움을 견디어
낸 것을 생각하라
33 혹은 비방과 환난으로써 사람에
게 구경거리가 되고 혹은 이런
(形便)형편에 있는 자들과 사귀
는 자가 되었으니
34 너희가 갇힌 자를 (同情)동정하
고 너희 소유를 빼앗기는 것도 기
쁘게 당한 것은 더 낫고 (永久)영
구한 소유가 있는 줄 앎이라
35 그러므로 너희 (膽大)담대함을
버리지 말라 이것이 큰 상을 얻게
하느니라
36 너희에게 (忍耐)인내가 필요함은
너희가 하나님의 뜻을 행한 후에
약속하신 것을 받기 위함이라
37 ㄴ잠시 잠깐 후면 오실 이가 오
시리니 (遲滯)지체하지 아니하
시리라
38 나의 (義人)의인은 믿음으로 말
미암아 살리라 또한 뒤로 물러
가면 내 마음이 그를 기뻐하지
아니하리라
하셨느니라
39 우리는 뒤로 물러가 (滅亡)멸망
할 자가 아니요 오직 영혼을 (救
援)구원함에 이르는 믿음을 가진
자니라

믿음

11 믿음은 바라는 것들의 (實
狀)실상이요 보이지 않는 것
들의 증거니
2 (先進)선진들이 이로써 증거를
얻었느니라

3 믿음으로 모든 (世界)세계가 하
나님의 말씀으로 지어진 줄을 우
리가 아나니 보이는 것은 나타난
것으로 말미암아 된 것이 아니니
라
4 믿음으로 아벨은 가인보다 더 나
은 (祭祀)제사를 하나님께 드림
으로 의로운 자라 하시는 증거를
얻었으니 하나님이 그 예물에 대
하여 증언하심이라 그가 죽었으
나 그 믿음으로써 지금도 말하느
니라
5 믿음으로 에녹은 죽음을 보지 않
고 옮겨졌으니 하나님이 그를 옮
기심으로 다시 보이지 아니하였
느니라 그는 옮겨지기 전에 하나
님을 기쁘시게 하는 자라 하는
(證據)증거를 받았느니라
6 믿음이 없이는 하나님을 기쁘시
게 하지 못하나니 하나님께 나아
가는 자는 반드시 그가 계신 것과
또한 그가 자기를 찾는 자들에게
(賞)상 주시는 이심을 믿어야 할
지니라
7 믿음으로 노아는 아직 보이지 않
는 일에 (警告)경고하심을 받아
경외함으로 방주를 준비하여 그
집을 구원하였으니 이로 말미암
아 세상을 정죄하고 믿음을 따르
는 의의 상속자가 되었느니라
8 믿음으로 아브라함은 부르심을
받았을 때에 (順從)순종하여 장
래의 유업으로 받을 땅에 나아갈
새 갈 바를 알지 못하고 나아갔으
며
9 믿음으로 그가 이방의 땅에 있는
것 같이 약속의 땅에 (居留)거류
하여 동일한 약속을 (遺業)유업
으로 함께 받은 이삭 및 야곱과
더불어 장막에 거하였으니
10 이는 그가 하나님이 (計劃)계획
하시고 지으실 터가 있는 성을 바
랐음이라
11 믿음으로 사라 자신도 나이가 많
아 (斷産)단산하였으나 잉태할
수 있는 힘을 얻었으니 이는 약속
하신 이를 미쁘신 줄 알았음이라
12 이러므로 죽은 자와 같은 한 사람
으로 말미암아 하늘의 허다한 별
과 또 해변의 무수한 모래와 같이
많은 후손이 (生育)생육하였느니
라
13 ●이 사람들은 다 믿음을 따라 죽
었으며 약속을 받지 못하였으되
그것들을 멀리서 보고 (歡迎)환
영하며 또 땅에서는 외국인과 나
그네임을 증언하였으니
14 그들이 이같이 말하는 것은 자기
들이 (本鄕)본향 찾는 자임을 나
타냄이라
15 그들이 나온 바 본향을 생각하였
더라면 돌아갈 기회가 있었으려
니와
16 그들이 이제는 더 나은 본향을
(思慕)사모하니 곧 하늘에 있는
것이라 이러므로 하나님이 그들
의 하나님이라 일컬음 받으심을
부끄러워하지 아니하시고 그들을
위하여 한 (城)성을 예비하셨느
니라

17 ●아브라함은 (試驗)시험을 받을
때에 믿음으로 이삭을 드렸으니
그는 약속들을 받은 자로되 그 외
아들을 드렸느니라
18 [1]그에게 이미 말씀하시기를 ㄱ네 [2]
(子孫)자손이라 칭할 자는 이삭
으로 말미암으리라 하셨으니
19 그가 하나님이 능히 이삭을 죽은
자 가운데서 다시 살리실 줄로 생
각한지라 (譬喩)비유컨대 그를
죽은 자 가운데서 도로 받은 것이
니라
20 믿음으로 이삭은 (將次)장차 있
을 일에 대하여 야곱과 에서에게
(祝福)축복하였으며
21 믿음으로 야곱은 죽을 때에 요셉
의 각 아들에게 축복하고 그 지팡
이 머리에 의지하여 (敬拜)경배
하였으며
22 믿음으로 요셉은 (臨終時)임종시
에 이스라엘 자손들이 떠날 것을
말하고 또 자기 뼈를 위하여 명하
였으며
23 믿음으로 모세가 났을 때에 그 부
모가 아름다운 아이임을 보고 석
달 동안 숨겨 왕의 (命令)명령을
무서워하지 아니하였으며
24 믿음으로 모세는 (長成)장성하여
바로의 공주의 아들이라 칭함 받
기를 거절하고
25 도리어 하나님의 백성과 함께 고
난 받기를 잠시 죄악의 (樂)낙을
누리는 것보다 더 좋아하고
26 그리스도를 위하여 받는 (受侮)
수모를 애굽의 모든 보화보다 더
큰 재물로 여겼으니 이는 상 주심
을 바라봄이라
27 믿음으로 애굽을 떠나 왕의 (怒)
노함을 무서워하지 아니하고 곧
보이지 아니하는 자를 보는 것 같
이 하여 참았으며
28 믿음으로 유월절과 피 뿌리는 (禮
式)예식을 정하였으니 이는 장자
를 멸하는 자로 그들을 건드리지
않게 하려 한 것이며
29 믿음으로 그들은 홍해를 육지 같
이 건넜으나 애굽 사람들은 이것
을 (試驗)시험하다가 빠져 죽었
으며
30 믿음으로 칠 일 동안 여리고를 도
니 (城)성이 무너졌으며
31 믿음으로 기생 라합은 정탐꾼을
평안히 (迎接)영접하였으므로 (順
從)순종하지 아니한 자와 함께
멸망하지 아니하였도다
32 내가 무슨 말을 더 하리요 기드
온, 바락, 삼손, 입다, 다윗 및 사
무엘과 선지자들의 일을 말하려
면 내게 시간이 (不足)부족하리
로다
33 그들은 믿음으로 나라들을 이기
기도 하며 (義)의를 행하기도 하
며 약속을 받기도 하며 (獅子)사
자들의 입을 막기도 하며
34 불의 (勢力)세력을 멸하기도 하
며 칼날을 피하기도 하며 연약한
가운데서 강하게 되기도 하며 전
쟁에 (勇敢)용감하게 되어 이방
사람들의 진을 물리치기도 하며

1) 또는 그에게 대하여 2) 헬 씨 ㄱ 창 21:12

35 여자들은 자기의 죽은 자들을 (復
活)부활로 받아들이기도 하며 또
어떤 이들은 더 좋은 부활을 얻고
자 하여 심한 (拷問)고문을 받되
구차히 풀려나기를 원하지 아니
하였으며
36 또 어떤 이들은 조롱과 채찍질뿐
아니라 결박과 옥에 갇히는 (試
鍊)시련도 받았으며
37 돌로 치는 것과 톱으로 켜는 것과
시험과 칼로 죽임을 당하고 양과
염소의 가죽을 입고 유리하여 궁
핍과 환난과 (虐待)학대를 받았
으니
38 (이런 사람은 세상이 (堪當)감당
하지 못하느니라) 그들이 광야와
산과 동굴과 토굴에 유리하였느
니라
39 이 사람들은 다 믿음으로 말미암
아 증거를 받았으나 (約束)약속
된 것을 받지 못하였으니
40 이는 하나님이 우리를 위하여 더
좋은 것을 (豫備)예비하셨은즉
우리가 아니면 그들로 온전함을
이루지 못하게 하려 하심이라

주께서 주시는 징계

12 이러므로 우리에게 구름 같
이 둘러싼 허다한 증인들이
있으니 모든 [1]무거운 것과 얽매
이기 쉬운 죄를 벗어 버리고 인내
로써 우리 앞에 당한 (競走)경주
를 하며
2 믿음의 주요 또 (穩全)온전하게
하시는 이인 예수를 바라보자 그
는 그 앞에 있는 기쁨을 위하여
십자가를 참으사 부끄러움을 개
의치 아니하시더니 하나님 보좌
우편에 앉으셨느니라
3 너희가 (疲困)피곤하여 낙심하지
않기 위하여 죄인들이 이같이 자
기에게 거역한 일을 참으신 이를
생각하라
4 너희가 죄와 싸우되 아직 피흘리
기까지는 (對抗)대항하지 아니하
고
5 또 아들들에게 권하는 것 같이 너
희에게 (勸勉)권면하신 말씀도
잊었도다 일렀으되
ㄱ내 아들아 주의 징계하심을 경
히 여기지 말며 그에게 꾸지람
을 받을 때에 낙심하지 말라
6 주께서 그 사랑하시는 자를 (懲
戒)징계하시고 그가 받아들이시
는 아들마다 채찍질하심이라
하였으니
7 너희가 참음은 징계를 받기 위함
이라 하나님이 아들과 같이 너희
를 (待遇)대우하시나니 어찌 아
버지가 징계하지 않는 아들이 있
으리요
8 징계는 다 받는 것이거늘 너희에
게 없으면 (私生子)사생자요 친
아들이 아니니라
9 또 우리 육신의 아버지가 우리를
징계하여도 (恭敬)공경하였거든
하물며 모든 영의 아버지께 더욱
복종하며 살려 하지 않겠느냐
10 그들은 잠시 자기의 뜻대로 우리
를 징계하였거니와 오직 하나님

1) 또는 거리끼는 ㄱ 잠 3:11, 12

은 우리의 유익을 위하여 그의 거
룩하심에 (參與)참여하게 하시느
니라
11 무릇 징계가 당시에는 즐거워 보
이지 않고 슬퍼 보이나 후에 그로
말미암아 (鍊鍛)연단 받은 자들
은 의와 평강의 열매를 맺느니라
12 그러므로 피곤한 손과 (軟弱)연
약한 무릎을 일으켜 세우고
13 너희 발을 (爲)위하여 곧은 길을
만들어 저는 다리로 하여금 어그
러지지 않고 고침을 받게 하라

하나님의 은혜를 거역한 자들에게 주는 경고

14 ●모든 사람과 더불어 (和平)화
평함과 거룩함을 따르라 이것이
없이는 아무도 주를 보지 못하리
라
15 너희는 하나님의 (恩惠)은혜에
이르지 못하는 자가 없도록 하고
또 쓴 뿌리가 나서 괴롭게 하여
많은 사람이 이로 말미암아 더럽
게 되지 않게 하며
16 (淫行)음행하는 자와 혹 한 그릇
음식을 위하여 장자의 명분을 판
에서와 같이 (妄靈)망령된 자가
없도록 살피라
17 너희가 아는 바와 같이 그가 그
후에 축복을 이어받으려고 눈물
을 흘리며 구하되 버린 바가 되어
(悔改)회개할 기회를 얻지 못하
였느니라
18 ●너희는 만질 수 있고 불이 붙는
산과 침침함과 (黑暗)흑암과 폭
풍과
19 (喇叭)나팔 소리와 말하는 소리
가 있는 곳에 이른 것이 아니라
그 소리를 듣는 자들은 더 말씀하
지 아니하시기를 구하였으니
20 이는 ㄱ짐승이라도 그 산에 들어
가면 돌로 침을 당하리라 하신
(命令)명령을 그들이 견디지 못
함이라
21 그 보이는 바가 이렇듯 무섭기로
모세도 이르되 ㄴ내가 (甚)심히 두
렵고 떨린다 하였느니라
22 그러나 너희가 이른 곳은 시온 산
과 살아 계신 하나님의 (都城)도
성인 하늘의 예루살렘과 천만 천
사와
23 하늘에 기록된 장자들의 모임과
교회와 만민의 (審判者)심판자이
신 하나님과 및 온전하게 된 의인
의 (靈)영들과
24 새 (言約)언약의 중보자이신 예
수와 및 아벨의 피보다 더 나은
것을 말하는 뿌린 피니라
25 너희는 삼가 말씀하신 이를 (拒
逆)거역하지 말라 땅에서 경고하
신 이를 거역한 그들이 피하지 못
하였거든 하물며 하늘로부터 경
고하신 이를 배반하는 우리일까
보냐
26 그 때에는 그 소리가 땅을 진동하
였거니와 이제는 약속하여 이르
시되 ㄷ내가 또 한 번 땅만 아니라
하늘도 (震動)진동하리라 하셨느
니라
27 이 또 한 번이라 하심은 진동하지

ㄱ 출 19:12 ㄴ 신 9:19 ㄷ 학 2:6

아니하는 것을 (永存)영존하게
하기 위하여 진동할 것들 곧 만드
신 것들이 변동될 것을 나타내심
이라
28 그러므로 우리가 흔들리지 않는
나라를 받았은즉 [1]은혜를 [2]받자
이로 말미암아 (敬虔)경건함과
두려움으로 하나님을 기쁘시게
섬길지니
29 우리 하나님은 (燒滅)소멸하는
불이심이라

하나님이 기뻐하시는 제사

13 형제 사랑하기를 (繼續)계속
하고
2 손님 (待接)대접하기를 잊지 말
라 이로써 부지중에 천사들을 대
접한 이들이 있었느니라
3 너희도 함께 갇힌 것 같이 갇힌
자를 생각하고 너희도 몸을 가졌
은즉 (虐待)학대 받는 자를 생각
하라
4 [3]모든 사람은 (結婚)결혼을 귀히
여기고 침소를 더럽히지 않게 하
라 음행하는 자들과 간음하는 자
들을 하나님이 (審判)심판하시리
라
5 돈을 사랑하지 말고 있는 바를
(足)족한 줄로 알라 그가 친히 말
씀하시기를 ㄱ내가 결코 너희를
버리지 아니하고 너희를 떠나지
아니하리라 하셨느니라
6 그러므로 우리가 (膽大)담대히
말하되
ㄴ주는 나를 돕는 이시니 내가
무서워하지 아니하겠노라 사람
이 내게 어찌하리요
하노라
7 하나님의 말씀을 너희에게 일러
주고 너희를 (引導)인도하던 자
들을 생각하며 그들의 행실의 결
말을 주의하여 보고 그들의 믿음
을 본받으라
8 예수 그리스도는 어제나 오늘이
나 영원토록 (同一)동일하시니라
9 여러 가지 다른 (敎訓)교훈에 끌
리지 말라 마음은 은혜로써 굳게
함이 아름답고 음식으로써 할 것
이 아니니 음식으로 말미암아 행
한 자는 유익을 얻지 못하였느니
라
10 우리에게 (祭壇)제단이 있는데
(帳幕)장막에서 섬기는 자들은
그 제단에서 먹을 권한이 없나니
11 이는 (罪)죄를 위한 짐승의 피는
대제사장이 가지고 성소에 들어
가고 그 육체는 (營門)영문 밖에
서 불사름이라
12 그러므로 예수도 자기 피로써 백
성을 거룩하게 하려고 성문 밖에
서 (苦難)고난을 받으셨느니라
13 그런즉 우리도 그의 (恥辱)치욕
을 짊어지고 영문 밖으로 그에게
나아가자
14 우리가 여기에는 영구한 (都城)도
성이 없으므로 장차 올 것을 찾나
니
15 그러므로 우리는 예수로 말미암

1) 또는 감사하자 2) 어떤 사본에, 받아 3) 또는 사람에게 혼인은 귀하니 침소가 더러운 것이 아니라 ㄱ 신 31:6; 수 1:5 ㄴ 시 118:6

아 항상 (讚頌)찬송의 제사를 하
나님께 드리자 이는 그 이름을 증
언하는 입술의 열매니라
16 오직 선을 (行)행함과 서로 나누
어 주기를 잊지 말라 하나님은 이
같은 제사를 기뻐하시느니라
17 너희를 (引導)인도하는 자들에게
순종하고 복종하라 그들은 너희
영혼을 위하여 경성하기를 자신
들이 청산할 자인 것 같이 하느니
라 그들로 하여금 즐거움으로 이
것을 하게 하고 근심으로 하게 하
지 말라 그렇지 않으면 너희에게
유익이 없느니라
18 ● 우리를 위하여 기도하라 우리
가 모든 일에 선하게 행하려 하므
로 우리에게 선한 (良心)양심이
있는 줄을 (確信)확신하노니
19 내가 더 속히 너희에게 돌아가기
위하여 너희가 (祈禱)기도하기를
더욱 원하노라

축복과 끝 인사

20 ● 양들의 큰 (牧者)목자이신 우
리 주 예수를 영원한 언약의 피
로 죽은 자 가운데서 이끌어 내신
(平康)평강의 하나님이
21 모든 선한 일에 너희를 온전하게
하사 자기 뜻을 행하게 하시고 그
앞에 즐거운 것을 예수 그리스도
로 말미암아 우리 가운데서 이루
시기를 원하노라 영광이 그에게
(世世無窮)세세무궁토록 있을지
어다 아멘
22 ● 형제들아 내가 너희를 권하노
니 권면의 말을 (容納)용납하라
내가 간단히 너희에게 썼느니라
23 우리 (兄弟)형제 디모데가 놓인
것을 너희가 알라 그가 속히 오면
내가 그와 함께 가서 너희를 보리
라
24 ● 너희를 (引導)인도하는 자들과
및 모든 (聖徒)성도들에게 문안
하라 이달리야에서 온 자들도 너
희에게 문안하느니라
25 ● (恩惠)은혜가 너희 모든 사람
에게 있을지어다[1)]

1) 어떤 사본에, 25절 끝에 '아멘'이 있음

야고보書 James

인사

1 하나님과 주 예수 그리스도의
종 야고보는 흩어져 있는 열두
(支派)지파에게 문안하노라

믿음과 지혜

2 ●내 형제들아 너희가 여러 가지
(試驗)시험을 당하거든 온전히
기쁘게 여기라
3 이는 너희 믿음의 (試鍊)시련이
인내를 만들어 내는 줄 너희가 앎
이라
4 (忍耐)인내를 온전히 이루라 이
는 너희로 온전하고 구비하여 조
금도 부족함이 없게 하려 함이라
5 ●너희 중에 누구든지 (智慧)지
혜가 부족하거든 모든 사람에게
후히 주시고 꾸짖지 아니하시는
하나님께 구하라 그리하면 주시
리라
6 오직 믿음으로 구하고 조금도 (疑
心)의심하지 말라 의심하는 자는
마치 바람에 밀려 (搖動)요동하
는 바다 물결 같으니
7 이런 사람은 무엇이든지 (主)주
께 얻기를 생각하지 말라
8 두 마음을 품어 모든 일에 (定)정
함이 없는 자로다

낮은 형제, 부한 자

9 ●낮은 형제는 (自己)자기의 높
음을 자랑하고
10 (富)부한 자는 자기의 낮아짐을
자랑할지니 이는 그가 풀의 꽃과
같이 지나감이라
11 해가 돋고 뜨거운 바람이 불어 풀
을 말리면 꽃이 떨어져 그 모양의
아름다움이 없어지나니 부한 자
도 그 행하는 일에 이와 같이 (衰
殘)쇠잔하리라

시험에 견디어 낸 자

12 ●시험을 참는 자는 복이 있나니
이는 시련을 견디어 낸 자가 주께
서 자기를 사랑하는 자들에게 약
속하신 생명의 (冕旒冠)면류관을
얻을 것이기 때문이라
13 사람이 (試驗)시험을 받을 때에
내가 하나님께 시험을 받는다 하
지 말지니 하나님은 (惡)악에게
시험을 받지도 아니하시고 친히
아무도 시험하지 아니하시느니라
14 오직 각 사람이 시험을 받는 것은
자기 (慾心)욕심에 끌려 미혹됨
이니
15 욕심이 잉태한즉 죄를 낳고 죄가
(長成)장성한즉 사망을 낳느니라
16 내 사랑하는 형제들아 속지 말라
17 온갖 좋은 (恩賜)은사와 온전한
(膳物)선물이 다 위로부터 빛들
의 아버지께로부터 내려오나니
그는 변함도 없으시고 (回轉)회
전하는 그림자도 없으시니라
18 그가 그 피조물 중에 우리로 한
첫 열매가 되게 하시려고 자기의
뜻을 따라 (眞理)진리의 말씀으
로 우리를 낳으셨느니라

말씀을 들음과 행함

19 ●내 사랑하는 (兄弟)형제들아

너희가 알지니 사람마다 듣기는
(速)속히 하고 말하기는 더디 하
며 성내기도 더디 하라
20 사람이 성내는 것이 하나님의
(義)의를 이루지 못함이라
21 그러므로 모든 더러운 것과 넘치
는 악을 내버리고 너희 영혼을 능
히 구원할 바 마음에 심어진 말씀
을 (溫柔)온유함으로 받으라
22 너희는 말씀을 행하는 자가 되고
듣기만 하여 (自身)자신을 속이
는 자가 되지 말라
23 누구든지 말씀을 듣고 (行)행하
지 아니하면 그는 거울로 자기의
생긴 얼굴을 보는 사람과 같아서
24 제 자신을 보고 가서 그 모습이
어떠했는지를 곧 잊어버리거니와
25 (自由)자유롭게 하는 (穩全)온전
한 (律法)율법을 들여다보고 있
는 자는 듣고 잊어버리는 자가 아
니요 실천하는 자니 이 사람은 그
행하는 일에 복을 받으리라
26 누구든지 스스로 (敬虔)경건하다
생각하며 자기 혀를 재갈 물리지
아니하고 자기 마음을 속이면 이
사람의 경건은 헛것이라
27 하나님 아버지 앞에서 (淨潔)정
결하고 더러움이 없는 경건은 곧
고아와 과부를 그 환난중에 돌보
고 또 자기를 지켜 (世俗)세속에
물들지 아니하는 그것이니라

차별하여 대하지 말라

2 내 형제들아 영광의 주 곧 우리
주 예수 그리스도에 대한 믿음
을 너희가 가졌으니 사람을 (差
別)차별하여 대하지 말라
2 만일 너희 회당에 금 가락지를 끼
고 아름다운 옷을 입은 사람이 들
어오고 또 (襤褸)남루한 옷을 입
은 가난한 사람이 들어올 때에
3 너희가 아름다운 옷을 입은 자를
눈여겨 보고 말하되 여기 좋은 자
리에 앉으소서 하고 또 가난한 자
에게 말하되 너는 거기 서 있든지
내 발(凳床)등상 아래에 앉으라
하면
4 너희끼리 서로 차별하며 악한 생
각으로 (判斷)판단하는 자가 되
는 것이 아니냐
5 내 사랑하는 형제들아 들을지어
다 하나님이 세상에서 가난한 자
를 택하사 믿음에 (富饒)부요하게
하시고 또 자기를 사랑하는 자들
에게 (約束)약속하신 나라를 상
속으로 받게 하지 아니하셨느냐
6 너희는 도리어 가난한 자를 업신
여겼도다 부자는 너희를 억압하
며 (法廷)법정으로 끌고 가지 아
니하느냐
7 그들은 너희에게 대하여 일컫는
바 그 아름다운 이름을 (誹謗)비
방하지 아니하느냐
8 너희가 만일 (聖經)성경에 기록
된 대로 ㄱ네 이웃 사랑하기를 네
몸과 같이 하라 하신 최고의 법을
지키면 잘하는 것이거니와
9 만일 너희가 사람을 차별하여 대하
면 죄를 짓는 것이니 율법이 너희
를 (犯法者)범법자로 정죄하리라

ㄱ 레 19:18

10 누구든지 온 (律法)율법을 지키
다가 그 하나를 (犯)범하면 모두
범한 자가 되나니
11 ㄱ(姦淫)간음하지 말라 하신 이가
또한 살인하지 말라 하셨은즉 네가
비록 간음하지 아니하여도 살인하
면 율법을 범한 자가 되느니라
12 너희는 자유의 (律法)율법대로
(審判)심판 받을 자처럼 말도 하
고 행하기도 하라
13 (矜恤)긍휼을 행하지 아니하는
자에게는 긍휼 없는 심판이 있으
리라 긍휼은 심판을 이기고 자랑
하느니라

행함이 없는 믿음은 죽은 것

14 ● 내 형제들아 만일 사람이 믿음
이 있노라 하고 행함이 없으면 무
슨 (有益)유익이 있으리요 그 믿
음이 능히 자기를 구원하겠느냐
15 만일 형제나 자매가 헐벗고 일용
할 (糧食)양식이 없는데
16 너희 중에 누구든지 그에게 이르
되 (平安)평안히 가라, 덥게 하
라, 배부르게 하라 하며 그 몸에
쓸 것을 주지 아니하면 무슨 유익
이 있으리요
17 이와 같이 행함이 없는 믿음은 그
(自體)자체가 죽은 것이라
18 어떤 사람은 말하기를 너는 믿음
이 있고 나는 (行)행함이 있으니
행함이 없는 네 믿음을 내게 보이
라 나는 행함으로 내 믿음을 네게
보이리라 하리라
19 네가 하나님은 한 분이신 줄을 믿
느냐 잘하는도다 (鬼神)귀신들도
믿고 떠느니라
20 아아 (虛誕)허탄한 사람아 행함
이 없는 믿음이 헛것인 줄을 알고
자 하느냐
21 우리 조상 아브라함이 그 아들 이
삭을 (祭壇)제단에 바칠 때에 행
함으로 의롭다 하심을 받은 것이
아니냐
22 네가 보거니와 믿음이 그의 행함
과 함께 일하고 행함으로 믿음이
(穩全)온전하게 되었느니라
23 이에 성경에 이른 바 ㄴ아브라함
이 하나님을 믿으니 이것을 의로
여기셨다는 말씀이 이루어졌고
그는 하나님의 벗이라 (稱)칭함
을 받았나니
24 이로 보건대 사람이 (行)행함으
로 (義)의롭다 하심을 받고 믿음
으로만은 아니니라
25 또 이와 같이 기생 라합이 사자들
을 (接待)접대하여 다른 길로 나
가게 할 때에 행함으로 의롭다 하
심을 받은 것이 아니냐
26 (靈魂)영혼 없는 몸이 죽은 것 같
이 행함이 없는 믿음은 죽은 것이
니라

말에 실수가 없도록 하라

3 내 형제들아 너희는 선생된 우
리가 더 큰 (審判)심판을 받을
줄 알고 선생이 많이 되지 말라
2 우리가 다 (失手)실수가 많으니
만일 말에 실수가 없는 자라면 곧
온전한 사람이라 능히 온 몸도 굴
레 씌우리라

ㄱ 출 20:13,14; 신 5:17 ㄴ 사 41:8; 대하 20:7

3 우리가 말들의 입에 [1]재갈 물리
는 것은 우리에게 (順從)순종하
게 하려고 그 온 몸을 제어하는
것이라
4 또 배를 보라 그렇게 크고 (狂風)
광풍에 밀려가는 것들을 (至極)
지극히 작은 키로써 (沙工)사공
의 뜻대로 운행하나니
5 이와 같이 혀도 작은 (肢體)지체
로되 큰 것을 자랑하도다 보라 얼
마나 작은 불이 얼마나 [2]많은 나
무를 태우는가
6 혀는 곧 불이요 불의의 세계라 혀
는 우리 지체 중에서 온 몸을 더
럽히고 삶의 수레바퀴를 불사르
나니 그 사르는 것이 (地獄)지옥
불에서 나느니라
7 여러 (種類)종류의 짐승과 새와
벌레와 바다의 생물은 다 사람이
길들일 수 있고 길들여 왔거니와
8 혀는 능히 길들일 사람이 없나
니 쉬지 아니하는 악이요 죽이는
(毒)독이 가득한 것이라
9 이것으로 우리가 주 아버지를 (讚
頌)찬송하고 또 이것으로 하나님
의 (形像)형상대로 지음을 받은
사람을 저주하나니
10 한 입에서 찬송과 (詛呪)저주가
나오는도다 내 형제들아 이것이
마땅하지 아니하니라
11 샘이 한 구멍으로 어찌 단 물과
쓴 물을 내겠느냐
12 내 형제들아 어찌 무화과나무가
(橄欖)감람 열매를, 포도나무가

1) 헬. 굴레 씌우는 것은 2) 또는 큰 수풀을

무화과를 맺겠느냐 이와 같이 짠
물이 단 물을 내지 못하느니라

위로부터 난 지혜

13 ● 너희 중에 지혜와 (聰明)총명
이 있는 자가 누구냐 그는 (善行)
선행으로 말미암아 지혜의 온유
함으로 그 행함을 보일지니라
14 그러나 너희 마음 속에 독한 시기
와 다툼이 있으면 자랑하지 말라
진리를 거슬러 거짓말하지 말라
15 이러한 (智慧)지혜는 위로부터
내려온 것이 아니요 땅 위의 것이
요 정욕의 것이요 귀신의 것이니
16 시기와 다툼이 있는 곳에는 (混
亂)혼란과 모든 악한 일이 있음
이라
17 오직 위로부터 난 지혜는 첫째
(聖潔)성결하고 다음에 화평하고
관용하고 (良順)양순하며 긍휼과
선한 열매가 가득하고 편견과 거
짓이 없나니
18 (和平)화평하게 하는 자들은 화
평으로 심어 의의 열매를 거두느
니라

세상과 벗하지 말라

4 너희 중에 싸움이 어디로부터
다툼이 어디로부터 나느냐 너
희 (肢體)지체 중에서 싸우는 정
욕으로부터 나는 것이 아니냐
2 너희는 (慾心)욕심을 내어도 얻
지 못하여 살인하며 시기하여도
능히 취하지 못하므로 다투고 싸
우는도다 너희가 얻지 못함은 구
하지 아니하기 때문이요
3 구하여도 받지 못함은 (情慾)정

욕으로 쓰려고 잘못 구하기 때문
이라
4 [1]간음한 여인들아 세상과 벗된 것
이 하나님과 (怨讐)원수 됨을 알
지 못하느냐 그런즉 누구든지 세
상과 벗이 되고자 하는 자는 스스
로 하나님과 원수 되는 것이니라
5 너희는 하나님이 우리 속에 거하
게 하신 (聖靈)성령이 시기하기
까지 (思慕)사모한다 하신 말씀
을 헛된 줄로 생각하느냐
6 그러나 더욱 큰 은혜를 주시나
니 그러므로 일렀으되 ㄱ하나님이
(驕慢)교만한 자를 물리치시고
겸손한 자에게 은혜를 주신다 하
였느니라
7 그런즉 너희는 하나님께 (服從)
복종할지어다 마귀를 대적하라
그리하면 너희를 피하리라
8 하나님을 가까이하라 그리하면
너희를 가까이하시리라 죄인들아
손을 깨끗이 하라 두 마음을 품은
자들아 마음을 (聖潔)성결하게
하라
9 슬퍼하며 애통하며 울지어다 너
희 웃음을 애통으로, 너희 즐거움
을 근심으로 바꿀지어다
10 (主)주 앞에서 낮추라 그리하면
주께서 너희를 높이시리라

서로 비방하지 말라

11 ● 형제들아 서로 (誹謗)비방하지
말라 형제를 비방하는 자나 형제
를 판단하는 자는 곧 율법을 비방
하고 율법을 판단하는 것이라 네
가 만일 율법을 판단하면 율법의
준행자가 아니요 재판관이로다
12 입법자와 재판관은 오직 한 분이
시니 능히 구원하기도 하시며 멸
하기도 하시느니라 너는 누구이
기에 이웃을 (判斷)판단하느냐

허탄한 생각을 경고하다

13 ● 들으라 너희 중에 말하기를 오
늘이나 내일이나 우리가 어떤 도
시에 가서 거기서 일 년을 머물며
장사하여 (利益)이익을 보리라
하는 자들아
14 (來日)내일 일을 너희가 알지 못
하는도다 너희 생명이 무엇이냐
너희는 잠깐 보이다가 없어지는
안개니라
15 너희가 도리어 말하기를 (主)주의
뜻이면 우리가 살기도 하고 이것
이나 저것을 하리라 할 것이거늘
16 이제도 너희가 (虛誕)허탄한 자
랑을 하니 그러한 자랑은 다 (惡)
악한 것이라
17 그러므로 사람이 선을 행할 줄 알
고도 행하지 아니하면 (罪)죄니라

부한 자에게 주는 경고

5 들으라 부한 자들아 너희에게
임할 (苦生)고생으로 말미암아
울고 통곡하라
2 너희 (財物)재물은 썩었고 너희
옷은 좀먹었으며
3 너희 금과 은은 녹이 슬었으니 이
녹이 너희에게 증거가 되며 불 같
이 너희 살을 먹으리라 너희가
(末世)말세에 재물을 쌓았도다
4 보라 너희 밭에서 추수한 품꾼에

1) 또는 간음한 사람들아 ㄱ 잠 3:34

게 주지 아니한 삯이 소리 지르며
그 (秋收)추수한 자의 우는 소리
가 만군의 주의 귀에 들렸느니라
5 너희가 땅에서 (奢侈)사치하고
방종하여 살륙의 날에 너희 마음
을 살찌게 하였도다
6 너희는 의인을 정죄하고 죽였으
나 그는 너희에게 (對抗)대항하
지 아니하였느니라

인내와 기도

7 ●그러므로 형제들아 주께서 (降
臨)강림하시기까지 길이 참으라
보라 (農夫)농부가 땅에서 나는
귀한 열매를 바라고 길이 참아 이
른 비와 늦은 비를 기다리나니
8 너희도 길이 참고 마음을 굳건하
게 하라 (主)주의 강림이 가까우
니라
9 형제들아 서로 원망하지 말라 그
리하여야 (審判)심판을 면하리라
보라 심판주가 문 밖에 서 계시니
라
10 형제들아 주의 이름으로 말한 선
지자들을 (苦難)고난과 오래 참
음의 본으로 삼으라
11 보라 (忍耐)인내하는 자를 우리
가 복되다 하나니 너희가 욥의 인
내를 들었고 주께서 주신 결말을
보았거니와 주는 가장 자비하시
고 (矜恤)긍휼히 여기시는 이시
니라
12 ●내 형제들아 무엇보다도 (盟
誓)맹세하지 말지니 하늘로나 땅
으로나 아무 다른 것으로도 맹세
하지 말고 오직 너희가 그렇다고
생각하는 것은 그렇다 하고 아니
라고 생각하는 것은 아니라 하여
정죄 받음을 면하라
13 ●너희 중에 고난 당하는 자가 있
느냐 그는 (祈禱)기도할 것이요
즐거워하는 자가 있느냐 그는 (讚
頌)찬송할지니라
14 너희 중에 병든 자가 있느냐 그는
(敎會)교회의 장로들을 청할 것
이요 그들은 주의 이름으로 기름
을 바르며 그를 위하여 기도할지
니라
15 믿음의 기도는 병든 자를 (救援)
구원하리니 주께서 그를 일으키
시리라 혹시 죄를 범하였을지라
도 (赦)사하심을 받으리라
16 그러므로 너희 죄를 서로 고백하
며 병이 낫기를 위하여 서로 기도
하라 의인의 (懇求)간구는 (役事)
역사하는 힘이 큼이니라
17 엘리야는 우리와 (性情)성정이
같은 사람이로되 그가 비가 오지
않기를 간절히 기도한즉 삼 년 육
개월 동안 땅에 비가 오지 아니하
고
18 다시 (祈禱)기도하니 하늘이 비
를 주고 땅이 열매를 맺었느니라
19 ●내 형제들아 너희 중에 (迷惑)
미혹되어 진리를 떠난 자를 누가
돌아서게 하면
20 너희가 알 것은 죄인을 미혹된 길
에서 돌아서게 하는 자가 그의 영
혼을 사망에서 구원할 것이며 (許
多)허다한 죄를 덮을 것임이라

베드로前書 1Peter

인사

1 예수 그리스도의 (使徒)사도 베
드로는 본도, 갈라디아, 갑바도
기아, 아시아와 비두니아에 흩어
진 나그네
2 곧 하나님 아버지의 미리 아심을
따라 성령이 거룩하게 하심으로
(順從)순종함과 예수 그리스도의
피 뿌림을 얻기 위하여 택하심을
받은 자들에게 편지하노니 은혜
와 평강이 너희에게 더욱 많을지
어다

산 소망

3 ●우리 주 예수 그리스도의 아버
지 하나님을 찬송하리로다 그의
많으신 긍휼대로 예수 그리스도
를 죽은 자 가운데서 (復活)부활
하게 하심으로 말미암아 우리를
거듭나게 하사 산 소망이 있게 하
시며
4 썩지 않고 더럽지 않고 (衰)쇠하
지 아니하는 유업을 잇게 하시나
니 곧 너희를 위하여 하늘에 간직
하신 것이라
5 너희는 (末世)말세에 나타내기로
예비하신 구원을 얻기 위하여 믿
음으로 말미암아 하나님의 능력
으로 보호하심을 받았느니라
6 그러므로 너희가 이제 여러 가지
(試驗)시험으로 말미암아 잠깐
근심하게 되지 않을 수 없으나 오
히려 크게 기뻐하는도다
7 너희 믿음의 (確實)확실함은 불
로 연단하여도 없어질 금보다 더
귀하여 예수 그리스도께서 나타
나실 때에 칭찬과 영광과 존귀를
얻게 할 것이니라
8 예수를 너희가 보지 못하였으나
사랑하는도다 이제도 보지 못하
나 믿고 말할 수 없는 (榮光)영광
스러운 즐거움으로 기뻐하니
9 믿음의 결국 곧 (靈魂)영혼의 구
원을 받음이라
10 이 (救援)구원에 대하여는 너희
에게 임할 은혜를 예언하던 선지
자들이 연구하고 부지런히 살펴
서
11 자기 속에 계신 그리스도의 영이
그 받으실 고난과 후에 받으실 영
광을 미리 증언하여 누구를 또는
어떠한 때를 지시하시는지 (詳考)
상고하니라
12 이 섬긴 바가 자기를 위한 것이
아니요 너희를 위한 것임이 (啓
示)계시로 알게 되었으니 이것은
하늘로부터 보내신 (聖靈)성령을
힘입어 복음을 전하는 자들로 이
제 너희에게 알린 것이요 천사들
도 살펴 보기를 원하는 것이니라

모든 행실에 거룩한 자가 되라

13 ●그러므로 너희 마음의 허리를
동이고 (謹愼)근신하여 예수 그
리스도께서 나타나실 때에 너희
에게 가져다 주실 은혜를 온전히
바랄지어다
14 너희가 순종하는 자식처럼 전에

알지 못할 때에 따르던 너희 (私
慾)사욕을 본받지 말고
15 오직 너희를 부르신 거룩한 이처
럼 너희도 모든 (行實)행실에 거
룩한 자가 되라
16 (記錄)기록되었으되 ㄱ내가 거룩
하니 너희도 거룩할지어다 하셨
느니라
17 외모로 보시지 않고 각 사람의
(行爲)행위대로 심판하시는 이를
너희가 아버지라 부른즉 너희가
나그네로 있을 때를 두려움으로
지내라
18 너희가 알거니와 너희 조상이 물
려 준 헛된 행실에서 (代贖)대속
함을 받은 것은 은이나 금 같이 [1]
없어질 것으로 된 것이 아니요
19 오직 (欠)흠 없고 점 없는 어린
양 같은 그리스도의 보배로운 피
로 된 것이니라
20 그는 (創世)창세 (前)전부터 미리
알린 바 되신 이나 이 (末世)말세
에 너희를 위하여 나타내신 바 되
었으니
21 너희는 그를 죽은 자 가운데서 살
리시고 (榮光)영광을 주신 하나
님을 그리스도로 말미암아 믿는
자니 너희 믿음과 소망이 하나님
께 있게 하셨느니라
22 너희가 (眞理)진리를 순종함으로
너희 영혼을 깨끗하게 하여 거짓
이 없이 형제를 사랑하기에 이르
렀으니 마음으로 뜨겁게 서로 사
랑하라
23 너희가 거듭난 것은 썩어질 씨로
된 것이 아니요 썩지 아니할 씨로
된 것이니 살아 있고 (恒常)항상
있는 하나님의 말씀으로 되었느
니라
24 그러므로
ㄴ모든 육체는 풀과 같고 그 모든
(榮光)영광은 풀의 꽃과 같으니
풀은 마르고 꽃은 떨어지되
25 오직 주의 말씀은 세세토록 있
도다
하였으니 너희에게 전한 (福音)
복음이 곧 이 말씀이니라

산 돌과 하나님의 백성

2 그러므로 모든 악독과 모든 기
만과 (外飾)외식과 시기와 모든
비방하는 말을 버리고
2 갓난 아기들 같이 (純全)순전하
고 신령한 젖을 (思慕)사모하라
이는 그로 말미암아 너희로 구원
에 이르도록 자라게 하려 함이라
3 너희가 주의 (仁慈)인자하심을
맛보았으면 그리하라
4 사람에게는 버린 바가 되었으나
하나님께는 (擇)택하심을 입은
보배로운 산 돌이신 예수께 나아
가
5 너희도 산 돌 같이 신령한 집으로
세워지고 예수 그리스도로 말미
암아 하나님이 기쁘게 받으실 (神
靈)신령한 제사를 드릴 거룩한
제사장이 될지니라
6 (聖經)성경에 기록되었으되
ㄷ보라 내가 택한 보배로운 모퉁

1) 헬, 썩어질 것으로 ㄱ 레 11:44; 19:2; 20:7 ㄴ 사 40:6 이하 ㄷ 사 28:16

잇돌을 시온에 두노니 그를 믿
는 자는 부끄러움을 당하지 아
니하리라
하였으니
7 그러므로 믿는 너희에게는 보배
이나 믿지 아니하는 자에게는
[ㄱ](建築者)건축자들이 버린 그
돌이 모퉁이의 머릿돌이 되고
8 또한
[ㄴ]부딪치는 돌과 걸려 넘어지게
하는 바위가 되었다
하였느니라 그들이 말씀을 (順從)
순종하지 아니하므로 넘어지나니
이는 그들을 이렇게 정하신 것이
라
9 그러나 너희는 택하신 족속이요
왕 같은 (祭司長)제사장들이요
거룩한 나라요 그의 소유가 된 백
성이니 이는 너희를 어두운 데서
불러 내어 그의 (奇異)기이한 빛
에 들어가게 하신 이의 아름다운
덕을 선포하게 하려 하심이라
10 너희가 전에는 백성이 아니더니
이제는 하나님의 백성이요 전에
는 (矜恤)긍휼을 얻지 못하였더
니 이제는 긍휼을 얻은 자니라

하나님의 종과 같이 하라

11 ●사랑하는 자들아 거류민과 나
그네 같은 너희를 권하노니 영혼
을 거슬러 싸우는 육체의 정욕을
(制馭)제어하라
12 너희가 이방인 중에서 (行實)행
실을 선하게 가져 너희를 악행한
다고 비방하는 자들로 하여금 너
희 선한 일을 보고 [1]오시는 날에
하나님께 영광을 돌리게 하려 함
이라
13 ●인간의 모든 (制度)제도를 주
를 위하여 순종하되 혹은 위에 있
는 왕이나
14 혹은 그가 악행하는 자를 (懲罰)
징벌하고 선행하는 자를 (褒賞)
포상하기 위하여 보낸 총독에게
하라
15 곧 (善行)선행으로 어리석은 사
람들의 무식한 말을 막으시는 것
이라
16 너희는 (自由)자유가 있으나 그
자유로 악을 가리는 데 쓰지 말고
오직 하나님의 종과 같이 하라
17 뭇 사람을 (恭敬)공경하며 (兄弟)
형제를 사랑하며 하나님을 두려
워하며 왕을 존대하라

그리스도의 고난

18 ●사환들아 범사에 두려워함으
로 주인들에게 순종하되 선하고
(寬容)관용하는 자들에게만 아니
라 또한 까다로운 자들에게도 그
리하라
19 (不當)부당하게 고난을 받아도
하나님을 생각함으로 슬픔을 참
으면 이는 [2]아름다우나
20 죄가 있어 매를 맞고 참으면 무슨
(稱讚)칭찬이 있으리요 그러나
선을 행함으로 고난을 받고 참으
면 이는 하나님 앞에 아름다우니
라
21 이를 위하여 너희가 부르심을 받
았으니 그리스도도 너희를 위하

1) 또는 심판하시는 2) 헬, 은혜 ㄱ 시 118:22 ㄴ 사 8:14

여 (苦難)고난을 받으사 너희에
게 본을 끼쳐 그 자취를 따라오게
하려 하셨느니라
22 그는 죄를 (犯)범하지 아니하시
고 그 입에 거짓도 없으시며
23 욕을 당하시되 맞대어 욕하지 아
니하시고 고난을 당하시되 위협
하지 아니하시고 오직 (公義)공
의로 심판하시는 이에게 부탁하
시며
24 친히 나무에 달려 그 몸으로 우리
죄를 (擔當)담당하셨으니 이는
우리로 죄에 대하여 죽고 의에 대
하여 살게 하려 하심이라 그가 채
찍에 맞음으로 너희는 나음을 얻
었나니
25 너희가 전에는 양과 같이 길을 잃
었더니 이제는 너희 (靈魂)영혼
의 (牧者)목자와 감독 되신 이에
게 돌아왔느니라

아내와 남편

3 아내들아 이와 같이 자기 남편
에게 (順從)순종하라 이는 혹
말씀을 순종하지 않는 자라도 말
로 말미암지 않고 그 아내의 행실
로 말미암아 구원을 받게 하려 함
이니
2 너희의 두려워하며 정결한 (行實)
행실을 봄이라
3 너희의 (丹粧)단장은 머리를 꾸
미고 금을 차고 아름다운 옷을 입
는 외모로 하지 말고
4 오직 마음에 숨은 사람을 (溫柔)
온유하고 안정한 심령의 썩지 아
니할 것으로 하라 이는 하나님 앞
에 값진 것이니라
5 전에 하나님께 (所望)소망을 두
었던 거룩한 부녀들도 이와 같이
자기 남편에게 순종함으로 자기
를 단장하였나니
6 사라가 아브라함을 주라 칭하여
(順從)순종한 것 같이 너희는 선
을 행하고 아무 두려운 일에도 놀
라지 아니하면 그의 딸이 된 것이
니라
7 ●남편들아 이와 같이 [1](知識)지
식을 따라 너희 아내와 동거하고
그를 더 연약한 그릇이요 또 생명
의 은혜를 함께 이어받을 자로 알
아 귀히 여기라 이는 너희 기도가
막히지 아니하게 하려 함이라

선을 위한 고난

8 ●마지막으로 말하노니 너희가
다 마음을 같이하여 동정하며 형
제를 사랑하며 불쌍히 여기며 (謙
遜)겸손하며
9 악을 악으로, (辱)욕을 욕으로 갚
지 말고 도리어 (福)복을 빌라 이
를 위하여 너희가 부르심을 받았
으니 이는 복을 이어받게 하려 하
심이라
10 그러므로
ㄱ(生命)생명을 사랑하고 좋은
날 보기를 원하는 자는 혀를 금
하여 악한 말을 그치며 그 입술
로 거짓을 말하지 말고
11 악에서 떠나 선을 행하고 (和平)
화평을 구하며 그것을 따르라

1) 또는 그 아내를 더 연약한 그릇 같이 여겨 지식을 따라 동거
하고 또 생명의 은혜를 ㄱ 시 34:12 이하

12 주의 눈은 의인을 향하시고 그
의 귀는 의인의 간구에 기울이
시되 주의 얼굴은 (惡行)악행하
는 자들을 대하시느니라
하였느니라
13 ●또 너희가 (熱心)열심으로 선
을 행하면 누가 너희를 해하리요
14 그러나 의를 위하여 (苦難)고난
을 받으면 복 있는 자니 그들이
두려워하는 것을 두려워하지 말
며 근심하지 말고
15 너희 마음에 그리스도를 주로 삼
아 거룩하게 하고 너희 속에 있
는 소망에 관한 (理由)이유를 묻
는 자에게는 대답할 것을 항상 준
비하되 (溫柔)온유와 두려움으로
하고
16 선한 (良心)양심을 가지라 이는
그리스도 안에 있는 너희의 선행
을 욕하는 자들로 그 비방하는 일
에 부끄러움을 당하게 하려 함이
라
17 선을 행함으로 고난 받는 것이 하
나님의 뜻일진대 악을 행함으로
(苦難)고난 받는 것보다 나으니
라
18 그리스도께서도 단번에 (罪)죄를
위하여 [1]죽으사 의인으로서 불의
한 자를 대신하셨으니 이는 우리
를 하나님 앞으로 인도하려 하심
이라 육체로는 죽임을 당하시고
영으로는 살리심을 받으셨으니
19 그가 또한 영으로 가서 옥에 있는
영들에게 (宣布)선포하시니라
20 그들은 전에 노아의 날 방주를 준
비할 동안 하나님이 오래 참고 기
다리실 때에 (服從)복종하지 아
니하던 자들이라 방주에서 물로
말미암아 구원을 얻은 자가 몇 명
뿐이니 겨우 여덟 명이라
21 물은 예수 그리스도께서 부활하
심으로 말미암아 이제 너희를 구
원하는 [2](標)표니 곧 [3]세례라 이
는 육체의 더러운 것을 제하여 버
림이 아니요 하나님을 향한 선한
양심의 간구니라
22 그는 하늘에 오르사 하나님 우편
에 계시니 천사들과 권세들과 (能
力)능력들이 그에게 복종하느니
라

하나님의 은혜를 맡은 선한 청지기

4 그리스도께서 이미 육체의 고
난을 받으셨으니 너희도 같은
마음으로 갑옷을 삼으라 이는 (肉
體)육체의 고난을 받은 자는 죄
를 그쳤음이니
2 그 후로는 다시 사람의 (情慾)정
욕을 따르지 않고 하나님의 뜻을
따라 육체의 남은 때를 살게 하려
함이라
3 너희가 음란과 정욕과 술취함과
방탕과 향락과 무법한 우상 숭배
를 하여 이방인의 뜻을 따라 행한
것은 지나간 때로 (足)족하도다
4 이러므로 너희가 그들과 함께 그
런 극한 방탕에 달음질하지 아니
하는 것을 그들이 이상히 여겨
(誹謗)비방하나
5 그들이 산 자와 죽은 자를 심판하

1) 어떤 사본에, 고난을 받으사 2) 또는 실체 3) 헬, 또는 침례

기로 (豫備)예비하신 이에게 사
실대로 고하리라
6 이를 위하여 죽은 자들에게도 (福
音)복음이 전파되었으니 이는 육
체로는 사람으로 (審判)심판을
받으나 영으로는 하나님을 따라
살게 하려 함이라
7 ●만물의 마지막이 가까이 왔으
니 그러므로 너희는 (精神)정신
을 차리고 근신하여 기도하라
8 무엇보다도 뜨겁게 서로 사랑할
지니 사랑은 (許多)허다한 죄를
덮느니라
9 서로 (待接)대접하기를 원망 없
이 하고
10 각각 (恩賜)은사를 받은 대로 하
나님의 여러 가지 은혜를 맡은 선
한 청지기 같이 서로 봉사하라
11 만일 누가 말하려면 하나님의 말
씀을 하는 것 같이 하고 누가 봉
사하려면 하나님이 공급하시는
힘으로 하는 것 같이 하라 이는
범사에 예수 그리스도로 말미암
아 하나님이 영광을 받으시게 하
려 함이니 그에게 영광과 (權能)
권능이 세세에 무궁하도록 있느
니라 아멘

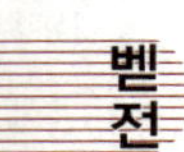

그리스도인이 받을 고난

12 ●사랑하는 자들아 너희를 연단
하려고 오는 불 (試驗)시험을 이
상한 일 당하는 것 같이 이상히
여기지 말고
13 오히려 너희가 그리스도의 고난
에 (參與)참여하는 것으로 즐거
워하라 이는 그의 영광을 나타내
실 때에 너희로 즐거워하고 기뻐
하게 하려 함이라
14 너희가 그리스도의 이름으로 (恥
辱)치욕을 당하면 복 있는 자로
다 영광의 영 곧 하나님의 영이
너희 위에 계심이라
15 너희 중에 누구든지 살인이나 도
둑질이나 악행이나 남의 일을 (干
涉)간섭하는 자로 고난을 받지
말려니와
16 만일 그리스도인으로 고난을 받
으면 부끄러워하지 말고 도리어
그 이름으로 하나님께 (榮光)영
광을 돌리라
17 하나님의 집에서 (審判)심판을
시작할 때가 되었나니 만일 우리
에게 먼저 하면 하나님의 복음을
순종하지 아니하는 자들의 그 마
지막은 어떠하며
18 또 (義人)의인이 겨우 (救援)구원
을 받으면 (敬虔)경건하지 아니
한 자와 죄인은 어디에 [1]서리요
19 그러므로 하나님의 뜻대로 고난
을 받는 자들은 또한 선을 행하는
가운데에 그 영혼을 미쁘신 창조
주께 (依託)의탁할지어다

하나님의 양 무리를 치라

5 너희 중 (長老)장로들에게 권하
노니 나는 함께 장로 된 자요 그
리스도의 고난의 증인이요 나타
날 영광에 참여할 자니라
2 너희 중에 있는 하나님의 양 무리
를 치되 억지로 하지 말고 하나님
의 뜻을 따라 (自願)자원함으로

1) 헬, 보이리요

하며 더러운 이득을 위하여 하지
말고 기꺼이 하며
3 맡은 자들에게 (主掌)주장하는
자세를 하지 말고 양 무리의 본이
되라
4 그리하면 (牧者長)목자장이 나타
나실 때에 시들지 아니하는 영광
의 관을 얻으리라
5 젊은 자들아 이와 같이 장로들에
게 순종하고 다 서로 (謙遜)겸손
으로 허리를 동이라 하나님은 교
만한 자를 대적하시되 겸손한 자
들에게는 은혜를 주시느니라
6 그러므로 하나님의 능하신 손 아
래에서 (謙遜)겸손하라 때가 되
면 너희를 높이시리라
7 너희 (念慮)염려를 다 주께 맡기
라 이는 그가 너희를 돌보심이라
8 (謹愼)근신하라 깨어라 너희 대
적 [1]마귀가 우는 사자 같이 두루
다니며 삼킬 자를 찾나니
9 너희는 믿음을 굳건하게 하여 그
를 대적하라 이는 (世上)세상에
있는 너희 형제들도 동일한 (苦
難)고난을 당하는 줄을 앎이라
10 모든 은혜의 하나님 곧 그리스도
안에서 너희를 부르사 자기의 영
원한 영광에 들어가게 하신 이가
잠깐 고난을 당한 너희를 친히 온
전하게 하시며 굳건하게 하시며
강하게 하시며 [2]터를 (堅固)견고
하게 하시리라
11 (權能)권능이 세세무궁하도록 그
에게 있을지어다 아멘

끝 인사

12 ● 내가 (信實)신실한 형제로 아
는 실루아노로 말미암아 너희에
게 간단히 써서 권하고 이것이 하
나님의 참된 (恩惠)은혜임을 증
언하노니 너희는 이 은혜에 굳게
서라
13 택하심을 함께 받은 바벨론에 있
는 [3](敎會)교회가 너희에게 문안
하고 내 아들 마가도 그리하느니
라
14 너희는 사랑의 입맞춤으로 서로
문안하라 ●그리스도 안에 있는
너희 모든 이에게 (平康)평강이
있을지어다

1) 헬, 훼방자 2) 어떤 사본에, '터를 견고하게'가 없음
3) 또는 여자가

베드로後書 2Peter

부르심과 택하심

1 예수 그리스도의 종이며 사도인
시몬 베드로는 우리 하나님과
(救主)구주 예수 그리스도의 의
를 힘입어 동일하게 보배로운 믿
음을 우리와 함께 받은 자들에게
(便紙)편지하노니
2 하나님과 우리 주 예수를 앎으로
은혜와 (平康)평강이 너희에게
더욱 많을지어다
3 그의 (神奇)신기한 능력으로 생
명과 경건에 속한 모든 것을 우리
에게 주셨으니 이는 자기의 영광
과 덕으로써 우리를 부르신 이를
앎으로 말미암음이라
4 이로써 그 보배롭고 지극히 큰 약
속을 우리에게 주사 이 약속으로
말미암아 너희가 정욕 때문에 세
상에서 썩어질 것을 피하여 신성
한 (性品)성품에 참여하는 자가
되게 하려 하셨느니라
5 그러므로 너희가 더욱 힘써 너희
믿음에 (德)덕을, 덕에 지식을,

6 (知識)지식에 절제를, 절제에 인
내를, 인내에 경건을,
7 (敬虔)경건에 형제 우애를, 형제
우애에 사랑을 더하라
8 이런 것이 너희에게 있어 (洽足)
흡족한즉 너희로 우리 주 예수 그
리스도를 알기에 게으르지 않고
열매 없는 자가 되지 않게 하려니
와

1) 헬 공급하시리라

9 이런 것이 없는 자는 (盲人)맹인
이라 멀리 보지 못하고 그의 옛
죄가 깨끗하게 된 것을 잊었느니
라
10 그러므로 형제들아 더욱 힘써 너
희 부르심과 택하심을 굳게 하라
너희가 이것을 행한즉 언제든지
(失足)실족하지 아니하리라
11 이같이 하면 우리 주 곧 구주 예
수 그리스도의 (永遠)영원한 나
라에 들어감을 넉넉히 너희에게 [1)]
주시리라

그리스도의 영광과 성경의 예언

12 ●그러므로 너희가 이것을 알고
이미 있는 (眞理)진리에 서 있으
나 내가 항상 너희에게 생각나게
하려 하노라
13 내가 이 (帳幕)장막에 있을 동안
에 너희를 일깨워 생각나게 함이
옳은 줄로 여기노니
14 이는 우리 주 예수 그리스도께서
내게 지시하신 것 같이 나도 나의
장막을 벗어날 것이 (臨迫)임박
한 줄을 앎이라
15 내가 힘써 너희로 하여금 내가 떠
난 (後)후에라도 어느 때나 이런
것을 생각나게 하려 하노라
16 우리 주 예수 그리스도의 능력과
(降臨)강림하심을 너희에게 알게
한 것이 (巧妙)교묘히 만든 이야
기를 따른 것이 아니요 우리는 그
의 크신 위엄을 친히 본 자라
17 (至極)지극히 큰 영광 중에서 이

러한 소리가 그에게 나기를 이는
내 사랑하는 아들이요 내 기뻐하
는 자라 하실 때에 그가 하나님
아버지께 (尊貴)존귀와 영광을
받으셨느니라
18 이 소리는 우리가 그와 함께 거룩
한 (山)산에 있을 때에 하늘로부
터 난 것을 들은 것이라
19 또 우리에게는 더 (確實)확실한
예언이 있어 어두운 데를 비추는
등불과 같으니 날이 새어 샛별이
너희 마음에 떠오르기까지 너희
가 이것을 주의하는 것이 옳으니
라
20 먼저 알 것은 성경의 모든 (豫言)
예언은 사사로이 풀 것이 아니니
21 예언은 언제든지 사람의 뜻으로
낸 것이 아니요 오직 성령의 (感
動)감동하심을 받은 사람들이 하
나님께 받아 말한 것임이라

거짓 선지자들과 거짓 선생들
(유 1:4-13)

2 그러나 백성 가운데 또한 거짓
선지자들이 일어났었나니 이와
같이 너희 중에도 거짓 선생들이
있으리라 그들은 (滅亡)멸망하게
할 (異端)이단을 가만히 끌어들
여 자기들을 사신 [1]주를 부인하
고 임박한 멸망을 스스로 취하는
자들이라
2 여럿이 그들의 (好色)호색하는
것을 따르리니 이로 말미암아 진
리의 도가 비방을 받을 것이요
3 그들이 (貪心)탐심으로써 지어낸
말을 가지고 너희로 이득을 삼으
니 그들의 심판은 옛적부터 지체
하지 아니하며 그들의 멸망은 잠
들지 아니하느니라
4 하나님이 범죄한 천사들을 용서
하지 아니하시고 지옥에 던져 어
두운 구덩이에 두어 (審判)심판
때까지 지키게 하셨으며
5 옛 세상을 용서하지 아니하시고
오직 의를 전파하는 노아와 그 일
곱 식구를 (保存)보존하시고 경
건하지 아니한 자들의 세상에 홍
수를 내리셨으며
6 소돔과 고모라 성을 멸망하기로
정하여 재가 되게 하사 후세에
(敬虔)경건하지 아니할 자들에게
본을 삼으셨으며
7 무법한 자들의 음란한 (行實)행
실로 말미암아 고통 당하는 의로
운 롯을 건지셨으니
8 (이는 이 의인이 그들 중에 거하
여 날마다 저 불법한 행실을 보고
들음으로 그 의로운 (心靈)심령
이 상함이라)
9 주께서 경건한 자는 시험에서 건
지실 줄 아시고 불의한 자는 형벌
아래에 두어 (審判)심판 날까지
지키시며
10 특별히 육체를 따라 더러운 (情
慾)정욕 가운데서 행하며 (主管)
주관하는 이를 멸시하는 자들에
게는 (刑罰)형벌할 줄 아시느니
라 이들은 당돌하고 자긍하며 떨
지 않고 영광 있는 자들을 비방하
거니와

1) 또는 상전

11 더 큰 힘과 (能力)능력을 가진 천
사들도 주 앞에서 그들을 거슬러
비방하는 고발을 하지 아니하느
니라
12 그러나 이 사람들은 본래 잡혀 죽
기 위하여 난 이성 없는 짐승 같
아서 그 알지 못하는 것을 비방하
고 그들의 (滅亡)멸망 가운데서
멸망을 당하며
13 불의의 값으로 불의를 당하며 낮
에 즐기고 노는 것을 기쁘게 여기
는 자들이니 점과 흠이라 너희와
함께 (宴會)연회할 때에 그들의 [1]
속임수로 즐기고 놀며
14 (淫心)음심이 가득한 눈을 가지
고 범죄하기를 그치지 아니하고
굳세지 못한 영혼들을 유혹하며
탐욕에 연단된 마음을 가진 자들
이니 저주의 자식이라
15 그들이 바른 길을 떠나 미혹되어
브올의 아들 발람의 길을 따르는
도다 그는 (不義)불의의 삯을 사
랑하다가
16 자기의 불법으로 말미암아 책망
을 받되 말하지 못하는 나귀가 사
람의 소리로 말하여 이 선지자의
미친 행동을 (沮止)저지하였느니
라
17 이 사람들은 물 없는 샘이요 광풍
에 밀려 가는 안개니 그들을 위하
여 캄캄한 어둠이 (豫備)예비되
어 있나니
18 그들이 (虛誕)허탄한 자랑의 말
을 토하며 그릇되게 행하는 사람

1) 어떤 사본에, 애연에 ㄱ 잠 26:11 일부

들에게서 겨우 피한 자들을 음란
으로써 육체의 정욕 중에서 (誘
惑)유혹하는도다
19 그들에게 (自由)자유를 준다 하
여도 자신들은 멸망의 종들이니
누구든지 진 자는 이긴 자의 종이
됨이라
20 만일 그들이 우리 주 되신 구주
예수 그리스도를 앎으로 (世上)
세상의 더러움을 피한 후에 다시
그 중에 얽매이고 지면 그 나중
(形便)형편이 처음보다 더 심하
리니
21 의의 도를 안 후에 받은 거룩한
(命令)명령을 저버리는 것보다
알지 못하는 것이 도리어 그들에
게 나으니라
22 참된 속담에 이르기를 ㄱ개가 그
토하였던 것에 돌아가고 돼지가
씻었다가 더러운 구덩이에 도로
누웠다 하는 말이 그들에게 (應)
응하였도다

하나님의 날

3 사랑하는 자들아 내가 이제 이
둘째 편지를 너희에게 쓰노니
이 두 편지로 너희의 (眞實)진실
한 마음을 일깨워 생각나게 하여
2 곧 거룩한 선지자들이 예언한 말
씀과 주 되신 구주께서 너희의
(使徒)사도들로 말미암아 명하신
것을 기억하게 하려 하노라
3 먼저 이것을 알지니 말세에 (嘲
弄)조롱하는 자들이 와서 자기의
정욕을 따라 행하며 조롱하여
4 이르되 주께서 (降臨)강림하신다

는 약속이 어디 있느냐 조상들이
잔 후로부터 만물이 처음 창조될
때와 같이 그냥 있다 하니
5 이는 하늘이 옛적부터 있는 것과
땅이 물에서 나와 물로 (成立)성
립된 것도 하나님의 말씀으로 된
것을 그들이 일부러 잊으려 함이
로다
6 이로 말미암아 그 때에 세상은 물
이 넘침으로 (滅亡)멸망하였으되
7 이제 하늘과 땅은 그 동일한 말씀
으로 불사르기 위하여 보호하신
바 되어 (敬虔)경건하지 아니한
사람들의 심판과 멸망의 날까지
보존하여 두신 것이니라
8 ●사랑하는 자들아 주께는 하루
가 (千 年)천 년 같고 천 년이 하
루 같다는 이 한 가지를 잊지 말
라
9 주의 (約束)약속은 어떤 이들이
더디다고 생각하는 것 같이 더딘
것이 아니라 오직 주께서는 너희
를 대하여 오래 참으사 아무도 멸
망하지 아니하고 다 회개하기에
이르기를 원하시느니라
10 그러나 주의 날이 도둑 같이 오리
니 그 날에는 하늘이 큰 소리로
떠나가고 (物質)물질이 뜨거운
불에 풀어지고 땅과 그 중에 있는
모든 일이 [1]드러나리로다
11 이 모든 것이 이렇게 풀어지리니
너희가 어떠한 사람이 되어야 마
땅하냐 거룩한 행실과 (敬虔)경
건함으로
12 하나님의 날이 임하기를 바라보
고 간절히 (思慕)사모하라 그 날
에 하늘이 불에 타서 풀어지고 물
질이 뜨거운 불에 녹아지려니와
13 우리는 그의 (約束)약속대로 의
가 있는 곳인 새 하늘과 새 땅을
바라보도다
14 ●그러므로 사랑하는 자들아 너
희가 이것을 바라보나니 주 앞에
서 (點)점도 없고 흠도 없이 (平
康)평강 가운데서 나타나기를 힘
쓰라
15 또 우리 주의 오래 참으심이 (救
援)구원이 될 줄로 여기라 우리
가 사랑하는 형제 바울도 그 받은
지혜대로 너희에게 이같이 썼고
16 또 그 모든 편지에도 이런 일에
관하여 말하였으되 그 중에 알기
어려운 것이 더러 있으니 무식한
자들과 굳세지 못한 자들이 다른
(聖經)성경과 같이 그것도 [2]억지
로 풀다가 스스로 멸망에 이르느
니라
17 그러므로 사랑하는 자들아 너희
가 이것을 미리 알았은즉 (無法)
무법한 자들의 미혹에 이끌려 너
희가 굳센 데서 떨어질까 삼가라
18 오직 우리 주 곧 구주 예수 그리
스도의 은혜와 그를 아는 (知識)
지식에서 자라 가라 영광이 이제
와 영원한 날까지 그에게 있을지
어다[3]

1) 어떤 사본에, 타지리라 2) 또는 교묘하게 3) 어떤 사본에, 18절 끝에 '아멘'이 있음

요한一書 1John

생명의 말씀

1 (太初)태초부터 있는 생명의 [1]
말씀에 관하여는 우리가 들은
바요 눈으로 본 바요 (仔細)자세
히 보고 우리의 손으로 만진 바라
2 이 생명이 나타내신 바 된지라 이
영원한 생명을 우리가 보았고 (證
言)증언하여 너희에게 전하노니
이는 아버지와 함께 계시다가 우
리에게 나타내신 바 된 이시니라
3 우리가 보고 들은 바를 너희에게
도 (傳)전함은 너희로 우리와 사
귐이 있게 하려 함이니 우리의 사
귐은 아버지와 그의 아들 예수 그
리스도와 더불어 누림이라
4 우리가 이것을 씀은 우리의 기쁨
이 (充滿)충만하게 하려 함이라

하나님은 빛이시다

5 ●우리가 그에게서 듣고 너희에
게 전하는 (消息)소식은 이것이
니 곧 하나님은 빛이시라 그에게
는 어둠이 조금도 없으시다는 것
이니라
6 (萬一)만일 우리가 하나님과 사
귐이 있다 하고 어둠에 행하면 거
짓말을 하고 [2]진리를 행하지 아
니함이거니와
7 그가 빛 가운데 계신 것 같이 우
리도 빛 가운데 행하면 우리가 서
로 사귐이 있고 그 아들 예수의
피가 우리를 모든 (罪)죄에서 깨
끗하게 하실 것이요

1) 헬, 로고스 2) 헬, 참 3) 또는 보혜사

8 만일 우리가 죄가 없다고 말하면
스스로 속이고 또 [2](眞理)진리가
우리 속에 있지 아니할 것이요
9 만일 우리가 우리 죄를 (自白)자
백하면 그는 미쁘시고 의로우사
우리 죄를 사하시며 우리를 모든
불의에서 깨끗하게 하실 것이요
10 만일 우리가 (犯罪)범죄하지 아
니하였다 하면 하나님을 거짓말
하는 이로 만드는 것이니 또한 그
의 말씀이 우리 속에 있지 아니하
니라

대언자이신 예수 그리스도

2 나의 자녀들아 내가 이것을 너
희에게 씀은 너희로 죄를 범하
지 않게 하려 함이라 만일 누가
죄를 범하여도 아버지 앞에서 우
리에게 [3](代言者)대언자가 있으
니 곧 의로우신 예수 그리스도시
라
2 그는 우리 죄를 위한 (和睦祭物)
화목제물이니 우리만 위할 뿐 아
니요 온 세상의 죄를 위하심이라
3 우리가 그의 (誡命)계명을 지키
면 이로써 우리가 그를 아는 줄로
알 것이요
4 그를 아노라 하고 그의 (誡命)계
명을 지키지 아니하는 자는 거짓
말하는 자요 [2](眞理)진리가 그 속
에 있지 아니하되
5 누구든지 그의 말씀을 지키는 자
는 하나님의 사랑이 참으로 그 속
에서 (穩全)온전하게 되었나니

이로써 우리가 그의 안에 있는 줄
을 아노라
6 그의 안에 산다고 하는 자는 그가
행하시는 대로 (自己)자기도 행
할지니라

옛 계명과 새 계명

7 ●사랑하는 자들아 내가 새 (誡
命)계명을 너희에게 쓰는 것이
아니라 너희가 처음부터 가진 옛
계명이니 이 옛 계명은 너희가 들
은 바 말씀이거니와
8 다시 내가 너희에게 새 계명을 쓰
노니 그에게와 너희에게도 참된
것이라 이는 어둠이 지나가고 참
빛이 벌써 비침이니라
9 빛 가운데 있다 하면서 그 형제를
미워하는 자는 (只今)지금까지
어둠에 있는 자요
10 그의 (兄弟)형제를 사랑하는 자
는 빛 가운데 (居)거하여 자기 속
에 거리낌이 없으나
11 그의 (兄弟)형제를 미워하는 자
는 어둠에 있고 또 어둠에 (行)행
하며 갈 곳을 알지 못하나니 이는
그 어둠이 그의 눈을 멀게 하였음
이라
12 ●(子女)자녀들아 내가 너희에게
쓰는 것은 너희 죄가 그의 이름으
로 말미암아 사함을 받았음이요
13 아비들아 내가 너희에게 쓰는 것
은 너희가 (太初)태초부터 계신
이를 알았음이요 (青年)청년들아
내가 너희에게 쓰는 것은 너희가
악한 자를 이기었음이라
14 아이들아 내가 너희에게 쓴 것은
너희가 아버지를 알았음이요 아
비들아 내가 너희에게 쓴 것은 너
희가 태초부터 계신 이를 알았음
이요 (青年)청년들아 내가 너희
에게 쓴 것은 너희가 강하고 하나
님의 말씀이 너희 안에 거하시며
너희가 흉악한 자를 이기었음이
라
15 이 (世上)세상이나 세상에 있는
것들을 사랑하지 말라 누구든지
세상을 사랑하면 아버지의 사랑
이 그 안에 있지 아니하니
16 이는 세상에 있는 모든 것이 육신
의 (情慾)정욕과 (眼目)안목의 정
욕과 이생의 자랑이니 다 아버지
께로부터 온 것이 아니요 세상으
로부터 온 것이라
17 이 세상도, 그 정욕도 지나가되
오직 하나님의 뜻을 행하는 자는
(永遠)영원히 거하느니라

적그리스도와 하나님의 자녀

18 ●아이들아 지금은 마지막 때라
적그리스도가 오리라는 말을 너
희가 들은 것과 같이 지금도 많은
(敵)적그리스도가 일어났으니 그
러므로 우리가 마지막 때인 줄 아
노라
19 그들이 우리에게서 나갔으나 우
리에게 (屬)속하지 아니하였나니
만일 우리에게 속하였더라면 우
리와 함께 거하였으려니와 그들
이 나간 것은 다 우리에게 속하지
아니함을 나타내려 함이니라
20 너희는 거룩하신 (者)자에게서
기름 부음을 받고 모든 것을 아는

니라
21 내가 너희에게 쓰는 것은 너희가
[1](眞理)진리를 알지 못하기 때문
이 아니라 알기 때문이요 또 모든
거짓은 [1]진리에서 나지 않기 때
문이라
22 거짓말하는 자가 누구냐 예수께
서 그리스도이심을 (否認)부인하
는 자가 아니냐 아버지와 아들을
부인하는 그가 적그리스도니
23 아들을 부인하는 자에게는 또한
아버지가 없으되 아들을 (是認)
시인하는 자에게는 아버지도 있
느니라
24 너희는 처음부터 들은 것을 너희
안에 거하게 하라 처음부터 들은
것이 너희 안에 (居)거하면 너희
가 아들과 아버지 안에 거하리라
25 그가 우리에게 (約束)약속하신
것은 이것이니 곧 영원한 (生命)
생명이니라
26 너희를 (迷惑)미혹하는 자들에
(關)관하여 내가 이것을 너희에
게 썼노라
27 너희는 주께 받은 바 기름 부음이
너희 안에 거하나니 아무도 너희
를 가르칠 (必要)필요가 없고 오
직 그의 기름 부음이 모든 것을
너희에게 가르치며 또 참되고 거
짓이 없으니 너희를 가르치신 그
대로 (主)주 안에 (居)거하라
28 자녀들아 이제 그의 안에 거하라
이는 주께서 나타내신 바 되면 그
가 (降臨)강림하실 때에 우리로

1) 헬 참

담대함을 얻어 그 앞에서 부끄럽
지 않게 하려 함이라
29 너희가 그가 (義)의로우신 줄을
알면 의를 행하는 자마다 그에게
서 난 줄을 알리라

3 보라 아버지께서 어떠한 사랑
을 우리에게 베푸사 하나님의
(子女)자녀라 일컬음을 받게 하
셨는가, 우리가 그러하도다 그러
므로 (世上)세상이 우리를 알지
못함은 그를 알지 못함이라
2 사랑하는 자들아 우리가 지금은
하나님의 자녀라 (將來)장래에
어떻게 될지는 아직 나타나지 아
니하였으나 그가 나타나시면 우
리가 그와 같을 줄을 아는 것은
그의 참모습 그대로 볼 것이기 때
문이니
3 주를 향하여 이 (所望)소망을 가
진 자마다 그의 깨끗하심과 같이
자기를 깨끗하게 하느니라
4 죄를 짓는 자마다 (不法)불법을
행하나니 죄는 불법이라
5 그가 우리 (罪)죄를 없애려고 나
타나신 것을 너희가 아나니 그에
게는 죄가 없느니라
6 그 안에 거하는 자마다 (犯罪)범
죄하지 아니하나니 범죄하는 자
마다 그를 보지도 못하였고 그를
알지도 못하였느니라
7 자녀들아 아무도 너희를 (迷惑)
미혹하지 못하게 하라 의를 행하
는 자는 그의 의로우심과 같이 의
롭고
8 (罪)죄를 짓는 자는 (魔鬼)마귀에

게 (屬)속하나니 마귀는 처음부터
(犯罪)범죄함이라 하나님의 아들
이 나타나신 것은 마귀의 일을 멸
하려 하심이라
9 하나님께로부터 난 자마다 죄를
짓지 아니하나니 이는 하나님의
씨가 그의 속에 (居)거함이요 그
도 범죄하지 못하는 것은 하나님
께로부터 났음이라
10 이러므로 하나님의 자녀들과 (魔
鬼)마귀의 자녀들이 드러나나니
무릇 의를 행하지 아니하는 자나
또는 그 형제를 사랑하지 아니하
는 자는 하나님께 속하지 아니하
니라
11 우리는 서로 사랑할지니 이는 너
희가 처음부터 들은 (消息)소식
이라
12 가인 같이 하지 말라 그는 (惡)악
한 자에게 속하여 그 [1]아우를 죽
였으니 어떤 이유로 죽였느냐 자
기의 (行爲)행위는 악하고 그의 [1]
아우의 행위는 의로움이라

행함과 진실함으로 사랑하자

13 ● 형제들아 세상이 너희를 미워
하여도 (異常)이상히 여기지 말
라
14 우리는 형제를 사랑함으로 (死亡)
사망에서 옮겨 생명으로 들어간
줄을 알거니와 사랑하지 아니하
는 자는 사망에 머물러 있느니라
15 그 형제를 미워하는 자마다 (殺
人)살인하는 자니 살인하는 자마
다 영생이 그 속에 거하지 아니하
는 것을 너희가 아는 바라
16 그가 우리를 위하여 목숨을 버리
셨으니 우리가 이로써 사랑을 알
고 우리도 (兄弟)형제들을 위하
여 목숨을 버리는 것이 마땅하니
라
17 누가 이 세상의 재물을 가지고 형
제의 (窮乏)궁핍함을 보고도 도
와 줄 마음을 닫으면 하나님의 사
랑이 어찌 그 속에 거하겠느냐
18 (子女)자녀들아 우리가 말과 혀
로만 사랑하지 말고 행함과 (眞
實)진실함으로 하자
19 이로써 우리가 [2]진리에 (屬)속한
줄을 알고 또 우리 마음을 주 앞
에서 굳세게 하리니
20 이는 우리 마음이 혹 우리를 (責
望)책망할 일이 있어도 하나님은
우리 마음보다 크시고 모든 것을
아시기 때문이라
21 사랑하는 자들아 만일 우리 마음
이 우리를 책망할 것이 없으면 하
나님 앞에서 (膽大)담대함을 얻
고
22 무엇이든지 구하는 바를 그에게
서 받나니 이는 우리가 그의 (誡
命)계명을 지키고 그 앞에서 기
뻐하시는 것을 (行)행함이라
23 그의 계명은 이것이니 곧 그 아들
예수 그리스도의 이름을 믿고 그
가 우리에게 주신 계명대로 서로
사랑할 것이니라
24 그의 계명을 지키는 자는 주 안에
거하고 주는 그의 안에 거하시나
니 우리에게 주신 (聖靈)성령으

1) 헬, 형제 2) 헬, 참

로 말미암아 그가 우리 안에 거하
시는 줄을 우리가 아느니라

하나님의 영과 적그리스도의 영

4 사랑하는 자들아 영을 다 믿지
말고 오직 영들이 하나님께 속
하였나 (分別)분별하라 많은 거
짓 선지자가 세상에 나왔음이라
2 이로써 너희가 하나님의 영을 알
지니 곧 예수 그리스도께서 육체
로 오신 것을 (是認)시인하는 영
마다 하나님께 속한 것이요
3 예수를 시인하지 아니하는 (靈)
영마다 하나님께 속한 것이 아니
니 이것이 곧 적그리스도의 영이
니라 오리라 한 말을 너희가 들었
거니와 지금 벌써 세상에 있느니
라
4 (子女)자녀들아 너희는 하나님께
속하였고 또 그들을 이기었나니
이는 너희 안에 계신 이가 세상에
있는 자보다 크심이라
5 그들은 (世上)세상에 속한 고로
세상에 속한 말을 하매 세상이 그
들의 말을 듣느니라
6 우리는 하나님께 속하였으니 하
나님을 아는 자는 우리의 말을 듣
고 하나님께 속하지 아니한 자는
우리의 말을 듣지 아니하나니 [1]
(眞理)진리의 (靈)영과 (迷惑)미
혹의 영을 이로써 아느니라

하나님은 사랑이시다

7 ● 사랑하는 (者)자들아 우리가
서로 사랑하자 사랑은 하나님께
속한 것이니 사랑하는 자마다 하
나님으로부터 나서 하나님을 알
고
8 사랑하지 아니하는 자는 하나님
을 알지 못하나니 이는 하나님은
사랑이심이라
9 하나님의 사랑이 우리에게 이렇
게 나타난 바 되었으니 하나님이
자기의 (獨生子)독생자를 세상에
보내심은 그로 말미암아 우리를
살리려 하심이라
10 사랑은 여기 있으니 우리가 하나
님을 사랑한 것이 아니요 하나님
이 우리를 사랑하사 우리 죄를 속
하기 위하여 (和睦祭物)화목제물
로 그 아들을 보내셨음이라
11 사랑하는 자들아 하나님이 이같
이 우리를 사랑하셨은즉 우리도
서로 사랑하는 것이 마땅하도다
12 어느 때나 하나님을 본 사람이 없
으되 만일 우리가 서로 사랑하면
하나님이 우리 안에 거하시고 그
의 사랑이 우리 안에 (穩全)온전
히 이루어지느니라
13 그의 (聖靈)성령을 우리에게 주
시므로 우리가 그 안에 거하고 그
가 우리 안에 거하시는 줄을 아느
니라
14 아버지가 아들을 세상의 (救主)
구주로 보내신 것을 우리가 보았
고 또 증언하노니
15 누구든지 예수를 하나님의 아들
이라 (是認)시인하면 하나님이
그의 안에 (居)거하시고 그도 하
나님 안에 거하느니라
16 하나님이 우리를 사랑하시는 사

1) 헬 참

랑을 우리가 알고 믿었노니 하나
님은 사랑이시라 사랑 안에 거하
는 자는 하나님 안에 (居)거하고
하나님도 그의 안에 거하시느니
라
17 이로써 사랑이 우리에게 온전히
이루어진 것은 우리로 심판 날에
(膽大)담대함을 가지게 하려 함
이니 주께서 그러하심과 같이 우
리도 이 세상에서 그러하니라
18 사랑 안에 두려움이 없고 (穩全)
온전한 사랑이 두려움을 내쫓나
니 두려움에는 (刑罰)형벌이 있
음이라 두려워하는 자는 사랑 안
에서 온전히 이루지 못하였느니
라
19 우리가 사랑함은 그가 먼저 우리
를 사랑하셨음이라
20 누구든지 하나님을 사랑하노라
하고 그 (兄弟)형제를 미워하면
이는 거짓말하는 자니 보는 바 그
형제를 사랑하지 아니하는 자는
보지 못하는 바 하나님을 사랑할
수 없느니라
21 우리가 이 (誡命)계명을 주께 받
았나니 하나님을 사랑하는 자는
또한 그 형제를 사랑할지니라

세상을 이기는 믿음

5 예수께서 그리스도이심을 믿는
(者)자마다 하나님께로부터 난
자니 또한 낳으신 이를 사랑하는
자마다 그에게서 난 자를 사랑하
느니라
2 우리가 하나님을 사랑하고 그의
(誡命)계명들을 지킬 때에 이로
써 우리가 하나님의 자녀를 사랑
하는 줄을 아느니라
3 하나님을 사랑하는 것은 이것이
니 우리가 그의 (誡命)계명들을
지키는 것이라 그의 계명들은 무
거운 것이 아니로다
4 무릇 하나님께로부터 난 자마다
세상을 이기느니라 세상을 이기
는 (勝利)승리는 이것이니 우리
의 믿음이니라
5 예수께서 하나님의 아들이심을
믿는 자가 아니면 (世上)세상을
이기는 자가 누구냐
6 이는 물과 피로 임하신 이시니 곧
예수 그리스도시라 물로만 아니
요 물과 피로 임하셨고 증언하는
이는 성령이시니 성령은 1)(眞理)
진리니라
7 (證言)증언하는 이가 셋이니
8 (聖靈)성령과 물과 피라 또한 이
셋은 합하여 하나이니라
9 (萬一)만일 우리가 사람들의 증
언을 받을진대 하나님의 증거는
더욱 크도다 하나님의 증거는 이
것이니 그의 아들에 대하여 증언
하신 것이니라
10 하나님의 아들을 믿는 자는 자기
안에 (證據)증거가 있고 하나님
을 믿지 아니하는 자는 하나님을
거짓말하는 자로 만드나니 이는
하나님께서 그 아들에 대하여 증
언하신 증거를 믿지 아니하였음
이라
11 또 증거는 이것이니 하나님이 우

1) 헬 참

리에게 (永生)영생을 주신 것과
이 생명이 그의 아들 안에 있는
그것이니라
12 아들이 있는 자에게는 (生命)생
명이 있고 하나님의 아들이 없는
자에게는 생명이 없느니라

영생을 알게 하려 함이라

13 ●내가 하나님의 아들의 이름을
믿는 너희에게 이것을 쓰는 것은
너희로 하여금 너희에게 (永生)
영생이 있음을 알게 하려 함이라
14 그를 향하여 우리가 가진 바 (膽
大)담대함이 이것이니 그의 뜻대
로 무엇을 구하면 들으심이라
15 우리가 무엇이든지 (求)구하는
바를 들으시는 줄을 안즉 우리가
그에게 구한 그것을 얻은 줄을 또
한 아느니라
16 누구든지 형제가 (死亡)사망에
이르지 아니하는 죄 (犯)범하는
것을 보거든 구하라 [1]그리하면
사망에 이르지 아니하는 범죄자
들을 위하여 그에게 생명을 주시
리라 사망에 이르는 죄가 있으니
이에 관하여 나는 구하라 하지 않
노라
17 모든 (不義)불의가 죄로되 사망
에 이르지 아니하는 죄도 있도다
18 ●하나님께로부터 난 자는 다 (犯
罪)범죄하지 아니하는 줄을 우리
가 아노라 하나님께로부터 [2]나신
자가 그를 지키시매 악한 자가 그
를 만지지도 못하느니라
19 또 아는 것은 우리는 하나님께 속
하고 온 (世上)세상은 악한 자 안
에 (處)처한 것이며
20 또 아는 것은 하나님의 아들이 이
르러 우리에게 (知覺)지각을 주
사 우리로 참된 자를 알게 하신
것과 또한 우리가 참된 자 곧 그
의 아들 예수 그리스도 안에 있는
것이니 그는 참 하나님이시요 (永
生)영생이시라
21 자녀들아 너희 자신을 지켜 (偶
像)우상에게서 멀리하라

1) 또는 그러면 그에게 생명을 주시리니 곧 사망에 이르지 아니하는 범죄자에게니라 2) 어떤 사본에, 난 자가 자기를 지키매

요한二書 2John

인사

1 (長老)장로인 나는 택하심을 받
은 부녀와 그의 자녀들에게 (便
紙)편지하노니 내가 참으로 사랑
하는 자요 나뿐 아니라 진리를 아
는 모든 자도 그리하는 것은
2 우리 안에 거하여 영원히 우리와
함께 할 (眞理)진리로 말미암음
이로다
3 은혜와 (矜恤)긍휼과 평강이 하
나님 아버지와 아버지의 아들 예
수 그리스도께로부터 진리와 사
랑 가운데서 우리와 함께 있으리
라

진리와 사랑

4 ●너의 (子女)자녀들 중에 우리
가 아버지께 받은 계명대로 진리
를 행하는 자를 내가 보니 심히
기쁘도다
5 (婦女)부녀여, 내가 이제 네게 구
하노니 서로 사랑하자 이는 새 계
명 같이 네게 쓰는 것이 아니요
처음부터 우리가 가진 것이라
6 또 사랑은 이것이니 우리가 그
(誡命)계명을 따라 행하는 것이
요 계명은 이것이니 너희가 처음
부터 들은 바와 같이 그 가운데서
행하라 하심이라
7 미혹하는 자가 세상에 많이 나왔
나니 이는 예수 그리스도께서 육
체로 오심을 (否認)부인하는 자
라 이런 자가 (迷惑)미혹하는 자
요 적그리스도니
8 너희는 스스로 삼가 우리가 일한
것을 잃지 말고 오직 (穩全)온전
한 상을 받으라
9 지나쳐 그리스도의 (教訓)교훈
안에 거하지 아니하는 자는 다 하
나님을 모시지 못하되 교훈 안에
거하는 그 사람은 아버지와 아들
을 모시느니라
10 누구든지 이 교훈을 가지지 않고
너희에게 나아가거든 그를 집에
들이지도 말고 (人事)인사도 하
지 말라
11 그에게 인사하는 자는 그 악한 일
에 (參與)참여하는 자임이라

끝 인사

12 ●내가 너희에게 쓸 것이 많으나
종이와 먹으로 쓰기를 원하지 아
니하고 오히려 너희에게 가서 (對
面)대면하여 말하려 하니 이는 [1]
너희 기쁨을 충만하게 하려 함이
라
13 (擇)택하심을 받은 네 자매의 자
녀들이 네게 (問安)문안하느니라

1) 어떤 사본에, 우리

요한三書 3John

인사

1 장로인 나는 사랑하는 가이오
곧 내가 참으로 사랑하는 자에
게 (便紙)편지하노라
2 ●사랑하는 자여 네 영혼이 잘됨
같이 네가 (凡事)범사에 잘되고
강건하기를 내가 간구하노라
3 형제들이 와서 네게 있는 진리를
(證言)증언하되 네가 진리 안에
서 행한다 하니 내가 심히 기뻐하
노라
4 내가 내 자녀들이 (眞理)진리 안
에서 행한다 함을 듣는 것보다 더
기쁜 일이 없도다

영접함과 내쫓음

5 ●사랑하는 자여 네가 무엇이든
지 형제 곧 나그네 된 자들에게
행하는 것은 (信實)신실한 일이
니
6 그들이 교회 앞에서 너의 사랑을
증언하였느니라 네가 하나님께
합당하게 그들을 (餞送)전송하면
좋으리로다
7 이는 그들이 주의 이름을 위하여
나가서 (異邦人)이방인에게 아무
것도 받지 아니함이라
8 그러므로 우리가 이같은 자들을
(迎接)영접하는 것이 마땅하니
이는 우리로 진리를 위하여 함께
일하는 자가 되게 하려 함이라

9 ●내가 두어 자를 (教會)교회에
썼으나 그들 중에 으뜸되기를 좋
아하는 디오드레베가 우리를 맞
아들이지 아니하니
10 그러므로 내가 가면 그 행한 일을
잊지 아니하리라 그가 악한 말로
우리를 (誹謗)비방하고도 오히려
부족하여 형제들을 맞아들이지도
아니하고 맞아들이고자 하는 자
를 금하여 교회에서 내쫓는도다
11 사랑하는 자여 악한 것을 본받지
말고 선한 것을 (本)본받으라 선
을 행하는 자는 하나님께 속하고
악을 행하는 자는 하나님을 뵈옵
지 못하였느니라
12 데메드리오는 뭇 사람에게도, 진
리에게서도 (證據)증거를 받았으
매 우리도 증언하노니 너는 우리
의 증언이 참된 줄을 아느니라

끝 인사

13 ●내가 네게 쓸 것이 많으나 먹과
붓으로 쓰기를 (願)원하지 아니하
고
14 속히 보기를 바라노니 또한 우리
가 (對面)대면하여 말하리라
15 (平康)평강이 네게 있을지어다
여러 친구가 네게 (問安)문안하
느니라 너는 친구들의 이름을 들
어 문안하라

유다書 Jude

인사

1 예수 그리스도의 종이요 야고
보의 (兄弟)형제인 유다는 부르
심을 받은 자 곧 하나님 아버지
안에서 사랑을 얻고 예수 그리스
도를 위하여 지키심을 받은 자들
에게 편지하노라
2 (矜恤)긍휼과 (平康)평강과 사랑
이 너희에게 더욱 많을지어다

거짓 교사들에게 내릴 심판(벧후 2:1-17)

3 ●사랑하는 자들아 우리가 일반
으로 받은 구원에 관하여 내가 너
희에게 편지하려는 생각이 (懇切)
간절하던 차에 성도에게 단번에
주신 믿음의 도를 위하여 힘써 싸
우라는 편지로 너희를 권하여야
할 필요를 느꼈노니
4 이는 가만히 들어온 사람 몇이 있
음이라 그들은 옛적부터 이 (判
決)판결을 받기로 미리 기록된
자니 경건하지 아니하여 우리 하
나님의 은혜를 도리어 방탕한 것
으로 바꾸고 홀로 하나이신 주재
곧 우리 주 예수 그리스도를 (否
認)부인하는 자니라
5 ●너희가 본래 모든 (事實)사실
을 알고 있으나 내가 너희로 다시
생각나게 하고자 하노라 주께서
백성을 애굽에서 구원하여 내시
고 후에 믿지 아니하는 자들을 멸
하셨으며
6 또 자기 지위를 지키지 아니하고
자기 처소를 떠난 천사들을 큰 날
의 심판까지 영원한 (結縛)결박
으로 흑암에 가두셨으며
7 소돔과 고모라와 그 이웃 도시들
도 그들과 같은 행동으로 음란하
며 다른 육체를 따라 가다가 영원
한 불의 (刑罰)형벌을 받음으로
거울이 되었느니라
8 그러한데 꿈꾸는 이 사람들도 그
와 같이 육체를 더럽히며 권위를
업신여기며 영광을 (誹謗)비방하
는도다
9 천사장 미가엘이 모세의 시체에
관하여 마귀와 다투어 (辯論)변
론할 때에 감히 비방하는 판결을
내리지 못하고 다만 말하되 주께
서 너를 꾸짖으시기를 원하노라
하였거늘
10 이 사람들은 무엇이든지 그 알지
못하는 것을 비방하는도다 또 그
들은 이성 없는 짐승 같이 본능으
로 아는 그것으로 (滅亡)멸망하
느니라
11 (禍)화 있을진저 이 사람들이여,
가인의 길에 행하였으며 삯을 위
하여 발람의 어그러진 길로 몰려
갔으며 고라의 (悖逆)패역을 따
라 (滅亡)멸망을 받았도다
12 그들은 (忌憚)기탄 없이 너희와
함께 먹으니 너희의 (愛餐)애찬
에 (暗礁)암초요 자기 몸만 기르
는 (牧者)목자요 바람에 불려가
는 물 없는 구름이요 죽고 또 죽
어 뿌리까지 뽑힌 열매 없는 가을

나무요
13 자기 (羞恥)수치의 거품을 뿜는
바다의 거친 물결이요 영원히 예
비된 캄캄한 흑암으로 돌아갈 (流
離)유리하는 별들이라
14 아담의 칠대 손 에녹이 이 사람들
에 대하여도 (豫言)예언하여 이
르되 보라 주께서 그 수만의 거룩
한 자와 함께 임하셨나니
15 이는 뭇 사람을 (審判)심판하사
모든 경건하지 않은 자가 경건하
지 않게 행한 모든 경건하지 않은
일과 또 경건하지 않은 죄인들이
주를 거슬러 한 모든 완악한 말로
말미암아 그들을 (定罪)정죄하려
하심이라 하였느니라
16 이 사람들은 원망하는 자며 불만
을 토하는 자며 그 정욕대로 행하
는 자라 그 입으로 자랑하는 말을
하며 이익을 위하여 (阿諂)아첨
하느니라

훈계와 권면

17 ●사랑하는 자들아 너희는 우리
주 예수 그리스도의 사도들이 미
리 한 말을 (記憶)기억하라
18 그들이 너희에게 말하기를 마지
막 때에 자기의 경건하지 않은 정
욕대로 행하며 (嘲弄)조롱하는
자들이 있으리라 하였나니
19 이 사람들은 (分裂)분열을 일으
키는 자며 육에 속한 자며 성령이
없는 자니라
20 사랑하는 자들아 너희는 너희의
지극히 거룩한 믿음 위에 자신을
세우며 성령으로 (祈禱)기도하며
21 하나님의 사랑 안에서 자신을 지
키며 (永生)영생에 이르도록 우
리 주 예수 그리스도의 긍휼을 기
다리라
22 어떤 (疑心)의심하는 자들을 (矜
恤)긍휼히 여기라
23 또 어떤 자를 불에서 끌어내어 구
원하라 또 어떤 자를 그 (肉體)육
체로 더럽힌 옷까지도 미워하되
두려움으로 긍휼히 여기라

축복

24 ●능히 너희를 (保護)보호하사
거침이 없게 하시고 너희로 그 영
광 앞에 흠이 없이 기쁨으로 서게
하실 이
25 곧 우리 구주 홀로 하나이신 하나
님께 우리 주 예수 그리스도로 말
미암아 영광과 (威嚴)위엄과 권
력과 (權勢)권세가 영원 전부터
이제와 영원토록 있을지어다 아
멘

요한啓示錄 Revelation

표제와 인사

1 예수 그리스도의 (啓示)계시라
이는 하나님이 그에게 주사 반
드시 속히 일어날 일들을 그 종들
에게 보이시려고 그의 (天使)천
사를 그 종 요한에게 보내어 알게
하신 것이라
2 요한은 하나님의 말씀과 예수 그
리스도의 (證據)증거 곧 자기가
본 것을 다 증언하였느니라
3 이 (豫言)예언의 말씀을 읽는 자
와 듣는 자와 그 가운데에 (記錄)
기록한 것을 지키는 자는 복이 있
나니 때가 가까움이라
4 ●요한은 아시아에 있는 일곱 교
회에 편지하노니 이제도 계시고
전에도 계셨고 장차 오실 이와 그
의 (寶座)보좌 앞에 있는 일곱 영
과
5 또 (忠誠)충성된 증인으로 죽은
자들 가운데에서 먼저 나시고 땅
의 임금들의 머리가 되신 예수 그
리스도로 말미암아 은혜와 평강
이 너희에게 있기를 원하노라 우
리를 사랑하사 그의 피로 [1]우리
죄에서 우리를 (解放)해방하시고
6 그의 아버지 하나님을 위하여 우
리를 나라와 제사장으로 삼으신
그에게 영광과 (能力)능력이 세
세토록 있기를 원하노라 아멘
7 볼지어다 그가 구름을 타고 오시
리라 각 사람의 눈이 그를 보겠고
그를 찌른 자들도 볼 것이요 땅에
있는 모든 (族屬)족속이 그로 말
미암아 (哀哭)애곡하리니 그러하
리라 아멘
8 ●주 하나님이 이르시되 나는 알
파와 오메가라 이제도 있고 전에
도 있었고 장차 올 자요 (全能)전
능한 자라 하시더라

그리스도의 명령

9 ●나 요한은 너희 형제요 예수의
(患難)환난과 나라와 참음에 동
참하는 자라 하나님의 말씀과 예
수를 증언하였음으로 말미암아
밧모라 하는 섬에 있었더니
10 주의 날에 내가 성령에 감동되어
내 뒤에서 나는 (喇叭)나팔 소리
같은 큰 음성을 들으니
11 이르되 네가 보는 것을 두루마리
에 써서 에베소, 서머나, 버가모,
두아디라, 사데, 빌라델비아, 라
오디게아 등 일곱 (敎會)교회에
보내라 하시기로
12 몸을 돌이켜 나에게 말한 (音聲)
음성을 알아 보려고 돌이킬 때에
일곱 금 촛대를 보았는데
13 촛대 사이에 (人子)인자 같은 이
가 발에 끌리는 옷을 입고 가슴에
금띠를 띠고
14 그의 머리와 털의 희기가 흰 (羊)
양털 같고 눈 같으며 그의 눈은
불꽃 같고
15 그의 발은 풀무불에 (鍛鍊)단련
한 빛난 주석 같고 그의 음성은

1) 어떤 사본에, 우리 죄를 씻으시고

많은 물 소리와 같으며
16 그의 오른손에 일곱 별이 있고 그
의 입에서 좌우에 날선 (劍)검이
나오고 그 얼굴은 해가 힘있게 비
치는 것 같더라
17 내가 볼 때에 그의 발 앞에 엎드
러져 죽은 (者)자 같이 되매 그가
오른손을 내게 얹고 이르시되 두
려워하지 말라 나는 처음이요 마
지막이니
18 곧 살아 있는 자라 내가 전에 죽
었었노라 볼지어다 이제 세세토
록 살아 있어 (死亡)사망과 음부
의 열쇠를 가졌노니
19 그러므로 네가 본 것과 지금 있는
일과 (將次)장차 될 일을 기록하
라
20 네가 본 것은 내 오른손의 일곱
별의 (秘密)비밀과 또 일곱 금 촛
대라 일곱 별은 일곱 (敎會)교회
의 (使者)사자요 일곱 촛대는 일
곱 교회니라

에베소 교회에 보내는 말씀

2 에베소 교회의 (使者)사자에게
편지하라 오른손에 있는 일곱
별을 붙잡고 일곱 금 촛대 사이를
거니시는 이가 이르시되
2 내가 네 (行爲)행위와 수고와 네
(忍耐)인내를 알고 또 악한 자들
을 용납하지 아니한 것과 자칭 사
도라 하되 아닌 자들을 시험하여
그의 거짓된 것을 네가 드러낸 것
과
3 또 네가 참고 내 이름을 (爲)위하
여 견디고 게으르지 아니한 것을
아노라
4 그러나 너를 (責望)책망할 것이
있나니 너의 처음 사랑을 버렸느
니라
5 그러므로 어디서 떨어졌는지를
생각하고 (悔改)회개하여 처음
행위를 가지라 만일 그리하지 아
니하고 회개하지 아니하면 내가
네게 가서 네 촛대를 그 자리에서
옮기리라
6 오직 네게 이것이 있으니 네가 니
골라 (黨)당의 행위를 미워하는
도다 나도 이것을 미워하노라
7 귀 있는 자는 성령이 교회들에게
하시는 말씀을 들을지어다 이기
는 그에게는 내가 하나님의 낙원
에 있는 (生命)생명나무의 열매
를 주어 먹게 하리라

서머나 교회에 보내는 말씀

8 ● 서머나 (敎會)교회의 사자에게
편지하라 처음이며 마지막이요
죽었다가 살아나신 이가 이르시
되
9 내가 네 환난과 궁핍을 알거니와
(實狀)실상은 네가 부요한 자니
라 자칭 유대인이라 하는 자들의
비방도 알거니와 실상은 유대인
이 아니요 사탄의 회당이라
10 너는 장차 받을 고난을 두려워하
지 말라 볼지어다 마귀가 장차 너
희 가운데에서 몇 사람을 옥에 던
져 시험을 받게 하리니 너희가 십
일 동안 환난을 받으리라 네가 죽
도록 (忠誠)충성하라 그리하면
내가 생명의 관을 네게 주리라

11 귀 있는 (者)자는 (聖靈)성령이
교회들에게 하시는 말씀을 들을
지어다 이기는 자는 둘째 사망의
해를 받지 아니하리라

버가모 교회에 보내는 말씀

12 ●버가모 교회의 (使者)사자에게
편지하라 좌우에 날선 검을 가지
신 이가 이르시되
13 네가 어디에 사는지를 내가 아노
니 거기는 사탄의 (權座)권좌가
있는 데라 네가 내 이름을 굳게
잡아서 내 충성된 증인 안디바가
너희 가운데 곧 사탄이 사는 곳에
서 죽임을 당할 때에도 나를 믿는
믿음을 저버리지 아니하였도다
14 그러나 네게 두어 가지 (責望)책
망할 것이 있나니 거기 네게 발람
의 교훈을 지키는 자들이 있도다
발람이 발락을 가르쳐 이스라엘
자손 앞에 걸림돌을 놓아 우상의
제물을 먹게 하였고 또 행음하게
하였느니라
15 이와 같이 네게도 니골라 당의
(教訓)교훈을 지키는 자들이 있
도다
16 그러므로 회개하라 그리하지 아
니하면 내가 네게 속히 가서 내
입의 (劍)검으로 그들과 싸우리
라
17 귀 있는 자는 성령이 교회들에게
하시는 말씀을 들을지어다 이기
는 그에게는 내가 감추었던 만나
를 주고 또 흰 돌을 줄 터인데 그
돌 위에 새 이름을 (記錄)기록한
것이 있나니 받는 자 밖에는 그
이름을 알 사람이 없느니라

두아디라 교회에 보내는 말씀

18 ●두아디라 교회의 사자에게 편
지하라 그 눈이 불꽃 같고 그 발
이 빛난 (朱錫)주석과 같은 하나
님의 아들이 이르시되
19 내가 네 사업과 사랑과 믿음과 섬
김과 (忍耐)인내를 아노니 네 나
중 행위가 처음 것보다 많도다
20 그러나 네게 책망할 일이 있노라
자칭 선지자라 하는 여자 이세벨
을 네가 (容納)용납함이니 그가
내 종들을 가르쳐 꾀어 행음하게
하고 우상의 제물을 먹게 하는도
다
21 또 내가 그에게 회개할 기회를 주
었으되 자기의 (淫行)음행을 회
개하고자 하지 아니하는도다
22 볼지어다 내가 그를 침상에 던질
터이요 또 그와 더불어 간음하는
자들도 만일 그의 행위를 회개하
지 아니하면 큰 (患難)환난 가운
데에 던지고
23 또 내가 (死亡)사망으로 그의 자
녀를 죽이리니 모든 교회가 나는
사람의 뜻과 마음을 살피는 자인
줄 알지라 내가 너희 각 사람의
(行爲)행위대로 갚아 주리라
24 두아디라에 남아 있어 이 교훈을
받지 아니하고 (所謂)소위 사탄
의 깊은 것을 알지 못하는 너희에
게 말하노니 다른 짐으로 너희에
게 지울 것은 없노라
25 다만 너희에게 있는 것을 내가 올
때까지 굳게 잡으라

26 이기는 자와 끝까지 내 일을 지키
는 그에게 (萬國)만국을 다스리
는 권세를 주리니
27 그가 (鐵杖)철장을 가지고 그들
을 다스려 질그릇 깨뜨리는 것과
같이 하리라 나도 내 아버지께 받
은 것이 그러하니라
28 내가 또 그에게 새벽 별을 주리라
29 귀 있는 자는 (聖靈)성령이 교회
들에게 하시는 말씀을 들을지어
다

사데 교회에 보내는 말씀

3 사데 (敎會)교회의 사자에게 편
지하라 하나님의 일곱 영과 일
곱 별을 가지신 이가 이르시되 내
가 네 (行爲)행위를 아노니 네가
살았다 하는 이름은 가졌으나 죽
은 자로다
2 너는 일깨어 그 남은 바 죽게 된
것을 굳건하게 하라 내 하나님 앞
에 네 행위의 (穩全)온전한 것을
찾지 못하였노니
3 그러므로 네가 어떻게 받았으며
어떻게 들었는지 생각하고 지켜
(悔改)회개하라 만일 일깨지 아
니하면 내가 도둑 같이 이르리니
어느 때에 네게 이를는지 네가 알
지 못하리라
4 그러나 사데에 그 옷을 더럽히지
아니한 자 몇 명이 네게 있어 흰
옷을 입고 나와 함께 다니리니 그
들은 (合當)합당한 자인 (緣故)연
고라
5 이기는 자는 이와 같이 흰 옷을
입을 것이요 내가 그 이름을 (生
命冊)생명책에서 결코 지우지 아
니하고 그 이름을 내 아버지 앞과
그의 천사들 앞에서 시인하리라
6 귀 있는 자는 (聖靈)성령이 교회
들에게 하시는 말씀을 들을지어
다

빌라델비아 교회에 보내는 말씀

7 ●빌라델비아 교회의 사자에게
편지하라 거룩하고 (眞實)진실하
사 다윗의 열쇠를 가지신 이 곧
열면 닫을 사람이 없고 닫으면 열
사람이 없는 그가 이르시되
8 볼지어다 내가 네 앞에 열린 문을
두었으되 능히 닫을 사람이 없으
리라 내가 네 행위를 아노니 네가
작은 능력을 가지고서도 내 말을
지키며 내 이름을 (背叛)배반하
지 아니하였도다
9 보라 사탄의 (會黨)회당 곧 자칭
유대인이라 하나 그렇지 아니하
고 거짓말 하는 자들 중에서 몇을
네게 주어 그들로 와서 네 발 앞
에 절하게 하고 내가 너를 사랑하
는 줄을 알게 하리라
10 네가 나의 (忍耐)인내의 말씀을
지켰은즉 내가 또한 너를 지켜 시
험의 때를 면하게 하리니 이는 장
차 온 세상에 임하여 땅에 거하는
자들을 (試驗)시험할 때라
11 내가 속히 오리니 네가 가진 것을
굳게 잡아 아무도 네 (冕旒冠)면
류관을 빼앗지 못하게 하라
12 이기는 자는 내 하나님 (聖殿)성
전에 기둥이 되게 하리니 그가 결
코 다시 나가지 아니하리라 내가

하나님의 이름과 하나님의 (城)
성 곧 하늘에서 내 하나님께로부
터 내려오는 새 예루살렘의 이름
과 나의 새 이름을 그이 위에 (記
錄)기록하리라
13 귀 있는 (者)자는 성령이 교회들
에게 하시는 말씀을 들을지어다

라오디게아 교회에 보내는 말씀

14 ● 라오디게아 교회의 사자에게
편지하라 아멘이시요 (忠誠)충성
되고 참된 증인이시요 하나님의
창조의 근본이신 이가 이르시되
15 내가 네 (行爲)행위를 아노니 네
가 차지도 아니하고 뜨겁지도 아
니하도다 네가 차든지 뜨겁든지
하기를 원하노라
16 네가 이같이 미지근하여 뜨겁지
도 아니하고 차지도 아니하니 내
입에서 너를 (吐)토하여 버리리
라
17 네가 말하기를 나는 부자라 부요
하여 부족한 것이 없다 하나 네
(困苦)곤고한 것과 가련한 것과
가난한 것과 눈 먼 것과 벌거벗은
것을 알지 못하는도다
18 내가 너를 권하노니 내게서 불
로 (鍊鍛)연단한 금을 사서 부요
하게 하고 흰 옷을 사서 입어 벌
거벗은 수치를 보이지 않게 하고
(眼藥)안약을 사서 눈에 발라 보
게 하라
19 무릇 내가 사랑하는 자를 책망하
여 (懲戒)징계하노니 그러므로
네가 열심을 내라 회개하라
20 볼지어다 내가 문 밖에 서서 두드
리노니 누구든지 내 (音聲)음성
을 듣고 문을 열면 내가 그에게로
들어가 그와 더불어 먹고 그는 나
와 더불어 먹으리라
21 이기는 그에게는 내가 내 (寶座)
보좌에 함께 앉게 하여 주기를 내
가 이기고 아버지 보좌에 함께 앉
은 것과 같이 하리라
22 귀 있는 (者)자는 성령이 교회들
에게 하시는 말씀을 들을지어다

하늘의 예배

4 이 일 후에 내가 보니 하늘에
열린 문이 있는데 내가 들은 바
처음에 내게 말하던 나팔 소리 같
은 그 (音聲)음성이 이르되 이리
로 올라오라 이 후에 마땅히 일어
날 일들을 내가 네게 보이리라 하
시더라
2 내가 곧 성령에 (感動)감동되었
더니 보라 하늘에 보좌를 베풀었
고 그 보좌 위에 앉으신 이가 있
는데
3 앉으신 이의 (貌樣)모양이 벽옥
과 홍보석 같고 또 무지개가 있어
보좌에 둘렸는데 그 모양이 녹보
석 같더라
4 또 보좌에 둘려 이십사 보좌들이
있고 그 보좌들 위에 이십사 장로
들이 흰 옷을 입고 머리에 (金冠)
금관을 쓰고 앉았더라
5 보좌로부터 번개와 음성과 우렛
소리가 나고 보좌 앞에 켠 등불
일곱이 있으니 이는 하나님의 일
곱 (靈)영이라
6 보좌 앞에 (水晶)수정과 같은 유

리 바다가 있고 보좌 가운데와 보
좌 주위에 네 (生物)생물이 있는
데 앞뒤에 눈들이 가득하더라
7 그 첫째 생물은 (獅子)사자 같고
그 둘째 생물은 송아지 같고 그
셋째 생물은 얼굴이 사람 같고 그
넷째 생물은 날아가는 (禿)독수
리 같은데
8 네 생물은 각각 여섯 날개를 가졌
고 그 안과 주위에는 눈들이 가득
하더라 그들이 밤낮 쉬지 않고 이
르기를

거룩하다 거룩하다 거룩하다 주
하나님 곧 (全能)전능하신 이여
전에도 계셨고 이제도 계시고
장차 오실 이시라

하고
9 그 생물들이 보좌에 앉으사 세세
토록 살아 계시는 이에게 영광과
(尊貴)존귀와 (感謝)감사를 돌릴
때에
10 이십사 장로들이 보좌에 앉으신
이 앞에 엎드려 세세토록 살아 계
시는 이에게 (敬拜)경배하고 자
기의 관을 보좌 앞에 드리며 이르
되
11 우리 주 하나님이여 (榮光)영광
과 존귀와 권능을 받으시는 것
이 합당하오니 주께서 만물을
지으신지라 만물이 주의 뜻대로
있었고 또 지으심을 받았나이다

하더라

책과 어린 양

계 5 내가 보매 (寶座)보좌에 앉으신
이의 오른손에 두루마리가 있
으니 안팎으로 썼고 일곱 인으로
봉하였더라
2 또 보매 힘있는 (天使)천사가 큰
음성으로 외치기를 누가 그 두루
마리를 펴며 그 인을 떼기에 합당
하냐 하나
3 하늘 위에나 땅 위에나 땅 아래에
(能)능히 그 두루마리를 펴거나
보거나 할 자가 없더라
4 그 두루마리를 펴거나 보거나 하
기에 (合當)합당한 자가 보이지
아니하기로 내가 크게 울었더니
5 장로 중의 한 사람이 내게 말하되
울지 말라 유대 지파의 사자 다윗
의 뿌리가 이겼으니 그 두루마리
와 그 일곱 (印)인을 떼시리라 하
더라
6 내가 또 보니 보좌와 네 생물과
장로들 사이에 한 어린 (羊)양이
서 있는데 일찍이 죽임을 당한 것
같더라 그에게 일곱 뿔과 일곱 눈
이 있으니 이 눈들은 온 땅에 보
내심을 받은 하나님의 일곱 영이
더라
7 그 어린 (羊)양이 나아와서 보좌
에 앉으신 이의 오른손에서 두루
마리를 (取)취하시니라
8 그 두루마리를 취하시매 네 생물
과 이십사 장로들이 그 어린 양
앞에 엎드려 각각 거문고와 향이
가득한 금 대접을 가졌으니 이 향
은 성도의 (祈禱)기도들이라
9 그들이 새 노래를 불러 이르되

두루마리를 가지시고 그 (印封)
인봉을 떼기에 합당하시도다 일

찍이 죽임을 당하사 각 족속과
방언과 백성과 나라 가운데에서
사람들을 피로 사서 하나님께
드리시고
10 그들로 우리 하나님 앞에서 나
라와 (祭司長)제사장들을 삼으
셨으니 그들이 땅에서 왕 노릇
하리로다
하더라
11 내가 또 보고 들으매 (寶座)보좌
와 생물들과 장로들을 둘러 선 많
은 천사의 (音聲)음성이 있으니
그 수가 만만이요 천천이라
12 큰 음성으로 이르되
죽임을 당하신 어린 양은 능력
과 부와 지혜와 힘과 존귀와 영
광과 찬송을 받으시기에 (合當)
합당하도다
하더라
13 내가 또 들으니 하늘 위에와 땅
위에와 땅 아래와 바다 위에와 또
그 가운데 모든 피조물이 이르되
보좌에 앉으신 이와 어린 양에
게 찬송과 존귀와 (榮光)영광과
권능을 세세토록 돌릴지어다
하니
14 네 생물이 이르되 아멘 하고 장로
들은 엎드려 (敬拜)경배하더라

일곱 봉인에 담긴 심판

6 내가 보매 어린 양이 일곱 인
중의 하나를 떼시는데 그 때에
내가 들으니 네 (生物)생물 중의
하나가 우렛소리 같이 말하되 오
라 하기로
2 이에 내가 보니 흰 말이 있는데
그 탄 (者)자가 활을 가졌고 (冕
旒冠)면류관을 받고 나아가서 이
기고 또 이기려고 하더라
3 ●둘째 (印)인을 떼실 때에 내가
들으니 둘째 생물이 말하되 오라
하니
4 이에 다른 붉은 말이 나오더라 그
탄 자가 (許諾)허락을 받아 땅에
서 화평을 제하여 버리며 서로 죽
이게 하고 또 큰 칼을 받았더라
5 ●셋째 (印)인을 떼실 때에 내가
들으니 셋째 생물이 말하되 오라
하기로 내가 보니 검은 말이 나오
는데 그 탄 자가 손에 저울을 가
졌더라
6 내가 네 (生物)생물 사이로부터
나는 듯한 음성을 들으니 이르되
한 [1]데나리온에 밀 한 되요 한 [1]
데나리온에 보리 석 되로다 또 감
람유와 포도주는 해치지 말라 하
더라
7 ●넷째 (印)인을 떼실 때에 내가
넷째 생물의 음성을 들으니 말하
되 오라 하기로
8 내가 보매 청황색 말이 나오는데
그 탄 자의 이름은 (死亡)사망이
니 음부가 그 뒤를 따르더라 그들
이 땅 사분의 일의 권세를 얻어
검과 흉년과 사망과 땅의 짐승들
로써 죽이더라
9 ●다섯째 인을 떼실 때에 내가 보
니 하나님의 말씀과 그들이 가진
증거로 말미암아 죽임을 당한 (靈
魂)영혼들이 제단 아래에 있어

1) 은전의 명칭

10 큰 소리로 불러 이르되 거룩하고
참되신 (大主宰)대주재여 땅에
거하는 자들을 심판하여 우리 피
를 갚아 주지 아니하시기를 어느
때까지 하시려 하나이까 하니
11 각각 그들에게 흰 두루마기를 주
시며 이르시되 아직 (暫時)잠시
동안 쉬되 그들의 동무 종들과
(兄弟)형제들도 자기처럼 죽임을
당하여 그 수가 차기까지 하라 하
시더라
12 ●내가 보니 여섯째 인을 떼실 때
에 큰 (地震)지진이 나며 해가 검
은 털로 짠 (喪服)상복 같이 검어
지고 달은 온통 피 같이 되며
13 하늘의 별들이 무화과나무가 (大
風)대풍에 흔들려 설익은 열매가
떨어지는 것 같이 땅에 떨어지며
14 하늘은 두루마리가 말리는 것 같
이 떠나가고 각 (山)산과 섬이 제
자리에서 옮겨지매
15 땅의 임금들과 (王族)왕족들과
장군들과 부자들과 강한 자들과
모든 종과 자유인이 굴과 산들의
바위 틈에 숨어
16 산들과 바위에게 말하되 우리 위
에 떨어져 (寶座)보좌에 앉으신
이의 얼굴에서와 그 어린 양의 진
노에서 우리를 가리라
17 그들의 (震怒)진노의 큰 날이 이
르렀으니 누가 능히 서리요 하더
라

인치심을 받은 십사만 사천 명

7 이 일 후에 내가 네 천사가 땅
네 모퉁이에 선 것을 보니 땅의
(四方)사방의 바람을 붙잡아 바
람으로 하여금 땅에나 바다에나
각종 나무에 불지 못하게 하더라
2 또 보매 다른 (天使)천사가 살아
계신 하나님의 (印)인을 가지고
해 돋는 데로부터 올라와서 땅과
바다를 해롭게 할 권세를 받은 네
천사를 향하여 큰 소리로 외쳐
3 이르되 우리가 우리 하나님의 종
들의 이마에 (印)인치기까지 땅
이나 바다나 나무들을 해하지 말
라 하더라
4 내가 인침을 받은 자의 수를 들으
니 이스라엘 (子孫)자손의 각 지
파 중에서 인침을 받은 자들이 십
사만 사천이니

각 나라에서 온 무리

5 ●유다 (支派)지파 중에 인침을
받은 자가 일만 이천이요 르우벤
지파 중에 일만 이천이요 갓 지파
중에 일만 이천이요
6 아셀 (支派)지파 (中)중에 일만
이천이요 납달리 지파 중에 일만
이천이요 므낫세 지파 중에 일만
이천이요
7 시므온 (支派)지파 (中)중에 일만
이천이요 레위 지파 중에 일만 이
천이요 잇사갈 지파 중에 일만 이
천이요
8 스불론 (支派)지파 (中)중에 일만
이천이요 요셉 지파 중에 일만 이
천이요 베냐민 지파 중에 인침을
받은 자가 일만 이천이라
9 이 일 후에 내가 보니 각 나라와
(族屬)족속과 백성과 방언에서

아무도 능히 셀 수 없는 큰 무리
가 나와 흰 옷을 입고 손에 종려
가지를 들고 보좌 앞과 어린 양
앞에 서서
10 큰 소리로 외쳐 이르되
(救援)구원하심이 (寶座)보좌에
앉으신 우리 하나님과 어린 양
에게 있도다
하니
11 모든 천사가 보좌와 (長老)장로
들과 네 생물의 주위에 서 있다가
보좌 앞에 엎드려 얼굴을 대고 하
나님께 (敬拜)경배하여
12 이르되
아멘 찬송과 영광과 지혜와 감
사와 존귀와 권능과 힘이 우리
하나님께 (世世)세세토록 있을
지어다 아멘
하더라
13 장로 중 하나가 (應答)응답하여
나에게 이르되 이 흰 옷 입은 자
들이 누구며 또 어디서 왔느냐
14 내가 말하기를 내 주여 당신이 아
시나이다 하니 그가 나에게 이르
되 이는 큰 (患難)환난에서 나오
는 자들인데 어린 양의 피에 그
옷을 씻어 희게 하였느니라
15 그러므로 그들이 하나님의 보좌
앞에 있고 또 그의 성전에서 밤낮
하나님을 섬기매 보좌에 앉으신
이가 그들 위에 (帳幕)장막을 치
시리니
16 그들이 다시는 주리지도 아니하
며 목마르지도 아니하고 해나 아
무 뜨거운 기운에 (傷)상하지도
아니하리니
17 이는 보좌 가운데에 계신 어린 양
이 그들의 목자가 되사 생명수 샘
으로 (引導)인도하시고 하나님께
서 그들의 눈에서 모든 눈물을 씻
어 주실 것임이라

일곱째 봉인과 금 향로

8 일곱째 인을 떼실 때에 하늘이
(半)반 (時間)시간쯤 고요하더
니
2 내가 보매 하나님 앞에 일곱 (天
使)천사가 서 있어 일곱 나팔을
받았더라
3 ●또 다른 천사가 와서 제단 곁에
서서 금 (香爐)향로를 가지고 많
은 향을 받았으니 이는 모든 성도
의 (祈禱)기도와 합하여 보좌 앞
금 제단에 드리고자 함이라
4 (香煙)향연이 성도의 기도와 함
께 천사의 손으로부터 하나님 앞
으로 올라가는지라
5 천사가 향로를 가지고 (祭壇)제
단의 불을 담아다가 땅에 쏟으매
우레와 음성과 번개와 지진이 나
더라

나팔 소리

6 ●일곱 나팔을 가진 일곱 천사가
나팔 불기를 (準備)준비하더라
7 ●첫째 천사가 (喇叭)나팔을 부
니 피 섞인 우박과 불이 나와서
땅에 쏟아지매 땅의 삼분의 일이
타 버리고 수목의 삼분의 일도 타
버리고 각종 푸른 풀도 타 버렸더
라
8 ●둘째 (天使)천사가 나팔을 부

니 불 붙는 큰 산과 같은 것이 바
다에 던져지매 바다의 삼분의 일
이 피가 되고
9 바다 가운데 (生命)생명 가진 피
조물들의 삼분의 일이 죽고 배들
의 삼분의 일이 깨지더라
10 ●셋째 천사가 나팔을 부니 횃불
같이 타는 큰 별이 하늘에서 떨어
져 (江)강들의 삼분의 일과 여러
물샘에 떨어지니
11 이 별 이름은 쓴 쑥이라 물의 (三
分)삼분의 일이 쓴 쑥이 되매 그
물이 쓴 물이 되므로 많은 사람이
죽더라
12 ●넷째 천사가 나팔을 부니 해 삼
분의 일과 달 삼분의 일과 별들의
삼분의 일이 (打擊)타격을 받아
그 삼분의 일이 어두워지니 낮 삼
분의 일은 비추임이 없고 밤도 그
러하더라
13 ●내가 또 보고 들으니 공중에 날
아가는 독수리가 큰 소리로 이르
되 땅에 사는 자들에게 화, 화,
(禍)화가 있으리니 이는 세 천사
들이 불어야 할 나팔 소리가 남아
있음이로다 하더라

9 다섯째 (天使)천사가 나팔을 불
매 내가 보니 하늘에서 땅에 떨
어진 별 하나가 있는데 그가 무저
갱의 열쇠를 받았더라
2 그가 (無底坑)무저갱을 여니 그
구멍에서 큰 화덕의 연기 같은 연
기가 올라오매 해와 공기가 그 구
멍의 연기로 말미암아 어두워지
며
3 또 황충이 연기 가운데로부터 땅
위에 나오매 그들이 땅에 있는 전
갈의 권세와 같은 (權勢)권세를
받았더라
4 그들에게 이르시되 땅의 풀이나
푸른 것이나 각종 수목은 해하지
말고 오직 이마에 하나님의 (印)
인침을 받지 아니한 사람들만 해
하라 하시더라
5 그러나 그들을 죽이지는 못하게
하시고 다섯 달 동안 괴롭게만 하
게 하시는데 그 괴롭게 함은 (全
蠍)전갈이 사람을 쏠 때에 괴롭
게 함과 같더라
6 그 날에는 사람들이 죽기를 구하
여도 죽지 못하고 죽고 싶으나 죽
음이 그들을 (避)피하리로다
7 (蝗蟲)황충들의 모양은 전쟁을
위하여 준비한 말들 같고 그 머리
에 금 같은 관 비슷한 것을 썼으
며 그 얼굴은 사람의 얼굴 같고
8 또 (女子)여자의 머리털 같은 머
리털이 있고 그 이빨은 사자의 이
빨 같으며
9 또 철 호심경 같은 호심경이 있고
그 날개들의 소리는 병거와 많은
말들이 (戰爭)전쟁터로 달려 들
어가는 소리 같으며
10 또 전갈과 같은 꼬리와 쏘는 살
이 있어 그 꼬리에는 다섯 달 동
안 사람들을 해하는 (權勢)권세
가 있더라
11 그들에게 (王)왕이 있으니 무저
갱의 사자라 히브리어로는 그 이
름이 아바돈이요 헬라어로는 그

이름이 아볼루온이더라
12 ●첫째 (禍)화는 지나갔으나 보
라 아직도 이 후에 화 둘이 이르
리로다
13 ●여섯째 천사가 나팔을 불매 내
가 들으니 하나님 앞 금 제단 네
뿔에서 한 (音聲)음성이 나서
14 나팔 가진 여섯째 천사에게 말하
기를 큰 강 유브라데에 (結縛)결
박한 네 천사를 놓아 주라 하매
15 네 (天使)천사가 놓였으니 그들
은 그 년 월 일 시에 이르러 사람
삼분의 일을 죽이기로 (準備)준
비된 자들이더라
16 (馬兵隊)마병대의 수는 [1]이만 만
이니 내가 그들의 수를 들었노라
17 이같은 (幻像)환상 가운데 그 말
들과 그 위에 탄 자들을 보니 불
빛과 자줏빛과 유황빛 호심경이
있고 또 말들의 머리는 사자 머리
같고 그 입에서는 불과 연기와 유
황이 나오더라
18 이 세 (災殃)재앙 곧 자기들의 입
에서 나오는 불과 연기와 유황으
로 말미암아 사람 삼분의 일이 죽
임을 당하니라
19 이 말들의 힘은 입과 꼬리에 있으
니 꼬리는 뱀 같고 또 꼬리에 머
리가 있어 이것으로 (害)해하더
라
20 이 재앙에 죽지 않고 남은 사람들
은 손으로 행한 일을 (悔改)회개
하지 아니하고 오히려 여러 귀신
과 또는 보거나 듣거나 다니거나
하지 못하는 금, 은, 동과 목석의
(偶像)우상에게 절하고
21 또 그 (殺人)살인과 복술과 음행
과 도둑질을 회개하지 아니하더
라

천사와 작은 책

10 내가 또 보니 힘 센 다른 (天
使)천사가 구름을 입고 하늘
에서 내려오는데 그 머리 위에 무
지개가 있고 그 얼굴은 해 같고
그 발은 불기둥 같으며
2 그 손에는 펴 놓인 작은 두루마리
를 들고 그 오른 발은 바다를 밟
고 왼 발은 땅을 밟고
3 (獅子)사자가 부르짖는 것 같이
큰 소리로 외치니 그가 외칠 때에
일곱 우레가 그 소리를 내어 말하
더라
4 일곱 우레가 말을 할 때에 내가
기록하려고 하다가 곧 들으니 하
늘에서 소리가 나서 말하기를 일
곱 우레가 말한 것을 (印封)인봉
하고 (記錄)기록하지 말라 하더
라
5 내가 본 바 바다와 땅을 밟고 서
있는 (天使)천사가 하늘을 향하
여 오른손을 들고
6 세세토록 살아 계신 이 곧 하늘과
그 가운데에 있는 물건이며 땅과
그 가운데에 있는 물건이며 바다
와 그 가운데에 있는 물건을 창조
하신 이를 가리켜 맹세하여 이르
되 [2](遲滯)지체하지 아니하리니
7 일곱째 천사가 소리 내는 날 그의
나팔을 불려고 할 때에 하나님의

1) 또는 이억이니 2) 또는 시간이 다시 없으리니

그의 종 선지자들에게 전하신 복
음과 같이 하나님의 그 (秘密)비
밀이 이루어지리라 하더라
8 하늘에서 나서 내게 들리던 (音
聲)음성이 또 내게 말하여 이르
되 네가 가서 바다와 땅을 밟고
서 있는 천사의 손에 펴 놓인 두
루마리를 가지라 하기로
9 내가 천사에게 나아가 작은 두루
마리를 달라 한즉 (天使)천사가
이르되 갖다 먹어 버리라 네 배에
는 쓰나 네 입에는 꿀 같이 달리
라 하거늘
10 내가 천사의 손에서 작은 두루마
리를 갖다 먹어 버리니 내 입에는
꿀 같이 다나 먹은 (後)후에 내 배
에서는 쓰게 되더라
11 그가 내게 말하기를 네가 많은 백
성과 나라와 방언과 임금에게 다
시 (豫言)예언하여야 하리라 하
더라

두 증인

11 또 내게 지팡이 같은 갈대를
주며 말하기를 일어나서 하
나님의 성전과 제단과 그 안에서
(敬拜)경배하는 자들을 측량하되
2 (聖殿)성전 바깥 마당은 측량하
지 말고 그냥 두라 이것은 이방인
에게 주었은즉 그들이 거룩한 성
을 마흔두 달 동안 짓밟으리라
3 내가 나의 두 (證人)증인에게 (權
勢)권세를 주리니 그들이 굵은
베옷을 입고 천이백육십 일을 예
언하리라

1) 헬, 등잔대니

4 그들은 이 땅의 주 앞에 서 있는
두 (橄欖)감람나무와 두 [1]촛대니
5 만일 누구든지 그들을 해하고자
하면 그들의 입에서 불이 나와서
그들의 (怨讐)원수를 삼켜 버릴
것이요 누구든지 그들을 해하고
자 하면 반드시 그와 같이 죽임을
당하리라
6 그들이 권능을 가지고 하늘을 닫
아 그 예언을 하는 날 동안 비가
오지 못하게 하고 또 권능을 가
지고 물을 피로 변하게 하고 아
무 때든지 원하는 대로 여러 가지
(災殃)재앙으로 땅을 치리로다
7 그들이 그 증언을 마칠 때에 무저
갱으로부터 올라오는 짐승이 그
들과 더불어 (戰爭)전쟁을 일으
켜 그들을 이기고 그들을 죽일 터
인즉
8 그들의 시체가 큰 성 길에 있으리
니 그 성은 영적으로 하면 소돔이
라고도 하고 애굽이라고도 하니
곧 그들의 주께서 (十字架)십자
가에 못 박히신 곳이라
9 백성들과 족속과 (方言)방언과
나라 중에서 사람들이 그 시체를
사흘 반 동안을 보며 무덤에 장사
하지 못하게 하리로다
10 이 두 선지자가 땅에 사는 자들을
괴롭게 한 고로 땅에 사는 자들이
그들의 죽음을 즐거워하고 기뻐
하여 서로 (禮物)예물을 보내리
라 하더라
11 삼 일 반 후에 하나님께로부터
(生氣)생기가 그들 속에 들어가

매 그들이 발로 일어서니 구경하
는 자들이 크게 두려워하더라
12 하늘로부터 큰 음성이 있어 이리
로 올라오라 함을 그들이 듣고 구
름을 타고 하늘로 올라가니 그들
의 (怨讐)원수들도 구경하더라
13 그 때에 큰 지진이 나서 성 십분
의 일이 무너지고 (地震)지진에
죽은 사람이 칠천이라 그 남은 자
들이 두려워하여 영광을 하늘의
하나님께 돌리더라
14 ●둘째 화는 지나갔으나 보라 셋
째 화가 (速)속히 이르는도다

일곱째 나팔 소리

15 ●일곱째 천사가 나팔을 불매 하
늘에 큰 (音聲)음성들이 나서 이
르되

세상 나라가 우리 주와 그의 그
리스도의 나라가 되어 그가 세
세토록 왕 노릇 하시리로다

하니
16 하나님 앞에서 자기 (寶座)보좌
에 앉아 있던 이십사 장로가 엎드
려 얼굴을 땅에 대고 하나님께 경
배하여
17 이르되

감사하옵나니 옛적에도 계셨고
지금도 계신 주 하나님 곧 (全
能)전능하신 이여 친히 큰 권능
을 잡으시고 왕 노릇 하시도다

18 이방들이 (憤怒)분노하매 주의
진노가 내려 죽은 자를 심판하
시며 종 선지자들과 성도들과
또 작은 자든지 큰 자든지 주의
이름을 (敬畏)경외하는 자들에
게 상 주시며 또 땅을 망하게 하
는 자들을 멸망시키실 때로소이
다

하더라
19 ●이에 하늘에 있는 하나님의 성
전이 열리니 성전 안에 하나님의
(言約櫃)언약궤가 보이며 또 번
개와 음성들과 우레와 지진과 큰
우박이 있더라

여자와 용

12 하늘에 큰 [1](異蹟)이적이 보
이니 해를 옷 입은 한 여자
가 있는데 그 발 아래에는 달이
있고 그 머리에는 열두 별의 관을
썼더라
2 이 여자가 아이를 배어 (解産)해
산하게 되매 아파서 애를 쓰며 부
르짖더라
3 하늘에 또 다른 [1]이적이 보이니
보라 한 큰 붉은 용이 있어 머리
가 일곱이요 뿔이 열이라 그 여러
머리에 일곱 (王冠)왕관이 있는
데
4 그 꼬리가 하늘의 별 삼분의 일을
끌어다가 땅에 던지더라 용이 해
산하려는 (女子)여자 앞에서 그
가 해산하면 그 아이를 삼키고자
하더니
5 여자가 아들을 낳으니 이는 장차
(鐵杖)철장으로 만국을 다스릴
남자라 그 아이를 하나님 앞과 그
보좌 앞으로 올려가더라
6 그 여자가 (曠野)광야로 도망하
매 거기서 천이백육십 일 동안 그

1) 또는 표적

를 (養育)양육하기 위하여 하나
님께서 예비하신 곳이 있더라
7 ●하늘에 전쟁이 있으니 미가엘
과 그의 사자들이 (龍)용과 더불
어 싸울새 용과 그의 사자들도 싸
우나
8 이기지 못하여 다시 하늘에서 그
들이 있을 곳을 얻지 못한지라
9 큰 용이 내쫓기니 옛 뱀 곧 (魔鬼)
마귀라고도 하고 사탄이라고도
하며 온 천하를 꾀는 자라 그가
땅으로 내쫓기니 그의 [1](使者)사
자들도 그와 함께 내쫓기니라
10 내가 또 들으니 하늘에 큰 음성이
있어 이르되
이제 우리 하나님의 구원과 능
력과 나라와 또 그의 그리스도
의 권세가 나타났으니 우리 형
제들을 참소하던 자 곧 우리 하
나님 앞에서 밤낮 (讒訴)참소하
던 자가 쫓겨났고
11 또 우리 형제들이 어린 양의 피
와 자기들이 증언하는 말씀으로
써 그를 이겼으니 그들은 죽기
까지 자기들의 (生命)생명을 [2]
아끼지 아니하였도다
12 그러므로 하늘과 그 가운데에
거하는 자들은 즐거워하라 그러
나 땅과 바다는 화 있을진저 이
는 (魔鬼)마귀가 자기의 때가 얼
마 남지 않은 줄을 알므로 크게
(憤)분내어 너희에게 내려갔음
이라
하더라

1) 또는 천사들도 2) 헬, 사랑하지

13 ●용이 자기가 땅으로 내쫓긴 것
을 보고 남자를 낳은 여자를 (迫
害)박해하는지라
14 그 여자가 큰 독수리의 두 날개를
받아 광야 자기 곳으로 날아가 거
기서 그 뱀의 낯을 피하여 한 때
와 두 때와 반 때를 (養育)양육
받으매
15 여자의 뒤에서 뱀이 그 입으로 물
을 (江)강 같이 토하여 여자를 물
에 떠내려 가게 하려 하되
16 땅이 여자를 도와 그 입을 벌려
용의 입에서 (吐)토한 강물을 삼
키니
17 용이 여자에게 (憤怒)분노하여
돌아가서 그 여자의 남은 자손
곧 하나님의 (誡命)계명을 지키
며 예수의 증거를 가진 자들과 더
불어 싸우려고 바다 모래 위에 서
있더라

짐승 두 마리

13 내가 보니 바다에서 한 짐승
이 나오는데 뿔이 열이요 머
리가 일곱이라 그 뿔에는 열 왕관
이 있고 그 머리들에는 (神聖冒
瀆)신성모독 하는 이름들이 있더
라
2 내가 본 짐승은 표범과 비슷하고
그 발은 곰의 발 같고 그 입은 사
자의 입 같은데 용이 자기의 능력
과 보좌와 큰 (權勢)권세를 그에
게 주었더라
3 그의 머리 하나가 상하여 죽게 된
것 같더니 그 죽게 되었던 (傷處)
상처가 나으매 온 땅이 놀랍게 여

겨 짐승을 따르고
4 용이 짐승에게 권세를 주므로 용
에게 (敬拜)경배하며 짐승에게
경배하여 이르되 누가 이 짐승과
같으냐 누가 능히 이와 더불어 싸
우리요 하더라
5 또 짐승이 (誇張)과장되고 신성
모독을 말하는 입을 받고 또 마흔
두 달 동안 일할 권세를 받으니라
6 짐승이 입을 벌려 하나님을 향하
여 비방하되 그의 이름과 그의
(帳幕)장막 곧 하늘에 사는 자들
을 비방하더라
7 또 권세를 받아 (聖徒)성도들과
싸워 이기게 되고 각 족속과 백성
과 방언과 나라를 다스리는 권세
를 받으니
8 죽임을 당한 어린 양의 (生命冊)
생명책에 창세 이후로 이름이 기
록되지 못하고 이 땅에 사는 자들
은 다 그 짐승에게 경배하리라
9 누구든지 귀가 있거든 들을지어다
10 사로잡힐 자는 사로잡혀 갈 것이
요 [1]칼에 죽을 자는 마땅히 칼에
죽을 것이니 성도들의 (忍耐)인
내와 믿음이 여기 있느니라
11 ● 내가 보매 또 다른 짐승이 땅에
서 올라오니 어린 (羊)양 같이 두
뿔이 있고 용처럼 말을 하더라
12 그가 먼저 나온 짐승의 모든 권세
를 그 앞에서 행하고 땅과 땅에
사는 자들을 처음 짐승에게 (敬
拜)경배하게 하니 곧 죽게 되었
던 상처가 나은 자니라
13 큰 (異蹟)이적을 행하되 심지어
사람들 앞에서 불이 하늘로부터
땅에 내려오게 하고
14 짐승 앞에서 받은 바 이적을 행함
으로 땅에 거하는 자들을 (迷惑)
미혹하며 땅에 거하는 자들에게
이르기를 칼에 상하였다가 살아
난 짐승을 위하여 (偶像)우상을
만들라 하더라
15 그가 (權勢)권세를 받아 그 짐승
의 우상에게 (生氣)생기를 주어
그 짐승의 우상으로 말하게 하고
또 짐승의 우상에게 경배하지 아
니하는 자는 몇이든지 다 죽이게
하더라
16 그가 모든 자 곧 작은 자나 큰 자
나 부자나 가난한 자나 (自由人)
자유인이나 종들에게 그 오른손
에나 이마에 표를 받게 하고
17 누구든지 이 표를 가진 자 외에는
(賣買)매매를 못하게 하니 이 표
는 곧 짐승의 이름이나 그 이름의
수라
18 (智慧)지혜가 여기 있으니 (聰明)
총명한 자는 그 짐승의 수를 세어
보라 그것은 사람의 수니 그의 수
는 육백육십육이니라

십사만 사천 명이 부르는 노래

14 또 내가 보니 보라 어린
(羊)양이 시온 산에 섰고 그
와 함께 십사만 사천이 서 있는
데 그들의 이마에는 어린 양의 이
름과 그 아버지의 이름을 쓴 것이
있더라

1) 어떤 사본에는, '칼로 죽이는 자는 마땅히 칼에 죽을지니'로 된 곳도 있음

2 내가 하늘에서 나는 소리를 들으
니 많은 물 소리와도 같고 큰 우
렛소리와도 같은데 내가 들은 소
리는 거문고 타는 (者)자들이 그
거문고를 타는 것 같더라
3 그들이 (寶座)보좌 앞과 네 생물
과 장로들 앞에서 새 노래를 부르
니 땅에서 (贖良)속량함을 받은
십사만 사천 밖에는 능히 이 노래
를 배울 자가 없더라
4 이 사람들은 여자와 더불어 더럽
히지 아니하고 순결한 자라 어린
양이 어디로 (引導)인도하든지
따라가는 자며 사람 가운데에서
속량함을 받아 처음 익은 열매로
하나님과 어린 양에게 속한 자들
이니
5 그 입에 거짓말이 없고 (欠)흠이
없는 자들이더라

세 천사가 전하는 말

6 ●또 보니 다른 천사가 공중에 날
아가는데 땅에 거주하는 자들 곧
모든 민족과 종족과 방언과 백성
에게 전할 영원한 (福音)복음을
가졌더라
7 그가 큰 (音聲)음성으로 이르되
하나님을 두려워하며 그에게 (榮
光)영광을 돌리라 이는 그의 심
판의 시간이 이르렀음이니 하늘
과 땅과 바다와 물들의 근원을 만
드신 이를 경배하라 하더라
8 ●또 다른 천사 곧 둘째가 그 뒤
를 따라 말하되 무너졌도다 무너
졌도다 큰 성 바벨론이여 모든 나
라에게 그의 (淫行)음행으로 말
미암아 진노의 포도주를 먹이던
자로다 하더라
9 ●또 다른 천사 곧 셋째가 그 뒤
를 따라 큰 음성으로 이르되 만일
누구든지 짐승과 그의 (偶像)우
상에게 경배하고 이마에나 손에
표를 받으면
10 그도 하나님의 진노의 포도주를
마시리니 그 진노의 잔에 섞인 것
이 없이 부은 포도주라 거룩한 천
사들 앞과 어린 양 앞에서 불과
(硫黃)유황으로 고난을 받으리니
11 그 고난의 (煙氣)연기가 세세토
록 올라가리로다 짐승과 그의 우
상에게 경배하고 그의 이름 표를
받는 자는 누구든지 밤낮 쉼을 얻
지 못하리라 하더라
12 성도들의 (忍耐)인내가 여기 있
나니 그들은 하나님의 (誡命)계
명과 예수에 대한 믿음을 지키는
자니라
13 ●또 내가 들으니 하늘에서 음성
이 나서 이르되 기록하라 지금 이
후로 주 안에서 죽는 자들은 복이
있도다 하시매 (聖靈)성령이 이
르시되 그러하다 그들이 수고를
그치고 쉬리니 이는 그들의 행한
일이 따름이라 하시더라

마지막 수확

14 ●또 내가 보니 흰 구름이 있고
구름 위에 인자와 같은 이가 앉으
셨는데 그 머리에는 금 (冕旒冠)
면류관이 있고 그 손에는 예리한
낫을 가졌더라
15 또 다른 천사가 (聖殿)성전으로

부터 나와 구름 위에 앉은 이를
향하여 큰 음성으로 외쳐 이르되
당신의 낫을 휘둘러 거두소서 땅
의 곡식이 다 익어 거둘 때가 이
르렀음이니이다 하니
16 구름 위에 앉으신 이가 낫을 땅에
휘두르매 땅의 (穀食)곡식이 거
두어지니라

마지막 재난을 가지고 온 천사

17 ●또 다른 천사가 하늘에 있는
(聖殿)성전에서 나오는데 역시
예리한 낫을 가졌더라
18 또 불을 다스리는 다른 (天使)천
사가 제단으로부터 나와 예리한
낫 가진 자를 향하여 큰 음성으로
불러 이르되 네 예리한 낫을 휘둘
러 땅의 [1](葡萄)포도송이를 거두
라 그 포도가 익었느니라 하더라
19 천사가 낫을 땅에 휘둘러 땅의 포
도를 거두어 하나님의 (震怒)진
노의 큰 포도주 틀에 던지매
20 (城)성 밖에서 그 틀이 밟히니 틀
에서 피가 나서 말 굴레에까지 닿
았고 천육백 [2]스다디온에 퍼졌더
라

15 또 하늘에 크고 이상한 다
른 [3](異蹟)이적을 보매 일
곱 천사가 일곱 재앙을 가졌으니
곧 마지막 재앙이라 하나님의 (震
怒)진노가 이것으로 마치리로다
2 ●또 내가 보니 불이 섞인 유리
바다 같은 것이 있고 짐승과 그의
(偶像)우상과 그의 이름의 수를
이기고 벗어난 자들이 유리 바다
가에 서서 하나님의 거문고를 가
지고
3 하나님의 종 모세의 노래, 어린
양의 노래를 불러 이르되
주 하나님 곧 전능하신 이시여
하시는 일이 크고 놀라우시도다
[4](萬國)만국의 왕이시여 주의
길이 의롭고 참되시도다
4 ㄱ주여 누가 주의 이름을 두려워
하지 아니하며 (榮華)영화롭게
하지 아니하오리이까 오직 주만
거룩하시니이다 주의 의로우신
일이 나타났으매 만국이 와서
주께 (敬拜)경배하리이다
하더라
5 ●또 이 일 후에 내가 보니 하늘
에 증거 장막의 (聖殿)성전이 열
리며
6 일곱 재앙을 가진 일곱 천사가 성
전으로부터 나와 맑고 빛난 [5](細
麻布)세마포 옷을 입고 가슴에
금 띠를 띠고
7 네 생물 중의 하나가 영원토록 살
아 계신 하나님의 진노를 가득히
담은 금 대접 일곱을 그 일곱 (天
使)천사들에게 주니
8 하나님의 영광과 능력으로 말미
암아 (聖殿)성전에 연기가 가득
차매 일곱 천사의 일곱 재앙이 마
치기까지는 성전에 능히 들어갈
자가 없더라

진노의 일곱 대접

16 또 내가 들으니 성전에서
큰 (音聲)음성이 나서 일곱

1) 헬, 포도나무 2) 한 스다디온은 약 192미터임 3) 또는 표적
4) 어떤 사본에, 만 대에 5) 어떤 사본에, 보석 ㄱ 렘 10:7

천사에게 말하되 너희는 가서 하
나님의 진노의 일곱 대접을 땅에
쏟으라 하더라
2 ●첫째 천사가 가서 그 대접을 땅
에 쏟으매 짐승의 (標)표를 받은
사람들과 그 우상에게 경배하는
자들에게 악하고 독한 종기가 나
더라
3 ●둘째 천사가 그 대접을 바다에
쏟으매 바다가 곧 죽은 자의 피
같이 되니 바다 가운데 모든 (生
物)생물이 죽더라
4 ●셋째 천사가 그 대접을 강과 물
(根源)근원에 쏟으매 피가 되더
라
5 내가 들으니 물을 차지한 천사가
이르되 전에도 계셨고 지금도 계
신 거룩하신 이여 이렇게 (審判)
심판하시니 (義)의로우시도다
6 그들이 (聖徒)성도들과 선지자들
의 피를 흘렸으므로 그들에게 피
를 마시게 하신 것이 (合當)합당
하니이다 하더라
7 또 내가 들으니 제단이 말하기를
그러하다 주 하나님 곧 전능하신
이시여 (審判)심판하시는 것이
참되시고 의로우시도다 하더라
8 ●넷째 천사가 그 대접을 해에 쏟
으매 해가 권세를 받아 불로 사람
들을 태우니
9 사람들이 크게 태움에 태워진지라
이 재앙들을 행하는 (權勢)권세를
가지신 하나님의 이름을 비방하며
또 (悔改)회개하지 아니하고 주
께 영광을 돌리지 아니하더라
10 ●또 다섯째 천사가 그 대접을 짐
승의 (王座)왕좌에 쏟으니 그 나
라가 곧 어두워지며 사람들이 아
파서 자기 혀를 깨물고
11 아픈 것과 (腫氣)종기로 말미암
아 하늘의 하나님을 비방하고 그
들의 행위를 회개하지 아니하더
라
12 ●또 여섯째 천사가 그 대접을 큰
강 유브라데에 쏟으매 강물이 말
라서 동방에서 오는 왕들의 길이
(豫備)예비되었더라
13 또 내가 보매 개구리 같은 세 더
러운 영이 용의 입과 짐승의 입과
거짓 (先知者)선지자의 입에서
나오니
14 그들은 (鬼神)귀신의 영이라 이
적을 행하여 온 천하 왕들에게 가
서 하나님 곧 전능하신 이의 큰
날에 있을 전쟁을 위하여 그들을
모으더라
15 보라 내가 도둑 같이 오리니 누구
든지 깨어 (自己)자기 옷을 지켜
벌거벗고 다니지 아니하며 자기
의 부끄러움을 보이지 아니하는
자는 복이 있도다
16 세 (靈)영이 히브리어로 아마겟
돈이라 하는 곳으로 왕들을 모으
더라
17 ●일곱째 천사가 그 대접을 공
중에 쏟으매 큰 음성이 성전에서
(寶座)보좌로부터 나서 이르되
되었다 하시니
18 번개와 음성들과 우렛소리가 있
고 또 큰 (地震)지진이 있어 얼마

나 큰지 사람이 땅에 있어 온 이
래로 이같이 큰 지진이 없었더라
19 큰 성이 세 갈래로 갈라지고 만국
의 성들도 무너지니 큰 성 바벨론
이 하나님 앞에 기억하신 바 되어
그의 맹렬한 (震怒)진노의 포도
주 잔을 받으매
20 각 섬도 없어지고 (山岳)산악도
간 데 없더라
21 또 무게가 한 [1]달란트나 되는 큰
(雨雹)우박이 하늘로부터 사람들
에게 내리매 사람들이 그 우박의
재앙 때문에 하나님을 비방하니
그 재앙이 심히 큼이러라

큰 음녀에게 내릴 심판

17 또 일곱 대접을 가진 일곱
(天使)천사 중 하나가 와서
내게 말하여 이르되 이리로 오라
많은 물 위에 앉은 큰 (淫女)음녀
가 받을 (審判)심판을 네게 보이
리라
2 땅의 임금들도 그와 더불어 (淫
行)음행하였고 땅에 사는 자들도
그 음행의 포도주에 (醉)취하였
다 하고
3 곧 성령으로 나를 데리고 광야로
가니라 내가 보니 여자가 붉은 빛
짐승을 탔는데 그 짐승의 몸에 하
나님을 (冒瀆)모독하는 이름들이
가득하고 일곱 머리와 열 뿔이 있
으며
4 그 여자는 자주 빛과 붉은 빛 옷
을 입고 금과 보석과 진주로 꾸미
고 손에 금 잔을 가졌는데 (可憎)
가증한 물건과 그의 음행의 더러
운 것들이 가득하더라
5 그의 이마에 이름이 기록되었으
니 (秘密)비밀이라, 큰 바벨론이
라, 땅의 음녀들과 가증한 것들의
어미라 하였더라
6 또 내가 보매 이 여자가 (聖徒)성
도들의 피와 예수의 증인들의 피
에 취한지라 내가 그 여자를 보고
놀랍게 여기고 크게 놀랍게 여기
니
7 (天使)천사가 이르되 왜 놀랍게
여기느냐 내가 여자와 그가 탄 일
곱 머리와 열 뿔 가진 짐승의 비
밀을 네게 이르리라
8 네가 본 짐승은 전에 있었다가 지
금은 없으나 장차 (無底坑)무저
갱으로부터 올라와 멸망으로 들
어갈 자니 땅에 사는 자들로서 창
세 이후로 그 이름이 (生命冊)생
명책에 기록되지 못한 자들이 이
전에 있었다가 지금은 없으나 장
차 나올 짐승을 보고 놀랍게 여기
리라
9 (智慧)지혜 있는 뜻이 여기 있으
니 그 일곱 머리는 여자가 앉은
일곱 산이요
10 또 일곱 왕이라 다섯은 망하였고
하나는 있고 다른 하나는 아직 이
르지 아니하였으나 이르면 반드
시 (暫時)잠시 동안 머무르리라
11 전에 있었다가 지금 없어진 짐승
은 여덟째 왕이니 일곱 중에 속한
자라 그가 (滅亡)멸망으로 들어
가리라

1) 약 60킬로그램

12 네가 보던 열 뿔은 열 왕이니 아
직 나라를 얻지 못하였으나 다만
짐승과 더불어 임금처럼 한동안
(權勢)권세를 받으리라
13 그들이 한 뜻을 가지고 자기의
(能力)능력과 권세를 짐승에게
주더라
14 그들이 어린 양과 더불어 싸우려
니와 어린 양은 (萬主)만주의 주
시요 만왕의 왕이시므로 그들을
이기실 터이요 또 그와 함께 있는
자들 곧 부르심을 받고 택하심을
받은 (眞實)진실한 자들도 이기
리로다
15 또 천사가 내게 말하되 네가 본 바
음녀가 앉아 있는 물은 백성과 무
리와 (列國)열국과 방언들이니라
16 네가 본 바 이 열 뿔과 짐승은 (淫
女)음녀를 미워하여 망하게 하고
벌거벗게 하고 그의 살을 먹고 불
로 아주 사르리라
17 이는 하나님이 자기 뜻대로 할 마
음을 그들에게 주사 한 뜻을 이루
게 하시고 그들의 나라를 그 짐승
에게 주게 하시되 하나님의 말씀
이 (應)응하기까지 하심이라
18 또 네가 본 그 여자는 땅의 왕들
을 다스리는 큰 (城)성이라 하더
라

바벨론의 패망

18 이 일 후에 다른 천사가 하
늘에서 내려 오는 것을 보니
큰 권세를 가졌는데 그의 (榮光)
영광으로 땅이 환하여지더라
2 힘찬 음성으로 외쳐 이르되 무너
졌도다 무너졌도다 큰 성 바벨론
이여 귀신의 처소와 각종 더러운
영이 모이는 [1)]곳과 각종 더럽고
(可憎)가증한 새들이 모이는 [1)]곳
이 되었도다
3 그 (淫行)음행의 진노의 포도주
로 말미암아 만국이 무너졌으며
또 땅의 왕들이 그와 더불어 음행
하였으며 땅의 상인들도 그 사치
의 세력으로 치부하였도다 하더
라
4 ●또 내가 들으니 하늘로부터 다
른 음성이 나서 이르되 내 백성
아, 거기서 나와 그의 죄에 (參與)
참여하지 말고 그가 받을 재앙들
을 받지 말라
5 그의 죄는 하늘에 사무쳤으며 하
나님은 그의 (不義)불의한 일을
기억하신지라
6 그가 준 그대로 그에게 주고 그의
(行爲)행위대로 갑절을 갚아 주
고 그가 섞은 잔에도 갑절이나 섞
어 그에게 주라
7 그가 얼마나 자기를 영화롭게 하
였으며 (奢侈)사치하였든지 그만
큼 고통과 애통함으로 갚아 주라
그가 마음에 말하기를 나는 여왕
으로 앉은 자요 과부가 아니라 결
단코 애통함을 당하지 아니하리
라 하니
8 그러므로 하루 동안에 그 (災殃)
재앙들이 이르리니 곧 사망과 (哀
痛)애통함과 흉년이라 그가 또한
불에 살라지리니 그를 심판하시

1) 또는 옥

는 주 하나님은 강하신 자이심이
라
9 그와 함께 음행하고 사치하던 땅
의 왕들이 그가 불타는 (煙氣)연
기를 보고 위하여 울고 가슴을 치
며
10 그의 고통을 무서워하여 멀리 서
서 이르되 화 있도다 화 있도다
큰 성, 견고한 성 바벨론이여 한
시간에 네 (審判)심판이 이르렀
다 하리로다
11 땅의 (商人)상인들이 그를 위하
여 울고 애통하는 것은 다시 그들
의 상품을 사는 자가 없음이라
12 그 상품은 금과 은과 보석과 진주
와 세마포와 자주 옷감과 비단과
붉은 옷감이요 각종 향목과 각종
상아 그릇이요 값진 나무와 구리
와 철과 대리석으로 만든 각종 그
릇이요
13 (桂皮)계피와 향료와 향과 향유
와 유향과 포도주와 감람유와 고
운 밀가루와 밀이요 소와 양과 말
과 수레와 종들과 사람의 영혼들
이라
14 바벨론아 네 (靈魂)영혼이 탐하
던 과일이 네게서 떠났으며 맛있
는 것들과 빛난 것들이 다 없어졌
으니 사람들이 결코 이것들을 다
시 보지 못하리로다
15 바벨론으로 말미암아 치부한 이
상품의 상인들이 그의 (苦痛)고
통을 무서워하여 멀리 서서 울고
애통하여
16 이르되 화 있도다 화 있도다 큰
성이여 (細麻布)세마포 옷과 자
주 옷과 붉은 옷을 입고 금과 보
석과 진주로 꾸민 것인데
17 그러한 (富)부가 한 시간에 망하
였도다 모든 선장과 각처를 다니
는 (船客)선객들과 선원들과 바
다에서 일하는 자들이 멀리 서서
18 그가 불타는 (煙氣)연기를 보고
외쳐 이르되 이 큰 성과 같은 성
이 어디 있느냐 하며
19 티끌을 자기 머리에 뿌리고 울며
애통하여 외쳐 이르되 화 있도다
화 있도다 이 큰 성이여 바다에서
배 부리는 모든 자들이 너의 보배
로운 상품으로 (致富)치부하였더
니 한 시간에 망하였도다
20 하늘과 성도들과 사도들과 선지
자들아, 그로 말미암아 즐거워하
라 하나님이 너희를 위하여 그에
게 (審判)심판을 행하셨음이라
하더라
21 ●이에 한 힘 센 천사가 큰 맷돌
같은 돌을 들어 바다에 던져 이르
되 큰 성 바벨론이 이같이 (悲慘)
비참하게 던져져 결코 다시 보이
지 아니하리로다
22 또 거문고 타는 자와 풍류하는 자
와 퉁소 부는 자와 나팔 부는 자
들의 소리가 결코 다시 네 안에
서 들리지 아니하고 어떠한 (細工
業者)세공업자든지 결코 다시 네
안에서 보이지 아니하고 또 맷돌
소리가 결코 다시 네 안에서 들리
지 아니하고
23 등불 빛이 결코 다시 네 안에서

비치지 아니하고 신랑과 신부의
음성이 결코 다시 네 안에서 들리
지 아니하리로다 너의 상인들은
땅의 왕족들이라 네 복술로 말미
암아 (萬國)만국이 (迷惑)미혹되
었도다
24 선지자들과 성도들과 및 땅 위에
서 죽임을 당한 모든 자의 피가
그 성 중에서 (發見)발견되었느
니라 하더라

어린 양의 혼인 잔치

19 이 일 후에 내가 들으니 하
늘에 (許多)허다한 무리의
큰 음성 같은 것이 있어 이르되
할렐루야 구원과 영광과 능력이
우리 하나님께 있도다
2 그의 (審判)심판은 참되고 의로
운지라 음행으로 땅을 더럽게
한 큰 음녀를 심판하사 자기 종
들의 피를 그 음녀의 손에 갚으
셨도다
하고
3 두 번째로 할렐루야 하니 그 (煙
氣)연기가 세세토록 올라가더라
4 또 이십사 장로와 네 생물이 엎드
려 보좌에 앉으신 하나님께 (敬
拜)경배하여 이르되 아멘 할렐루
야 하니
5 (寶座)보좌에서 음성이 나서 이
르시되
하나님의 종들 곧 그를 경외하
는 너희들아 작은 자나 큰 자나
다 우리 하나님께 찬송하라
하더라
6 또 내가 들으니 허다한 무리의 음
성과도 같고 많은 물 소리와도 같
고 큰 우렛소리와도 같은 소리로
이르되
할렐루야 주 우리 하나님 곧 전
능하신 이가 (統治)통치하시도
다
7 우리가 즐거워하고 크게 기뻐하
며 그에게 (榮光)영광을 돌리세
어린 양의 혼인 기약이 이르렀
고 그의 아내가 자신을 준비하
였으므로
8 그에게 빛나고 깨끗한 세마포
옷을 입도록 허락하셨으니 이
세마포 옷은 성도들의 옳은 (行
實)행실이로다
하더라
9 천사가 내게 말하기를 (記錄)기
록하라 어린 양의 (婚姻)혼인 잔
치에 청함을 받은 자들은 복이 있
도다 하고 또 내게 말하되 이것은
하나님의 참되신 말씀이라 하기
로
10 내가 그 발 앞에 엎드려 경배하려
하니 그가 나에게 말하기를 나는
너와 및 예수의 증언을 받은 네
형제들과 같이 된 종이니 삼가 그
리하지 말고 오직 하나님께 경배
하라 예수의 증언은 (豫言)예언
의 영이라 하더라

백마를 탄 자

11 ●또 내가 하늘이 열린 것을 보니
보라 백마와 그것을 탄 자가 있으
니 그 이름은 (忠信)충신과 진실
이라 그가 공의로 심판하며 싸우
더라

12 그 눈은 불꽃 같고 그 머리에는
많은 (冠)관들이 있고 또 이름 쓴
것 하나가 있으니 자기밖에 아는
자가 없고
13 또 그가 피 뿌린 옷을 입었는데
그 이름은 하나님의 [1]말씀이라
(稱)칭하더라
14 하늘에 있는 군대들이 희고 깨끗
한 세마포 옷을 입고 (白馬)백마
를 타고 그를 따르더라
15 그의 입에서 예리한 검이 나오니
그것으로 만국을 치겠고 친히 그
들을 철장으로 다스리며 또 친히
하나님 곧 전능하신 이의 (猛烈)맹
렬한 진노의 포도주 틀을 밟겠고
16 그 옷과 그 다리에 이름을 쓴 것
이 있으니 만왕의 왕이요 (萬主)
만주의 주라 하였더라
17 ●또 내가 보니 한 천사가 태양
안에 서서 공중에 나는 모든 새를
향하여 큰 (音聲)음성으로 외쳐
이르되 와서 하나님의 큰 잔치에
모여
18 왕들의 살과 (將軍)장군들의 살
과 장사들의 살과 말들과 그것을
탄 자들의 살과 자유인들이나 종
들이나 작은 자나 큰 자나 모든
자의 살을 먹으라 하더라
19 ●또 내가 보매 그 짐승과 땅의
임금들과 그들의 (軍隊)군대들이
모여 그 말 탄 자와 그의 군대와
더불어 전쟁을 일으키다가
20 짐승이 잡히고 그 앞에서 표적을
행하던 거짓 선지자도 함께 잡혔
으니 이는 짐승의 표를 받고 그
의 우상에게 경배하던 자들을 표
적으로 미혹하던 자라 이 둘이 산
채로 (硫黃)유황불 붙는 못에 던
져지고
21 그 나머지는 말 탄 자의 입으로부
터 나오는 (劍)검에 죽으매 모든
새가 그들의 살로 배불리더라

천 년 왕국

20 또 내가 보매 (天使)천사가
무저갱의 열쇠와 큰 쇠사슬
을 그의 손에 가지고 하늘로부터
내려와서
2 용을 잡으니 곧 옛 뱀이요 마귀요
사탄이라 잡아서 천 년 동안 (結
縛)결박하여
3 (無底坑)무저갱에 던져 넣어 잠
그고 그 위에 인봉하여 천 년이
차도록 다시는 만국을 미혹하지
못하게 하였는데 그 후에는 반드
시 잠깐 놓이리라
4 ●또 내가 (寶座)보좌들을 보니
거기에 앉은 자들이 있어 (審判)
심판하는 권세를 받았더라 또 내
가 보니 예수를 증언함과 하나님
의 말씀 때문에 목 베임을 당한
자들의 영혼들과 또 짐승과 그의
우상에게 경배하지 아니하고 그
들의 이마와 손에 그의 표를 받지
아니한 자들이 살아서 그리스도
와 더불어 천 년 동안 왕 노릇 하
니
5 (그 나머지 죽은 자들은 그 천 년
이 차기까지 살지 못하더라) 이는
첫째 (復活)부활이라

1) 헬 로고스

6 이 첫째 부활에 참여하는 자들은
복이 있고 거룩하도다 둘째 (死
亡)사망이 그들을 다스리는 권세
가 없고 도리어 그들이 하나님과
그리스도의 제사장이 되어 천 년
동안 그리스도와 더불어 왕 노릇
하리라

사탄의 패망

7 ●천 년이 차매 사탄이 그 (獄)옥
에서 놓여
8 나와서 땅의 사방 백성 곧 곡과
마곡을 (迷惑)미혹하고 모아 싸
움을 붙이리니 그 수가 바다의 모
래 같으리라
9 그들이 지면에 널리 퍼져 (聖徒)
성도들의 진과 사랑하시는 성을
두르매 하늘에서 불이 내려와 그
들을 태워버리고
10 또 그들을 미혹하는 (魔鬼)마귀
가 불과 유황 못에 던져지니 거기
는 그 짐승과 거짓 선지자도 있어
세세토록 밤낮 괴로움을 받으리
라

크고 흰 보좌에서 심판을 내리시다

11 ●또 내가 크고 흰 (寶座)보좌와
그 위에 앉으신 이를 보니 땅과
하늘이 그 앞에서 피하여 간 데
없더라
12 또 내가 보니 죽은 자들이 큰 자
나 작은 자나 그 보좌 앞에 서 있
는데 책들이 펴 있고 또 다른 책
이 펴졌으니 곧 (生命冊)생명책
이라 죽은 자들이 자기 행위를 따
라 책들에 기록된 대로 (審判)심
판을 받으니
13 바다가 그 가운데에서 죽은 자들
을 내주고 또 사망과 음부도 그
가운데에서 죽은 자들을 내주매
각 사람이 자기의 (行爲)행위대
로 심판을 받고
14 (死亡)사망과 음부도 불못에 던
져지니 이것은 둘째 사망 곧 불못
이라
15 누구든지 생명책에 (記錄)기록되
지 못한 자는 불못에 던져지더라

새 하늘과 새 땅

21 또 내가 새 하늘과 새 땅을
보니 처음 하늘과 처음 땅이
없어졌고 바다도 다시 있지 않더
라
2 또 내가 보매 거룩한 성 새 예루
살렘이 하나님께로부터 하늘에서
내려오니 그 (準備)준비한 것이
신부가 남편을 위하여 단장한 것
같더라
3 내가 들으니 (寶座)보좌에서 큰
음성이 나서 이르되 보라 하나님
의 (帳幕)장막이 사람들과 함께
있으매 하나님이 그들과 함께 계
시리니 그들은 하나님의 백성이
되고 하나님은 친히 그들과 함께
[1]계셔서
4 모든 눈물을 그 눈에서 닦아 주시
니 다시는 (死亡)사망이 없고 (哀
痛)애통하는 것이나 (哭)곡하는
것이나 아픈 것이 다시 있지 아니
하리니 처음 것들이 다 지나갔음
이러라
5 보좌에 앉으신 이가 이르시되 보

1) 어떤 사본에, '계셔서 그들의 하나님이 되시고'가 있음

라 내가 만물을 새롭게 하노라 하
시고 또 이르시되 이 말은 (信實)
신실하고 참되니 기록하라 하시
고
6 또 내게 말씀하시되 이루었도다
나는 알파와 오메가요 처음과 마
지막이라 내가 (生命水)생명수
샘물을 목마른 자에게 값없이 주
리니
7 이기는 자는 이것들을 (相續)상
속으로 받으리라 나는 그의 하나
님이 되고 그는 내 아들이 되리라
8 그러나 두려워하는 자들과 믿지
아니하는 자들과 (凶惡)흉악한
자들과 살인자들과 음행하는 자
들과 점술가들과 우상 숭배자들
과 거짓말하는 모든 자들은 불과
유황으로 타는 못에 던져지리니
이것이 둘째 사망이라

새 예루살렘

9 ● 일곱 대접을 가지고 마지막 일
곱 (災殃)재앙을 담은 일곱 천사
중 하나가 나아와서 내게 말하여
이르되 이리 오라 내가 신부 곧
어린 양의 아내를 네게 보이리라
하고
10 (聖靈)성령으로 나를 데리고 크
고 높은 산으로 올라가 하나님께
로부터 하늘에서 내려오는 거룩
한 (城)성 예루살렘을 보이니
11 하나님의 (榮光)영광이 있어 그
성의 빛이 지극히 귀한 보석 같고
벽옥과 수정 같이 맑더라
12 크고 높은 (城廓)성곽이 있고 열
두 문이 있는데 문에 열두 천사가
있고 그 문들 위에 이름을 썼으니
이스라엘 자손 열두 지파의 이름
들이라
13 동쪽에 세 (門)문, 북쪽에 세 문,
남쪽에 세 문, 서쪽에 세 문이니
14 그 성의 성곽에는 열두 (基礎石)
기초석이 있고 그 위에는 어린 양
의 열두 사도의 열두 이름이 있더
라
15 내게 말하는 자가 그 성과 그 문
들과 성곽을 (測量)측량하려고
금 갈대 자를 가졌더라
16 그 성은 네모가 반듯하여 길이와
너비가 같은지라 그 갈대 자로 그
(城)성을 측량하니 만 이천 [1]스다
디온이요 길이와 너비와 높이가
같더라
17 그 성곽을 측량하매 백사십사 [2]
규빗이니 사람의 측량 곧 (天使)
천사의 측량이라
18 그 성곽은 벽옥으로 쌓였고 그 성
은 (精金)정금인데 맑은 (琉璃)유
리 같더라
19 그 성의 (城廓)성곽의 기초석은
각색 보석으로 꾸몄는데 첫째 기
초석은 벽옥이요 둘째는 남보석
이요 셋째는 옥수요 넷째는 녹보
석이요
20 다섯째는 (紅瑪瑙)홍마노요 여섯
째는 홍보석이요 일곱째는 황옥
이요 여덟째는 녹옥이요 아홉째
는 담황옥이요 열째는 비취옥이
요 열한째는 청옥이요 열두째는
자수정이라

1) 14:20 보라 2) 헬, 페기스

21 그 열두 문은 열두 (眞珠)진주니
각 문마다 한 개의 진주로 되어
있고 성의 길은 맑은 유리 같은
정금이더라
22 성 안에서 내가 (聖殿)성전을 보
지 못하였으니 이는 주 하나님 곧
(全能)전능하신 이와 및 어린 양
이 그 성전이심이라
23 그 성은 해나 달의 비침이 쓸 데
없으니 이는 하나님의 (榮光)영
광이 비치고 어린 양이 그 등불이
되심이라
24 (萬國)만국이 그 빛 가운데로 다
니고 땅의 왕들이 자기 영광을 가
지고 그리로 들어가리라
25 낮에 (城門)성문들을 도무지 닫
지 아니하리니 거기에는 밤이 없
음이라
26 사람들이 만국의 영광과 (尊貴)
존귀를 가지고 그리로 들어가겠
고
27 무엇이든지 속된 것이나 (可憎)
가증한 일 또는 거짓말하는 자는
결코 그리로 들어가지 못하되 오
직 어린 양의 생명책에 기록된 자
들만 들어가리라

22

또 그가 (水晶)수정 같이 맑
은 (生命水)생명수의 강을
내게 보이니 하나님과 및 어린 양
의 (寶座)보좌로부터 나와서
2 길 가운데로 흐르더라 강 좌우에
생명나무가 있어 열두 가지 열매
를 맺되 달마다 그 열매를 맺고
그 나무 잎사귀들은 만국을 (治
療)치료하기 위하여 있더라
3 다시 (詛呪)저주가 없으며 하나
님과 그 어린 양의 보좌가 그 가
운데에 있으리니 그의 종들이 그
를 섬기며
4 그의 얼굴을 볼 터이요 그의 이름
도 그들의 이마에 있으리라
5 다시 밤이 없겠고 등불과 햇빛이
쓸 데 없으니 이는 주 하나님이
그들에게 비치심이라 그들이 (世
世)세세토록 왕 노릇 하리로다

주 예수여 오시옵소서

6 ●또 그가 내게 말하기를 이 말은
(信實)신실하고 참된지라 주 곧
선지자들의 영의 하나님이 그의
종들에게 반드시 속히 되어질 일
을 보이시려고 그의 천사를 보내
셨도다
7 보라 내가 속히 오리니 이 두루마
리의 (豫言)예언의 말씀을 지키
는 자는 (福)복이 있으리라 하더
라
8 ●이것들을 보고 들은 자는 나 요
한이니 내가 듣고 볼 때에 이 일
을 내게 보이던 천사의 발 앞에
(敬拜)경배하려고 엎드렸더니
9 그가 내게 말하기를 나는 너와 네
형제 (先知者)선지자들과 또 이
두루마리의 말을 지키는 자들과
함께 된 종이니 그리하지 말고 하
나님께 (敬拜)경배하라 하더라
10 ●또 내게 말하되 이 두루마리의
예언의 말씀을 (印封)인봉하지
말라 때가 가까우니라
11 (不義)불의를 행하는 자는 그대
로 불의를 행하고 더러운 자는 그

대로 더럽고 의로운 자는 그대로
의를 행하고 거룩한 자는 그대로
거룩하게 하라
12 보라 내가 속히 오리니 내가 줄 [1]
(賞)상이 내게 있어 각 사람에게
그가 행한 대로 갚아 주리라
13 나는 알파와 오메가요 처음과 마
지막이요 (始作)시작과 마침이라
14 자기 두루마기를 빠는 자들은 복
이 있으니 이는 그들이 생명나무
에 나아가며 문들을 통하여 성에
들어갈 (權勢)권세를 받으려 함
이로다
15 개들과 (占術家)점술가들과 음행
하는 자들과 살인자들과 우상 (崇
拜者)숭배자들과 및 거짓말을 좋
아하며 지어내는 자는 다 성 밖에
있으리라
16 ● 나 예수는 (敎會)교회들을 위
하여 내 (使者)사자를 보내어 이
것들을 너희에게 증언하게 하였
노라 나는 다윗의 뿌리요 자손이
니 곧 광명한 새벽 별이라 하시더
라
17 ● 성령과 (新婦)신부가 말씀하
시기를 오라 하시는도다 듣는 자
도 오라 할 것이요 목마른 자도
올 것이요 또 원하는 자는 값없이
(生命水)생명수를 받으라 하시더
라
18 ● 내가 이 두루마리의 (豫言)예
언의 말씀을 듣는 모든 사람에게
증언하노니 만일 누구든지 이것
들 외에 더하면 하나님이 이 두루
마리에 기록된 재앙들을 그에게
더하실 것이요
19 ● 만일 누구든지 이 두루마리의
예언의 말씀에서 제하여 버리면
하나님이 이 두루마리에 기록된
생명나무와 및 거룩한 성에 (參
與)참여함을 제하여 버리시리라
20 ● 이것들을 증언하신 이가 이르
시되 내가 (眞實)진실로 (速)속히
오리라 하시거늘 아멘 주 예수여
오시옵소서
21 ● (主)주 예수의 (恩惠)은혜가 [2]
모든 자들에게 있을지어다 아멘

1) 헬, 내 삯 2) 어떤 사본에, 성도들에게

십계명

The Ten Commandments

하나님이 이 모든 말씀으로 말씀하여 이르시되,
나는 너를 애굽 땅, 종 되었던
집에서 인도하여 낸 네 하나님 여호와니라.

제일은, 너는 나 외에는 다른 신들을 네게 두지 말라.

제이는, 너를 위하여 새긴 우상을 만들지 말고,
또 위로 하늘에 있는 것이나, 아래로 땅에 있는 것이나,
땅 아래 물 속에 있는 것의 어떤 형상도 만들지 말며,
그것들에게 절하지 말며, 그것들을 섬기지 말라.

나 네 하나님 여호와는 질투하는 하나님인즉
나를 미워하는 자의 죄를 갚되,
아버지로부터 아들에게로 삼사 대까지 이르게 하거니와,
나를 사랑하고 내 계명을 지키는 자에게는
천 대까지 은혜를 베푸느니라.

제삼은, 너는 네 하나님 여호와의 이름을 망령되게 부르지 말라.

여호와는 그의 이름을 망령되게 부르는 자를 죄 없다 하지 아니하리라.

제사는, 안식일을 기억하여 거룩하게 지키라.

엿새 동안은 힘써 네 모든 일을 행할 것이나,
일곱째 날은 네 하나님 여호와의 안식일인즉,
너나 네 아들이나 네 딸이나, 네 남종이나, 네 여종이나,
네 가축이나, 네 문 안에 머무는 객이라도 아무 일도 하지 말라.